史家教育集团

骨干教师科研能力提升项目

研究成果

史家教育集团 编著

中国发展出版社
CHINA DEVELOPMENT PRESS

图书在版编目（CIP）数据

史家教育集团骨干教师科研能力提升项目研究成果 / 史家教育集团编著.
北京：中国发展出版社，2019.8
ISBN 978-7-5177-1046-2

Ⅰ.①史… Ⅱ.①史… Ⅲ.①小学教师—科学研究—能力培养—研究
Ⅳ.①G622.0

中国版本图书馆CIP数据核字（2019）第180137号

书　　　　名：	史家教育集团骨干教师科研能力提升项目研究成果
著作责任者：	史家教育集团
出 版 发 行：	中国发展出版社
联 系 地 址：	北京市西城区裕民东路3号9层　100029
标 准 书 号：	ISBN 978-7-5177-1046-2
经 销 者：	各地新华书店
印 刷 者：	河北鑫兆源印刷有限公司
开　　　　本：	710mm×1000mm　1/16
印　　　　张：	28
字　　　　数：	650千字
版　　　　次：	2019 年 9 月第 1 版
印　　　　次：	2019 年 9 月第 1 次印刷
定　　　　价：	80.00元

联 系 电 话：（010）68990642　68990692
购 书 热 线：（010）68990682　68990686
网 络 订 购：http://zgfzcbs.tmall.com
网 购 电 话：（010）68990639　88333349
本 社 网 址：http://www.develpress.com.cn
电 子 邮 件：fazhanreader@163.com

本书编委会

主　编：

王　欢　洪　伟

专家顾问：

朱旭东　贾美华　郭　鸿　姜　婷　沈兴文　傅继军　石庆萍　马福贵　丁雁玲

宋浩志　戈海宁　侯淑晶

（以下按照姓氏笔画排列）

马　龙　马隋群　马燕梅　王文丽　王文娟　王　伟　王建红　王彦伟　王桂云

王海华　王超男　方　麟　卢立涛　叶忠民　叶菊艳　付　红　白　滨　齐建国

闫予沨　江　萍　孙海燕　杜　屏　李　波　李晓静　李　琼　吴晗清　吴　琳

宋　崔　张华军　张　宇　张　杰　张跃东　张鹏宇　张　磊　易　进　周　钧

郑　磊　赵　萍　胡　艳　姜　菡　顾瑾玉　高潇怡　郭艳玫　桑国元　黄　薇

董　伟　蒋杰英　程爱新　靳　伟　路虹建　裴　淼　阚　维

编　　委：（按照姓氏笔画排列）

万　平　王　伟　王　华　王秀鲜　王建云　王　滢　王燕红　孔继英　吕闽松

乔　红　刘　禹　刘　颖　闫　欣　孙桂丽　李　文　李冬梅　李民惠　李　阳

李红卫　李宝莉　李　娟　杨　丽　吴　玥　谷　莉　赵　晶　宋　莉　宋　菁

张均帅　张牧梓　张　怡　张培华　陈亚虹　陈　纲　陈　燕　范汝梅　金少良

金利梅　金　强　赵慧霞　赵　蕊　南春山　高李英　高金芳　高雪艳　郭志滨

曹艳昕　崔　旸　韩巧玲　景立新

参与人员：（按照姓氏笔画排列）

丁芸芸	丁笑迎	刁雯	于佳	才燕雯	万银佳	么蕴莹	马岩	马婧
马心玲	马克姗	马佳宁	马宜平	马晨雪	马淑芳	马涵爽	王丰	王丹
王宁	王冰	王红	王凯	王佳	王珈	王映	王艳	王莹
王晔	王雯	王婷	王颖	王静	王瑾	王磊	王大贵	王元臻
王竹新	王旭红	王莲茜	王园园	王秀军	王坤鹏	王国玲	王金斗	王香春
王姣姣	王艳冰	王莉虹	王家庆	王继红	王瑞晨	王熙嵘	王潇雨	尤佩娜
车雨	戈同俊	牛东芳	化子怡	化国辉	乌兰	邓美双	孔炳彰	孔宪梅
玉洁	左明旭	石瑜	石濛	石子军	卢超	卢明文	卢晓红	叶楠
田春丽	田晓洁	史云	史亚楠	史宇佩	史定宇	史晓娇	冉小伶	付航
付蕊	付莎莎	付燕琛	白宇	白雪	白清池	丛嘉祥	冯金旭	冯思瑜
边晔迪	邢超	邢嘉榕	吕庆伟	吕艳文	朱文	朱珍	朱玲	朱辉
朱芮仪	朱晓臣	朱锡昕	乔艳	乔淅	乔龙佳	任巨成	任江晶	刘丹
刘节	刘阳	刘欢	刘迎	刘岩	刘佳	刘欣	刘姗	刘荣
刘洁	刘莘	刘悦	刘敏	刘斐	刘栋	刘静	刘顿	刘蕊
刘霞	刘力平	刘子凡	刘东荣	刘立美	刘宁宁	刘伟男	刘延光	刘玳含
刘玲玲	刘美娟	刘洪洋	刘冠廷	刘晓珊	刘爱军	刘梦媛	刘雪红	刘璐晨
刘懿叶	齐瀛	齐丽嘉	闫旭	闫晖	闫仕豪	闫春芳	闫瑶瑶	闫翠兰
关斌	安然	祁冰	许觊潘	许爱华	许富娟	牟风敏	纪晓凤	孙宁
孙莹	孙鸿	孙宇鹤	孙金艳	孙爱华	孙慧瑶	芮雅岚	芦彬	苏芳
苏浩男	杜楠	杜贝贝	杜欣月	杜建萍	杨扬	杨阳	杨红	杨玥
杨明	杨京	杨波	杨奕	杨倩	杨晨	杨婧	杨棋	杨锐
杨鹏	杨文佳	杨华蕊	杨昕明	杨春娜	杨晓雅	杨敬芝	李冉	李乐

李　阳（行政）　李　阳（美术）　李　芳　李　宏　李　昂　李　欣　李　享

李　洁　李　洋（语文）　李　娜　李　莉　李　彬　李　婕　李　雪（信息）

李　雪（道德与法治）　李　琰　李　辉　李　靖　李　静　李　璐　李大明

李丹鹤　李东昌　李东梅　李军红　李芸芸　李丽梅　李丽霞　李宏华　李非凡

李岩辉　李秋敏　李奕晖　李晓桐　李晓雷　李海龙　李梦裙　李雪莹　李焕玲

李淑红　李超群　李敬民　李惠霞　李鑫坤　肖　畅　肖　润　吴　桐　吴　斯

吴丽梅　吴金彦　何　莹　何　群　何光宇　何美仪　佟　爽　佟　磊　谷思艺

邹　莉　邹　晨　汪　卉　汪　忱　沙焱琦　沈保刚　沈瑶琳　宋　敏　宋宁宁

迟　佳　张　冉　张　弘　张　伟　张　凯　张　佳　张　柔　张　倩　张　彬

张　婉　张　琪　张　颖　张　滢　张　聪　张　蕊　张　澍　张　璐　张少慧

张文芳　张文佳　张书娟　张正磊　张艾琼　张东海　张立新　张秀娟　张昕怡

张欣欣（体育）　张欣欣（信息）　张京利　张怡秋　张春艳　张思雯　张振华

张倞然　张海蒂　张梦娴　张淑华　张婉霞　张斌轩　张景奇　张鹏静　张新生

张慧超　张冀兵　张鑫然　陈　曲　陈　珊　陈　瑾　陈　璐　陈玉梅　陈庆红

陈萌萌　邵　伟　武　炜　苗　苗　苗姗姗　英　文　苑振兴　范　鹏　范欣楠

范晓丽　林　琳　罗　虹　罗　曦　罗一萍　金　帆　金　琳　金　晶　金朝霞

周　舟　周　婷　周　霞　周元萍　周海燕　郑丽梅　郑忠伟　单博文　赵　民

赵　旭　赵　苹　赵　杰　赵卫军　赵亚杰　赵朋秋　赵彦静　赵晓霞　赵婧杉

郝　瑞　郝　磊　郝杰宏　郝俊英　郝晓倩　荣　岩　胡雅涵　柯凤文　钟元元

侯　婕　侯　琳　侯宇菲　姜　桐　洪　珊　祖　楹　祖学军　姚静文　秦　月

秦　媛　秦思宇　袁　媛　袁俊奇　耿芝瑞　贾春威　贾维琳　夏卫滨　顾　瑶

顾国威　徐　卓　徐　虹　徐　莹　徐　菲　徐丹丹　徐礼峥　徐艳丽　徐雪颖

徐愫祺　殷　越　高　幸　高　侠　高　莹　高　健　高立公　高江丽　高明一

高梦妮	郭 红	郭文雅	郭京丽	郭海平	海 洋	海 琳	容 戎	陶淑磊
黄 浩	黄呈澄	曹 芸	曹 菲	曹凤霞	曹立新	曹素清	龚 丽	常 诚
常嫒嫒	崔 敏	崔玉文	崔韧楠	阎 冬	淮瑞英	梁 红	梁 彤	梁 英
梁 晨	梁 琪	梁 潇	梁亚铂	隗晶晶	彭 霏	葛 攀	董 祎	董京红
董思屏	韩 旭	韩 芳	韩 莉	韩丽丽	韩凯旋	韩春明	韩晓梅	景淑节
程宇菲	傅娜娜	焦 娇	焦正洁	鲁 静	鲁志梅	温 程	温丽丽	谢 添
鲍 虹	鲍 彬	满文莉	满惠京	褚风华	赫长平	蔡 琳	蔡文菲	臧景一
裴旭婷	翟 红	翟玉红	樊 咏	樊东颖	黎 妍	黎 童	滕玉英	滕学蕾
潘 锶	潘 璇	薛晓彤	霍维东	戴惠冬	藏 娜	魏晓梅	魏颖琳	

前　言

科研能力是卓越教师必备的关键能力，同时科研也是提升教师幸福感的有效途径。苏联著名教育家苏霍姆林斯基曾经说过："如果你想让教师的劳动能给教师带来一些乐趣，使天天上课不至于变成一种单调乏味的义务，那么你就引导每一位教师走上从事一些研究这条幸福的道路上来。"科研不仅能够有效解决教师日常教学中遇到的实际问题，同时在解决问题的过程中也能促进教师自身专业发展。然而，中小学教师科研能力的现状却并不乐观。一方面，我国中小学虽然普遍有教研制度，但是将教育教学问题以规范化的科研流程来进行解决的案例却并不多见。另一方面，当前中小学教师所开展的研究普遍存在着问题意识缺乏、问题聚焦程度不够、研究设计能力薄弱等诸多问题。史家小学开展了多年的集团化办学探索，自身也急需一批具备较高科研能力的骨干教师带动各分校教育质量的整体提升。因此，通过科学化、系统化的培训，使史家小学骨干教师真正成为研究型教师，让一线教师所开展的研究能够切实服务于中小学教育教学活动，进而对于带动区域教育质量整体提升具有重要的实践意义与现实价值。

《史家教育集团骨干教师科研能力提升研修项目》正是在以上背景下提出来的。2015年起，史家教育集团就与北京师范大学教师教育研究中心合作，借助北京师范大学的高端平台对史家小学全校教师开展轮训，通过导师一对一的培训指导有效提升骨干教师的科研意识与科研能力。双方的合作共分为两个阶段，第一阶段主要针对的是骨干教师科研理论素养的提升，史家小学骨干教师在北京师范大学专家引领下对凝练研究选题、撰写文献综述、建构理论概念图和技术框架图、确定研究设计和撰写研究报告等方面进行了科学化、规范化的系统训练。第二阶段主要针对的是骨干教师科研实践能力的提升，此阶段采用"导师引领+课题带动"的运作模式，遴选具备资格和较高研究水平的大学专家，分别具体指导史家小学特定培养的30名骨干教师，每个骨干教师都有专属的研究课题，引导他们在教育教学和教育科研实践中成长。在一年多的开展过程中，这一研修项目形成了丰富的研究成果并取得了良好的实践成效。本书将这些研究成果结集成册，为这些教师进一步的专业发展奠定基础，同时也为其他教师开展相关课题研究树立榜样。

本书共分为三个部分，第一部分是包含指导教师批注的学员研究报告，学员的研究内容涉及学校管理、学科教学、学生发展等多个主题，核心聚焦于教师领导力、学生核心素养、合作学习、校本课程开发与教材重构、创意活动等多方面的时代热点问题，学科涵盖语文、数学、外语、科学、美术等多种课程门类，研究成果具有较强的覆盖面与代表性。第二部分是史家小学骨干教师的反思报告，包含30位优秀骨干教师在北京师范大学专家指导下所形成的实践反思，集中反映了这些教师参与项目的动机、自身的收获、所遇到的问题和后续发展建议。第三部分是北京师范大学指导教师的反思报告，将导师对学员的指导定位、指导内容与指导建议进行了客观呈现。这三个部分不仅反映了整个项目中导师与学员在指导过程中各自的心路历程，而且体现了骨干教师科研能力提升的具体过程，对于其他教师的专业成长具有较强的借鉴意义。

21世纪的今天，教师开展研究正成为国际教师专业发展的主流趋势，行动研究、课例研究等多种直指中小学课堂教学实际问题的研究方式正在得到越来越多中小学一线教师的认可，越来越多的先行者加入了以科研促教学的卓越教师队伍之中。史家小学所开展的骨干教师科研能力提升项目走在了时代的前列，我也希望史家小学的骨干教师能带动身边更多的教师开展研究，带动一批研究型教师的成长，同时也祝愿史家小学能够取得更为丰硕的教学与研究成果。

朱旭东

2019年5月30日

目　录

1

新入职教师培训手册　吕闽松 / 001
■ 研究反思　/ 008

依托名师工作坊提升教师领导力　杨　丽 / 011
■ 研究反思　/ 017

小学语文课堂学习共同体构建初探
——合作学习模式构建及内容定制　王建云　/ 019
■ 研究反思　/ 027

导师指导反馈　周　钧　/ 030

2

构建"阅读金字塔"课程体系的行动研究　陈亚虹　/ 033
■ 研究反思　/ 042

语文课堂实施组合阅读的教学案例及分析　高金芳　/ 045
■ 研究反思　/ 053

小学"三段五级式"日记教学的实践研究　王秀鲜　/ 056
■ 研究反思　/ 064

培养低年段小学生语文课外阅读兴趣的教学策略　张牧梓 / 069
■ 研究反思　/ 076

导师指导反馈　易　进 / 080

3

运用"韵化三字歌"培养小学生行为习惯的行动研究　赵慧霞　/ 084

■ 研究反思　/ 090

基于博物馆实践活动提升小学生综合素养的实践研究　李红卫　/ 093

■ 研究反思　/ 099

基于绘本阅读提升小学低年级学生语文能力的行动研究　王　华　/ 103

■ 研究反思　/ 112

导师指导反馈　桑国元　/ 116

4

小学体育游戏教学中合作意识培养的研究　刘　禹　/ 119

■ 研究反思　/ 131

幼小衔接期对家长的帮助与指导策略的行动研究　曹艳昕　/ 134

■ 研究反思　/ 150

小学高年级课内外阅读有效整合策略的行动研究

——基于家校合作的模式　孔继英　/ 153

■ 研究反思　/ 164

构建小学美术"FREE"创意活动模式的行动研究　李宝莉　/ 167

■ 研究反思　/ 175

导师指导反馈　齐建国　/ 178

5

小学天文校本课程立体化体系建设的行动研究

——以史家实验学校为例　张培华　/ 182

■ 研究反思　/ 202

基于提升学生"文化基础"核心素养的"粘土动画"校本课程

建设研究　王燕红　/ 205

■ 研究反思　/ 223

导师指导反馈　卢立涛　/ 226

6

营造和谐的班级环境布置行动研究
——基于班级环境布置改善为视角　阚　维　金利梅　/ 229
■ 研究反思　/ 237

基于学生生活经验的小学英语教学设计的案例研究　李民惠　/ 239
■ 研究反思　/ 252

小学英语课堂中有效设问激活学生思维能力的行动研究　宋　莉　/ 255
■ 研究反思　/ 264

7

运用益智游戏提升小学生空间观念的研究　景立新　孙桂丽　/ 267
■ 研究反思　/ 279

小学高年级学生数学基本活动经验积累的教学实践探究
——以《综合与实践》课为例　李　文　/ 283
■ 研究反思　/ 296

提高小学生数学问题解决能力的画图策略的行动研究　王　滢　/ 299
■ 研究反思　/ 310

构建"和谐·生态"综合实践课程体系的行动研究　高李英　/ 312
■ 研究反思　/ 322

导师指导反馈　高潇怡　/ 325

8

"七彩阳光巧课程"案例研究　吴　玥　/ 328
■ 研究反思　/ 340

小学科幻画活动课程的教学研究　李　阳　/ 343
■ 研究反思　/ 368

小学劳技课培养学生设计能力的行动研究　赵　晶　/ 371
■ 研究反思　/ 379

导师指导反馈　杜　屏　/ 381

9

小学数学课程整合

——数学教材内容重构　赵　蕊　/ 384

■ 研究反思　/ 395

大数据时代培养学生数据分析观念

——整体方案设计对学生数据分析观念的影响　高雪艳　/ 398

■ 研究反思　/ 413

基于项目学习（PBL）提高小学生数学问题解决能力的实践与研究

——以"综合实践活动课程"为例　李冬梅　/ 416

■ 研究反思　/ 430

导师指导反馈　白　滨　/ 433

新入职教师培训手册

吕闽松

一、通识性培训

培训内容：第一次新教师培训课、第一次学校理念培训课、第一次外出参观等。

参与教师：第一年新入职教师。

通知方式：微信群或者钉钉群通知培训时间。

培训部门：教师发展中心。

培训提纲如下：

1. 史家教育集团的建设理念

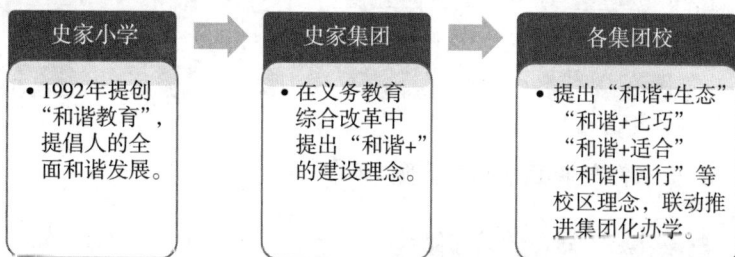

史家小学	史家集团	各集团校
• 1992年提创"和谐教育"，提倡人的全面和谐发展。	• 在义务教育综合改革中提出"和谐+"的建设理念。	• 提出"和谐+生态""和谐+七巧""和谐+适合""和谐+同行"等校区理念，联动推进集团化办学。

2. "种子计划"图

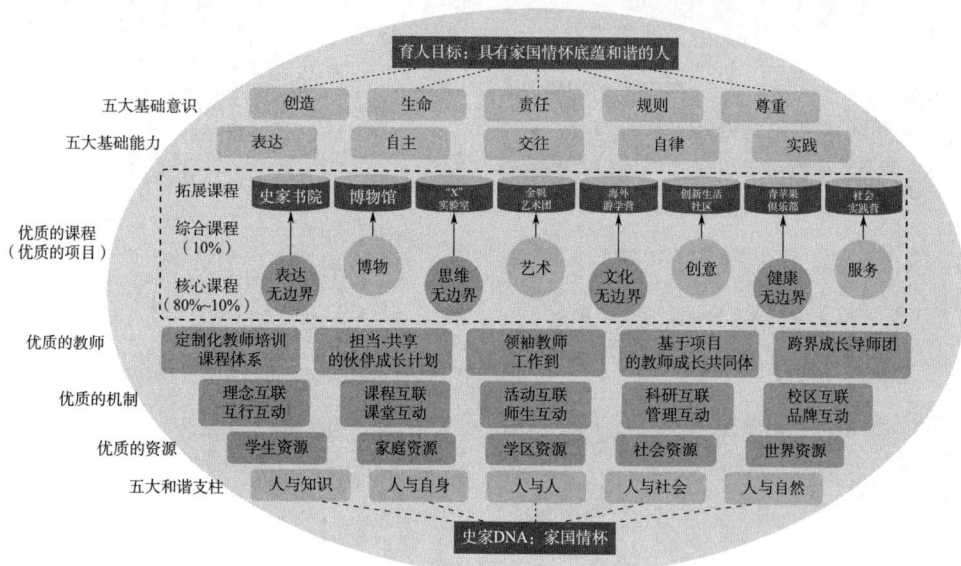

3. 无边界课程的概念界定

课程名称	问题导向	课程设计思路	课程目标	育人目标
无边界课程	突破条线育人的边界 （突破传统教育的方法）	统整育人要素	锻炼自主与合作	育独立思想者
	突破符号学习的边界 （突破传统教育的方式）	连接书本生活	鼓励创意与表达	育终身学习者
	突破单向成长的边界 （突破传统教育的方向）	提供多样选择	提供多样选择	育世界参与者

> 用图表的形式将学校的建设理念、课程理念、管理体系等可视化，清晰且容易理解。

4. 史家教育集团"无边界课程"的体系为"两级三层"

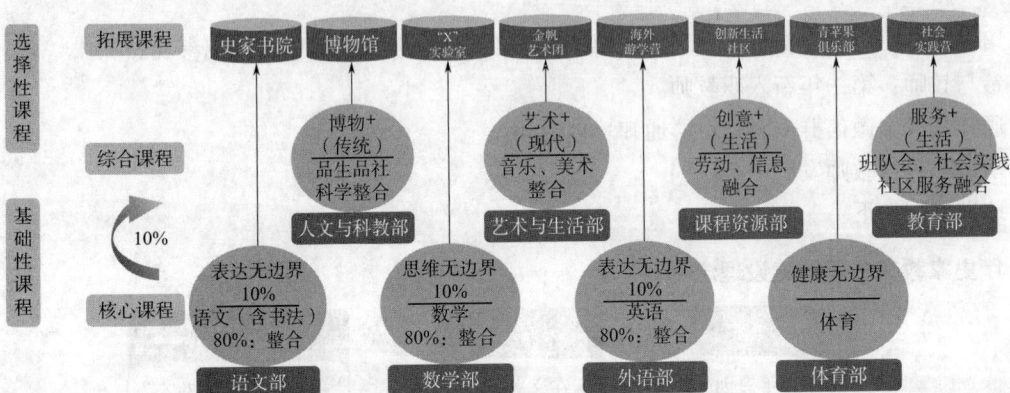

5. 史家教育集团的课程管理体系

课程管理委员会 战略发展中心 督导评价中心	由校长牵头，由战略发展中心和督导评价中心组织远营，并吸纳校内外课程专家共同组成，主要负责集团课程的顶层规划与设计，对接国内外教改的理念，审批课程增减及课时设置，并定期召开集团课程发展专题研讨会。
三个中心 学生发展中心 品牌发展中心 教师发展中心	由三个中心组成，主要负责课程的统筹与监控，三大中心重点各有不同，学生发展中心主要负责国家课程的整合与补充，品牌发展中心则主要负责品牌课程及项目的开发与策划，教师发展中心主要负责教师专业素养的提升，重点培养教师课程领导力。
八个部门 德育部 语文部 数学部 外语部 体育部 人文与科技部 艺术与生活部 课程资源部	由八个部门构成，主要负责课程的开发与评价，以任务为导向，以特定的课程建设为目标，通过扁平化的管理促成信息共享、理念协同、相互协调，从而有效促进跨学科、多部门的高效合作。
六个年级组	由六个年级组构成，是课程实施与反馈的主体，各年级牵头探索具有年级特色的课程实施方式和教育教学模式，并负责课程实施的动态跟踪与反馈。

6. 集团学生意外伤害事故的处理原则和流程图

以"最快处理、紧急救治、减少伤害、减轻痛苦"为原则，通知班主任、家长和主管领导，根据病情送最适合的医院，事后给予最人文的关怀。

> 结合树状图，用简洁的关键词突出意外伤害的处理原则，直截重点。

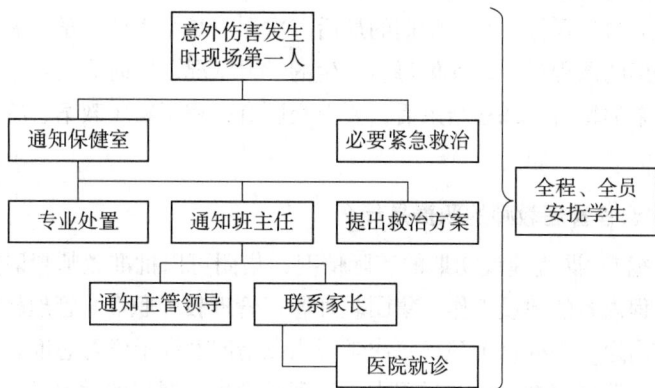

```
              意外伤害发生
              时现场第一人
       ┌──────────┴──────────┐
   通知保健室              必要紧急救治         ┐
       │                      │              ├ 全程、全员
  ┌────┼────┐                                │   安抚学生
专业处置  通知班主任      提出救治方案         ┘
       ┌────┴────┐
  通知主管领导  联系家长
             │
          医院就诊
```

7. 教师外出学习的一般规定

（1）因公外出学习须持有通知、文件，报请分管领导和校长批准，办理请假手续，安排调课或代课、代班，做好交接工作。

（2）严格遵守培训单位的活动安排，仪表端庄，举止文明，认真学习，做好笔记，积极参与。

（3）学习后需将学习情况按要求向相关部门汇报，带回的书籍、光盘等资料，上交学校登记备案。

8. 开展校内外班级活动（含课余时间使用学校场地、本班教室的）申报审批程序

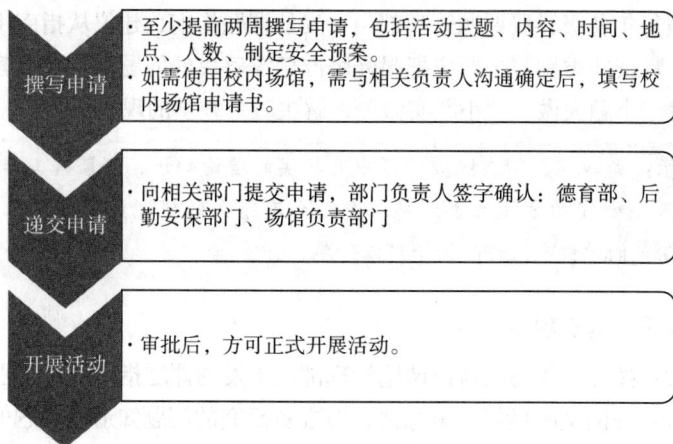

撰写申请
- 至少提前两周撰写申请，包括活动主题、内容、时间、地点、人数、制定安全预案。
- 如需使用校内场馆，需与相关负责人沟通确定后，填写校内场馆申请书。

递交申请
- 向相关部门提交申请，部门负责人签字确认：德育部、后勤安保部门、场馆负责部门

开展活动
- 审批后，方可正式开展活动。

温馨提示：各类活动一定要先申请获得批准后才能开展活动。

9. 330课程授课教师的职责是什么

根据课程目标，制定课程计划，并落实执行。每学期开学后，通过招募学生组织好上课班级。管理好每次活动时学生的出席情况，及时与家长沟通，确保每名学生按时到达上课教室。认真组织教学，及时调整教学设计，努力达成教学目标。每个学期的最后一次课，是学生课程学习展示。要针对一个学期的课程学习，评价每名学生的学习状况，同时为每名学生搭设展示学习成果的舞台。课程结束后，要上交所有课程资料（教案、签到表、展示成果等）。

10. 330课程管理教师的职责是什么

根据330课程建设初期的实际情况，集团可以批准教师聘请校外人员担负起课程内容的建设工作。集团教师履行管理教师职责。管理教师必须与家长建立沟通，掌握每个孩子每次学习出勤情况及课上学习态度，及时收集授课教师的课程资料。在此过程中，管理教师也是课程的学习者，要让自己努力成为课程的执行者。

二、教科研培训

培训内容：第一次教学叙事培训、第一次课题培训等

参与教师：第一年新入职教师

通知方式：微信群或者钉钉群通知培训时间

培训部门：教师发展中心教科室

培训提纲如下：

1. 教师选择科研课题

按照每年各级科研课题管理部门下发的课题指南，建议从指南中选择和自身联系紧密的类别，选题应把眼光瞄准急需解决的问题，从教育教学工作实际出发"小题大做""小题实做"，解决教育教学的现实问题。

> 温馨提示：新入职教师在院校学习中有扎实的理论知识，如果将工作中的小问题用课题研究的方法去思考解决，就会有很大的研究优势产生很好的效果，这在我们学校有很好的例子可以借鉴。

2. 教师申报课题立项

一看：按照每年各级科研课题管理部门下发的课题指南选定类别；

二查：查阅文献做好文献综述，对准备研究的问题知道该问题的研究现状和水平；

三写：完成课题申请报告，按照要求整理好材料交到教科室。

> 温馨提示：目前各级各类的课题申报很多都有青年专项，鼓励大家积极申报。

教师在教授部分指定课程的时候，明确自己的职责是非常重要的，这将影响到一门课程的设计、开展和总结提升。文中将这一职责及其对应的教师角色落到具体的情境中，"接地气"又不失"高度"。建议添加文本说明什么是330课程及其开设的目的等，让教师可以在课程大背景下更好地理解自己的角色。

建议在"通识性培训"部分，将已有内容按照培训主题进行区分，使手册结构内容更清晰，主次分明。

选择科研课题和立项的原则与实践情境结合得很紧密，对新手教师恰到好处的提示也很有效地帮助他们避免科研中可能会遇到的问题。

3. 教育教学案例分析的基本体例

【案例背景】简要介绍案例发生的时间、地点、人物等基本情况，交代教学案例研究的方法与主题。

【案例描述】案例的主要部分，主要是描述课堂教学活动的情景，即把课堂教学过程或其中的某一个片段像讲故事一样具体生动地描述出来，具体的描述形式可以是一连串问答式的对话，也可以用一种有趣的、引人入胜的方式来进行故事化叙述。围绕主题并凸显问题的焦点。

【案例分析】教学案例的关键，主要是运用教育理论对案例做多角度的解读，案例分析的内容可以是对描述的情景谈一些自己的思考或用理论进行阐释，也可以围绕问题展开分析。

【案例反思】对案例分析的概括、提炼、归纳，梳理问题和得失，便于后续的再研究、再调整、再实施。

> 文章以教师叙事在教师思维、教师专业发展上的影响为论点强调教学叙事对教师更深层次的影响。建议提供一些叙事的主题、活动方案甚至案例，将教学叙事具体化。

4. 教师做教育教学叙事的意义

教育教学叙事记录与反思，把作为叙事者的教师自身的思维触角引向自我教育生活的深层，使看似平淡的日常教育生活显现其并不平凡的教育意义。促使教师把实践工作中司空见惯的幽微细节重新审视，聚焦真实的现象，归纳背后的原因，揭示蕴含的教育教学规律，寻找解决问题的对策。使教师成为教育教学问题的研究主体，积累丰富、丰实的教育资源，逐步梳理、形成自己的教育教学的主张和成果，促进教师的专业发展。

三、教学类培训

培训内容：第一次上新入职教师覆盖课、第一次备课、第一次进班、第一次上课、第一次上活动课、第一次听课、第一次听师傅课、第一次判作业、第一次改错、第一次单元测试、第一次讲评试卷等

参与教师：第一年新入职教师

通知方式：年级群、教研组群

培训部门：学校指定的师傅、同教研组的老师

培训时间：随时随地

温馨提示：这一部分的培训因新入职教师所在的校区不同、学科不同、年级不同，多数情况不能够统一时间进行，小伙伴们一定要随时随地问，问了之后记录下来。区里还有统一的表格，大家一定要记录好了之后去填表格，自己留存好自己的资料，在听课笔记上做好标记。

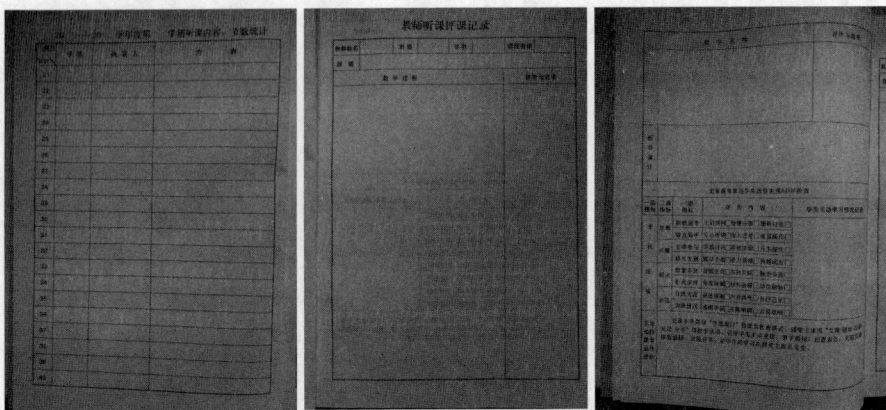

四、教育类培训

培训内容：第一次家长会备课、第一次家长会、第一次观摩班队会等

参与教师：第一年新入职教师

通知方式：年级群、教研组群

培训部门：学校指定的师傅、同教研组的老师

培训时间：这些教育活动前

培训提纲如下：

1. 体罚和变相体罚

体罚是一种简单、粗暴的惩罚方式，是通过给学生造成肉体上的痛苦，以此对犯错误的学生进行惩戒。我国现行法律明文规定废除体罚和变相体罚，如《教育法》规定"禁止体罚学生""体罚学生……情节严重，构成犯罪的，依法追究刑事责任"。教师对学生进行身体的暴力侵犯，如打耳光、脚踢、罚跪等行为即为体罚，这类的体罚侵害了学生的生命健康权、人格尊严权，是一种严重的违法行为。不仅如此，在教育学生过程中出现推搡、拉拽等激烈的肢体接触也属体罚。

变相体罚是教育工作者没有对学生进行肢体接触，而用语言、罚站、罚抄等行为戕害学生心灵，侮辱学生人格的惩戒方式。变相体罚具有一定的隐蔽性，但是对于儿童的伤害是巨大的。

> **温馨提示：** 体罚与变相体罚是教育的雷池不可触碰。

2. 批评学生的禁忌语言有哪些

禁忌语言本质上是触及了师德的底线，会伤害儿童的心灵。凡是带有侮辱、贬损、压制、恐吓、讽刺、威胁等含义的语言都是禁忌语言。

> **温馨提示：** 我们要好心做好事，有话好好说，不给自己添麻烦。

指出教师教育教学中敏感而又重要的几个方面的内容。也给新教师提供了很多巧妙而又扎实的建议，为新教师与学生、家长的沟通奠定很好的基调。

3. 家长会前班主任需要做哪些准备

根据学校家长会主题，确定内容及形式，以多种形式展示和谐向上的班级文化。家长会当天穿职业装，讲话专业真诚。家长会当天做好班级卫生。

家长会之前一定要围绕以下几方面做好发言准备：

第一，结合学校的教育理念阐述自己的教育观点；

第二，介绍班级情况，以表扬鼓励为主，切忌点名批评；

第三，不回避问题，但只说普遍问题，个别问题会后单独沟通，谈及问题时教师最好能提出合理的解决方案，给家长以引领；

第四，协调各学科教师与家长的沟通工作。

综合评述： 该手册结合图表、图画和文字，从通识性培训、教科研培训、教学类培训和教育类培训四个方面为新入职教师提供了形象且实在的信息，尤其对新教师在教学、科研、家校合作等方面可能遇到的核心问题上，结合新教师的现实情况，提供了非常具有针对性且有用的建议，展现了学校为新入职教师提供的丰富且具有支持性的专业发展平台和资源。本文的封面标题是"转型升级"，建议增加引言或在各项培训活动中对转型升级背景下的新入职教师培训的特点和核心目标等进行说明。

? 研究反思

一、参与此次史家项目的原因与动机

2012年开始我负责新入职教师的培训工作。面对庞大的新入职教师队伍，我们要采取什么方式来促进新入职教师的发展、帮助其渡过新任期就变得尤为重要。史家小学对于新入职教师的关注和培养由来已久，学校为每一位新入职教师配备了经验丰富的教师做师傅，对师傅和徒弟互听课的节数有着量的规定。同时，发挥教研组的作用，每一单元在新授课前，利用教研组内的教研活动给予新入职教师更大的业务上的帮助，促进其顺利成长。因此，我们充分抓住入职引导促进新入职教师的专业发展。

近几年来，随着办学规模的扩大，我校每年都有新教师加入我们的教学团队，作为教学团队中的"独特群体"。一方面，他们有着扎实的理论基础；另一方面，他们缺乏一些教学经验。因此，给予新入职教师急需的入职培训是帮助他们更快适应和胜任教师工作的必要措施。

2016年底，我参与了史家教育集团骨干教师科研能力提升项目，针对目前新入职教师培养存在的校区越来越多、学科越来越多、人数越来越多、培训统一时间统一地点越来越困难等问题，通过入职引导的研究归纳总结出影响新入职教师发展的内外部重要因素，引发新入职教师以及教育同行对新入职教师发展中入职引导的重视，最终为建立有效地促进新入职教师成长的内外部机制，帮助他们成功地跨越任职初期并为以后的专业发展打下良好的基础。同时，我的研究也是一次探索，希望研究成果对新入职教师的培训工作能有帮助。所以非常希望在研究方向上得到专家的指导。

二、在此次项目过程中的收获

第一次与周钧老师见面，我将课题研究的现状以及接下来进行的研究与老师进行沟通，老师还让助手帮助我进行文献的搜集。针对课题的提出，我查阅了很多篇相关的文章。鉴于我最初的研究方向是新入职教师的培训，特别关注了新入职教师的情感方面。有了周老师有针对性的指导，我对课题研究的内容更加清晰明了。这样和周钧老师两次交流之后，我决定这一期先出新入职教师培训手册，后续研究则特别关注新入职教师的情感方面。

这一年的研究过程，也是我学习的过程、成长的过程。经过撰写文献综述对国内外研究现状有了更多的了解，对研究方法有了更多的思路，对新入职教师的培训工作有了更深入的思考，在课题完成的同时，也提升了自己的科研能力。

在做新入职教师培训的时候，也是我自己再一次学习成长的过程，下面是新入职教师的反思。

1. 用心用情，走进生活

用心用情是我在培训学习和教育教学过程中体会很深刻的一句话。听过许多优秀的一线教师与我们分享的教育故事后，我发现这些老师都有一个共同的特质，他们都在用爱心陪伴学生成长，用欣赏和鼓励促进学生发展。

面对班级中一些个别学生经常性出现的违反纪律的问题，起初，我的处理方式以批评教育为主，但是在培训学习和反思中，我逐渐意识到，对待问题学生不能一味地批评，这样只能让他们的逆反心理和抵触情绪越来越严重，而是应该给予他们充分的爱与尊重，这样才能看到他们身上的闪光点。对于存在的问题，更应从学生的角度出发，寻找原因，同时换位思考，把鼓励和表扬与批评教育结合起来，用积极正向的方式帮助他们成长，让他们感受到来自老师的关心和爱。

在学习与反思中，我越来越深刻地认识到：教育是一个长期的过程，作为老师，不能急于求成，要多一些理解和耐心，让学生在这个以情移情的校园中感受到用情用心的教育。

2. 落实课改，提升实效

讲座让我深刻理解了课改的意义，对我提升课堂教学实效有很大帮助。

新课程倡导合作学习、关注探究创新，反思我的课堂，仍存在着缺少有效合作、忽视探究环境等问题。通过培训，我学习到一些教学设计和课堂观察的技巧，结合自身实际情况运用到课堂中，通过适合学生身心发展的教学设计来吸引学生的课堂注意力，通过一些激励性环节和鼓励性评价激发了学生的积极性和课堂参与度。相信每节课认真设计、精心上课、全面评价，营造友善的合作学习空间，启发学生探究思考，一定会让课堂越来越高效，让学生的每一个40分钟都有收获。

在学习和反思中，我的教育教学专业技能得到了提高。未来，我也会继续向优秀的教育工作者学习，努力做学生成长的引路人，用情用心教书育人。

3. 教育情怀滋养新苗

大学毕业，踏上三尺讲台，成为一名人民教师。我在倍感压力的同时，也感到欣喜，因为终于可以实现梦想，用自己所学去传道、授业、解惑了。

入职以来的大半年里，新入职教师培训引领我，师傅的教育情怀也令我深受感染，犹如一片沃土滋养着我们这些初长成的小苗。校内外的学习机会和日常组内的教学研讨都能让我感受到思想火花的碰撞。半年的工作学习，让我对教育教学工作又增加了许多新的认识。

4. 管理技巧引导教学

新入职教师的专题培训让我提升了理论水平，师徒结对培训使我提高了教学实效，师傅的经验介绍帮我丰富了班级管理技巧，组内老师们热心的引导和帮助让我减轻了不少心理压力。在这些培训与学习的反思后，我在日常教育中更加注重了与学生交流谈心，积极主动地发现学生思想、行为及内心世界的发展变化，主动表扬学生积极向上的一面，及时开导和化解学生消极不良的一面，多以名人小故事予以教化和激励，使学生养成良好的学习习惯。在语文常态教学课堂上，面对学生，应多多运用树立小榜样、设置课堂竞赛、抓住学生的闪光点并及时激励等行之有效的方法，让学生们在学中玩，乐中学，促进学生学会学习。

三、在此次参与项目过程中遇到的问题

一是工作比较多，与老师直接沟通交流比较少，大多是通过网络，面对面指导只有两次。如果有机会我还是希望像北师大骨干学习那样有一段完整的时间踏实安下心来研究课题。

二是课题研究密度大，时间紧，有压力。

四、对之后参与科研项目的期待与建议

目前，新入职教师的培训已经成为史家教育集团教师培训的一种常态，有效促进了集团各个校区新入职教师在课堂教学、科研能力、课程开发等方面的发展，起到了转型提升的作用，为我校的教育人才培养注入新的活力。今后还将继续开展研究，不断促进集团新入职教师专业、均衡地发展。

依托名师工作坊提升教师领导力

史家集团　杨　丽

学校教育是一个复杂和动态的过程，教师作为学校中的一个庞大群体，在推动学校发展中起着举足轻重的作用。在学校变革的过程中，教师承担着新的角色，教师绝不仅仅是变革的经历者和执行者，更是变革的领导者，教师领导力是学校发展的潜在动力能源。教师领导力对促进教师专业发展具有重要的现实意义。

史家教育集团自集团化办学后，进行了"教师领导型治理结构"的实践探索，积极培养领袖教师，充分唤醒教师在改革中的主体作用，不断强化教师的专业影响力与学术领导力，确保各项改革任务在集团各校区同时顺利推进。我们视各级骨干教师以及在某一领域具有较大专业影响力的教师为"领袖教师"。打破了过去教师各自隔离的个体化工作局面，营造出一种合作的学校文化，并生成名师工作坊这样的专业学习共同体，实现共同成长。我们依托史家集团名师工作坊发挥教师领导力激发教师内在的动力需求，有效提升教师领导力，推动教师的专业化发展。

一、赋权增能提升行政领导力

史家集团工作坊，由集团各校区具有特级教师、北京市学科带头人、北京市骨干教师、"紫金杯"班主任特等荣誉称号的学校优秀教师以及在各个校区某一学科成绩突出、特色鲜明的教师作为主持人，成员根据双向选择的原则，由各校区教师主动参与，集教研、科研、培训于一体，旨在促进集团教师专业化发展。

集团工作坊采用主持人负责制，充分发挥主持人的领导力，为教师创设真正发展的宽松环境，使主持人拥有许多自主权。各个名师工作坊主持人全面负责本工作坊各项活动，在成员培养与发展、团队组织管理、活动计划与开展、成员评价、经费使用等方面行使权力和承担责任。

成立工作坊之初，主持人根据成员特点和自身特长，对全体成员进行共性培养，也对不同对象进行个性化培养。主持人提供培养发展方向，给成员制订《个人发展规划》、学习、研究专题和任务，指导方法，提供机会，作出评价。主持人工作坊定期将运行状况、开展活动进行总结交流，学期末工作坊主持人对成员参与活动、完成情况、取得成绩等方面进行评价考核。集团工作坊使主持人在组织活动中积累经验、成长智慧，提升行政领导力。

二、自我超越提升个人领导力

通过对一部分主持人和成员的访谈我们发现，工作坊不但起到了骨干教师的引领辐射作用，同时对主持人自身的提升也起到推动作用，很多主持人认为要努力提高自身的业务水平，以身作则，其领导地位才能被别人认可，才能在工作中领导其他教师和学生。

1. 自觉加强师德师风建设，提高道德领导力

工作坊主持人在工作中不断加强自身的思想道德建设，提升道德影响力。用自己的修养、良好的行为习惯影响成员教师。在集团工作坊研修过程中，主持人不断地学习，并定期进行自查、自省，修正自身言行，规范自己的言行，督促着自己，做到以德服人，提高道德领导力。

借助主持人的实际体验，将抽象的道德领导力具体化。

例如，数学工作坊韩巧玲校长在访谈中提到，主持人的一言一行对成员教师的思想、行为和品质具有潜移默化的影响，自己的一言一行、一举一动，将会对老师产生影响，所以在平时，时时处处为老师做出榜样，凡是教师要求学生要做到的，自己首先做到。严于律己，以身作则，才能让老师心服口服，把你当成良师益友。从主持工作坊工作以来，也锻炼了自己。在工作坊的活动中，自己需要参加培训，不断学习，充实自己的底蕴，自己是一名被培训者；当自己组织工作坊的老师们完成一项项活动时，自己便成为一名培训者，把自己在工作中、学习中的点滴体会传递给老师们，和老师们一起分享。

2. 形成自主学习反思意识，提高教学领导力

工作坊主持人不断地进行自主学习，通过阅读报刊、书籍、上网求知等方式，获取更多的信息资源，不断地扩大自身的知识面，掌握本学科领域最前沿的成果，以提高自身的专业水平。"教而不思则罔，思而不教则殆"，主持人在工作坊研修过程中会经常自觉反思自己的教学实践，不断更新教学观念、改善教学行为、提升教学水平。集团工作坊在研修活动中主持人带领成员通过各种形式的反思，促使主持人对自身教育实践和教育观念进行及时的批判性思考，更深入地理解自己和专业上的相关事物，有的放矢地进行自我剖析和自我教育。反思的过程，也是教师自我成长、自身领导力发展的过程。

例如，陈燕校长谈道，参加工作坊主持以后，参与并组织了几十次活动，听课达100余节，参与研讨几十次，在活动反思中对语文教学核心素养、核心能力的认识加深了，对课堂教学模式的思考越来越多了。同时推动

了老师们对于自身工作的思考以推动个人教学能力水平的提高。

陈燕工作坊成员王静老师说，加入工作坊以后，觉得自己有了一定的归属感，在工作坊之内更有前进的动力。课堂教学水平是自己加入陈燕校长工作坊以后进步最大的方面，因为工作坊有陈燕校长的引领，在课堂教学中给了很多实际有效的指导，自己通过一次次实践反思提升了课堂驾驭水平，同时也更加自信。

徐虹老师也说到自己在工作坊导师的指导下学会了学习、反思，不断在学习反思中提升自己的专业素质和能力。并将工作坊学习中的所见、所闻加以整理，结合自身实际情况，认真加以思考，得出自己的见解，使自己的教学能力不断提高。

3. 通过开展读书交流活动，提高课程领导力

工作坊以教育实践为载体，以学习研讨为形式积极参与课程改革，作为工作坊主持人需要具有广博的科学文化知识作为基础，不仅精通学科专业知识和理论，而且必须更加广泛地学习和了解相关学科的知识和理论，了解各种学科领域之间的关系。很多工作坊主持人都做到坚持读书，并推荐成员教师开展读书活动，理论联系实际，带领成员以解决问题为核心开展教研活动，开展课程开发与构建。通过相互沟通、交流，促进工作坊教师整体进步，同时指导成员开发新课程，帮助成员教师梳理课程目标，促进教师之间进行交流创新，为提高成员课程开发能力提出建设性意见，充分发挥主持人的课程领导力。目前集团各个年级、各个学科开设各种课程达几十种。

例如，陈燕校长说作为主持人在王欢校长的引领、启发下，自己开始思考学校语文课程建设的问题。虽然现在还只是整体的构架，没有具体的成果，但这种思考与努力对于提升自己个人的专业化素养是有裨益的。她阅读了大量相关的书籍，与老师们共同研讨课程构架、教学模式的转变，在不断地充电学习中提升了自己专业水平，也增强了自信。

主持人褚风华老师根据英语课程的发展和建设，和工作坊的老师们依托史家教育集团的总理念，通读教材，对英语课程的改革有了更深的认识，利用教学资源自主开发校本课程，提升了自己的课程领导力。

成员杨春娜谈到通过工作坊研修活动，课程开发能力明显增强，尤其是课后330社团课程的开发和天文校本课程的开发都有明显成效。

三、团队研修提升团队领导力

工作坊作为教师合作团队有利于教师领导力的发展。依靠团队中教师感情上的共鸣、心理上的沟通以及互相团结、共同努力，以形成教师之间彼此尊重、相互谅解、团结合作、和谐友爱的良好团队氛围。

在史家集团工作坊，教师不再是孤军奋战者。在这个集体中，每个人都是很好的教育资源，主持人和成员智慧互补，经验共享，互相交流课堂教学得失、心得体会，以求头脑风暴，思想碰撞，或互勉共进，形成教研团队。

工作坊把团体合作学习方式引入到工作坊教研活动中，为教师之间进行信息交流、经验分享和专题研讨提供操作平台，强化合作意识，实行资源共享，做到优势互补。教师们针对教学活动共同备课、研讨、交流、反思。为成员教师提供互助合作的平台，激发成员教师的教育热情和智慧。

例如，数学工作坊成员刘伟男老师说，参加工作坊之后，和有经验的教师交流的机会更多，和老师们一起备课、磨课的机会也更多了，不再像原来怕做公开课了。现在在很多老师的帮助下，自己愿意承担公开课的任务了，并把它当成青年教师学习的机会。在这些交流的机会中，我们学习到更多的教学经验、更多的理论指导。觉得参加李冬梅老师的工作坊之后，收获很大！

在东兴杯教学大赛、北京市微课程录制、各种国家级市区级赛课、观摩课等教学活动中，工作坊团队极大地发挥了团队作用，使教师们取得了一次次优异的成绩。

工作坊团队研修使教师在不断地自我学习和相互学习的实践过程中，不仅在专业发展上相互影响促进，而且在专业发展中进一步形成了彼此之间的影响力，从而促进了主持人自身领导力的发展。

例如，徐莹谈道，工作坊作为英语部教学教研以及日常生活的一部分，已经沁入每一位史家英语教师的工作当中。从骨干教师，到青年教师，每个人都在贡献着自己的资源。无论是年轻人充满朝气的游戏，还是老教师的从容课堂，中坚力量的创新与发展，都呈现出新时代英语教师们的与时俱进。英语工作坊胡媛媛老师说，觉得自己平时在课堂教学中会遇到不同的问题，工作坊就是为自己提供了和同行们讨论、学习和分享的机会。在提出自己的问题时，有很多同行可以帮助到自己，并提出宝贵的建议。工作坊中还会请老师们做课，大家在课中学习，课后还会商讨如何更好地将课堂融入生活，让学生更好地学到知识。所以，她有找到家的温暖感觉。正是这种交流式的学习方式，使得各位老师之间可以取长补短，互相促进。

闫欣工作坊翟玉红老师说，自从参加了闫老师的工作坊受益良多。几位老师能够相互交流，共同学习，取长补短，共同提高。大家一同备课、说课的过程使自己眼界开阔了；思考问题能站在更高的境界；许多疑问得到了解决或启发；业务素质得到了很大的提升……

教师同伴合作中的教师领导力主要致力于教师之间的智慧共享，将教师的个体性知识和能力转化成教师的主体性的共同知识和能力，更好地促进学校教育教学事业和教师自身的发展。教师在同事群体活动中的领导力主要体现在教师之间为了共同的进步达成一种共赢关系。教师一起分享教育教学成果、探讨解决教育教学中的问题、一起参与课程的研究与开发，教师之间相互学习、相互影响，共同完成实际的教育教学研究工作。教师领导力就是在相互学习和相互指导中形成和体现出来的。

四、课题研究提升科研领导力

从不敢做课题到独自申请课题、工作坊的成果等都能体现课题研究中教师获得领导力的提升。但这段文本主题内容交叉，建议归纳科研领导力的几个维度，分点说明。

很多教师有教育教学的实践基础，但缺乏科研的意识，也害怕做课题，但在工作坊主持人的引领下，不但促进了自己对教育教学的思考，同时也提高了自己的科研能力。

成员杨春娜所主持的课题在工作坊主持人张培华老师的帮助下还成功申报了北京市规划办的课题，目前已经开题，并在工作坊的引领下将继续开展研究。对于这一点，鲍彬老师也曾谈道，在科研上，自己独立申请课题还有些困难，但现在可以加入到课题组里与老师们一起研究，更有实际意义。

这就是主持人对成员教师带来的影响力，它渗透在教育教学的点滴中，课题研究有助于促进教师的观念更新、有助于完善教师的知识结构、有助于提升教师的科研能力。

在史家集团每个工作坊都有自己的研究主题，主持人以课题推动研修活动。在工作坊承担的课题中，每位成员都要参与，主持人组织开展主题式的教学研讨活动、任务驱动型的专题研究，提高成员的科研理论水平和解决实际问题的能力，并尝试在实践中运用。成员在导师指导下撰写研究论文或案例等，形成成果。目前各个工作坊承担的课题包括国家级课题2个、市级课题12个、区级课题6个，参与各级各类课题40余个。这些专题研讨能够通过教师之间的深入研究使教师理解这些问题的本质，在深度合作研究中获得相关知识和技能，并通过合作交流使这些知识和技能成为教师之间的共享知识和技能。主持人通过与成员交流学习来增长自身的知识和能力，提升自身的领导力。

例如，乔龙佳老师说，在郭老师、师傅、老师们的帮助下，课堂教学水平逐渐提高。这一年中，在工作坊各种活动的帮助下，不断成长，和教师们共同开发国博课程并虚心学习，加入了郭老师的课题《利用国家博物馆资源开展品德与社会学科特色的社会主义核心价值观教育的实践研究》，科研能力也在不断提高，向成为专业性教师转变。

刁雯老师说，通过工作坊研修学习，让她从原先只会考虑如何让学生学会某个舞蹈动作，转变成现在努力通过舞蹈学习提高学生的综合素养，让她对舞蹈教学有了新的认识。作为新入职教师，通过参与师傅的工作坊，跟着做课题等研究工作，使她在课堂教学中有了明显的变化，无论是教学设计，还是把控课堂能力都不再像原先一样束手无策。

史家集团工作坊赋予教师崭新的角色，给予教师更多的工作表现机会、更多的自我价值实现机会、更多的参与和行动机会。提升骨干教师的行政领导力、个人领导力、团队领导力、科研领导力，使骨干教师在自我实现中影响和帮助更多教师实现自我价值，使更多的教师热爱上教育事业。同时有效调动了教师的主体作用和主动精神，激发了教师的职业激情，增强了学校的管理效能，提升了教师的专业素养，促进了教师的成长，推动了教师队伍的专业发展。

> **综合评述**：文章的脉络清晰，主旨清晰，适当地利用案例、访谈内容作为论述支撑，将史家教育集团名师工作坊项目开展以来的实践成效，总结为行政领导力、个人领导力、团队领导力和科研领导力四方面的提升，为一线教师领导力提升项目提供了优质的、具备参考价值的实践探索。对工作坊的调研如果还能继续，建议在实践数据中拓展教师领导力的内涵，并参考分类法的原则，明确各项领导力的概念、实践表现等，从而建立工作坊教师领导力提升的模型。

? 研究反思

一、参与此次史家项目的原因与动机

2013年史家工作坊成立，我开始负责史家小学名师工作坊的工作。工作坊是史家小学教师队伍建设的一项重要举措，不但有效发挥了名师的引领作用，促进和带动了一大批教师的专业成长，也是一种教师培训的新型模式，需要参与者在培养目标、活动内容与形式等方面进行更多有益的尝试，探索出一些学校推进教师专业发展切实可行的方法策略。

但是当时相关的管理机制、研修机制、评价机制都不健全，如何有效推动此项工作的顺利开展，成为摆在我面前最大的困难。为了让此项工作能够顺利有效地开展，我查阅了大量资料，自己设计梳理制订管理制度，做好通识培训及计划总结交流，并在实践基础上进行理性反思，积极参与课题研究，以课题研究推动工作坊的工作。经过三年的研究探索，我先后完成了北京市课题《名师工作坊机制促教师专业发展的研究》《名师工作坊促学区教师专业发展的研究》《集团背景下名师工作坊研修方式的研究》。

2016年底，我参与了史家教育集团骨干教师科研能力提升项目，当时正是在《集团化办学背景下名师工作坊有效研修的研究》课题的结题阶段。同时下个学期将强化骨干教师专业影响力与学术领导力，转变过去行政指派的管理模式，让更多骨干教师发挥自身特点，开设特色工作坊，引领、带动集团教师多元化发展，促进集团教师均衡发展。目前在工作坊课题研究的基础上还要申请新的课题，所以非常希望在选题和研究方向上得到专家的指导。

二、在此次项目过程中的收获

第一次与周钧老师见面，我将课题研究的现状以及接下来进行的研究与老师进行沟通，在老师的指导下我确定了课题研究的方向，开始撰写文献综述。由于自己搜集的相关资料不够充分，老师还让助手帮助我进行文献的搜集。针对课题的提出，我查阅了相关的文章100多篇。从国内外对于工作坊、教师工作坊、教师研修有效性的研究等几个方面的资料进行检索，提取大量相关的研究内容，梳理出自己的研究框架，开题报告完成得比较顺利。

接下来，在课题实施阶段，我们与周老师第二次见面，我提出了在研究过程中出现的问题，比如：如何选择访谈对象？怎么设计访谈提纲？

周老师一一进行了解答，并提出以下建议。

一是从方法上讲，准备用访谈法和经验总结法设计访谈提纲，总结整理之前的非正式访谈，并且在访谈时就要想教师（主持人）运用了什么策略。

二是想一想要访谈哪些主持人，如果有20多个主持人访谈，现在研究的是领导力主要是教学领导力，那行政领导单单就只是行政吗？不承担教学任务吗？因为研究结果总结的策略是多样的，不能仅仅是单一或几个的方面，要多广度地访谈主持人，可以将主持人分

类。主持人可以从市骨干教师和特色教师区分，剩下的十六七个就可以访谈研究者比较熟悉的、指导的教师成长比较快的主持人，也就是需要找领导力成长比较快的主持人，看其是如何提升的。因为只有提升改进的主持人研究者才能知道其提升改进的策略。

三是理解"领导力"的概念，初步理解教师领导力是能在人格上、教学上、教育上引领其他教师，可根据这三个标准寻找访谈对象。

四是总结文献中关于提升教师领导力的策略，设计访谈提纲。

五是尝试访谈一个访谈对象，整理访谈资料，再对访谈提纲进行整理和改进，就这样循环往复。边改进访谈提纲，边提炼教师领导力的策略，如果发现重复的，就可以问其他的特别是关于特色的策略，或是风格不一样的主持人。

六是访谈可以加上观察法，持续跟踪主持人的自我成长。

有了周老师有针对性的指导，我对课题研究的内容更加清晰明了，对于如何依托工作坊提升教师领导力有了明确的思路。于是设计了访谈提纲，对工作坊主持人及成员进行访谈，了解工作坊促进教师成长的轨迹，整理提炼了相关策略，并着手撰写论文。论文完成后，我与周老师多次网络沟通，周老师也多次对我的论文提出修改意见，最终完成了《依托名师工作坊提升教师领导力》的科研论文。

史家集团工作坊赋予教师崭新的角色，给予教师更多表现的机会、更多自我价值实现的机会、更多参与和行动的机会。提升骨干教师的行政领导力、个人领导力、团队领导力、科研领导力，使骨干教师在自我实现中影响和帮助更多教师实现自我价值，同时有效调动了教师的主体作用和主动精神，激发了教师的职业激情，增强了学校的管理效能，提升了教师的专业素养，促进了教师的成长，推动了教师队伍的专业发展。

这一年的研究过程，也是我学习的过程、成长的过程，经过撰写文献综述对国内外研究现状有了更多的了解，对研究方法有了更多的思路，对工作坊研究的内容有了更深入的思考，在课题完成的同时，也提升了自己的科研能力。

三、在此次参与项目过程中遇到的问题

一是工作坊涉及人员范围广、数量多，进行访谈有一定困难。

二是工作比较多，与老师直接沟通交流比较少，大多都是网络，面对面指导只有两次。

三是课题研究密度大，时间紧，有压力。

四、对之后参与科研项目的期待与建议

目前，名师工作坊已经成为史家教育集团教师培训的一种常态，有效促进了集团各个校区教师在课堂教学、科研能力、课程开发等方面的发展，起到了培养优秀教师的基地的作用，为我校的教育人才培养注入新的活力。今后还将继续开展研究，让工作坊这一研修方式不断促进集团教师专业、均衡的发展。

小学语文课堂学习共同体构建初探
——合作学习模式构建及内容定制

史家小学　王建云

孔子在《学记》中说："相观而善谓之摩""独学而无友，则孤陋而寡闻"。合作学习自古以来就是有效学习的重要途径。合作学习作为语文课堂学习共同体最突出的呈现方式，既是学习变革行动选择的结果，也是学习活动的本意再现。

如果我们置身于学习共同体的课堂，所能感受到其区别于传统课堂的最大变化在于：教室里的每一个学生身上都体现出基于对话式沟通的"合作学习"。作为学习共同体的语文课堂，学生结成多个"学习小组"，他们以更灵活的座位方式确定彼此在物理空间上的同伴关系，分组学习和特定的座位方式实现了学生个体间的多向交流与对话，促成了合作学习的开展。笔者总结了一年来的教学实践，将合作学习模式构建和合作学习内容定制两方面的经验总结如下。

一、合作学习模式构建

（一）合作学习的分组策略

1. 依据学情进行分组

通常组建合作学习小组的做法大致有两种：一是将学习能力强的学生安排为一组，将学习能力弱的学生安排为一组。这种做法的优点在于注意了学生的个性差异，方便了教师进行个别辅导，但很难对学生的合作交流学习起到效果。二是将学习能力强的学生和学习能力弱的学生杂糅在一起。这种做法的优点在于使学习能力强的学生带动了学习能力弱的学生，但结果却往往造成了学习能力强的学生"滔滔不绝"而学习能力弱的学生"望洋兴叹"。因此，在小学语文课堂教学中组建科学、适宜的合作学习小组应该综合以上两种做法，弥补它们的不足之处，合理地搭配各类学生。让学习能力强的学生带动学习能力弱的学生，教师要注意各个合作学习小组中每位学生的参与度，并相机进行个别辅导，让学生人人参与合作交流，人人得到锻炼的机会，从而得到共同进步。

> 结合组建学习小组的常用分组方法之优点与不足，并针对这些不足，提出自己组建学习小组的原则，有理有据，很有说服力。

组建小组合作的原则包括相对均衡原则。相对均衡包括两方面，一是合作小组人数；二是小组成员学习能力。人数均衡指的是男女生数量相当，学习能力指的是学习优秀者和后进生交叉建成小组。只有这样，小组合作的优势才能得到体现，在合作讨论中优秀者有独到的见解，后进生又能在讨论中获得优生的帮助。在语文课堂分组中，教师应从学生的组织能力、朗读水平、口语交际、书写情况等综合考虑。保证同一个合作学习小组内混合学习成绩好、中、差的学生。实际的研究结果表明，好学生和差学生都能够从合作学习中受益。

2. 小组成员的人数和性别

在合作学习实践中，根据活动不同需要以及小组人数分配不同的角色。在我们的合作学习课堂中，小组规模多为4人。

经实践研究，分组依据"组间同质，组内异质，优势互补"的原则，4~6人组成具有多样性、可竞争性的学习小组最好。人数多了小组成员交流不够，不能展现个体才能，人数太对少又没有交流的氛围，很难达到合作学习的目的。所以，在分组时，教师要尽量使每个小组中既有男生，又有女生，既有优生、中等生，又有后进生，也可适当考虑学生的意愿等。

合作学习小组人数一直以来没有固定的说法，以多少人为一组适宜，国内外的学者普遍赞成在4~6人之间。在实际的应用中，大家发现4人小组学习是最好的，最能发挥小组的优势。这样的小组，人数不多不少，既能使每个成员都参与进来，又能让大家在讨论中产生各种不同的观点。笔者在实际的操作实践中也发现，4人小组最能发挥每个人的作用，不会因为人数太多，致使有些学习困难的学生插不上嘴，也不会因为人数过少，让小组成员任务过重。

心理学的大量研究表明，不同性别的个体在认知风格、能力、性格特征等多方面都存在差异。在合作小组中男女学生混合编组可以丰富小组认识问题、分析问题、解决问题的视角，而多视角的产生则可以丰富学生的思维。研究表明，"不同性别的混合小组合作学习比相同性别的小组合作效果更为显著"。在合作学习小组中，组内成员性别搭配要合理。

3. 小组成员的责任与分工

在开展合作学习之初，每个组可设小组长。组长主持小组开展工作、给成员分工，安排讨论时间。组长负责观察每个组员是否很好地完成分配的任务、组员之间的合作是否和谐、及时发现小组同学的错误并纠正等。完整的小组成员的角色分别是组长、记录员、汇报员、检查员、评论员、观察员等角色。在小组学习中，小组成员人人有事做，事事有人做，每个学生都各尽其责，每次合作都更充实有效。为了培养学生的各方面能力，使每个学生对不同工作进行尝试，体验多种角色，组长、记录员、汇报员等角色分工还可

在已有研究的基础上，结合自己的教学分组实践，确定分组人数和性别的最佳组合，充分体现笔者行文的严谨。

以定期交换，轮流担任。几个学生固定的合作一段时间后，大家相互影响，很容易被同化，这对合作探究的深入很不利，所以在小组合作学习中，经常重新分组和混搭也是很有必要的。

日本的佐藤学教授所倡导的"学习共同体"模式是没有组长的，学生间是平等的关系，没有优等生与后进生的区别。另外，学生之间不是"互相教"的关系，而是"互相学"的关系。组成学习小组的重要原因是"独学"会造成孤独、隔离感，在遇到具有挑战性问题的时候难以独立解决，从而造成学习上的挫败。4人小组中每个人都是平等的。每个人的观点、想法都得到充分的尊重，从而丰富了观点内容和解题思路，营造了和谐温暖的人际关系。每个学生都可以静下心来，平心静气地与同伴交换意见，每个人都可按照自己的步调去学习，无需感到紧迫或者羞耻，每个学生都在挑战自我。平等、合作、共享和追求卓越是这种合作学习的主旋律，这里的卓越不是"高分"或者一般意义上的"优秀"，而是学生通过努力对自我原有水平的挑战与超越。

实践表明，在新接一个班级，开展合作学习之初，在小组内进行合理分工，有利于合作学习的顺利开展，有利于培养学生的责任感和成就感。随着学生对合作学习方式的熟悉和课堂合作学习的深入开展，就可以慢慢取消"组长"设置，亦可经常打乱固有小组进行重新结组，开展新的合作学习，使小组成员通过平等的讨论、协商来解决问题。学生通过合作获得更加丰富或更加深刻的答案，从而获得知识、心理、社会性等多方面的发展。

理论如何在实践中生根发芽？在这段行文的过程中得以充分的展现。确实，理论不能直接照搬到实践中，若要让其在实践中真实可行，更需要教师的批判思考。

（二）合作学习的有效实施

1. 学生的倾听与表达

在合作学习时，应该先教给学生一些基本的合作技能并通过训练使其形成习惯，保证小组合作学习质量。比如学会倾听，只有认真听取每一个同学的发言，才知道哪些内容是自己不知道的，哪些又是自己考虑不周的，哪些是和自己相同的，从而再次整理自己的观点，达到学习的有效性。别人讲时不插嘴，认真听，这样才能学习别人的学习成果；要发表自己的不同见解或进行补充，应在对方讲完后，仔细地思考，把自己的观点大胆、清楚地表达出来，与同学进行交流等等。为了培养学生良好的表达与倾听习惯，教师也应发挥示范作用。为了让学生学会倾听，教师首先应专心倾听每一个学生的发言，无论孩子的发言是对还是错，是流畅还是吞吞吐吐，教师都要专心倾听，偶尔可做些提示，但切不可打断孩子的发言。教师那专注的神情、倾听的姿态会像底片一样印在孩子们的脑海里，让孩子们在平日的言行举止中去仿效。

对话是一种情景，组织成员可在其中通过交流来分享信息、观念，或在共同学习中探究某个问题。同时，对话也是一个利用个人思考引发集体思考的过程。对话的过程，是组织成员从各自理解的前结构（原有的知识背景）出发，通过多向、多次的互动达成一种视界交融的过程，而视界交融的结果是个体认知结构的不断改组与重建，是新知识、新理念的产生与创造。可见，基于对话协商的共同体学习过程也是成员之间（包括师生、生生）在经验共享中的相互造就过程。合作学习要让每一个学生参与进来对话，并让每一个人都有机会发表自己的看法和意见，教师要引导学生发言时注意发言时间和节奏，不能一人或某几人独占发言时间，否则就会让大部分学生失去发言的机会从而感觉课堂无趣，也不会认真参与到学习中来，从而影响课堂教学。

美国的约翰逊兄弟提出了教授合作技能的五个步骤为我们的研究提供了很好的借鉴。第一步，确保学生明白合作技能的重要性；第二步，确保每个学生都理解每项技能、如何运用这些技能以及什么时候运用；第三步，提供练习机会，鼓励学生掌握技能；第四步，确保每一个学生在他（她）使用技能时接收到反馈并反思下一次如何更有效地运用技能；第五步，确保每个学生时常进行技能练习，直至能自如地运用。

由于需要掌握的技能较多，难易不均，在教授时要特别注意详细讲解每一个技能的运用，必要时可运用示范的作用，比如可以采用每个小组组长对组员示范的方式，其效果较好。还应该注意让学生由浅入深、循序渐进地掌握合作技能。教师必须有意识地依靠课堂的训练和课后的延伸，长期、潜移默化地进行培养。

2. 教师的总结与反思

在合作学习结束时，教师要对本次学习做出总结，对做得好的地方提出肯定和表扬，对于做得不好的地方给予纠正，以此帮助大家总结学习方法，有利于下一次的合作学习。

在学生进行小组学习结果汇报后，教师要对学生小组合作学习的过程和结果适时、适当地给予评价和奖赏，不但要评价小组整体，还要注意对小组个体成员进行评价。教师的鼓励和表扬，可以激发学生探究的热情，培养他们的创新意识和创新能力。

反思是对实践的再认识、再思考，以总结经验教训，不断修正实践。可以设计语文课堂学习共同体的评价指标，课后进行测评，以评价促反思。根据课堂学习共同体的基本内涵，可从自主学习、合作交流、学习中介（工具资源，规章制度）、展示提升、目标达成等几个方面，定性与定量相结合评价语文课堂学习共同体的效果。老师从学生的反馈以及自我评价方面，审视存在的问题，努力加以解决。

及时总结、及时评价激励对小组合作学习起着导向与促进作用。及时的反馈，有利于让各个合作小组充分展示成果，阐述观点，并倾听其他组的观点，吸纳他人之长，及时做必要的订正和补充发言，通过及时反馈进一步内

学生是小组学习的主体。因此，合作学习的有效实施不仅来自教师的引导，更在于学生小组内部的交流与协作。王老师将学生的倾听与表达训练作为该研究小组学习的一个重要部分，确实关注到很多教师在开展小组学习活动时经常忽略的部分！

无论是来自外界还是内部，学习反馈对教师的课堂教学和学生的小组学习有着重要的影响，是其持续发展提升的动力来源之一。王老师尝试在课堂和课后对学生的小组学习及自己的教学进行反思和再认识是很棒的举措。如果可以的话，可以分享一些评价的案例，对部分教师评价、反思行为带来的后续影响进行跟踪研究以及鼓励学生对小组学习过程及成果进行反思。

化知识、归纳出合理的结论和解决问题的最佳策略。

二、合作学习内容定制

在语文课堂这个特定的合作学习场景中，教学活动涉及教学方案与目标的设计、教学结构与内容的安排、教学方法与艺术的运用等多个方面。在语文课堂学习共同体的课堂实践内容的选择中应该当遵循哪些原则和策略？哪些方面的内容适合开展合作学习？笔者将自己的教学实践总结如下。

（一）选择合作学习内容的原则和策略

一是在关注语文实践，培养听、说、读、写能力时，相机选择小组合作学习。

二是在促进学生思维和个性发展，提高积累分析能力时，适时采用小组合作学习。

三是在重视合作交往和共同体验，对教学内容中的人文价值进行发掘，熏陶学生思想，提高道德情操时，可充分运用小组合作学习的方式。

四是敏锐地掌握小组合作学习的内容和时机。

（二）例说适合开展合作学习的语文教学内容

在教学实践中，我对适合开展合作学习的内容进行了分析和归类。大致有以下几个方面，现举例如下。

1. 语文知识

在语文教学中，关注学生语文实践，培养听、说、读、写能力。在需要共享资源时，可运用小组合作学习的形式，让学生带着不同任务去收集资源，优化配置资源，这样将有效地提高效率，节约时间。而根据学生个体优势分组合作，收到的效果也很好。比如第二学段阅读教学第一课时，在检查预习对作者资料的收集、生字词等情况时，就可让学生通过小组合作的形式在组内进行检查交流，再全班汇报，提出问题。这样，既节约时间，又能及时发现问题，达到事半功倍的效果。

2. 古诗教学

当学生对某个问题出现不同意见后，教师可不加任何评论，让学生在小组内或小组间讨论，给学生创造一个生动活泼、民主和谐的学习氛围。这样的教学不仅使学生的主体地位得到充分体现，也使学生的创新思维得到发展。如《泊船瓜洲》一诗中"春风又绿江南岸"中"绿"字的理解，学生可通过小组合作中的辩论、交流理解"绿"字的内涵。

在教学实践中，我发现小组合作学习的方式更有利于培养学生学习古诗的兴趣，培养他们欣赏古诗的能力。在实践中初步形成了"课前查找，知诗人、明背景——交流资料，解诗题、知大意——自主合作，品语言、入意境——诵读积累，拓展运用"的古诗合作学习模式。

3. 文本关键问题——重点难点逻辑空白

设定的小组合作学习内容应该是通过小组合作才能解决的学生个体无法解决的内容。

此外，合作学习内容的设定要体现层次性，予以学生指导。例如三上《好汉查理》一课，课文的故事情节简单，与学生的生活很接近，学生可以通过读文发现主人公查理发生了什么变化。但是是什么让查理发生了变化，查理除了不再做恶作剧，到底发生了什么变化？是学生不能一下子读出来的，是学生阅读上的难点。我们在此处设计小组合作学习，来帮助学生理解课文难点，效果很好。

4. 习作教学和习作修改

习作教学适宜小组内合作完成。由于写作的视角不同，学生乐于在小组内与他人分享各自的习作，在得到同伴的肯定与欣赏中增强了习作的热情与自信。这与新的课程标准中乐于表达，增强习作的自信心，愿意与他人分享习作的快乐，能不拘形式地写下见闻的要求不谋而合。

在学生完成作文，师生明确了评判标准后，学生人手一份其他同学的文章，4人一组展开合作学习。可以由其中的一人来读，其他3人一同听，并随时写下各人评语，然后大家共同探讨达成一致，再由一人执笔，写下最后的评语。这样合作不仅调动了学生的写作兴趣，而且评作文的过程，也提高了学生的写作能力。

5. 综合性学习

综合性学习内容，适宜学习小组内分工合作。成员合理分工，各自进行信息的收集与处理，有效整合并形成小组意见，大大提高了学习的效率。由于每个人的表现都直接影响小组的荣誉，组员极易形成强烈的小组归属感与责任心，并在合作的过程中从尝试彼此接纳、尊重到学会欣赏他人。

6. 某些开放性、创新性问题

运用小组合作学习的方式对于某些比较开放的内容进行教学，让学生畅所欲言自己的看法，更有利于学生产生思维的火花，在碰撞中帮助学生树立正确的世界观、人生观和价值观。语文课堂应该是一个学生可以畅所欲言的地方，针对某一问题，他们可以形成观点交锋，仁者见仁，智者见智。新课程打破了传统教学标准答案的框式思维，答案不唯一，标志着学生的思维度可以更加开阔。

创新性问题，往往没有固定的标准，没有现成的答案，有利于培养学生发散性思维能力。解决这类问题，应当事先让每个学生都做好充分的准备，然后开展小组合作讨论。

（三）课堂生成的合作学习契机

小组合作学习中，教师不仅要预先设计好小组合作活动内容，还要做"有心人"，善于把握课堂学习过程中出现的合作时机。

教师在教学过程中，要及时抓住有价值的信息进行利用。比如当大多

王老师结合教学案例，一方面，生动具体地说明了适合开展小组学习的教学内容和相应的策略，与上文中提到的原则相呼应；另一方面，又有针对性地对具体情境中的小组合作成效进行拓展，让我们看到真实情境中有效的小组学习对学生产生的影响。

数学生在独立学习后产生表达欲望时，小组合作学习就应运而生了。一位教师在执教《草原》一课时，引导学生主要从草原美、蒙古族同胞情深走进课文，让学生分小组选择自己喜欢的部分学习。接着，学生分组用自己喜欢的方式开展探究活动，有朗读的，有画画的，有查阅资料的……学生不同方式的探究活动和不同形式的成果汇报，充分展示了学生不同的学习方式，收到了很好的效果。既让学生从学习中获取不同知识和情感体验，又丰富了教材内容，还张扬了学习个性，学习活动也变得丰富而精彩。

在"师生学习共同体课堂"体现"生成意识"，教师把目光锁定在教学过程本身，教学的重心由过去的课前备课转移到对教学现场的即时运作。教师更关注的是课堂的现实生成和直接生成，教师不是把课堂当作执行教案的过程，而是依据学生的学习情况，根据学生心理的、情感的、知识的需要，对课前"预设"随时做出富有创意的调整。教师的任务不是把学生的所有问题在课上全部解决，而是开启学生思维的闸门，让学生在课堂里不断生成新的问题，并使之成为新的教育契机。在"师生学习共同体课堂"体现"生成意识"，师生关系不再是传统的灌输与接受、主动与被动的关系，课堂上师生相互研究与切磋，相互砥砺与启迪，共同演绎丰富多彩、鲜活生动的"成长话剧"。教科书也不再是神圣不可触犯的 "圣经"，教师和学生可以根据教与学中的实际情况，对教材进行添删、重组、整合。在"师生学习共同体课堂"体现"生成意识"，教师追求的不是教学内容和教学过程的"绝对和谐"，而是允许偏差的存在，允许与预设不一致甚至相矛盾的"不和谐"情况发生，而这一切，又都成为"新和谐"的可供开发的教育资源。

> 从小组学习到"师生学习共同体课堂"的"生成意识"，从关注"设计"到关注课堂"当下"的反思和生成，王老师对"教学设计非教师'教'的设计，而是学生'学'的设计""学习的过程是训练学生思维的过程而非只是知识掌握的过程"等问题有了非常深入的理解！

三、小结

提高语文课堂教学的有效性是创建语文课堂学习共同体的出发点和落脚点。选择适合开展合作学习的教学内容，通过开展合作学习活动等具体的教学行为予以落实学习共同体创建的实践。本文结合笔者目前已开展的课堂教学实践以及取得的成果，重点从合作学习模式构建和合作学习内容定制等角度，展示了语文学习共同体的实践进展与收获。

参考文献

1. [德]滕尼斯. 林荣远译. 共同体与社会. 北京：商务印书馆，1999
2. [日]佐藤学. 钟启泉译. 课程与教师. 北京：教育科学出版社，2003
3. [日]佐藤学. 钟启泉译. 学校的挑战：创建学习共同体. 上海：华东师范大学出版社，2010
4. [日]佐藤学. 钟启泉译. 教师的挑战：宁静的课堂革命. 上海：华东师范大学出版社，2012
5. 陈隆升. 语文课堂教学研究——基于"学情分析"的视角. 上海师范大学，2009

6. 谢水龙.浅谈"学习共同体"在语文教学中的体现课堂.福建教育学院学报，2002（11）

7. 林荣凑.语文学习共同体研究.浙江教育学院学报，2009（1）

8. 钟启泉.课堂转型：静悄悄的革命.上海教育科研，2009（3）

9. [日]佐藤学.钟启泉译.学校再生的哲学——学习共同体与活动系统.全球教育展望，2011（3）

综合评述：从行文角度来看，作者从合作学习的分组策略、合作学习的有效实施两个方面探究合作学习的模式建构，并结合研究及实践提出合作学习的具体内容。文章的整体结构完整，逻辑性强，有理有据，体现了学术研究的严谨性。从文章内容来看，作者研究的关注点并非只停留在小组合作学习的形式上，而是对更深入的教师行动中反思、课堂生成、学生学习本质等问题进行思考和探讨。可见，教师在对共同的研究中实现了更深层次的反思和更具教育意义的教育实践。在适合合作学习的内容制定部分，如果可以对适合的内容进行适当的说明（如为什么在关注语文实践，培养听、说、读、写能力时适合开展合作学习等）。另外，建议按照学术文章的规范对引用的文本部分进行文献引用标注。

⑦ 研究反思

一、时间轨迹

1. 开题忐忑

时光回转，记忆定格在2016年5月12日那个令人无比忐忑的上午。我作为史家教育集团骨干教师科研能力提升项目第七期的一员，第一个走上了开题的讲台。王欢校长、陈凤伟校长、陈燕校长以及集团的陆军校长、吴玥校长都亲临开题现场，北京师范大学（以下简称师大）朱旭东教授、周钧教授等现场点评……这样的场面让刚刚经历10天头脑风暴的我们忐忑无比，手中的结题报告也愈发炽热。第一个上台宣讲少不了要替小伙伴们"寒暄"几句，"寒暄"是玩笑，感恩倒是真心。

亲爱的王校长、敬爱的各位导师，感谢你们在百忙之中抽时间专程赶来聆听我们稚嫩的开题报告的宣讲。您看，这份报告虽然署名是我自己，但我深知这里面凝结的是导师们的心血和您深深的期待。

今天我第一个上台宣讲，先代表我们这一期的伙伴们，感谢领导能给我们这样一个脱产学习的机会，让我们能够零距离地聆听偶像导师们的教诲，无障碍地追随导师们研究学术。王校长，我代表大家给您鞠躬啦！

这十天的收获是巨大的，导师们就好像给我们打开了一扇神奇的学术大门，引领我们走进了一片崭新的天地，看到了一份不一样的风景。在这里，我找到了一片属于自己的"自留地"，更从导师那里学会了如何严谨、科学地耕耘这片土地。所以我再代表伙伴们也给导师们鞠个躬，感谢你们的辛苦付出！

字字肺腑箴言，说完开场，我忐忑之心已然平静很多，所有心神都凝于文字，把自己10天所学所思娓娓道来。如果这是一场评判严谨的开题报告会，我想我一定不会过关，因为我的陈述中有很多感性的话语。如果说这是一场学习报告会，那我应该可以及格，因为十天所学不仅是科研，更是找到一扇通往科学研究的大门，并在导师的帮助下发现钥匙，开启了这扇大门，感性就感性吧！

在导师的指导下，结合教学实践，我把研究课题定为了"小学语文课堂学习共同体构建行动研究——以小组合作学习为路径"。确定选题的那一刻，我激动且欣喜，因为我在迷茫了好久之后，终于清晰了自己的研究方向和课堂追求。虽然探索的过程并不简单，但现实已经被理想照亮，剩下的就是努力躬行。

十分钟的开题陈述就在夹叙夹议夹感性中很快过去。我以这样的话语结束发言：

我所崇拜的佐藤学先生曾用三种比喻来形容教育研究的视角，我觉得形象而贴切。他认为：教育研究如同是用眼睛在观察世界，不同的眼睛就代表了不同的研究视角，最基本的三种视角是：

飞鸟之眼：高瞻远瞩却浮光掠影。

蜻蜓之眼：视角下移却蜻蜓点水。

蚂蚁之眼：所见有限却精致准确。

与飞鸟和蜻蜓相比，蚂蚁显得微不足道。蚂蚁的视野虽不甚宽广，但是它们却精心地改变着脚下的土地。它们每天都用身体丈量着土地，用触角嗅着泥土的味道，他们知道哪里有喜欢的食物，知道地下多深处有水源。

离开师大，我也即将回到自己的工作岗位上，回到史家小学的校园当中，我愿以蚂蚁的视角去观察日复一日的教学实践，去了解一堂又一堂语文课上孩子们的真实学习状况，去亲身体验他们的苦乐，着眼于学生的终身发展，去做最接地气的教学研究！

师大学习整整10天，离开史家小学整整10天。5月的史家小学正是月季盛开的时节，我好想念。结语时我脑海中尽是春花烂漫的史家小学，我内心中"学习共同体"的种子也已深深埋下，我要悉心耕作、精心浇灌，静待花开。

2. 中期迷茫

开题时说好的要努力耕耘自己的"自留地"，说好的做最"接地气"的教学研究，践行起来并不容易，艰难险阻一重重，摇摆迷茫一重重。好在学校安排了定期的导师下校指导，每一次和导师沟通和交流都会让我对于"学习共同体"、对于合作学习的研究清朗许多。还好遇到了方麟老师！

课题中期汇报是在2017年2月，讲真的，那时我的课题研究还处于糊里糊涂的状态，所谓的中期汇报也没有汇报出什么实质的进展和研究成果。我比较实在，如实地陈述了研究过程中的困惑和困难。

在实践过程中我们遇到了很多难题。因为在"学习共同体"背景下的小组合作学习要考虑的维度比较复杂，不但要考虑教学设计能否引发学生的深入思考，还要考虑学生的分组和组内分工的情况，除此之外还要考虑教师的教学设计与小组合作的衔接问题，等等。

这些状况一度让研究陷入困境。但我发现经过长期的持续体验和养成，"合作学习"意识已经慢慢在学生心中内化。学生在语文课堂中尤其是在面临一些探究性的或者新奇的学习任务时，比如对文本深层意蕴的挖掘和提炼、对习作审题立意的讨论、对测试试卷的分析以及语文综合实践活动这样的特定主题的学习等等，都能积极而恰当地采用合作学习的方式来发现问题、分析问题和解决问题。

学生的变化、课堂的变化鼓励着我继续在行动中进行研究。

"鲁班门前耍大刀"的结果就是被方麟老师一眼看出我的糊涂状态。在后期的几次辅导中，方老师耐心地帮我梳理思路，提出建议。我也耐心听取建议、不懂之处积极请教。还好，在2017年2～7月的行动研究中，我有意识地收集资料，课题研究才算刚刚上道。一眨眼就到了该梳理成果，进行结题论证的阶段了。

3. 结题兴奋

2017年的暑假并不轻松，结题报告的框架有了，但资料的梳理、成果的提炼也是巨大的工程。我的脑子也一直在琢磨着……忘了是什么时间开始撰写结题报告的，只觉得写出来的东西修改了不下十遍，因为很多自己觉得逻辑关系不紧和表述禁不起推敲的都推倒重来，重历一个思考—输出—评判—修改的过程，直到自己把自己说服，自己对自己满意才好。好吧，两万余字的报告就这样热乎乎地出炉了。其实自开题来的这两度春秋，所做的实践和思考何止是两万字可以表述清楚的？我权当这是一次小结，结后则是更好的前行。

在结题宣讲的最后，我发自肺腑地说：

春华秋实，2016年春开题，2017年秋结题，都在北京最美的季节，这是一段非常美好的光阴，是一段并不轻松但非常难忘的学习之旅。

开题当天合影时，王欢校长手掌传递过来的温暖与力量我还记得；当天亲爱的陈燕校长叮嘱我"要把'自留地'变成'科学试验田'"，我始终谨记；每一次得到周钧教授、方麟教授点拨后的那种头脑清朗的感觉让我兴奋；语文课后孩子们意犹未尽围着我、围着伙伴叽叽喳喳地表达的情景让我痴迷……

我很感恩这一切。

二、课题思考

我确实太感性，用周钧老师的话说就是：总是讲故事。呵呵！课题研究可真的不能这样，我要求自己尽量理性思考。这个课题尽管已经结题，但后续我还是认真理性地思考了一番：

学习共同体的美好之处在于其所呈现和展示的学习生活场景是如此令人振奋和向往。而且，已有的研究成果和实践经验表明：将学习共同体的理念和方法引入到语文教学领域，在理论上是可信的，在行动上是可行的。

需要强调的是，学习共同体作为一种生活方式作用于学生的课堂学习活动，其更深远的意义在于：师生共同认可、选择、构建、分享这一生活方式并获得归属感、安全感、成就感与幸福感。因此构建语文课堂学习共同体关键在于师生对这一生活方式的理解和接受，而不是对语文课程的改造。这是一个持续养成的过程，而不是片段的生活体验和局部的改革试验，同时构建语文课堂学习共同体面临诸多的障碍与困难，从应然走向实然需要经历一个持久不懈的建设过程。

基于学习共同体的语文课堂实践将是我后续研究的重点内容。一方面，要及时总结已有的有效课堂实践成果，并在新的班级开展更为丰富的课堂教学创新活动，推动语文课堂学习共同体建设；另一方面，适时组建兴趣相投的研究小组，并组织专题的研讨活动，展示语文课堂学习共同体创建成果，调适相应的课堂实践策略；同时，争取将语文课堂学习共同体创建的范围拓展到本年级组，甚至其他年级，以更为系统地获得语文课堂学习共同体构建的信息和经验，更好地检验语文课堂学习共同体对提升语文课堂学习效率和提升学生语文素养的作用，为本课题研究提供更加可信的实证支持。

我深知"理想很丰满，现实很骨感"，课题研究也如是，但我将秉着勤谨躬行的研究态度继续走下去……

史家项目指导工作总结导师反思

周 钧

本次史家教育集团30人骨干教师科研能力研修项目里，我有幸担任吕闽松、杨丽、王建云三位优秀语文教师的导师。在定期的指导交流中，我不仅感受到三位老师对语文教学与研究的热忱，也更多地了解了小学教育教学的实践。

一、史家学员的基本情况

1. 吕闽松

吕闽松老师基于自身已有的培训经验，与史家集团内部新教师培训结合，编制《新入职教师培训手册》，其目的是帮助新教师尽快融入史家集团大家庭，帮助新教师迅速并且有质量地"转型升级"。吕闽松老师将培训手册一共分为四大类：通识性培训、教科研培训、教学类培训和教育类培训。其中涵盖的培训内容包括对学校整体规章制度的介绍，新教师如何跟家长进行沟通、如何配合班主任工作，师徒制如何促进新教师成长等。在通识性培训方面，主要介绍史家教育集团的建设理念、"种子计划""无边界课程"、史家教育集团的课程管理体系、学生意外伤害事故处理办法、教师外出学习一般规定、校内外班级活动申报审批程序以及330课程，旨在让新教师迅速认识并了解史家教育集团的规章制度与特色课程等。在教科研培训方面，通过让教师选择科研课题、教师申报课题立项、教育教学案例分析、研究方法的学习等，让新教师成为教学实践研究的主体，审视教育教学实践中的现象与问题，在教育实践中将教育理念与教育实践相结合，初步形成自己的教育教学主张，促进新教师的专业成长。在教学类培训方面，以"师徒制"为基础，以"师傅带徒弟"和同教研组的老师共同研讨的方式，帮助新教师及时解决在教育教学中遇到的问题。在教育类培训方面，主要区别体罚与变相体罚，批评学生的禁忌语言，另外还包括如何与家长沟通以及开家长会时班主任的工作等。

吕闽松老师在进行《新入职教师培训手册》编制的过程中，结合以前对新教师培训的经验和自身参加培训的经验，发现在培训时往往忽略了对新教师的情感培训，并准备在新一轮的新教师培训中尝试个别新教师的情感培训，积累、总结经验，从个别推进，逐渐完善《新入职教师培训手册》。此次科研能力的提升，让吕老师扩大了发现问题的视角，认识到研究并不是一蹴而就的，而是在不断实践与反思中完善的。

2. 杨丽

杨丽老师在自己开题报告完成的基础上，通过访谈与问卷调查，了解教师现状之后，撰写了《依托名师工作坊提升教师领导力》。杨丽老师在开题报告中充分收集了关于"教师领导力"这一主题的文献，在此基础上，调查史家集团内部关于名师工作坊的成员，访谈名师工作坊20多个主持人教师，丰富了对教师领导力的理解。杨丽老师的《依托名师工作坊提升教师领导力》主要集中在"学校如何提升教师领导力"上，从赋权增能提升行政领导力、超越自我提升个人领导力、团队研修提升团队领导力、课题研究提升科研领导力四个方面展开讨论，表明"名师工作坊"打破原有教师的"分格放置"（egg crate school），创造专业的学习共同体，并在此运作下，发挥其教师领导力的作用，给予教师一定的空间，调动教师的内在需求与职业激情，提升教师领导力，推动史家集团内部教师队伍的成长。

在撰写此文时，杨丽老师多次通过邮件与我保持联系。在寻找研究对象时，杨老师从教师领导力的概念出发，寻找能在人格上、教学上、教育上引领其他教师的主持人教师；在设计访谈提纲时，整理了问卷调查的教师领导力现状，并结合文献中关于提升教师领导力的策略；在整理访谈资料时，不断对原有的访谈提纲进行整理和改进，循环往复。另外，杨丽老师提出其下一阶段的目标是访谈加上观察法，持续跟踪主持人教师的自我成长，看其是如何成长为优秀的、有领导力的教师的。

3. 王建云

王建云老师此次的研究是以自己的语文课堂为实践基地，以课堂的实施者和观察者的身份撰写《小学语文课堂学习共同体建构初探——合作学习模式建构及内容定制》一文。本文以学习共同体的理念为理论支撑，立足于语文课堂，对语文课堂教学活动进行反思和重构，结合目前已开展的语文课堂教学实践，从合作学习模式构建和合作学习内容定制两大角度切入。在合作学习模式构建方面，依据学生的学情、小组成员的人数和性别、小组成员的责任与分工划分学生合作学习小组；在合作学习的实施中，教师力图让学生学会倾听和表达，并不断对课堂进行总结与反思，以求有效开展合作学习的教学实践。在合作学习内容定制方面，总结语文课堂中的教学实践，提出选择合作学习内容的原则和策略，并举例说明适合开展合作学习的语文教学内容，要求抓住课堂生成的合作学习契机。两大部分的内容充分展现了王建云老师以合作学习的模式建构小学语文课堂学习共同体的经验与反思，在一定程度上可以帮助小学语文教师提高小学语文课堂教学改革的积极性与有效性，激发学生对语文学科的热忱，帮助语文教师进一步思考语文课堂。

王建云老师成功地在自己的语文课堂上构建了以小组合作为依托的学习共同体，并将自己的建构经验与理论相联系，具有独特的理论视角。在此基础上，王建云老师希望结合小组合作的案例，使案例、教学设计和教学理论三者相结合，从不同角度梳理教学效果，更加深入分析小学语文课堂教学实践中的小组合作，探求如何更好地构建学习共同体。

二、指导反思

教师培训是指具有认定资质的机构，根据教师成长的内在规律和教育改革的需求，基于特定的内容，通过有效的组织和活动方式促进教师专业发展的过程（赵明仁、周钧，2007）。史家教育集团委托北京师范大学教师教育研究中心培训部，并且根据"要求提升骨干教师科研能力"的目标，运用"导师制"的方式，一对一地由大学教师指导小学教师，对其进行培训，有助于骨干教师在培训中有效提升。

在制定培训计划方面。最初的"专家诊断"，根据三位教师以往的经验与三位教师充分沟通，了解三位教师的实际需求，结合培训的目标制定对三位教师的辅导计划，并要求三位教师根据自己的实际情况制订学习计划，将辅导计划与学习计划相结合，以骨干教师的需求为中心提升了骨干教师对科研的兴趣。

在确定研究主题方面。与三位教师沟通的过程中，针对其此前的研究主题和研究方向，融合当前教师职业工作现状，力求三位教师的研究主题贴近教师的日常教学与学校管理，从教师实际的教育教学中反映的问题着手，将理论与实践相结合，扩大教师的理论视角，解决教师在实际教育教学中遇到的问题。

在选择培训模式方面。由于考虑到三位教师班主任工作和教学工作的繁忙，除却面对面、一对一的辅导外，利用"互联网+"时代的便捷，通过网上具体的个性化培训活动，解决每位教师不同的问题，为教师成长提供"个性化"的"脚手架"。由此，顺应"互联网+"的时代潮流，及时为教师解决在培训中或是进行研究时出现的问题，有利于加快提升教师科研能力的步伐。

在交流研究过程方面。阿普尔（2014）在他的《教育能够改变社会吗？》曾说过："真正的教师懂得，他的职责并不局限于教师的四周围墙之内。"在与三位教师就其研究主题进行交流沟通时，三位教师基于其研究问题进一步提出其在实践中出现的问题，并且进行独自反思。由此，让三位教师的思考处于激活的状态，用积极的语言和巧妙的启发，从外在任务驱动进行研究转化为内在动力需求，其反思的问题不仅仅关注自己的课堂教育教学实践，而且综合考虑学校的改革、国家社会发展的方针政策以及时代的背景，深入拓展个人的研究主题，提升自身的科研能力，提高教师的专业素养，促进教师的专业发展。

三、期待与建议

尽管"导师制"有利于一对一地指导教师，帮助教师迅速提升科研能力，但是"导师制"不利于教师培训过程中的资源共享，甚至可能出现资源重复或是资源浪费等现象。建议在开展教师培训时创建教师共同学习的新平台，在此平台中，骨干教师们共享资源，及时进行交流与沟通。另外，骨干教师内部可以举办"非正式学术论坛""小组学习共同体"等，加强骨干教师内部的讨论，相互促进教师成长。

参考文献

[1] 赵明仁，周钧. 教师培训的理念更新与制度保障——首届"中国教师培训论坛"综述. 教师教育研究，2007(3)

[2] [美]迈克尔·W·阿普尔. 王占魁译. 教育能够改变社会吗?. 上海：华东师范大学出版社，2014

构建"阅读金字塔"课程体系的行动研究

史家实验学校　陈亚虹

一、选题的缘由

从我校历年来的语文测试看，"阅读短文"中学生往往在"形成解释""作出评价""谈感受"等方面失分较多，很多同学的阅读还停留在浅层次。以上学期六年级期末考试为例：学生在阅读理解部分中"从文中直接提取信息"的题目失分率仅为3.7%，而针对文中人物作出评价一题，学生的失分率为26%，在针对文中出现的社会现象谈感受一题中，学生的失分率为34%。可见，学生在阅读能力方面，特别是深层次阅读方面还有待提高。

在平时与学生的访谈中发现，很多学生的阅读量还未达到课程标准要求，学生的阅读动机主要来自教师的要求、考试的需要，没有形成真正的阅读习惯。

我国学生自2009年参加PISA测试，除2014年、2015年上海学生两次夺冠外，其他几次成绩均不理想。即使是2013年我国上海学生在PISA测试中取得优异成绩，但从背后的访谈来看，学生牺牲了大量休息时间和个人兴趣被动阅读的现象居多，没有形成主动阅读的习惯，更没有形成阅读中思辨、阅读中提升的能力。

而从历次的国际大型阅读测试项目的反馈情况看，我国学生以课内的工具性阅读居多，阅读主体意识淡薄，阅读思维狭隘，缺乏批判创新的阅读意识。

从现有课程设置来看，现有课程在内容、时间上有限，难以满足学生在阅读量上的需求，而缺少量的积累，又很难达到质的提高。同时，课内的阅读教学不能满足教师对学生阅读能力指导的要求，有限的内容也限制了教师的发挥、教学水平的提升。

而阅读能力又主要是在学校中得到培养的，基础教育阶段的阅读能力培养可能会影响孩子一生。因此学校对学生阅读能力培养的质量如何，是每一个学生家长甚至全社会都关注的问题。

那么如何科学地开发阅读资源，给学生提供充足的阅读选择；如何建设阅读课程体系，让学生有多样化的阅读学习方式；如何进行阅读评价，有针对性地改变现状，切实提升学生阅读能力；如何创设和谐生态的阅读环境，让学生有丰富多彩的阅读体验……都是我们亟待解决的难题。根据我校实际

> 用数据对研究所针对的现实问题进行比较具体的描述。

> 简要陈述研究要解决的问题和所针对的目标。

情况，确定以课程设置为切入点开展行动研究，期待通过有效的课程建构培养学生良好的阅读习惯，提升学生的阅读能力。

二、研究的过程

我们的研究经历了以下几个过程。

（一）明确概念，了解现状

通过文献分析明确阅读、阅读课程、阅读能力等核心概念的内涵，进而对我校学生阅读能力的现状以及先有课程的优劣进行调研。阅读能力现状主要从学生阅读兴趣、阅读需求以及学生现有阅读能力的优劣来看，通过访谈法及问卷法来调研。关于学生的阅读能力通过专项能力测试以及历年期末测试中阅读部分测试的相关数据分析来获得。

（二）重新梳理，建构体系

我们对部分学生和教师进行访谈，了解他们对现有课程的看法，从中了解目前我校课程设置的优劣，了解学生教师对课程的进一步需求，为构建新的课程体系服务。同时，对现有课程进行梳理规划，根据学生需要建构新的课程体系。

（三）行动研究，不断完善

在构建课程体系的过程中采用行动研究法，边实践边反思，随时记录数据，边研究边完善，力求建构相对科学的课程体系。

三、对阅读能力的基本认识

为了更准确地界定学生阅读能力的评价标准，我和我的团队认真研读了相关文献，重点对课程标准进行了梳理。

通过对国内外相关研究的梳理不难看出，对于阅读能力的解读角度不同、给出的定义也不同。

虽然对于阅读能力到底包含哪些因素没有形成一个共同的观点，但是对字词的掌握、对语句含义的理解、对内容及中心意思的概括、评价鉴赏能力这几个方面是阅读能力中不可或缺的因素，得到了大部分研究者的赞成。可以说这几个因素是阅读过程中的核心能力。我国《小学语文课程标准》中则将阅读能力归纳为理解、质疑、积累、运用四大方面。这些能力随着年段上升逐渐递进，在阅读中潜移默化地形成。细看这些具体能力，阅读不游离于认读、理解、鉴赏这些关键词，说明这是一个由外而内、再至外的过程，而阅读能力是推动这些质变的催化剂。

综上所述，我认为阅读能力就是从页面抽取视觉数据，并理解篇章意义的能力。它应该包括"提取信息"（读）、"内化理解"（思）、"评价鉴赏"（辩）等几个核心能力。

简要介绍研究的几个主要阶段，体现了研究的过程性。

这部分对研究的核心概念"阅读能力"的内涵进行了阐释。下文更是以表格形式直观呈现不同学段的阅读课程目标。

表1 各学段阅读能力要素

所处学段	核心能力指向	课外阅读量
高年级段	在交流讨论中敢于提出看法，作出自己的判断……阅读非连续性文本能找到主要信息。 特点：多向交流（思、辩）	100万字
中年级段	能初步把握文章主要内容……与他人交流自己阅读的感受。 特点：双向交流（读、说）	40万字
低年级段	阅读浅近故事、童话……乐于与人交流。 特点：单向交流（读、讲）	5万字

四、阅读课程体系的建构

我们要构建的"阅读金字塔"课程体系就是为了提升学生的阅读能力，将有利于阅读能力提升的一组课程组合成一个整体，形成互相关联的系列课程群。因为考虑到各个年段的阅读能力呈阶梯状塔状结构，因此，我们把我们即将构建的课程体系起名为"阅读金字塔"。旨在通过不同层次的课程设计，让学生有更多阅读理解、内化表达的机会，全面提升学生的阅读能力。

点题，对"阅读金字塔"的含义进行了解释。

（一）借助我校生态课程体系对现有课程资源进行梳理重组

针对我们对阅读能力的划分，我们的课程体系拟设置为三个不同层面：即基础课程（国家级课程）、自主课程、课外研学课程三部分。

基础课程：在国家教材基础上，通过课上组合阅读，课下推荐阅读，提升阅读量。

自主课程：则是在基础课程的基础上进行拓展及提升。拟从"积累拓展类""思辨演讲类""鉴赏评论类课程""戏剧表演类"等方面开设相应拓展类课程。

不仅介绍这项研究所建构的课程体系，而且说明该体系与学校原有课程体系的关系。这对于其他学校展开类似的探索有比较具体的借鉴意义。

特色课程：对某一方面有特殊需求的学生进行更加专业的指导。

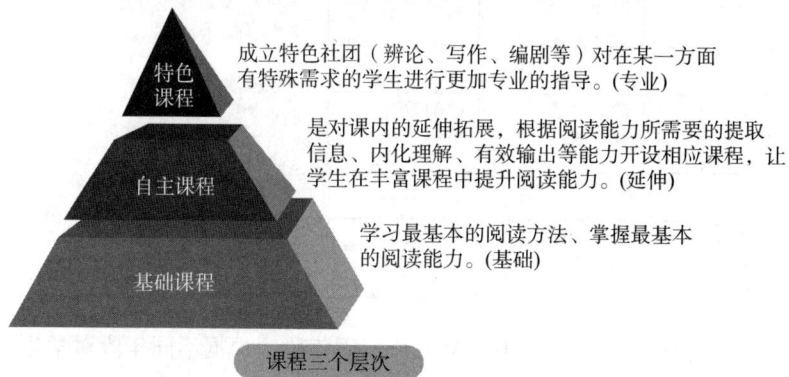

特色课程 成立特色社团（辩论、写作、编剧等）对在某一方面有特殊需求的学生进行更加专业的指导。（专业）

自主课程 是对课内的延伸拓展，根据阅读能力所需要的提取信息、内化理解、有效输出等能力开设相应课程，让学生在丰富课程中提升阅读能力。（延伸）

基础课程 学习最基本的阅读方法、掌握最基本的阅读能力。（基础）

课程三个层次

示意图比较直观地展现了课程结构的整体面貌。

生态课程体系中三级台阶犹如三个平台，按照《课程标准》对学生不同学段的阅读能力要求，按照不同层次学生不同的需求，将现有的课程以及拟开发的课程进行重组，形成相应的课程群。

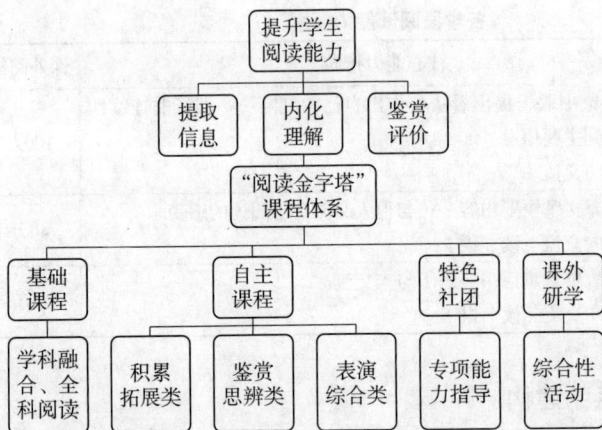

从上图不难看出，我们将阅读能力细化为"提取信息""内化理解""鉴赏评价"，而我们的课程构建也紧紧围绕这几项能力来构建。其中在基础课程中我们倡导"全学科阅读"，给阅读一个更广阔的范围。同样的题材可以在不同学科找到阅读资源；同样，不同的学科也会给学生带来不同的阅读方法和阅读体验。在基础课程中，我们更多的是方法的学习和积累。在自主课程中，我们将把课程分为三大类：积累拓展类课程、鉴赏思辨类课程、表演综合类课程。意在通过自主课程将基础课程中学到的阅读方法进行实践、体验，弥补基础课程中综合训练的不足，通过多种综合性活动来提升阅读能力。

（二）教师开发课程，完成自主课程体系构建

明确了学生的能力需要，有了学校顶层构建，我和我的团队开始进行课程开发的艰难历程。在这一过程中，我们经历了开发课程-运转实验-改进重组-再次实验-确定课程，最终完成了自主课程部分的构建。

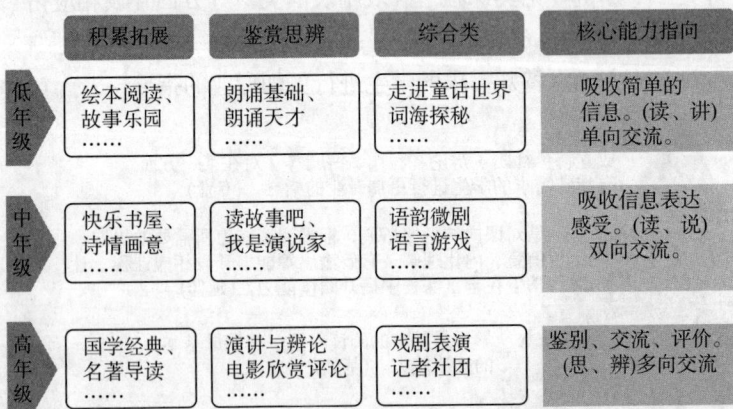

从上图可以看出，自主课程分为低、中、高三个不同年段，根据不同年段对学生阅读能力的不同要求，分别构建了"积累拓展""鉴赏思辨""综合类"三大类课程，每个年级的每一类课程又有不同的门类。例如，低年级积累拓展类课程中我们开设了绘本阅读、故事乐园，中年级则有快乐书屋、诗情画意，高年级则有有趣的国学、名著导读等课程。自主课程紧扣各个年级的核心能力，从横向看涉及积累、表达、思辨多个能力；从纵向

看，每个年级同类型课程之间又设置不同的难度目标：低年级段主要达到能吸收简单的信息，通过读故事、讲故事、演故事等方式完成单项信息交流；中年级则要求学生在吸收信息的同时能表达感受，通过阅读相应年段的读物、进行简单的演说、课本剧表演等活动达到信息的双向交流；而高年级则在读取信息的同时做到对文本进行交流、鉴赏、评价，通过辩论、写影评、编写剧本等活动完成信息的多角度多层次交流。每一类课程间又注重年段间的衔接，形成逐级进阶的梯度。

表2　　　　　　　　　　　"阅读金字塔"自主课程部分安排

年段	课程类别	序号	课程名称	授课教师	上课地点
低段课程	积累拓展类	1	小绘本大学问	杨晓雅	二、5
		2	花间漫步 绘本悦读	张婉霞	一、4
		3	星星弟子规	丁笑迎	一、2
		4	有趣的绘本（1）	闫仕豪	二、3
	鉴赏思辨	5	我是诵读小天才	郝晓倩	7
		6	小小书社	英文	二、1
	综合类	7	朗诵表演基础	李洋	5
		8	小小书社	英文	一、7
		9	走进童话世界	周海燕	一、4
		10	有趣的绘本（2）	李淑红	一、5
中段课程	积累拓展	1	词海探秘	柯凤文	一、3
		2	诗情画意	车雨	一、6
		3	小书虫阅读课	李秋敏	三、3
		4	快乐书屋	赵晓霞	三、1
	鉴赏思辨类	5	故事乐园	石瑜	三、2
		6	小主持人	李洋	报告厅
		7	朗诵与表演	吴斯	多功能厅
	综合类	8	漫游童话王国	张璐	二、1
		9	戏曲赏学	杨波、刘宁宁	二、4
高段课程	积累拓展类	1	名著导读	边晔迪	六、1
		2	有趣的国学	周婷	五、3
		3	诗情画意	张璐	五、5
	鉴赏思辨	4	玩转语文	孙鸿	六、3
		5	电影欣赏	佟爽	六、5
	综合类	6	光影纵横	佟爽	六、5
		7	我是演说家	徐菲	五、1
		8	大咖秀	孙金艳	五、4

（三）贯穿教学、德育活动，为学生搭建更多交流体验的平台

从课程标准来看，我们的阅读能力并不仅仅停留在"输入"上。从文本中获取信息后，学生需要内化理解，甚至需要点评交流。那么学校应该尽可能为学生搭建一个交流共享的平台，交流读书心得，分享自己对作品中人物的看法，等等。也就是说，阅读能力不仅要有"输入"，更要有"输出"，而学校的特色活动就应该是学生"输出"的平台、展示自我的平台。我们在课题的研究中，充分利用德育活动这一平台，相继开展妈妈读书会、午间"与你共读"、阅读分享体验交流等活动，让孩子们的阅读有了出口，有了交流共享的平台。

五、阅读课程体系的实施

我们鼓励教师从培养学生核心素养出发，设计适合学生发展的特色课程及活动，要求教师根据学生成长的需求以及自己的学科背景确立课程研发方向。确立方向后，我们通过几次通识培训、与专家交流互动，确立自己研发课程的培养目标。在制定目标时，我们要求制定课程的总目标和学科目标。总目标主要指向学生的核心素养，重点从以下几方面考虑：公民素养、道德素养、科学素养、创新能力、动手能力、自我控制力等。而学科目标则要更加明确具体，要制定出学科培养的具体任务及标准。

经过老师们的自主研发，我校教师共开发自主课程23门。为了让学生在第一时间了解不同课程的内容，便于学生选课，我校与技术部门合作建立了史家实验学校网上选课平台。我们将所有课程分为低、中、高三个学段，将课程内容、招生条件均挂在选课平台中。学生根据自己的需求以及所处年段在规定的时间上网选课，真正做到了"用脚投票"。

> 两个案例提供了实践探索成果即课程体系的具体信息。反映出课程实施的具体做法。

案例1：课程规划模板

课程名称：＿＿＿＿＿＿

引言

1.本课程的名称

2.本课程的定义

3.本课程的核心内容

一、本课程的价值

1.素质教育的基本指向

2.对于学生成长的价值

3.与规定课程的关系

4.社会动力与价值

二、本课程的目标

1.共同目标

2.学科目标

三、本课程的学习内容

1.学科知识：核心知识和具体知识项目

2.学科知识融合的基本要点

3.学科的主要能力

4.学科的技能技巧

5.学习内容的重点和难点

四、本课程的教学方法

五、本课程的学程安排

本学期共计：＿＿＿课时

课次	具体内容	教学目标
1		
2		
3		

六、本课程的主要活动形式

七、本课程的资源准备

八、本课程的评价方法

九、课程实施的难点与问题

案例2：自主课程教学设计

《我是演说家》实践活动课1讲——人生无处不口才

活动准备：通过文字学习和观看视频让学生明白口才的重要性。课前准备互动表格。

教学环节	教师活动	学生活动	预期结果
活动一	准备阶段：播放"我是演说家"视频片段。 	（1）观看视频。 （2）谈观看感受。 （3）说说身边可以展现口才的场合与机会	初步了解，激发兴趣
活动二	培训阶段： （1）引用案例。 （2）教师讲授演说与口才的内涵	（1）小组讨论生活中的演说内容及注意细节。 （2）全体交流，加深领悟	了解演说的内容、范畴及误区
活动三	实践阶段： 小游戏：自我介绍	（1）同学把自己的名字写在纸条上，让同学做自我介绍，让大家相互认识。上来的时候，同学有节奏鼓掌，选择最感兴趣的一位小朋友填写下面的表格。 （2）每个同学采用抓阄的方式，抽出一张纸条，读他（她）写的表格，大家猜猜他（她）写的是谁，哪里写得好，哪里写得不好，帮她（他）做补充。积极举手补充的可以给该组加一个五角星。取胜的小组成员可获得贴纸	在相互了解的基础上，初步明白当众"说话"的技巧

六、阅读课程体系的特点

（一）多样化的阅读学习方式

在呈现具体材料之后，通过对课程体系特点的讨论，尝试对实践经验进行初步的理论概括。使研究不仅仅停留于经验的描述层面。

通过课程体系的构建和相应课程的设置，为学生提供更多阅读的机会、更多实践的机会、更多交流内化的机会，从不同角度给予学生阅读的指导。随着课程的不断递进，方法的指导由浅入深，为学生提供了更丰富、更多元的课程，为学生提供了更多选择的空间，营造了良好的阅读氛围，加大了学校对学生阅读能力的影响力，为学生提升阅读能力提供了更多可能。

不同的课程承载不同的任务，呈现不同的特点。

基础课程：面向全体，强调基础性。在基础课程的学习中学生学习和储备必备的阅读素养、阅读方法。

自主课程：不同学段，强调广泛性。自主课程的完善弥补了基础课程的不足，为学生提供了更多综合实践的机会。

特色社团：面向部分，强调专业性。特色社团在基础课程、自主课程的基础上对有特殊需求的学生进行更加专业、具体的指导。

在今后的研究中我们还将开设研学课程：不同专题，强调综合性。通过专题性的参观、研学等综合活动，提升学生整合信息、表达交流、鉴赏思辨等多重能力。

（二）"和谐生态"阅读环境

氛围的营造是我们在构建课程体系的同时，重点推进的工作。培养学生良好的阅读习惯，创设书香校园不仅仅需要学生多阅读，更要提倡教师同阅读，家长参与阅读，真正做到全员阅读。因此，学校通过多种途径建立了阅读社群，倡导全员阅读。例如妈妈读书会的定期活动，建立了亲子阅读社群、午间"与你共读"微课程的开发，建立了师生阅读社群，而学校印制的《史家实验校园与你共读读本》则建立了教师阅读社群。几个社群相互独立又各自相通，逐渐实现了我校全员阅读的构想。

从广义上说，阅读能力不仅仅限于语言文字的阅读，对图表、数字的解读也是一种阅读能力的体现。因此，我们在建构阅读课程体系的过程中提倡全学科阅读。同样的题材我们可以从不同的学科去寻找阅读资料，从不同学科获得不同的阅读方法。

全员阅读的环境得益于跨部门的合作。教学、德育部门相融合，营造了全员阅读的良好氛围。

自主课程还打破年级界限，按年段划分。全体学生可以根据年段选择相应的课程。

将已取得的研究成果作为长期研究的一个阶段，对后续探索提出了初步的设想。体现了研究的反思性。

"课程体系的建构"只是本课题研究中第一年完成的任务。本课题还将在后续研究中完善我校学生阅读能力评价体系等多项任务，完善提升自主课程的质量，不断提升学生的阅读能力。

参考文献

[1] 李英杰. 小学生阅读能力学业水平评价的研究. 首都师范大学，2016（6）

[2] 李寰英. 语文教学怎么回答现实的挑战. 语文教学通讯，2000（5）

[3] 曹小群. 浅谈散文教学的情境设置. 中学语文教学，1997（4）

[4] 王云峰. 近20年内地阅读能力研究与阅读教学模式的发展. 语文与评估. 香港教育学院语文教育中心，1999

[5] 巢宗祺. 关于新课程及语文性质的对话. 语文建设，2002

[6] 方智范. 关于语文课程目标的对话. 语文建设，2002

[7] 欧健. 深度语文教学思想研究. 湖南科技大学，2012

[8] 龚晓林. 论语文教学中批判性思维的培养. 湖南师范大学，2005

[9] 慕君. 语文教学中实现有效教学的理论与策略. 辽宁师范大学，2003

[10]胡玲玉. 语文教学对语文教师素养的要求. 首都师范大学，2012

[11]柯锦川. 高中语文教学的情感陶冶研究. 四川师范大学，2012

[12]彭江. 新课改下中学语文课堂教学评价研究. 陕西师范大学，2012

[13]王清. 语文课堂教学语言的创新研究. 陕西师范大学，2012

[14]高乐素. 王崧舟语文阅读教学艺术研究. 杭州师范大学，2013

⑦ 研究反思

2016年10月，我作为北京师范大学教师研究能力提升项目的第八期学员，参加了为期10天的教师研究能力的系统培训。在培训中，北京师范大学的专家们从课题的确定、方法的选择、文献检索、文献综述等多个方面对我们进行了系统的培训，让我在许多方面有了飞跃式的提升。下面我就将我的几点体会做一下简单回顾。

一、提升教师研究能力是时代的要求

随着时代的发展，教育科研在学校发展和教师发展中的重要地位日渐显著。进入21世纪，在教育行动研究、教师即研究者等理念的影响下，教师做课题研究开始兴起。教师做课题研究往往从解决教育教学实际问题出发，且教师本人是真正的参与者、研究者，所以在研究的同时更关注教师专业素养的发展，可以有效提高教师的研究意识和能力。

我校历来重视教科研工作，陆校长谈到教科研的意义时说："学生发展、学校发展的根本在教师，优秀教师成长的要素有两个：一个是用心、一个是用智，老师对于学生的教育要有爱心，但光有爱心是不够的，还要有教育的智慧，而智慧的源泉则是教育科研。我们做教科研不是仅仅为了论文、获奖，而是要培养我们曙光小学的种子选手，培养有思想的教师。"

2014年，我校并入史家集团后，集团的高速发展也对教师发展提出了新的目标，固守经验、不求思辨的经验型教师已经不能跟上学校发展的步伐。因此，教师研究能力的提升成为摆在每一个教师面前的新课题。

二、北京师范大学学习提升教师研究能力

明确了教科研的重要意义，那么怎样进行规范、科学的课题研究呢？这又成了我们期待解决的难题。就在这时，我有幸参加了北京师范大学的学习。

1. 聚焦工作，确保课题研究的效能

老实说，当我们面对教科研时，有太多的茫然、纠结。我们真的不知道我们的研究该从何开始，我们更不知道10天的培训究竟会为我们带来什么。在紧张、纠结中，懵懵懂懂的我们，开始了我们的北京师范大学之旅。在参加培训之前，我们也做了充足的准备，带着自己想要研究的课题充满期待地来到北京师范大学，期待专家给我们进一步的指导。但是，我们谁也没想到，课题研究的开始会如此艰难。

记得我们到北京师范大学上的第一节课就是课题的确定，大家带着自己的课题信心满满地走进教室，可是和老师交流后，我们的课题都被老师推翻了。由于对自己的工作没有一个冷静的思考梳理，又缺少相关的专业培训，我们的选题有的过大、过虚，有的别人已经进行了研究、论证，没有重复研究的必要……面对老师一次又一次的否定，我们最初的

热情降温了。

就在我们毫无头绪的时候，老师引导我们将视角放回到自己的实际工作中，让大家把工作中的困惑、疑问一一梳理出来，在这些问题中寻找自己真正需要解决的问题。在老师的帮助下，我们的目光逐渐聚焦，最终确立了属于我们自己的课题。这些课题都来自教师们的实际工作：从班级建设到个别生的指导；从教学策略的应用到校本课程的开发……所涉及的范围非常广泛。在最后一天的开题会上，我们的11项课题完成了开题论证，受到了与会专家的肯定。老师们欣喜地指出："第八期学员的课题都来自一线教师的工作实际，有很高的研究价值；所呈现的开题报告内容充实、行文规范，特别是在文献综述部分非常出色，展示了研究教师的科研能力。"从那一刻起，我感觉自己的严谨、规范的课题研究之路真正步入了正轨。

2. 课题研究助力教学工作

教科研是一种思维方式，能够引导大家发现问题、寻找策略；同时教科研是又是一种媒介，引领大家自觉地梳理已有积累，学习新理念。我们的科研活动不仅仅停留在授课、研讨上，而是将课题研究纳入我们平时的教育教学中，用课题研究推动平时的工作。

我所研究的课题是"构建阅读金字塔课程体系提升小学生阅读能力的行动研究"。在课题的研究过程中，我们首先对我校三至六年级学生的阅读能力进行了客观的分析。我们通过听课观察、访谈，对学生的阅读能力有了初步了解；随后，我们将2014～2016年连续4个学期语文期末考试试卷进行了系统的分析。从我校历年来的语文测试看，在"阅读短文"中，学生往往在"形成解释""作出评价""谈感受"等方面失分较多。很多同学的阅读还停留在浅层次。以上学期六年级期末考试为例：学生在阅读理解部分中"从文中直接提取信息"的题目失分率仅为3.7%，而针对文中人物作出评价一题，学生的失分率为26%，在针对文中出现的社会现象谈感受一题中，学生的失分率为34%。可见，学生在阅读能力方面特别是深层次阅读方面还有待提高。同时，我们又对课程标准中每个学段对阅读能力的要求进行了梳理。

所处学段	核心能力指向	课外阅读量
高年级段	在交流讨论中敢于提出看法，作出自己的判断……阅读非连续性文本能找到主要信息。 特点：多向交流（思、辩）	100万字
中年级段	能初步把握文章主要内容……与他人交流自己阅读的感受。 特点：双向交流（读、说）	40万字
低年级段	阅读浅近故事、童话……乐于与人交流。 特点：单向交流（读、讲）	5万字

我国《小学语文课标》中将阅读能力归纳为理解、质疑、积累、运用四大方面。这些能力随着年段上升逐渐递进，在阅读中潜移默化地形成。细看这些具体能力，阅读不游离于认读、理解、鉴赏这些关键词，说明这是一个由外而内、再至外的过程，而阅读能力是推动这些质变的催化剂。

综上所述，我认为阅读能力就是从页面抽取视觉数据，并理解篇章意义的能力。它应该包括"提取信息"（读）、"内化理解"（思）、"评价鉴赏"（辩）。等几个核心能力。

所有这些前期工作不仅对我们的课题研究起到了重要作用，对我们每一个一线工作的语文老师同样具有重要意义。

三、课题研究助力教师成长

回顾参加培训到现在的课题研究之路，无论是我个人，还是我所在的团队，都得到了飞跃式的提升，完成了从无到有、从虚到实的跨越。从无到有是指我们语文团队从原来零课题到现在我们申请北京市规划办课题、东城区规划办课题成功；从虚到实是指我们的研究和学校的教育教学紧密地联系在一起，更多的教师参与到教科研中，为提升学生的阅读能力出谋划策，同时自己的职业发展也打开了新局面。目前，我校25位语文老师开设自主课程21项。我校金字塔阅读课程体系已经构建成功。同时，我们的金字塔课程体系也被批准为校级品牌项目，带动更多的老师参与到课题研究中来。

同时，课题的高回报还体现在教科研带动下教师思维方式的改变；学校各个部门协同发展不断创新；校本课程逐渐做大、做实，老师们以前所未有的热情投入到了课程的开发中；在小课题的研究探索中，学校读书活动显现出了勃勃生机，所有的班主任都参与进来，在每天清晨为孩子们读书、讲故事，让孩子们伴着书香成长……更重要的是，更多的老师已经具备了一种研究意识，在自己的工作中去发现问题、寻找方法、拓宽思路……

可以说，课题研究给了我们一个方向，一种思维方式，一种解决问题的方法。10天的培训看似短暂，我们只是迈出了很小很小的一步，但对于我个人和团队成长来说，却是重要的一大步。

语文课堂实施组合阅读的教学案例及分析

史家小学　高金芳

在多年的一线教学工作中，我发现：教材理解得不准确、不到位、不全面，以及阅读教学高耗低效，是阻碍小学语文教学发展的两大瓶颈。

教师缺乏对教材的整体把握，只见树木不见森林，缺乏对本年级、本册、本单元教材的知识、方法的横向与纵向的梳理、组合、综合，不能站在一定的高度去审视教材，不能在更深的层次上去把握教材内容与形式上的特点，不能把零碎的知识整合起来、把握知识的内部体系，使得对教材的理解总是不够到位，总是欠缺了火候。

理解教材的方法很多，树立"组合"的意识，经常用"组合"的眼光去看我们的教材，随时进行组合阅读，是一种行之有效的方法，更是捷径。

组合阅读不同于一般的接触性阅读，它是一种透视现象的思考性阅读。在组合阅读活动中，无论是开放性的议题，还是可议论的议题，学生对阅读材料必须经过一个由表及里、由现象到本质、由特殊到一般的思考认识过程，才能达到阅读的目的。因此，组合阅读不仅可以培养学生有条理地分析问题、解决问题的能力，促进学生思维能力的形成；而且能引导学生的思维向多层次、多侧面纵深发展，提升学生思考问题的广度，激发学生提出富有个性色彩的新颖见解，使学生的思维灵活而具创造性，开阔而具深刻性。

在尝试进行组合阅读教学的过程中，我对每一篇课文进行组合之前，总会问自己组合什么内容，组合点在哪里，为什么要组这个内容，我想实现怎样的目标……

我想，只有老师弄明白这些问题了，才能更好地实现高效的组合阅读，让组合阅读这种策略更好地发挥作用。在这些问题中，最核心的一个应该是我希望通过组合篇目实现怎样的教学目标。这就回归到了语文素养的层面上。我想语文课堂最终就是要培养学生听说读写的能力，所以这也就是组合阅读最终要实现的目标。

以下拟通过两个教学案例说明语文课进行组合阅读的教学策略。

> 对实践问题有一定的观察和描述。

> 对核心概念"组合阅读"的特点和重要性有一定的阐释。如能对其操作定义进行一些解释，则会更加清晰。

一、通过题材组合辅助学生理解文本的思想感情

下面将以《泊船瓜洲》一课为例，谈谈我是怎样实现通过题材组合培养学生感悟古诗语境能力的。

《泊船瓜洲》是宋代诗人王安石的代表作，它被选录在人教版第九册第二单元，这一单元的主题是思念故乡。作为这一单元的第一篇课文，这首凝练的诗歌，它采用了借景抒情的写作方式饱含着作者的思想感情与丰富的想象，语言精练而形象性强，具有鲜明的节奏，富于音乐美。

古诗是中华灿烂文化的瑰宝。《语文课程标准》指出：既要重视语文课程的工具性，又要重视人文性。语文课程要培养学生具有正确理解和运用祖国语言文字的能力，也要重视培养学生高尚的道德情操和健康的审美情趣，在阅读教学中应该让学生充分地读，在读中整体感知，从字词读到内容读到情感再读到思想，在读中受到情感的熏陶。怎样用好古诗文本？除了传统的诵读、理解、背诵，还可以做些什么？在古诗教学中，不仅要解读文本内容，接受思想情感的熏陶，还要在教学中注意语言的理解、积累、运用；不仅要感悟文本内容，还要注意领会文本的形式，使学生文意兼得，学会表达。

在教学前，我确定了这次组合的三个目的：一是通过组合积累更多的诗句受到美的熏陶；二是通过组合让学生感受到诗句的用字精妙之处；三是通过组合让学生感受到游子思乡的情感，进而为完成本单元的学习奠定情感基调。

（一）主要教学环节

在教学《泊船瓜洲》这首古诗时，我根据学生已有的学习经验，已经积累了一定数量的诗歌作品，在一上课就出示一幅画面，"一轮明月嵌在蓝蓝的天空中"，请学生猜一猜画面中描绘的是哪首古诗。根据学生已有的积累在温故而知新的同时，学生很容易想到脍炙人口的《静夜思》《古朗月行》，于是我以明月为引，通过积累而引出思乡主题，为学生初步感知新课的教学重难点埋下了伏笔。月亮是古人诗歌创作中的一个重要意象，代表着思乡明志。小学阶段学生学过许多与月亮相关的诗句，这时我组合了"鸡声茅店月，人迹板桥霜"以及"明月别枝惊鹊"等与思乡主题相关的月亮诗句，丰富了学生对这一意象的认识，同时也激发学生学习古诗的兴趣。

接着以师生共研的形式学习《泊船瓜洲》，此环节围绕着"透过诗中哪些词语，能体会到作者对故乡的思念？"这一中心问题整体感知文本，充分调动了学生的求知欲。通过引入背景，创设情境，发挥学生想象等，品味语言。

第一部分，引入背景资料理解"一水""只隔"。

针对学生对诗中出现的三个地名比较模糊的情况，我用课件来展现地

图，使学生通过地图来了解三地之间是什么关系，"一水""只隔"指的是什么？在此基础上进行点拨：

在交通不便的古代，这山高水长，路途遥远，为什么诗人却觉得只是"一水""只隔"呢？

这时适时引入作者的背景资料，帮助学生领悟作者王安石，感受作者与故乡的实际距离和他心的距离产生的巨大反差，感悟诗人对家乡的眷恋与不舍。引导学生读出自己的感受。

王安石于熙宁七年（1074年）第一次辞去相职。第二年，又被神宗皇帝拜为相职。这首诗正是作于诗人第二次赴任的路上，描述了诗人在瓜州渡口遥望长江对岸的故乡，却不知何时能回来的惆怅之情。

（板书：一水　只隔）

第二部分，发挥学生想象分层品味"绿"。

为了突破难点，我准备采用读诗、换词、组合、想象画面等手段体会"春风又绿江南岸"中"绿"的精妙。

第一环节先让学生理解"绿"的原意，再理解它在诗中的意思，接着通过换词，再引用王安石的典故，利用课后资料袋的引入，体会"绿"的精妙。

诗人王安石在作《泊船瓜洲》时，先写的是"春风又到江南岸"，后来他觉得"到"字不好，就改为"过"，接着又改为"入""满"等字。经过十多次修改，才决定改用"绿"字。

（板书：绿）

第二环节主要是读和想象。先让学生自由练读，浮现画面，再把脑海中的画面用自己的语言描述出来，接着点击春天"鸟语花香"的音乐，引导学生：

你脑海中浮现的画面能不能用我们积累的诗句来说一说？

从而整合了其他描写春天的诗句。这个组合环节来自学生的积累，老师相应的点拨既回忆了旧知识，又将学生散落在记忆中的诗句根据需求进行了梳理，形成了知识的体系。有利于创设诗韵的课堂，还激起学生对学习古诗的兴趣。

学生提到的描写春天的诗句：

——两个黄鹂鸣翠柳，一行白鹭上青天。

——黄四娘家花满蹊，千朵万朵压枝低。

——碧玉妆成一树高，万条垂下绿丝绦。

——儿童疾走追黄蝶，飞入菜花无处寻。

——不知绿叶谁裁出，二月春风似剪刀。

——万紫千红总是春，等闲识得东风面。

……

第三环节在想象基础上感悟诵读。

这个"绿"只是绿色吗？其实一个"绿"字不仅使我看到了满眼的绿色，还让我看到了江南的花红柳绿，莺歌燕舞，一派生机勃勃、春意盎然的景象。看着这家乡无限的美景，诗人却要离开，正因如此，诗人才会发出这样的感慨。

出示"春风又绿江南岸，明月何时照我还"，学生齐读。

第三部分，教师引读促进感情升华。

年逾五旬的作者站在瓜州渡口，他遥望故乡，不忍离去，因为：

——他一旦离开，不知何时再见家乡的春色，他怎能不感叹——引读（春风又绿江南岸，明月何时照我还。）

——他一旦离开，不知何时才能与好友踏青郊游，他怎能不感叹——引读（春风又绿江南岸，明月何时照我还。）

——他一旦离开，不知何时才能与家人共享天伦，他怎能不感叹——引读（春风又绿江南岸，明月何时照我还。）

（板书：还）

九百年前，诗人王安石站在瓜州渡口，带着对家乡深深的依恋，怀着对前途无法预知的迷茫，千般愁绪，万般滋味，无法言说，只化作一首诗，让我们和作者共诉心声——学生接读全诗。

思乡的诗写了千百年，今天还在写，思乡的诗读了千百年，今天还在读。

出示古人思乡名句。

这些诗人又是怎样表达思乡情的？在思乡人的眼中，故乡的月亮是最明亮的！

难怪杜甫说"露从今夜白，月是故乡明"。——杜甫 借景抒情

四处漂泊的游子再苦再累也只是默默承受，只因为不愿让家人担心。就像岑参说"马上相逢无纸笔，凭君传语报平安"。——岑参 叙事抒情

这一环节让学生在品读这些思乡名句时体会思乡情和作者的表达方法。

之后出示现代诗《乡愁》，穿越古今感受不同朝代不同的作者以自己不同的方式表达的思乡之情。古人思念家乡，今天的人们远离家乡又何尝不思念？读余光中的《乡愁》。写写你的感受，并互相交流。

（二）案例中的组合阅读分析

针对组合阅读这一核心概念的实际操作，对案例进行分析和讨论。

本课教学中，我通过图画示意、音乐与图片的渲染、资料的组合、教师的语言描绘，创设多种场景，让学生走近诗人，走进诗境，从而更深刻地领悟作品所表达的情感，自由表达自己的感受。挖掘教材资源，进行语言文字训练，适时适度地进行语言拓展，丰富学生的语言积累。安排学生完成小练笔，做到读写结合，学生能够生动、具体地表达自己的想法。创设自主合作探究的学习方式，把课堂还给学生，让学生学会学习。

这节课选择了两次组合，第一次安排在体会"绿"字的精妙上，对春天景象的介绍，让学生对古人生活产生了共鸣。第二次放在了升华情感的最后环节，用其他思乡诗句引导学生体会到作者心中郁郁不得志的这种不满。之所以选择余光中先生的《乡愁》，不仅仅是因为其出现在了教材的后面，而

是因为这也是诗歌体裁，并用了邮票、纸船等意象表达了对故乡的思念。

从通篇整合的目的上看，主要还是通过各种诗歌的组合帮助学生理解、感受到诗人对故乡的情感，以及诗人表达情感的方法。

（三）同类型组合的其他尝试

在进行本组第二篇课文《梅花魂》的教学时，学生很难理解海外华侨为什么会反复思乡落泪，在设计教学的时候我就把引导学生理解华侨老人的爱国情作为本课的重点。在这个基础上我选择了郑振铎的《别了我可爱的中国》这篇文章。一个是离开祖国的悲痛，一个是不能回国的无奈，在这样的组合中，学生通过阅读了解了当时的背景，感受到作者的情感，实现了情感共鸣，进而理解了文章的难点。

在进行六年级上学期第十一册第二单元《怀念母亲》一课的教学时，季羡林先生通过在文中摘录日记和散文表达了自己对祖国和生母的思念。我第一次读到这篇文章的时候，第一个问题就是他为什么不回国？我想这也是学生们最想知道的问题。于是我找到了《留德十年》中关于季先生完成学业尝试回国的片段，才知道那个时候有国回不去的悲凉。我在阅读中想到的第二个问题就是季羡林为什么在《寻梦》中写道"幻出目前的面庞"，仅仅因为这是他在做梦吗？通过阅读《赋得永久的悔》《一双长满老茧的手》，我找到了答案。我在备课中出现的第三个问题就是为什么季羡林在文章中也提到了月亮。在阅读了《海棠花》《月是故乡明》后，我感受到快乐的童年对季羡林创作的影响深远。我想，老师阅读中遇到的问题一定也是学生感兴趣的问题，是他们思维的困惑点。在设计教学的时候为了理解季羡林对生母的怀念，我引用了《赋得永久的悔》和《一双长满老茧的手》，为了理解"浓浓的糊在心头"的思念，我引用了《月是故乡明》和《留德十年》中尝试回国的片段。这四个片段看起来很多，担心学生读不完，但是操作起来却发现，学生马上就能在几篇文章中找到联系，一下子就解决了难点。

我想，遇到一篇文章，除了可以从教学重点、难点出发，也可以从自己阅读的疑点出发组合内容，这样的方式能够让学生尝试带着问题读书，带着问题思考，更有利于学生思维的发展。

二、组合阅读促进读写结合

接下来结合《新型玻璃》一课谈谈通过题材、体裁组合，揣摩写作特色，尝试运用语言的方法。

《新型玻璃》是一篇说明文，属于应用文的一种。应用文顾名思义就是要应用，要在生活中使用。新型玻璃讲的是几种有特点的玻璃，随着科技的发展，还有许多新型玻璃应运而生。在表达上这篇课文的特点非常鲜明，都是通过一个具体的例子或是现象，引出一种能解决这一问题的玻璃，然后介

由点及面，对同类型组合阅读的教学案例进行简要介绍。这些案例反映了本研究的实践成果，可以为其他教师的教学探索提供借鉴。同时，综合多个教学案例才有可能形成具有普遍意义的一般性的教学经验。

围绕组合阅读的另一个着眼点"读写结合"集中呈现一个教学案例，具体内容也包括背景、主要教学环节、组合阅读的具体处理与分析等几个方面。案例描述很具体。

绍这种玻璃的特点，最后写出了人们使用这种玻璃后的好处。

教学设计时，我想是不是可以让学生在课堂上试着借助组合阅读的资料，把他们组合起来完成一个自己创作的说明文片段呢？那么结合点到底在哪里呢？仔细读了这一单元的课文，我发现，"园地"中要求学生用新型玻璃设计推销词。在此基础上，我找到了训练的设计点——让学生设计一副用新型玻璃制作的眼镜。为什么一定是眼镜呢？因为学生视力下降明显，很多孩子都戴眼镜，由眼镜引发的矛盾特别多，眼镜碎了、镜架折了的情况都曾经出现过。所以，能不能用课文中出现的新型玻璃，再加上老师组合的阅读资料，用上两三种新型玻璃设计一副能够摔不碎、折不断、容易找、不起雾的眼镜呢？

（一）主要教学环节

课堂上，正常学习完课文后，我给学生留出了五分钟阅读资料的时间。组合的资料中，我补充推荐了玻璃微珠、微晶玻璃和憎水玻璃。同学们经过简单的交流，首先确定了自己的眼镜需要解决那种问题，然后找到了适合的玻璃，最后在资料和课文的基础上，选择了适合的说明方法。最后尝试运用。

说明文对学生而言有一定的困难，特别是操作起来的时候，孩子们知道怎样介绍眼镜，但是却对合适的说明方法放在哪里使用有困惑。于是我停下来，不急于让学生写出成品，而是让学生带着自己的困惑，回到课文中去寻找解决问题的办法。学生通过仔细阅读课文，发现说明方法不是孤立的，而是与介绍工作原理结合在一起。学生找到自己想使用的玻璃的工作原理，先对这一句话进行改造。有的孩子试着把冷冰冰的专业介绍补充上了修辞方法，也有的孩子把有特点的玻璃与普通玻璃易碎不耐磨的特点进行了对比。这样停下来阅读，思考，再交流，虽然表面上看并没有出现成文的效果，但是孩子们确实是掌握了一点点写说明文的方法。同学们一个人交流一种方法，三四个孩子之后，同学们的思维就开阔了。很多孩子准备借鉴同学们的说法。

这时候我适时地引导孩子：每个人都是推销员，如果广告词都雷同，你要是顾客，你会去买吗？

大家顿时明白了，自己的产品要有属于自己的特色，就是大家常说的专利！于是同学们为了开发属于自己的特色眼镜，再一次静心阅读资料，发现组合的机会，将资料进行整合。

真正开始动笔的时候，我发现，有的孩子没有关注到推销词这个习作要求。语言干巴巴的就是在写眼镜的特点。我马上让孩子们停下来，让他们回忆生活中印象最深的广告。大家七嘴八舌，发现要么是广告的创意好，要么是广告的语言能够让人耳目一新，所以很多孩子开始修改自己的文字。

经过几次停下来的指导，同学们的文字更加流畅了，文中介绍的特点更加鲜明了，语言也能够符合说明文的特点了。

（二）案例反思与组合阅读分析

后来我反思，课堂的时间确实有限，我们不可能有反复训练的机会。只能是制定准确的目标，然后在操作的过程中随时发现学生的动态，进行有针对性的指导。指导的过程中，课文是最有效的例文，反复阅读课文，就能发现作者遣词造句的目的，触摸作者文字背后的情感。同时，我也发现，我们提出的表达训练的主题越贴近学生的生活，就越能够激发学生参与的热情，调动学生乐于表达的积极性。

在这一次的尝试中，考虑到课文内容不难理解，安排组合的目的不是为了理解语句和作者的写作目的，而是重点放在了引导学生应用组合的资源进行推销词的创作。这其实也是为组合阅读打开了一种新的思路，作为同体裁的模式组合，因为目的的改变，组合篇目的效果更加凸显。

在教学第十二册第三单元《十六年前的回忆》一课时，我将此课与博悟之旅的《信念追求》一课尝试进行整合。《信念追求》讲的是李大钊在狱中写的自白书，进而介绍了当时的时代背景以及其他革命先辈为了追求信仰所做的各种努力。将《信念追求》的内容在第一课时组合给学生后，学生马上理解了当时焚烧文件的目的。在讲到惨白的脸上显然是受了刑一处，学生马上想到了敌人的威逼利诱。我借机组合了方志敏的《清贫》。学生们马上意识到革命先辈的信仰坚定，不是一般人用金钱可以衡量的。在完成这一单元的习作时，学生自然而然地使用了组合的内容来充实自己的事例，让文字更有说服力。

但是这样的组合也有自己的问题，孩子们接触的信息是丰富的，老师课堂上提供的这一类内容往往与他们的重合，而且也显得没有他们的丰富，如果能够给学生自主搜集的空间，让学生自主用到自己的表达中，效果应该能够更好，至少学生自主学习的热情会更高。

三、关于组合阅读的思考

通过实践，我深深地体会到开展组合阅读不仅可以引导学生构建起课内外文本之间的联系，探究、解决阅读中的问题，使学生以发现性的思维方式感受语言文字表达的情感。而且在激发学生的阅读兴趣，培养学生积极的阅读态度，使学生在经历有意义的阅读过程中感受阅读的快乐，提升阅读素养方面均起到了积极的作用。语文是学习运用语言文字进行交流的学科。仅仅是学习理解远远不能满足学生日常生活的需要。语文是工具性的学科，我们需要在进行教学设计的时候贴近学生的生活，让他们能够学以致用，实现课堂与生活的对接。

在课堂上尝试组合阅读可以增加阅读的数量，让学生读得更多；提高阅读的速度，让学生读得更快；强化阅读的主体，让学生读得更乐；丰富阅读的方式，让学生读得更深。

在进行组合阅读的过程中，就教师自身而言，有时是质疑的过程，鼓励学生不迷信权威和前人的定论；大胆质疑的同时，也要求教师在此基础上认真分析、求证，使学生的思维朝着深刻性和批判性发展，从而激发思维的创

与第一部分一样，在详细描述一个教学案例之后，对同类教学案例做简要介绍，分析这一类组合阅读的实际操作和教学效果。

结合教学案例对组合阅读的相关问题展开讨论。通过反思，澄清了自己关于组合阅读的理解，对相关实践可能遇到的困境也有一定的分析。这些反思有助于强化教师在未来继续从事相关方面的实践探索和研究。对其他教师开展同类实践研究很有借鉴意义。

造性。由此可见，组合阅读不仅对发展学生的思维能力具有不可忽视的重要作用，对教师更深入地理解教材也有着很大的帮助。

阅读教学的高耗低效，导致学生阅读能力的严重缺失，除了教师教学方法的简单枯燥，还源于学生阅读中思维的局限性和语感组合弱。一般而言，学生的阅读过程可划分为四个层面，分别为"文字性阅读""解释性阅读""批判性阅读""创造性阅读"，国际上多重视后两种阅读，但我们的小学语文课堂提供给学生的往往是前两种阅读途径。而组合阅读不属于"文字性阅读""解释性阅读"范畴，而是一种思考性阅读，具有"批判性阅读""创造性阅读"的性质，这正是目前学生所缺失的阅读方式。改变学生的阅读方式，可以说是提高阅读教学实效性的一个崭新途径。

关于进行组合阅读的尝试，我个人认为多是广度，快是速度，乐是趣味，深是深度。当然随着阅读篇目的推荐，教师准确把握文章信息的能力，提取有效信息的能力也在不断提高，更是增强了阅读的效度，就教学而言是师生双赢的局面。

参考文献

[1] 蒋军晶.让学生学会阅读——群文阅读这样做.北京：中国人民大学出版社，2016

[2] 宋燕晖，齐静.比较阅读——小学语文阅读教学的新思路.丰台教育学院，2015

[3] 吴晗清.当代教学的转向：由教师华丽表演到学生朴实发展.湖南师范大学教育科学学报，2014（5）

[4] 孙众.网络环境下小学语文高年级的课内拓展阅读研究.北京师范大学，2008

？ 研究反思

回顾我的北京师范大学培训经历，不知不觉已经过去两年了。回首这一段再教育的过程，幸福与痛苦同在，收获与失落并存，个中滋味只有参与的人才能体会。

说到培训，不得不提头脑风暴的10天。

我是带着"学校安排我去学习，可以轻松10天"的心情走进北京师范大学的。但是进入到英东楼就是当头一棒。第一次见到朱旭东教授，他的每一个问题都那么犀利，每一个定义都那么新奇，每一次对话都是一种颠覆性的接受。而且从没有一次培训是这样的满满当当，以至于我们第一天中午只有半小时的吃饭时间，这让我再一次找到了上大学时去食堂抢饭的感觉，只不过这次我们抢的不是饭，而是时间。上班这么多年，突然间感受到了时间的宝贵，也在奔跑往来中明白了这次培训的重要性！

如果说第一天中午的拖堂让我们还有侥幸心理的话，那么接下来导师质疑的眼神让我们知道了培训的严肃性。作为班主任，当时学校正在筹备队列比赛，家长们林林总总的问题，学校里各种各样的通知，让大家放在桌子上的手机的响声此起彼伏。导师非常含蓄，停下来一动不动地看着我们，然后默默地把自己的手机收进了书包。就是这个小小的动作让我十分汗颜，我知道，老师是在给我们做示范，让我们能够全心全意地投入到学习中去，更让我们知道，如果说戏比天大是演员的职业素养，那么尊重课堂是每一个人必须的学习底线。

在10天的培训中，从确定选题开始，老师先是认真倾听我们的研究方向，然后一个个给我们通过思维导图确定研究的主题，然后再不断地磨合主题的表述。在这一点上，开始我非常不理解，一个表述意思差不多就行了，为什么非要字斟句酌？而且不同的导师对于不同题目的表述侧重点各不相同，我自己的研究题目就反复调整了好几次，直到开题报告那天，在朱旭东教授的指点下总算最终确定了下来。直到等到进行结题的时候，面对专家的提问，我才突然明白了为什么要一字一字地确定题目。因为题目当中的每一个表述，都对内容有直接影响，都代表着你研究的方向和动态。这样的确定选题的过程，其实代表的是科研的严谨性。我们做课题研究就要懂得对中小学教科研进行合理的定位，这是做好选题的一个非常关键的问题。科研其实是由中小学教师开展的有目的、有计划、有步骤的教育教学研究活动。这样的研究立足教师职场，在反思和实践的基础上，研究解决教育教学问题，改进教育教学行为，提供教育教学效能，从而促进学生的身心发展，实现教师的专业发展。这样的研究是教师开展的一种理性的教育实践活动。严谨是一切科学研究的前提，这是我在10天培训中最大的收获。

10天的时间里从无到有要完成一篇开题报告，要进行15分钟的开题陈述，这对于我这个20年教龄的教书匠来说是一个考验。从没有哪次培训是这样动真格的。从第二天确定了研究主题，学习了如何查找文献后，为了检索出一个符合自己要求的文件，在知网上反复尝试；在学习了开题报告的格式后，对着电脑一次次地调整，把自己的文字内容归类到应该的位置。10天里的睡眠时间加起来不到24小时，电脑在高速的运转中不堪重负，几次出现了死机黑屏的情况，但是不插电的大脑却一刻都不敢停下思维的进程，每一次打开自己的文档总能发现不尽如人意的地方，每一次尝试输出自己的想法，总发现知识储备的欠缺。

在这10天里我过了一个最难忘的母亲节。那天北京下起了雨，又是周末，大家都觉得今天的培训能够早一点结束。但是那天朱旭东教授一直在为我们每一个人的研究方向进行面对面地指导，他说的每一句话都能启发我们的思维。那种感觉就像你在备课的时候遇到了一个特别熟悉教材的老师，能把重难点轻松突破让人豁然开朗的感觉。朱老师喜欢就一个老师的问题和大家进行共性的交流，大家你一言我一语、七嘴八舌的交流过程，其实是思维碰撞的过程，有的时候一句话、一个词都能引发大家的热议。不知不觉中就到了下午7点多，小会议室里依然是热火朝天，离开时大家都有种意犹未尽的感觉。

10天结束的时候，我们站在京师讲堂的舞台上，脱稿向大家汇报我们的开题报告时，回望来路，我觉得北京师范大学的老师们用行动给我们进行了一次科研教育，科研不是喊口号，是要实实在在地去研究。科研不能有一点马虎，字斟句酌、严谨扎实是科研安身立命的根本。科研不是一时兴起，而是厚积薄发的持续过程。

如果说10天的培训让我重新认识了科研的话，那么在完成课题的一年半的时间里，我对科研有了自己的思考。

首先，做课题的责任心是第一位的。做课题不是一个人的事，它涉及参与课题研究的教师和学生，涉及课题研究活动和课堂教学活动，需要我们脚踏实地地开展，以求取得预期的研究结果。为此我时刻提醒自己，不断学习，充实自己。西城教师研修学院的朱智勇老师是我们课题跟进阶段的指导老师，朱老师每个月都会来到学校和大家交流课题的进度情况。开始时我想的是能躲就躲，但是朱老师特别希望能够走进教室听课。于是我向朱老师开放了我的课堂。朱老师听课后结合我的研究方向给出了非常具体的指导，并且把乱成一团的组合内容，轻松地进行了归类。他告诉我科研要做，但是更要用心做，如果有了细致的分类，最后就更容易发现自己哪里做得不够。

其次，做科研让我更新了教育理念，提高了教育教学理论水平。做课题时查阅资料是免不了的事，这时出于课题研究的需求，你就会寻找时间阅读大量的相关教育、教学的书籍，学习他人先进的教育、教学理论，从而不断更新及逐步形成自己的教育、教学理念，这种主动的、理解基础上的理论学习，必然将促使我在学术素养上的提高。通过课题研究活动，我的知识丰富了，视野开阔了，理论水平提高了。荀子也说过："积土成山，风雨兴焉；积水成渊，蛟龙生焉；积善成德，而神明自得，圣心备焉。"要给学生一杯水，教师得要储备一桶水。这样教学才会游刃有余，学生才会信服、佩服你，你才会在学识上树立威信。我完成的是组合阅读的研究，为了组合到合适的篇目，我发现片面的阅读根本不能看到问题的关键，所以读原著，读同一作家的不同作品，读不同作家的同一主题的作品就成了我每天的功课。

再次，就是科研意识不断增强。通过教学科研实践，我的科研意识明显增强，科研水平显著提高，对"反思性教学"的理解也更加深入。参加课题研究后，我觉得原有的知识不够用了，寻找资料、阅读、分类、核查、筛选、汇总和分析工作是研究者必须要做的事情，这样就促使我形成了学习的习惯。朱智勇老师在第三次见面后给了我们大家很多表格，开始我们对这个临时增加的工作非常不满意，但是又不能不交作业，只有硬着头皮填写了。但是填写之后我发现，思路立刻清晰了，自己的工作轨迹非常明显，哪个环节出了问题一目了然。在有了课题的任务后，我用研究的眼光去审视自己在教育教学中遇到的各种问题，把课堂作为研究的现场，这样就促使我逐步形成了反思的习惯。我把自己在反思中取得的成果付诸实践，提升了自己的实践能力。

最后，我想说的是通过课题研究，提高了自己的教育教学能力。"厚积"方能"薄发"，"积"的飞跃就是能力的提升，教师教育教学能力的提高，主要借助教科研活动这个平台。在开展课题研究后，我便有意识地去审视自己日常工作的习惯，对一些好的经验或存在的问题进行思考和归纳，寻找其中的规律，自觉地去改进自己的教育、教学手段，最终探寻出更好的解决方法。这些大大促进了我教学水平的提高，使我能够逐步向"智慧型"教师的最终目标靠近。

我觉得作为一名一线教师能够在教育教学上积极参与课题的研究，开展教科研的实践，是教师自我发展、自我提高的重要渠道，更是教师专业化发展的必由之路。就像人们常说的"每一棵树都想开花"一样，每一位老师都有实现自身价值的愿望。教学、思考、科研是一条辛苦但又充满着诗意的小路，我愿意在这条通往梦想的小路上继续跋涉，去领略教科研道路上更加美丽的风景。

小学"三段五级式"日记教学的实践研究

史家小学 王秀鲜

开门见山，提出本文探讨的核心概念是小学日记教学，同时说明论文源自自己多年的教学实践经验。提示读者，这是一篇带有经验总结性质的论文。提及小学日记教学边缘化的现实问题，突显出论文的研究意义。

在30年的从教生涯中，我每教一个班级都鼓励学生写日记。长期的教学经验让我发现，和传统的命题作文相比，无论从题材内容、过程技巧，还是意识动机上，日记教学都有着自身独特的属性，其自由性、持续性和灵活性使得日记教学在提升小学生的综合写作能力、培养言语表达能力、促进良好个性和健全人格的形成等方面都发挥着十分重要的作用。另外，在促进班级管理方面，日记教学也"功不可没"。然而在实际的写作教学中，日记教学却一直处于比较边缘的位置。课程标准中没有具体的要求，语文教材里也没有明确的定位，对于日记教学的研究也呈现出一种起步晚、数量少、基础较薄弱的状态。因此，为了加强对日记教学的研究，让日记教学更加有效地发挥出自身的重要价值，从而促进学生的全面发展，我将自己近30年的日记教学经验分享给大家，希望能有更多的老师和学生从日记教学中获益。

一、小学日记教学的意义

根据所读文献资料的内容，结合自己实践尝试的体会，从多个方面讨论日记教学的意义。

日记教学在提升学生写作能力方面的作用已无需争议，著名的语文教育家叶圣陶先生在对日记教学进行热情而深入地探索时就曾指出："我们从日记练习写作，这就跟现代语文教学同其步趋。由此锻炼得来的写作能力，必然深至着实，绝不会是摇笔展纸写几句花言巧语的勾当。"然而，日记作为学生个性化的体验和情感的本真呈现，只有从自己的命运和遭遇出发来感受生活，才有可能获取生活中的有意义、有价值的"碎片"；只有交织着自己的情感、个性和对命运的理解的写作，才是一种审美意义上的写作，才是本体意义上写作，才是真正的写作。从这个角度看，小学生的日记写作又有着更多非比寻常的意义。

（一）扶持学生写作起步

实际教学中，大多数教师都会感到学生的习作起步非常艰难，学生也自述无从下笔。究其原因，无非是在学习习作之初，教师没有为学生铺设适当的、平缓的台阶，例如造句练习、片段练习等。一下子向学生提出过高的要求，使学生的自信心和兴趣大受打击，甚至怕写作文，从而阻碍了写作的顺利起步，而从低年段便开始进行的日记写作与训练恰好有效地解决了这一冲突和矛盾。一年级的日记写作门槛低，学生从自己感兴趣的东西写起，从自己的感受写起，没有写作技巧的束缚，没有题材的指定，没有字数的限制。学生只需放胆写作，以吾手写吾口，从而帮助学生平稳、愉快地实现由"无拘无束地写"到"有章有法地练"的顺利过渡和起步。

（二）帮助学生观察记录生活

观察是人们认识世界和获取知识的一个重要途径，小学生的观察具有明显的无意性、情绪性和轮廓性，缺乏目的性和精细的辨别能力，难以把握事物的细节和本质。而日记作为一种充满爱意和关怀的凝视，它对周围事物的观察往往是有针对性。从这个角度来看，日记的意义并不在于真的写了什么，而在于通过自觉的注意，使感官从沉睡的状态中苏醒，使美和意义从看似庸常的生活中浮现出来，唤起孩子们对万事万物和自身的关怀、凝视与爱，让他们发现生活中有太多美好的东西，必须放慢脚步，侧耳倾听，细心体会；让他们学会敞开自我，热切地探询周围的事物；让他们的体验慢慢丰富起来，潜心生活，细心体察，让他们的生活也因此更加丰富多彩，更有情趣。

（三）促进学生人格塑造，维护学生心理健康

日记与人格的养成息息相关。学生要写出一篇日记，必须要有自己的认知和情感的参与，这就决定了写日记的过程其实也是记录自己心路历程、反思自己所作所为的过程；是情感陶冶的过程和认识深化的过程；是学生养成独立自主、不断向上的人格的过程。而要建立健康高尚的人格，首先就必须要有正确地认识事物、反躬自省的能力。在日记写作中，学生能够主动关注现实生活，深入分析事物，及早地形成自己的独立看法，从而为人格形成奠定坚实的基础。

同时，持续性和规律性的日记写作还能很好地维护小学生的心理健康，促进身心的和谐发展。通过写日记可以把危险的压力发泄掉，教师也可以从日记中及时地捕捉到学生的心理健康状况，从而达到维护学生心理健康的目的。

（四）教会学生自由自主地思想

自由自主地思想是每个人都向往和追求的境界，也是发散性思维和创新性思维的源泉。和学生广泛"排斥"的命题作文不同，日记正是以其题材的广泛性和写作的自由性更容易被学生接受。在日记写作中，学生可以无拘无束地以自己的方式，从自己的经验和情感出发，去表达自己所看到和感受到的东西，从而实现心灵的释放和情感的需要，实现"无拘无束"表达的需要。

二、"三段五级式"日记教学的内涵

（一）阶段划分

"三段五级式"日记教学是指将学生从入学到毕业的整个小学时期，按写作发展的进程以及学段的安排划分为五个连续性的、螺旋上升的阶段。每个阶段的日记表现形式、特点、要求、策略和评价都有不同的侧重点，具体阶段划分如下表所示。

表1   小学"三段五级式"日记教学阶段划分

日记写作阶段		日记表现形式	各阶段的重点
低年级 （一、二年级）	1. 小学入学到学拼音前阶段	图画为主	对表达感兴趣，有信心，包括想象中的事物
	2. 学拼音阶段	拼音和图画为主	从"想画什么就画什么"向"想写什么就写什么"过渡，慢慢建立句子的概念，对写话有兴趣，写自己想说的话
	3. 学会拼音到小学二年级阶段	文字为主、拼音和图画并存	写完整、正确的句子，鼓励学生用几句流畅正确的话写出自己对周围事物的认识和感想
中年级（三、四年级）		以文字为主	留心周围事物，乐于书面表达，增强写作的自信心
高年级（五、六年级）		以文字为主	有留心观察的习惯，珍视自己的独特感受，积累写作素材

借助表格和相应的文字阐述，对自己的实践研究成果进行整体上的描述。同时，清楚地揭示了"三段五级式日记教学"这一核心概念的内涵。

（二）低年级段日记

对低年级小学生的日记写作进行细致的三级划分，利于最大限度地降低写作门槛和坡度，同时更加有针对性地对其进行指导。

第一阶段，从小学入学到学拼音前阶段。此时日记可以以图画为主，画出孩子今天印象最深的一个或几个场景。图画和文字作为人们表达思想和情感的一种符号系统，画的创作和文的写作实际上是共通的。如：我的数学老师、我的同桌、校园、音乐课上、上学路上的一件事等图画日记的方式不仅可以留下孩子独特的无法重复的有价值的言说，而且可以培养孩子有意识地观察身边事物，乐于表达的习惯。

第二阶段，学拼音阶段。在孩子已基本掌握拼音的基础上，日记可以以图画与拼音共存的形式出现，并逐渐向拼音日记过渡。从"想画什么就画什么"向"想写什么就写什么"过渡，慢慢建立句子的概念，对写话有兴趣，写自己想说的话。

第三阶段，从学会拼音到小学二年级阶段。由拼音日记逐渐向规范意义上的文字日记过渡。这一阶段的要求是进一步建立句子的概念，写完整、正确的句子，鼓励学生用几句流畅正确的话写出自己对周围事物的认识和感想，并关注培养学生观察与表达的自觉。

逐项对三个阶段和五个层级的日记教学内容和指导要点进行详细介绍。使读者在整体把握的基础上，清楚地把握该实践成果的具体内容。

（三）中年级段日记

主要是指小学三、四年级的阶段。经过上一阶段的学习和训练，孩子们已经能够有意识地关照自身，关注生活，成长的烦恼和"拔节"的喜悦与困惑都会从日记里反映出来。并且随着年龄的增长，视野越来越开阔，胸怀也越来越大。不光能关心身边的小事，还能把眼光放远，开始关注社会现象。因此，这一阶段可以继续培养学生留心观察周围事物，乐于书面表达的良好习惯。训练学生真实流畅地表达，力求生动。不断强化学生的表达欲望，树立表达的自信心。

（四）高年级段日记

即小学五、六年级的阶段。随着阅历的增加，学生们开始关注更远的世界，认识也更加深刻，并且能借助日记经常反省自己。在这一阶段，应更加注重启迪学生分析现实生活中的种种现象，形成自己的观点，丰富自己的感受，引导他们流畅自如地表达自己有个性的想法、细腻的情感，并逐步形成自己的风格。如，引导学生每日记录"名家名言与我的凡人凡言"。

三、"三段五级式"日记的教学策略

（一）创设民主宽容的氛围

苏联教育家赞科夫曾说："只有在学生情绪高涨，不断要求向上，想把自己独有的想法表达出来的气氛下，才能产生出使儿童的作文丰富多彩的那些思想、感情和词语。"而要想构建出这样的氛围，首先教师应有接纳的态度和广阔的胸怀，要建立起民主平等的良好师生关系。允许学生写自己的真心话，鼓励学生摘掉"面具"，自由地表达自己的喜怒哀乐，用真实的"我"来写作，强调"我要写"而不是"要我写"。不刻意追求表达生动、篇章结构和写作技巧，只求真实、真情。解决学生的"后顾之忧"，这样学生才能乐写、勤写。例如我的一位学生在日记中这样写道："我想偷点儿小懒，笔却停不下来，书写着我的心声。"

其次，要保护学生的创新心理，尤其是学生的好奇心、自尊心和自信心。对学生在作文中表现出来的创造性追求，即使暂时并不完美，并不成功，只要教师及时关注并继续寄予厚望，允许学生在作文个性化的发展进程中出现问题乃至偏差，学生终究会在写作领域尝到自由驰骋的乐趣与信心。

一旦去除那些无用、无聊的清规戒律，给孩子足够的自由空间，他们见解的深刻程度，他们发展的速度，自我探索的劲头，将令我们惊叹不已。单单从《爸爸戒烟在何时》《路窄，还是心窄》《抽水马桶哭鼻子》《班干部"下岗"记》《男儿有"累"不轻"谈"》这些奇思妙想的题目，我们就不难想象孩子们心中的世界是多么丰富多彩和摇曳生姿。

（二）培养学生写日记的习惯

要让学生养成写日记的好习惯，可以从以下三个方面入手：一是天天写日记或经常写日记；二是鼓励学生多动笔，用书面表达整理自己的思想，抒发自己的情感；三是吾手写吾口，写出自己的真情实感。

从每天发生在自己身边的"平常事"开始，开展"每日一句"的活动。每天写下自己的一点"新发现""新思考"。字数要求可按年级升高逐级递增，如低年级写10个字以上，中年级写30字以上，高年级写50字以上。首先从课文中选择简短优美的句子，让学生感受写作的"来之颇易"，树立写作的信心，从而敢写、想写。然后，给予学生充分的自由，让他们把身边的题材尽可能地发掘出来，津津有味地思考、探索，乐此不疲地与自己、与老师交流。日记的数量不做强制要求，采用弹性化的操作空间。一周可写几篇到十几篇不等，既能保证对写作兴趣不大的孩子有适当的约束，又能使兴趣浓厚的孩子尽情"发挥"。等大部分同学都顺利、轻松地达到要求后，再逐渐提高字数和技巧的要求，鼓励学生写具体、写生动。

同时，每课抽出五分钟时间让两三个学生宣读自己的"发现"，师生共同进行简单点评。这样，每天让学生在可坚持的程度上，在不增加学生额外负担的基础上，循序渐进地指导学生观察、习作、感悟，从而养成爱写日记的好习惯。

（三）注重读写结合

长期的教学实践使我发现，受生活经验、活动范围、学习精力等的限制，学生在经过一学年左右的学习后，写作就开始进入平台期，内容单调，进步缓慢。因此，为丰富学生的写作素材库，此时就需要引领学生多阅读，注重读写结合，把间接经验引入到学生的写作中。放弃急功近利的思想，鼓励学生长期、广泛、深入地阅读，领略语言的魅力，感悟语言运用的千姿百态，把阅读与写作结合起来。通过阅读加深学生对周围事物的理解和感知，从间接经验中提取素材，解决学生写作过程中素材缺乏的问题。

（四）鼓励学生文思结合

首先，做一个智慧的引导者。给学生创设条件，带领学生关注人生，联系生活，关心国际时事，关心科技发展，以此开阔学生视野，增长学生见识，培养学生的判断力，从而形成对世界的独特的认识与理解。这样，学生的写作才不会被封闭在单一狭隘的空间里，才能从根本上开放他们的情感、思维与创造力，使写作成为学生自觉的内在机制。

其次，做一个谦逊的倾听者。珍视学生个体独特的感受，鼓励学生流露出自己真实的情感。这样，我们就可以在日记中看到学生真实的激动与快乐、痛苦与失落；看到学生内心的记忆与反省、得失与喧嚣；看到学生成长的烦恼与成熟，希望与幻想。只有这样，文字才是真实的，生动的。只有从心灵的体验出发，真实地再现生活，坦诚地吐露内心的独特感受，才会有丰富多彩的文字。如下面这则情感真挚的"悼念文"，写尽了对太奶奶无限的思念。

2010年12月1日　星期三

故去的繁星——悼太奶奶

天上的星星很多，有一颗最亮的，是我的太奶奶。每回我数星星，都会挑出最亮的那颗，因为，它是我的太奶奶。

清冷的月光洒下来，周围的小朋友都在玩耍嬉戏，我却只是盯着那颗最闪亮的星，追忆着从前的四世同堂。儿时我最喜欢坐在太奶奶家的绒布套沙发上，学着大人喝茶，再盯着那12寸、有近20年历史的小彩电，又或者去看看大人们量血压，或去陈旧的柜子中找糖……想着想着，我已悄然落泪。

我愿化为那搏击长空的大鹏鸟，一挥翅便九万里高，飞到那颗最亮的繁星下，看我的太奶奶……

最后，做一个积极的推动者。鼓励学生把自己独特的思想、真挚的情感灌注到自己的文章中去，把写作与自己的思想感情、与社会实践、与人格塑造结合起来，让写作充满乐趣和活力。通过这样经常的写作实践，掌握基本的写作技巧，得心应手地运用写作方法，形成自己的风格。

四、"三段五级式"日记的评价

（一）评价原则

1. 非量化原则

相比"作文批改"，我更喜欢用"日记阅读"来作为评价学生日记的说法。"阅读"一词少了一种居高临下的社会化气息，而是更多地以一种平等、纯粹的身份去对另一个个体（学生）施以帮助和情怀上的影响，以及坦诚的、宽厚的、充满爱意的关怀。因此，作为学生与教师之间的平等对话，个体与个体之间思想、感情的主动交流，日记是不应该也不能够用分数和等级来衡量的。

2. 价值多元原则

日记与作文是不一样的，它不纯粹是写作技巧，更关乎写日记的个体的生活状态、境界高低以及领悟深浅。日记呈现出的是每一个独一无二的个体在某一特定情境中的思想和情感，千姿百态，无法用统一的尺度去衡量。因而，教师应尊重学生个体的感受，肯定学生个体的言说，让学生感到自己的文章是有价值的。用"有一定价值"来评价一篇日记，以它在此价值尺度上的刻度确定它的价值，鼓励多元。如有的日记价值在于表达出自己独特的思想；有的日记写出了真挚深切的感情；有的日记文笔十分优美；有的日记选材特别新颖；有的日记写作角度奇特；有的日记用简洁准确的语言把某一过程写得非常清楚……

3. 隐私原则

日记是一种私人写作，"是一个人精神生活的隐秘领域""是绝不容许有他人在场的"[a]。这个问题体现在学生的日记上，尤为敏感。学生将日记交给老师批阅，便是对老师的信任。相信老师会保守他的秘密，恰如其分地处理日记中的信息；相信老师能认同他的情感，给予他温暖的关切和帮助。教师为了教学和指导学生的需要，看学生的日记属于必要。但需要特别注意的是，教师在处理学生日记信息、对日记进行评价时，一定要慎之又慎。必须做到尊重学生的隐私，民主地、智慧地为他们提供建议和帮助。也只有这样，学生在今后才能大胆、坦诚地写作，喜欢写作，写出自己的真情实感，促进其身心健康发展。

4. 鼓励原则

我国著名的教育家黎锦熙先生很早就提出"改错先于求美"的原则。学生受知识和能力限制，作文中出现缺陷甚至错误是正常的，教师需要明确的一点是，他们需要的是宽容与帮助，而不是批评、指责。设立基本底线，不向学生提过高的要求，从要求学生改正错

---

a 周国平：《周国平自选集》，海南出版社2004年版，第351页。

别字、病句，把句子写正确，逐渐做到文从字顺，顺其自然，不给学生人为的压力。多去发现和鼓励学生日记中好的一面，让积极的期待为学生的主体成长营造良好的心理空间。

（二）评价方式

1. 反思式的学生自评

学生的自我评价过程其实就是积极地把评价要素纳入自己的学习中去，建构写作技能、鉴赏能力的过程。学生自我评价的最终目的是在自我评价基础上调控自己的学习，形成自我分析、自我调节、自我检查的能力，总结成功经验，反思存在不足，从而更好地调整自己的行为，勤于阅读，留心观察，自觉修改。通过自我评价，学生明白了学习的真正目的不在于外在对象和行为，而在于完善自身。只有这样，才能使学生对自己的要求得到进一步的提高，自我完善的动机得到进一步的加强，自我完善的基础才能得到进一步的巩固。

2. 综合性的教师评价

教师应结合学生的实际情况、进步与否等对学生实施综合性评价。首先，对不同层次的学生采用不同的标准。如为每个孩子的每篇日记都写上批语。这样做既可以安慰遇到困难的学生，鼓励有进步的学生，还能具体指出学生在日记写作技巧上的毛病，等等。其次，对学生习作进行重复评价。即教师评改后，写上批语，然后把习作返还给学生。学生再根据教师的评价，结合作文讲评进行修改，然后再由老师进行二次评价。这次不光要评价文章，更要评价学生的修改情况。

3. "成长记录袋"式的评价

在非量化原则指导下的日记评价方式，以"成长记录袋"的形式最为常见。让学生将自己课外阅读、语言储备的过程，观察思考、素材积累的过程，乐于表达、习作发展的过程记录下来，并"累积成册"，形成一个专属于自己的"档案袋"，从而帮助学生更加自觉地成长。

4. 学生互评和家长评价

学生在教师的组织和引导下交换习作，根据评批标准对习作中巧妙贴切的用词、优美句段、有创意的表达进行欣赏式评点，对习作中发现的遣词造句不够正确或准确、描写不够生动具体、选材构思欠妥的地方，提出自己的修改建议。这种活动提高了学生的点评、修改能力，同时也促进了学生鉴赏能力的内化，而且这种活动能在交流和辩论中，逐渐理清和明晰自己的见解，并学会聆听和理解别人的看法，促使他们不断对自己的观点进行反思，从而大大活跃了学生的思维，拓宽了他们的思路，激发了他们的创作热情。

论文分别从意义、内涵、教学策略、评价四个方面对作者在日记教学方面的实践研究成果进行详细介绍，最后汇总。结构比较完整。最后的总结还可以补充反映实践效果的事实材料，以及对实践问题的反思、对未来研究的展望和设想等。

同时，让学生定期把日记带给家长，让家长也参与评价，做孩子的热情读者，为孩子写评语。从而可以更好地促进家长对孩子的学习支持，促进家长和学校的联系和沟通，能有力地督促学生课外阅读，主动观察，为学生创设一个读书、实践、习作的良好环境。

概而言之，"三段五级式"小学日记教学，强调降低学生日记写作的门槛，给予学生充分的自由自主空间，激发学生尽情表达的欲望，重视学生个体真实的情感体验，关注学生循序渐进的写作技巧，注重多元多样的评价方式。长期的教学实践经验也证明了，这一日记教学模式确有其独特的价值和意义，不仅对提高小学生的写作能力和水平有着十分积极的作用，并且在塑造学生完整人格和维护心理健康等方面也有不可忽视的影响。

参考文献

[1] 黄菊初.叶圣陶语言教育思想概论.北京：开明出版社，1998

[2] 中华人民共和国教育部.全日制语文课程标准（实验稿）.北京：北京师范大学出版社，2011

[3] 倪文锦主编.小学语文新课程教学法.北京：高等教育出版社，2003

[4] 语文课程标准研制组编写.语文课程标准解读.武汉：湖北教育出版社，2002

[6] 徐江.写作原理新论——批判与建构.天津：天津人民出版社，2001

[7] 丁有宽.丁有宽与读写结合法.北京：国际文化出版公司，2000

[8] 朱作人.语文教学心理学.哈尔滨：黑龙江人民出版社，1984

[9] 卢家相.情感教育心理学.上海：上海教育出版社，2004

[10]张鸿苓.语文教育学.北京：北京师范大学出版社，1993

[11]潘新和.中国现代写作教育史.福州：福建人民出版社，1997

[12]王荣生.语文科课程论基础.上海：上海教育出版社，2003

[13]祝新华.语文能力发展心理学.杭州：杭州大学出版社，1993

[14]林治金.中国小学语文教学史.济南：山东教育出版社，1996

[15]邓志伟.个性化教学论.上海：上海教育出版社，2003

❓ 研究反思

一、参与此次史家项目的原因与动机

我此次参加史家项目的原因与动机有两点。

一是我从教近30年，近30年的教学中，我每教一个班（无论是一年级还是中途接班）都鼓励学生写日记。从教育成果上看，坚信鼓励学生记日记能培养学生的言语表达能力，更能促进学生形成良好的个性与健全的人格；另外，感到日记教学也能促进我的班级管理工作的开展。

目前，来到史家七条小学工作，特别想带动身边的语文老师也能利用日记教学促进学生的言语表达能力，促进学生身心健康的发展，却深感用经验之谈难有说服力。

二是对于让学生学习日记的格式，初步感知日记这一应用文体的特点，人教版教材编排上也有变动，由原来在三年级下学期第七单元第二十五课编排《雷锋日记二则》，提前到现用教材二年级上学期第六单元第二十四课编入《日记两则》，教材安排上由中年级段提前到低年级段，但在2011版的《语文课程标准》中没有明确提到日记及写日记的要求，对于其具体的写作要求、写作频率、课程保证和如何持续性发展等重要问题没有提及。

恰逢有到北京师范大学学习的机会，对于日记究竟要不要从一年级开始写、到高年级持续写？各年级段的日记写作要达到什么要求？日记和作文有什么区别？它对小学生的学习与成长有什么意义？我们又该如何评价它？……我想对自己的长期所做做个清晰地梳理与提炼，通过课题研究的方式，找寻经验背后的科学规律。最后在导师的指导下，确定下自己的研究课题为"小学生'三段五级式'日记教学的实践研究"。

二、在此次项目过程中的收获

日记致力于学生个体情感的本真呈现，推崇个性化的体验。在个体生命面前，体验的态度是深入的，而不是浮泛的；是"穿透"生活而不仅仅是再现生活；体验的目的就是它自身，而不是为了体验自身之外别的东西。只有从自己的命运和遭遇出发来感受生活，才有可能获取生活中的有意义、有价值的"碎片"；只有交织着自己的情感、个性和对命运的理解的写作，才是一种审美意义上的写作，才是本体意义上协作，才是真正的写作。从这个角度看，小学生的日记写作有着很多非比寻常的意义。

1. 扶持学生写作起步

按照人教版的安排，小学生从三年级上学期开始写作文。但教师会发现小学生到了三年级开始写作文，简直错误百出。有不少学生没有基本的句子和段落的概念，写的句子不完整或不能简洁、准确地表达自己的意思。有相当一部分学生语句不通顺，写下许多病句。有的学生说的时候很好，但写下来时条理就乱了，而且出现少字、错字、漏字等低级错误。有不少学生要么不会剪裁，要么写流水账，要么在不重要的事情上花很多笔墨，在

应该详细描述的地方却一笔带过。学生也自述无从下笔，不知道该写什么，无法一下子写出一百多字的作文，只觉得困难重重，只觉得离老师的要求差很多，写作信心大受打击。

这说明命题作文是不可能拉起来就写的。写命题作文的前提是学生在日常生活中注意观察，有一定的写作意识，有一定量的日常观察储备，有最基本的写作基础，比如写完整、正确的句子，会用标点符号，语句连贯，用词恰当，等等。可这一系列前提从哪里来呢？大家都回避这个问题。命题作文还有篇幅、技巧的要求。特别是刚开始写作就被要求一百多字的篇幅，这对于还未入门的学生来说，难度和坡度都是很大的。这么多问题堆到三年级一下子解决，学生肯定会无所适从，顾此失彼，很容易丧失写作的自信心。

古代的王筠认为，初学写作，仅以两字作对，增加一字，至少要有三个月的实践。可我们现在的写作起步，大大违背了古人循序渐进的教学思想。没有为学生铺设适当的、平缓的台阶，例如造句练习、片段练习，等等，在写作的学习之初，也没有降低门槛，一下子向学生提出过高要求，所以令学生勉为其难，不少学生无法顺利起步，信心和兴趣大受打击，许多学生后来一直就怕写作文。

如果让学生从一年级开始写日记就不一样了。在低年级，同样会出现多字少字、语句不通顺等现象，但毕竟一年级的日记只要写一两句话，而且可写自己感兴趣的东西，放开胆子去写，没有题材的规定，没有写作技巧的要求，父母、教师的指导也较多，再加上一、二年级那么长时间的反复练习，这些写作基本功很容易轻轻松松打好。

日记是一种日常写作，它题材广泛，季节更替、人事变化、学习、活动、心里的想法、读书笔记、自己的体悟等，无一不可做题材。从日记起步就是从自己感兴趣的东西写起，从自己的感受写起，只有这样的写作才会有一种内驱力。而且，日记写作时间灵活，在学生受到触动，有了想法和表达的愿望时就可以动笔，没有写作技巧的束缚，没有题材的指定，没有字数的限制，可充分照顾到个体的差异，放胆写作，吾手写吾口，帮助学生顺利、平稳、愉快地起步。这和我国古代写作启蒙思想是一致的。

我认为，在写作的起步阶段，最主要的是培养学生观察的敏锐，对题材的敏感，写作的兴趣与自信。这样才是真正的起步训练。而且，写作水平的提高、境界的提升，关键不在于积累了多少好词好句，做了多少片段练习，而在于激活个体内在的自我意识和表达欲望。学生真正要学会写作、学会表达自己的思想与情感，学会潜心生活、细心体察及反躬自身，这不可能通过由外而内的命题作文来完成，只能靠由内而外的日记写作来完成。

叶圣陶先生在1978年发表的《大力研究语文教学，尽快改进语文教学》的文章中认为，写命题作文是教学中不得已而为之的办法，提出："我只觉得这样的习惯假如能够养成，命题作文的办法似乎就可以废止，教师只要随时抽看学生的日记本或笔记本，给他们一些必要的指点就可以了。"我认为，命题作文由于自己的特点，确实存在着很多不合理的地方，但目前作为在短期内教给学生基本写作知识和写作技巧的一种方式，还是有一定价值的，不能废止。那么我们能否努力一下，让学生在写作的初始阶段能少写或不写命题作文，多写放胆文，写自己感兴趣的东西，让他们轻松地表达自我呢？

2. 帮助学生观察、记录生活

观察是一种有目的、有计划、较持久的知觉活动。从定义可知，观察是一种知觉活动，是以视觉为主，融其他感觉为一体的综合感知。观察中包含着积极的思维活动，故而人们也把它称为"思维的知觉"。观察是人们认识世界、获取知识的一个重要途径，也是科学研究的一个重要方法。俄国著名生理学家巴甫洛夫曾告诫人们说："应当学会观察、观察，不学会观察，你就永远当不了科学家。"观察是认识的出发点，是正常思维的必要条件。"在一些科技发达的国家，对中小学生十分强调观察和实验。日本一至六年级规定要进行180次观察、200多个实验。"[a]安排这样多的观察和实验，目的在于向学生提供丰富多彩的客观刺激，使他们的想象力、思考力得到更健康的发展。在写作训练中，学生对所要描写的对象观察越细致，文章就越有可能写得具体生动，越有真情实感。

小学生在观察事物过程中的心理特点主要有如下几点。一是无意性：观察中随心所欲；二是情绪性：对有趣的东西乐在其中，忘记他们的培养任务；三是轮廓性：缺乏精细的辨别能力，往往满足于或停留于大致的、笼统的、轮廓的观察，而不善于观察事物的局部，以及容易遗漏重要的细节。

但是有了老师的引导，随着观察的持久深入，学生将慢慢学会有意识地、有目的地、细致全面地观察，学会进一步追问问题，不断接近真理。更重要的是，如果坚持观察，留心观察，学生就会保持对万事万物的好奇心，保持可贵的敏感。用存在主义的话说，孩子描写一只小鸟、一件事件、一种模糊的愿望……对于他这个个体来说，在真正地注意、发现它们之前，它们是不存在的，处于"遮蔽与黑暗"之中。注意就是一道存在之光，照射到小鸟、植物、事件和愿望上面，使它们由于被发现、被注视而显现出自己的存在，而孩子自身也在这种诗性的关注中获得存在的意识和自我意识。日记就是这样一种充满关怀和爱意的凝视，是一场关于人与周围事物存在的对话。

其实，日记的意义并不在于真的写了什么，而在于通过自觉的注意，使感官从沉睡的状态中苏醒，使美和意义从看似庸常的生活中浮现出来，唤起孩子们对万事万物和自身的关怀、凝视与爱，让他们发现生活中有太多美好的东西，必须放慢脚步，侧耳倾听，细心体会；让他们学会敞开自我，热切地探询周围的事物；让他们的体验慢慢丰富起来，让他们的生活也因此更加丰富多彩，更有情趣。

保持和发展人类感受力的纯洁和敏锐，获得生命的提升，这对学生写作品质的长远、持久发展至关重要。

3. 塑造学生的人格，维护心理健康

学生要写出一篇日记，必须有自己的感知、认识、情感等因素的参与，这就决定了写日记的过程是记录自己心路历程、反思自己所作所为的过程；是情感陶冶的过程和认识深化的过程，是学生养成独立自主、不断向上的人格的过程。要建立健康高尚的人格，首先要有正确地认识事物、认识自身的能力。在日记写作中，学生能够主动关注现实生活，深入分析事物，及早地形成自己的独立看法，这正是人格形成的重要因素。而且学生能够"在认识显示的种种矛盾，提高批判能力的同时，主体地确立自身特有的生存方式，形成面向未来、自主生活的力量"。从这种意义上说，培养批判能力是儿童教育的重要目标。

---

a 周立："有计划地培养儿童的观察能力"，《光明日报》，1980–01–28.

道德认识深刻了，道德情感才能深挚，才会有恒久的道德意志、外显的道德行为。可见，日记与人格成长是息息相关的。

如果学生经历过真正意义的日记训练，他们将会经常反思自己的所作所为，自然而然地求真、求实，求善，而且这种自觉内省的品质与能力将会影响他的终生。正如作家储瑞耕所说："写日记对于我们每一个人都有益。它帮助我们记录社会的风云，生活的变迁；它帮助我们成熟自己的思想观点；它帮助我们总结人生，天天提醒自己，检讨自己，督促自己；它帮助我们度过孤独，战胜苦恼。"他还将上述意思浓缩为一个形象的比喻："日记，是一根由当事人自己制作而又挥向自己的鞭子，鞭打我们更好地度过有意义的人生。"这样的文章才是真正的写作，文如其人，文道合一，而不是带着双重人格、双重标准的，为应付别人或者骗取高分而写的伪文章。这样的写作"就广度而言，个体的精神境界、个性品德和语文水准将得到完整的提升；就长度而言，个体以志趣为动力，以自主学习为习惯的终身可持续发展将得到可靠的保证；而就深度而言，生命就超越了单纯的知识和技能训练而获得抵达人性深处的灵魂之优化"。

而且，如果学生经常写日记，能够维护心理健康，使身心和谐发展。

人的心理就像一架天平，它健康的要义是保持平衡。如果学生的心理长时间严重失衡，就会给他的学习生活带来很大的困扰，影响他的身心健康。生活中总有许许多多无法预料或无法一下子接受的事情或变故。对于小学生来说，从幼儿园到小学的巨大反差，成绩的变化，生理的发育，家庭成员之间的关系，竞争的压力，考试的焦虑，老师对他的态度，伙伴们对他的评价，等等，很多情况都会引起学生心理的失衡。小学生年纪小，处理各种关系、变化的能力和经验都远远不如成人。也许有些在成人眼里根本不算什么的事情，对于孩子来说就像天塌下来那么严重。

如果学生能够在日记中记录自己遭遇的变故和不快乐，他就首先以一种冷静的态度反思自己的所作所为和所遭遇的一切。心理学认为，一个人的遭遇和他对遭遇的反应是两回事。如果学生能在事后清醒冷静地叙述事情的来龙去脉，那么，遭遇对他的伤害已经少了许多。如果他能在日记中向老师求助，哪怕是向不具体的人求助，或者宣泄自己的委屈、悲伤，那么遭遇对他的伤害又会少了很多。正如我的一个学生所言："把自己的委屈、苦恼写进日记，就如同向无言的朋友倾诉心声，使精神压力得到缓解，心理上轻松了，抚平了，生活就更起劲了。"因为"自我表露既是健康人格的表现又是成功的自我调节的方法"。"透明的人由于已经表露了他们真实的自我，所以他们没有值得焦虑、担心的。我们只有通过自我表露才能真正认识我们自己，才能生长并成为充分自我实现的人。"

如果他能冷静地反思自己的所作所为，这次遭遇的原因（哪怕这分析是不成熟的），这次日记的功劳也是很大的，这说明他已经开始从失败中总结经验教训，迈向成熟了。如果老师看到了学生的日记，能对其遭遇进行安慰，对其不恰当的思想倾向及时点拨，纠正错误的言行，那么就会化解掉许许多多矛盾，使学生健康成长。如果发现学生有极端思想或消极思想的苗头，就可以阻止一些悲剧的发生。

美国著名心理学家詹姆斯说："养成写日记的习惯，会使我们增加一个抵抗疾病的军火库。因为写日记可以把危险的压力发泄掉，进而加强你的免疫系统，改善你的健康。"

所以，让学生吾手写吾口，自由自主地写作，对于其身心发展都是有利的。

4. 鼓励学生自由、自主地写作

有的学生不喜欢写日记，厌恶、逃避写日记，是因为他们所写的日记并非真正意义上的日记，是老师强加的，和作文训练相仿的，着重写作技巧的小练笔、片段练习，而不是有着发自内心的表达冲动，有着在生活中的新发现与新体验，能轻松自由表达的日记。

康布斯在《动机与自我成长》一书说："人是永远有动机的：事实上，人在任何时刻都不会没有动机。谈到人的动机之有无时，只能说某些人对他所面对的不愿做的事缺乏动机（而对其他的事仍有动机）而已，但绝不能说他们没有动机。"当前作文教学存在的一个问题就是学生不愿意写作，厌恶写作，这是因为我们在写作教学中忽略了学生这个创作主体在写作中独立的、积极的作用，总让他们带着"面具"去写作，总是自以为是、指手画脚地"教"他们写作，总是不让他们自己写、写自己，总是苛刻地要求他们，不能让他们作为一个天真无邪的小学生去写作。

人本主义者说，每一个正常的人都像一粒种子，只要给予适当的环境，都会开出美丽的属于他们自己的花朵。写作是心灵的释放，是情感的需要，教师要相信每一个学生都具有写作的天赋和潜能，每一个正常的学生都能写出好文章，因为每个学生都有一颗善感的心，每一个学生都渴望表达自己。只有以自己的方式，从自己的经验和情感出发的，表达自己所看到的感受到的东西，对自己有意义的写作才是真正的写作。对于写作教学，教师的责任不是过多干预或越俎代庖，而是要给他们充分的时间和机会，睁开自己的眼睛去看，用自己的心灵去感受，保护学生写作的积极性与自信心，鼓励他们自由、自主地写作。写作教学应该像北京师范大学教授刘锡庆所说的："要解放人，解放人的精神和心灵，把写作主体潜在的想象力、创造力和表现力，即鲜活而强悍的生命力，都尽快地释放出来。"

三、在此次参与项目过程中遇到的问题

我在此次参与项目过程中，研究过程的资料很丰富，想要研究的内容涉及广，研究方向大，在众多可研究的领域间难以取舍，自感舍掉哪一项内容，都无法突出自己的日记教学的理念与初衷。在我十分苦恼的情况下，北京师范大学易进教授给予我鼓励、耐心指导与悉心点拨。在教授的指导下，我得以顺利完成本次的项目研究，再次感谢易教授！

培养低年段小学生语文课外阅读兴趣的教学策略

史家小学　张牧梓

教育部制定的《全日制义务教育语文课程标准（2011年版）》中对课外阅读提出明确要求，规定了各个学段的课外阅读量。其中对学生第一学段的阅读要求为：培养学生的阅读兴趣，使学生喜欢阅读，感受阅读的乐趣。低年级段课外阅读总量不少于5万字。由此可见低年级课外阅读的重要性。对于初学阅读的学生，教师应该有目的地激发他们的阅读兴趣，使其爱上阅读；为学生营造舒适的环境，激发阅读欲望，回归童真的氛围，激发阅读激情。

当前，人们的教育和学习观念发生了根本变化，在教与学的关系上，更关注如何学。阅读，是穿越"如何学"的第一道屏障，只有在阅读中才能掌握学习方法，不断获得新知。因此，在学习的起始阶段，在小学低年级段，掌握阅读方法，提高阅读水平，打好阅读基础，就显得尤为重要。

笔者是一位多年从事小学低年级语文教学的教师，在长期的低年级语文课堂教学中感受到，当前低年级学生阅读兴趣不足，阅读数量少，阅读速度慢，阅读效率不高。通过调查发现了一些发人深省的现象：由于学生家庭背景多样化，部分学生课外阅读缺失；课外阅读内容单一，误导学生阅读兴趣；学生阅读缺少计划性。

学生课外阅读方法缺少专业引领。低年级语文的教学目标除了识字写字，还要培养学生的阅读能力、写话能力、口语交际、综合性学习能力。阅读与写作能力的培养需要从低年级开始，这些能力的形成有赖于大量有益的课内外阅读。虽然课堂教学时教师可以有目的、有计划、有步骤地指导学生对教材进行充分阅读，但是这种控制致使学生的阅读缺少自由、真实、情趣，而课外阅读所具有的自主性、独立性、宽松性，可以从时间、内容上为课堂阅读教学的有限做出有益补充。

重视课外阅读势在必行，它能提高学生的语文阅读能力，全面提升语文素养。因此低年级的课外阅读不能仅流于一种形式，其重要性及必要性需被提升到一定高度。针对当前小学低年级学生课外阅读兴趣的现状，作为教师

> 概括指出探讨课外阅读指导策略的几个角度。呈现下文分别阐述的思路。

和家长应通过各种有效途径，采用有效的策略，加强家校协同，找到切实可行的办法，为孩子营造精神家园，为悦读益生奠定基础。教师要通过实践研究，抓住低年级学生年龄、心理等特点，了解学生的阅读需求，根据学生认知情况，加强学校教师对学生课外阅读的指导，增强学生的阅读思考能力。具体策略包括家校协同为孩子创设良好阅读氛围、合理推荐阅读书目、开展阅读活动并进行读书方法指导等。

一、创设良好的读书环境和氛围

（一）空间环境创设

环境对学生的成长有着潜移默化的巨大影响。为了培养学生的阅读兴趣，笔者依托具有浓郁书香氛围的校园环境，不断刺激学生感官，增强学生阅读的心理体验，改变学生的活动行为，有效地使学生由过去没有阅读意愿转变为逐渐产生想要阅读、愿意阅读的心理诉求。

学生每天进入校园，醒目的电子显示屏上的内容每日更换，"一起读古诗""名人名言""好书推荐""科学小百科"等丰富的内容吸引学生驻足。学生停留一两分钟，大声诵读或是心中默读，如涓涓细流流进学生心田，开启一天的阅读之旅。课间，学生无论是喝水休息还是去卫生间，沿途的墙壁上均有学校布展的壁报，分为不同主题，精选各班学生上交的作品张贴展示。学生们一路走来，时常被图文并茂、内容生动有趣的伙伴作品吸引，停下步看上一会，点评几句，关键是来源于同龄人的原创更贴近学生生活，激发他们阅读的兴趣，促进学生间的生生互动与学习。学校的图书馆更是培养学生阅读兴趣的最佳场所，"森林书屋""气味书屋"，单是名字就足以让学生踏足此处了。再加上书屋充满童趣的设计，调动了学生好奇的天性，使其自觉自愿地走进书香世界，享受读书的惬意。

班级是学生学习和活动的主要场所，是创设阅读环境的主要基地，也是集体和学生个体交流、展示的主要平台，因此要通过环境的创设营造有特色、有个性的书香班级。小书架的设置是必不可少的，书架的数量根据班级内的空间而定，置物柜上、窗台、黑板下方均可以放置书架，方便学生随时取书阅读。学生汇展中心与笔者教室仅几米之隔，那里是一个开放的空间，属于适合学生课间阅读的场所。笔者为引导学生有走出教室外的阅读意识，绘制了空间分布图，引导学生利用有效空间开展阅读活动。

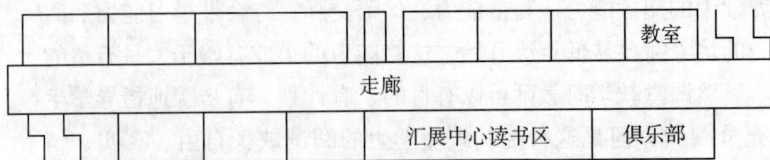

家庭环境直接影响学生个性和心理的健康发展，一个家庭拥有良好的读书环境，必然会促进学生爱上阅读，养成坚持阅读的习惯。家庭阅读环境的打造是进一步夯实学生阅读发展的重要支撑力。在笔者任教的班级，通过倡议与指导，"小书桌"行动调动家庭专门为学生设立读书区域，增设书架、台灯，营造良好的读书环境。

（二）固定阅读时间，保证阅读的实效

学校规定各个班级每周轮流按照时间安排到校园书屋阅读，笔者任教班级被安排的时间在中午饭后。为保证充分利用这半小时的阅读时光，在阅读当天，笔者将正常的在校生活时间表进行微调，以保证阅读时间的有效使用。除此之外，笔者还与每月一次的班级阅读课结合，在没有阅读课的其余三周，果断地每周匀出一节语文课用于对学生进行阅读指导和深入阅读。此外，每天20分钟午休和周三下午的半小时自习均用来阅读，保证学生每天阅读时间不少于30分钟。一周累计在校阅读时间为2.5小时，一个学期20周，阅读时间达到50小时，使得学生的阅读有时间、有效率。

配合文字表述，通过示意图，很直观地呈现了空间利用情况。

二、推荐恰当的课外阅读素材

（一）根据学生阅读能力进行分阶段分层阅读

在帮助学生进行课外阅读内容选择时，笔者遵循学生课外阅读的身心发展规律，使学生更全面更深入地喜欢上课外阅读，并且能更有效地投入课外阅读之中。

首先，以《语文课程标准》中对小学低年级课外阅读内容的要求为基点。引导学生阅读内容浅近的童话、寓言、故事，诵读儿歌、儿童诗和浅近的古诗，使儿童向往美好的情境，获得初步的情感体验，感受语言的优美。其次，选择一些形象、直观、故事性强的图书。形象的图书内容能吸引学生的注意力，对图书产生兴趣，于是就会在兴趣的驱使下，不知不觉地进行阅读。最后，对图书的选择要有科学依据。笔者对一年级105名学生和38名家长发放调查问卷，根据对调查问卷分析所得，16.3%的学生入学时基本不认识汉字，55.8%的学生入学前识字量在300~600之间，10.6%的学生识字量达到600以上。因此向学生推荐图书时要根据学生识字量分层，既有双行读物，以拼音为抓手辅助学生阅读，也有篇幅短小的故事合集，还有名著改编的青少年读物，保证不同层次的学生的阅读需求。

结合问卷调查的数据结果展开讨论。这是很有益的一种尝试。通过调查，可以对学生的实际情况有整体把握，为采取有针对性的教育教学措施提供事实依据。

（二）关注阅读书目的接受度与知名度

教师向学生推荐的图书或为经典名著，或为已经由一两代人的阅读实践检验的美文佳作。这些书籍之所以广为流传，就是因为其知识面丰富，人物的性格特色也较为突出。对于生活体验尚浅的小学生来讲，阅读好书不仅能够帮助学生构建生活经验，对学生进行人格心灵的培养，同时还对学生的健康性格形成具有促进作用。很多学生从小听到家长讲述《大禹治水》《睡美人》《灰姑娘》等故事，但对于其中的文字几乎没有真正接触过。所以教师就借助学习拼音的机会推荐学生阅读类似的课外阅读，同时鼓励和帮助他们通过拼音来跟文字进行"亲密接触"。对于低年级学生来说，这样的课外阅

读方式是他们乐于接受也容易接受的，不仅对阅读引发了兴趣，而且也增强了他们的自信心和成就感。同时，学生的拼音和识字认字能力可以同步得到提高。

经典诗词是历代文人的文化积淀，里面饱含天文地理，蕴含人生哲理，是一笔巨大的传统文化财富，利于学生诵读。史家小学每天早晨均有10分钟的经典诵读时间。学期初，年级教研组会根据学期教学内容制定古典诵读计划。一年级晨间诵读校本课程《声律启蒙》，二年级进行国学经典《学而》和中华古诗文《子集》的背诵。每日晨间，课堂上传来学生琅琅诵读声。坚持不懈的晨间诵读，有助于孩子增强语感，积累古典文化知识，为今后初中、高中的语文文言文学习打下良好的基础。长期坚持，孩子们的记忆力也会得到锻炼，绝大多数学生在诵读的过程中熟读成诵，牢固记忆，期末时获得"子集小博士"的荣誉证书。由学生轮流带领诵读，这样极大地调动了班级学生的积极性，同时对开展课外阅读活动也是一个很好的促进。诵读经典古诗文，在于鼓励大部分的学生在诵读中感知经典文化，在传统文化中浸润。两年诵读，学生收获颇丰。

（三）课内指导与课外阅读紧密联系

培养学生语文课外阅读兴趣，必须与课内相结合，教师只有在课上针对学生学情，有的放矢进行指导，从阅读书目到阅读方法一一传授，才会更好地保证学生课外阅读的拓展与延伸。一年级学生入学两个月，经过拼音单元和识字单元的学习后，储备了一定的识字量，独立阅读能力大大提高。所以笔者注重进行识字教学时紧紧抓住这个有效环节进行学生课外阅读的引导，促进学生对课外阅读的兴趣。例如学习"米"这个字时，笔者先引导学生用"米"组词，如若学生说出带"米"的成语则更好，请这位学生做小老师，带着其他同学读词积累，激发学习兴趣。此时再借机推荐《米朵朵上学记》一书，学生会兴致盎然地阅读图书，加之书中的情节设置和学生自身的生活经历相同，会更加调动学生的阅读兴趣。学习《植物妈妈有办法》这篇课文后，让学生课后继续查找植物传播种子的方法，可以把课堂学习的知识有效地延续到课外，由课内到课外，有机联系，使学生拓展了自己的知识面。一、二年级的语文教材类似的课文很多，只要善于在课堂教学中抓住契机，指导学生将课内知识延伸、拓展到课外，课内、课外知识有效整合，互为利用，让学生感到只有阅读才能拥有知识，才能感受到阅读积累的重要性。利用班级微信，推荐优秀儿童故事平台，推动课外阅读深入持续开展。

（四）主题选择

低年级段学生以感性认知为主导，倾向于直观思维，喜欢阅读具体形象的故事，版面喜欢图文并茂的形式，在学生识字量和阅读理解能力均不强的情况下，教师为学生选择的图书要注重选择篇幅短小，内容浅显，情节有

> 教学经验总结中恰当呈现相应的具体教学案例。案例为论文的要点提供了事实佐证，也使论文所呈现的经验具有一定的操作性。

趣，插图丰富的书目。针对学生的阅读年龄和阅读兴趣推荐，笔者为任教班级学生推荐图书时分为以下三个方面。

类　型	题　材
儿童文学	童话、儿童诗、绘本、儿童小说
中华传统文化	声律启蒙、古诗、成语故事、简短古文
自然科学	百科全书、昆虫记

三、多种方式进行阅读方法的指导

　　培养小学低年级学生语文课外阅读兴趣，需要运用恰当的方法对学生进行课外阅读兴趣培养，不仅能让学生喜欢阅读，还能从小养成良好的阅读习惯，达到在阅读中积累，在实践中运用，在文化中浸润的目的。

（一）一年级采用教师引读、讲解的方法，适时推荐读物，激发学生课外阅读兴趣

　　例如阅读绘本故事《一颗超级顽固的牙》前，老师先询问学生有没有掉牙的经历。学生这个年龄正是换牙的时候，自然都有相关体验。接着教师再给学生讲述牙仙子的故事，猜猜塔比莎会用什么办法让自己的牙齿掉下来呢？多么富有悬念的故事啊！充满好奇心的学生会急于了解故事的内容到底是什么，阅读的兴趣不知不觉就被调动起来了。

（二）亲子阅读是课外阅读中最常采用的方法

　　儿童都喜欢模仿父母，如果家长喜欢阅读，孩子在耳濡目染之下，就会逐渐对书本和阅读发生兴趣。若能持之以恒地与孩子进行亲子阅读，孩子很快就会养成阅读的习惯。家长可以抑扬顿挫、饶有兴致地朗读文学作品，引导孩子听和看的阅读形式。还可以边讲述边提问，引导孩子理解阅读材料。

（三）编排小剧，角色体验

　　笔者班有一位家长和自己的孩子合作，表演成语故事《狐假虎威》。母女两人戴上头饰，母亲扮演老虎，女儿扮演狡猾的狐狸，生动的情节，丰富的表情，略为夸张的语气，牢牢吸引着观看的学生，令其对成语的了解及喜爱上了一级台阶。学生在教师的指导下编排了《小壁虎借尾巴》《夏夜多美》《数星星的孩子》等多个小剧，以阅读为平台，鼓励孩子积极根据自己的理解和思维，对故事中原有的情节进行合理改编。这种方法拓宽了孩子的思路，发展了孩子的创造性思维，使孩子体验到成功的乐趣，激发了继续阅读的兴趣。

（四）多样化的阅读方式

　　学生进入二年级，识字量大大增加，阅读能力有一定提高，课外阅读的

　　将比较具体的做法按照其内在特征分类组合，再以恰当的标题加以统整。这需要研究者对零散的经验进行分析和辨别，发现经验之间的共性和联系，再分类组合。由此，教师在写作过程中会对自己的经验和认识进行审视，重组思路，形成更具有系统性的实践性知识。

方法应有所改进，以促进学生的阅读审美和能力不断提升。采取伙伴阅读、共读一本书的方法，有利于学生课外阅读兴趣的保持与内化，尤其利用读书卡的有效设计，能够让阅读变得更加有效。

一般情况下，学生的课外阅读都是独立的，对内容的理解也是不够全面的。所以在班级当中适时开展"共读一本好书"活动，特别是在小学低年级，能够引导和帮助学生学会一些阅读的简单方法。在笔者任教的二年级下学期，尝试着带领学生开展"深入阅读—批注"的方法全班共同阅读《面包男孩》。如果一个人动了心去读文章，就一定会有或深或浅的感想。"学者先要会疑"，不疑不能激思，不疑不能增趣。有了疑问，让学生带着问题读书，才会让他们读进去，真正地走入文本，与文本、与作者进行对话。这样，学生一定会读有所感，读有所悟，读有所得。

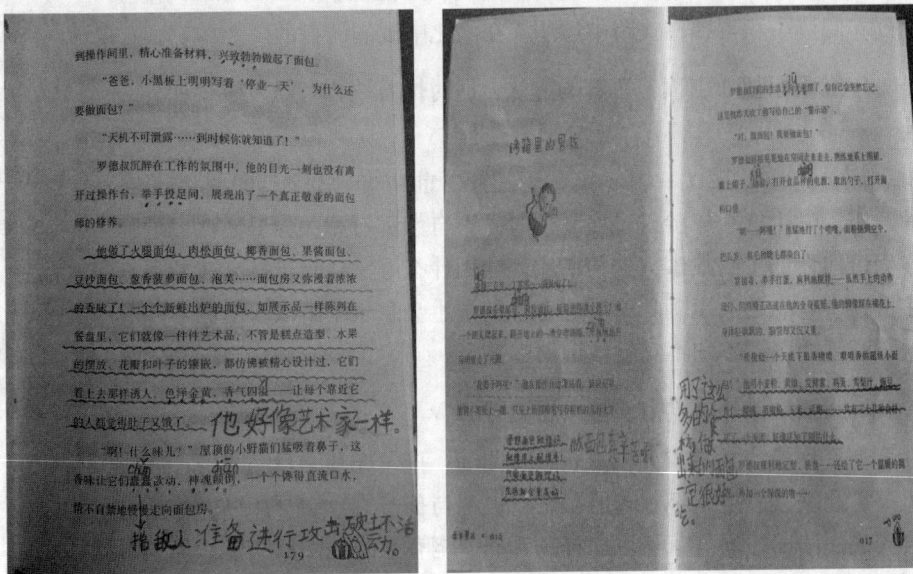

（五）将名著阅读与名著改编电影相结合，称为"光影名著"

在学生阅读《纳尼亚传奇》时，将改编的电影带进课堂，师生共同观赏，再针对影片中情节与原书对照，比较优劣。此法极大激发了学生继续阅读该系列的兴趣。

（六）搭建阅读展示与交流平台

学生在进行课外阅读后，往往也会有一种要表达读书收获的欲望。教师要充分利用学生的这个心理特点，组织各种阅读活动，激发学生的课外阅读兴趣。每天课前两分钟展示，伙伴建议评价，撰写读书报告，班级小讲坛开坛设讲，学校主题活动展示，家庭活动，社会实践活动等，均是学生展示与交流的很好平台。

书是人类进步的阶梯。为了让学生在书的海洋中遨游，在知识的滋润下茁壮成长，笔者始终把培养学生课外阅读兴趣放在第一位，并且从方法的指导、活动的开展、结果的测评中不断激发学生课外阅读的兴趣。以兴趣为先导，以需求为动力，提升学生阅读实践能力。

四、收获与反思

通过实践发现，采用上述教学策略能使学生的阅读兴趣和阅读习惯得到提升。以笔者任教班级为例，两年来，在教师的培养、指导下，学生课外阅读总量人均7.8万字，远远超出课程标准的要求。班级组织主题读书活动28次，学生全员参与。学生撰写读书摘录卡100余份，各类写话片段人均36次。集体参加学校组织的读书活动并进行展示2次，个人展示班级人均8次，校级展示32人次。学生在阅读中，情感得以熏陶，心灵得以滋养，在阅读中健康快乐成长。

在培养学生课外阅读兴趣的过程中，笔者发现极少数学生总是处于游离、边缘状态，在同样接受教师指导后，表现依然差强人意，阅读兴趣不高，被动阅读，进行表达或与他人交流时，表述能力差，语言贫乏，表达缺乏自信。在信息时代，高效的专业分工、科技整合的学习趋势要求个人不但要关注各自的专业领域，同时还必须善于表达，乐于与人分享、交流、讨论。基于此，笔者今后的研究将依托史家小学语文部"读书社"课程，以阅读为载体，以表达为路径，在小组协同学习中提高学生的文化表达能力和沟通能力，构建学习共同体。在指导学生阅读时，帮助学生成立读书社，分配读书社角色，根据学生自身能力和兴趣选择不同角色，围绕话题进行讨论，在读书后分工合作，撰写角色日志。希望这种读书方式使学生通过阅读学习积累，在不同情境中调动原先的知识储备并进行多角度思考，重要的是学生全员参与，每个人都在读书社中找到自己的位置，在实践中解决困惑，以身体力行的实践感悟，成为学生真正拥有的知识财富。

> 通过事实介绍了所采用的教学策略的教学效果。

> 在介绍教学积极成果基础上，对实践探索中发现的问题进行反思，并提出未来研究设想。体现了比较明显的研究意识。

> 如能对同领域的研究文献资料做一些分析，对照他人探索展开一些讨论，则研究会更加深入。

❓ 研究反思

一、参与此次史家项目的原因与动机

2017年3月，我在北京师范大学培训后独立承担的《培养低年段小学生语文课外阅读兴趣的行动研究》课题进入学校30个提升项目，将在专家组的指导下，继续进行深入研究。在北京师范大学学习和研究课题的过程中，我逐步明确课题研究讲究科学，有很强的严密性，而这种特性有利于教师养成一丝不苟的工作作风，从而促进教师的教学工作更加科学化、系统化。随着时代的发展，社会对人的要求不仅仅需要丰富的知识，更需要的是对信息输入输出的能力。语文学科的功能也在发生变化，教师在传授知识的同时，应注重对学生进行学习能力的培养，尤其是对学生质疑和解决问题能力、探索和创新意识的培养，全面提升语文素养。还记得接到课题提升研究的通知时，我喜忧参半。喜的是研究是针对教学中遇到的实际问题，和教学实际息息相关，和教学实践相结合，并能在研究的过程中指导教学实践活动。忧的是我是一线的教师，很少从事研究性的工作，对于课题研究的方法和策略缺乏理论的支持；又是班主任，整日忙于具体的教学任务和班级管理，总感觉时间很紧迫。但我坚信，在高校专家的引领指导下，我的课题研究一定会更加深入，研究的成果必定会准确地指导教学实践，令教师受益，也令学生受益。

二、在此次项目过程的收获

1. 倾力用心做课题

用心做课题，对于专业从事课题研究的人来说轻松易做，但对于教师来说，正常的教学及各项教育工作已经占据大部分时间和精力，还要再用心做好课题，这并非易事。我研究的短板在于理论储备薄弱，缺少强有力的理论支撑。而课题研究恰恰需要多方面专业理论知识。在开题时，我花了大量的时间阅读相关书籍资料，以弥补我理论基础的欠缺。这期间我的导师易进教授也与我数次沟通，对我进行了课题方面的分析与解读。在导师的梳理下，我的思路逐步清晰，采用的策略趋于科学合理，时效性与可操行逐渐加强。所以说，如果不去用心做，是无法深入理解课题主旨的，更无法做到有效、有质。

2. 科研能力和教学能力双赢

进行课题研究的过程中，我受益良多。在前期的准备工作时，我查阅了大量关于培养低年级学生课外阅读兴趣的文献资料，在整理资料过程中采用文献研究法、实证研究法、数量研究法等，内化资料，为研究所用。这些方法的获得均有赖于开题时接受的培训。在课题研究过程中，为了找到激发学生阅读兴趣的点，我每天与学生打成一片，走近他们，陪伴他们聊天玩耍，了解他们的喜好，进而制定相应的策略。为了找到一本适合学生阅读的好书，我多次走进书店、图书馆，结合网上查阅的资料，翻阅一本本图书。让学

生阅读前，我自己会将推荐的图书提前读一遍，写写批注、读后感，保证对学生的指导真正有效。大量的阅读和配合阅读开展的活动，让我对学生有了更多的了解，走进了他们的内心，了解了他们的阅读需求，这一点给我的教学提供了很多的帮助，提升了我在教学上的能力。我根据学生不同的个性、特点、心理倾向、知识基础、接受能力进行分层设组，并用动态、发展的观点对待学生，随时注意学生的发展变化，做必要的层次调整。然后规定不同层次的教学目标，运用不同的方法进行教学，使各类学生各有所获，使学生的兴趣和自信心都得到提高，在各自的区域内得到充分的发展，使每一次学习后都有一种成功感在激励着自己，在不断获取成功和递进中得到一种轻松、愉悦、满足的心理体验，激发再次成功的欲望。课题研究重在过程，我更是努力经历真正的研究过程，研读相关书籍，学习精华理论，追踪先进理念，提高自我修养。本课题的确定来自学生实际，是针对学生存在的问题和困惑而研究的。在此过程中，我采用了各种方法来准备资料，调查研究，了解情况，搜寻有用的信息，确定研究的方法，采用理论与实践相结合的形式，力争让课题研究为教学实践服务。还记得我在课题研究过程中的种种艰难历程：有时候为了一个研究的方法和策略，苦思冥想；有时候为了按时上传自己的研究成果和研究心得常常和懒惰进行"殊死搏斗"；有时候坐在电脑前思维活跃，思如泉涌；有时候为了一篇随笔苦思冥想，心急如焚也毫无结果……个中的酸甜苦辣，只有亲历者自知。进行课题研究是一个充满艰辛与茫然的过程，但我发现这恰是一个最优化的成长过程。

三、在此次参与项目过程中遇到的问题

在课题研究的过程中，产生了一些困惑，发现了一些问题，主要问题有如下三点。

1. 如何引导学生选择有意义的阅读内容

我的课题在研究了一年有余后发现，虽然老师努力通过种种策略激发学生阅读兴趣，成立"妈妈读书会"的家长组织，意在通过这个组织加强家校协同，共促学生阅读兴趣，但是仍然有少部分学生的课外阅读被卡通读本，"找迷宫""脑筋急转弯"等休闲性阅读占据。分析原因，因为这些读物无需"细细品味"，而且图画比文字更为精彩，与经典著作相比，多了一些庸俗，少了一些内涵，多了一些"欢笑"，少了一些思考，使学生课外阅读兴趣的导向产生了偏差。我通过班内调查分析后发现，娱乐性书籍是这小部分学生阅读的首选，阅读主要看图片，不喜欢阅读文字。由于性别不同，选择的书籍也不同，男生侧重自然科学类，女生更倾向冰雪奇缘、芭比娃娃类书籍。例如我班一名男生在半年时间里读的都是英国探险家贝尔探险的书籍，无论是课外阅读还是读书汇报，他永远只有这一个话题。虽说这类书籍不是不能阅读，但长时间浸淫其中，很容易对孩子造成阅读面窄、知识获得单一的状况。但我多次善意提醒，甚至委婉地向其父母传递要合理地指导孩子选择图书的意思后，也不见改变。一直到这名学生升入中年级学习，他还在津津有味地阅读这套探险图书，而且反复阅读。类似的现象在其他几个孩子身上也存在。

2. 阅读缺少计划性

阅读应是一种持续不断的行为，只有长期坚持才会产生效果。但我在研究中通过调

查、访谈、观察等方法发现，部分学生的阅读虽然在老师有意识地培养下，但随意性依然较强，还是想读书时才读，往往在某一段时间内几乎不读课外书；还有一部分学生读书被动，完全按照家长或教师的要求读书，缺乏主动读书的意识。培养学生的阅读兴趣需要老师和家长的共同引导，但无论我在学校里将阅读活动做得多么有声有色，总有一小部分家长无法被调动起积极性，只是被动跟随，不是应付差事地完成阅读任务，就是索性什么都不关注，总是远离老师为孩子们精心设计、组织的各种阅读活动，使得孩子的阅读兴趣始终无法调动起来。这也是让我很苦恼的事情，因为我可以培养孩子的阅读兴趣，却无法干涉成人。如何与他们达成共鸣，取得他们的支持，是我一直思考却悬而未决的问题。

3. 理论支撑不足，研究进入瓶颈

阅读是一种心理过程，在阅读过程中读者对由视觉输入的语言文字符号的信息进行解码，获取作者想表达的信息。换句话说，就是作者通过编码将意义变成书面语言，读者又将书面语言变成意义。课外阅读是语文课外活动中最重要、最普遍、最经常的一种形式。相对于课内教学和学科活动而言，课外阅读具有不能替代的作用，它既是对课内所学的知识进行巩固和加深，又是对课内阅读的延伸，是阅读能力训练的重要组成部分。课外阅读能帮助学生形成自主学习的能力，形成良好的学习习惯。

兴趣是人们力求认识某种事物或爱好某种活动的心理倾向，它是学生参与学习的强大内驱力。从心理学角度来分析，对某一事物感兴趣，就是这一事物最容易激发大脑皮层的兴奋，并且使兴奋持续下来，而这种兴奋则是大脑对该事物认识、理解、记忆的绝佳状态。如果学生一旦对阅读产生了浓厚的兴趣，在兴趣中进行阅读，其阅读效率将会得到大大的提高。同时在兴趣中阅读，还能明显地减轻学生的心理负担和压力，使其把阅读当作一种享受，进而产生积极主动的学习动机，表现出极大的热情。家长和老师平时就应该努力寻找阅读材料中的趣味点，在学生对阅读产生兴趣的基础上，引导他们去深度阅读，将兴趣转化为阅读的动力。

我对学生课外阅读兴趣的培养侧重心理范畴，但是我对于相关心理知识明显缺失，再想持续研究下去时总感到力不从心，"电力"不足，急需"续航"。

四、对之后参与科研项目的期待与建议

在培养学生课外阅读兴趣的过程中，我发现极少数学生总是处于游离、边缘状态，在同样接受教师指导后，表现依然差强人意，阅读兴趣不高，被动阅读，进行表达或与他人交流时，表述能力差，语言贫乏，表达缺乏自信。在信息时代，高效的专业分工、科技整合的学习趋势要求个人不但要关注各自的专业领域，同时还必须善于表达，乐于与人分享、交流、讨论。基于此，我今后的研究将依托史家小学语文部"读书社"课程，以阅读为载体，以表达为路径，在小组协同学习中提高学生的文化表达能力和沟通能力，构建学习共同体。在指导学生阅读时，帮助学生成立读书社，分配读书社角色，根据学生自身能力和兴趣选择不同角色，围绕话题进行讨论，在读书后分工合作，撰写角色日志。希望这种读书方式使学生通过阅读学习积累，在不同情境中调动原先的知识储备并进行多角度思

考，重要的是学生全员参与，每个人都在读书社中找到自己的位置，在实践中解决困惑，以身体力行的实践感悟，成为学生真正拥有的知识财富。

总之，课题研究的一年是我接受磨炼的一年；课题研究的一年是战胜自我的一年；课题研究的一年是我教科研能力提升的一年；课题研究的一年是我将教学实践和理论研究相结合的一年。这一年课题的研究让我对小课题的研究有了初步的认识和理解，虽然还有很多的不足之处，但我深深地感受到它带来的益处：提升研究能力，指导教学实践。

史家教育集团骨干教师科研能力
提升研修项目导师反思

易 进

　　我负责指导的是四位语文老师，分别是陈亚虹、高金芳、王秀鲜、张牧梓。前三位的研究选题与提升学生阅读能力有关，涉及阅读课程体系建构、语文课堂的组合阅读教学、阅读兴趣培养策略等，第四位的研究选题涉及写作教学，主要是日记写作的指导。四位老师都表现出对项目任务的高度重视，积极尝试通过项目对自己的教学和科研工作进行系统的梳理和总结。

一、学员情况

1. 陈亚虹老师

　　陈老师既是语文老师，也在学校承担一定的课程和教学管理工作。项目开始初次接触时，她已完成"构建阅读金字塔课程体系，提升学生阅读能力的实践研究"开题，以及课题中期报告。之前她已经围绕阅读课程开展了初步调研，获得了一些调研资料。其最大的困惑是，学校要求设计出学校范围内的阅读课程体系，这需要多位教师合作参与，而陈老师个人的课题如何开展，有点把握不住。

　　经过一个多学期的自主研究，她与老师们合作，在本校的课程基础之上，整合设计了一套新的课程体系，并且经过一年多的实施发现学生阅读能力有所提高。在关于研究成果初稿的讨论中，她的困惑主要有：最终成果以什么形式呈现、课程总目标怎么制定以及如何准确测评学生的阅读学习效果。我们的建议是，在此次项目结束时，聚焦于阅读课程体系的建构，通过学校的阅读课程方案展示其研究成果。

　　最终，陈老师以其课题研究为蓝本，形成了一份关于学校阅读课程体系建构的行动研究报告。对其研究的背景、针对的现实问题、研究思路，以及目前建构的阅读课程体系基本情况，特别是老师们开设的自主课程进行了比较详细的阐述。体现了她对阅读能力及相应课程的专业理解，以及对教育科研方法的初步运用。

2. 高金芳老师

　　高老师是一名有多年教学经验的语文老师，以往很少参与系统的教育科研工作。项目开始初次接触时，她在前一阶段培训的课题研究已经完成结题。面临的困惑之一是，专家对上一期结题报告的反馈中提到反映研究成果的资料不够具体，因而希望就搜集研究数据的方法如问卷法、访谈法接受进一步培训；困惑之二是下一步还可以研究什么。通过交流发现了一个可以继续研究的问题，即如何针对学生在阅读测评中表现出的弱点展开有针对性的组合阅读教学活动，以提高学生阅读成绩。

根据其实际情况，其研究成果聚焦于语文课堂组合阅读教学的案例分析。她选取了她自己以及与同事合作完成的两个典型教学案例。一个案例与古诗教学有关，侧重通过组合阅读引导学生对课文所蕴含的主题的理解；另一个案例与说明文教学有关，侧重通过组合阅读促进读写结合，既丰富了写作素材，又学得写作方法。两个教学案例中最能体现组合阅读的环节有比较细致的介绍，高老师还结合案例阐述了自己关于组合阅读的思考。其课题研究与日常教学紧密结合，在一定程度上深化了她对学科课程目标和教学策略的思考。

3. 王秀鲜老师

王老师是非常优秀的骨干教师，有着非常丰富的教育教学实践经验和较好的实践智慧，已承担着一定的教学管理工作，以往很少参与系统的教育科研工作。

本项目开始时，她在运用日记开展教育教学工作方面有自己的见解和多年的实践探索，她以此为基础在之前的培训中形成了研究报告。其工作重心转为带领学校教师尝试进行阅读方面的尝试，设立"三味书屋"。她的关注点在实践工作的提升方面，对于研究资料分析和成果撰写兴趣不高。她在多年教学探索基础上形成了很多有见地的教育思想，值得进一步挖掘，但由于工作负担和项目周期的限制，很难另起炉灶，开展其他选题的研究。

因此，王老师的研究一直聚焦于她自己提出的日记教学体系。这是她多年来一直坚持做的一项活动，通过实践证明，这对学生写作能力和思想认识的发展都有积极作用。她从一年级就开始布置日记作业，根据不同年级学生识字的基础，分别有不同的形式和内容要求，总体上以肯定和接纳为主。在前期撰写行动研究报告的基础上，在研究生助理的协助下，王老师形成了一篇内容具体的论文，对其日记教学的内容体系、指导策略、评价方式等进行了比较全面的总结和分析，可以为其他语文老师或班主任提供很好的借鉴。

4. 张牧梓老师

张老师是一位有多年教学经验的语文老师，以往较少参与系统的教育科研工作。在项目开始时，刚在前期培训中完成"培养低年段小学生语文课外阅读兴趣的行动研究"项目开题。当时最想解决的问题是顺利完成开学初的中期报告。已经搜集了基础调研的原始数据，但还未分析。在根据指导完成培训所要求的开题和结题工作后，张老师对其阅读指导的实践经验进行了比较全面的梳理。

可以看出，张老师为了培养学生的良好阅读习惯，想了很多办法，通过多种途径来组织阅读活动。通过对这些活动的归类整理，可以总结出阅读指导的若干策略，这些策略能为其他老师和其他学校开展相关工作提供借鉴。这包括创设良好的阅读环境、选择和推荐合适的图书、组织阅读交流活动、家校合作等。

二、指导经验与反思

此次指导有非常明确的任务和成果要求，因而与老师们的交流和讨论有明确的目标，每一次沟通都取得了很好的成果。遗憾的是，由于各种原因，这一次没能深入老师们的课堂，围绕其具体教学展开研讨。就指导过程而言，主要有以下经验和思考。

1. 肯定和鼓励为主

这几位老师都有丰富的教学经验，但对于严谨系统的科学研究缺少相关的专业训练。尽管前期在北京师范大学接受了相关的培训，根据培训安排撰写了开题报告、结题报告并完成了相应的汇报和答辩环节，但均反映没有深切地感受到那种严格规范的研究与其正在做的教学和课题研究工作的联系。她们对于将要完成的研究成果均感到困惑和些许焦虑。通过与老师们的深入交流，发现她们在教育教学实践中发挥着自己的聪明才智，想了很多办法来提高教育教学成效，而且将自己的想法付诸实践，真真切切在为学生提供指导和支持。因此，在交流和研讨中注重对老师们的实践探索给以充分的肯定，把努力方向定位于"把已经做得很漂亮的事情很清楚地说出来"。同时，充分考虑老师们的实际需求，尽量以她们的需求为依据来进行相应的指导。

2. 差异化个别指导

尽管只有四位老师，但各自的具体选题、研究基础、对研究工作的体验和感受各不相同。考虑到时间比较紧张，在明确目标之后，变小组指导为个别指导，加强反馈和沟通的针对性和适应性。尤其在最终阶段，针对老师们写的成果文稿进行细致地批注和修订提示，为其修改完善成果文稿提供针对性的指导。

陈亚虹老师承担着一定的教学研究和管理工作，前期对学校语文测试成绩进行的分析非常细致有针对性。她正在做的课题涉及学校课程的方方面面，内容很广泛，无法在短时间里就整个课题形成一份成果报告。因此，对她的指导侧重引导其聚焦问题，将一个较大范围的课题进行适当拆分，形成若干具体的题目，以便分阶段进行总结和概括。例如，可以是对课题前期搜集的调研资料进行分析整理，形成数据结果报告；可以对学校阅读课程的整体框架和特点进行概括；还可以是对阅读课程体系的某个组成部分进行深入和细致的分析；以及未来可以对该课程体系的实施效果进行调研分析，等等。

高金芳老师在这个项目之前，已经完成过一份结题报告，对高年级语文课开展组合阅读的实践经验进行了比较全面的总结。这个项目的指导中，通过高老师的反思，提出了两个方面的选题建议：一是继续聚焦组合阅读的实践，选择几个有代表性的课例，对其组合阅读的操作特点以及教学效果进行深入分析；另一个是针对已有组合阅读教学尝试面临的问题，对照学生在阅读测试中表现出的能力弱项进行有针对性的组合阅读教学探索。随后，根据高老师所选择的第一种思路，主要围绕课例分析的要点和文本撰写要求进行指导和交流。

王秀鲜老师将主要精力放在当前的教育教学实践工作中，希望主要依据之前完成的结题报告形成这一个项目的研究成果。她表示在项目期间难以投入足够的时间进行进一步的研究和资料整理。为了将王老师业已形成的优秀教育经验转化为比较规范的论文，我们充分发挥研究生助理的作用，请她就资料搜集整合及论文文字修改等提供较多的支持。

张牧梓老师在本项目开始时，上一轮培训尚未结束，她面临着中期汇报和结题报告撰写和答辩等一系列任务。与她的交流先是为其顺利完成上一轮培训的作业任务提供建议，如中期汇报侧重介绍前期阅读兴趣调研的数据分析结果，结题时再着重总结提升阅读兴趣的具体做法。在本项目的成果撰写中，指导重点是按照一定的主题将张老师培养学生阅读兴趣的多方面做法进行分类总结。

三、期待与建议

根据此次与老师们合作的经验，教师科研能力提升项目对于总结提炼教师们的优秀教育教学经验可以发挥积极的作用。这一项目对最终成果有较为明确的期待和要求，这对于有效开展研讨和指导非常有利。而且，对老师们要完成的成果形式提出了多样化的要求，可以是论文，可以是研究报告，也可以是教学案例，这使老师们可以根据自己的实际情况来撰写。期待以后的教师专业发展项目都能像这样，有明确的预期成果。

关于提升教师的科研能力到底应该如何定位，还有一些问题值得进一步的探讨。例如，教师的实践性研究成果可以有哪些不同类型的写作样式和规范？在教师工作负担如此繁重的现实条件下，如何引导她们将研究与其日常教育教学活动进行整合，进而不把研究感受为一种额外的负担？对于一门心思搞好教育教学实践的优秀教师，是否一定要通过完成各种研究文本来表明其研究能力，是不是可以通过合作研究的方式，通过大学导师或研究生辅助她们反思、总结、提炼经验，形成研究成果？

运用"韵化三字歌"培养小学生行为习惯的行动研究

史家小学　赵慧霞

一、研究背景

（一）研究缘起

上一轮修改中，我给赵老师提出的修改建议之一是：论文中的行动研究痕迹不明显，要明确区分行动原因、行动措施、行动成效。赵老师进行了针对性修改，论文质量明显提升。另外，在文字方面，赵老师也能较好地用学术语言表达实践观点。

本人从事低年级教育教学工作十余年，在多年的低年级教育教学工作中，我发现，大部分刚刚步入小学的学生，在礼仪、日常生活、纪律、交往以及学习等方面都表现出不适应的现象。在现实中我们也发现，许多家长往往忽视孩子的自然生长规律，只关注孩子们知识量的丰富和近期内学习成绩的优劣，忽视在这一阶段强化对孩子良好行为习惯的培养。

因此，加强对小学低年级学生良好行为习惯的养成教育具有重要意义。中共中央、国务院在2004年2月26日发布的《关于进一步加强和改进未成年人思想道德建设的若干意见》中，明确指出未成年人思想道德建设的四项主要任务之一是从规范行为习惯做起，培养良好道德品质和文明行为，对小学生而言，要重点规范其基本言行，培养其良好习惯。在《中国教育改革和发展纲要》中也明确指出：要重视对学生进行中国优秀文化传统教育，对中小学生还要注意进行文明行为的养成教育。由此可见，我国一直把德育工作放在学校教育工作的首位，其重视程度和力量投入较世界大多数国家而言，都毫不逊色，但诚如一些评论家指出的，除了口号式的说教之外，实际效果与力量投入之间存在着巨大的差距。

关于儿歌在学生成长中的作用，有不少已有研究。赵老师应该在此处加入一些引注，以提升论文的学术水平。

儿歌是打开儿童内心世界的钥匙，在儿童的成长过程中起着至关重要的作用。儿歌也是学校低年级教育活动中不可多得的可资利用的教育资源，它在启迪心智，激发想象，提高审美能力，培养情操和良好行为习惯等方面所起的作用是不容忽视的。

（二）提出研究问题

1. 什么是小学生行为习惯

小学生的行为习惯包括：学习习惯、生活习惯、日常行为习惯及心理品质等，行为习惯有好坏之分，按照《小学生日常行为规范》规定，良好的行为习惯有：尊敬父母，尊敬老师，同学之间友好相处，说话文明，诚实守信，遇到挫折和失败不灰心，经常洗澡，按时上学，上课专心听讲，按时完成作业，坚持锻炼身体，不乱扔果皮纸屑等废弃物，爱护公物，遵守交通法规，遵守公共秩序，珍爱生命，阅读、观看健康有益的图书、报刊、音像和网上信息等。这些良好的行为习惯为学生成才打下坚实的基础，对学生今后的学习工作有很大的帮助，使人终身受益，可以使学生修养更高，行为更规范，成为一个有教养的文明人。

2. 什么是"韵化三字歌"

"韵化三字歌"：以儿歌形式为载体，融入国学《弟子规》教育思想，以提高学生的道德意识，培养学生的良好品德，使学生形成良好的行为习惯为目的而创编的朗朗上口、通俗易懂并富有教育意义的合辙押韵的三字儿歌。

如：

整理篇

小书包　真整齐　语数英　分类理

小位斗　有条理　书在左　物在右

读看毕　还原处　放学后　不遗漏

3. "韵化三字歌"的特点

（1）生活性。"韵化三字歌"的内容紧贴校园生活，真正走进了学生的内心。学生生活的方方面面、时时刻刻都可以成为"韵化三字歌"的良好素材和有利时机，都可以成为"韵化三字歌"的内容来源，所以说"韵化三字歌"基于学生的生活，来源于学生的生活，回归于学生的生活，为学生所了解，更容易在学生中传播。

（2）趣味性。"韵化三字歌"文字押韵、简短精练、通俗易懂、形象生动、朗朗上口、好听好记。因此"韵化三字歌"可以寓教于玩，寓教于乐，符合儿童的年龄特征，能够很快吸引住受众，并在极短的时间内向最大的范围传播。

（3）内容广泛性。"韵化三字歌"的内容丰富、表现形式多样，内容有勤俭节约、尊敬父母、遵规守纪、文明礼貌等，涉及孩子生活、学习的方方面面，重在传授做人处世的道理。

4. 为什么运用"韵化三字歌"培养小学生行为习惯

（1）"韵化三字歌"蕴含《弟子规》国学教育理念。钟茂森在《细读弟子规》中提到，《弟子规》实现了中国传统文化的总纲领，是儒家文化的本质，也是一个人达到最终成就的根本。如果把《弟子规》所讲述的每一

在教育科学研究中，好的研究问题往往是衡量研究成果是否优秀的重要指标。在本研究中，赵老师提出了四个研究问题：什么是小学生行为习惯？什么是"韵化三字歌"？"韵化三字歌"的特点？为什么运用"韵化三字歌"培养小学生行为习惯？实际上，这些问题都不属于"研究问题"。真正的研究问题应该为收集研究数据服务。换言之，用所收集的研究数据作为证据，来回答作者提出的研究问题。这是一种研究逻辑。本研究的核心研究逻辑可以聚焦到运用"韵化三字歌"的成效上：运用"韵化三字歌"能否有效提升小学生行为习惯？

字、每一句都落实了，变成自己的日常生活行为，就能改变一个人的命运。"韵化三字歌"就是将《弟子规》当中所蕴含的适用于当代小学生行为习惯养成的内容为基础的观点进行创编，培养学生良好行为习惯的养成。

（2）"韵化三字歌"内容广泛，表现形式多样。

（3）"韵化三字歌"的形式学生易于接受。"韵化三字歌"区别于枯燥强硬的说教，更有趣味性，符合一年级学生的心理年龄，易于学生接受。

> 此处应对"韵化三字歌"的内容广泛性加以阐述。

（4）"韵化三字歌"可调动学生建构良好行为习惯的内在动机。

二、研究步骤

阶段	时间	研究内容	研究成果
准备阶段	2015年6~8月	创编"韵化三字歌"	创编18首"韵化三字歌"
研究阶段	2015年9~11月	理论建构；结合对国内相关文献的分析，编制一年级入学学生家长调查问卷。对一年级学生进行座谈，了解学生入学前的行为习惯	编制家长调查问卷。多途径了解一年级学生目前的行为习惯
	2015年11~2016年6月	课题实施，学习践行"韵化三字歌"内容。完成家长问卷调查	撰写调查问卷报告
	2013年2~2014年3月	分析调查问卷，并撰写调查问卷报告	
总结阶段	2016年7~8月	课题总结，编写"韵化三字歌"指导手册	总结研究成果，撰写研究报告，编写"韵化三字歌"指导手册

三、研究成果

（一）将"韵化三字歌"融入日常生活，培养小学生行为习惯

"韵化三字歌"作为孩子成长的伙伴，源于生活、源于实践、源于孩子，在学生生活习惯的养成方面发挥着积极的教育功能。例如，培养学生养成良好的用餐习惯，教师可以教授《就餐篇》：

就餐篇

小饭车　推进班　洗净手　排队取

营养餐　不挑食　食不言　餐盘净

先放勺　后放盘　放整齐　有规矩

对于刚入学的孩子来说，用餐是一件大工程，餐盘比幼儿园的大了很多，怎样端餐盘，盛汤的格朝哪个方向，如何平稳地把餐盘端到桌上，不遗撒一地，这些对于孩子们来说都是问题，孩子们往往是顾了这头儿忘那头儿。巧用"韵化三字歌"来指导，会取得事半功倍的效果。

可以组织学生自己创编生活类"韵化三字歌"，同学之间传唱并互相

监督谁能做到"韵化三字歌"中描述的那样；可以在校园里、班级里、墙壁上张贴这样的"韵化三字歌"，让"韵化三字歌"围绕在学生的身边，学生感受"韵化三字歌"在自己的生活当中无处不在，再也不会觉得家长、教师一遍遍的督促是那样的枯燥和难以理解。

（二）学习践行"韵化三字歌"，养成纪律规范

如果把硬生生的行为准则和纪律规范转变成学生可以接受的语言，学生不再觉得遵守纪律和规则是一种负担，而是一种体验，一种感受。可以让学生在"韵化三字歌"中树立规则意识。例如《课堂篇》：

课堂篇

上课了　快坐好　身坐正　看前方
铅笔盒　放中央　书和本　放左边
认真听　用心想　诵与读　声洪亮

这首简单的"韵化三字歌"规范了学生的课堂要求。在每节课开始的时候，集体朗诵，在朗诵的过程中，学生不但体会到了"韵化三字歌"工整对仗且富有动感的语言美，也潜移默化地加深了遵守课堂纪律的意识，从而内化到自己的言行举止，养成内在纪律和行为规范。

（三）运用"韵化三字歌"，构建和谐交往

同学们在玩游戏，诵儿歌的过程中很容易走近集体，克服交往障碍。例如《游戏篇》：

游戏篇

阳光下　操场上　我跑步　你跳绳
游乐场　有秩序　做游戏　讲规则
人枪虎　泡泡糖　好伙伴　笑声扬

在教育中我们不难发现，现在很多孩子不会玩耍，换言之，在日常游戏中缺乏规则意识，只会在操场上横冲直撞地奔跑。实际上，即使是玩耍，也是有规则的，而且在游戏中可以培养孩子们如何交往，和谐相处。

（四）运用"韵化三字歌"激发学习热情

"韵化三字歌"的趣味性和游戏性能激发学生的学习兴趣。例如《读书篇》：

读书篇

读书时　坐端正　双手扶　立桌上
读书法　有三到　心眼口　信皆要
爱读书　长知识　天天读　好习惯

通过这样一首首琅琅上口的"韵化三字歌"，不需要教师和家长的督促和提醒，学生也会自主地养成良好的学习习惯。"韵化三字歌"是孩子学习的好伙伴，把死板无趣的知识变成简单易懂、清新自然的儿歌，符合学生的心理特点，学生在感受"韵化三字歌"带来的身心愉悦之余，也体悟到了学习的乐趣，激发了学习热情。

四、基于"韵化三字歌"的 "童蒙养正，立规成范"校本课程体系构建

我们常说"婴幼养性，童蒙养正，少年养志，壮年养德"。一年级的学生正处于"蒙童"时期（多指6～7岁儿童），儿童天性尚未"染污"，善言易入，先入为主，及其长而不易变，因而易养其正知正见和良好品行。古人有"养蒙于童"的说法，孔子在《易经》中亦曾论述曰："蒙以养正，圣功也。"由此可见，自古至今 "童蒙养正"教育思想已深入人心，且为大家所广泛认同。而且一年级学生有着天然的"童蒙养正"年龄优势，藉此优势，从一年级起就对学生进行"养正"教育，将有利于学生良好品行和行为习惯的培养，利于其正确世界观、价值观和人生观的形成。

本部分内容本身写得很好，但是与上文内容相脱节。前文三点内容，不足以构建"童蒙养正，立规成范"构建校本课程体系。因此，我在原有的标题"'童蒙养正，立规成范'构建校本课程体系"上加以修改，变为："基于'韵化三字歌'的'童蒙养正，立规成范'校本课程体系构建"。

在"童蒙养正"教育思想指导下，根据我校一年级学生的年龄特点和现实需求，以"立规成范"和"悦读益生"为核心，分别构建以培养学生良好行为习惯、激发学生悦读兴趣和培养学生悦读习惯的校本课程，通过开展行动研究，最终构建出适合我校一年级学生发展的"童蒙养正"校本课程体系，实现我校一年级学生"养正"的目标。

作为整个史家课程体系的逻辑起点，"童蒙养正"课程是基于阅读兴趣激发、习惯形成、素养提升，为每一个孩子的健康快乐成长提供价值起点和行为依据的综合实践活动课程。并以此开启每一个孩子的成长视界，奠基每一个生命的无限可能。为其和谐成长与终身发展提供价值起点和行为依据的无边界活动课程。

我们通过"五个一"，即一日常规（韵化三字歌）、一周启蒙（启蒙短片）、一月陪伴（亲子操）、一季诵读（新年诵读会）、一年养正（年级队列比赛），节节推动一年级学生良好品行的形成。

不仅如此，我们还邀请了高年级善于绘画的同学利用课余时间，给"韵化三字歌"配上生动有趣的插图，绘制成"韵化三字歌"的绘本，作为迎新礼物送给每一年入学的新生，大手拉小手，把良好行为习惯的养成代代传承。

俗话说"少成若天性，习惯成自然"，一年级的孩子正处于人生奠基的黄金期，习惯的养成至关重要。美国作家杰克·霍吉有一句名言："行为培养习惯，习惯决定品质，品质改变命运。"课程的根本价值在于满足学生的需求。学生是课堂的主体，教师作为引导者要创造条件激发学生的兴趣，发挥学生的能动性，促进学生良好习惯的养成和能力的发挥。

学生良好行为习惯的养成非朝夕之举，它需要不断重复和强化，一旦放松教育，已养成的好习惯也有可能失去，所以我们在培养学生良好的行为习惯时，坚持做到持之以恒。

参考文献

[1] [美]阿瑟·S·雷伯. 李伯黍，译. 心理学词典. 上海：上海译文出版社，1996

[2] 黄正平. 小学养成教育. 南京：南京师范大学出版社，1999

[3] 陈桂生. 教育原理. 上海：华东师范大学出版社，2000

[4] 檀传宝. 德育原理. 北京：北京师范大学出版社，2007

[5] 林格. 怎样培养习惯. 北京：新世界出版社，2006

[6] 关鸿羽. 教育就是培养习惯：养成教育. 北京：新世界出版社，2003

[7] 储培君等. 德育论. 福州：福建教育出版社，1997

[8] [日]福泽谕吉. 福泽谕吉教育论著选. 北京：人民教育出版社，1991

[9] 蔡元培. 蔡元培教育文选. 北京：人民教育出版社，1985

[10]沈建萍. 小学生不良行为习惯的现状分析及转化策略. 上海师范大学，2010

[11]张玉平. 小学生不良行为习惯的现状分析及调适策略. 内蒙古师范大学，2013

[12]胡方. 小学生良好行为习惯的养成教育研究. 山东师范大学，2011

[13]刘俊. 农大附小学生行为习惯养成教育研究. 内蒙古师范大学，2007

[14]谢永春. 刍议小学生养成教育"四结合". 上海教育科研，2009（2）

[15]刘绍强. 小学生良好行为习惯养成教育初探. 教育论坛，2011（11）

[16]阎海全. 小学生良好行为习惯的养成策略. 教育理论与实践，2011（14）

[17]关鸿羽. 小学生行为习惯现状调查报告. 中小学管理，1988（3）

[18]沈筱梅，施月芬. "儿歌导行"的案例式研究. 上海教育科研，2011（6）

? 研究反思

一、参与此次史家项目的原因与动机

1. 工作中发现问题，解决实践问题的需要

本人从事低年级教育教学工作十余年，在多年的低年级教育教学工作中，我发现，大部分刚刚步入小学的学生在礼仪、日常生活、纪律、交往以及学习等方面都表现出不适应的现象。在现实中我们也发现许多家长往往忽视孩子的自然生长规律，只关注孩子们知识量的丰富和近期内学习成绩的优劣，忽视在这一阶段强化对孩子良好行为习惯的培养。因此，加强对小学低年级学生良好行为习惯的养成教育具有重要的意义。

2. 教师专业成长的需要

教师参与课题研究，是提高自己素质的有效途径，教师通过进行课题研究，经常反思自己的教学工作，积累丰富的教学经验，使得教师在反思中成长，在成长中反思。教师要有勇于实践创新的能力，为了实现素质教育新要求，教育教学工作的模式应该由经验型向科研型转变。通过课题研究，提高教师科研素养，促进教师专业发展，从而使教师的教学素养得到了提升。

二、在此次项目过程中的收获

我一步一个脚印地走过来，付出了辛劳与汗水，也收获了欢笑与喜悦。课题研究敦促我不断地读书学习，不断提高自身的研究水平。名家大师们对于习惯培养的著名言论，让我对于习惯培养的重要性有了更为深刻的认识，也更坚定了习惯研究的信心。通过阅读，我也接触到了名家大师们进行习惯培养的具体做法和策略，这对我的课题研究起到了很好的借鉴作用。

在史家七条小学、史家实验学校进行集团推广，效果显著。老师们纷纷表示，"韵化儿歌"文字押韵、简短精练、通俗易懂、形象生动、朗朗上口、好听好记。其内容丰富、表现形式多样，孩子们乐学爱学，效果突出。通过实践，老师们认为使用儿歌与以往教育相比较学生最大的转变是：行为习惯教育变为学生的自觉行为。

对于教龄较短、班级管理经验有限的青年教师，在面对刚入学的一年级小萌娃们时，如果在入学伊始就能用一以贯之、科学合理的行为及学习习惯标准培养孩子，班主任工作做起来不仅会更有章法，而且势必会取得事半功倍的效果。"韵化三字歌"无疑满足了青年教师们的迫切需求！

对于有经验的老教师，启蒙教育阶段让我有了对于习惯养成教育的新的思考：塑造孩子良好的学习、行为习惯，一定要从细节入手，从小事入手。

儿歌语言浅显、明快、通俗易懂、口语化，有节奏感，便于低年级学生吟诵。儿歌

可以形象有趣地帮助孩子认识学校生活，开发他们的智力，启迪引发他们的思维和想象能力。从一定意义上说，三字歌引导儿童认识了世界、认识了自己、步入了人生的第一个小台阶，成为孩子的第一任领路人、启蒙者。

通过课题研究的历练，我编写出版了《童蒙养正 立规成范》一书；所写论文《运用"韵化儿歌"培养小学生良好行为习惯的养成》获得史家教育集团第一届教科研论文评选一等奖、北京市三等奖。

三、在此次参与项目过程中遇到的问题

从刚开始的概念模糊，到经过不断深入地调查研究，多次的交流探讨，我的思路渐渐清晰，并在实践中不断地修正方案。由于是第一次深入系统地做课题，缺乏经验，所以在研究过程中走了不少的弯路。这是一个充满艰辛与茫然的过程，我发现这恰是一个最优化的成长过程。因此，想在此次的30个提升项目中能够得到导师专业有效的指导，进行课题立项。

四、对之后参与科研项目的期待与建议

"课题研究"对于广大教师来说并不陌生，很多教师都有自己主持或参与他人的课题。通过课题研究这个平台，可以有效地促使教师积极地学习教育教学理论，更新观念，指导自己的日常教学工作。但近几年课题研究的发展，却不得不引人思考，课题研究步入形式化、模式化，失去了固有的研究价值和现实意义。

1. 课题界定不清

不是任何一个教学问题都称之为课题研究，只有长期关注某个有意义的教学问题，而这个问题又被教师们反复思考、设计之后，日常的教学问题才能转化为研究课题。比如刚入一年级的学生，他们的注意力和集中力很差，有些教师就会用鼓掌、奖励等多种方法去引起学生们的注意。但经过一段时间，这些招数用尽之后，学生仍旧不能集中精力，因此教师就开始想方设法去改变自己的教学模式，探索行之有效的方法，由原来强调学生听，转为引导学生听，将"怎样让一年级学生集中注意力"改为"如何有效地引导学生自主学习"的研究，这就是一个课题。

2. 课题名称模糊

课题名称顾名思义就是课题的名字，它至关重要，名字如果定义的不准确、不恰当，就会影响课题的质量，给研究造成障碍。忽视研究的对象、范围，就会造成课题研究的内涵不清楚，外延不确定。一个好的课题名称应该具备三个要素：一是课题研究的对象，二是研究的内容，三是研究的方法。如《数学课堂有效性教学研究》，对这个课题的研究对象是中学生、小学生还是高中生，就没有说清楚；教学研究范畴太大，不具体明确；研究方法太过笼统，没有针对性。如果改成《小学数学课堂有效性教学策略的研究与探索》，就一目了然，很清楚了。同时我们要注意名称用语要规范，要用简洁明了的词语来概述，

不宜过于冗长，一些口号式、结论式的句型最好不用。

3. 关键词语概念不清

在研究中，会重复性出现一些与课题相关的关键性词语。这些词语往往在课题中具有标志性，它关系到研究的范围、对象、内容、方法等，但也经常被忽视。比如"学困生"这个概念。在课题《小学英语学困生的成因及对策研究》中，研究者对"学困生"作了如下的定义："学困生是指智力正常而长期达不到教学目标的学生。"其实"学困生"一般是指那些在知识、本领、品格、方法、体质等方面存在偏离常规，智力得不到正常开发，不能达到教学大纲规定的要求，必须经过准确性的教育对策或医疗对策予以补救或矫治的学生。这恰恰与我们所界定的"学困生"的概念相反。因此，教师在进行课题研究时，必须保持严谨的态度，对于"学困生"这类模糊的概念，要尽可能地在查找权威的资料之后再下定义，不能望文生义。

4. 研究过程的间歇性

近几年来，很多地区将课题研究作为教师晋升职称不可缺少的内容，加之我们一线的教师工作繁忙，没有充足的时间和精力进行课题研究，这些原因都造成了研究的被动。不是主动为了改进自己的教学实践，而是被动完成课题任务。不少课题有开题、结题，没有过程，课题研究的实效性大打折扣。很多教师也不是循序渐进进行反思、撰写完成，而是草草地备几节课，写几篇文章，把一些吃不透、想不透的理论拿来，夹生地东凑西拼，就得出结论。甚至有些教师在课题研究过程中只是简单地收集资料，认为资料准备得多，便能表明课题研究的完整性和真实性。不注重研究过程中的反思，对问题的反思，对学情的反思。只有致力于课题研究的整个过程，按照阶段研究计划，一步一步做好每个阶段的课题研究活动、小结，才会为整个课题的开展打下良好的基础。

5. 重形式轻内容

忽视对教学实践的关注和研究，就会导致追求形式上的花样翻新，忽视对内在功夫的历练，就会偏离素质教育的轨道。在各样华丽包装之下，课题研究失去了本色。精美的外表之下，又有多少内容是教师自己的教学实践反思所为，又有多少内容能经得起教学的验证。如果不能为教学服务，课题研究的存在又有何价值？我们虽不是学者，但我们应用学者的风度去开创自己的每一项工作，对待课题研究亦是如此。

在课题研究的平台上，有所为有所不为。对于每一位教师来说，能够真正享受思考的快乐和研究之路是任重而道远的。

基于博物馆实践活动提升小学生综合素养的实践研究

史家小学　李红卫

一、实践活动的背景

（一）博物馆实践活动的缘起

出国旅游时，在国外的博物馆里总能见到父母带着很小的孩子在仔细观看文物，孩子都是很是认真的样子。还能看到一群孩子席地而坐，专注地临摹一幅画中的某一个人物。看到这些场景总是让我思考博物馆能为学生带来什么。

在国内多地的旅行中，发现各级政府对博物馆投入的力度很大，场所完善，内容丰富。2011年，国家颁布了《关于全国博物馆、纪念馆免费开放的通知》，为广大民众、在校学生提供了优质免费的公共游览场所。

于是我就想利用周末，开展以"博物馆活动"为主题的系列活动，以此来丰富实践活动课的内容。而且，周末期间，家长能够积极参与，有效保证学生的出行安全。

钟启泉主编的《基础教育课程改革纲要（试行）解读》中指出，综合实践活动课程的主要内容包括研究性学习、社区服务和社会生活实践、信息技术、劳动与技术教育等内容，旨在让学生联系社会实际，通过亲身体验进行学习，积累和丰富直接经验，培养创新精神、实践能力和终身学习的能力。通过博物馆为载体的综合实践活动课，能够有效提升小学生综合实践能力，具有重要的理论意义和实践价值。

（二）博物馆资源现状分析

在《关于全国博物馆、纪念馆免费开放的通知》中可以得出，博物馆最重要的功能从传统的文物保存逐渐转型为教育资源的提供和推广。教育成为博物馆的主要目的和职能，而中小学是博物馆教育体系服务的重要对象。

调查表明，中国教师认同博物馆是一种可以有效利用的课程资源。但实际利用博物馆来支持课程实施的教师非常少，而且学校教师对博物馆的利用大多还处在传统的展览参观的状态。学校与博物馆之间存在缺乏沟通、合作

本部分的撰写，在逻辑上应该进一步明晰。首先可以从实践活动课的基本要求谈起，进而再谈博物馆在实践活动课中的重要地位和作用。

此处，李老师想要通过已有的调查研究，说明博物馆资源的重要性。但是，是谁做的调查，什么时间做的调查，并未交代清楚。

表面化的问题，致使博物馆资源一直未能得到充分的利用。

如，北京中华世纪坛世界艺术馆2008年举办了《伟大的世界文明》展览，集中了欧美14个国家博物馆的精华。但该馆副馆长冯光生认为，这样一个知识含量极为丰富也极为难得的展览，并没有与更多的中小学教学结合起来，十分可惜。

而在很多西方国家，博物馆以其巨大的实物教育资源为依托，发展成为学校教育之外的第二教育系统。许多到国外博物馆参观过的人往往很容易见到一群孩子到古城墙上听历史课，在科学与工业博物馆里动手感知科学原理，到国家博物馆与世界名画零距离接触。博物馆成为学生更加广阔的学习经验的主体部分。国外很多博物馆设置了专门的教育部门并配备了一定数量的博物馆教育工作者，力争使博物馆的教育作用得到充分发挥。

综上所述，以博物馆活动为切入点开展综合实践活动，可以充分利用博物馆资源，借助具有专业知识的博物馆工作人员，带领学生赏析、体验和创作，最终使学生的综合素养得以提升。

二、博物馆实践活动

自从《博物馆、纪念馆免费开放的通知》发布后，我就想出利用周末带着学生们去博物馆里体验。我下发了一封家长信，征询家长们的看法及建议。家长一致同意开展博物馆体验活动。

于是，利用周末，家长们共同参与、每月一次的"博物馆之旅"系列实践活动就拉开了序幕。

（一）博物馆系列实践活动

为了让学生在博物馆实践活动中有实实在在的收获，我充分利用网络资源，学习博物馆知识。

起初，在微博上认识了已经在北京各大博物馆做义务讲解员六年的"朋朋哥哥"。在他的引领下，我和孩子们走进了国家博物馆的青铜器展厅。擅长给孩子们讲解的朋朋，使原本生涩的青铜器知识，变得生动有趣。在专业而又生动的讲解中，孩子们被这些展品、文物吸引，提问和互动非常积极。参与活动的家长也认为，博物馆实践活动能够帮助学生甚至家长获得不少书本以外的知识。

后来我们又深入到故宫博物院、首都博物馆《北京文物精品展厅》、国家博物馆《启蒙的艺术》展厅、中国古代建筑博物馆、国家动物博物馆、国子监和孔庙博物馆等。学生对于文化艺术、文物、政治、传统建筑、古代名人都有了进一步的认识，提升了进一步探索的兴趣。

为了让学生更多地了解中华传统文化，我们又走进了老字号博物馆，例如同仁堂博物馆、盛锡福博物馆等。在同仁堂博物馆里，孩子们了解了中医

此处在逻辑安排上也存在一些问题，为了不影响发表质量，我已经对活动名称、具体活动内容等做了调整。

药文化的历史、各种草药以及中药加工过程，认识了中医的奥妙和伟大，初步接触了祖国传统中医药文化的精髓——中医药理论。中医药理论吸收了中国古代哲学和儒家、道家思想的精华，特别强调"天人合一""辩证论治"的理念。在盛锡福博物馆里，孩子们透过形状各异的帽子看历史，了解了更多中华传统文化。

（二）博物馆系列专题讲座

为了使更多学生受益，我又用请进来的方法，每月利用一次周一下午的班会时间，在学校礼堂组织《当动物遇见文物》系列讲座，从孩子们喜欢的动物入手，引入中国各个博物馆中馆藏的与动物形象有关的经典文物。一共4期讲座，从开始的4个班级170人参加，到6个班的260人一起听讲座，每次讲解员出现在礼堂，就引来掌声不断。把博物馆搬进学校的形式受到学生们的喜爱，更有讲座后追着讲解员提问题的孩子们。

我们还举办了一场《与鸟儿一起飞》的讲座，激发对大自然的向往和热爱，推荐学生去观鸟和参观动物博物馆。紧随其后掀起了阅读法布尔《昆虫记》的热潮。接着，让同学们利用语文课和班会课的时间，展示自己最喜欢的昆虫。

从不同系列活动中不难看出，李老师在教育教学实践中做了不少尝试，付出了不少心血，也帮助学生在知识、行为习惯等方面获得了发展。

（三）博物馆专题实践活动

在博物馆系列活动和主题系列活动后，我又不断反思，学生们从博物馆中收获到的知识还应该更扎实深入些，于是又设计并实施了以博物馆为载体的两个专题系列活动。

第一个活动以"故宫"为主题。学生们最喜欢看的就是故宫博物院，最喜欢听的是这里的历史文化与智慧。最受欢迎的讲解员朋朋哥哥，写给孩子们的书《宫城》终于出版了。于是我把此书推荐给妈妈们，和孩子们一起阅读。我利用早读和班会时间给孩子们读《宫城》，看故宫的纪录片。让书的作者给孩子们讲大美紫禁城。在对紫禁城有了些许了解后，让他们自主走进故宫，感受那里的数字、颜色、神兽及建筑群。在妈妈们传到朋友圈的照片中，我发现，仅仅一年级的学生在参观时并不是停留在看热闹上，而是主动租借一个耳麦，边走边看，静静听细节。不难看出，这个以故宫为主题的读宫城、听讲座、逛故宫的系列活动带来了意外收获。接着，我们又制作了小报，汇报了自己的收获。更精彩的地方是，我们把整个活动的过程，自编、自导、自演，通过由家长、学生和老师同台演出的小剧《打开宫门看历史》，汇报了全过程。

第二个活动以"动物"为主题，阅读《西顿的动物故事》，参观动物博物馆，听动物博士的动物讲座。随后的课前展示中，让学生自己讲一讲各国代表的动物之习性。展示中，有两个人合作的，有说的，有唱的，有一问一答的，展示的形式新颖又有创意。学生在这次系列活动中有体验，有绽放，得到了综合性发展。

三、博物馆实践活动的成效

（一）"教"的成效

1. 充分利用了博物馆的教育功能

传统的学校教育具有一定的弊端，尤其是无法为学生提供更多的实践资源。博物馆实践活动可以为学生提供丰富的学习资源，使学生在参观、赏析中受到良好的传统文化教育、科技素养教育、文物保护教育等，极好地弥补了课堂学习的缺憾，增强了教育的实践性和情趣性。

> 本部分应该是本论文的重点。然而，此处所撰写的以博物馆为载体的综合实践活动成效，几乎都缺乏应有的"证据"，例如调查问卷的数据、访谈的数据等等。因此，关于成效的描述，更多变为老师一厢情愿的凭空想象。

2. 整合了社会、学校和家长的资源

带着学生参观博物馆如果只是走马观花地看一看，其收效不大，因为学生对其文物或展品并没有了解，只是看是看不出其历史及文化背景和知识的。于是我就在每次参观前都会从社会上找到相应的专业人士，义务为学生做讲解。在讲解中让学生看到文物，听到展品背后的文化知识。

在这样的实践活动中，首先充分利用和发挥了博物馆这个广阔的教育资源；其次，充分利用了社会上的义务讲解员的专业知识。学生一边参观，一边从这些专业老师那里学到了不同的文化，让学生每次的参观都会了解到许多的知识。

在参与博物馆实践活动的过程中，家长不仅可以与学生们一起共同收获知识，了解到孩子的学习状况，配合完成学生实践活动的反馈信息，更能在实践活动中起到安全保障的作用。家长的全程参与，充分发挥了家长参与学校教育的作用。

作为学校老师，要具备教育的敏感度，抓住博物馆这个丰富的教育资源，充分利用讲解员的专业优势，调动家长们的热情与参与度，为活动的安全保驾护航。在博物馆实践活动中，要由学校统领全局，让社会、学校和家庭一同为学生服务，才能得到"1+1+1＞3"的效果。

（二）"学"的成效

1. 提升了小学生的语文素养

《小学语文课程标准》指出，要全面提高学生的语文素养，主要是指养成良好的学习习惯，具有适应实际生活需要的识字写字能力、阅读能力、写作能力、口语交际能力。这些素养，在博物馆实践活动中都能得到提升。在博物馆专题系列活动中，辅有学生阅读推荐书目。对于低年级学生来说，在活动中的阅读大大提升了他们的识字量，也提升了阅读理解的能力。学生在故宫专题活动中自编、自导、自演了小剧《打开宫门看历史》，在昆虫和动物专题活动中，演讲自己喜欢的昆虫和各国代表动物，他们在表演和演讲中展示出的口语表达能力更是超出了语文课程要求的目标。

在系列专题活动中，学生读课外书籍，听讲座，演小剧，制作小报汇报感

受，其听说读写能力得到了培养与提高。显而易见，学生的整体语文素养肯定是得到了提升。

2. 提升了小学生的责任意识

学生在博物馆系列实践活动中，在参观的同时总会安排一位专业人士为学生们做义务讲解，时间长了，学生们不自觉地感受到了为别人做奉献的快乐。

曾经有一名学生主动上网报名申请到科技馆做小小义务讲解员。在录用考试时曾问她："为什么要利用假期休息时间当义务讲解员？"她回答说："我要像朋朋哥哥那样，他总给我们做义务讲解。"从简单的一句话可以看出，义务讲解员的行为已经感染了学生，让他们已经有了责任意识。

当学校招募美术馆义务讲解小队员时，参加过此次博物馆实践活动的学生们报名极为踊跃。可见，社会责任感的种子已经默默地埋在了他们的心中。

3. 养成了终身的行为习惯

首先是主动走进博物馆的行为习惯。这几年的博物馆实践活动，参与的有三届学生。在参与了博物馆系列活动后，这些学生养成了一个习惯，就是无论是在国内还是国外旅行时，都会主动走进博物馆。

每逢假期结束，我都会让学生们说说假期生活，有的去长白山旅游时去了长白山博物馆；有的开车回老家徽州，特意在合肥停留一天，参观了安徽省博物馆。还有一个妈妈寒假带上了孩子去夏威夷培训了一个月。这位妈妈每逢周末休会，没带孩子去海边玩水，而是去了两个博物馆。有的学生在实践中喜欢上了养蚕后，都缠着妈妈带着去蚕丝博物馆。每每到了寒暑假时，就会看到家长朋友圈里不断地有出门旅游的信息，但发现他们不仅游山玩水，还都有意识地带孩子走进当地的博物馆，详细地了解当地的地理历史及风土人情。

四年来，孩子们收获到的知识固然有限，但让他们养成了主动走进博物馆的行为习惯。有了这个习惯，他们可以不断地在博物馆里游历，直观、清晰地获取无限的知识。

其次是综合性学习的习惯。在博物馆实践活动中，学生们从系列专题活动中更是掌握了综合的学习方式。例如以故宫为主题的系列活动，并不是一个简单的参观与游览。首先，在让学生参观故宫博物院前，我给学生推荐一本专门写给孩子们的书——《宫城》，并推荐妈妈们和孩子们一起阅读。我还利用早读和班会时间给孩子们读《宫城》，并利用视频资料看故宫的纪录片，让学生学会了从书籍及影像资料中学到关于故宫的历史文化。在学生对紫禁城有了些许了解后，让书的作者带学生走进故宫，边开展讲座边让学生感受那里的数字、颜色、神兽及建筑群。参观后又让学生们制作了小报，分成"看到的""听到的""想到的"和"家长说"四个板块汇报收获。最后，我们把整个活动的过程自编、自导、自演，由家长、学生和老师同台演出小剧《打开宫门看历史》。

一系列的活动让学生感受并学到了课本上学不到的知识。要想深入了解一项知识，不是单单的一本书，或一个讲座，或一次参观就可以了。要通过书籍、视频资料、讲座以及参观实践等综合性学习才能得到更深入细致的了解。

再次是养成了文明的礼仪习惯。每次我带领学生走进博物馆都尽可能地要求学生穿校礼服，由此让学生感受到博物馆是一个严肃、需要尊重的地方。当走进博物馆时，每一个细节上的礼仪我都教给学生。例如，上下电梯站在右侧；展品不能触摸，玻璃展柜也不要触摸，因为留下手印会影响他人参观的视线；人多时，为了让后面的人也能够看到展品悄悄坐下或离展柜一米距离。在这些细节中，学生不仅学会了尊重博物馆，尊重文物，更是养成了文明的礼仪。这些文明礼仪会带到学生的生活中，会成为他终身的行为习惯。

总之，博物馆的系列活动一直在不断地探索，不断地更新，不断地设计出更能够适应新形势的教育理念，更能够让学生从博物馆实践活动中收获更多的知识与能力，使学生在系列的综合实践活动中，综合素质得到提升。

参考文献

[1] 钟启泉. 基础教育课程改革纲要（试行）解读. 上海：华东师范大学出版，2001

[2] 张海燕. 综合实践活动课程在小学教师教育中的开发研究. 陕西师范大学，2002

[3] 李君. 博物馆课程资源的开发与利用研究. 东北师范大学，2012

[4] 胡红梅. 综合实践活动课程开发模式研究. 重庆师范大学，2005

[5] 曹温庆. 博物馆科学课程资源开发利用研究. 首都师范大学，2007

[6] 周金星. 博物馆对青少年教育意义的研究. 福建师范大学，2009

附表　　　　　　　　　　　**博物馆实践活动一览表**

	活动形式	活动内容	呈现形式
系列化	每月走进一次博物馆	1. 国家博物馆青铜器展厅； 2. 故宫博物院； 3. 首都博物馆北京精品文物展； 4. 国家博物馆启蒙的艺术展； 5. 中国古代建筑博物馆； 6. 国家动物博物馆； 7. 国子监和孔庙	1. 绘画； 2. 小报
主题化	走进老字号博物馆	1. 同仁堂博物馆； 2. 盛锡福博物馆	1. 小报； 2. 设计并绘画帽子
	博物馆进校园	1. 当动物遇见文物之天上飞鸟； 2. 当动物遇见文物之地上百兽； 3. 当动物遇见文物之鱼虫千样； 4. 当动物遇见文物之仙鸟神兽	与家长交流
专题化	故宫专题系列活动	1. 读《宫城》； 2. 逛故宫； 3. 讲座《大美紫禁城》； 4. 展成果	1. 小报制作； 2. 绘画展：《我眼中的故宫》； 3. 自编自演小剧：《打开宫门看历史》
	昆虫专题系列活动	1. 讲座：《和鸟一起飞》； 2. 观鸟； 3. 读《昆虫记》； 4. 演讲：《我最喜欢的昆虫》	1. 设计昆虫小奖票； 2. 课前演讲，介绍喜欢的昆虫特点及习性
	动物专题系列活动	1. 读《西顿的动物故事》； 2. 参观动物博物馆； 3. 邀请动物博士讲动物 4. 演讲《各国代表动物》	1. 小报制作； 2. 自行游览野生动物园，目睹更多的动物； 3. 课前演讲，介绍一种动物的特点及习性

❓ 研究反思

一、个人能力反思

作为第一学历是中等师范专科的我，虽然2006～2008年曾独立承担并主持过市级课题，而且也获得北京市教科研成果奖，但还是对课题研究似懂非懂。

作为一线教师的我，教育内容能够与时俱进，有着教育的敏感度，能将最新的信息引入自己的教育教学实践活动中，但是把实践操作的内容转化成课题进行科学研究，可以说是难度极大的问题。

所以说，此课题一直是在摸索中，不断学习中，步步改进，不断前行。在前行的路上，我收获到了开展科学研究的方法，特别是繁杂资料的梳理。

二、博物馆之路的起因

经常出国旅游的我，在国外的博物馆里总能见到父母带着很小的孩子在观看文物，孩子都是很是认真的样子。还能看到一群孩子席地而坐，专注地临摹一幅画中的某一个人物。也能见到三五结组带着学习单边看边讨论的孩子们。这些场景总是让既是老师又是母亲身份的我深思，我似乎没带着学生和孩子主动去过博物馆，似乎这样会有益处，但益处是什么呢……

2011年北京正式发布了《关于全国博物馆、纪念馆免费开放的通知》，于是我就想出利用周末带着学生们去博物馆里走一走、看一看，本着试试看的想法，开始了"博物馆之旅"的系列活动。

三、初探之路——试探各方反响

首先，我发了一封家长信，征询家长们的看法及建议，收到的居然是家长们百分之百地同意利用周末，每月一次共同参与此活动。

万事俱备，只欠东风。就在这时，我又在微博上认识了已经做义务讲解员六年的朋朋哥哥。跟随着他的视线，我们走进了国家博物馆的青铜器展厅。

擅长给孩子们讲解的朋朋，使原本生涩的青铜器知识变得生动有趣。从不断的提问和积极互动中，可看出孩子们被这些展品、这些文物吸引了。从孩子们兴奋喜悦的小脸上可以看出他们对博物馆的喜爱。从家长们点头称是的神态可以看出对这项活动的赞同。这些反应让我坚定地把这条路走得更精彩，也拉开了"每月一馆"的序幕。

四、前行之路——每月一个博物馆

在故宫博物院，穿着校服的"蓝精灵"们，跟随讲解员奔跑在故宫里，寻找着代表皇家的色彩、数字和神兽。故宫里神秘而又代表着古人智慧的学问，让孩子们着迷，对中国的历史及建筑有了初步的了解。家长的支持再一次给了我信心，他们支持的力度是参观故宫的学生及家长多达101人。家长还主动提出与故宫协调，最终达成全部免票参观。

继续每月一馆。然后是首都博物馆的《北京文物精品展厅》，国家博物馆的《启蒙的艺术》，中国古代建筑博物馆，国家动物博物馆，国子监和孔庙博物馆，等等。一年中我们游历了北京大大小小的8个博物馆的展厅。

在这期间，学校组织春游天坛的活动。学生们主动提出，分成小组，自己查找关于天坛的资料，要一边游天坛一边自己做义务讲解员讲解历史及建筑。虽然当时因为游客较多，准备的内容没有充分发挥，但我觉得学生们在有意无意间已经有了主动学习的意识和方法了。

每月一次的活动学生们几乎全体参加，甚至有一家三代人都来参加的。每次活动结束时都有家长们不断地问："下次去哪儿？"从这句简单的话语中，我感受到了此系列活动得到认可。

这八次活动，孩子们不是盲目地在展厅里走一走。我都会找到擅长给孩子们讲解的义务讲解员，有博学的周娅老师，有风趣幽默的动物学博士张劲硕，有极有孩子缘的朋朋哥哥，等等。

五、提升之路——主题系列化

一年后，为了让孩子们更多地了解中华传统文化，我又带着孩子们走进了老字号博物馆——同仁堂博物馆、盛锡福博物馆。

在同仁堂博物馆里，孩子们了解了中医药文化的历史。孩子们蹲在地上仔细地看草药的样子，走进大药房更让孩子们惊叹大大小小的药箱子里居然有近两千种药材。药剂师们配药的过程，及头发、金子、银子等也是一味药的知识更让孩子们兴奋不已。

在盛锡福博物馆里，孩子们透过形状各异的帽子看历史，了解了更多的中华传统文化。

这些班级性质的博物馆参观活动，每次都会被同龄外校和外班的孩子追随，而且越来越多。于是，我又用请进来的方法，每月利用一次班会时间，在学校礼堂开《当动物遇见文物》讲座，从孩子们喜欢的动物入手，引入中国各个博物馆中馆藏的与动物形象有关的经典文物。一共4期讲座，从开始的4个班级170人，到6个班的260人，每次朋朋哥哥出现在礼堂，就引来掌声不断，更有讲座后追着提问题的孩子。看到这个场面，我的心里高兴不已，为能激发起孩子们主动学习的愿望而欣喜。

记得有一年寒假，一个妈妈带上了孩子去夏威夷培训了一个月。这位妈妈每逢周末休会，没带孩子去海边玩水，而是去了两个博物馆。每每到了寒暑假时，就会看到家长朋友圈里不断地有出门旅游的信息，但发现他们不仅游山玩水，还都有意识地带孩子走进了当地的博物馆，详细地了解当地的地理历史及风土人情。

此时，我觉得孩子们在博物馆收获到的知识固然有限，但让他们养成了主动走进博物馆的行为习惯。有了这个习惯，他们可以不断地在博物馆里游历，直观、清晰地获取无限的知识。看到这种现象，我更加坚定地认为博物馆是学生最好的第二课堂。至于怎样让学生在这个广阔无限的课堂里收获更多，扩大外延，则让我又开始反思。

六、整改之路——北京师范大学的培训提升

就在此时，学校为了提升史家小学教师的科研水平，给老师们创设了一个非常好的学习机会，去北京师范大学进行培训。正苦于探索博物馆实践活动新思路的我，立刻报名，结果被安排在了第二期。

10天的培训里，教授们浓缩研究生一年的课程，一股脑地"灌"给了我们。虽然有很多"消化"不了的东西，但是教授和同期的伙伴们帮我理清了思路，更帮我把博物馆实践活动进行了科学有效的提升。

经过梳理，上网查找各种资料，我终于把几年来实施的博物馆实践活动，提升为科研课题《"三位一体"的博物馆RVTC实践活动提升小学生综合素质的行动研究》。此课题在开题论证会上，得到了教授们、学校领导们和同期小伙伴们的一致认可，认为此课题在实施过程中必定会让学生受益匪浅。

七、科研之路——专题系列化

一改以往单纯的博物馆参观听讲解，转变成专题系列化的实践活动——读书、听讲座、参观和展示，成为以博物馆为载体，组合式的实践活动。

我又把学校倡导的妈妈读书会与博物馆活动巧妙地结合在了一起。在几届班级的博物馆活动中，学生们最喜欢看的就是故宫博物院，最喜欢听的是这里的历史文化与智慧。最受欢迎的讲解员朋朋哥哥，写给孩子们的书——《宫城》终于出版了。于是我把此书推荐给妈妈们，让其和孩子们一起阅读。我利用早读和班会时间给孩子们读《宫城》，看故宫的纪录片并让书的作者给孩子们讲大美紫禁城。在对紫禁城有了些许了解后，便让孩子们自主走进故宫，感受那里的数字、颜色、神兽及建筑群。妈妈们传到朋友圈的照片中，我发现仅仅一年级的学生在参观时也不是停留在看看热闹上，而都是主动租借一个耳麦，边走边看，静静地听细节。不难看出，这个以故宫为主题的读宫城，听讲座，逛故宫，带来了意外的收获。接着，我们又制作了小报，汇报了自己的收获。更精彩的地方是，我们把整个活动的过程自编、自导、自演，由家长、学生和老师同台演出了小剧《打开宫门看历史》，汇报了全过程。

在故宫专题后，尝到甜头的老师和家长们则期待新的专题实践活动的开始。随后又以法布尔的《昆虫记》为专题，首先举办了一场《与鸟儿一起飞》的讲座，激发学生对大自然的向往和热爱，推荐学生去北京的几个河湖观鸟，参观动物博物馆的蝴蝶展及蝴蝶制作。紧随其后，掀起了阅读法布尔《昆虫记》的热潮。最后，让同学们利用语文课和班会课的时间，在班级中边介绍边展示自己最喜欢的昆虫。

在昆虫的引领下，学生们喜欢上了动物，于是在新的学期里又开始了以动物为专题的实践活动。首先，推荐好书目，让妈妈陪伴孩子阅读《西顿的动物故事》。接着联系国家动物博物馆和动物博物馆里的张博士，张博士也是学生们非常喜欢的老师，不仅具有专业

知识，更是语言幽默。随后，在动物博士诙谐幽默的语言引领下，学生们边听边观察着展柜中的动物。一次生动的讲座和参观后，学生们便对动物产生了浓厚兴趣，陆陆续续开始查阅各种资料后精心准备了演讲。讲台前，学生们一一展示各国的代表性动物以及其特点和习性。每一个演讲都给同伴们带来了新的知识与信息。展示中，有两个人合作的，有说的，有唱的，有一问一答的，展示的形式新颖又有创意。学生在此次系列活动中有体验，有绽放，得到了综合性发展。

八、结题之路——借助专家的引领梳理资料

作为一线教师，在科研的路上开展博物馆实践活动不难，进行课题的一步步实施不难，难就难在实施后对一堆堆、一项项资料如何进行梳理，然后在结题报告中有层次地体现。就在面对巨大难题的时候，学校又给我们安排了专家，进行一对一的辅导。

在与专家面对面交流时，我提出了我的困惑。教授则提前就对我的开题报告和中期汇报进行了研读，面对我的问题，有条不紊地给我理清了思路，让我顿时醒悟，知道了如何把自己几年来开展的博物馆实践活动装进"框"里，如何有层次地汇报成果。

在梳理课题时，我觉得学生的收获固然颇多，但是我也收获了很多。"博物馆之旅"一路走下来，无论是我的教育水平，还是科研能力都得到提升。学校领导对我博物馆实践活动的认可，则更让我的博物馆实践活动推广到更多的班级中，让更多的学生得以受益。

基于绘本阅读提升小学低年级学生语文能力的行动研究

史家小学　王　华

绘本（picture books）是一种以图画和文字共同创造文学世界的独特儿童文学形式，也称图画故事书或图画书。《世界图画书阅读与经典》的作者彭懿认为："图画书是用图画与文字共同叙述一个完整的故事，是图文的合奏。"[a]在绘本阅读中，图画和文字共同作用于读者阅读与创作能力的提升。

一、问题的提出

（一）基于低年级学生的学习兴趣

苏霍姆林斯基曾说："学习的热切愿望，明确的学习目的，是学生学习活动最重要的动力。"他非常重视阅读在提升学生学习兴趣中的力量，在《给教师的建议》中指出："阅读应当成为吸引学生爱好的最重要的发源地。"

这个课题的确立，来自一个校园广播《小书虫绘本馆》。每周五中午，一年级校区的乔校长都会给孩子们配图、配乐讲一个绘本故事。这是最受孩子们喜爱的校园广播。兴趣是最好的老师，在思考研究课题时，我首先想到了绘本阅读。

（二）基于《新课程标准》的目标要求

《义务教育语文课程标准（2011版）》（以下简称《新课标》）指出："口语交际能力是现代公民的必备能力。应培养学生倾听、表达和应对的能力，使学生具有文明和谐地进行人际交流的素养。口语交际是听与说双方的互动过程。教学活动主要应在具体的交际情景中进行，不宜采用大量讲授口语交际原则、要领的方式。应努力选择贴近生活的话题，采用灵活的形式组织教学。"[b]

对于低年级学生的阅读，《新课标》指出："借助读物中的图画阅读。阅读浅近的童话、寓言、故事，向往美好的情境，关心自然和生命，对感兴趣的人物和事件有自己的感受和想法，并乐于与人交流。"

---

a 彭懿：《世界图画书阅读与经典》，二十一世纪出版社2011年版。
b 中华人民共和国教育部制定：《义务教育语文课程标准》，北京师范大学出版社2011年版。

上一次为王老师提供的修改建议如下：1. 对于"绘本"以及"绘本阅读"的理解有待深入，建议多阅读期刊或者硕士论文文献。2. 要增加在实践中的做法和成效。3. 如果可能，建议打造"绘本阅读"方面的史家特色。本次提交的修改稿中，王老师基本采纳了我提出的修改建议，论文达到了一个新的高度。

所有的研究都是基于问题的，没有问题的研究是伪研究。王老师在问题提出部分，主要指出了学生学习兴趣的重要性以及《义务教育语文课程标准（2011版）》的目标要求。如果能考虑到教育教学实践中，传统阅读、传统绘本阅读的不足，也许更能体现本研究的"问题性"。当然，王老师在第二部分已经关注到现实问题，非常值得肯定。

二、当前绘本阅读普遍存在的问题

（一）自主阅读、亲子阅读不普遍

当下的社会，电视、电脑、手机、网络、游戏等电子产品和媒体充斥着孩子们的生活，人们的生活节奏越来越快，在诸多家庭中，静下心来慢慢陪孩子一起读书似乎已经成为一种奢望。低年级学生刚刚进入小学，识字量不多，知识水平有限，感悟能力不强，阅读经验缺乏。加上家长缺乏阅读的陪伴，孩子的阅读习惯自然无法形成。在和一年级孩子接触中，我发现不少一年级学生只知道"光头强、喜羊羊、芭比"，不知道"白雪公主、美人鱼、三只小猪……"这些耳熟能详的故事竟然有些孩子没有看过，没有人给他们讲过。家长没有为孩子创设良好的读书氛围，孩子对阅读提不起兴趣就不足为怪了。

在一些低年级家长的眼中，孩子上学后就应该多认字，读书也应以认字、学知识、学写作文为目的。而绘本是以图画为主，文字为辅，有些绘本甚至纯属图画，没有文字，不少家长认为绘本等同于小人书、漫画书，认为孩子读绘本太浅显，是浪费时间，学不到知识，不让孩子读，亲子阅读也不给孩子读绘本。

（二）家庭阅读忽视儿童阅读特点

1. 忽视小学低年级学生识字量少的阅读特点

对于识字量少的低年级学生来说，适合阅读短篇、文字量较少的文字，这样容易建立起他们对阅读的自信。相反，低年级学生阅读长篇的文字，理解深奥的语言存在相当大的困难，如果长此下去，不但不能使孩子从阅读中收获成长，而且容易伤害孩子的阅读兴趣，让孩子抵触读书，失去打开学习之路的金钥匙。

2. 忽视低年级学生以具体形象思维为主的特点

小学低年级学生形象思维占主导地位，绘本拥有精美的画面、简练的文字，易于孩子理解，是最适合低年级孩子理解和阅读的书。不少家长只从认字、学知识的角度为孩子选择书籍，选择插图少、以文字为主的书籍，忽视了孩子阅读的年龄特点。

（三）学校绘本阅读缺乏互动

在绘本阅读中，我们常常看到的场景是教师机械式地逐字逐句给孩子读绘本故事，语言生硬，缺乏情趣，读完就结束了。在读绘本故事的过程中和读完之后没有对绘本内容进行交流、讨论，没有关注孩子是否理解，是否感兴趣，有没有自己的想法。此外，孩子在自己独立阅读绘本时，也往往只关注图画，文字部分经常被忽视。

三、绘本的选择依据

（一）选择有知名度、获国际大奖的绘本

在绘本领域，"全球儿童绘本三大奖"有"凯迪克奖""凯特·格林纳威奖"和"国际安徒生大奖"。

  "凯迪克奖"已有60余年以上的历史，是美国最具权威的绘本奖，被认为是绘本界的"奥斯卡奖"。得奖作品皆是公认的杰作，因此得到该奖项的作品，必然成为当年最畅销的绘本。我为学生推荐的是《大卫·不可以》《三只小猪》《这样的尾巴可以做什么？》《公主的月亮》。

  英国"凯特·格林纳威奖"是由英国图书馆协会于1955年为儿童绘本创立的奖项，主要为了纪念19世纪伟大的童书插画家凯特·格林纳威女士所创设，是英国儿童绘本的最高荣誉。其评选不仅讲求艺术品质，整本书在阅读上也要求能赏心悦目。我为学生推荐了获奖作品《彩虹鱼系列》。

  "国际安徒生奖"由丹麦女王玛格丽特二世赞助，以童话大师安徒生的名字命名，每两年由全世界会员国提名，颁给一位有独特重大贡献的画家、作家、插画家。"国际安徒生奖"是全球儿童文学界的最高荣耀，素有"小诺贝尔奖"之称。获奖者限于长期从事青少年读物的创作并作出卓越贡献者。我给孩子们推荐了《我爸爸》《我妈妈》《森林大熊》。

  其他比较重要的还有"丰子恺儿童图画书奖""德国青少年文学奖""博洛尼亚国际儿童书展最佳童书奖""布拉迪斯国际插画双年展大奖"等。

本部分重点讨论了王老师在选择绘本中考虑到的三个依据，体现了知名度、学生为本、内容适切性等三个重要原则，值得其他老师在绘本选择中参考。

（二）根据孩子的意愿推荐绘本

  绘本阅读也应该是个性化阅读，以乐趣为主，孩子们爱看的绘本就是好绘本。我在给孩子们读绘本前，都会提前征求孩子们的意愿，先让他们自己选想听的绘本故事，再讲给他们听。"课前两分钟"好绘本推荐中，孩子都会选择自己喜欢的绘本讲给同学们听。曹文轩说道："一个人读书的兴趣应该是从童年开始的，童年中你没见到好书，你一生很难培养好真正的读书兴趣。"孩子爱上阅读，我们就成功了一半。

（三）选择适合低龄儿童阅读，有利于形成健康人生观、价值观的绘本

  绘本的内容很多，涉及爱的体验、科学智慧、生命尊严、自我认同、人生观、价值观、传统文化等内容。这些内容积极健康的绘本都适合低年级儿童阅读。作为全球热销的绘本之一，《猜猜我有多爱你》讲述的是一大一小两只兔子短短的对话，浓缩了生命中最复杂也是最伟大的情感。《青蛙弗洛格的成长故事》是一套有助于孩子心灵成长的心理教育故事，讲述了青蛙弗洛格和他的朋友们发生在关于友谊、爱、生命、世界的故事。《我有友情要出租》讲述的是关于友情、爱与勇气的故事，让孩子们明白要想获得友情就要付出真诚、勇气和爱。《蚯蚓的日记》以日记方式，写出小蚯蚓的观察和思考，同时也在幽默地传达有关不同生物和地球的相关知识，帮助孩子培养乐观积极的生活态度以及生活的智慧。

四、如何通过绘本阅读，培养低年级语文能力

（一）老师讲绘本，为学生打开绘本阅读的大门

日本"绘本之父"松居直认为，绘本是"图×文"的艺术，它不是简单的图配文，图与文的关系是相辅相成、相互交融的。绘本的文字都经过精心挑选与整理，字字饱含艺术家们丰富的情感与理性认识。好的绘本用趣味盎然的方式，呈现孩子喜欢的事物，让孩子可以清楚地看见，并且深深地被感动。儿童正处于具体形象思维阶段，他们是经由图画进入语言的世界的，要使儿童了解书的世界的魅力，爱上阅读，最好首先从绘本入手。

新学期开始，我根据孩子们的年龄和心理特点，选择了最贴近孩子的绘本，推荐给学生。平时不管语文教学和班主任工作再忙再累，我也会见缝插针地给同学们讲绘本故事。我讲的绘本故事种类多种多样，有表现事物真实面貌的绘本，如《动物的妈妈》《动物王国》；有表现爱心、亲情、友情的绘本，如《猜猜我有多爱你》《我爸爸》《我妈妈》《我有友情要出租》；有科普兼具培养好习惯的绘本，如《牙齿大街的新鲜事》《肚子里有个火车站》《蚯蚓的日记》；还有让人脑洞大开、挑战想象力的绘本，如《企鹅大酒店》《云朵面包》《吃掉黑暗的怪兽》等。

精美的图画，饱含趣味与智慧的情节，使孩子们渐渐爱上了充满知识性、趣味性、创意性的绘本故事。在学校，孩子们课间从班级图书角找绘本故事一起读，一起交流。在家里，很多学生主动要求家长给自己买绘本读，或者去图书馆找绘本看，许多同学的睡前故事也变成亲子一起共读绘本，伴着有趣的绘本故事进入梦乡。

（二）搭建绘本阅读的平台，促进学生精读绘本，提高表达能力

1. 进行"课前两分钟"好绘本推荐，培养学生口语表达能力

孩子们爱上了绘本，但是怎样把绘本读好，让他们最大限度地从中汲取营养，提高语言表达能力，提升语文素养呢？我号召同学们把自己读的绘本进行交流展示，在语文课上进行"课前两分钟"好绘本推荐展示。每一位同学轮流为大家推荐自己喜欢的好绘本，讲自己喜欢的绘本故事。进行展示的同学经过精心准备，在台前落落大方、惟妙惟肖地给大家推荐绘本，然后请其他同学加以点评。在这个过程中，阅读的能力、记忆力、口语表达能力、自信心都得到了培养和提升。我们推选出优秀的同学到校园广播站，为全校同学讲绘本故事，同学的口语表达能力得到锻炼，也极大增强了读绘本、讲绘本的热情和表达的自信。

2. 设立《彩虹糖绘本乐园》公众号小主播，提高绘本朗读能力

为了提高学生读绘本的积极性，提高自信心，扩大推广范围，我创建了公众微信号《彩虹糖绘本乐园》。这是二（5）中队特有微信公众号，收录

了班级中许多热爱绘本和讲绘本故事的同学作为小主播。我把孩子们朗读的绘本故事录音、配乐，将绘本图文拍照上传公众微信号，最终呈现给大家一份份精神大餐。手机也不再是游戏工具，它搭载着同学们的声音，成为让大家尽情享受绘本故事的听觉饕餮盛宴。《彩虹糖绘本乐园》成为同学们最喜爱的展示平台。许多还没有当过小主播的同学跃跃欲试，纷纷在这里华丽绽放，和伙伴们共享"悦"读的心得。我读书我快乐的种子像星星之火，在班级中形成燎原之势。到现在，同学们讲过的绘本故事已经有近百本，30多位同学当上了"绘本小主播"，有的已经当了两次绘本小主播。

在自媒体时代，这种做法值得在更多班级和学校推广。建议王老师在实践操作过程中，让全体学生都有参会的机会，而不是通过甄选。参与为主，内容为辅，形式是次要的。

小平台，大视野。在小主播们的带领下，大家在《野兽出没的地方》学习如何管理情绪，接纳自己的坏脾气；透过悠远禅意的《石头汤》，体会慷慨好施的力量；追随《花瓣儿鱼》，感受自然界生生息息的景致……在这个平台上，同学们更是敞开心扉，以稚嫩的语言，讲述心中的大爱。一个个绘本小主播的动听的声音转化成神奇的电波，传到空中，传到校内、校外，传到幼儿园的小朋友、孤儿院的孩子们、敬老院的爷爷奶奶们、世界各地关注《彩虹糖绘本乐园》公众号的听众的耳朵里。社区里有的小弟弟、小妹妹会围着二（5）班的同学说："你的故事讲得太好听了，我每天都要听着睡觉。"

在公众媒体中听到自己的声音，能有这么多人收听自己讲的绘本故事，自己的声音能给他们带去快乐，这让二（5）班的同学们别提多激动了，他们像当上电台主持人一样自豪。

《彩虹糖绘本乐园》已经融入二（5）班每个同学们的学习生活中。它是一部阶梯，记录了同学们热爱阅读的足迹；它是一对翅膀，带着同学们畅游梦想的天空；它更是同学们共同参演的成长系列剧，还将上演更加精彩的篇章。

3. 表演绘本剧，促进多元智能发展

许多好的绘本不仅适合孩子们阅读还适合他们表演。低年级的学生正处于语言发展的黄金时期，他们对语言的认知有着强烈的表现欲望。他们喜欢游戏、装扮、音乐，喜欢被关注，爱幻想，有着与生俱来的表演天赋，而这些在绘本剧表演过程中都可以实现。阅读绘本，运用语言、动作、表情、情节再创造，以绘本剧的形式表演给大家看，可以促进学生阅读绘本，促进多元智能，尤其是口语表达能力的提升，而且能够帮助他们主动完成知识的构建，激发想象力和创造力。

通过表演绘本剧的方式提升学生的综合素养，在诸多发达国家的语文课堂中非常普遍。同样，王老师还应允许全体学生参与表演，不去过分追求外在形式。

我以小队为单位，组织同学们排练绘本剧，在排练过程中给予指导。选择绘本剧内容，编排语言、动作，准备道具、服装，在排练的过程中队员们加深了对绘本的理解，对故事情节进行创造性的改编，同学之间协作沟通的能力增强了。在班级"妈妈读书会"的舞台上，全班所有同学以小队为单位在所有家长面前进行了汇报演出，《彩虹色的花》《好想吃榴梿》《血液兄

弟好样的》《一百层的房子》《弗洛格找宝藏》《一百层的巴士》《虚荣的小鹿》受到了所有家长的称赞。其中《彩虹色的花》还在全校进行了绘本剧展示，受到全校同学和老师们的好评。

（三）自己动手创作绘本，当绘本小作家

小学生的创作能力被充分肯定！很好！语文能力中，创作能力应该是最为重要的能力之一。建议王老师鼓励孩子们做系列创作，未来可以装订成册，并组织活动与学生家长、班级同学分享。优秀作品甚至可以通过微信自媒体传播。

通过大量地绘本阅读，二（5）班的同学们已经有了一定的语言积累，能不能让同学们绘本阅读的水平再提升一个层次呢？我鼓励孩子们试着自己进行绘本创作。父亲节到了，我找来孩子们读过的绘本《我爸爸》，又和大家重温了一遍。"父爱如山，爸爸的爱虽然不像妈妈那样细致入微，但他对我们的爱一点也不必妈妈少。你的爸爸什么样？有什么特点？"同学们七嘴八舌地说开了。我让同学们用"这就是我爸爸，他真的很棒！他有时候像……像……我是个……也是个……我爱他，而且你知道吗？他也爱我，永远爱我。"的句式写自己的爸爸，配上图，画一画心目中爸爸，并把这个自己亲手创作的绘本作为父亲节礼物送给爸爸。平时，都是爸爸妈妈读绘本给我们听，这回请同学们在父亲节那天把自己创作的绘本读给爸爸听。同学们的作品精彩极了。有一位爸爸很受感动，给我留言："父亲节这天，看到、听到女儿创作的绘本，我很感动。平时对她要求比较严，加上工作忙，也很少抽时间陪她玩，本以为她会不理解，没想到她这么懂事。以后我会想办法多多陪伴孩子，争取做一个合格的好爸爸。谢谢王老师的引导，您的教育智慧让孩子进步很大，遇上您这样的好老师是孩子的幸运，真心感谢您。"

五、利用绘本提升学生相关能力的效果

王老师列举了4种数据收集的方法，但从下文中可以看出只用到了访谈法和问卷法。观察法和实物收集法所收集到的研究数据并没有在本文中加以呈现。

通过我和学生共同创设和参与的绘本阅读、分享与创作活动，学生在绘本阅读与分享中对于学生阅读能力、观察能力、语言能力、想象和创造能力，还有情感发展都有潜移默化的作用。我运用观察法、访谈法、问卷法、实物收集法，验证了通过绘本阅读培养低年级学生口语交际能力的效果显著。在我做的家长反馈调查中，许多家长都提到了孩子的进步。

（一）促进阅读能力的提升

在对家长问卷调查中，"您的孩子在独立阅读时能做到始终安静、专注"一项，实验班和对照班各自占比为55%：45%，"比较专注，偶然走神"一项为45%：55%。孩子找到了适合他们年龄特点的读物，能专注地进行阅读，注意力明显提高了，识字、写字、理解能力也有大幅度提升。

侯蔼轩小朋友的妈妈写道："在上学之初，孩子认字都很困难，没有一定的词汇量做基础，阅读就更不现实。虽然我们家长想了很多办法，例如把字做成生字卡片等，但收效甚微。孩子觉得枯燥，无法坚持。但通过绘本阅读，从最开始的我们给她读，慢慢过渡到她自己读，还给我们讲，现在基本不用专门花时间去认字了。同时，我们看到孩子对文字的理解能力也有很

大提高，以前经常是磕磕巴巴读完一段，完全搞不清在说什么，现在已能流畅、快速地读完，并基本明白其中的含义了。"

（二）促进口语表达能力的提升

绘本阅读中，图画发挥着强大的功能，文字部分的创作比较诗歌化，有的像奇幻的童话诗，有的像叙事散文诗。经常听到、看到富有诗意与想象力的语言，复述、讲给大家听，演给别人看，语言能力自然提高很快，复述概括的能力会得到提高。在听别人讲绘本、演绘本的过程中，孩子们的倾听能力得到提升，这样也促进表达能力的提升。渐渐地，我们班的孩子不管在校内还是校外，在各种场合都能自信大方地表达，会倾听、乐于表达。

在对学生做的调查问卷中，在问到"课堂上你会主动举手发言吗？"中选择"每次都会"的，试验班和对照班的各自占比为25%：14%；选择"经常会"的为44%：34%；选择"有时会"的为19%：40%。在问到"家里来了一位爸爸的新朋友，让你一起陪客人说说话，你会怎么办？"中选择"能为客人倒茶，拿水果，主动和客人谈天，如问问客人情况，谈谈自己感兴趣的事。"的，实验班和对照班的各自占比为69%：50%；选择"能陪客人坐着，客人问一句，自己答一句"的为25%：44%。

我们班有一个很内向的小女孩，她妈妈是这样说的："小西是一个文静的小女孩，性格内向，内心充满了童话世界。绘本阅读与分享，对她的帮助非常大。她变得善于交朋友了，会愉快地和小伙伴们分享快乐和美好。通过自己读绘本，配上悠扬舒缓的乐曲，认真有感情地朗读，感受图片和文字所带来的美好，也在拼命地运用想象力去描绘故事中的世界，并从一次次的讲绘本故事中感受到了讲述的乐趣。她的语速有时轻慢，有时活泼，有时绘声绘色。我们家长看到孩子在这个过程中所收获的自信和快乐，不仅能养成良好的阅读能力，培养孩子的语言能力、想象力，更能让沐浴在饱含深情爱意语言中的孩子，体验到父母陪伴的幸福、喜悦和安全感。这将永远留在孩子的内心世界，在快乐中成长。"是的，小西从一个完全不和同学、老师交流的极为内向的孩子，已经变为多次在同学们面前分享绘本故事，两次成为"绘本小主播"了。

调查问卷中，"你在课堂发言的心情"一项，实验班65%的学生"一点也不紧张"，对照组为17%；"开始紧张，后来不紧张"的选项，实验班为19%，对照组为16%。认为自己"表达能力较好"的，实验班为38%，对照班为27%；认为自己"表达能力很好"的，实验班为27%，对照班为24%。家长问卷中"您觉得自己的孩子口语表达能力的水平"一项，实验班认为"较好和很好"的占74%，对照班占45%。

（三）促进想象能力的发展

绘本会预留给孩子许多想象的空间，让孩子根据绘本的整体意境，对故事情节展开丰富的联想。画面中的一些细枝末节也会让孩子产生丰富的联想，对故事进行自我扩充、延伸。因此，绘本能让孩子的想象力与创造力得以自由驰骋。

松居直在《幸福的种子》一书中谈道："丰富的想象力并非天赋，而是经由直接或间接的体验得来的，体验越多，想象越丰富。图画书正好能提供给幼儿更多的机会去体验。当孩子的想象力不够发达时，图画书可以弥补其不足，使孩子的想象力更丰富。譬如《一寸法师》，如果我们先把故事汇编成图画书，给那些无心听讲的孩子们看，结果会怎样？他们应该会轻松地从头听到尾，并且完全了解故事的内容。他们虽然没有能力想象故事的画面，但是可以通过图画书的插画知道一寸法师的模样；当故事的舞台随着情节的发展改变时，另一幅新的插画又能帮助孩子看清原本模糊不清的影像。借助插画，孩子可以在心中自行勾勒故事的情节，获得崭新的体验。能从一本书中发掘丰富绚烂的世界，或者只能掏出有限的知识，这完全有赖于读者的想象力。图画书就是培养孩子想象力的启蒙工具。"

在孩子自己创作绘本的这个部分，孩子们自己绘图、自己配文，还给自己创作的绘本"选择"了出版社，像"帅哥出版社、爱心出版社、紫宁工作室、梓萌出版集团、晃晃悠悠出版社"等名称让人看了忍俊不禁，仿佛自己就是出版业大佬。他们根据生活中爸爸的特点，在笔下将爸爸一会儿变成贪吃的鲸鱼，一会儿变成温柔的绵羊，一会儿又变成了贪睡的懒虫……这画面既有趣又温馨。

六、结论与反思

儿童正处于具体形象思维阶段，他们的思维是经由图画进入语言世界的。绘本正是以图画为主，配上简洁精炼的文字，呈现在孩子们面前。绘本，超越语言、跨越文化，给儿童提供了一个宽广的想象世界，更是儿童最佳的阅读材料。读绘本使孩子们了解到书的世界是那么神奇，那么充满魅力，进而爱上阅读，爱上语文。绘本书上的文字和插图，伴随着喜悦，生动地烙印在孩子们的心头，牵引着他们进入知识的王国，在他们心底种下幸福的种子。依托符合低年级学生年龄特点的绘本为媒介，培养学生的口语表达能力，开展多种形式的读绘本，讲绘本，做绘本小主播，演绘本剧，自己创作绘本活动，同学们不仅扩大了阅读量，提高了阅读能力、口语表达能力，增强了自信心，也学会了分享自己的学习成果和快乐。

随着丰富多彩的绘本阅读活动的开展，二（5）班的同学们也发生着神奇的变化，他们充满阳光和热情，善于和人交流，不管是在课堂上还是在公开场合都乐于表达，落落大方，说起话来既彬彬有礼，又条理清晰。老师和家长们都欣喜地见证了孩子们在绘本阅读与分享中的茁壮成长。

参考文献

[1] 中华人民共和国教育部制定.义务教育语文课程标准.北京：北京师范大学出版社，2011

[2] 谈红.小学语文阅读教学中口语交际能力培养的方法研究，华东师范大学硕士学位论文，2007

[3] 张志公.张志公语文教育论集.北京：人民教育出版社，1994

[4] Perry Nordlman. Words about pictures：The Narrative Art of Children's picture Books. the University of Georgia Press，1988

[5] Maria Nikolajeva，Carole Scott. How picture books work.Routledge，2006

[6] 郝广才.好绘本如何好.南昌：二十一世纪出版社，2010

[7] 彭懿.世界图画书阅读与经典.南昌：二十一世纪出版社，2011

[8] 陈晖.图画书的讲读艺术.南昌：二十一世纪出版社，2010

[9] [日]松居直.徐小洁译.我的图画书论.郭雯霞，上海：上海人民美术出版社，2009

[10] 吴薇.略论中学生口语交际能力的培养.锦州师范学院报，2001（1）

[11] 东定芳.现代外语教学.上海：上海外语教育出版社，1996

[12] 倪文锦，欧阳汝颖.语文教育展望.上海：华东师范大学出版社，2002370

[13] 韩浩.从“小组讨论”到口语交际教学——中美口语交际教学比较之一.中学语文教学，2004（7）

[14] 许思思.基于绘本的小学低段口语教学研究.南京师范大学，2015

[15] 隋成莲.绘本创意教学研究.山东师范大学，2013

[16] 皮亚杰.吴福元译.儿童心理学.北京：商务印书馆，1980

[17] 匡芳涛.儿童语言习得相关理论述评.学前教育研究，2012（5）

[18] 康·德·乌申斯基.郑文樾译.乌申斯基教育论著选.北京：北京人民教育出版社，1991

[19] 李欣.小学低段绘本阅读教学探究.四川师范大学，2012

⑦ 研究反思

2015年10月我有幸参加了史家教育集团和北京师范大学联合开展的骨干教师研修能力提升项目。在近一年的时间里，我在北京师范大学桑国元教授等有经验老师的指导下完成了我的研究课题《基于绘本阅读提升小学低年级学生语文能力的行动研究》。

一、在专业的引领下，学习科学研究方法，突破教育瓶颈

作为一线教师，给学生上课，传授知识，解决学生出现的问题，这些教育实践工作是我的长项，但是就某个教育问题和现象进行科学研究，进行总结、梳理，提升到系统的理论层面是我的弱项。怎样提高自身理论水平和研究能力，从众多教育实践中分析总结教育规律和教育经验，对于突破我现阶段的教育瓶颈，提高工作能力是极为重要的，也是我最需要的。感谢学校给我这次难得的学习机会。

在开题时，在指导教授的帮助下，我结合自己所教低年级学生的阅读特点和学生口语交际能力差的问题，把研究课题定为《基于绘本阅读提升小学低年级学生语文能力的行动研究》。我明确了本课题研究的目的和研究意义，查阅了大量的相关资料，翻阅了相关书籍，了解了绘本的概念、口语交际的概念、国内外绘本阅读和口语交际教育的现状，找到了研究的理论依据，制定了自己的行动研究计划、研究方法。

二、课题研究的实施和收获

（一）课题研究的实施步骤

儿童正处于具体形象思维阶段，他们是经由图画进入语言的世界的，要使儿童了解书的世界的魅力，爱上阅读，最好首先从图画出入手。图画书的文字都经过精心挑选与整理，字字饱含艺术家们丰富的情感与理性认识。好的图画书用趣味盎然的方式，呈现孩子喜欢的事物，让孩子可以清楚地看见，并且深深地被感动。

在课题的实施阶段，我从以下方面入手：

一是老师讲绘本，为学生打开绘本阅读的大门。

二是搭建绘本阅读的平台，促进学生精读绘本，提高表达能力。

（1）进行"课前两分钟"好绘本推荐，培养学生口语表达能力。

（2）设立《彩虹糖绘本乐园》公众号小主播，提高绘本朗读能力。

三是表演绘本剧，促进多元智能发展。

四是自己动手创作绘本，当绘本小作家。

通过我的行动研究，学生在绘本阅读与分享中对于学生阅读能力、观察能力、语言能力、想象和创造能力，还有情感发展都有潜移默化的作用。我运用观察法、访谈法、问卷法、实物收集法，验证了通过绘本阅读培养低年级学生口语交际能力的效果显著。在我做

的家长反馈调查中，许多家长都提到了孩子的进步。

（二）课题研究的收获

1. 促进学生阅读能力的提升

孩子找到了适合他们年龄特点的读物，能专注地进行阅读，注意力明显提高了，识字、写字、理解能力也有大幅度提升。

侯蔼轩小朋友的妈妈写道："在上学之初，孩子认字都很困难，没有一定的词汇量做基础，阅读就更不现实。虽然我们家长想了很多办法，例如把字做成生字卡片等，但收效甚微。孩子觉得枯燥，无法坚持。但通过绘本阅读，从最开始的我们给她读，慢慢过渡到她自己读，还给我们讲，现在基本不用专门花时间去认字了。同时，我们看到孩子对文字的理解能力也有很大提高，以前经常是磕磕巴巴读完一段，完全搞不清在说什么，现在已能流畅、快速地读完，并基本明白其中的含义了。"

2. 促进学生口语表达能力的提升

绘本阅读中，图画发挥着强大的功能，文字部分的创作比较诗歌化，有的像奇幻的童话诗，有的像叙事散文诗。经常听到、看到富有诗意与想象力的语言，复述、讲给大家听，演给别人看，语言能力自然提高很快，复述概括的能力会得到提高。在听别人讲绘本、演绘本的过程中，孩子们的倾听能力得到提升，这样也促进表达能力的提升。渐渐地，我们班的孩子不管在校内还是校外，在各种场合都能自信大方地表达，会倾听、乐于表达。

我们班有一个很内向的小女孩，她妈妈是这样说的："小西是一个文静的小女孩，性格内向，内心充满了童话世界。绘本阅读与分享，对她的帮助非常大。她变得善于交朋友了，会愉快地和小伙伴们分享快乐和美好。通过自己读绘本，配上悠扬舒缓的乐曲，认真有感情地朗读，感受图片和文字所带来的美好，也在拼命地运用想象力去描绘故事中的世界，并从一次次的讲绘本故事中感受到了讲述的乐趣。她的语速有时轻慢，有时活泼，有时绘声绘色。我们家长看到孩子在这个过程中所收获的自信和快乐，不仅能养成良好的阅读能力，培养孩子的语言能力、想象力，更能让沐浴在饱含深情爱意语言中的孩子，体验到父母陪伴的幸福、喜悦和安全感。这将永远留在孩子的内心世界，在快乐中成长。"是的，小西从一个完全不和同学、老师交流的极为内向的孩子，已经变为多次在同学们面前分享绘本故事，两次成为"绘本小主播"了。

学习委员高树森的妈妈谈道："一开始，我们觉得王老师可能仅仅是为了照顾一下刚上学、认字少的孩子，毕竟绘本的阅读门槛比较低。渐渐地，我们体会到了绘本阅读与分享的神奇之处。如果把孩子的大脑比作一台精密的电脑，以前作为家长，只注意了'输入'，家长去给他讲绘本，帮他认字，但是并没有注意'输出'。一本绘本书，孩子理解了没有？能不能将人物关系搞清楚？能不能去有条理地复述故事？能不能领会作者的真实意图？能不能用自己的话去讲出其中的道理？……我们都没有关注，当试着按照王老师的方法去阅读绘本，加强表达，注重理解的时候，我们发现，孩子的语言能力和思维能力得到了很好的锻炼，有时甚至是惊喜。比如读完《我爸爸》后，他会以不同的词汇表述一下自己的爸爸；在读完《我想吃榴梿》后，他会以不同的语气去模仿不同动物的对话；在读完《我不跟你走》后，他会总结出如何避免被陌生人哄骗；在读完《父与子》后，他会挑自己认为很搞笑的小故事讲给我们听……经过王老师'输出'的训练，我发现树森的叙事能力明显增强。叙事结构完整，有头有尾，有细节，有自己的思考，词汇也丰富起来，最重要的是敢于在众人面前表达。由于有了良性的循环，孩子也更加热爱读书，更加乐于分享读书的乐趣和心得了。"

伏尔泰曾经说过："书读得越多而不加思考，就会觉得知道得很多；而当读书思考得越多的时候，就会越清楚地看到，知道得还很少。"所以，通过阅读绘本去开发孩子的口语表达能力和思考能力，这道"大餐"可真是美味又营养啊！

3. 促进想象能力的发展

绘本会预留给孩子许多想象的空间，让孩子根据绘本的整体意境，对故事情节展开丰富的联想。画面中的一些细枝末节也让孩子产生丰富的联想，对故事进行自我扩充、延伸。因此，绘本能让孩子的想象力与创造力得以自由驰骋。

松居直在《幸福的种子》一书中谈道："丰富的想象力并非天赋，而是经由直接或间接的体验得来的，体验越多，想象力越丰富。图画书正好能提供给幼儿更多的机会去体验。当孩子的想象力不够发达时，图画书可以弥补其不足，使孩子的想象力更丰富。譬如《一寸法师》，如果我们先把故事汇编成图画书，给那些无心听讲的孩子们看，结果会怎样？他们应该会轻松地从头听到尾，并且完全了解故事的内容。他们虽然没有能力想象故事的画面，但是可以通过图画书的插画知道一寸法师的模样；当故事的舞台随着情节的发展改变时，另一幅新的插画又能帮助孩子看清原本模糊不清的影像。借助插画，孩子可以在心中自行勾勒故事的情节，获得崭新的体验。能从一本书中发掘丰富绚烂的世界，或者只能掏出有限的知识，这完全有赖于读者的想象力。图画书就是培养孩子想象力的启蒙工具。"

在孩子自己创作绘本的这个部分，孩子们自己绘图、自己配文，还给自己创作的绘本"选择"了出版社，"帅哥出版社、爱心出版社、紫宁工作室、梓萌出版集团、晃晃悠悠出版社"等名称让人看了忍俊不禁，仿佛自己就是出版业大佬。他们根据生活中爸爸的特点，在笔下将爸爸一会儿变成贪吃的鲸鱼，一会儿变成温柔的绵羊，一会儿又变成了贪睡的懒虫……这画面既有趣又温馨。

绘本，超越语言、跨越文化，给儿童提供一个宽广的想象世界，更是儿童最佳的阅读材料。读绘本使孩子们了解到书的世界是那么神奇，那么充满魅力，进而爱上读书，爱上阅读。绘本书上的文字和插图，伴随着喜悦，生动地烙印在孩子们的心头，牵引着他们进入知识的王国，在他们心底种下幸福的种子。依托符合低年级学生年龄特点的绘本为媒介，培养学生的口语表达能力，开展多种形式的读绘本、讲绘本、做绘本小主播、演绘本剧、自己创作绘本等活动，同学们不仅扩大了阅读量，提高了阅读能力、口语表达能力，增强了自信心，也学会了分享自己的学习成果和快乐。

随着丰富多彩的绘本阅读活动的开展，二（5）班的同学们也发生着神奇的变化，他们充满阳光和热情，善于和人交流，不管是在课堂上还是在公开场合都乐于表达，落落大方，说起话来既彬彬有礼，又条理清晰。老师和家长们欣喜地见证了孩子们在绘本阅读与分享中的茁壮成长。

三、在此次课题研究中遇到的问题

在此次课题研究中，激发学生阅读绘本的兴趣，在班级中形成共读绘本、爱读绘本的良好氛围，通过课前两分钟，当绘本小主播，表演绘本剧，培养低年级学生口语表达能力的效果很好。但是我也遇到了不少问题。比如，为了检测研究效果，我编辑了一份调查问卷，选择了实验班和对照班，并在实验前和试验后进行了问卷调查，但是怎样让问卷中的问题准确反映出学生的口语交际能力，在问卷中怎样显示通过绘本阅读与分享，使学生的口语交际能力确实提高了等在我的问卷是否得到了准确地反映还存在一些不确定性，也就是问卷的信度和效度还不高。编辑一份信度和效度更高的问卷是我需要继续学习的。

四、对之后参与科研项目的期待与建议

这次参与史家集团和北京师范大学骨干教师培训项目，使我受益匪浅，最重要的是我的学生们在绘本阅读方面产生了极大兴趣，口语交际能力得到了极大提升，我也在课题研究中总结出了一套行之有效的教学方法。如果今后有机会再参加这样的科研项目，我希望继续得到专家的引领，但希望在研究过程中得到专家持续的、接地气的、深入实际的帮助，特别是在实际操作中遇到困惑和难以解决的问题时能得到专家及时的帮助和建议，而不只是在结题后提出意见。

项目指导工作体会

桑国元

根据北京师范大学教师教育研究中心和史家教育集团教师研修项目的安排，我从2015年起参与了赵慧霞老师、李红卫老师、王华老师的指导工作，形成了学习共同体，共同获得了成长。尤其是，几位教师近期提交的固化成果，在质量和学术规范方面有了较大提升。

一、基本情况

1. 赵慧霞

赵老师最初在北京师范大学学习期间，经过反复讨论和自我反思，确定了研究题目：《运用"韵化儿歌"培养小学生行为习惯的行动研究》。为了让学生尽快适应小学生活，史家小学一年级部结合历年的经验积累和《弟子规》相关内容，分类创编了"韵化三字歌"。学生每天从早餐、两操、卫生清洁到晨读、上课、课间活动等都有"韵化三字歌"作为指导，将枯燥生硬的规则条例生动化、形象化，将学生的一日行为纳入规范化、秩序化的轨道，培养学生良好的规则意识。在完成开题报告初稿之后，我给赵老师提了几点修改意见，例如：（1）通过文献查阅，需要回答：儿歌在儿童行为习惯养成中的作用；（2）研究问题中需要增加：史家小学低年级学生行为习惯现状如何？（3）行动研究中的设计如何进一步细化、可操作化？在2016年提交的论文中，赵老师很好地回应了前期交流的问题，完成了一篇较高质量的研究论文。我针对这一版论文，又提出了具体的修改建议，之后赵老师完成了最终版论文《运用"韵化三字歌"培养小学生行为习惯的行动研究》。论文整体符合行动研究的逻辑，赵老师有目的地通过"韵化三字歌"将德育渗透于学生一日生活之中，逐渐培养学生良好的道德情感和行为习惯，促进学生身心全面、和谐的发展，从而使学生具有良好的规则意识，懂礼重仪。

2. 李红卫

李老师的选题是《"三位一体"的博物馆RVTC实践活动提升小学生综合素质的行动研究》。通过阅读李老师的研究报告，我们不难发现，李老师在教育教学实践中为了提升学生的综合素质，做足了功夫，取得了显著的成效。针对第一稿文本，除了直接在文字上做出修改和批注，我给李老师提了几条修改建议：增加引用；凝练观点，突出亮点；精炼语言；不用"章"标。这四条意见看似简单，但反映了一线教师对于学术规范和学术语言的生疏。李老师也未能读懂我提出的四条意见。李老师还提交了研究论文《以博物馆实践活动为载体提升小学生综合素养》，经我建议，改为《基于博物馆实践活动提升小学生综合素养的实践研究》。我逐字逐句地对这篇论文进行了跟踪式修改，并请李老师参照这种跟踪式修改模式，对《"三位一体"的博物馆RVTC实践活动提升小学生综合素质的行动研究》这一研究报告进行进一步提升完善，因为总体上该篇报告的撰写质量好于论文。但是由于此研究报告目前改动不多，语言还是不够精练，我愿意继续推荐研究论文"基于博物馆实践活动提升小学生综合素养的实践研究"纳入集子出版。该论文主张在综合实践活动课中以博物馆实践活动为切入点，充分利用博物馆丰富的教育资源，开发社会上具有相关专业知识的讲解员，通过博物馆的系列实践活动，最终使学生的综合素质得以提升。

3. 王华

王老师最初提交的论文题目是《来绘本世界，一起享受快乐吧！》，后期提交的课题是《通过绘本阅读与分享，培养低年级学生口语交际能力的行动研究》，经沟通，最终题目确定为《基于绘本阅读提升小学低年级学生语文能力的行动研究》。王老师确定的大致步骤如下：（1）教师读绘本激发阅读兴趣；（2）"课前两分钟"学生进行好绘本推荐、讲绘本故事；（3）做《彩虹糖绘本乐园》微信公众号"小主播"讲绘本故事；（4）绘本剧表演展示；（5）自己创作绘本故事。王老师的论文主要包括如下六个部分：（1）问题的提出；（2）当前绘本阅读普遍存在的问题；（3）绘本的选择依据；（4）如何通过绘本阅读，培养低年级语文能力；（5）利用绘本提升学生相关能力的效果；（6）结论与反思。所有的研究都是基于问题的，没有问题的研究是伪研究。王老师在问题提出部分，主要指出了学生学习兴趣的重要性以及《义务教育语文课程标准（2011版）》的目标要求。如果能考虑到教育教学实践中，传统阅读、传统绘本阅读的不足，也许更能体现本研究的"问题性"。当然，王老师在第二部分已经关注到现实问题，非常值得肯定。可以说，上述六个部分基本体现了教师开展行动研究的主要逻辑，比较符合学术规范，并聚焦于"行动"成效，具有重要的实践价值。

二、指导反思

第一，一线教师的数据意识相对缺乏。长期以来，教师没有养成在教育教学过程中注重收集用于研究，为提升和改进自身的教育教学提供"证据"的意识，导致在无形中丢失了非常珍贵的数据。反思以上三位老师的指导过程，老师们也并未形成数据意识，对于什么是研究数据，没有概念。由于在北京师范大学接受了研究方法方面的培训，老师们在前期撰写开题报告的过程中，也都罗列了不少研究方法，但从最终的成果来看，这些研究方法的使用缺乏严谨性，不同研究方法收集到的数据也没有被合理分析和呈现。

第二，一线教师的学术规范意识不足。在学术研究中，研究者必须具备较强的学术规范意识，要重视他人的劳动成果和知识产权，要站在巨人的肩膀上做研究。但是，由于没有接受过系统的学术训练，一线教师往往缺乏规范意识，也缺乏规范学术写作的基本技能。在指导史家小学几位教师的过程中，我也一直在强调学术规范问题，但限于教师们开展教育研究的经验和投入教育研究的时间，学术规范意识在一定程度上未能如愿。

第三，小组成员的学习共同体尚未形成。究其原因，一是因为三位教师分属不同学科、不同年级，日常生活中尚未形成一起学习、共同研究的气氛。二是因为后期指导均是通过微信、电子邮件等方式实现了一对一在线指导，小组成员之间未能获得一起探讨的机会。

三、未来设想

第一，所有教师都应该成为研究者。但对于部分年龄偏大的教师而言，重新学习如何做研究，会被视为一种折磨，从而有一定的抗拒心理。

第二，学员分组时，尽力保证同一学科、同一学段的教师在一个小组，共同钻研主题类似、方法相近的研究主题，或者共同解决一个研究主题。

第三，指导教师应融入学员的教育教学现场，共同钻研，指导学员开展研究，收集和分析研究数据，撰写研究报告。

第四，学校应完善教育研究奖励机制，进一步提升教师主持和参与微型课题研究的积极性。

4

小学体育游戏教学中合作意识培养的研究

刘 禹

一、学生合作意识现状的分析

合作意识主要指人们在进行任何行为和活动的过程中，集体成员为了达到一定目的或既定目标而团结一致、齐心协力共同实施的较为稳定的一种心理特征。在体育活动中，尤其是协作要求突出的集体项目（像足球、篮球、排球等），要想最终赢得胜利，单纯依靠个人技能水平和努力拼搏远远不够，还必须依赖于集体成员之间团结协作、密切配合和采用娴熟的战术，才能最终获得最佳效益。

> 首先指出合作意识的概念，让合作意识这一概念具有可操作性，可见作者对合作意识有深入的了解。如果能加上前人文献中对合作意识的认识，会使这一概念更具说服力。

（一）不懂得合作

综观中国现代家庭，独生子女是当前中国家庭的主要特点。物质生活的丰裕，使大多数孩子娇生惯养，家长对其有求必应，既没有培养孩子吃苦耐劳的精神，又使孩子习惯了唯"我"独尊。家庭的教养方式多以满足孩子的愿望或以此作为鼓励孩子学习的手段，使学生不愿意克服困难和丧失了与他人合作意识以及能力方面的教育。更有部分家长的教育方式不当等多种原因导致很多孩子成为家中的"小皇帝""小公主"。以上种种，使他们习惯了以"自我"为中心，唯"我"独尊，再加上独生子女缺少玩伴，在个人品行中表现出自私、缺少合作意识与能力和团结互助的品质。

> 再次强调说明合作意识的概念，指出当前学生不懂合作、不会合作，需要培养学生合作意识的迫切性，再次提出了研究问题的背景。

（二）不会合作

学生对游戏中体现出的合作意识不了解，不会合作，进而才会产生以自我为中心的现状。什么是合作意识？合作意识，是指个体对共同行动及其行为规则的认识与情感，是合作行为产生的一个基本前提和重要基础。这也是学习、工作、生活的前提。

> 结合具体的体育游戏，指出学生不会合作的表现，再次点明体育游戏中学生合作意识的重要性。

在体育游戏中，这一现象表现得尤为明显。体育游戏里人与人之间发生着频繁的合作，假设同伴间没有一定的合作意识，很难取得胜利。例如在实际体育游戏教学中的接力跑：将学生分成四组，每组固定人数进行比赛，均采用立棒方式进行接力比赛，比赛中不许松手。学生在实际执行过程中，会因为掉棒或调整棒、传接棒困难、静止接棒、忽略站位影响交接棒，甚至出接力区输掉游戏。然而这些结果皆是因为缺少团队合作意识、不顾及他人的想法产生的。学生会以惯性思维把责任推给别人，以"为什么你没有快点接棒？你怎么跑这么慢？都是因为你丢棒我们才输"等指责别人，甚至会情绪失控，对别人产生不可避免的误解。学生不善于总结失败的经验教训，与之相反的是相互埋怨，久而久之会造成恶性循环。

二、体育中合作意识培养的可行性和重要性

（一）体育中合作意识培养的可行性分析

体育与健康是一门以身体练习为主要手段、以学习体育与健康知识、技能和方法为主要内容，以增进学生健康，培养学生终身体育意识和能力为主要目标的课程。课程标准中指出：通过课程的学习，学生将学会学习和锻炼，体验运动的乐趣和成功，养成体育锻炼的习惯，发展良好的心理品质及合作与交往能力。

体育教育是教育的组成部分，是通过身体活动和其他一些辅助性手段进行的有目的、有计划、有组织的教育过程。由于与他人和群体的联系是体育活动的必要条件，体育是人的社会化的重要方式，这对儿童少年成长的意义尤为突出。因此，本课程学习将帮助学生逐步理解和习惯于在一定的社会规范中生活，根据社会规范约束和调整自己的行为。学生通过体育与健康课程学习所获得的社会适应能力，包括理解个人健康与群体健康的密切关系，对自我、群体和社会的责任感，合作精神与竞争意识，良好的体育道德和团队精神。

体育在教学过程中渗透团队精神，培养合作能力是体育课本身的特点。集体性是体育课区别于其他课程的重要标志。而体育游戏在体育课中所占比重大，体育游戏具有体育活动的基本特点，体育运动与游戏相结合，这便不仅是简单的走、跑、跳，而是需要与他人密切配合的活动。由此可见，通过体育游戏的设计，有意识地培养学生的合作意识和能力是可行的。

（二）体育中合作意识培养的重要性分析

在物质文明和精神文明高速发展的今天，合作意识、与他人协调的能力，正日益被人们所重视。而对于学校而言，对人才的培养方式也必须与时俱进，应更注重学生合作意识与能力的培养，充分重视体育教育在合作意识与能力培育方面的独特作用。小学在学生的人生定型阶段起着举足轻重的作用。对于其中发挥特殊的重要影响的体育教育而言，则可从课堂教学中引入体育游戏的角度对此进行深入地探讨和研究，从而实现培育具有合作意识与能力的高素质人才，为社会提供具有团队意识、能力突出的符合新时代社会要求的高端人才。

1. 培养团队意识及集体主义精神

在体育合作中每个人都有各自的任务，这在一定程度上强调了共同努

进一步结合体育学科，指出在体育游戏中培养学生合作意识的可行性和重要性，点明研究的意义。

对什么是体育教育进行概念界定，指出体育教育与其他学科的不同之处。

指出在体育游戏中本就含有培养学生合作意识和合作能力的特点，表明体育教学与合作意识的培养密不可分。

从体育教育联系当前的教育环境和教育趋势，指出在体育学科中培养学生的合作意识符合当前人才的需求。

力，积极地相互依赖，与此同时强化了学生对自己学习的责任感。这种紧密的团队合作意识尤为明显的深刻体现在体育游戏中。例如在拔河游戏中，每个人的位置都不可替代，每个人都是拔河过程中的重要一员，要引导学生明白：在比赛中所有人的力都要向正后，要注意人与人之间的距离和拔河过程中的节奏、口号等。只有一起合作，劲儿往一处使才能取得胜利。而并非在输掉拔河后，一味指责队伍中的第一个人或者最后一个人。每一个人组成一个大集体，每个人都是集体中的一分子，所谓"人心齐，泰山移"就是这个道理。

用简单的谚语总结培养团队意识及集体主义精神的重要性。

2. 体育合作有利于激发进取精神和积极性

顺学而导，在体育游戏中，积极引导学生树立双赢观念。体育训练中营造了"赢"的文化，即拼搏和挑战自己的文化、讲求合作意识和合作意识与能力，关注如何排除所有困难去实现最终目标。让学生和谐相处、良性竞争，例如在接力跑比赛过后，指导学生进行交流沟通，从各自角度出发，交流比赛心得，在交流中进一步回味比赛的过程，找出自己可以进步的点，弥补不足，学会赞扬别人，肯定别人，摒弃指责与埋怨等。在高效的交流中深刻体味团队合作的重要性，学会如何与人合作，如何取得团队的胜利。发展自信心，在同伴的爱护中经历成功的体验，充分发挥学生的主体意识，提高学习的积极性和主动性。

文章指出体育课程中合作意识的可行性和重要性，并结合具体的例子，让读者感受到了体育课程中对学生合作意识的培养不可或缺。

三、小学体育课堂中合作意识培养的设计与实施

（一）小学体育课堂中常用的体育游戏的梳理

1. 不同游戏目的的分类

体育游戏种类繁多，然而从功能上讲大体分为：竞赛型游戏和趣味型游戏。竞赛型游戏如：接力跑、拔河等；趣味型游戏如：老鹰捉小鸡、风吹杨柳等。竞赛型游戏旨在让学生体验"赢"的乐趣，体会团队合作的重要性；趣味型游戏意在全体学生共同参与，感受体育游戏的乐趣。然而无论是竞赛型游戏还是趣味型游戏，都离不开合作。

从不同目的的方向对众多体育游戏进行分门别类的梳理，体现研究者对体育的各类游戏独到的见解。

2. 不同运动项目的分类

各个运动项目都是从游戏中发展而来的，体育游戏的活动方式、使用场地等，都或多或少地与其相对应的运动项目有关。根据运动项目分类，可以使体育游戏活动的方式，场地和器材的使用较为明确。按运动项目进行分类，体育游戏主要分为篮球类、排球类、足球类、田径类、体操类、武术类等。这种分类明确揭示了游戏活动的特征，比较容易地使体育游戏成为某个项目的辅助手段。但有些体育游戏由于形式的多变、动作的多样性，有时难以确定它完全属于哪一个运动项目，而造成难以归类。为了解决这一问题，

在不少的游戏分类中，只好另设一类"综合性"游戏。

3. 不同身体素质的作用分类

身体素质是人体进行活动中所表现的各种机能能力。体育游戏按身体素质来分类，其着眼点是在活动过程中对提高某项身体素质可能产生的作用。按着提高身体素质的作用进行分类，体育游戏可以分为速度类、速度耐力类、灵敏类、力量类、弹跳类、柔韧类等。这样的分类把体育游戏直接与提高某种素质挂钩，可以使参与者在选择游戏时目的性更明确。

（二）小学体育课堂中合作意识培养的游戏设计

1. 游戏设计思路

（1）学会合作意识。当今社会，无论是在家庭、集体、社会，又或者扩展到人生这个大的维度上，我们都离不开合作。然而如何让学生在小学这个形成合作意识的重要时期中学会合作，是一个十分重要的问题。①学会并懂得欣赏。欣赏同一个团队的每一个成员，寻找每位队员的积极品质，学习这些优秀的闪光点进而改正自己的不足，就是在为自己的团队凝聚力量。②宽容让心胸更宽广。雨果曾说："世界上最宽阔的是海洋，比海洋更宽阔的是天空，而比天空更宽阔的则是人的心灵。"宽容是让每个人尽快融入团队的法宝。宽容是合作中不可或缺的一个重要品质。它可以消除分歧，让队员彼此包容、和谐共处，从而体会到合作的乐趣。③每个人都是平等的。当团队中每个人都位于相同起跑线上时，他们就不会产生距离感，在合作时就会更加有默契，从而让团队效益最大化。④信任是成功合作的基石。没有信任就谈不上合作。因为有了足够的信任，才会让整个团队更加凝聚，有了共同的奋斗目标，并为之付出自己的责任与热情。因为信任让每个队员更加紧密地连接在一起。学会合作意识才能让学生在有趣的体育游戏中享受童真。

（2）享受体育。体育游戏是学生最喜爱的体育教学方式之一。为了更好地让学生享受体育带来的无穷乐趣，学会团结合作是体育课程的重中之重。在体育游戏中培养和提高合作能力往往能起到事半功倍的效果。藤婕在文章中曾经提到游戏教学的实施过程：①在游戏学习中使学生形成积极依赖。②在游戏中培养学生主动参与的能力。③在游戏中逐步培养学生的自信。

（3）全面发展。21世纪提倡素质教育，要培养德智体美全面发展的学生，就必须尊重学生在各个时期的心理年龄特点以及认知规律。积极开展有益于身心健康的体育游戏活动，培养当今学生极度缺乏的合作意识，促进全面发展。在游戏中激发学生的创新思维。

（4）疏导情绪。为了更好地在体育课中开展体育游戏教学，要尊重学生的心理年龄特点。积极帮助他们疏导为难、焦躁等不良情绪，引导学生学会放松身心从而更好地进行体育学习。

指出研究者在体育教学中设计的思路，本文的研究主题是围绕如何在体育游戏中培养学生的合作意识，因此，在游戏设计思路上，一方面要把握体育学科课程标准的要求，另一方面要在体育游戏中体现合作意识。这二者并不是对立的，如果综合两方面的思路，会使得学生在体育游戏中获得合作意识的同时，也获得了其他体育素质。

2. 游戏设计举例

通过设计合理的合作游戏，进而激发和培养学生的合作意识，是符合学生心理年龄特点以及认知规律的。

将游戏进行设计并进行实践教学，且在体育实践教学中实现各个游戏与合作意识培养的结合。

（1）"齐心协力"。即用绑腿绳将一个小队的人捆绑成一团，然后一起走过一条50米长的障碍区。此游戏意在弱化个人想要往前走的独立意识，从而转化为大家共同行走的团队意识。游戏中，时刻要关注到旁边人的状态，以确保大家步调一致，走向终点。

（2）"坐地起身"。即几个人一组围成一圈，背对背坐在地上。几个人手"桥"手，然后一同站起来。侧重于通过共同的力量从地上站起来，着重于每个人之间的平衡配合与协调一致。

（3）"两人三足"。即将学生分成若干人数的小队，每队两人一组，并肩站立，将两人内侧小腿绑好，内侧手臂相互搭肩，成为两人三条腿，按组依次排列在起跑线后。发令后，各队第一组向前跑，绕过标志物回到起点，与第二组中一人击掌，第二组跑出，依次进行，以先回到起点的队为胜。此游戏可以说是以上两个游戏侧重点的叠加。每两个人之间是一个小团体，讲求高效配合，每大组中的几个小组又要在游戏过程中相互合作、相互鼓励、相互信任，从而赢得比赛。

（4）"老鹰捉小鸡"。即游戏开始时前先分角色，一人当母鸡，一人当老鹰，其余的当小鸡。"小鸡"依次在"母鸡"后牵着衣襟排成一队，"老鹰"站在"母鸡"对面，做捉"小鸡"姿势。游戏开始时，"老鹰"叫着做赶"小鸡"的运作。"母鸡"身后的"小鸡"做惊恐状，"母鸡"则极力保护身后的"小鸡"。"老鹰"再叫着转着圈去捉"小鸡"，众"小鸡"则在"母鸡"身后左躲右闪。而"母鸡"

就负责挡住"老鹰"。如果"小鸡"被"老鹰"捉到，就输了。此游戏不仅对发展学生的灵敏性和协调能力有帮助，更通过学生的合作练习，对合作意识有一定的促进作用。"母鸡"妈妈需要和"小鸡"配合好，才能更好地保护"小鸡"不被"老鹰"抓到。

（5）"8"字跳长绳。即摇绳者对面站立相距5米，手持1条长绳同时向1个方向摇动，其他运动员排队依次连续从A摇绳人边跑向摇动的绳子并跳过，再从B摇绳人身后绕过重复上述动作，使整个跑动跳跃过程形成1个"8"字形。如在规定时间内跑跳过程中有人未能跳过，使摇绳中断，可继续比赛，但该次跳跃不计数。各队比赛时，运动员排定顺序不得更改。以跳跃成功次数多少排出名次，次数相同者，以失误次数少者为胜。"8"字跳长绳是一个集体项目，它既可以锻炼学生的跑跳能力、身体的协调性，也可以提高学生的快速反应、判断能力；同时培养了学生的集体主义精神和坚强的意志品质。在教学中我发现，要想跳好不是一件容易的事，不仅要掌握正确的方法，还要有良好的心理素质和队员间的协调配合。

以上体育游戏均需要学生的高度配合，只有注重团队合作才能取得胜利，可从中引导学生从游戏中切实体会到合作的重要性。同时，积极引导学生在输掉比赛后不埋怨不指责，从而培养良好的合作意识与包容意识。

> 合作意识的培养不是一蹴而就的，研究者如果能根据不同学段的发展要求和学生的发展特点，指明低中高学段体育游戏设计的不同，不仅利于体育教学进行借鉴，还有利于层层递进地培养学生的合作意识。

四、小学体育课堂中合作体育游戏实施的注意事项

（一）心理引导

体育游戏难免会有输赢之分，当游戏结束后，教师应该因势利导，积极组织学生开展发言，总结胜利或失败的经验教训。教师应采取鼓励性的评价方式，肯定其优点；学生之间也应该相互欣赏，相互理解。在游戏过后，教师还应积极疏导个别学生心里的负面情绪，使其放松，做到不埋怨、不抱怨。

> 体育游戏是竞赛类的游戏，因此，研究者关注了在培养学生合作意识的同时，要加强对学生的心理引导和技术指导，以便促进学生身心的全面发展。

（二）技术指导

体育游戏中最能体现学生合作意识的是接力赛跑。然而要想让每个学生在接力赛跑中获得双赢的体验（结果与心理），教师就必须给予学生相关的技术指导。总结多年教学经验来看，要想在接力赛跑中取得胜利，对起跑和接棒有着专业的要

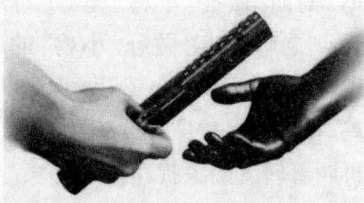

求。首先是起跑：起跑时切记全神贯注地听枪声，如果能够提前0.1秒开始跑，就会多一分赢的希望。起跑时的姿势，以自己能够最快调动跑速的方式进行，无论是书上的蹲式还是站式都可以，一定要适合自己。其次是接棒，这也是关系到接力赛跑成功的关键。

技巧1：接棒的时候，递棒的人在后，接棒的人在前面跑。递棒的人不要减速，接棒的人要先助跑到与递棒的人的速度持平。递棒的人握住棒的低端，先前伸直胳膊，将棒递出。接棒的人，手向后伸，手背朝下，手心朝上，这样容易接住棒子。

技巧2：接棒的人要全神贯注地向前跑，最好不要向后看，凭借手感握住棒子。递棒的人，在棒递出以后，不要立即松手，跟着接棒的人多跑几步，确认棒子被接棒的人是否握紧。

除此之外，尤为重要的一点是，接力赛跑时要降低重心。四个人是一个团队，单凭一两个人跑得快是无用的，因此这便鲜明地突显出合作的重要。

教师还应该在多种体育游戏中发现问题，有序地组合问题，找出引导学生形成合作意识的良好手段。

五、小学体育课堂中合作体育游戏实施的过程

（一）学生感受和体会合作意识

体育游戏的输赢旨在更好地培养学生相互合作的意识与能力。因此教师应该顺势而导，在每次游戏过后，组织学生总结交流经验和教训。这次是怎么赢的？我们为什么这次会输呢？并指名让关键学生发言，说出自己的感受。这样既培养了学生与别人交流合作的能力、发现问题和解决问题的能力，同时让同学们体验和巩固了集体的合作精神。除此之外，对通过合作而取得成功的小组，可以用积极性的语言或者肢体语言进行表扬，来鼓励同学们进行合作。交流是快乐的，让学生在相互交流中进一步感悟合作的强大。体育教师就是要在体育游戏中帮助学生树立良好的合作意识，享受体育带给他们的快乐，为今后走上社会打下坚实的基础。

> 运用实例说明学生如何在体育游戏中感受和体会合作意识，是强有力的实证。

以下三个实例是所调查的几个同学中最具有代表性的回答，类似回答的比例占到80%左右，因此能反映大部分同学的思想。

实例一：

1.被采访者个人信息。

性别：男　年龄：10　民族：汉　年级：四

家庭状况（主要是家庭成员关系、家庭成员文化程度和职业）：家庭和睦，父母都是中专毕业，职业为小学教师。

2.你喜欢体育课中的游戏环节吗？如果喜欢，为什么喜欢？如果不喜欢，为什么不喜欢？

> 详细说明访谈的三个实例内容。如果将这些内容做成表格的形式，相互比较，会更加清晰明了。

答：喜欢。因为做游戏能够和小朋友一起玩，有时候还能比赛，很开心。

3.你喜欢哪种类型的体育游戏？

答：比较刺激的，能一起比赛的那种。

4.你知道什么是团队意识吗？通过哪种渠道了解的？

答：了解一点点。听老师平时讲过，还在电视上看过。

5.在这次比赛游戏中，你对自己小组取得的成绩有什么想法？如果赢了，你觉得是什么让你们赢得了比赛？如果没有，你觉得是什么原因？

答：我们赢了比赛，我觉得是我们同学跑的都很快，很勇敢。

6.比赛前，你们小组有没有小组长？如果有，有没有商量比赛对策？如果没有，小组成员有没有什么比赛准备？

答：有。他鼓励我们都加油，争取得第一，让我们别犯规。

7.在比赛过程中，队员有没有互相鼓励？

答：有。我们班的拉拉队使劲给我们加油，我也对我的同学做了加油的手势。

8.比赛过程中，有一个队员不小心掉了接力棒或者过绳的时候摔倒了，致使小组输掉了比赛，你有没有怪这位同学？你最想对他说什么？

答：开始会有一点怪他，但是时间久了就忘了。我想对他说，下次继续努力啊，那样我们就可以赢了。

9.比赛赢了，你有没有觉得高兴？有没有想将这个消息告诉很多人？

答：很高兴，我想告诉我的爸爸妈妈和好朋友。

10.经过这个体育游戏，觉得自己的团队意识有没有提高？

答：有，让我更知道要想赢得比赛必须大家一起努力才行。

实例二：

1.被采访者个人信息。

性别：女　年龄：12　民族：汉　年级：六

家庭状况（主要是家庭成员关系、家庭成员文化程度和职业）：家庭人多，父母都是本科文化。父亲、母亲都在法院工作。

2.你喜欢体育游戏吗？如果喜欢，为什么喜欢？如果不喜欢，为什么不喜欢？

答：喜欢。因为游戏很好玩，特别开心。

3.你喜欢哪种类型的体育游戏？

答：人比较多的游戏，能一起比赛的最好。

4.你知道什么是团队意识吗？通过哪种渠道了解的？

答：知道。通过看电视节目，还有老师教导的。

5.你自己觉得自己具有团队意识吗？在这次比赛游戏中，你对自己小组取得的成绩有什么想法？如果赢了，你觉得是什么让你们赢得了比赛？如果没有，你觉得是什么原因？

答：我们班输了。我觉得主要是同学们配合得不好，很多同学在跑的过程中，交接棒不好，掉了三次棒，耽搁了很多时间。

6.比赛前，你们小组有没有小组长？如果有，有没有商量比赛对策？如果没有，小组成员有没有什么比赛准备?

答: 有。小组商量好了怎么以最快速度绕过障碍。

7.在比赛过程中, 队员有没有互相鼓励?

答: 有。我们组队友比赛前互相鼓励加油。

8.假设比赛过程中, 有一个队员不小心掉了接力棒或者过绳的时候摔倒了, 致使小组输掉了比赛, 你有没有怪这位同学? 你最想对他说什么?

答: 不会。我觉得他也不是故意的。我想告诉他不要自责, 我们不会怪他的, 因为我们知道他已经尽力了。

9.假设比赛赢了, 你有没有觉得高兴? 有没有想将这个消息告诉很多人?

答: 我很高兴。我想告诉我的好朋友们。

10.经过这个体育游戏, 觉得自己的团队意识有没有提高?

答: 有很大的提高, 让我知道了要和同学们一起努力, 齐心协力。

实例三:

1.被采访者个人信息。

性别: 男 年龄: 9 民族: 汉 年级: 三

家庭状况 (主要是家庭成员关系、家庭成员文化程度和职业): 家庭和睦, 父亲是本科毕业, 母亲高中毕业。现在父亲是公司员工, 母亲是医院的一名护士。

2.你喜欢体育游戏吗? 如果喜欢, 为什么喜欢? 如果不喜欢, 为什么不喜欢?

答: 喜欢。因为做游戏可以在操场上玩。

3.你喜欢哪种类型的体育游戏?

答: 只要有趣的, 什么游戏都喜欢。

4.你知道什么是团队意识吗? 通过哪种渠道了解的?

答: 不知道什么意思, 听说过。

5.你自己觉得自己具有团队意识吗? 在这次比赛游戏中, 你对自己小组取得的成绩有什么想法? 如果赢了, 你觉得是什么让你们赢得了比赛? 如果没有, 你觉得是什么原因?

答: 我们输了。因为有两个同学在比赛的时候互相打闹, 延误了时间。

6.比赛前, 你们小组有没有小组长? 如果有, 有没有商量比赛对策? 如果没有, 小组成员有没有什么比赛准备?

答: 没有。没有什么准备。

7.在比赛过程中, 队员有没有互相鼓励?

答: 有"加油"的叫声。

8.假设比赛过程中, 有一个队员不小心掉了接力棒或过绳的时候摔倒了, 致使小组输掉了比赛, 你有没有怪这位同学? 你最想对他说什么?

答: 我会怪他, 不然我们就可以赢了比赛。我想告诉他, 因为他我们输了, 他拉了全队后腿。

从三个学生的实例得出相应的结论, 具有一定的说服力, 但如果能将访谈做成调查问卷的形式, 获得一定的数据资料, 会使结论更具科学性。

9.假设比赛赢了，你有没有觉得高兴？有没有想将这个消息告诉很多人？

答：很高兴。想告诉我的老师和同学。

10.经过这个体育游戏，觉得自己的团队意识有没有提高？

答：不知道。

从以上三个采访实例可以得出结论：

（1）小学生的团队合作意识普遍不高，大家都只是很片面地思考问题，当然这和年龄与知识水平有密切的关系。他们都很喜欢体育游戏，但基本都是认为游戏很好玩，很开心，而且对于体育游戏的类型却没有太多的要求。

（2）小学生对团队意识的认识程度低，不知道团队意识是什么意思，而且仅有的了解也是从电视上、父母或老师那里学到的，这也说明了现在对培养小学生团队意识的渠道还很有限，致使小学生团队意识不高。

（3）在体育游戏前，基本没有自主的、有秩序的组织，没有前期共同的准备，互相鼓励也相当少，大家都是自己跑自己的。当被问到如果输了，而且是因为部分同学的失误造成的，会不会怪同学时，大部分人都说不会，但是部分同学却会用很不友好的口气对同学说话。

（4）不同年龄、不同性别、不同家庭背景的孩子性格不同，对团队意识的认识也是不相同的，年龄段越高的学生在游戏后对自身合作意识和能力的提高较为明显。

六、小学生体育课合作意识的经验总结

（一）教师对合作教学的经验总结或感想

（1）在合作学习的过程中要取得好的效果，教师必须认真备课，钻研教材，科学地设计教案，安排合适的教学内容，注重组织教学的教法和学法，才能取得良好的合作学习效果。

（2）在教学中还要注意引导学生合作学习，互相帮助正确对待胜利与挫折、成功与失败；重视对体育待提高学生的关爱、团结、鼓励，逐步培养全体学生在体育教学活动中的合作意识。

（3）突出"以学生为中心"的观念，强调学生的合作自主创新，发挥主体的主观能动性和积极参与精神，从而使学生转变为信息加工的主体、知识意义的主动建构者，体现主体合作作用，达到教学目标。

（4）小学体育教学中活动内容的挖掘与利用，以及对学生团队意识、合作意识的培养，合作能力的培养仍是一个漫长的过程，作为教学者要遵循循序渐进的原则，要克服急于求成的错误观念，要有长远的计划和措施、要耐心细致，把它渗透到教学与活动的每一个环节中。

研究者通过访谈得出小学生整体团队合作意识不强的问题。研究者可在经验总结前指出自己是如何利用上述设计的体育游戏培养学生的合作意识的，并展示自己实际的教学经验或教学例子。体育游戏教学实例不仅使研究结论具有合理性的依据，而且使研究结论具有科学性的依据。

从教师自身体育实践课程的经验，从教师和学生两个方面总结教师如何在体育教学中培养学生的合作意识，对体育教学者具有一定的借鉴意义。

（5）积极探索与开放多种形式的体育游戏活动，探索课程与资源整合，体现"以人为本、健康第一"的素质教育观。

在今后的教学活动中应该考虑学生的合作意识和能力，制定相宜的规则或规定，组织学生交流、探讨学习中出现的问题；老师引导学生多探讨个人与他人的合作形式及效果、个人与集体的合作形式及效果，解决实践中出现的问题，帮助学生树立合作的意识。在小学体育课堂教学中注意设计增强学生合作意识和能力的练习内容，调动学生的学习兴趣和积极性，充分发挥学生合作学习的主动性，使其能够快乐合作，快乐学习。

（二）教师对合作教学中学生的思考和认识

教师通过有趣的体育游戏促使学生形成良好的合作意识。

（1）学会合作方式。在团队中，我们必须淡化"以自我为中心"的个人意识，而应该有团队意识、合作意识。相信集体的力量是伟大的。

（2）通过体育游戏促进学生合作意识的增强，增进班级凝聚力，改善班级精神面貌，使班集体更加团结向上，在积极地合作中学习、工作、生活。

（3）合作意识不仅是我们需要树立的一种意识，更多的是一种生活方式。毕竟这个世界上，没有一个人是座孤岛，我们每天都在合作与被合作着。

（4）通过体育游戏提高了体育兴趣。让学生更加爱上体育课，爱上体育。激发学生对各种体育运动的兴趣，从而促进学生锻炼身体，有良好的体魄和健全的人格。

（5）体育技能得到了提升。如学生从起初的掌握不到接力赛跑的技巧，到后来的运用相关技巧赢得比赛，从而提升跑的技能，让自己的优势在集体的家庭中最大化。

合作意识与能力和团队的配合需要通过长期的学习和实践去体会、认知和掌握。体育是获得这一体会和认知的重要平台，体育教师应当以课堂教学为契机，充分利用在课堂中穿插的体育游戏这一特殊而有利的教育方式，大力培养小学生的合作意识与能力。这不仅能让学生在愉快的体育游戏中形成良好的合作意识，更主要的是让学生在以后的学习和生活中学会合作、懂得合作。

研究者不仅从教师自身考虑"如何教"的问题，而且从学生角度考虑"如何学"的问题，再次指明体育游戏教学中培养学生合作意识的重要性和意义。如能将重要性和意义拓展，对在体育游戏教学中如何培养合作意识的建议和策略，会进一步促进体育教师专业化的成长。

参考文献

[1] 常益.集体性体育游戏项目对小学生团队意识培养作用的研究.东北师范大学，2011

[2] 王景文.上海市小学体育课学生合作精神培养现状的调查研究.上海体育学院，2011

[3] 董娥.体育游戏在小学体育教学中的应用研究.苏州大学，2013

[4] 唐晓霞.小学体育教学中培养合作学习意识和能力的实践和研究.《现代教育教学探索》组委会.2015年9月现代教育教学探索学术交流会论文集.2015

[5] 尤艳清.体育教学中体育游戏的应用.时代教育，2016（8）

[6] 魏俊. 小学体育游戏的创编及多元效应研究. 江西师范大学, 2014

[7] 赵小董. 苏州市姑苏区小学体育教学中运用体育游戏的调查与推广研究. 苏州大学, 2013

[8] 张浩. 体育游戏对桓台县小学生体育学习的影响研究. 山东师范大学, 2014

[9] 曹梅. 沈阳市小学生体育游戏参与现状及应用效果的实验研究. 沈阳体育学院, 2015

[10] 张杨. 浅谈体育游戏在小学体育教学中的应用. 电子制作, 2015（1）

[11] 张国富. 短期拓展训练对培养小学生合作意识的影响研究. 首都体育学院, 2015

[12] 黄杰. 小学美术教学中培养学生合作意识的策略及方法研究. 重庆师范大学, 2015

[13] 伏虹. 小学生小组合作学习有效性策略研究. 云南师范大学, 2006

[14] 梁友艳. 小学生课堂学习行为的调查研究. 浙江师范大学, 2014

[15] 郭俊英. 浅谈幼儿合作意识与能力的培养策略. 学园（教育科研）, 2012（2）

[16] 陈秋霞. 幼儿合作交往意识与能力的培养. 吉林教育, 2013（8）

[17] 钟小清. 幼儿合作意识与合作能力的培养. 新课程（下）, 2013（5）

[18] 雷元梅. 试论幼儿合作意识与合作能力的培养. 新课程学习（中）, 2014（6）

[19] 徐佳. 浅析幼儿合作意识与合作能力的培养. 新课程学习（中）, 2014（9）

[20] 郁佳园. 体育游戏在小学体育教学中的作用. 科技资讯, 2013（26）

[21] 尹艳芙. 幼儿合作意识与能力的培养. 乡村科技, 2012（9）

[22] 王春丽. 浅论幼儿合作交往意识与能力的培养. 新课程学习（上）, 2014（12）

[23] 宋奕萍. 幼儿合作意识与能力的培养. 小学科学（教师版）, 2015（5）

[24] 王珊珊. 小学体育课程引入民间传统游戏的实践研究. 鲁东大学, 2014

[25] 刘海军. 浅析小学体育游戏教学. 学周刊, 2013（35）

[26] 姚红利. 浅论体育游戏对小学体育教学的影响. 西北成人教育学院学报, 2015（1）

[27] 孙寅超. 小学体育教学中运用体育游戏的价值及对策. 当代体育科技, 2013（25）

[28] 孙旭东. 体育游戏在小学体育教学中的有效应用. 新课程（小学）, 2013（4）

综合评述：文章从当前学生"不懂得合作"和"不会合作"这一现状出发，指明在体育游戏中培养学生合作意识的可行性和重要性，阐明在体育游戏中培养学生合作意识的具体做法，不仅有心理引导，而且增加了技术指导，从而得出自我对合作意识的总结。全文比较流畅，运用了学习实践中的例子，更难能可贵的是对学生进行了访谈，并且及时进行了反思总结。

？ 研究反思

一、参与此次史家项目的原因与动机

人类社会发展到今天，从来都没有离开过合作，合则共存，分则俱损。一个缺乏合作意识与能力的人，个人事业难有成就，也很难适应时代的发展。国际21世纪教育委员会向联合国教科文组织提交的报告《教育——财富蕴藏其中》中指出，学会合作是面向21世纪的四大教育支柱之一；提交的另一个报告《学习——内在的财富》中指出，学会共处，学会与他人一起生活，是今日教育中的重大问题之一。然而，综观中国现代家庭，独生子女是当前中国家庭的主要特点。物质生活的丰裕，父母、祖父母的疼爱有加，以及部分家长的教育方式不良等多种原因导致很多孩子成为家中的"小皇帝""小公主"。他们习惯了以"自我"为中心，唯"我"独尊，再加上独生子女缺少玩伴，在个人品行中表现出自私、缺少合作意识与能力和团结互助的品质。小学阶段是合作意识与能力培养的重要时期，是塑造个性、培养情操的最佳时期。小学阶段的学生性格还没有完全定型，具有较强的可塑性，抓住塑造学生性格的黄金时间段来培养学生的合作意识与能力的意义非同小可。因此，如何在小学时期让他们学会合作，培养好他们的合作意识与能力，就成了当前整个社会为我们学校教育提出的一个严肃的课题。

这么多年通过我上课的观察和实践，也发现很多同学有这样的情况发生，特别是课中需要合作来完成的能力太差，因此我特意制定了《小学体育游戏教学中合作意识培养的研究》这一题目和相关研究内容，目的是通过体育课中的一些游戏的渗透，让学生喜欢体育、爱上体育课，让学生通过体育游戏知道什么是合作，认识合作的重要性，使得他们在以后的生活和学习中让合作影响一生。

二、在此次项目过程中的收获

此论文的撰写与研究主要分为三个阶段：2016年5～6月，课题研究计划与安排；2016年7～12月，中期评估与研讨；2017年1～10月，论文撰写与答辩。通过对该课题近一年时间的研究与实践，学生对体育课的兴趣得到了提高，小组合作的意识增强了，身体协调能力也得到了明显的提高，同时身体素质明显增强了。课题研究取得了一定的成果，具体有以下几个方面。

一是学生的团队意识、相互合作的意识、创新意识及个性潜能、集体凝聚力得到了进一步的增强。

二是小组合作的意识与团队精神在体育游戏学习中得到充分体现。

三是学生游戏运动的兴趣得到培养，体育活动的积极性得到进一步提高，终身体育锻炼的习惯逐步形成。

四是学生的性格得到明显的改善，师生之间、生生之间表现出相互呼应和信息交流，

人际关系、社交能力突出，学生的合作能力、创新精神和创新能力明显提高。

实践证明，我对"小学体育游戏教学中合作意识培养的研究"这一课题进行的探索与尝试取得了一定的成效。所提出的合作学习运用到体育游戏课堂中，符合小学生的心理需求，使学生从被动的听讲者和接受者变为主动参与的学习主体，开始要求去学，对体育运动也有了兴趣。通过学习、活动满足了学生的"快乐合作"要求，调动了学生的学习兴趣和积极性，充分发挥了学生合作学习的自主性，从而对学生的体育能力、综合能力以及终身体育能力、习惯的培养起到积极的作用。

三、在此次参与项目过程中遇到的问题

一是受教学内容的影响和制约，教学中学生的合作小组呈现不稳定性。虽然学习目标明确，但每次组合小组学习时个人的分工与以往有一定的差异，组长的能力及在不同小组中的威信不一，使得合作解决问题的能力有较大的起落，直接影响着整堂课的教学效果。本课题虽然经过一年多的研究实验，取得了一定的成果，但在合作能力的评价上缺乏可量化的评价体系和指标、在合作小组的组合和解决问题上具有不稳定性，有待进一步研究，望能得到专家的指正，以利于下一阶段研究的顺利进行。

二是学生的参与度不均衡。通过观察发现，小组合作学习确实增加了学生参与的机会，但是学优生参与的机会更多，往往扮演一种帮助的角色，学困生成了观众，往往得不到独立思考的机会，只是直接从学优生中获得信息，致使学困生在小组合作学习的获益比在班级教学中的获益更少。教师只重视每个小组原想法而不关心成员个体的学习情况，认为学优生能够代表其小组；教师对小组的指导和监督不多，小组成员间的分工不明确。另外，在笔者听过的一些小组合作学习课中，大多数存在这样一种现象：在小组活动中容易出现放任自流的现象，这种情况比班组授课制更严重。班级教学中学生都面向教师，教师很容易发现学生是不是在认真听课，而小组学习中，学生围在一起，教师不容易发现学生开小差，这是客观原因。而教师只关注小组的学习结果，不关注学习过程和个人的学习情况，则是形成这种现象的主要原因。另外，小组长没有管理好小组活动，开小差的学生缺乏集体责任感，也是其原因之一。

四、对之后参与科研项目的期待与建议

在集体性体育游戏项目中培养学生的目标意识。没有目标的团队是难以有前进动力的，人们通常将目的理解为最终目标，而把目标理解成一种为目的服务的途径。所以，如何在集体性体育游戏项目中培养学生的目标意识是一项很重要的教学任务。

集体性体育游戏项目为每个同学提供了成长的环境，指明了发展的方向和努力的目标，引领团队成员在集体目标和共同价值观下奋发向上。具有共同的团队目标，在活动中为同一个目标大家互相参与、互相鼓励。因此，尽量让学生参与集体性体育游戏，力求让所有学生都找到自己在集体中的地位，最大限度地为这个集体性体育项目的目标共同努力，培养学生的团队精神和合作意识。通过集体性体育游戏项目，学会正确地与人交往能

力，增强合作的紧迫感和团队的凝聚力，培养团队协作精神。

在任何集体性体育游戏项目过程中需要学生能够持之以恒地付出努力和汗水。设置团队目标可以正确、有效地激发、引导和组织同学们的活动，加强学生学习集体性体育游戏技能的积极性。所以说，设置团队目标是有效开展集体性体育游戏项目的一个经常使用的手段。开展集体性体育游戏项目，逐渐使团队形成一个真正的整体。团队每个成员所作的贡献虽然各不相同，但是他们都为着一个共同的目标作贡献，他们的努力必须向着同一方向，他们的贡献必须融成一个整体，产生出一种整体力量，提高学生们整体的团队意识。

幼小衔接期对家长的帮助与指导
策略的行动研究

一、绪论

（一）问题提出

我在多年来从事一年级语文教学和班主任的工作中发现了一些问题，比如，刚入学的学生上课不会听讲；有一些男孩子课间不会与同学产生友好的互动；有些学生在正常的学校生活中，自我服务的能力比较薄弱：不会铺垃圾袋、不会扫地、不会摆桌椅、不会擦地、不会打开食品包装袋……诸如此类的问题，老师都会和家长进行沟通，期望得到家庭教育方面的配合，达到家校双方携手共同促进学生进步的目标。可是，每每我和家长反映上面的这些问题的时候，家长都会问我："老师，您说我该怎么办呢？"

家长的提问，给了我一些启示：我们做教师的总需要家长配合，但到底配合什么？该如何配合？这些是很多家长的困惑。所以，我决定做一个"幼小衔接期对家长的帮助与指导策略的行动研究"课题，以明确，在幼小衔接期学校老师需要家长配合哪些工作，到底需要怎么做配合才能让学生尽快适应学校生活。

（二）文献综述和概念界定

1. 文献综述

幼小衔接适应的课题由来已久，尤其是20世纪90年代初期由国家教委主持的全国大规模的幼儿园与小学研究，将本课题推上了顶峰。进入21世纪后，社会产生了重大的变革，相关研究也在陆续开展，但是没再出现过如1990～1994年时一样的国家官方的指导和干预。因而相对幼儿园而言，小学方面的措施则显得保守一些。通过阅读文献我发现：针对一年级学生的学习能力方面培养的文章比较多，专注于幼小衔接适应方面的文章相对较少，但是其中也不乏分析透彻、策略新颖的佼佼者。比如：在90年代经过全国的"幼小衔接"研究后，出现了一批大动作改革。钱红石就提出在开学第一

从自我的教学实践中，反思总结并提出研究问题，且研究问题有具体针对性，对幼小衔接阶段具有一定的现实意义。

介绍研究幼小衔接相关的历史，了解幼小衔接是一个具有漫长研究的课题。

周的课程设置中要有"长短课"，也就是每节课30分钟，和幼儿园靠拢。又如：北宫门出现了"开学的第一个月每天上午上3节课，下午上2节课，每节课上30分钟，每节课有10分钟的活动时间，不留家庭作业"的举措。嘉定区实验小学开展了为期一周的"幼小衔接情感教育"，提出了"换成儿童视角来看待幼小衔接"的观点，非常可贵。可是，轰轰烈烈的研究活动在进入2000年以后逐渐淡出了人们的视线。近几年来，随着社会和教育的大幅度变革，"幼小衔接"的话题又重新被人们重视起来。其中，张舜在2011年8月发表的《幼小衔接中常见的问题及对策分析》一文，从幼小衔接过程中的常见问题和解决策略两方面进行了详细的论述。

关于学生学习适应方面的文章，我是从"专注力""倾听能力""阅读能力""表达能力"和"书写能力"五方面在中国知网进行检索的，一共找到69篇相关文章。其中，关于"专注力"的有34篇，关于"倾听能力"的有17篇，关于"阅读能力"的有10篇，关于"表达能力"的有7篇和关于"书写能力"的有2篇。从以上数据可以明显看出：处于入学适应期的学生在"专心听讲"方面的问题很突出，受到了教师和家长的广泛关注。可是根据我多年的一年级教学经验，"书写"问题其实也是学生入学适应期遇到的突出困难之一，目前还没有受到广泛的重视。

> 文献查阅丰富且仔细。

关于幼小衔接时期学生"社会适应"方面的文章，我从中国知网上检索到86篇相关文章，其中绝大多数都涉及"遵守规则"的内容，由此可见：处于幼小衔接期的学生在"遵守规则"方面的问题比较突出，同时也能感受到整个社会越来越具有规则意识。

我在中国知网查阅了201篇相关资料，其中专门论述幼小衔接适应的文章达到了46篇，关于学习适应的文章达到了69篇。通读了与"幼小衔接入学适应"相关的100多篇文章后，我总的感觉有两点：一是这些文章大多是站在家长的角度指导家庭教育，或者站在教师的角度指导学校教育。而站在教师的角度讲家校配合的文章几乎没有。二是大部分是罗列出理念，但是实操性不强。

> 文献资料丰富，如果对文献加以说明和解释，最后通过整理文献得出结论会更具有说服力。

2. 概念界定

通过阅读文献，我查找到一些相关的概念。

（1）"适应"。"适应"一词即"adaptation"，源于拉丁文的"adaptare"。生物学在科学意义上首先使用"适应"概念，然后逐渐被其他学科引用，并对它产生了不同的理解和界定。《教育大词典》（教育心理学卷）中对"适应"的解释是：泛指机体对环境的顺应。个体根据环境条件的变化改变自身，达到与环境保持平衡的过程。人是生活在社会中的，人的适应主要指社会的适应，就是指个体在自身努力或外界环境的作用下，形成符合社会生活条件和满足个体需求的某种心理—行为模式的过程。

> 从词源和学科角度界定概念，使概念具有权威性。

（2）入学适应。"入学适应"是一个多维广义的概念。当前，不同的

> 基于各学者的观点，提出自我对"入学适应"的看法，并以此为依据展开相关研究。

研究者从不同的角度对"入学适应"做出了自己的界定，但还没有一个清晰、权威的理论。比如：Ladd提出学校适应为儿童在学校环境中感到愉快、投入到学校活动中并获得成功的程度，这是一个不断发展的过程，是儿童不断适应学校环境的表现。主要包括儿童的心理能力与智能、儿童与教师的关系以及儿童与学校同学的关系。又如：Sangeeta提出学校适应分为：①学业适应，包括学业成绩和对学习的喜爱程度这两项评定；②社会性适应，包括同伴关系、与教师的关系、社会技能和对学校的喜爱程度这四项评定。

我比较同意Sangeeta的观点，在梳理基本概念和前人研究的基础上，将"入学适应"界定为：个人适应（包括爱校园、生活能力），社会适应（包括人际交往能力、遵守社会规则的能力）和学习适应（包括专注力、表达能力、阅读能力、书写能力）三个维度。

（三）研究意义

1. 学生层面上的意义

> 从息息相关的学生、家长、教师角度阐述研究意义，并与研究问题相呼应。

小学一年级阶段作为儿童接受国家正规学校教育的初始阶段，更是儿童成长的关键期。在这一阶段儿童能否顺利地适应新的环境，培养和建立起良好的习惯，在一定程度上决定着儿童今后对学校生活的态度和趋向，常常会影响儿童整个小学阶段甚至整个学生生涯，有的儿童甚至可能因此奠定整个人生的基调。

2. 家长层面上的意义

家长是孩子的第一任老师，教师对家长的家庭教育指导，既有利于家校沟通，形成合力，又有利于减缓家长的焦虑，推动学生尽快适应学校生活，健康成长。

3. 教师层面上的意义

作为一年级任课教师，更多地了解幼小衔接时期学生的生理和心理特点，以及以往经常出现的问题，有助于教师在教育教学过程中选用更加切实有效的策略，从而达到更好的教育教学效果。同时，家校沟通工作也是一个班主任职责范围之内的工作之一，教师能够及时给家长提出解决问题的策略，更能凸显教师的职业性和专业性，提高自身威信，使沟通效果更好。

二、研究设计

（一）研究内容与方法

> 研究方法多样，避免了个人的主观判断，使研究具有相对的科学性。

在本研究中我主要使用了以下研究方法。

1. 访谈法

用访谈法对幼儿园大班学生的上学意向进行了访谈和分析，以此来了解一年级刚入学的学生上学的意向和学生关注的点，从而调整自己的教育教学手段，并对家长提出相关建议。访谈内容是你想上学吗？为什么？访谈结果详见下文对即将入学的幼儿园小朋友上学意向的调查表。

2. 观察法

通过对一年级学生入学生活的种种观察，我及时发现学生的不适应，并通过微信、电话、记事条和组织活动等不同渠道积极与家长沟通，提出家庭指导建议。指导家长与学校配合共同帮助学生适应学校生活。

3. 文献研究法

我通过查阅资料，对比分析《小学教学大纲》和《幼儿园保育纲要》，找到幼儿园和小学的不同之处，帮助家长找到对孩子培养的着力点，从而使学生尽快适应一年级生活。当学生在校出现不适应行为表现时，我通过阅读《发展心理学》《学习心理学》《儿童行为矫正》等专业书籍，找到相关理论帮助家长制定有效的指导策略并进一步实施和调整。

（二）研究流程

①确定选题→②文献→③制定研究方向和框架（内容附后）→④开展研究→⑤数据资料收集→⑥完成报告。

附研究框架内容如下：

①幼儿园与小学的不同点；

②个人适应（包括爱校园——生活能力）；

③社会适应（人际交往——遵守规则——《弟子规》）；

④学习适应（专注力——表达能力——阅读——书写）；

⑤家校协同。

（三）研究时间安排

2015年4～5月：文献查找，进行开题论证。

2015年6月：问卷、调查访谈。

2015年7月：设定研究策略。

2015年9月：策略实施的行动研究。

2015年10月：搜集数据。

2015年11月：分析数据、形成研究结论。

2015年12月：反思，找出可进一步研究的问题。

2016年1～2月：撰写研究报告。

三、具体研究内容及结果

（一）对即将入学的幼儿园小朋友上学意向调查的结果分析

针对访谈问题：你想上学吗？为什么？调查结果详见下表。

对即将入学的幼儿园小朋友上学意向的调查表

序号	你想上学吗	为什么
1	想	学校的操场好
2	想	能学习
3	不想	越来越没时间玩儿了
4	想	想学习知识
5	想	到小学可以认识很多新朋友
6	想	不知道，大家都想我也想
7	不知道	还没想过这个问题
8	不知道	
9	想	可以交好多好多朋友
10	想	上学有意思，有许多好玩儿的事，在电视上看见小学有许多好玩儿的事
11	不想说	
12	想	看电视里的小学有校车，想坐一次
13	想	可以学习
14	想	没想好
15	想是想	可是我比他们小，我很好奇学校的生活
16	想	学校里很好玩，看书的地方好玩
17	想	学校能听好多的东西
18	想	懂的知识越来越多
19	想	上学能学拼音能认字
20	想	能学很多知识
21	想	上学能学到很多知识
22	想	我想多学点英语
23	想	上学可以学好多知识

　　首先，我们从想上小学的人数统计中看到：参加访谈的小朋友一共有23位。其中：回答"想上学"的有19人，占82.6%。回答"不想上学"的有1人，占：4.3%。回答"不想说"的有1人，占：4.3%。回答"不知道"的有2人，占：8.6%。

　　通过以上数据可以看出：23名小朋友中，1人不想说，2人没想好。剩下20位有明确答案的孩子里，绝大多数即将入学的小朋友是想上小学的。

　　其次，我们从孩子表述的原因中进一步分析，20位有明确答案的孩子中，明确表示不想上学的只有1位，他不想上学的原因是：越来越没时间玩儿了。可见，在这个孩子心目中"玩儿"是特别重要的一件事情，学习要往

从具体的访谈中获得资料数据，并进一步对分析资料进行分析。

后排。而且从孩子的用词"越来越"中，我猜想：家长在学前给这个小朋友应该是安排了很多学习内容的。那么，其他想上学的小朋友是不是就不爱玩儿了呢？我们再来分析一下。

在19名想上学的孩子中，有10名小朋友的回答中明确提出了和学习有关的字眼儿，占所有访谈小朋友的43.5%。另外9名想上学的孩子里有2位是因为感觉学校好玩儿，还有2位是因为可以交朋友（我个人认为这2名小朋友交朋友的目的是一起玩儿的可能性大一些，想交朋友共同学习的可能性不大）。剩下的5个同学中有1人因为学校操场好，1人因为想坐一次校车体验一下，1人觉得对学校很好奇。由此可见，这3名小朋友想上学的目的，跟学习没有直接关系。另外，还有2人没想好。

从以上数据中我们发现，即将入学的儿童，对学校充满了好奇和向往。但是，大多数学生对真正的学习生活没有实质性的了解。对自己即将面临的学习任务和学习责任还没有充分的心理准备。这样的心理状态对于入学后即将到来的学习任务和学习中可能出现的困难的应对，将会出现不适应。

（二）幼儿园与小学的不同点

幼儿园和小学到底有哪些不同？我经过查阅《小学课程教学标准》和《幼儿园保育纲要》整理出"幼儿园与小学的不同点对比表"。

> 经过文本对比分析，以表格的形式指出幼、小之间存在的差异，并从学生个人发展、国家宏观指导、国家具体要求三个角度综合其不同点。

幼儿园与小学的不同点对比表

	对比内容	幼儿园（童年早期3～6岁）	小学（童年中期6～11岁）
学生个人发展层面	生理发展	精细和粗略运动技能有所提升，会走、奔跑、跳跃、弯腰、下蹲，四肢可做各种动作，这些动作逐渐熟练和协调，但小肌肉动作如系扣子、绘画、涉及手眼协调的复杂动作系统仍有待提高	身体更强壮，动作技能继续发展，6岁的女孩在运动的精确性上占优势，男孩还有待提高
	认知发展	1. 思维在某种程度上仍具有一定的自我中心性，但理解他人观点的能力有所提升。 2. 认知不成熟，导致对现实世界产生一些不符合逻辑的观念。 3. 记忆和语言能力提升。	1. 自我中心消退。 2. 思维开始富有逻辑。 3. 认知的发展使儿童能从正规的学校教育中获益
	社会发展	家庭仍为儿童社会生活的焦点	同伴对儿童社会化发展具有重要作用
国家宏观指导层面	参与程度	是我国学校教育和终身教育的奠基阶段。（不具有强制性）	属于国家正规义务教育范畴：国家在法律中规定一定年龄的少年儿童必须受到的一定程度的教育。（具有强制性）
	指导纲要	2001年，教育部颁发了《幼儿园教育指导纲要（试行）》。这是一个综合性的指导纲要	小学是分学科指定的课程标准，更加凸显了"学科"和"课程"的特点

对比内容	幼儿园（童年早期3～6岁）	小学（童年中期6～11岁）
工作重点（学生变）	以游戏为基本活动，保教并重，中午有午休，全天候集体活动	以课程为基本活动，教书、育人，中午没有午休，课间自己安排活动
主要学习途径（教师变）	生活、交往、探索、游戏等活动，趣味性强	上课为主，动手和游戏为辅。大部分时间需要调动有意注意
学生学习特点（学生变）	幼儿的语言学习具有个别化的特点，教师一对一指导频率高	班级授课，教师一对一指导相对减少
学生能力期待（教师变）	鼓励、引导、尝试	以低年级语文教学为例：认识1600字，会写800字，掌握基本笔画、结构。学会汉语拼音。背诵50篇文章，阅读5万字。复述故事大意，就感兴趣的内容提出问题
环境（教师变）	为幼儿的探究活动创造宽松的环境，提供丰富的可操作的材料，为每个幼儿都能运用多种感官、多种方式进行探索提供活动的条件	班级教学环境
放学后的安排（教师变）	没有学习任务	有学习任务
家长的付出和孩子的成就关系（学生变）	不大	关系很大

（注：表格左侧纵向标注为"国家具体要求层面"）

依据上面这个对比表，我们可以得出如下结论。

从学生个体层面来看：幼儿园和小学时期的认知发展和社会化发展都有比较突出的变化。

从国家宏观指导层面来看：幼儿园阶段属于非义务教育范畴，不具备强制性；小学阶段属于国家义务教育范畴，具备法律意义上的强制性。

从国家具体指导层面来看：幼儿园的工作重点以游戏为主，小学以课程为基本活动。游戏活动是虚拟的，是不需要担负责任和义务的。学校的主要活动是学习活动，有学习的责任和义务，伴随而来的就是有压力。幼儿园到小学的过渡，实际上是幼儿从虚拟游戏走进了现实世界。从这个意义上讲，小学就是"零起点"。

针对以上"幼儿园与小学的不同点"的研究，我对家长提出了相关的意见和建议。（由于内容比较多，所以单独列出一节，见"四、依据研究结果给家长提出的建议"）。

（三）教师给家长提供指导和帮助的注意事项

理解，源于有效地沟通。对于学生的教育更是要努力做到学校、家庭和社会的携手同心，才能事半功倍。尤其是在幼小衔接初期，学生和家长都处在莫名的焦虑状态中，教师要如何给予家长有效的指导和帮助呢？

> 指明在行动研究过程中，教师依据具体的情况做出的一系列措施以及取得的良好效果。

1. 留下美好的第一印象

第一印象效应是指人与人第一次交往中给人留下的印象，在对方的头脑中形成并占据着主导地位，这种效应即为第一印象效应。作为一年级的班主任老师，开好第一次家长见面会是很关键的。在第一次家长见面会中，教师能够简单清晰地给家长讲清小学生活的要求，让家长知道自己短期内应该怎么做，就能使大部分家长的心能放到肚子里了。在第一次家长见面会时，教师还要传递给家长们一个信息：教师能体会并理解家长特别希望老师对自己的孩子多一份关注、多一份照顾的心情，并在未来的一个月里会多关注学生，会提供微信、电话、记事留言和面谈等多种方式，让不同年龄段和文化层次的家长都随时可以联系到老师。一个月后，教师会召开家长沙龙，为家校沟通提供直接倾吐的一个机会。有了未来一个月的随时联系和见面约定，绝大多数家长能消除焦虑，支持学校工作，在家庭中配合学校帮助孩子尽快适应一年级生活。

2. 日常指导要适时、到位

美好的第一印象形成了，但是这份美好的保持是需要在日常生活中不断维护的。这就需要教师在日常教育、教学活动中保持适时、到位的指导，并且通过自己的观察及时调整方式方法和要求的力度，这也就是我们科研上所说的"行动研究"。

> 用具体的实例表明教师需要通过观察学生，并与家长日常进行适时、到位的日常指导，且进一步说明日常指导的重要性。

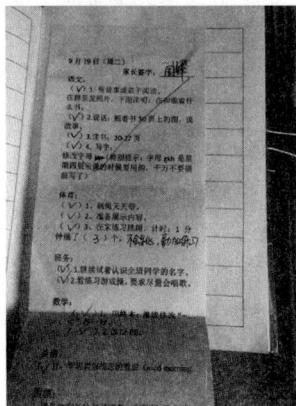

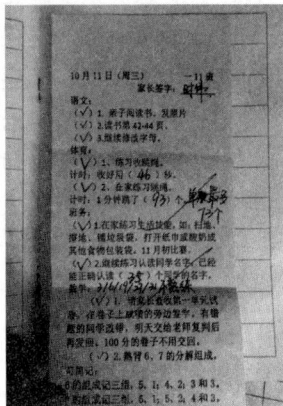

下面我就用一个小例子来说说，我是怎么做的。

学生每年都要进行体质健康测评。一年级测评的内容包括：身高、体重、肺活量、50米跑、坐位体前屈和1分钟跳绳。体质健康测评成绩低于80分的同学一年级全年将没有参评"三好学生"的资格。这样一个重要的测评，时间是每年的11月中旬。大家可以想想：从9月份入学到11月中旬，一共只有两个多月的时间，学生的身高体重是不会有多大变化的，跑步速度和坐位体前屈的数值会有变化但是不大。最影响学生整体成绩的项目就是：跳绳。

从第一次家长见面会的时候，我就提出跳绳的重要性，督促学生要勤加练习。可是我和体育老师沟通后发现：口头上的督促，效果并不明显。于是，我开始把"练习跳绳"落实到作业条上。见下图：

经过将近一个月的练习，我们班的学生跳绳项目普遍都有提高。以小时同学为例，从一开始的一分钟跳3个，提高到93个。通过这样的练习，学生普遍都得到了一个认知：跳绳从不会到会，只有一个秘诀——"练"。这样的认知，不仅帮助学生克服了体育学习的困难，也可以迁移到其他方面的学习上。学生的焦虑少了，对学校和学习生活的自信心增加了，对学校生活自然也就适应了。以上的转变，与教师及时发现问题，并调整措施，使得家长能更有实效地配合学校督促学生练习跳绳是密不可分的。

上面讲的这个小例子说的是：教师对家长工作的指导要到位。

下面我要讲的例子是：教师对家长的指导要"适时"。

一年级的家长，孩子刚入学，需要了解的东西太多太多。虽然家长有迫切的需求，但是教师也不可能在一次家长见面会上就把所有的要求和注意事项都提个遍。因为这样信息量会太大，一方面是家长记不过来，另一方面是一下子给家长这么多要求，也容易让家长产生挫败感或者抵触情绪。所以，教师要分不同阶段把要求提出来，这样做既有重点又可使家长容易接受。比如：开学第一周，教师每天都发一份"今日回顾"。其中包括"孩子学习内容""家长需要配合的工作"以及"亲子话题推荐，及导引策略"三个板块。再比如：第一周结束后，教师给家长发了"一周回顾"，并且提前告知家长：以后就不再每天发"回顾"了，而是每周发一次"一周回顾"，家长平时只要依据记事条指导孩子就可以了，每周依据"回顾"查缺补漏一下就可以。一个月后，家长借助记事条辅导孩子已经很熟练了，教师就取消了"一周回顾"开始用"专题"的形式进行指导。比如："写字专题""课间活动专题""生活能力培养"专题等。在这样循序渐进的帮助下，家长总能在下一个重点来临之前收到教师的有关提示，并且在后面陆续收到教师的家庭教育指导，自然消除了焦虑，在家校配合方面少走了弯路。"书写"是每届一年级新生遇到的主要困难之一，孩子写不好，自己会着急。孩子睡觉晚了，家长又会着急。双方一着急，就会影响家庭和睦，就对上学产生畏难情绪。这"着急"来源于学生和家长双方对未知的迷茫，所以我在学生动笔写拼音和写汉字之前，分别对家长进行了专题指导，帮家长认清了形势，和家长统一了认识，使学生在写字的时候得到的不是家长的催促与呵斥，而是帮助与理解，自然比较快地适应了学习生活。家长的反馈可见家长群截图和文后附录《檀若之爸爸的回信》。

摆出事实，说明在教师指导下家长、学生、教师的变化。

针对此种情况，研究者不断改进自己的指导方式，积极建立教师与家长之间的沟通，缓解家长的焦虑。

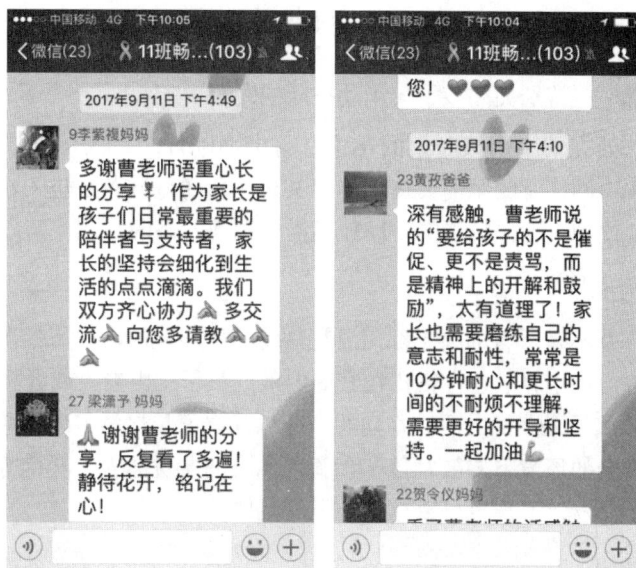

3. 利用家长沙龙，做阶段性跟进，保持教育思想的一致性

前面我已经分析过幼儿园和小学的诸多不同，我还听到有的家长反映：上幼儿园时家长天天和老师见面，孩子上学以后坐校车，家长天天见不到老师，心里没底啊！在幼小衔接期间，及时必要的沟通特别重要。因此，我在微信、电话等日常沟通的方式以外，又开展了每月一次的家长沙龙活动，旨在对必要问题进行讲解，同时建立教师和家长沟通的平台。每期的话题都是根据学生近一个月的情况总结出来的。比如："陪伴，是送给孩子最好的礼物""承前启后话教育""孩子写作业我们干什么"等。这样一来，家长发现：还有一些和自己有着同样困惑的家长，自己家小孩的问题也属于这一阶段的常态，自然也就不那么焦虑了。同时，我还邀请一些做得比较好的家长发言，让家长之间互相出谋划策，使得问题解决起来更容易。

家长沙龙

四、依据研究结果给家长提出的建议

建议一：特别关注孩子大运动技能的发展

处在幼小衔接时期的学生，将会面临许多重大的挑战，有的是短期就能解决的，有的则需要提前半年甚至一年做好准备，进入小学后才能水到渠成。比如：动作技能的发展就是需要提前锻炼的。

从幼、小的不同点和教师自己依据情况做出的行动研究，在理论和实践两个方面给家长提出建议，具有一定的合理性。

1.跑步

并不是所有的孩子都需要特别练习跑步技能。以下情况的孩子则需要提前练习：小胖墩、性格比较安静内敛的孩子、由老人或者阿姨带大的孩子。

孩子天性都是活泼好动的，所以建议家长尽量多地带孩子到户外玩耍。在安全的环境下要鼓励孩子多和其他小朋友玩抓人、赛跑等游戏。实在找不到小朋友，家长也可以充当孩子的玩伴。

关注学生的身心发展特点，教师为家长出谋划策。

2.跳绳

依据我多年的观察和经验，跳绳没有秘诀，就是多多练习，是一个从量变到质变的过程。基本上从一个都不会到能达到"小学体育锻炼标准"，都要经过3个月左右的不断练习，也就是说从幼儿园大班的下学期就可以开始了。我采访过许多同学，发现：跳绳没有秘诀，就是一个量变到质变的过程。关于跳绳的选择：目前市场上出现的跳绳品种繁多，让小孩子们眼花缭乱。家长为孩子挑选跳绳的时候，愿意尽量满足孩子的各种愿望，什么带把手的，什么带计数功能的……其实，最好用的就是一根塑料绳的那种。

建议二：家长可以通过游戏来发展孩子的精细运动技能

学生一进入小学一年级就面临着写作业的问题。虽然现在不留家庭作业了，但是课堂上必要的练习还是要写的。这就更需要锻炼手部小肌肉，促进其发展。家长们都知道，三四岁的孩子拿笔、拿勺子都是大把攥，这就是他们的手部小肌肉还不够发达造成的。细心的家长还会发现，幼儿们画画用的彩笔大都是很粗的，这样便于儿童抓握。可是，小学作业本上的拼音格很小。在这么小的格子里，刚入学的儿童要把汉语拼音写好真是不容易。我们可以做以下这些练习，帮助孩子发展手部小肌肉：①练习系纽扣、系鞋带；②练习单手挽袖子；③练习用筷子夹花生；④练习折手工、剪纸；⑤练习用粗笔涂大色块；⑥练习用粗笔勾边；⑦练习用细笔勾边；⑧练习用细笔涂比较精细的小色块。

"坐姿执笔"问题一直是书写中的一个大难题。一部分学生执笔的时候习惯用大拇指的指肚压在食指的指甲盖上执笔。家长要及时纠正这种错误的执笔方法，发现一次纠正一次，并且让孩子感受一下：只用两个手指头捏豆子，是用大拇指的指肚压在食指的指甲盖上捏顺手，还是用大拇指和食指的指肚捏顺手？从刚执笔开始就养成良好的执笔习惯，对孩子的视力发展有好处。以上方法都能在愉快的活动中促进儿童小肌肉的发展。并不鼓励孩子提早练习写字，因为这个年龄段的孩子其实是在"画"字，而不是在"写"字，若没有正确的笔顺指导，容易造成倒插笔。其实大家都明白一个道理：肌肉是在不断地运动中发展起来的。所以，家长要放手让孩子多动手，不用在乎孩子做得好不好，因为我们的最终目标是：促进孩子手部小肌肉的发展和精细运动技能的发展。手眼协调能力也是伴随着儿童精细运动技能的发展而发展的，学生入学后认字、写字等活动都需要具备一定的手眼协调能力。我们可以这样练习：指读（家长给孩子读故事，家长读到哪儿，就让孩子指到哪儿，认字的孩子可以自己指读）、完成纽扣画、豆子画、穿针、打板羽球以及前面提到的一些锻炼手部肌肉的游戏活动等。

建议三："角色转换"要提前进行，上学时才能水到渠成

有的家长为了让孩子爱上小学，过分夸大小学生活的好玩儿和新奇。这些表面的兴趣引领，不足以支撑学生未来6年的学习时光。当学生进入小学一段时间后，对学校的新环境适应了，没有了当初的激情，需要什么来引领他们今后的学习？所以要给小朋友渗透家庭责任的意识。作为家庭中的一员，每个人都要为我们的小家庭做出贡献。比如：爸爸经常出差，是为了给妈妈和孩子挣钱，让我们可以生活得更好。当你想吃冰激凌的时候可以买到，当你想要大玩具的时候也可以买到。妈妈每天回家就洗衣服、做饭，这就是妈妈为我们家做的贡献。当你想吃饺子的时候妈妈就能让你吃得香香的，饱饱的。那么，我们小朋友是怎么给家里做贡献的呢？以前，我高高兴兴地去上幼儿园，爸爸妈妈就能安心干自己的工作，这就是我的贡献。以后，我也每天高高兴兴地上学，这还是在给家里做贡献。如果我因为努力学习，取得进步，得到了老师的表扬，爸爸妈妈工作时就会更加开心，那么我的贡献就更大了！每天回家时大人和孩子比一比：谁给家庭做的贡献大？在这样的比赛中，学生就顺利完成了幼小衔接的过渡。

建议四：生活上"放手"，到学校才能"放心"

大家都知道，光背理论不下水是练不会游泳的。光背交规和操作过程不上车，是练不会开车的。这些动作技能的掌握必须经过反复的练习。所以，家长一定要"放手"，在保证安全的前提下让孩子在反复练习中提高生活能力。其实，孩子在很小的时候都是喜欢参与劳动的，可是因为能力有限，总干不好，因而有些家长就让学生远离了劳动，甚至有些家长批评指责孩子的劳动成果，久而久之一些孩子就不喜欢劳动了。家长要保护孩子的劳动意识，培养孩子的劳动习惯。在上小学之前要具备哪些生活自理习惯或能力呢？请查阅下文附录中的《幼小衔接时期学生自理能力自评表》给孩子做一个初步评估。在家庭中建立"固定责任岗位"培养孩子的劳动能力和习惯的同时，也培养孩子的责任心。

> 建议家长依据自评表给孩子做初步评估，让家长放心地"放手"，具有一定的科学依据。

建议五：让孩子做一个受欢迎的人

所有的家长都希望自己的孩子上学后得到老师和同学的喜欢。那么我们结合自身的发展经验想一下什么样的孩子受人欢迎？首先我们想到的是"有礼貌"的孩子。处在幼小衔接时期的学生，在认知发展方面正是"从自我为中心到自我中心消退"的阶段。家长在此阶段要注重培养孩子的礼貌意识。比如：学会使用10字礼貌用语："您好！谢谢！再见！请！对不起！"主动、大声问好！大人说话小孩子不插嘴等。建议家长和孩子共同学习《弟子规》，对中国传统的待人接物的规矩有所了解。接着我们想到的是"善于沟通"。老师的工作很繁忙，在40多个学生中，那些能主动和老师沟通的孩子往往会得到老师多一些关注。家长可以鼓励孩子下课主动和老师聊聊天，问问老师有没有可以帮忙的事情，给老师展示一下自己在家或者在学校完成的作品。往往就是那些经常下课主动找老师帮忙的孩子最容易被老师发现他的能力，从而"委以重任"。家长尽量多地创设孩子与其他人沟通的渠道。4岁开始，孩子在家庭中有什么愿望，鼓励他尽量完整地说出来。当然，这是一个循序渐进的过程。5岁开始，孩子想买什么东西，鼓励他自己去找售货员阿姨问价钱。孩子在小区里想要和小朋友玩时，也鼓励他自己去说。在和其他小朋友一起活动的时候，家长要注意从小培养"分享"的意识。最晚5岁开始，要建立"所有权"的概念，能分清自己的东西和别人的东西。并且养成好习惯：对什么东西有想法都要和家长说。最后，要提高生活自理能力，可以为同伴服务，这样会赢得更多人的好感。

建议六：规则教育要言出必行，不能用吓唬代替规则

在社会中生活，不能完全以自我为中心。要学会尊重规则，注意：不仅仅是"遵守"，而且要"尊重"。要建立在集体中生活尽量不给大家添麻烦的意识。

如何培养孩子的规则意识？这需要家长的以身作则和持之以恒。很多家长在家庭中定规矩很随意，所以在家庭中制定的规则往往虎头蛇尾，时间长了给孩子造成一种错觉：定的规矩可以不执行，或者可以打商量。有的家长用吓唬代替教育，比如会说：今天你再违反纪律，我就不接你回家了。孩子听了心里很害怕，在学校也努力遵守纪律。可是毕竟是小孩子，过了两小时就忘了，于是又违反了纪律，但这时孩子心里也很害怕，怕妈妈不接自己回家了。可是，放学的时候妈妈说，这次先原谅你，下次再这样就真不接了。这多像现实版的"狼来了"的故事啊！孩子总是以为会有"下次"，总是不能遵守纪律。所以，家长制定惩罚措施要切实可行，且行之有效。有的家长对孩子的规则教育只有惩罚，没有奖励。还有的家长惩罚能说到做到，奖励却得过且过。时间长了，孩子对家长不仅没有了信任，而且会产生反感。幼小衔接时期的孩子应该具备哪些规则意识呢？简单说就是两个"学会"："学会安静""学会守秩序"，做到"行有所止"。

建议七：家长以身作则，提高孩子有意注意的品质

课堂学习和看电视玩游戏不一样，它是需要一定的意志力的。一节课40分钟，教师授课的内容和方式不一定适合每一位学生，当儿童对学习的内容不感兴趣或者自身有劳累感觉的时候，就需要调动意志力来帮助自己继续完成学习。因此，家长要让孩子在家里练习连续一段时间坐在座位上坚持某一项活动的能力。当孩子在做手工、玩玩具的时候，家长不要以指导的名义让孩子按照家长的意愿改这改那。孩子本来很认真，结果没了兴致，草草收场。时间长了，孩子就养成了做什么事时间都不长、草草收场的习惯。在培养过程中，家长要起榜样作用。家长听孩子说话的时候要专心，不要一边做其他事情，一边听孩子讲话。

建议八：培养表达能力像弹簧，家长弱来孩子强

现在，咱们当家长的都太到位，甚至超前了。孩子的眼睛一看水杯，家长就把水递到面前；孩子伸手一指"我要那个！""那个"就被家长送到孩子手里……长时间发展下来，孩子的语言表达能力得不到发展，说话没有主语、词不达意的现象就比较多。所以，我们家长的服务能力要随着孩子年龄的增长而"退化"。孩子眼睛看着水杯，您可以假装看不见，等孩子用语言求助。孩子对您说："我要那个！"您可以假装没听懂，问孩子："你要什么？说名字。"孩子的酸奶打不开，您别上赶着去帮忙，等他举着一盒酸奶到您面前时，您可以说："谢谢你！我不喝。"这时候孩子急了，说："我让您帮我打开！"您可以教孩子说："妈妈，您帮我打开好吗？"以上是家长在日常生活中培养孩子表达能力的做法。如果真有孩子可以进行公众展示的机会时，咱们家长可就要"强"起来。要抓住每一次展示的机会，鼓励孩子进行认真地练习，争取达到孩子最佳的效果。尤其是对口吃、说话不清楚的孩子不要放弃，在医院确定没有器质性问题的情况下，多多训练。

建议九：珍惜和孩子一起读书的时光

我忘了是从哪儿看过一句话，说"做家长是有保质期的"。许多一年级家长经常找我咨询一个问题：我们家孩子不爱自己看书，老让我给他读。您说怎么办啊？我说，那您就给他读吧！其实，一年级的小孩认识的字不多，认字对他们来说是比较大的阅读障碍，所以喜欢让家长给读书是正常现象。通过观察我发现：如果学生跟学校教学同步，到二年级独立阅读的孩子就比较多了，到三年级就基本上都能独立阅读了。现在我家孩子六年级，我要给她读书她都不听，嫌我读得慢。所以说，做家长是有保质期的，趁着孩子还爱听您读书的时候，您就多给孩子读书吧。现在很多绘本故事都特别精美，家长可以充分利用图书绘本的图画，让孩子来给我们讲故事。没有了一字一句的限制，孩子读起来更自由，更能培养孩子的想象力和语言表达能力。有些图书，孩子看完一遍就不看了，没有必要花费大量的财力把这种"一次性"图书都搬回家。现在很多书店都开辟了阅览区，有专门的图书供读者阅览。我们不妨做个"财迷"家长，陪孩子去书店看这些"一次性"图书。我带孩子看完书以后，还会给孩子买个好吃的，告诉她："你在书店看了那么多书，给妈妈省下不少钱呢！这个是对你的奖励！"孩子一听，特别有成就感，更喜欢让妈妈带她去书店了。

建议十：提前认字

识字，是顺利阅读的前提。人教版一年级上册教材要求会认400个字，其中100个会写。这个任务对入学时一个字都不认识的学生来说是比较重的。我建议：儿童在入学前可以适当认一些字。认字途径有很多，比如：①认公共设施上的字：路牌、井盖、电线杆上的标识、门牌……②认广告上的字；③认食品包装上的字；④认电视、游戏上的字；⑤认故事书上的字。今天我给大家介绍一个方法，叫"识字盒子"：家长做一些字卡，贴在冰箱上、磁力小黑板上，随时考查孩子。当孩子认对了，就放到一个专门的大盒子里。定期让孩子拿出大盒子，边数边认这些字卡。发现有忘了的，再贴回冰箱上。这样孩子特别有认字的成就感。这个方法在孩子上幼儿园大班阶段，就可以用了。如果孩子已经进入小学一年级，也可以用上面的方法识字，并且坚持时常用前面的方法复习。对于已经上学的孩子，有的家长反映：我们读语文书时这些字都认识，怎么一考试就错？请家长朋友关注"童年早期儿童的语言和记忆力有所提升"这一特点。这个阶段的孩子记忆力特别强，但他们记住的不是具体的字，而是字的位置。所以认字一定要把字放在各个不同的地方，孩子都认识才行。认字可以是一件很有趣的事情，不要提出过高的要求，打击孩子的积极性。比如：除书上的100个四会字以外，对其他字也要求会认、会写、会组词等，这都是超出此年龄段学生能力范围的要求，不提倡。

建议十一：书写是"师傅领进门，修行靠个人"的事，我们家长就是要督促孩子"修行"

事无巨细地对家长进行建议，文章的建议始终要围绕资料的分析和教师行动研究的结论。还需在研究结果中体现学生书写、家长督促等问题上教师的做法和策略，为读者提供一定的借鉴意义。

坐姿和执笔是属于动作技能范畴的，它和游泳、乒乓球一样，光知道动作要领不练习，不形成动力定型就没用。仅仅依靠教师在课堂上的督促是不能达到正确的动力定型的要求的，还需要家长在家庭中重点关注。实在不行，也可以从器材上想想办法。比如：买笔杆稍微粗一点的铅笔，或者在铅笔上加个执笔辅助器，或者在桌子上安个视力保护架，等等。但是，最关键的还是要训练孩子形成正确的动力定型。坐姿执笔是一个外显的动作，家长只要经常督促检查孩子就能养成良好习惯。可是要把字写好，掌握观察方法是很重要的。写字不在多，要按照观察方法写一个是一个。家长不要让孩子"傻练"，写字前连书都不看，写好多遍。要鼓励孩子写字前按观察方法观察，写完字对照观察方法检查，切实把观察和书写对应。最后提醒各位家长，孩子写的好坏要和孩子自己比，只要他用心了、认真了就是好的。

建议十二：主动和老师沟通的家长，孩子会比较被重视

老师一般在学生没有什么大问题的时候是不会主动和家长联系的，所以家长要主动和老师联系。家长在参与班级活动的时候，才能发现孩子在家庭中和在伙伴中的不同点，从而有的放矢地对孩子的同伴交往社交礼仪等方面

进行指导。家长在和教师交往的过程中，可以提出自己的希望和想法，但是教师是站在班级整体看问题的，比如：孩子看不见前面可以申请向前调换，但是具体跟谁坐，坐在哪儿就不要过多干涉了。再比如：自己的孩子有某方面的特长和愿望可以向老师反映，但是不要强势要求必须让我的孩子来当某某课代表或者某某班干部，因为班中也许有更适合这个工作的人。还有，对于任课教师，家长有不适应的地方可以通过沟通来改善，不要想通过换老师来解决问题。

参考文献

[1] [美]Danid R.Shaffer & Katherine Kipp. 邹红等译. 发展心理学（第八版）. 北京：中国轻工业出版社，2013

[2] 北宫门小学.搞好幼小衔接[J]. 中小学管理，1990（4）

[3] 张舜.幼小衔接中常见的问题及对策分析.教育导刊，2011（8）

[4] 钱红石.幼小衔接的改革尝试.中小学管理，1998（9）

[5] 崔甜甜.如何培养小学生的生活自理能力.中国教育技术装备，2011（8）

[6] 陈华青.浅谈小学低年级学生的专注力.学习月刊，2014（12）

[7] 李华.学生专注力训练之法.辅导员（教学研究），2012（12）

[8] 陈慧.《指南》背景下再谈幼儿倾听能力.课程教育研究，2013（7）

[9] 张岚.从四个方面培养幼儿的倾听能力.保育与教育，2014（11）

[10] 邓祎.幼小衔接视角下小学一年级新生入学初期适应现状研究.华东师范大学，2010

[11] 李靖.小学一年级新生角色适应研究.西南大学，2013

[12] 张洪改.训练小学一年级学生说的几种方法.教育实践与研究（小学版），2008（11）

[13] 蒋华玉.打开儿童阅读之门.考试周刊，2010（52）

[14] 刘艳伟.浅谈小学一年级阅读能力的培养.现代教育科学（小学校长），2008（4）

[15] 杨翠美.幼儿入学社会适应性教育的实践探索.淮北师范大学学报，2013（4）

② 研究反思

时间过得真快，我参加北京师范大学学习的那10天，仿佛还在昨天，其实已经过去两年多了。也正是由于这两年多的实践与沉淀，所以写起反思来才真是自己在脑海中千百遍思量的事情。下面我就逐条说说。

一、聚焦

如今回想起来，第一天"聚焦、聚焦、再聚焦"的问题，真的是一切问题的焦点。影响着这整个三年的研究和工作进程。我深记得当时我找朱教授探讨这个聚焦问题的时候，他说："你聚焦的问题，一定是你擅长的、想要有所发展的领域。经过你的研究，今后只要一提这个领域，你就有发言权。"从朱教授的话语中我感受到一位学科领域带头人的霸气。虽然，我还只是一个平凡的老师，但是能有一次和教育界顶尖人物学习的机会，那我就先从这份霸气的作风开始给自己定一个高调子吧。于是我选择了"幼小衔接"这个我熟悉的领域。我当时想：我要在这个领域有发展，有总结，最好能研究出可复制的经验。心好大，也算有点儿小小的霸气。好吧，这是我认准的事，就开始了进一步的研究工作。在这个过程中，有好几次，我都迷失了方向，那时我就想：聚焦，这个问题太重要了，我这个焦没有聚到一个点上，而是聚到了一个小圆盘上。可以说，这感觉只有经过的人才知道。有一句话是这么说的："成长的过程中，该摔的跟头总是要摔的。"就像我，虽然知道聚焦的问题很重要，但是还是没有聚焦得很成功，所以后面研究的时候就感觉到起先定的课题有点儿大了，后面一个人就有点儿支撑不起来了。

二、坚持

后来，我参加了30个品牌项目的提升组。到齐老师的组里，我曾经和齐老师商量："我换个题目吧。"齐老师的一句话又坚定了我的信心："幼小衔接，是中国体制下每一个孩子都不可避免的一个过程，有些课题是值得研究一辈子的。"从齐老师的话语中，我感受到老专家们做学问的坚持精神。于是我和齐老师重新梳理了自己的研究。一方面，进行了再聚焦，将目标进一步缩小到"家长指导策略"。另一方面，齐老师说，我们更要学习的是科学研究的方式，所以在如何定题、如何进行研究上给予我进一步地指导。感谢齐老师给予我的点拨和热情的帮助。现在我已经进行了第三个年头的研究，虽然还没有成为朱教授预期的"领域权威"，但是我至少自己在"幼小衔接"这块有一点理论基础了，并且有实践，有自己的反思，总体来说，有自信了！比如，在设计教学环节的时候，我会考虑学生年龄段的特点。所以，我的课堂上会尽量让板书"动起来"。再比如，我会在每个阶段之前先给家长们发一封信，预告即将出现的困难和在家庭中应该应对的方法，这样家长的焦虑就会适当降低一些，并且在家会按照老师的要求对孩子进行练习。同时，我也结合历年与家长打交道的经验，知道有时候教师给家长提出的方案和措施虽然管用，但是缺少了家长的坚持，最终还是会功亏一篑。于是，我利用微信、记事本等多种手段督促家长。我请家长每天在微信中打卡，展示学生的课外阅读内容。这个做法坚持了三年，孩子们都养成了每天课外阅读的习惯。我让家长每天督促孩子在家练习一分钟跳绳，并且在记事本上记录数量。这样的做法让一分钟只能跳12下的孩子在两个半月里达到了一分钟跳112下的水平。这些，都是源于两个字——"坚持"。最让我感到高兴的是，近两年来随着部编版教材的启用，在我听的一系列培训会上，许多专家也提到了"幼小衔接期学生入学适应"的问题。我感谢齐老师没有让我放弃，让我感觉到自己踩上了时代教育的节奏。

三、意识

我的第一位一对一导师是周钧教授。在和她进行第一次梳理的时候，我把我做过的工作一一罗列出来。咱们"大史家"几十年来的一年级工作是经过一批又一批老师思考实践出来的，是有一定水平的。所以，周教授对我们学校的经验很是认可。于是，就这样开始了进一步的梳理工作。搞研究是要有论据的，结果我发现，我干了那么多，竟然都没留下痕迹。周老师提醒我，要有科学研究的意识。袁智勇老师在第三次见面后则给了我们很多表格。开始时我们对这个临时增加的工作非常不满意，但是又不能不交"作业"，只有硬着头皮填写了。但是填写之后我发现，思路立刻清晰了，自己的工作轨迹非常明显，这份表格也成为我完成后面的中期和结题报告的一个很好的参考依据。其实，教育家和教书匠都是在教学、在教育，只不过一个是在有思考、有计划、有提升地工作，另一个仅是做机械重复的工作。很幸运，在我出现机械重复工作的时期，我参加了北京师范大学的骨干教师培训班，把我从这个惯性运动中抓出来了。现在有了这样的科研意识，我知道保存下我给家长写的阶段信了。曾经有一位家长跟我说："曹老师，您分享的这些经验特别好，可以留起来出一本书了。"是的，我正向着这个方向努力。

科研的意识，一方面是经验的保存与教育的留痕，另一方面就是对于自己教育行为的及时反思。这些教育行为，有成功的，也有失败的。其实人都有这样一个弱点：喜欢成功，不喜欢失败。我也是。在有了课题的任务后，我学着时常反思自己教育教学中的行为，把自己在反思中取得的成果付诸实践，提升了自己的实践能力。就拿我们班跳绳这件事来说吧。前面的经验明明证实了跳绳没有其他窍门，就是一定要坚持练习。这么明显的经验已经告诉家长了，为什么没有作用呢？我开始找问题出在了哪个环节？后来经过和家长聊天，和学生聊天，我发现，道理家长知道了，却不能坚持练习，总是以今天忙，明天孩子有这事那事为理由推脱掉了。于是，我把练跳绳作为一项作业，写在了记事本上，并且每天判记事时进行记录和评比。这样做下来，孩子和家长果然开始重视跳绳的事情了。经过一周，这事情就走上了正轨。

四、学习

北京师范大学的10天，让我学会了很多，其中有一条就是利用知网查找资料。其实，查找资料并不是一件特别费脑子的事情，关键是要仔细看资料，并把资料进行梳理，分门别类。这个过程真的是一个烧脑的过程。在学习的这10天里，老师给我们推荐了《发展心理学》这本书。当我真的到网上去搜这本书的时候才发现，光这一个书名就有好几种书。我真是咬着牙才将它们读完了。读完之后，它们就成了我的"宝书"。在教育学生和教育自己女儿的时候，对于孩子身上出现的一些现象，我可以用科学的道理来阐释了。有了这样的科学依据，自己心里踏实了，也更有自信了。就是经历了这样一个魔鬼训练的过程，才让我更新了教育理念，提高了教育教学理论水平。通过课题研究活动，我的知识丰富了，视野开阔了，理论水平提高了。以前有一句话说："要给学生一杯水，教师得要储备一桶水。"现在有这样的话说："要给学生一杯水，教师得要有长流水。"我更倾向于后面的观点。在这样一个知识爆炸的时代里，知识更新得太快，各式各样的问题也在新的社会背景下有了新的诠释，所以教师是需要不断学习、不断更新自己的教育观念和知识储备的。这样，教学才会游刃有余，教育才会有理有据，教师才能得到学生和家长的信服。

五、提升

名师出高徒。我不是高徒，但是我很感谢学校给我这样一个与名师们对话，跟名师们学习的机会和平台。与朱教授的对话，让我找到了工作的目标和方向；与周钧老师的对话，让我找到了自己工作上的短板——"缺少反思，缺少留痕"；与齐老师的对话，让我领略了科研工作者坚持的力量。感谢在这个学习过程中给我指点的名师们，我将在未来的教育教学工作中，继续把自己的收获和感悟付诸实践，争取成为一名"高徒"。

小学高年级课内外阅读有效整合策略的行动研究

——基于家校合作的模式

史家小学　孔继英

一、绪论

经过一年的实践探索，我对小学高年级学生课内外阅读有效整合的策略有了一些认识。我个人认为课内外阅读整合，就是教师根据课程标准和教育教学实际，从学生的知识基础，心理特点和接受能力出发，通过教与学的互动，发挥双方的积极性和各自的特殊作用。通过组织和协调，把课堂内外影响学生阅读的彼此相关但却彼此分离的各种因素整合成一个为学生阅读服务的系统，以课内外阅读实践活动为主阵地，建构课内外联系、校内外沟通，创设良好的阅读氛围，让学生在阅读中有所收获，取得"1+1＞2"的效果。

从自身的教学实践探索中，依据课程标准要求，顺应学生发展特点，针对现存问题，提出对课内外阅读整合的见解，且观点简洁明了，具有可操作性。

（一）研究背景

为什么要尝试进行课内外阅读有效整合策略的研究呢？2012年《小学语文课程标准（修订版）》（以下简称《课标》）中明确指出要增加学生的课外阅读量，高年级段的阅读量总数不少100万字。古今中外的学者、教育家都非常重视阅读，认为阅读是获得知识、取得个人成就及引导社会进步的重要途径。扩大学生的阅读量，就要开放课堂，让课内阅读与课外阅读相互促进。但《课标》中关于课外阅读的实施建议较为原则化，不够具体，没有涉及学生课外阅读的评价方式，不具有可操作性。

着眼于《小学语文课程标准》，结合近年来的课改实验，在此研究背景下，研究者不断反思提出了自我在实际语文教学中的疑问。

老师们积极投入到教改之中，近几年语文课上呈现出多种阅读尝试。但在实际教学中，部分老师机械片面地理解课堂教学拓展阅读的思想，仅仅是为了拓展而拓展，把拓展当成语文课堂改革中的一个招牌或是重要的评价标准。这样是否合理呢？这疑问引发了我的思考。教师如何加强对课外阅读材料与课内语文教学之间的关联？学生的课外阅读如何得到真正落实？课内外阅读有效整合有哪些策略呢？

从实践出发，结合课标，教师积极进行反思。

（二）文献综述

为了弄清什么是课内外阅读有效整合的教学策略，我查阅了一些文献，对课内外阅读有效整合的概念研究、教学策略的概念研究以及家校协同的概念研究三个部分进行文献综述。

1. 课内外阅读有效整合的概念研究

课内外阅读整合，就是教师根据课程标准和教育教学实际，从学生的知识基础、心理特点和接受能力出发，通过教与学的互动，发挥双方的积极性和各自的特殊作用；通过组织和协调，把课堂内外影响学生阅读的彼此相关但却彼此分离的各种因素，整合成一个为学生阅读服务的系统，以课内外阅读实践活动为主阵地，建构课内外联系、校内外沟通，创设良好的阅读氛围，让学生在阅读中有所收获。

2. 教学策略的概念研究

据《辞源》解释，策，"谋略"，"谋术也"；略，"谋略"。由于二者都有谋划之意，所以后来合而为一，遂成"策略"一词。策略是计划谋略，当涉及全局时，它称为战略，而作用于局部时，它又称为策略或战术。

西方学者认为所谓教学策略（instructional strategy）是指教师为了达到教学目标而采用的有效解决教学问题的一系列教学方法、技术、教学材料和程序的知识。

我比较认同周小山、严先元在《新课程的教学策略和方法》中对教学策略的阐释："教学策略是为了达成教学目标、完成教学目标，在清晰分析教学活动的基础上，对教学的形式和方法做出安排并进行调节与控制的执行过程。"

3. 家校协同的概念研究

协同，是当前比较流行的词语，它与合作既有联系，又有区别。协同是合作的一种高级形态，指两个及以上的不同主体，围绕一个共同的目标，相互携手开展合作，建立合作体制和机制，形成可持续发展、可复制推广的模式。家校协同是指在现代教育观念的指导下，家庭、学校等多方面的教育资源、教育力量主动协调、积极合作、形成合力，对教育对象实施同步教育，以求使教育效果实现最大化的教育模式。家校协同能够实现优势互补，是现代教育发展的基本趋势。

（三）研究问题和研究方法

在文献综述的基础上，我进行了本次研究的设计。

研究问题：如何在小学高年级进行课内外阅读有效整合策略的行动研究。

研究方法：行动研究法。

在教学实践中遇到的问题，研究者勇于从理论的角度出发，敢于站在"巨人"的肩上，寻找解决问题的办法。

根据文献研究指出课内外阅读的概念，如能将文献中的概念一一展现，让读者看到其他学者对课内外阅读整合的概念，会使研究者的概念更具有说服力。

在教学实践中遇到的问题，研究者勇于从理论的角度出发，敢于站在"巨人"的肩上，寻找解决问题的办法。

通过家校协同的概念，指出家校协同对课内外阅读的影响和意义。

在自我教学实践和查阅相关文献研究的基础上提出研究问题，具有科学性和合理性。

（四）研究思路和步骤

研究思路和步骤：①进一步查找阅读文献；②完善问卷，访谈提纲；③开展课例研究；④进行问卷调查和访谈；⑤对收集的问卷访谈资料进行分析；⑥撰写课题报告；⑦结题。

（五）本次研究的重难点

阅读教学中教师推荐阅读的篇目和推荐方式，以及课外阅读落实过程中的有效监控与干预是此次研究的重难点。

（六）本次研究的预期成果

总结出一些高年级学生课内外阅读有效整合的策略。同时完成研究报告，撰写一篇关于课内外阅读整合策略的论文。

> 对预期研究成果提出期待，表明研究者研究的决心和毅力。

二、现状问题

（一）课内阅读现状

现在课内阅读使用的人教版教材是典型的"文选型"教材。"文选型"语文教材，指的是以所选范文作为主体的一种教材类型。这种"文选型"语文教材的编排，一方面为学生提供了深入学习优秀文学作品，提高语文能力的机会；另一方面也损害了语文课程内容应有的逻辑性和系统性。也就是说，教材中当前所学的课文，与所教学的知识不是必然地连接在一起的。当前的这一篇，只是为了达成当前主要学习目标比较适当的对象而已，可以换成其他文章，基本也能达到教学目标。

> 从课内阅读、课外阅读和课内外整合阅读的现状指出进行课内外整合阅读的重要性和紧迫性。

针对这样的建议，有很多学者和教师提出可以采用课外扩展相关材料的方式进行补充。的确，课内与课外相结合是语文学习的两种基本途径，缺一不可。

（二）课外阅读现状

由于家庭环境、读物来源、课外时间保障、自主学习能力差异等因素的存在，课外阅读虽然可以作为一种必要的补充阅读形式，却无法保证大部分学生的阅读效果。王萍曾对高中生课外阅读现状进行调查，其研究结果和我在教学一线了解到的小学中高年级学生课外阅读状况非常相似，如学生对课外阅读的重要性认识不够，兴趣不浓；阅读内容驳杂，不利于学生良好品德的形成；阅读目的不明确，应付教师和家长要求的思想严重；课外阅读方式方法不当，不利于学生思维能力的提高等。因此课外阅读只适合作为语文改革的一个重要补充，但绝不应该成为一个主渠道。

（三）课内外阅读整合的现状

很多小学语文教学专家早已开始关注学生的课内外阅读，并作出了努力和尝试。比如叶圣陶先生提出的比较阅读，我国台湾学者李敖提到的同步通读法，浙江的蒋军晶提出的群文阅读策略，以及窦桂梅老师的主题阅读教学方式。可见，在语文教学实践中介入课外阅读内容有助于学生阅读能力的提高。窦桂梅老师和蒋晶军老师的理论都是把整篇的文章介入到语文教学中来，对教材进行了重组，使学生学习时容易抓住主线，但往往忽略了教材本身的作用，而且受课堂教学时间的限制，经常会出现容量过大完不成教学任务的现象。

在指导学生课外阅读落实方面很多老师也付出了努力。如营造读书环境；教师率先读书；指导学生制定阅读计划；开展阅读活动，等等。老师们开始关注课内外阅读的关系，但还不能合理利用课外阅读的丰富资源为课内所用，课外阅读缺乏整体的设计与系统的安排，导致课外阅读与课内教学有着很难跨越的鸿沟，课内教学与课外阅读"各自为营"。

已有的研究大多是分别针对课内阅读或课外阅读指导，以案例的形式在做经验总结式的交流，而对于课内外阅读有效整合与落实的途径和方法的研究还有很大空间。

将"课内外阅读有效整合的策略"系统化深入研究，不仅能够帮助语文教师解决教学中的一些困惑，将学生的课外阅读落到实处，而且有利于形成属于我自己的语文教学特色。

三、整合课内外阅读策略的研究过程

（一）前期调研

我设计了学生问卷和家长问卷，对任教的五（1）班37名学生的课外阅读情况进行了比较客观地调查和了解，目的在于具体而真实地掌握学生课外阅读的现状。

本次调查发放学生问卷、家长问卷各37份。我对问卷结果进行了整理，调查结果呈现出以下问题。

1. 学生的课外阅读书目种类单一

学生课外阅读的书目种类随着学龄增加应逐步全面，选择适合学生读的课外书籍尤为重要。从调查结果看却不容乐观。第1题："认为自己养成读书习惯"的21人，占57％。第3题：你喜爱读哪类课外书？请按喜爱程度选出三类。最喜欢读"笑话（漫画）"的5人，占15%；最喜欢读"童话故事"的15人，占40%；最喜欢读"百科"的17人，占45％。第9题：你近期在读什么书？请写出书名。26人均写了漫画、童话及百科类书名，占70％。

2. 学生课外阅读量距离课标要求相差太远

第5题："你一年大约读几本课外书？"的调查，每年看1～5本的10

人，占27%；每年看5~10本的18人，占48%；每年看10本以上的9人，占24%。由此可见，学生的课外阅读量是远远不足的！

用具体的问卷数据证实结论的真实性和可靠性。

3. 家长对学生课外阅读盲目指导

家长越来越重视孩子的课外阅读，为孩子营造家庭的阅读氛围。问卷第2题：你家中的藏书量大约是多少本？37人家中藏书量均达到100本以上，16人在200本以上，占43%；8人家中藏书超过500本，占21%；且54%的家长有阅读的习惯。表现在家长学历越高，越把阅读看作一段美妙的时光，家中订阅的书刊也越多。但由于家长文化的局限性，很多家长客观上不明确阅读哪类书籍对孩子有益，对孩子的阅读指导束手无策。只是抱怨孩子不读书，贪玩，盲目购买教辅资料逼着孩子阅读，或是孩子想买什么书就予以满足，认为这就是对孩子课外阅读的督促了。

比较具体的数据，可采用图表的形式，更加直观明了。

问卷第4题多选题：家长给你买书的原则？"你喜欢的家长就买"和"家长认为重要的、对你有利的就买，不管你喜不喜欢"两个选项分别为35人和37人，各占94%和100%。

第8题：家长陪伴你读书的方式？选择"和你共读1本书"的6人，占16%；选择"和你共读1本书，相互交流读书心得"的仅2人，占5%。

（二）推荐书目的方式

1. 教师推荐

与专家推荐和家长推荐相比，五、六年级小读者喜欢的书与老师推荐的图书契合度很高，可见此阶段自主阅读受到学校老师的影响最深。作为语文教师，依据单元课文涉及的作家与作品题材，我会为学生推荐课外阅读篇目。

根据前期的调研，用教师和学生推荐书目的方式，试图弥补学生课内外阅读书目出现的"杂乱"问题。

2. 学生推荐

相比其他推荐方式，学生相互推荐阅读书目是最受欢迎的。最可贵的是这种推荐方式体现了学生真实的图书选择。推荐较多的有《十万个为什么》《三国演义》《笑猫日记》《哈利·波特》《淘气包马小跳》《狼王梦》等，推荐理由多是"内容丰富、情节有趣""好看、剧情好""生动形象、让人身临其境"。这些是经过小读者自身判读后，真正想分享给同龄人的优秀图书。把这些书目推荐给同学时，容易得到认可。

（三）整合课内外阅读的策略

1. 整合课内外阅读的内容

（1）主题的整合。对相同主题的多篇文章进行课内外整合阅读学习，是同主题下的课内课外众多作品的集中阅读。如"走进鲁迅"为主题的单元学习。

结合理论研究和实践探索对课内外阅读整合提出整合的策略，并积极将其融入实践中。

（2）作者的整合。许多课文不是孤立的，围绕作者有一系列的作品，鼓励学生搜集系列作品进行阅读，有助于对作家作品的理解。可以读同一作家、相同题材的作品，也可以读同一作家不同时期、不同题材的作品。如马克·吐温的作品。

（3）题材的整合。不同作家由于思想、观念等差异，写出来相同题材的作品会在选材、立意、情感等方面有许多的不同。同一题材的作品极其丰富，如以《我的母亲》为题的作品很多作家都写过。

（4）体裁的整合。相同体裁的文章，在表现形式上有其相通之处。在教学时，要求学生将课内外相同体裁的文章同时阅读。如"人物描写一组"的学习，推荐学生阅读《俗世奇人》，进一步领悟小说刻画人物的表达方法。

> 将课内的文章内容与课外的阅读相联系，减少课内外阅读的"隔膜"，加深学生对课内文章的理解，且扩充学生的知识面。

2. 课内外阅读整合的方式

构建课内与课外的桥梁，把握教材与拓展课外知识的联系，适时开展"四性阅读"。

> 通过在前人课外阅读与课内文章相连接的方式，依据教材实例指出适时开展"四性阅读"。

（1）铺垫性课外阅读。如《圆明园的毁灭》一文，学生阅读有一定的难度。课前推荐阅读《圆明园比你想象的更美》是对理解课文重点的有效铺垫。

（2）辅助性课外阅读。选择和课文内容相吻合、适应小学生诵读的诗歌。如学习《草船借箭》，先让学生诵读古诗《赞孔明》，激发学生学课文的兴趣，诗文同教，相得益彰。

（3）延伸性课外阅读。在学生学习、理解了课文之后，进行延伸性课外阅读。如学习《景阳冈》一课后，启发学生广泛收集《水浒传》中的故事，更好地感受四大名著的精神力量。

（4）欣赏性课外阅读。引导学生欣赏原著，与课文对比阅读，提高文学素养。

3. 整合课内外阅读的监控形式

为了保证学生的课外阅读时间，我们确定了"师生共读时间"，一起设计了课外阅读记录卡，学生每天记录阅读篇目及阅读时间，以此评价学生的课外阅读情况。"妈妈读书会"配合班级进行中国古典名著共读，开展每月一次的网络读书会。半文言半白话的语言，生僻字的频繁出现等问题，在老师和家长的陪伴引导下，学生逐渐去克服、去适应。到了约定的时间，则积极投入到微信群里的大比拼。

> 通过教师、家长、学生三者之间开展的课内外阅读活动，进一步保障了课内外阅读策略的有效进行。

结合语文课的学习内容，开展亲子共读交流活动，学生和家长共读鲁迅先生的作品，我们召开了"走近鲁迅"亲子共读主题班会。每日共读，随时交流，学生不仅得到阅读能力的提升，更感受到阅读带来的幸福。

> 积极利用学校现有的资源，时时进行课内外阅读。

随着学校"读书社"课程的设立，我们又将学生整本书的阅读交流活动引入课堂。一学期10～12课时，共读一部文学系列名著、一部传统文化系列名著。五六个学生自由结组成立读书社，每个社员根据自己的特长及爱好分工确定自己在每一次活动中基于整本书阅读中的角色（社长、朗读员、小画家、小记者、评论员等），围绕社长提出的阅读话题，结合自己的课外阅读积累，撰写各自的角色日志。最后各读书社交流汇报。通过这样的阅读学习积累过程，在不同的情境中调动学生原有的知识储备并进行多角度思考。学生们在实践的困惑中找到解决问题的方法。这种通过身体力行得到的感悟，终将成为学生们真正拥有的知识财富。

四、研究成效

（一）学生层面

1. 激发了学生的阅读兴趣

自从课题实施以来，学生的阅读兴趣有了明显的提高，绝大部分学生都喜欢上了课外阅读，从被动阅读向主动阅读转化，做到了"乐读"。在学校，我发现学生们安静了，做完作业就自觉地浏览起课外书，相当一部分的学生已经带着明确的目的去读书、按计划去读书，阅读的范围也大大地扩展，并且在老师的指导下，学会了阅读的方法，边读边摘录、批注，真正做到读思结合，养成了"不动笔墨不读书"的良好习惯。阅读成为每一个学生终身受益的好习惯，学生方能在自主的状态下，读得广、读得深，也才能写得灵活，写得更有个性。

> 研究者对研究成效的观察面面俱到，观察并了解到课内外阅读有效整合策略的实施可以促进学生的成长、教师的专业化和家长的重视度。

2. 提高了学生的语言表达能力

课题实施以来，一方面学生在阅读的过程中积累了大量的词汇，丰富了语言，另一方面由于学生看了同一本书，他们之间的共同话题多了，交流多了。更重要的是，在课题实施过程中开展的一系列活动，如读书心得交流会、演讲、讲故事、诗歌朗诵等活动，为学生搭建了展示的平台，锻炼了学生的胆量，有效地提高了学生的口语表达能力，为学生从语言表达顺利向书面表达过渡打下良好的基础。

3. 提升了学生的写作能力

叶圣陶先生说："阅读是吸收，写作是倾吐，倾吐能否合乎于法度，显然与吸收有密切的联系。"可见阅读与写作之间有着密不可分的关系。课外阅读是材料的综合积累，在阅读中所搜集的材料十分丰富，这为写作留下了充实的写作素材。所以，学生课外阅读的效果如何，在写作中最能凸显。在老师的指导下，学生在阅读课外书的基础上，进行了改写、续写、仿写，对书中的人物、事件进行点评，写读后感等。学生把课外书中的知识内化为自己的东西，写作能力也获得了提高。尝到成功滋味的学生也由被动写作逐渐

> 在教学实践中，教师获得多种课堂教学模式。这是研究者在行动研究中不断探索与实践的结果。如果能将这几种课堂教学模式进行简单介绍，让更多的教师借鉴，会进一步提高教师教学能力。

转化为主动写作，做到真正的"乐写"。身为语文老师的我，已经体会到课外阅读"润物细无声"的成功喜悦。

（二）教师层面

1. 探索出提高学生课外阅读能力的课堂教学模式

为了提高课堂效率和活动质量，我在学习他人的基础上，将有效的成功的教学实践通过概括、归纳、综合、提炼上升为有典型意义的操作范式，并尝试了阅读作品介绍、阅读疑难点指导、阅读赏析创写、阅读成果汇报等多种课堂教学的模式。

2. 提高了教师的理论素养、科研能力和教学实践技能

通过课题研究，我增强了教科研意识，促进了教育科研理论水平不断提高。一年来，我把课题研究看作是一种自我发展和提升的机会，逐步培养自己对教科研的使命感。积极按照课题计划参与课题资料的收集与学习。在认真学习他人成功经验的同时，把理论学习与个人实践紧密地结合在一起，不断地学习，不断地研究，业务素养、教学技能不断提高。

（三）家长层面

家长对课外阅读的重视程度明显提高了，有30%～40%的家长经常利用课余时间咨询应该推荐孩子阅读哪些最新的阅读书目。50%～60%的家长能够为了孩子的身心健康成长而和孩子一起阅读，共同交流阅读的感想，和孩子一起成长。

五、研究反思

在课题研究实施以来，我在课堂教学时会自觉地整合课外内容，体会到课外阅读所带来的欣喜，同时也发现了不少问题值得注意、思考和研究。

（一）教师需加强理论学习和文化底蕴

"大语文观"的教学理念让很多老师在语文教学中都树立起语言和文化的积累意识。但是教学时什么时候整合课外的阅读材料，在哪里拓展，链接什么内容，无一不依赖于教师深厚的文化功底，否则，别说去整合，即使把这些材料摆在那里，也不知该如何与教材的内容相融合。所以，要想整合得合理有效，巧妙无痕，教师首先要丰富自己的文化积累，让自己先"厚实"起来，才能信手拈来。

（二）教师需处理好课内与课外阅读的关系

在课堂内整合课外阅读材料对我们教师来说是一种挑战，更是对我们教学机智的考验。何时整合，整合什么，都需要认真思考，合理把握。课外阅读材料是对教材的拓展和延伸，这决定了整合课外阅读材料只能是教学"佐

料"，而不应该成为教学的"主食"，切不可喧宾夺主。因此，在教学中，务必要坚持教材为本的原则，切实处理好课内与课外阅读的关系。

（三）教师需了解到学生阅读的差异性

因为个体与个体的不同，学生自身之间存在很大的阅读差异。同时，学生原生家庭的差异也影响了学生之间阅读的差距，如何使亲子阅读让每个家长和学生都重视和坚持，进一步缩短他们的差距，还有待进一步研究。

基于研究，研究者提出研究过程中出现的问题，期待研究者缩小研究过程中出现的阅读差距问题。

本课题对课内阅读和课外阅读的有效整合策略进行了探索，但由于我个人能力有限，这些探索还是比较浅显的。对课内外阅读教学如何进行更深层次地整合，探索出更多有效整合的方法策略，真正做到以课外阅读促进学生语文能力提高，我还需要进行深入地思考和探索。

总之，课外阅读作为课内阅读的延续和补充，极大地开拓了小学生的学习视野，丰富了学生的知识。作为语文教师，我要继续运用各种学习资源培养小学生的阅读兴趣，使他们养成一个良好的习惯，让书籍的阳光照亮他们的生活，用书籍的翅膀带动他们的智慧，以书籍的浓厚底蕴塑造他们的人文素养，让书籍陪伴孩子们的一生健康成长！

参考文献

[1] 周小山，严先元.新课程的教学策略和方法.成都：四川大学出版社，2003

[2] 蒋军晶.群文阅读：阅读教学的跨越式变革.小学语文教学，2014（10）

[3] 施燕红，吴秀珍.课外阅读成长记录评价的应用研究.2002

[4] 王昆建.小学生课外阅读指导现状的思考.小学教学研究，2006（2）

[5] 张永文."课程与教学论"的教学策略研究.现代教育科学，2006（9）

[6] 娄阿利.9-12岁小学生语文阅读能力的发展特点及培养研究.沈阳师范大学，2011

[7] 孙成蕊.初中语文教学延伸阅读的策略研究.山东师范大学，2008

[8] 潘蔚贤.小学高年级课外阅读课堂指导策略初探.教育导刊，2010（3）

[9] 溧阳大溪实验学校《课堂教学与课外阅读有效整合策略》课题组.课堂教学与课外阅读有效整合策略.http://www.doc88.com/p-647229539531.html

[10]瞿卫华.小学高年级整本书阅读课程开发策略初探.教学与管理，2014（5）

[11]倪文锦."文选型"语文教材反思.上海师范大学学报（哲学社会科学·教育版），2002（2）

调查问卷

学生课外阅读情况调查问卷

学号：

同学：

你好！随着年级升高，你一定更加重视课外阅读了！为了帮助你进一步提高课外阅读质量，现对你的课外阅读情况进行一次调查。请你认真、如实填写这张问卷。感谢你的支持！

1.你是否养成了每天读课外书的习惯？（　　）

A.是　　B.否　　C.不清楚

2.你家中的藏书量大约是多少本？（　　）

A.500本以上　B.200本以上　C.100本以上　D.其他

3.你喜爱读哪类课外书？请按喜爱程度选出三类：（　　）（　　）（　　）

A.故事B.历史　C.童话　D.传记　E.百科

F.工具书（学习辅导）G.笑话（漫画）H.其他

4.家长给你买书的原则？（可多选）（　　　　）

A.你喜欢的家长就买　　　B.家长会和你一起商量买什么书好

C.家长认为重要的、对你有利的就买，不管你喜不喜欢

5.你一年大约读几本课外书？（　　）

A.1-5本　　　B.5-10本　C.10本以上　D.其他

6.影响你阅读数量的原因是？（可多选）（　　　　）

A.学校课业负担重　　　B.课外辅导班占据课余时间

C.与读书相比，更喜欢看电视　D.其他

7.你属于哪种阅读类型？（　　）

A.仔细认真型　B.走马观花型（只注意大致的情节和画面）

C.虎头蛇尾型（一开始兴趣高，但后来就扔在一边不读了）

D.其他

8.家长陪伴你读书的方式？（　　）

A.和你共读1本书　　B.和你共读1本书，相互交流读书心得

C.家长和你各自读自己喜欢的书　　D.其他

9.你近期在读什么书？请写出书名《　　　　》《　　　　》。

10.你希望家长和老师如何评价你课外阅读的质量呢？请你提出宝贵建议！

_____

_____

问卷结束，感谢你！

学生阅读卡

好词积累：
············ ···········
············ ···········
············ ···········
············ ···········
············ ···········

不积跬步无以至千里；不积小流无以成江海

好句积累：
_____
_____

老师对我的评价：
祝贺你本周被评为（　　　）星级书迷！

我想说的话或仿写片段（可以联系自己的生活实际谈谈读后感想和体会）：
_____
_____
_____

（　）月（　）日

课外阅读记录卡
第　周

阅读书目	阅读时间	阅读态度
《　　》	（　）分钟	
《　　》	（　）分钟	
《　　》	（　）分钟	
《　　》	（　）分钟	
《　　》	（　）分钟	
《　　》	（　）分钟	
《　　》	（　）分钟	

一周小结　这一周，通过自己的认真阅读，自评（☆☆☆☆☆）级书迷。

老师、爸爸、妈妈对我的希望：（请用"√"选择，可多选）
认真阅读（　）坚持阅读（　）积累好词佳句（　）
积极交流（　）拓宽阅读面（　）加快阅读速度（　）

家长签名：
亲爱的孩子，相信你已经享受到了读书带给你的快乐！在这里，你可以尽情书写你的阅读感受，可以是读书小报，可以是思维导图，可以是故事续写，可以是……请你插上想象的翅膀，在阅读天堂里展翅高飞吧！

综合评述：本文从自我的思考出发，整理了课堂内外整合阅读的文献，探索了课堂内外家长和学生课堂内外阅读的现状，基于此提出课堂内外整合阅读的策略，在进行实践中不断进行反思。文章写作流畅，但是需要注意的是论文的格式。

? 研究反思

　　一年多的学习、研究、总结，让我感觉收获颇丰！"开题—中期—结题"，作为一名一线教师的我在导师的帮扶下完成了一次比较完整的行动研究。在这个过程中，无论我个人还是我的学生们都是研究的受益者。

一、这次行动研究的收获

1. 激发了学生的阅读兴趣，提高了学生的阅读能力，促进了学生学习能力的提升

　　首先，激发了学生的阅读兴趣。课题实施前，大部分学生对课外阅读的兴趣并不浓，许多学生是在老师和家长的督促下进行被动的课外阅读。如果让他们在电视与课外书籍之间选择，他们大多数会选择前者。但是如果让学生过分地依赖声像材料，久而久之，势必会削弱学生对语言文学的感受能力。自从课题实施以来，学生的阅读兴趣有了明显的提高，绝大部分学生都喜欢上了课外阅读，从被动阅读向主动阅读转化，做到了"乐读"。在学校，我发现学生们安静了，做完作业就自觉地浏览起课外书，相当一部分学生已经带着明确的目的去读书、按计划去读书，阅读的范围也大大地扩展，并且在老师的指导下，学会了阅读的方法，边读边摘录、批注，真正做到读思结合，养成了"不动笔墨不读书"的良好习惯。阅读成为每一个学生终身受益的好习惯，学生方能在自主的状态下，读得广、读得深，也才能写得灵活，写得更有个性。

　　其次，学生的语言表达能力得到提高。课题实施以来，一方面学生在阅读的过程中积累了大量的词汇，丰富了语言，另一方面由于学生看了同一本书，他们之间的共同话题多了，交流多了。更重要的是，在课题实施过程中开展的一系列活动，如读书心得交流会、演讲、讲故事、诗歌朗诵等活动，为学生搭建了展示的平台，锻炼了学生的胆量，有效地提高了学生的口语表达能力，为学生从语言表达顺利向书面表达过渡打下良好的基础。

　　再次，学生的写作能力也得到提升。叶圣陶先生说："阅读是吸收，写作是倾吐，倾吐能否合乎于法度，显然与吸收有密切的联系。"可见阅读与写作之间有着密不可分的关系。课外阅读是材料的综合积累，在阅读中，所搜集的材料十分丰富，这为写作留下了充实的写作素材。所以，学生课外阅读的效果如何，在写作中最能凸显。在老师的指导下，学生在阅读课外书的基础上，进行了改写、续写、仿写，对书中的人物、事件进行点评，写读后感等。学生把课外书中的知识内化为自己的东西，写作能力也获得了提高，尝到成功滋味的学生也由被动写作逐渐转化为主动写作，做到真正的"乐写"。身为语文老师的我，已经体会到课外阅读"润物细无声"的成功喜悦。

2. 教师尝试探索出一些课内外阅读的有效整合策略，积累了一些有效的课例

　　为了提高课堂效率和活动质量，我在学习他人的基础上，将有效的成功的教学实践通过概括、归纳、综合、提炼上升为有典型意义的操作范式，积累了一些有效的课例。

阅读作品介绍课：目的主要是激发学生的阅读兴趣，从而使学生产生阅读期待。这种课型的操作程序一般为展示内容，扬其优点（故事情节生动的作品，讲一个有趣的情节；语言优美的作品，朗读一段；知识丰富的作品，讲一些前所未闻的知识），重在激发学生深度阅读整本书的兴趣。

阅读疑难点指导课：学生之间能相互帮助解决的问题由学生自己来解答，对比较复杂的问题，教师稍加点拨，并让学生根据自己的问题重点阅读，在阅读的过程中找到答案。

阅读综合评点课：对所读内容不面面俱到，而是选择一两个阅读点进行专题式评点、赏析。主要是让学生围绕一点，充分地发表意见，使大家的认识更深刻。

阅读赏析创写课：主要是针对适合学生想象性写作的文本，整体感知文章，体会作者的情感、观点，理解作品内容和思路。拓展想象，引导学生进行创新阅读，发挥想象，探索文本空白，进行创写或续写并做写作交流。

阅读成果汇报课：主要是让学生自主展示，可以是围绕近期共同阅读的内容，也可以是学生自主阅读的内容。学生主持，明确内容。学生展示，形式自选，可以是个人展示，也可以是小组合作展示；可以是静态的，如手抄报、读书笔记，也可以是动态的，如朗读、表演。

3. 教师的理论素养、科研能力和教学实践技能得到了提高

课题的实施，首先使我的教学观念转变了，更多地树立起"教材是个例子"的观念。在教学中尽量减轻学生的课业负担，把学生的时间释放到大量的课外阅读中去，还孩子以好学好动好问的真本性。教师评价学生从单一的看学生课本知识掌握的情况转向对学生的综合评价。综合评价要素之一就是对学生的课外阅读的态度和效果。

其次，通过课题研究我增强了教科研意识，促进了教育科研理论水平不断提高。著名教育家苏霍姆林斯基说过这样一句话："如果你想让教师劳动能够给教师带来乐趣，使天天上课不至于变成一种单调乏味的义务，那你就应当引导每一位教师走上从事研究的这条幸福的道路上来。"一年来，我把课题研究看作是一种自我发展和提升的机会，逐步培养自己对教科研的使命感。积极按照课题计划参与课题资料的收集与学习。在认真学习他人成功经验的同时，把理论学习与个人实践紧密地结合在一起，不断地学习，不断地研究，业务素养、教学技能不断提高。

4. 家长对课外阅读的重视程度明显提高了

班级有30%~40%的家长经常利用课余时间咨询应该推荐孩子阅读哪些最新的阅读书目；40%~50%的孩子的家长能够为了孩子的身心健康成长而和孩子一起阅读，共同交流阅读的感想，与孩子一起成长。

二、值得注意、思考和研究的问题

在课题研究实施以来，我在课堂教学时会自觉地整合课外内容，体会到课外阅读所带来的欣喜，同时也看到了不少问题值得注意、思考和研究。

1. 要加强教师的理论学习和文化底蕴

"大语文观"的教学理念让很多老师在语文教学中都树立起语言和文化的积累意识。但是教学时什么时候整合课外的阅读材料，在哪里拓展，链接什么内容，无一不依赖于教师深厚的文化功底，否则，别说去整合，即使把这些材料摆在那里，也不知该如何与教材的内容相融合。所以，要想整合得合理有效，巧妙无痕，教师首先要丰富自己的文化积累，让自己先"厚实"起来，才能信手拈来。

2. 要处理好课内与课外的关系

在课堂内整合课外阅读材料对我们教师来说是一种挑战，更是对我们教学机制的考验。何时整合，整合什么，都需要认真思考，合理把握。课外阅读材料是对教材的拓展和延伸，这决定了整合课外阅读材料只能是教学"佐料"，而不应该成为教学的"主食"，切不可喧宾夺主。因此，在教学中，务必要坚持教材为本的原则，切实处理好课内与课外的关系。

3. 学生间差异大

由于学生自身的差异和家庭的差异决定了他们之间的差距，如何使亲子阅读让每个家长和学生都重视和坚持，进一步缩短他们的差距，还有待进一步研究。

本课题对课内阅读和课外阅读的有效整合策略进行了探索，但由于我个人能力有限，这些探索还是比较浅显的。对课内外阅读教学如何进行更深层次地整合，探索出更多有效整合的方法策略，真正做到以课外阅读促进学生语文能力提高，我还需要进行深入地思考和探索。

三、对课题研究的建议

本次研究先后为我安排了三位导师。第一位导师见了一次面，但刚刚了解了我的研究内容和进展就换了。第二位导师更是还没见面就换了。与第三位导师见面前已临近结题了。在这里我非常感谢齐建国老师对我的帮助！从结题报告撰写的格式到问卷结果的统计分析，齐老师手把手耐心细致地讲解。对我撰写的课题成果，齐老师更是一遍遍地帮我修改，每次通电话都是一句句地指导，每一次通话都是几十分钟。齐老师辛苦了！建议在今后的研究过程中，能够由一位导师全程指导，让导师真正发挥最大的引领、指导作用，使老师们在教科研之路上成长更快！

构建小学美术"FREE"
创意活动模式的行动研究

史家七条小学　李宝莉

一、研究背景

艺术创作是找寻自我，自我发现，自我认知的过程。其中最重要的条件，即自由的心灵。需要给心灵足够大的空间，才能产生自由，才能产生爱，才是真正的自由。美术教育的重要职责就在于引导学生打开心灵，以美术的方式释放其真性情，从而至真至善地和自然融合在一起。

我国的学校美术教育要符合习近平总书记明确指出的"育人为本，立德树人"的教育核心任务，培养学生的核心素养，要立足于美术学科，培养学生创新实践、审美判断、文化理解、图像识别及美术表现等美术学科核心素养。

我校的文化发展理念，即培养学生好奇、探奇、创奇。教师要适时适度地进行引领，为学生营造自由创作的空间，以符合学校发展的理念。

在美术学科教学中，教材内容不足以满足学生的好奇心、求知欲及表达、释放的需求。需要教师给予更多的关注，贴近其生活的指引，以及创设更为广阔、自由的创作空间。

作为一个教育工作者，我要面对全校所有学生开展这项行动研究。放飞学生个性、心灵的东西，不是只着眼于有天赋、有喜好的孩子，而是让所有的孩子在自己原有的基础上各有提升，让他们的心灵得以释放。我要真真正正做到面对全体。

在此基础上，我开始着眼于"FREE"美术创意活动模式的研究与探索。

> 从国家教育要求、学校文化理念、美术学科需求以及自身教师理想和实践四个方面出发，由宏观到局部提出了研究背景。

二、研究问题与价值

（一）研究问题

（1）如何处理美术创作的自由与限制的关系？

（2）美术创意活动的设计与实施原则是什么？

（3）教师如何引导学生运用美术方式，表达内心对生活的感知、观察、感悟、思考。

> 基于研究背景，提出研究问题。研究背景与研究问题之间具有一致性。

（二）研究价值

（1）设计符合儿童天性的美术创意活动，释放小学生的个性与想象力，培养学生创新意识。

（2）在美术创意活动中促进学生核心素养的提升。

（3）通过美术创意活动促进学校文化建设。

三、文献综述与概念界定

（一）国内外研究述评

通过阅读国内外教育教学理论书籍，我发现在国外的教育理论中，杜威的实用主义教育、蒙台梭利的新教育、加德纳的多元智能理论、卢梭提出的以"人的发展"为本的教育理念，都有提及儿童通过美术活动得到全面稳定的发展，并主张儿童应该要自由地创造的相关内容。这与我国"育人为本，立德树人"的教育根本任务、学生发展的核心素养体系相一致。

而国内关于美术创意活动的研究成果，集中在学前教育阶段、校外美术教育。在小学阶段的相关研究中，关键词"美术创意"则着眼于美术课堂教学。对于学校美术创意活动的实施策略的研究则较少关注。

（二）概念界定

创意即创新意识，是具有新颖性和创造性的想法，不同于寻常的解决方法。美术创意活动是学生在常规或原有美术创作原则上思维取得突破的创意活动。其具有媒材的生活化、主题的灵活性及创作方法开放性的特点。

"FREE"，自由的意思。指出此项研究的目的，就是学生能够自由创作，摆脱由成长带来的日见增多的束缚与成年人过多的期待。

其中，F——flexible，灵活的。指向"FREE"创意活动四要素中的创意主题的灵活性。主体的确定，可以来自大自然，来自一本书、一件事，是学生可以根据自己生活中的发现、体验来确定的。

R——real，真实。指向"FREE"创意活动的创意媒材的生活化。学生在生活中寻找、发现可用来创作的媒材，找出媒材特有的属性，将其美化，用与创作当中。

E——extended，延伸的。指向"FREE"创意活动的方式、方法的开放性。创作中的方法可以独立存在，也可以与其他方法结合起来，运用于不同媒材、主题当中。学生可以通过不断尝试、体验将其发展。

E——enjoy，享受。指学生在创意活动中的情感，享受其中的乐趣。

美术"FREE"创意活动，即学生运用美术创作方法，自由表达内心对生活的感知、观察、感悟、思考的创意活动。

四、研究方法与过程

（一）研究方法

1. 访谈法

了解学生参与美术创意活动的感受、想法、收获和态度。同时，也了解未参与者对于活动的看法、感受、是否期待参与等。从而根据受访者的接受程度、期待程度心理感受，分析所进行的美术创意活动对参与学生的美术创作能力、心理发展等问题的实际效果的考证。从而对下一步研究方案进行调整与推进。

研究方法多样，并逐个联系研究主题综合讲解如何利用研究方法收集资料。

2. 观察法

观察参与美术创意活动学生的创作行为，包括言语行为，是否主动、积极；观察学生的行为或行动，是否打破原认知，产生变化，形成创新；观察学生创作草图，了解其创意形成过程；观察学生是否在分享中获得回馈，是否在合作中得到启发。从而依据形成性资料分析美术创意活动四要素在限制与开放的转换所形成的思维导向，对于学生创意形成的影响。

3. 实物收集法

在学生的"过程作品集"中，收集原始初稿、中间草稿、学生自己和别人的品论，以及学生选择的与作品创作有关键帮助的重要资料。以此了解学生的原认知、创意形成过程与创意作品成果，成为进行观察法研究的物质基础。

（二）研究过程

1. 按研究对象变化，研究过程为三个阶段

第一阶段：美术小组活动。

第二阶段：美术小组活动、校本课程、国家课程。

第三阶段：美术小组活动、校本课程、国家课程、多元美术创意活动。

研究对象的变化，其原因在于研究过程中我发现，我与研究对象所完成的创意活动，大大激发了其他学生的好奇心与创作欲望。遂将研究范围扩展到我的授课范围内所能涉及的所有学生及原美术小组活动进行探讨，进行了第一次调整。

根据教学实践，指出研究过程分为三阶段的原因。

随着活动的不断开展，我依旧感到涉及的学生还是太少，同时我们又拥有学校这样一个宽松的平台，允许并鼓励教师大胆创新，开展不同形式、不同范围的美术创意活动，并给予人力、物力上的鼎力支持，因此，我抓住创建东城区艺术特色校的契机，将"FREE"美术创意活动的研究扩展到对全校学生将构建多元美术创意活动的尝试。

结合研究过程中，研究者提出校园多元美丽创意活动推进的三步骤。三步骤与研究过程紧密结合。

2. 校园多元美术创意活动推进的三个步骤

第一步：创建艺术校园，开展全校性美术创意活动。

举办330美术小组创意展示、学生作业展、班级招贴画展、学校艺术节现场绘画比赛、迎新年粘土制作创意活动、"春天的旋律"等美术创意展示活动。不同主题、媒材、表现形式下，学生尝试、体验多种媒材与技法，提高自身美术创作能力与办法，从而更好地表达自己的观察与思考。

第二步：结合学校德育、公益社团、语文学科开展主题美术创意活动。

结合学校德育，开展"零米粒"招贴设计活动；结合行动公益社，开展学雷锋打气队漫画创作活动、公益行动画展；联合语文学科，开展全校阅读轻卡绘制活动、诗配画活动。活动内容贴近学生学习、生活，从不同角度表现了学生心中的校园生活。

第三步：创建绿色校园、艺术校园，由学生参与到学校建设当中。

为学生在小小的校园中发掘展示空间，鼓励孩子们通过自己的一双巧手装点我们的学校，门厅、展架、楼梯走廊都交给孩子。下一步，我们将开展"同心 童画"全校现场绘画活动，以此步入我们的七条小学校庆季。而学生们的作品将构成我们的小画廊，届时，楼梯两侧的墙壁将布满学生的美术作品。

五、研究成果

（一）提出了小学美术"FREE"创意活动设计的原则

1. 紧扣生活，促其成长的主题原则

创意设计不应为美术而美术，而是紧紧扣住学生生活。当四季到来时，我们可以表现春夏秋冬；当在校园生活时，我们观察学校的各个角落；当孩子在学习过程中遇到困难时，我们可以呈现心灵的成长……因为主题不同，孩子所呈现出的感受与表现方式都会随之变化。引导孩子从不同角度观察、感受自己的生活，正是艺术创作所促成的自我发现、自我认知的过程。

2. 丰富多变，灵活组合的媒材原则

纸张、粘土、水粉、丙烯、色粉笔……日常见到的物品都能成为美术创作的媒材。创意美术不仅仅是绘画，还有多种材质的平面或立体的制作，以及融入空间元素的装置艺术、结合数字技术的影像艺术等。随着艺术门类的日益丰富，孩子们能接触到的媒材的日益增多，教师在设计美术创意活动时也要因地制宜、以人为本，尽量多地为孩子创设体验的平台。

3. 大胆尝试，详尽指导的过程原则

在创作活动中，教师要尽量少地去限制孩子，而应鼓励孩子大胆尝试，

从校园文化入手，可对全校美术创意活动进行简单介绍，并用其中一个美术创意活动举例，如何体现美术的"FREE"。

跨德育、跨社团、跨学科等展示美术创意活动。可适当展现开展主题美术创意活动的步骤和效果等。

美术创意活动是从校园文化开始开展的，过程中吸收举办美术创意活动的经验，重新回归校园文化的建设，不断完善校园建设。

综合总结美术"FREE"创意活动的设计，从自身开展活动的经验出发，提出其设计的原则。研究成果展示各个原则时，适当结合研究过程中的资料，会使研究更具有说服力和可信度。

寻找适宜的方法，尽量详细地解答学生关于工具、方法的问题。我们的活动要更加开放和多元，孩子带着不同的主题内容，带着不同的工具来到这里，像创意自助一样，而老师成为服务于孩子的，真正的知识、技术的辅导者。

4. 激发愉悦，主动探索情感的原则

创意过程中，孩子们充满兴趣。心灵的表达其实是没有限制的，只有合适与更合适。当孩子找到自己喜欢而合适的方式的时候，他们那种在美术表达中的流畅性，也是我们感觉到很为孩子高兴的。

美术创作的四个要素，不是单一孤立的，而是相辅相成的。就如主题的灵活性，不仅灵活，也很生活化。媒材不仅生活化，也很灵活。创意本身就是身心和谐统一的行为，因此教师在设计美术活动创意时，要基于对学情的分析，学生已有的知识能力、生活经历、所熟识的对事物的接触，等等。作为美术老师，承担着教育的义务，承载着教育的核心目标，要植根在学科基础上，达成我们的美育育人的任务。

> 对以上四个原则进行总结概括，体现美术教育的特点。

（二）尝试了小学美术"FREE"创意活动设计实施策略

1. 用想象力游戏训练法促成个性化创意

创造性的想象是形成美术创意作品的关键，也是构建美术创意活动的价值所在。想象力可以赋予思想以创造性，可以使人的感觉发生新变化，做出很多富有创造性的行动，从而形成新理想。就像锻炼肌肉一样，有效的训练可以培养无限的想象力。

以往的美术教学中，在学生正式创作之前，教师往往会设计这样一个环节，"说说你的想法？"或者"你想怎么画呢？"诸如此类问题，从而引导学生从众多的资料、形象、感受中梳理出自己的创意，但往往仅止于画面的大致内容与构图。而我认为，这恰恰是构成训练想象力，形成创意的关键时刻，由此我设计了想象力游戏训练法。

在游戏过程中，一个学生针对任意事物或场景进行描述，然后由其他人进行接力，每一次人数不少于5人。

> 运用教学实例解释想象游戏体现的"FREE"精神，且利用有效的教学实例支撑这一实施策略，提高策略的信服度，便于读者们借鉴与学习。

例如，国家美术课程中《汽车站》一课，学生描述"在一条宽阔的马路旁矗立着一个公交站台，站台上已经有好几个人在等车了。有两个谈笑风生的老奶奶，穿着防风衣、运动鞋，一看就是一大早去爬山锻炼的。还有拖着行李箱看站牌的年轻人、看着孩子背诗的阿姨、低头看手机的叔叔……"接下来，学生可以从不同的角度接下去，如"那个看手机的叔叔皱着眉头一脸严肃，可能看的是新闻，没准儿是哪里受灾了，要不就是股票下跌了。""这时候咔啦一声雷，接着噼里啪啦的就开始下雨啦！小孩儿书也不背了，开始看着地面数雨点儿。""这时空中投下一大片阴影，大家赶忙伸出头去看。""哈哈，原来是一辆飞车降临……""路旁商店里的人都跑出来看，原来是世界首辆飞行公交车试运行！"

孩子们发挥想象力，讲述出各种有趣的情节。如果想象力足够，还可能会由飞行公交车想象到设计者、飞翔的巨龙、有趣的上下车方式，等等。当然这需要教师的鼓励与引导，使学生放松下来，尽情去构想。这样的练习，不仅可以使美术作品更加有趣、富有创意，更有利于学生长期的发展，有利于发展学生的想象力、洞察力和感知力。

2. 用专注力培养形成美术表现基础

通过对学生创作过程的观察，我们会发现那些绘画水平较高的学生拥有一个共同特征，就是专注。较强的专注力在其观察事物形象时能够更加精确地了解到形状的比例、线条的曲直、结构穿插与衔接，以及色彩的微妙变化；在其创作表现时能够更为合理地选择工具与方法。这个活动就是"思考"，专注地思考，思想专注、精力集中是艺术创作过程中的重要条件。而获得专注力的唯一途径就是实践，熟能生巧。

一张照片、一盆绿叶植物、一个玩具等都可以成为练习的对象，或本次创作活动的主题内容。根据学生年龄特点，用3~5分钟时间去观察事物的外形、结构、颜色变化，争取观察到更多的细节，如叶片的形状、轮廓的弧度、边缘的锯齿，叶脉的线条变化与组成等。在此之后，闭眼回想，在脑海中形成影像，复述出来，获得成功。

当然，这是一个循序渐进的过程。在每一次的练习中多看一点，在每一次的回想中多记一点，专注力也就逐渐提高了，学生的造型能力也随之提升了。

3. 用冒险精神保持长久创造力

加德纳的多元智能理论中曾提出："创造性可能更取决于性格，而不仅仅依靠纯智能的力量。最可能作出创造性发现的人，是那些喜欢冒险的人，是那些不怕失败的人，是那些对未知世界充满求知欲的人，是那些不安于现状的人。"

我们要培养学生成为有创造力的人，那么我们要做到的就是"别伤害他们"。因为摧残天赋优异而具有创造力的孩子，比鼓励他们开花结果要容易得多！在儿童产生创造性思维时得到的是鼓励还是阻止，决定了儿童思维发展的方向，同时也影响着儿童性格中的勇敢、自信、敢于冒险的品质的形成。

（三）总结提出了美术"FREE"创意活动的评价标准

（1）活动主题设计是否能够引导孩子观察、感受自己的生活。

（2）学生是否乐于参与，积极探索。

（3）学生能否通过活动在其原有知识、技能基础上有所提高。

（4）学生能否表达其真实感受与思考。

（5）学生是否得到充分的展示空间。

（6）学生的创造性思维是否得到鼓励与发展。

评价标准在于给所有的孩子搭建平台，关注每一个孩子彰显他自己的提升，做到的是让每一面墙会说话，说教育的话。

六、研究结论与反思

（一）研究结论

加德纳指出："始终坚持高标准，是任何艺术教育方案成功的关键。开始时，对于高标准的坚持程度，取决于教师对于艺术表现和创作的态度和立场。随着创作过程的进行，同学之间的互相影响则会成为传播和维护这种标准的主要方式。"教师是艺术创作的榜样，是周围环境中艺术标准的体现。通过在进行"构建'FREE'美术创意活动模式的行动研究"过程中的课例研究对比之后，我认为，教师的艺术修养与学识很大程度上决定了"FREE"美术创意活动设计与实施的最终效果。因此，艺术教师必须首先成为具有创新意识与创新能力的发展型人才。

同时，艺术的学习仅仅掌握一套技巧和概念是不够的。艺术是一种深度个性化的领域，学生在这个领域中将进入自己和他人的情感世界。因此，教师的感受能力、理解能力以及同理心成为师生之间沟通的纽带，从而与学生建立密切而轻松的情感联系，进而能够自然而然地传播艺术品位与价值观。因此，教师自身专业素养的提升是不可或缺的。

（二）研究反思

美术创意到底是什么？美术创意就是用美术这种方式，表达内心对生活的感知、观察、感悟、思考。我想，这种感悟、观察、表达应该是自由的。而当真正的自由达到一定的程度的时候，孩子才更像孩子，儿童才更像儿童。童心画童话，就成为我们老师真正的追求。

对于未来美术创意活动的开展、创造力的培养，不仅仅需要教师思维上的转变、专业素养的提升，还需要借助家长、学校及社会各方面的努力与相互配合，抓住教育时机，构建更完善的教育模式。

旁注： 指出美术"FREE"创意活动的关键在于教师，教师应积极引导学生开展创意活动。因此，急需提高教师的创新意识和创新能力，促进教师成长。

再次思考美术创意的含义。对其进行反思可以结合开展创意活动的行动研究，基于此，深入思考美术创意的意义。

对美术"FREE"创意活动的反思。

参考文献

[1] 赵全兴. 儿童文艺心理学. 重庆：重庆出版社，1990

[2] 屠美如. 学前儿童美术教育. 长春：东北京师范大学出版社，2004

[3] 张亚军. 基于创新思维培养的小学美术教学研究. 河北师范大学，2010

[4] 王威. 材料·观念·创意——小学美术教学中手工材料的运用研究. 华中师范大学，2012

[5] 方恋. 儿童美术教学中创意思维的理论与实践研究. 湖南师范大学，2014

[6] 沈德立. 实验儿童心理学——揭开儿童心理与行为之谜. 北京：北京师范大学出版社，2013

[7] 偌·斯凯林. 手边的创意——52种随时随地为创意保鲜的方法. 上海：上海人民美术出版社，2011

[8] 苏珊·西瓦克. 创意美术实验室. 上海：上海人民美术出版社，2015

[9] 谭梦梦. 艺术创作中心灵的自由. 中国美术学院，2016

[10]霍华德·加德纳. 多元智能新视野. 杭州：浙江人民出版社，2017

[11]拉尔夫·沃尔多·特赖因，华莱士·德洛伊斯·沃特尔斯，查尔斯·佛朗西斯·哈奈尔. 秘密全集. 北京：北京大学出版社，2017

综合评述： 本文总结文献提出美术"FREE"创意活动模式并在行动研究中不断对其进行整理和反思，总结出设计原则、实施过程和评价标准，可见作者用心之深入。文章思路清晰，逻辑合理，成果成熟。

? 研究反思

科研，对于从事美术教学十几年的我来说，一直是遥远的、规避着的。平时的日子里，我总是愿意花更多的精力与心思，让每一节美术课与社团活动更加生动、有意思，让孩子们快乐地画画、玩创意。而科研是那样严肃的事，所以尽量远离它吧。当我成为史家教育集团北京师范大学骨干教师科学研究能力提升培训第六批成员时，心里是忐忑的，我踌躇着走进了北京师范大学的校门。

为期一周的北京师范大学脱产学习，是一场呼啸而来的思维风暴。各位教授们将理论分析、文献综述、行动研究等方法，精炼而平实地进行深入浅出地讲解。白天8小时，我像海绵一样疯狂地吸收着，思考着，理解着；夜晚N小时，急速阅读，研读理论书籍，学习其中精华理论，与自己的教学工作对照补充。而这时，我已经完全进入了忘我的学习状态，累并快乐着！

经过紧张的学习、海量的阅读，我赫然发现，科研与我平时的工作并不矛盾，只要找对了方向，竟是如此契合。我确立了自己的研究课题《构建小学美术"FREE"创意活动模式行动研究》。我要构建出一种美术创意活动的新模式，即学生运用美术创作方法，自由表达内心对生活的感知、观察、感悟、思考的创意活动。与此同时，我归纳出美术创意活动的四要素，即主题、方法、媒材、情感。"FREE"，即自由，指出此项研究的目的就是学生能够自由创作，摆脱由成长带来的日渐增多的束缚与成年人过多的期待。其中，F——flexible，灵活的，指向"FREE"创意活动四要素中的创意主题的灵活性。主体的确定，可以来自大自然，来自一本书、一件事，是学生可以根据自己生活中的发现、体验来确定的。R——real，真实，指向"FREE"创意活动的创意媒材的生活化。学生在生活中寻找、发现可用来创作的媒材，找出媒材特有的属性，将其美化，用与创作当中。E——extended，延伸的，指向"FREE"创意活动的方式、方法的开放性。创作中的方法可以独立存在，也可以与其他方法结合起来，运用于不同媒材、主题当中。学生可以通过不断尝试、体验将其发展。E——enjoy，享受，指学生在创意活动中的情感，享受其中的乐趣。

当我最终确立研究课题的时候，当我构建出框架图的时候，当我走上开题报告的演讲台的时候……我感受到的是自己仿佛经历了一次蜕变，仿佛沿着科研之路来到了一座小山上，能够用与以往不同的一种审视、冷静、理性的目光来看待我日常的每一次教学教育活动。那时的欣喜与自信，时至今日我亦有莫名的感动。也正是这个时候，我第一次深刻体会到集团的这个培训项目的意义，以及能够成为这一百八十分之一的我是多么的幸运！

在经历了中期汇报之后，当我接到"30个提升项目"微信群信息的刹那，惊讶、欣喜之后，压力接踵而来。这已不仅仅是个人科研能力的提升，这意味着集团正拿出更多的资源在培养我，给予我更多的期望；意味着我要以更高纬度的视角来审视、规划未来的工作；意味着即将面临又一次超越自我的挑战。

一、这次科研的收获

在这一次的科研学习与实践中，我获得了前所未有的专业提升。

1. 明确了教育科研的目的

孔子曰："学而不思则罔，思而不学则殆。"我们的教学也是如此，只教不研，就只能停滞在原有层面，只有散点而无法聚焦深入，无法形成教育体系，宛如打一枪换一个地方的游击队。教育科学研究是为解决自己在教育教学中遇到的问题进行研究，是为提高教育教学能力而研究，是为更好地系统地进行高效的教育教学活动而研究。科研必须是在行动中研究，在行动中学习，在行动中提升。而当教育者形成自己特有的教育模式时，才能够在这样一个总指挥的带领下有的放矢地开展教育教学活动。

2. 加强了教育教学理论的学习

成功的经验一般是符合教育规律的，他人的成功经验是经过实践体现一定的教育规律。借鉴他人成功经验，可使我在实践的道路上少走弯路，同时在前人经验上敢于创新和探索，在他人经验上寻求生长点。在此次科研学习中，文献综述是我遭遇到的一大难关，曾经一提理论就头疼的我，在开题任务压力下短时间内大量阅读，竟也读出了些味道。一个教育工作者要具备一双慧眼，只有能够很好地甄别问题，才能推动教育实践的完善。而理论学习正是造就这双火眼金睛的炼丹炉。博采众长势必先要博览才能辨识出长在何处，才能知道哪家之长予己可行可用。比如在众多文献资料中，我认为加德纳的多元智能理论能够为我的"FREE"美术创意活动提供坚定的理论支撑，成为关键性的理论依据。

3. 提高了自身的研究能力和教学业务水平

整个课题研究的过程，是一种学习理论进行研究实践的过程。在这个过程当中，我提高了分析问题和发现问题的能力、收集文献资料和筛选信息整理资料的能力、归纳和概括研究资料等能力。同时，参与教育科学研究，提高自身的专业素养和研究能力，也正是更好地适应当今社会发展对教师的专业要求。史家教育集团提供了这样的平台给我，是机遇，是挑战，也是对教师最大的爱护，是将我向科研型教师的发展之路上狠狠地推了一把。感谢这一推之力，使我的教育理论水平提升到了前所未有的高度，从而首次获得了市级论文的奖项；感谢这一推之力，使我的艺术教育视野更加开阔、着眼点更加清晰明确，使开展的学校艺术教育活动更能够切实发展学生能力；感谢这一推之力，使我在艺术组的伙伴们备战"东兴杯"时，能够提供更为有效而实际的可行性建议。

二、科研过程中的困难与问题

在参与提升项目的过程中，也遇到了一些困难与问题。

首先，是时间与精力的问题，主要存在于资料的收集与整理方面。在开题之初所设定的观察研究方法，在教授们的指导意见中，要求对每一个参与研究的学生的每一点语言、动作等都进行记录与分析，做到数据整理。但作为教学前线的教师，每天的教学、备课、组织活动等这些只有教师同行才懂的工作强度下，做到一一录像分析几乎是不可能完成的任务。而至于数据，孩子们天马行空的想象世界还真难以例数。我认为最能够说明问题的还是孩子们充满童真与美好的美术作品，以及一张张充满求知与快乐自由的可爱笑容。

其次，是研究过程的推进中，随着研究对象的变化以及研究方向的拓展，不免遇到的迷茫与困惑。每当此时，我们史家集团的特级教师万平老师和北京师范大学的齐建国教授则给予我指引与鼓励，帮助我打破迷雾，最终成功结题。对此，"感谢"二字已不足以表达我的感激之情。

同时，在如今这个信息渠道多元化、即时化的信息时代，要保持虚怀若谷的态度，敢于承认自己在某些知识与经历方面的欠缺，虚心向自己的教育对象学习。

教师是对学生实施素质教育和培养学生创新能力、实践能力的第一责任人，教师教学创新能力的强弱，直接影响着素质教育推进和学生创新精神培养的成败。教师的创新能力与科研能力，不仅是教师专业成长和发展的需要，更是学校发展和新课改推进的关键。在以后的工作中，我必将不断加强自身修养，积极投身教育科研和基础教育课程改革之中，在反思与实践中不断提升教育教学水平，形成自己的教学风格，吸引每一个学生，使自己的教学和科研焕发出夺目的光彩。

作为集团科研提升项目参与者，我是幸运的，更是值得自豪的。因为我站在了史家教育集团提供的这个高大的平台上，在最棒的导师的陪伴与指引下，突破了自己，勇敢地走出了舒适地带。能够坚持并完成这项课题研究本身，就是成就了成功的自己。经过这一次课题研究的历练，我看到了更加广阔的教育视野，发现了更多的教育契机，能够把握住它们，开展了更富有乐趣的美术教育活动，也对学生进行了更为有效的创新能力培养。而这一切更加坚定了我的教育信念，促使我对教育、教学做出更长远的规划，将教育科研与教育实践当成我职业生涯中平凡的每一天的最平实工作，做一个教育事业的有心人。

史家教育集团骨干教师科研能力
提升项目导师反思

齐建国

一、对指导曹艳昕老师的反思

与曹艳昕老师见面一次，后来通过微信、电话和邮件的方式进行过四次联系，其中包括推荐书目、对研究过程的建议和修改论文。

我们对在职教师的科研指导本着明确各自任务、指出当前存在的问题并提供建议、了解和交流改进情况以及学员自己提出还有什么问题而有针对性地给出建议四个环节进行。

与曹老师的第一次见面使我知道这是已经做完结题的学员，曹老师的研究始于2015年，结束于2016年年底，题目是《幼小衔接期学生入学适应策略研究》。通过阅读写完的结题报告，感觉到曹老师是一个很有想法的教师，在她的结题报告中通过文献对一些基本概念有了一定的理解和梳理，但是研究过程和研究结果有些庞杂。

我们首先在已结题的基础上进一步聚焦。曹老师当时有以原来的研究为背景，在语文学科教学中研究"幼小衔接"的意愿，我认为可以，并提出了一些需要思考的问题。曹老师说回去后再考虑考虑。后来再联系时征求我意见并确定为现在的《幼小衔接期对家长的帮助与指导策略的行动研究》，因为曹老师正在做着为家长编写指导手册的工作。我们知道一线教师的研究特点就是结合工作而进行。

但是，由于受最先已有研究结果的影响和实际工作中《家长手册》需求的缘故，对后来所定的《幼小衔接期对家长的帮助与指导策略的行动研究》如果不增加获取相关资料的必要措施，就不可避免地有一些难于弥补的缺陷。

本人认为，因为已经有了一个相对系统的结题报告，就是取其部分进行聚焦，也难免受前期思路的影响，对提出的修改建议难于消化吸收。尽管本人在指导研究的过程中尽可能地提出一些便于改进的具体意见，如在此基础上建议增加理论的认识，并推荐了书目；对研究方法的运用注意要与内容吻合等。但对曹老师来讲可能还是有很大的困难吧。最后的论文主要还是对以前结题报告的截取。

反思自己的指导有这样一点感悟，即要想在有限的宝贵时间内能够帮助一线教师确实有所收获，一定要切实了解教师参与培训的背景和需求，这是绝对十分重要的。

因为一线教师工作很忙，她们往往从认知上将教育科学科研放在很重要的地位上，但是一旦和自己的现实工作和个人实际发展联系起来，参与眼前的科研要求是否为第一要务呢？每位教师的回答是不同的，为此投入是不一样的。作为指导者要清楚我们的一线教师到底需要什么，这关系到指导科研的时效性问题。

总结对曹老师的指导，我认为尽管曹老师完成了一轮或者说是两轮课题结题，但是对科学研究的理解还是有限。最一般地讲，科研是四个相互联系的环节：一是科研课题的确立，这是科研的起始环节；二是文献查阅与获得，此为科研的基础环节；三是研究假设的构建与验证，此为科研的实施环节；四是科研论文的撰写，此为科研的收获环节。可以说，前面的两项十分重要，因为它关系到研究者对自己研究的设计与验证资料获取方法的确定，没有验证的实施，其结论或者说是成果也是无力的。

曹老师在自己的研究中前两项做得相对来讲比较好，但在研究设计与获取数据资料方面比较不足，在自己的反思中也没有关注到这点，希望今后在教育科研中注意。

二、对指导刘禹老师的反思

刘禹老师是具有多年教龄和多次获得区市级教学大赛奖的体育老师。第一次接触刘老师时，他已经完成了中期报告，并正在进行游戏教学实践性的研究中。我听了刘老师要做此项研究的初衷，即针对现实中的学生不懂得合作的问题，希望在体育教学中以体育游戏教育和培养小学生的合作意识与合作能力。所以确定选题，探讨体育游戏的教学对学生合作意识培养的作用；了解了具体的研究设计以及目前开展的实际情况；看到刘老师对撰写结题报告已经有了一些思考，并拿出已有的一个基本框架征求我的意见；同时，也了解到刘老师目前的最大困难是对如何撰写结题报告或论文有些迷茫。

针对当时刘老师的研究进展和文章的框架，我从如何撰写结题报告的角度，对刘老师的指导主要提示了两点。

一是要理论性地说明游戏的特点和教育意义，以及它对学生合作意识培养的作用；同时还可以考虑依照什么目的将游戏分类，并探讨以一种或多种不同的游戏方式达到培养合作意识的教学经验。

二是要收集反映教学效果的资料。以培养学生合作意识为目的的游戏教学对学生到底产生了什么影响，一定要有证据说明，也就是要考虑获取哪些相关的资料或数据。这些证据是通过课堂观察获取？还是通过问卷或访谈调查获取？还是通过学生日常行为改变说明其变化？并强调一定要有所考虑，这是做研究与一般性的经验总结所不同的。

由于刘老师的实践研究已经开始了，所以只能是进行了一些补救性的工作，如增加对游戏的分类和对学生进行了访谈以说明游戏教学的效果。本人认为，无论增加多少，对学员来讲能够对科学研究有了更为全面和深刻的理解就是收获了，而且是很重要的收获。

刘老师在整个撰写论文的过程中是克服了种种困难认真地完成的。通过与刘老师的交流，我对小学体育老师的科研指导工作产生了更为细致的想法，如最好是建议性地提供相关的理论或书籍，并且在共同学习的基础上对话交流；推荐与课题相关的研究论文并一起讨论其可借鉴之处等，让学员有针对性地思考问题，有明确的学习目的。

对培训工作的建议是，尽可能地从始至终地指导一位学员，便于把握整个研究过程的指导。

三、对指导孔继英老师的反思

我与孔继英老师的见面晚于其他教师有一周左右，初次见面，孔老师介绍了自己的研究设想并带来了开题报告和刚刚准备的中期报告的PPT。当时，她担心的是能不能完成自己的研究。

短暂的交流使我感觉孔老师是认真做事情的人，语文老师的基础也可以较好地表达其意愿。对此，我立即给予鼓励，同时，并根据开题报告中的问题，进一步理清出研究思路，并强调研究过程中要注意收集相关信息及其他的重要性，同时考虑使用什么方法获取能够表明与研究问题相关的信息问题，通过解决盲点和疑问来增强老师教科研的信心。

在以后的四次交流中，尤其是二次研究论文的修改过程中，孔老师都是在认真听取意见的同时交流自己的理解，随后就是努力克服日常工作繁忙的困难，尽可能地在一定时间范围内完成修改。尽管目前的论文还有很多不足，但是，作为每天忙于学生的一线教师，在短短的半年时间里（包括开题是一年）运用行动研究，并写出具有很强现实意义的研究性论文是可贵的。尤其是通过最后研究论文的写作，孔老师真切地体会和感受到了完成一个自己设计的较为完整的行动研究的获得感。我确信孔老师在自己总结中所说的，在这个学习研究的过程中，无论是她个人还是她的学生们都是研究的受益者。作为指导教师，能够看到一线教师有这样的感受也很是欣慰。这是我们相互努力的结果。

反思自己的指导工作有以下几点经验值得汲取。

一是需要详细指导如何运用所确定的研究方法。一线教师的多年工作经验使她们凭直觉就可以指出教育教学中的问题，并针对其问题拿出试图解决或改进的方案。但这样并非科研，仅仅是进入科学研究所具备的一定基础。集中培训的十天，使教师在确定选题、为什么和怎么样搜集文献和写文献综述以及如何写开题报告等都有很强的感知，并能够完成论述开题报告的任务。但是，进入到具体研究的进程中就会发现对开题时所确定的研究方法的运用，尤其是研究方法与研究问题相匹配地运用，还是没有时间更多地思考，甚至不清楚如何操作。这就是我们后续指导中的第一个重点问题。如开题报告中计划使用调查法。但是，对调查目的、调查工具或内容的确定等是不清晰和没有准备的，还都需要一一给予说明和建议性的指导。

二是强调科学态度的培养。由于一线教师具有多年的教学经验，形成了较为习惯的经验性总结的思维方式，对实证性的科学研究从理解到运用是要在学习和体验研究的过程中不断地提示、提醒和帮助强化的。最为突出的就是要不断启发和叮嘱一定要思考收取与研究问题相关的信息，来说明研究成果。

我在与教师的交流中还一再强调，要不要和能不能收取证据来阐释自己的研究，表达自己的研究结果，不仅只是为完成自己的一个科研课题的事，更是一个培养科学态度和训练科学思维的问题，也是科学素养培养的过程。如何实现我们常常所讲的教育科学，一线教师从科学态度的培养和科学思维的训练入手是重要一环，也是提升教师专业素养的重要内容。

回顾对孔老师的指导，在工作上的一些感悟，对此提出一点思考或是不成熟的建议。

首先，孔老师的指导教师到我为止，变换了三次。因为我们的任务是帮助指导一些教师撰写研究论文，这必然涉及研究的全过程，而之前的一切又不是本人指导的，这种后续就是在认知上达到统一也要花费教导的时间代价。尽管如此，由于研究已经进入到一定的阶段，有些事情也很难做到真正的衔接。是否可以考虑从始至终？如果有多种理由不能做到从始至终的话，也要增加一个交接环节，即按照计划的实施写一个阶段性的总结进行交接指导。这样与其说是有益于指导教师的工作，不如说是更易于被指导者的学习与进步。

其次，中期或后期要有给学员集中学习或研讨研究方法与论文撰写的机会，这样会大大提高教师指导的时效性。我们知道科研方法在研究过程中的重要性，在指导的过程中发现，学员尽管在开题报告中说出并确定使用某种方法，但是通过运用就会发现，她们对方法的理解和掌握还有很大的距离，而且这也是普遍现象。如果在中期，有一天或半天的时间针对选择不同研究方法的学员分别讲授更为具体的研究方法的运用和有针对性的讨论，定会收到事半功倍的效果。能否掌握科研方法是做研究型教师的重要素养，我们相信在如何使用具有规范性、科学性、有效度和信度的研究方法上给予训练，对促进教育科研，促进教师成长具有巨大的作用。

四、对指导李宝莉老师的反思

李宝莉老师的《构建小学美术"FREE"创意活动模式的行动研究》课题是一个很有创意的研究课题。

在与李老师的交流中我感受到她是一位思路清晰，具有独立思考力的学习者，我对她从最开始的对"研究一事"认为是高大上的"崇敬"，到将自己的课题研究和实际工作的需求有序关联地进行并取得一定的成果，由衷地表示祝贺。

实事求是地讲，本人对美术教育是白丁，对李老师的指导只能是从如何做科学研究的角度提出一般性的建议。好在我们在交流中，李老师都能够立足于自己专业教学的立场上选择性地吸收。如果本人对美术教育再多些了解，可能对李老师的研究过程的指导会更为贴切，这也就会为研究论文的撰写提供更为充实的素材。

一年时间内，通过从选题确立到准备研究、进入研究过程和收获研究成果这样一轮的体验性的学习科研之道，最为欣喜的是看到李老师参与史家教育集团科研提升项目反思中所表示的决心：以行动研究促专业化发展，坚定不移地走"科研型"教师之路。

科学研究是一个不断探索的过程，能够从现在开始增强科研意识，更坚定对教育科研的信念，科研方法的把握就不是多么难的问题。我相信已经走上科研之路的一线教师，一定会继续沿着科研之路走下去，并且也会在新形势下的教育环境中工作得其乐无穷。

5

小学天文校本课程立体化体系
建设的行动研究
——以史家实验学校为例

史家小学　张培华

一、研究背景和意义

（一）研究背景

随着我国新一轮基础教育课程改革的不断推进，课程资源的开发与利用正逐步引起重视。校本课程开发源于二十世纪六七十年代的欧美国家，它是与国家课程开发相对应的课程开发策略，是国家课程开发的重要补充。2001年国家教育部颁布《基础教育课程改革纲要（试行）》（简称《纲要》）后，根据《纲要》精神编写的乡土教材（校本教材）开始大量出现，课程多样化的趋势进一步加快。《纲要》明确提出："实行国家、地方、学校三级课程管理。"按照新课程计划，学校和地方课程占总课时数的10%～12%。这就意味着学校课程由国家课程、地方课程和学校课程三部分组成。十几年来，我国校本课程开发研究取得了一系列进展，但也存在着诸如缺乏校本意蕴、偏于技术理性和理论基础不足等问题。未来的校本课程开发研究应注重自下而上地建构理论，不断走向反思性实践，深化基础理论研究。

2008年起，史家实验学校开始了天文校本课程建设。经过3年实践，形成了自己的经验和成果。同时，通过反思我们发现，仅在三四年级开设天文课所能实现的教育目标存在局限性；另外，学习天文学知识，更有效的方式还是让学生走出课堂，投入大自然的怀抱，在星空下接受心灵的洗礼。基于此，本阶段我们研究的重点和难点便是进一步完善天文校本课程体系并有效实施。

（二）研究意义

基础教育阶段是人生发展的关键时期，学校要"教什么"是个看似简单，却复杂而关键的问题。校本课程的开发与实施有助于在教学中培养学生的能力、方法以及情感、态度和价值观。这是在传统教育惯性的作用下，知识教学和授受式的教育所不能测量的。

简明扼要地阐述了天文校本课程立体化体系建设的背景和意义，提出了要在已有研究的基础上进一步完善学校开发的天文校本课程体系并有效实施，为学校自下而下地构建立体化校本课程提供借鉴。

交代《纲要》的简称由来，可增加《纲要》的可信度，也方便读者进一步查阅政策文本。

综合自我对《纲要》政策的解读和未来校本课程的发展趋势，得出深思的结论，引起读者的思考。

介绍天文校本课程原有的基础和经验，并指出本研究的研究问题。

天文校本课程的开发与实施有助于加强科学方法、科学思想和价值观方面的教育。天文校本课程的构建是学校课程与社会课程相结合、显性课程和隐性课程相结合、必修课程与选修课程相结合、活动课程与书本课程相结合、共性课程与个性课程相结合的校本课程，能够突破单一的一类课程教育功能的局限。

天文校本课程的开发需要综合素质能力较高的教育工作者的参与，这也进一步对教师提出了能力的要求。通过开设天文校本课程，加强对教师专业技能的培训，有助于教师队伍的建设和提高我校教师的专业素养。

二、研究目的和内容

（一）研究目的

一是探索天文校本课程立体化构建的思路和方法，发展和完善原有天文校本课程结构体系，让我校的天文校本课程发挥更好的育人功能。

二是让天文校本课程渗透于学校其他学科教学、活动和工作中，让天文成为学校特色和学校文化的重要组成部分。

三是通过立体化天文校本课程体系的构建，让更多学生享受到天文教育带来的益处，全面提升孩子的知识与能力，让学生充分体验科学的过程和方法，形成良好的情感态度和价值观。

（二）研究内容

1. 我校天文校本课程立体化体系构建的背景

我国基础教育的主要任务不是培养专业人才，而是为人一生的发展奠基。提升学生的综合素养，便成为评价课程教育功能、价值的重要指标。在天文校本课程的实施中，学生的综合素养会得到哪些方面的提升、何种程度的提升，是重要的研究内容。

天文校本课程立体化体系的建构与教师专业发展息息相关。天文校本课程立体化体系的建构帮助教师进一步认识什么是校本课程，如何将校本课程建构的体系化与立体化。

2. 我校天文校本课程立体化体系构建的主要内容

史家实验学校天文校本课程是以天文科普活动为主线，全面提升学生科学素质、综合素养的课程，它的定位在全面育人。因此，所涉及内容不仅包括天文基础知识、天文基本技能，还包括科学方法、科学思想、科学精神以及积极的情感、态度、价值观的教育。

我校天文校本课程体系的构建力求体现全员参与、综合构建、多元并行，努力实现"学校课程与社会课程相结合、显性课程和隐性课程相结合、必修课程与选修课程相结合、活动课程与书本课程相结合、共性课程与个性课程相结合"的综合性、多维度的立体化结构。

3. 我校天文校本课程立体化体系的实施过程及效果

我校天文校本课程体系要求师生全员参加，无论是在科学课上还是在其他课程中，或者在校园文化中都要体现我校天文校本课程的精神——"科学性"，从科学性入手扩大学生的眼界，提高学生的综合素质。

天文校本课程立体化体系构建不仅要注重学生的综合素养，而且也要关注教师专业的成长。天文课程体系的立体化开发对教师的知识储备、能力发展、教育观念的更新提出了挑战，但挑战必然也会带来机遇。在课程的开发与实施的过程中，老师们是否获得了某些方面、不同程度的专业成长，值得研究。

三、研究建构与实施

（一）天文校本课程立体化体系的构建

1. 确定理论依据

《学科课程标准》[a]指出："学科学习要以探究为核心。""探究"既是学习的目的，又是方式。探究学习指学生在教师指导下，在生活中确定研究专题，在研究过程中主动地获取、应用知识、解决问题的学习活动，是一种主动探究式的学习，是推行素质教育的一种新的尝试和实践。

瑞士心理学家皮亚杰[b]认为，不同年龄阶段的儿童的认知结构会随着外界社会环境的变化而不断重组。根据儿童的思维特点和长期的实验研究，皮亚杰将儿童的认知发展划分为四个阶段：①感知运动阶段（0~2岁）；②前运算阶段（2~7岁）；③具体运算阶段（7~11岁）；④形式运算阶段（11~16岁）。皮亚杰的认知发展阶段论为小学阶段天文校本课程开发提供了重要的理论支撑。在小学，一至六年级的学生主要处于具体运算阶段和形式运算阶段。在物理环境和社会环境的共同作用下，小学生无论在生理上还是心理上都面临着跨越式的发展。同时，两个阶段不仅是儿童认知能力发展的重要阶段，是儿童思维飞跃的关键时期。因而，天文校本课程开发往往会根据学生认知发展的规律性特点，结合学生所处的年龄和年级阶段进行内容设计，现出循序渐进的特点。

建构主义学习理论[c]融合了皮亚杰的"自我建构"和维果斯基的"社会建构"思想观点，认为学习是学习者在一定的具体情境中根据自身理解主动建构对客体的认识，形成自身关于新知识意义的过程。随着科学技术的发

---

a 张迎春，韦晓静："三学科课程标准中的科学探究：思考与建议"，《课程·教材·教法》，2012年第9期，第94~100页。

b 王宪钿，皮亚杰：《发生认识论原理》，商务印书馆2011年版。

c 余胜泉，杨晓娟，等："基于建构主义的教学设计模式"，《电化教育研究》，2000年第12期，第7~13页。

展，建构主义课程论不断被赋予新的时代内涵，在科学及科普教育中越来越受到重视。其特征主要表现在三个方面：其一，强调科学探究的重要性；其二，儿童是进行主动探究的主体；其三，科学探究与儿童的生活、生长经验密切相关。可见，建构主义课程论强调将科学问题纳入儿童的真实生活情境中去，引导儿童在亲历科学体验中获得真正有教育价值的经验，以科学的思维和方法进行科学探究，提高他们发现问题和解决问题的能力。

以霍华德·加德纳为代表的多元智能理论[a]认为，个人身上的智能都是多元的。在人类个体身上，与生俱来拥有至少8种以上既各自独立存在又相互联系的智能，尽管每一个体都是几种智能的组合，这几种智能在个体身上的表现形式和发展程度各不相同。由于智能具有可塑性和个体差异性，而在不同学科领域中所涉及的知识技能，有助于促进学生身上所对应的某一种或几种智能的发展。在此基础上，通过不断强化和反复训练，成为个体的优势智能。在传统的教育方式已不能满足现代社会发展需要的情况下，如果我们的教育是着眼于培养全面发展的儿童，那么我们必须关注适合于儿童整体发展的教育方式。多元智能理论为小学科普校本课程的开发提供了一种综合性的视角。

> 从理论依据中看到课程开发的综合性视角。可以适当总结以上理论给研究带来的启示。如，构建出来的立体化体系是什么样的？如何体现多维度、立体化这一特点？

2. 建设课程机构

第一，我们成立了天文课程建设团队，包含课程专家团队、课程领导小组、课程核心小组、课程辐射小组几个主要部分。

第二，进行教师相关专业技能的培训。

第三，与其他学校的相关课程机构或天文台等机构进行沟通，协调合作事宜。

> 简单明了地将如何建设课程机构概括。

3. 建设课程体系

第一，建设史家实验学校的天文校本课程立体化体系，开发天文校本课程教材。

第二，将天文校本课程设置成选修课程与必修课程相结合的课程。

第三，制定课程实施计划，与国家课程的时间进行协调合理分配。

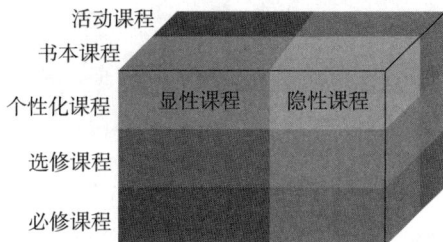

图1 天文校本课程立体化体系示意图

> 用图表的形式将课程体系表现出来，一目了然。

---

a 欣心："霍华德·加德纳的'多元智能'理论"，《北京教育(普教版)》，2002年第5期，第10~11页。

（二）研究实施过程

1. 课程机构建设

重点阐述研究实施的过程，详细阐述建构的课程体系在具体的课程教学中是如何实施的。

在学校领导的大力支持下，我校的天文课程建设团队迅速形成，包含课程专家团队、课程领导小组、课程核心小组、课程辐射小组几个主要部分。

2. 立体化天文课程体系建设的落实

解释如何编撰史家学校的天文教材，并阐述了天文教材对学生学习天文的影响。

（1）天文必修课教材进一步规范和完善。

为了规范我校天文校本课程的实施、指导教师完成好天文校本课程的教学任务，编写了史家的天文教材。教材分为三册，针对三至五年级学生（目前五年级未开课）。这是一套具有鲜明特色的天文校本教材，其中的内容涉及天文基础知识、天文观测技能、天文摄影方法、天文历史文化等众多领域，体现了将科技、艺术与文化相结合的教育思想，体现了以“天文”为载体，全面提升学生综合素养的教育理念。

自从应用此套教材开展天文校本课程的实践以来，学校的天文普及程度迅速提升，同学们学习天文的热情日益高涨，天文科普已经成为学校科技教育以及校本课程的突出特色，学校的天文社团也成为学生自主学习的重要组织。此外，本套教材也在外校、外省市的教师培训、学生培训中多次应用，效果良好。本套教材实现了自然科学与人文科学、科学技术与艺术文化的融合，不仅注重知识的传授、技能的培养，也关注学生情感的培养和价值观的形成，从立意到结构都有所创新，形成了鲜明的特色。

从教学结构来看，它没有按照一般的知识体系安排，但是在这种看似混乱的表象后面，是我们对学生认知规律的尊重和对学习进程的思考。

以三年级为例，共安排15个教学内容，如图2所示。

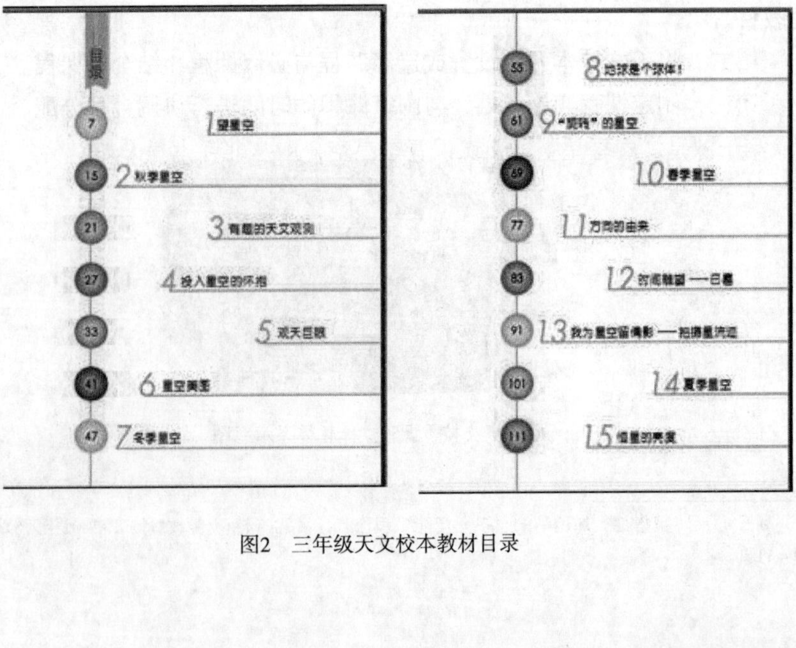

图2　三年级天文校本教材目录

从知识的体系上看，这样的安排适合学生。对于刚刚接触天文的孩子而言，调动学生兴趣，让学生整体上了解我们的天文课的学习对象无疑是最重要的。

第一课的教学就是围绕这个目的而进行的。当学生知道天文学是一门观测学科，要从认识星空入手进行学习以后，教师就要带领学生开始学习主要的星座和主要的亮星了。

第二课进入"秋季星空"的教学是因为人们习惯按照四季星空的顺序去认识、观测星空。而当学生对秋季星空有了大致了解之后，应当带领学生到天文馆、到大自然中去进行天文观测了，因此有必要让学生了解天文观测是怎样的一种活动。

第三课向学生介绍《有趣的天文观测》，为学生走出学校参与实践活动奠定基础。

第四课是《投入星空的怀抱》，就是要指导学生真正开展他们力所能及的观测活动了。最初级的观测是目视观测，但是孩子们更感兴趣、更喜欢的是用望远镜观测。

第五课就是来介绍望远镜的相关知识的《观天巨眼》。

第六课安排的是"星空美图"。为了更加有目的、更加专业地进行天文观测，学生还需要掌握星图的使用。经过一段时间的教学，就已经到了冬季。

第七课就是"冬季星空"。经过秋冬星空的观察，学生会发现一些现象，如恒星的周日视运动等，都和地球的自转有关。而地球的自转虽然很多同学都知晓，却始终不清楚早期的人们是如何意识到这个问题的，而这个问题首先又与对地球自身的形状的认识有关。

第八课是让学生认识我们的地球是一个球体。之后，当然就要来认识地球的自转了。

第九课学习到正是地球的自转让我们看到了旋转的星空。此时，已进入春季。

第十课是"春季星空"，认识春季星空一般从北斗七星开始。第九课学过的《"旋转"的星空》又正好印证了"斗转星移"这种现象，前后呼应。北斗星的作用之一就是用来指极，也就是指向北极星，便于人们辨认方向。那么方向又是怎么回事呢？

第十一课便是《方向的由来》。北斗七星的勺柄、小熊座的朝向都是随着时间、季节的变换而转换的，古人甚至可以把他们当作天空中的钟表的指针。那么时间又是怎么回事呢？

第十二课开始介绍时间方面的知识，通过《时间雕塑——日晷》来了解天文与人类产生时间概念的关系。在有了对时间、方向、星空的初步认识后，天文实践活动可以上升一个档次，开始通过天文摄影的方式来展现前面

以三年级天文教材为例，具体阐述如何完善天文教材。

的学习成果，同时要介绍相应的方法。

第十三课安排的是《我为星空留倩影——拍摄星流迹》。这时已进入了夏季。

第十四课便安排了相应的"夏季星空"。在参加天文实践观测、天文摄影中，学生可以发现恒星的亮度不同，春、秋的亮星明显少于冬、夏两季。

第十五课便是《恒星的亮度》。

其实每一册都是这样，从学生的学习进程上来看，这样安排是合理的，符合逻辑的，也是适合教师和学生使用的。

（2）天文校本课程开设为必修课。

前期的天文活动课均处于选修阶段，为了进一步规范和完善，通过近几年的努力，已经形成了两类面向全体的必修课，分别在高年级部和低年级部开展，并随时更新活动内容。

> 从低年级和高年级两个方向出发，详细阐述如何让天文校本课程丰富，以成为必修课程。

图3　学生在北京天文馆上课

低年级部与北京天文馆合作，开发了北京天文馆课程。本课程以北京市科委的支持项目编写的资料为依托，以北京天文馆为活动场地，以北京天文馆相关部门的工作人员为教师，采取了学校与北京天文馆共同开发的活动模式。低年级部学生每人、每学期至少保证一个半天到北京天文馆学习一次。孩子们的学习成果以学习单或小报的形式呈现。

图4　学生在学校天文馆上课

高年级部建有天文馆，开发了学校天文馆活动课程。利用每天午休时间，会安排各班轮流到天文馆活动，并由负责教师及学生志愿者进行组织、管理和讲解。课程内容涉及航天史、登月史、天文基础知识、古代天文文化、数字天象厅展示、天文仪器操作使用和天文纪念品的设计与制作等。活动课没有固定教材，活动内容随时更新。例如在最近的一年中，就诞生了学生自制天象节目展示、学生录制每日一天文节目、学生拍摄天文故事小剧、种植太空植物、制作航天纪念钥匙扣、开展天文图书漂流活动等课程内容。很多活动课程的创意和成果都来自学生，充分体现了学生的自主性，在教师编制不足的背景下，最大化地丰富了课程内容。

3. 天文选修课持续发展

天文课程应将普及与提高相结合。我们利用天文必修课进行天文普及，天文选修课则承担着提高的重任。

天文选修课也是有层次、有梯度的。在面向全体授课的基础上，学校成立了由127人形成的天文社团，社团中的活动课程和书本课程，无论内容的丰富程度和深度，还是形式的专业性，要求都高于天文必修课。

指出天文选修课与天文必修课之间的区别，以及如何开展天文选修课程以补充天文必修课程内容。

天文必修课仅从最浅显的角度展现天文知识、天文文化的魅力，由学校的科技教师授课，面向的是全体学生，学校希望这门课程能够提升学生的基本素质。而天文选修课面向的是对天文有兴趣的学生，因此授课的重点开始向"天文专业"转移。学校会请来自北京天文馆、国家天文台的专家和知名天文爱好者为同学们授课，讲授的内容专业性较强。如国家天文台的郭红锋老师亲自为同学们教授小行星搜索、航天英雄杨利伟等知名宇航员亲自讲解载人航天、国家天文台崔辰州老师亲自授课WWT等，我们请到的都是各领域顶级的专家来就他最熟悉的领域授课。

应该说，这127名社团成员都是喜欢天文的，但是他们的个性倾向、能力水平、可支配时间和家长的支持程度差异巨大，因此在课程选择上，也有所不同。而在充分尊重学生兴趣爱好的同时，考虑到了学生的个体差异，又出现了层次更高的核心组选

图5　天文核心组部分成员在黄山光明顶

修课程。参与此类课程选修的同学，不仅要爱学，还要能投入足够的时间和精力，达到一定的学习效果。这个效果可以用参赛成绩来衡量，也可以用作品质量来衡量。我们的核心组成员目前限定在20人，所有成员每学期都能呈现出优秀的作品。

4. 天文活动课程校内外结合

天文活动课也有选修和必修、校内和校外之分。校内活动既有面向全体、影响力大的大型活动（如太空探索"0"距离——国际宇航员进史家、国际天文学联合会支持项目——诗意星空启动仪式、天文观测竞赛），也有百人以上的中型活动（如太阳黑子观测、天文知识竞赛、太空种子种植），也有部分同学参加的小型活动（如金星合月的观测、日面上暗条的观测、天

文教育影片的录制、学校天文馆的讲解等）。这些校内天文活动深受学生喜爱。

指出天文课程如何渗透到校内外的活动中。

与校内活动相比，学生更加喜爱校外的天文实践观测。在星空下能够感受到宇宙的浩瀚和博大，成为一次心灵的洗礼。我们深深地被孩子们的痴迷而感动，记不得多少第一次观测星空的孩子激动得难以入睡；记不得多少孩子坚守在望远镜旁彻夜观测；记不得多少孩子忘记了困倦、寒冷，表现出了惊人的耐心与毅力。这些娇生惯养的"小皇帝""小公主"们，在星空下像变成了另一个人，而他们在知识、能力、情感态度上的长进也超出了我们的预期。

校外天文活动包括参观天文台站、校外天文馆、天文古迹考察等，最重要的还是天文摄影。这种方式不仅能够物化学生的观测成果、让学生的个人观察结果转换为全体观察结果，还能够让学生品尝到成功的喜悦，也最容易直接应用于学校天文文化建设。从天文专业的角度看，摄影的方法可以记录很多人眼无法觉察的信息，无论是色彩还是细节，照相机都能更多、更好地进行记录。在天文科研领域，肉眼观测几乎完全被摄影所取代了。

图6　夜间观测活动

利用双休日、节假日，我们会带领学生到北京周边进行天文摄影活动；利用寒暑假，我们会带领学生开展为期一周的天文夏令营或冬令营。在这几天中，同学们除了开展常规性的天文培训、天文实践外，还会开展考察当地自然环境（地质、水文、动植物）、历史文化等内容丰富、形式多样的附加活动，力求让学生在愉悦中有更多的收获——在跋山涉水中强健了体魄；对天象的等待与守候锻炼了毅力；集体生活中学会了为人处世；设备的操作中提高了动手能力；天文摄影的作品创作中提高了审美；天文课题的研究中学会了探究……他们在天文活动中收获的绝不仅仅是知识，得到的是科学素养、人文精神、艺术修养、身体素质等各方面的全面提升。

5. 个性化天文课程多元发展

利用史家学校个性化课程与天文课程相结合，使得天文课程多样化。

个性化课程是我们为了满足具有不同个性倾向的学生的发展需要，为他们量身打造的课程。从本质上，它与选修课还是有差别的。选修课是我们提供课程菜单供学生挑选的，而个性课程是学生提出需求，我们为满足他们的需求而定向开发的。

天文社团中的学生，同样爱好广泛。有些同学喜欢美术，我们就开发太空美术课程；有些同学喜欢英语，我们就开发天文馆英语讲解课程；有些同学喜欢制作，我们就开发天文工艺品制作课程；有些同学喜欢表演，我们就开发天文影视作品制作课程……学生有什么个性需求，我们就提供什么课程资源，这种做法虽然很辛苦，但是学生的个性特长得到了充分发挥，创作出了很多成果。

图7　学生天文美术作品

6. 隐性天文课程广泛渗透

隐性课程是学校情境中以间接的、内隐的方式呈现的课程。隐性课程，也称潜在课程、隐蔽课程、无形课程、自发课程等。

我校的隐性天文课程主要包括以下三个方面。

（1）物质方面的隐性课程。主要指学校中的建筑物、设备、景观和空间的布置等。自2008年至今，学校陆续添置了大量天文观测设备和航空航天模型。从当时的尼康D3数码单反相机、高桥130ED天文望远镜、高桥EM-200赤道仪到后期的QHY-16CCD、高桥180ED天文望远镜、日珥镜等，我们的天文观测设备无论在数量上还是在品质上都在全国小学首屈一指。再加上航天科技馆中110个梅西耶天体的喷绘、太空美术家喻京川的画作的装饰，创设了浓郁的天文教育和航天教育的氛围。

2011年开始改建的学校科技馆，是一个以天文和航天为主题的科技馆。设计伊始，我根据学校地下一层空间结构的特点结合学校的科技特色，将科技馆按照空间站的概念进行建设和改造，形成了独特的"天宫S号"。我国的目标飞行器以"天宫"命名，目前有"天宫1号"，将来多个飞行器对接后，便会成为我国的空间站。我校的科技馆之所以叫"天宫S号"，是因为S是史家实验学校汉语拼音的首字母，也是学校、科技、社会的英文首字母。它体现了史家实验学校努力开发学校课程、社会课程资源，共同开展好科技教育的理念。在史家实验学校科技馆，每间教室、办公室均以舱室命名，楼道也以空间站舱室通道的概念打造，整体环境力求为学生创设置身宇宙的感觉，为学生营造激发梦想的"造梦空间"。

（2）制度方面的隐性课程。主要指学校的组织制度、知识的选择、管理评价、利益分配制度等。学校科技教育、科技管理制度完备，从学校整体

介绍隐性天文课程如何从学校物质、学校制度、学校文化和学生心理等方面渗透，以此体现天文校本课程的立体化。将课程分为显性课程和隐形课程两大类分别阐述，会更能体现天文校本课程立体化体系。

规划部署到天文馆的管理和使用，学校的各项政策都体现了向天文教育及天文课程开发的倾斜。这无形中提高了天文课程在学校教育中的地位，激发了教师和学生在天文课程中的投入。

（3）文化、心理方面的隐性课程。史家实验学校以和谐教育著称，天文教育渗透的"赞天地之化育""与天地参"的"天人合一"的文化，既是中国古代传统文化的核心思想，也是对现代和谐理念和可持续发展思想的很好的诠释。在天文课程中，我们努力体现和谐文化，并着力渗透价值观教育，让学生在天文课程的学习中，变得更宽容、善良、自律和友爱，成为追求真理、勇于创新、诚实守信、热爱祖国的一代新人。

> 可进一步明确多维度、立体化天文课程体系构建的详细内容。

四、研究实施效果

经过两年多的实践，多维度、立体化天文课程体系构建完成，并日趋完善。在培养学生综合素质、渗透价值观教育方面，在联络学校不同学科、不同活动方面，在促进学校文化建设的进一步发展方面都发挥了积极、有效的作用。

> 从学生层面、教师层面和学校层面指出天文校本课程体系建构实施的效果。

（一）学生层面

1. 创新精神与实践能力明显提高

天文课程的开设并非旨在培养天文专业人才，而是要全面提高学生的整体素养，其中最核心的，是创新精神实践能力的培养。

创新精神首先来源于创新的欲望，创新欲望的产生依赖于人的好奇心和求知欲。人生来好奇，进而不断探索未知，逐渐认识世界。对于学生而言，再没有什么比神奇的宇宙更能够激发好奇心和求知欲的了，因而随着天文课程的推进，孩子们的创新意识逐渐增强，创新精神得到了培养。

与以往不同的是，学生的创造力不仅体现在天文科学和科技竞赛中，在日常组织的各项活动和平时的学习、生活中，都能体现出他们创新精神实践能力的提高。

> 用学生创作的事实表明天文校本客户才能让学生的创新精神与实践能力得到提高。

学生自己设计天文馆LOGO，水平得到了专业人员的认可；学生自己管理社团，创造性地设计、组织社团活动；学生自己开发课程资源，甚至着手编写学校天文馆课程教材；学生自己创作天象节目，从创意到质量都不比专业机构的产品逊色；学生自己编写认星诗歌，展现了自己的文学修养……学生的创造力在方方面面都得到了体现。

> 从天文课程的多元化、学生学习方式的多样化、具有特色的师资队伍等方面表明学生自主性的发挥。

3. 学生的自主性得到了充分的发挥

由于我校的天文课程由原有的书本必修课程向多维度、立体化建设发展，学生的自主性得到了充分的发挥。

在天文选修课中，学生可以自主选择相应课程，甚至自主开发相应课程。自主选择是在学校提供的课程资源当中进行挑选，根据自己的兴趣爱好进行选择；自主开发是指学校本没有相应的课程，学生根据学习愿望提出了要求，学校和学生共同寻找资源开发了新的课程。例如我校原本没有天象节目制作课程，天文馆建成后天象节目很受学生欢迎，但是片源紧缺。有些学生就提出了要自己学习制作天象节目的想法，在此基础上我们联系国家天文台的相关部门，在崔辰州研究员的大力支持下，先从个别学生开始进行尝试，进过了几个月的摸索后开发出了这门选修课程。

学生也可以自主选择学习方式。有的孩子喜欢坐下来踏踏实实地学，我们就安排基础天文学的选修课，学生可以在课堂中、演播厅或礼堂内上课或听讲座；也有些学生喜欢在实践中学习，我们就安排他们参观天文台站，进行仪器设备的现场操作和使用；有些同学喜欢表演，我们就安排了天文小剧的编排，让这些同学在表演的过程中深化对天文的认识，同时将自己对天文的理解进行传递。

学生可以自主选择授课教师，授课者不一定是教师和专家，也可以是学生或家长。我们聘请过的专家包括北京天文馆馆长朱进、航天英雄杨利伟、航天授课教师王亚平、北京天文馆副馆长陈冬妮、《天文爱好者》杂志社社长李鉴、北京天文馆研究员王玉民、国家天文台研究员李金增、原中华航天博物馆馆长张国友，等等。

特色教师资源，让学生依据自我需求和自我兴趣选择多样且专业性的"教师"。

学生和家长资源也是我们重要的师资。有些学生虽然在班里并不起眼，但是却酷爱天文，积累了很多天文知识，而且思考着许多深奥的天文问题，甚至有些同学形成了自己的一套关于宇宙形成发展的"理论"。把这样的孩子请上课堂作为"讲师"，不仅能够展示他们的才华，还能够激励更多的孩子向他们学习，成为天文科学的小专家，教育效果非常好。

史家实验学校的家长藏龙卧虎，充分调动家长资源是我们开展好天文课程的重要保证。我们的家长有些就是从事天文、航天工作的，可以直接请来为同学们授课；有些虽然不是从事相关行业的，但是能够调动相关资源，请来专家为我们授课。无论

图8　学生家长在学校天文馆授课

哪种形式，都丰富了我们的天文教育资源。

学生也可以自主选择活动课程的场所。同样的彗星观测，有些学生选择了灵山，有些学生选择了百花山；同样的月全食观测，有些学生选择了辽宁笔架山，有些同学则选择了昌平的老峪沟，有些同学就在景山公园拍摄。充

分给予学生自主的空间是我校天文课程的特色之一，这不仅让学生更加喜欢天文，也让学校的天文课程变得更加鲜活和充满了生机。

3. 学生团队意识大大提高

天文活动促进了学生的交往与合作，在原有的天文课程中这主要体现在学生参加校外天文实践中。而在现有的天文课程体系中，无论校内校外课程，均有效地促进了学生的团队意识。

在我们的天文社团中，学生获得了另外一种归属感。他们自己组成了不同的部门，负责相应的工作，如组织部、宣传部、技术部、影像部，等等。每次社团活动，小干部们都会提前到场，提醒同学们遵守秩序。我也会反复宣传社团的培养目标之一，就是希望同学们成为自律的人。渐渐地，天文社团形成了独特的一种现象：尽管同学们来自不同的年级、班级，而且每次参与活动的人员并不相同，然而大家真的像一个训练有素的集体，无论做什么事都秩序井然。在各项活动中，同学们亲如一家，大同学照顾小同学，男同学照顾女同学，老同学照顾新同学，有经验的同学和家长还能发挥传、帮、带的作用，引领社团的新成员快速成长。他们也会在同学中发挥正能量，宣传天文社团的优势，并介绍更多优秀的或喜欢天文的同学加入我们的社团。

在近几年学校的几次大型活动中，天文团队通力协作，以一个优秀团队的姿态完成了许多看似不可能的任务，不仅在全校同学面前展现出了良好的风貌，也为学校增光添彩。国际天文学联合会支持项目"诗意星空"的启动仪式，完全依靠我们的天文团队的策划和组织，得到了科技、教育、艺术等各界领导的支持，举办得非常成功；国际宇航员大会社会活动日活动在我校进行，天文社团也是其中的核心力量。无论是最初的策划还是最后的实施，天文社团同学的表现都给人眼前一亮的感觉，很多人对天文甚至对科技产生了新的认识——能够拿到舞台上展示的不仅是舞蹈、合唱等文艺演出，也可以是精彩的科技展示。我们天文社团同学的作品展示总能够成为重大活动的点睛之笔，连续几次重大的活动让天文社团同学的展示由偶发变成了常态。在2015年的开学典礼上，天文课程的介绍、天文社团的展示再次获得了成功。这是天文课程和天文社团第一次在开学典礼上公开展示。是同学们的共同努力铸就了这样一支优秀的队伍，并得到了大家的尊重和信任。

4. 学生学会了"坚持"

成功是多种因素综合作用的结果，但在我看来，"坚持"无疑是成功的第一要义。

在人心浮躁的大背景下，让学生学会坚持，特别是在没有强制的前提下学会坚持是不容易的。我们始终坚持树立榜样、正面引导的方法教育学生，让他们自愿地坚持把一件事做到底、做到好。

面对天文馆志愿者，我会讲第一批志愿者刘瑞君的事迹，让他们知道即使是一个非常普通的孩子，如果做事能够锲而不舍，也会成为老师眼中最优秀的学生。面对选修课的学生，教师会发现其中最执着的孩子，通过与家长合作拍摄宣传片的方式，树立榜样激励学生向她学习。

在我布置为学校天文馆设计LOGO任务之后，很多喜欢美术的同学都参与了设计。但是LOGO的设计对小学生而言难度之大毋庸置疑，很多设计都难以达到较好的效果，于是很多人选择了放弃。但是在诸多同学中，我发现了一位小姑娘。她出于对美术的热爱和天文的兴趣，画了20多稿。我专就此事为她拍摄了宣传片，目的是让她这种持之以恒的精神在同学中得到传播，在她身上得到持续。也许她以前只有在画画这方面能

图9　学生设计的天文馆LOGO

够持之以恒，我希望她做每一件有意义的事的时候都能持之以恒；也许原来只有她做事可以如此执着，我希望更多的同学能够像她一样做事执着。这种正面的宣传导向的确是有作用的，天文馆的志愿者们无论有没有人参观，都能坚守岗位；同学们在天文观测中无论遇到多么大的困难都会坚持到底。

记得拍摄彗星时，眼看漫天的乌云，别说彗星，连太阳都看不到。但是同学们没有放弃，一直等到天黑。在太阳落山后不久，奇迹出现了，乌云闪开了缺口，露出了蓝天和彗星，拍摄取得了成功，学生的作品也在《天文爱好者》杂志上发表。在黄山上拍摄时，云雾在眼前飘荡，几乎所有的人都不相信还会有晴天。同学们硬是在凌晨2：30守候到了满天繁星，在光明顶上拍摄到了绝美的徽州的星空。如果没有平日的历练，恐怕同学们也不会懂得如此坚持。坚持，让同学们绝不服输；坚持，让同学们从不放弃。天文社的孩子都能有进步，与学会坚持有密切的联系。

（二）教师层面

1. 知识结构得到了完善

随着近十几年来天文知识在小学自然课、科学课和中学地理课中的逐渐弱化，地球与宇宙领域的专业知识已经成为很多人自然科学知识体系中的一个最为薄弱的环节。尽管我们已经是在进行最浅显的天文知识的教学，但是老师们依然感叹"知道得太少了！"包括骨干教师在内，不知道一天如何界定，不知道月球如何自转，不知道公历一个月、阴历一个月、月球自转一周以及月相周期的差别和关联……于是，大家一边查资料，一边询问，一边开发，把课程建设的过程当作一次弥补自身知识结构缺失的学习的过程。

> 从具体的事例中体现教师的知识结构如何得到完善。

2. 教育观念得到了更新

校本课程的顺利推进离不开正确的方向指引；正确的方向指引离不开正确的观念。

在天文校本课程确立之初，"搞什么样的天文教育、上什么样的天文课、构建什么样的天文校本课程体系"是三个最关键的问题，而对这三个问题的回答直接左右着学校天文课程的构架和实施。经过反复的思想斗争，我们给出了这样的答案——我们要搞能够全面提升学生综合素养的天文教育、上学生喜欢的天文课、构建立体化、多维度的天文课程体系。尽管我们理论水平有限，但是在进入实操阶段之前，我们还是构建了属于自己的理论体系雏形，对我们所认可的天文教育以及天文课程进行了初步的界定，指明了史家实验学校天文教育和天文课程的发展方向。做基础教育，我们首先要培养的是全面发展的人，其次才是发展他们的个性特长。而且我们也看到，很多没有接受专业天文教育的人，由于有兴趣作动力，最终在天文专业上取得了突出的成就，也有很多接受天文专业教育的人，由于失去了兴趣最终离开了天文。天文校本课程要从学生的需求出发，从学校的特点出发，出于这样的想法，我们才一步步构建起了现在的天文校本课程体系。

在明确方向之后，进一步需要解决的是资源的开发和天文课程的实施问题。看似经验丰富的科学课教师团队在天文课程开发时遇到的困难超乎想象。除了自身知识水平的欠缺外，重要的原因之一就是老师们不习惯方法、思想和价值观的教育。尽管经历了多次教育改革，老师们受传统教育方式方法的影响，依然更注重知识，而不太习惯通过课程的实施来渗透科学的方法、科学的思想和积极的情感态度价值观。无论是活动课程还是书本课程，无论是选修课还是必修课程，他们关注的首先还是知识，对于那些用于渗透方法和思想的内容和环节表现出了不理解，甚至不愿意进行这方面的教学活动。我们通过校本教研活动不断更新教师观念，让他们认识到能力比知识重要，方法比能力重要，情感态度价值观更加重要。渐渐地，老师们的教育教学行为发生了转变，开始关注学生的全面发展，开始关注学生行为习惯、思维方式和价值观的教育了。

指出教师的教学观念为何发生改变的原因，以及教师具体的教学观念是如何建构的。

在学习望远镜的时候，教师会渗透知识产权保护的意识，会用布鲁诺坚持真理不怕牺牲的事迹教育学生养成实事求是的态度和树立追求真理的精神。在学习秋季星空的时候，会通过对神话传说中的人物的分析来教育学生做一个善良、勇敢、关心他人的人，形成积极的价值观。

3. 工作能力得到了提高

史家实验学校的教师团队是优秀的，科技教师团队也是优秀的。他们在繁重的工作压力下，能够不断完成新任务、解决新问题，为学校赢得了良好的声誉。但是，就科学教师队伍而言，也存在着一些不足。或许是工作太多、太杂，他们更善于听从领导的安排，完成各种分内分外的工作，但是如果无人安排，他们就不知道该做什么、能做什么了。

在天文校本课程的体系建设和开发中，我们本着"宜粗不宜细"的原则，布置任务时只说大方向，不作细安排，让老师们自主策划和落实自己所负责的工作，这让他们在工作中能够更多地去思考，并发挥自己的特长，全面提升了工作能力。

例如刚刚入职的郝磊老师，负责学校天文馆活动课程的开发与实施工作。一开始，他也总等着我分配任务，在工作汇报时，也总以"我完成了张老师交给的……任务"来表述。我和他说，这不是我交给你的任务，而是你工作职责范围内的事，是你应该主动做好的事情。我鼓励他发挥年轻人的优势，不要受到任何束缚，大胆创新自己的工作，只要让同学们喜欢来天文馆的活动，让同学们有收获就是工作的成功。渐渐地，他工作放开了手脚，除了熟练掌握天文馆设备的操纵、熟练讲解之外，还自己下载天文影片，带领学生录制天文节目视频，创造性地开展工作。同样刚刚入职的叶楠老师不仅能够带领学生制作航天器模型，又开创了制作天文工艺品的活动，带领学生设计图案、操作设备、完成制作，提升了学生的设计能力、审美能力、观察能力、操作能力，并且让孩子们能够胆大心细地去做事，受到了大家的喜爱。学校科学教师中的元老级人物杨春娜老师也开创性地开展天文课程教学工作，她让孩子们通过作诗的方法总结学习的内容和收获，将科学和文化艺术相结合，提升了孩子的表达能力。其他老师也一样，都在创造性地开展天文课程的实施工作，使得我校的天文课程得到了学生的喜欢、家长赞同、社会的认可。

> 运用具体的事例分别说明新教师和骨干教师的工作能力在天文校本课程中是如何提升的，如何不断发展以提高教师专业化能力的。

（三）学校层面

1. 形成了鲜明的科技特色

天文课程的蓬勃开展不仅形成了学校的特色课程，也形成了学校的科技特色。必修课让天文教育全面普及，参加天文知识竞赛的学生由2012年的20多人发展到2014年的2000多人；选修课的丰富让天文教育走向特色化之路，而且稳步提升。我们的天文成果在北京市青少年科技创新大赛、金鹏论坛、北京市中小学生天文观测竞赛乃至国际天文学联合会支持的项目"诗意星空"的比赛中纷纷获奖，学生在天文摄影、天文研究、天文绘画、天文制作等方面的水平越来越高。由于在天文科普方面成绩突出，我校顺利通过了2014年北京市金鹏科技团的申报和审核工作，成为北京市金鹏科技团的首批天文分团，获得了北京市科技团体的最高荣誉。

> 从2014年已经形成了天文科技特色，可见天文校本课程的受欢迎程度与成熟度。

2. 为校本课程的立体化开发提供了经验

天文校本课程的立体化开发是学校课程建设的一种尝试，它的经验将会被其他课程借鉴，让学校的课程体系更加完整，更有利于促进学生的发展。

这么多年的教育经验告诉我们，无论是教育还是教学工作，单纯依靠某一种形态的课程均无法达到最佳的教育效果，完整的教育必然是各种课程形态综合作用的结果。因此课程的立体化建设就显得更有意义。

3. 促进了学校文化建设

由于天文课程全面辅助于学校的整体工作，天文课程所渗透的情感、态度、价值观也逐渐成为学校文化的一个组成部分。这不仅是"赞天地之化育"的可持续发展思想，还包括实事求是、勇于创新、坚持不懈、团结协作等人文精神。这让史家实验学校丰富了文化内涵，有利于培养出更多、更优秀的学生。

五、获奖情况

> 获奖情况也是实施效果的一部分，建议放在实施效果部分。

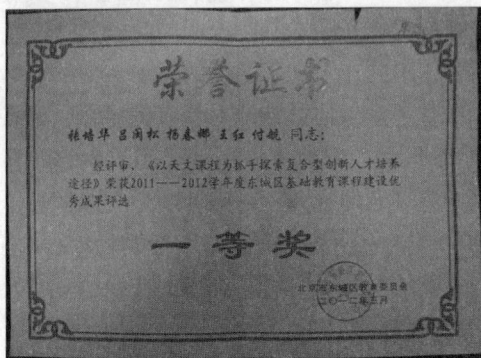

图10　东城区教学成果一等奖证书

2008年起，史家实验学校开设了天文校本课程建设。经过三年实践，形成了自己的经验和成果，在2012年的东城区教学成果评选中获得了一等奖。

在全校师生的共同努力之下，史家实验学校的天文校本课程取得了优异的成绩和得到了各学校的认可。同时，在本校，史家天文教师团队总能拿到全校教师中最高的奖金；尽管学校的教育教学和管理经验层出不穷，编写了很多教育丛书和教材，但天文校本教材的投入最大，印刷和装帧效果最好；尽管学校教育教学工作都很重要，但天文教师团队在每周教研、政治学习以及单独召开例会探索金鹏天文团建设工作……对隐性课程的制度上的倾斜，与显性课程发挥着同样重要的作用。

学生们在教师的指导下，从天文学、天文观测的角度展开研究，撰写了《利用摄影法判断极轴误差并进行校正的实践研究》《半导体制冷片防设备结露效果的实践研究》《航天诱变黄瓜品种（系）的种植与观察实验》等论文；发明了"可做摄影支架的多功能拉杆箱""梅西耶深空天体拍摄星图""天文摄影

> 天文校本课程立体化体系建构后，学校、教师和学生取得非凡成绩，证明了天文校本课程立体化体系建构的成功性。

图11　张培华老师获得教育家卓立奖

198

专用手套"等。他们的研究成果不仅在天文社团中得到了宣传与展示，在北京市、东城区的科技创新大赛，金鹏科技论坛，北京市中小学生天文观测竞赛和全国小院士的评比中都取得了优异的成绩。

图12　学生在各类竞赛中频繁获奖

六、研究创新和反思

（一）研究创新

1. 实现了天文课程与学校整体工作的结合

我校的天文校本课程不仅与教学和科技活动直接相关，还与各学科教学、各项教育活动乃至学校的其他社团都有密切联系。我们会和语文老师一同商讨有关天文知识的语文教学设计，会请语文老师做评委举办天文征文竞赛；我们会和英语老师一起辅导学生参加科技英语竞赛，英语老师也会辅导天文社团的学生用英语介绍学校天文馆和天文活动；我们会组织自己的义卖活动、支持其他地区和学校的科技活动，也会鼓励学生参加学校阳光公益社的公益活动；我们会与德育处共同组织教育活动，德育处也会教学生并委派学生协助我们管理，共同开展好天文活动；我们会辅导学生进行天文绘画、动漫制作、小剧的排练，他们的成果可以同时作为科幻画、动漫社团和戏剧社团的成果，相应社团的老师也会协助们完成辅导学生的工作……可以说，天文课程的影响已经渗透到了学校教育教学的每一个角落。天文已经不仅仅是史家实验学校的科技特色，俨然成为学校的一张名片。

> 研究的创新回应了研究课程设计过程中的特色，特别是"立体化"的天文课程结构，多样的"教师资源"等。

2. 开创了教师、学生、家长三主体的课程建设模式

按照目前的教师编制，不要说立体化课程的开发与实施了，即便是必修书本课程的实施也难以实现。我校课程开发、建设和实施工作，需要大量人力投入，而学生和家长就是我们人力资源的重要组成部分。

学生不仅是教育资源的享用者，也是教育资源的建设者。学生在社团中，可以担当起部门负责人的重任，不仅在活动中参与组织管理，也能够开发活动内容。在必修课的教学中，学生能制作课件，能查阅资料参与编写教学内容。有的学生甚至开始着手编写教材，这都为教师的课程开发提供了丰富的资源。

学生家长在学生的感召下，也加入了天文课程建设的行列。懂专业的直接提供资源，不懂专业的间接找资源并直接参与组织和管理。特别是在活动课程和选修课程的建设中，家长发挥的作用超过了教师团队。无论是全校性

的活动还是小范围的活动，他们都参与了组织策划管理宣传的全过程。在天文课程的建设与实施中，家长不再是义工，而是名副其实的辅导员和教师。

在我们的天文社团中，社长、各部门负责人均由教师、学生、家长三部分构成，他们的职责相同，地位平等，共同开展社团活动，参与学校天文课程体系建设工作，是目前学校内学生、家长主体作用发挥得最为突出的团体。

3. 实现了科技与文化、艺术的融合

无论在我们的显性课程中，还是隐性课程中，"将科技、文化、艺术相结合"均是主导思想。从校本教材来看，不仅展现了人们对天文的认识，也阐述了东西方不同的传统文化；不仅从科学的视角审视天文现象，也从医术的角度展现宇宙的壮美。从天文环境的建设来看，不仅运用了现代化科技手段宣传着天文科学的进展与成果，也将中国古代天文文化进行了充分的展现。不仅宣扬了中国航天人的航天精神，也渗透着古人"天人合一"的和谐思想。

科技是动力，文化是导航，只有将科学与文化艺术完美地结合，才能造就德才兼备的可用之才，人类才能得到可持续发展。科技与文化艺术的融合是我们教育者应当坚持的方向。

天文课程的立体化建设是史家实验小学天文校本课程体系的结构性创新，全面育人是史家小学天文课程的突出特色。我们天文课程的培养目标是促进学生各项素质的全面发展，特别是要对学生价值观的形成施加积极的影响。为了达成这一目标，史家小学的天文校本课程注重了科技与文化、艺术的融合，从更广阔的视角审视天文课程的育人价值，加强了它与各个学科和各种活动的横向联系，已经逐渐成为学校文化的重要组成部分，并成为将不同学科、领域联系在一起的无形的纽带。它不仅在史家实验学校的校本课程建设方面发挥作用，还会在学校整体教育工作中发挥不可替代的作用。

（二）研究反思

1. 必修课程的合理性

不断反思并完善建构的天文校本课程立体化。

在将天文校本课程划分为必修课和选修课的同时，需要慎重考虑学生们的兴趣和已有的知识经验。要考虑如何保证选修课程能够是孩子感兴趣的，而不是仅仅考虑课程开设的难易程度；要考虑如何保证必修课程能更大程度地达到课程和教学的目标等，都是在开设天文校本课程中需要更好地去改进和关注的问题。

2. 处理好教学过程的几种关系

从教师的实际教学课堂出发，具有针对性。

在研究实施的过程中，我们发现面对活动课程或书本课程，面对选修课还是必修课程，教师更容易关注的首先还是知识，对于那些用于渗透方法和思想的内容和环节表现出不能完全理解，这也会影响这方面的教学活动。因此，这就需要我们要注重通过校本教研活动，不断更新教师观念，让教师处理好教学能力与知识、直接经验与间接经验等几对关系。

参考文献

[1] 张迎春，韦晓静.三学科课程标准中的科学探究：思考与建议.课程·教材·教法，2012（9）

[2] 王宪钿，皮亚杰.发生认识论原理.北京：商务印书馆，2011

[3] 余胜泉，杨晓娟，等.基于建构主义的教学设计模式.电化教育研究，2000（12）

[4] 欣心.霍华德·加德纳的"多元智能"理论.北京教育（普教版），2002（5）

[5] 查尔斯·科瓦奇（Charles Kovacs）.天文与地理.台湾旺旺出版社，2012

[6] 中国大百科全书出版社编辑部.中国大百科全书——天文学.北京：中国大百科全书出版社，2004

[7] 苏宜.天文学新概论.北京：科学出版社，2009

[8] 廖哲勋，田慧生.课程新论.北京：教育科学出版社，2003

[9] 刘淑兰，蔡振英.宇宙与大自然的奥秘.北京：蓝天出版社，2003

[10]吴刚平.校本课程开发.成都：四川教育出版社，2002

[11]钟启泉，崔允，张华.为了中华民族的复兴为了每位学生的发展：《基础教育课程改革纲要（试行）》
解读.上海：华东师范大学出版社，2001

[12]叶波，范蔚.课程改革十年：校本课程开发的进展、问题与展望.教育科学研究,2012（4）

[13]章颖.天文地理与中学地理校本课程.地理教学，2014（11）

综合评述： 整体来说，张培华老师的研究立足于自身的教育教学实践，在长期实践探索的基础上，尝试运用行动研究的方法总结梳理在学校建设立体化天文校本课程体系的缘起、内容、过程和效果，研究的选题聚焦、目的明确、思路清楚、成效突出，体现出张老师及其团队对天文校本课程立体化体系建设做了深入的思考、付出了极大的心血和努力，对于一线教师来说应该说是一篇相当不错的研究论文，具有较强的实践和理论价值。但是也许是限于时间、精力等制约，本研究也存在诸多问题。研究论文或报告不是工作报告，注重的是对问题的回答要"有理有据、有方法和过程"，要围绕研究问题阐述研究是如何展开的？在这一过程中采取了什么方法？获取了哪些证据？又是如何分析的？本研究的主要内容是要回答如何构建和实施立体化天文校本课程体系这一核心问题，因此应该围绕这一问题展开，但在本研究中对体系的构建和实施并没有很好地阐述，而是列举了很多工作内容与事例，因此研究的味道还不甚浓。

这个研究对学校长期开展的"天文校本课程"实践探索做了梳理，希望后续研究可以聚焦立体化天文校本课程有效发挥不同主体的作用、有效实施的策略与评价方式等更具体的问题展开深入研究。

？ 研究反思

一、参与此次史家项目的原因与动机

19岁走上讲台的我，终于在史家小学重新得到了走进校园、脱产学习的机会。短短10天的校园生活丰富而高效，让我收获颇丰。

北京师范大学学习结束后，工作依然忙碌，没有闲暇回顾学到的东西，很多当时学过的理论、用过的方法逐渐淡忘了，这也给我留下了深深的遗憾。

很快，学校启动了"30个提升项目"。大会上，校长希望大家踊跃报名，并提出把更多地把机会让给一线的教师。

我非常感谢学校的安排。我在领导的照顾下成为项目组的一员。但我非常清楚，我能够入围项目组，是科技团队集体的力量，作为学校教育重中之重的科技教育，不能没有代表进入这个需要进一步提升的范围。

二、在此次项目过程中的收获

1. 领导和导师给了我充分的信任

领导让我加入项目组，是对我的信任，也说明学校对科技教育充满了期望。在与导师的接触中，我感受到最多的也是信任。

记得第一次和导师卢立涛教授见面时，我先介绍了自己的情况。我说自己的项目可能是所有项目中最不被认可的一个。其他课题要么立项成功，要么成为北京师范大学培训项目的优秀课题，而我的课题什么也不是，是由于领导对于科技团队的重视才让我进入了这个提升项目的范围。

卢教授认真地看了我的材料，听了我的看法和讲解，告诉我没有立项的不一定不是好课题，他非常赞同我平时的做法和观点，认为我的资料足够丰富，想法也非常好，要我不管别人怎么看都要一直做下去，并且鼓励我出专著。虽然我没有出专著的想法，但是对卢教授的鼓励还是非常看重。因为他给了我信心，说明我的路没有走错。作为教师，别人的看法并不重要，重要的是，是否能够促进学生的发展，是否能够为国家培养更多的人才。

其实不只是卢教授，我在北京师范大学学习过程中所接触到的几位教授（朱教授、宋教授、叶教授）都曾不止一次地鼓励我，让我有信心做好我的教育工作。

2. 编写新版《天文》教材

对我而言，专著实在没有时间完成，但经过与卢教授的探讨，可以先重编天文校本教材。现在史家所使用的天文校本教材是在我15年前编写的校本教材基础上修改得来的。在多年的使用中，它的优点得到了认可，缺点也同样凸显出来。由于多数教师没有天文专业基础，在教学时遇到很多困难。在大家的反馈意见中，很多人提出了编写一套类似科普读物的教材的想法，认为最好能在书中找到答案，这样才可以让孩子们更好地自学、教师更好地备课。虽然从教材的角度讲，这样的编写不太符合潮流，不过确实更加符合现状。特别是我们准备支援偏远地区的天文教育，如果能编写出一套普适性更强，能够让读者不依赖其他资源就能读懂的教材未尝不是件好事，因此我启动了编写新版教材的工作。

起初，我组建团队，准备带领大家共同编写，但是由于金鹏团评审、东兴杯评比等任务接踵而至，老师们实在太辛苦，就不忍心再给老师们增加负担了。我就一个人承担起了编写工作，目前已经完成初稿。

按原计划，编写的校本教材应当作为项目成果上交，但是由于和项目成果要求不符，成果上交时用其他成果进行了替换。不过相信这套教材一定能有用武之地。

3. 丰富了社团活动

在与卢教授的沟通中，他对我的很多想法、做法都非常支持，比如组织亲子观星活动、天文公益活动等。并表示希望我做下去，必要的时候会给予我相应的支持。于是，我进一步将这两项活动和社团的建设工作进行了深化。

2016亲子观星成果展示活动起初是我校发起，并在学校领导支持下取得了中国教育学会家庭教育专业委员会支持的一项活动。由于是首次开展，没有把握，不敢进行大规模宣传。但是，当我把这个想法和一些业内人士进行交流的时候，立刻得到了诸多单位的大力支持，如北京天文馆《天文爱好者》杂志社愿意作为承办单位，北京校外教育协会、北京科促会、北京市教育学会小学科学教育专业委员会愿意联合主办，这让活动的规格、品质都得到了进一步的提升。

从中国教育学会官网开始宣传这项活动开始，我们陆续收到了来自全国各地的稿件，很快就达到了预期。为了鼓励大家积极参与，我多方协调筹措资金，为最终的评奖打下了物质基础。我邀请了国家天文台研究员、北京天文馆专家、《天文爱好者》杂志编辑、民间天文爱好者带头人、北京市教育学会科学教研室教研员以及学校的特级教师组成了具有代表性的评委团，对参赛作品进行了认真细致地评审，并对获奖选手和单位进行了表彰和奖励。获得金、银、铜奖的选手得到了定制的证书、奖牌和奖品，很多人表示以后一定继续参加。

天文公益活动也是我们自发组织，并不断壮大的一项旨在普及天文的活动。最初，就是因为看到了偏远地区教育资源匮乏，有些儿童生活贫困，想带着他们一起观测星空，并捐助一些学习、生活物资，希望对他们有所帮助。后来，参与进来的同学越来越多，包括家长，也愿意去帮助那些偏远地区的贫困儿童。于是，天文公益成了我们社团的重要活动内容之一。

我们主动联系公益组织，与他们联合开展公益行动。我们提出了精神扶贫比物质扶贫更重要的理念，希望通过普及天文科学让偏远地区的人也能够仰望星空，脚踏实地地去奋斗，从而促进当地经济和文化的发展。于是同学们编写教程、录制微课、制作动画和课件，开发教育资源，无偿赠送给需要它们的学校，因为我们知道，这些教育资源如果跟不上，天文科普工作根本无法进行普及。此外，我们也发现，仅仅依靠内容和软件的支持还是不够的，我们还打算从硬件方面对这些学校进行相应地支持，比如为他们提供天文望远镜、努比亚手机等观测设备，还有天文科普读物、学生生活用品、学习用品等。很多家长表示，愿意承担起这些物资的捐助任务，但是我们没有同意。我们认为，不能让学生只会依赖家长做公益，应该让他们通过自己的劳动换取价值，这样才是学生自己的贡献，才能够真正得到成功的体验。

我的想法得到了大家的支持，同学们开始自己动手动脑，通过劳动和智慧设计、制作创意作品，甚至是发明创造来进行义卖，所得收入由公益组织支配，购买学校真正需要的物质。

为了更好地达成愿望，我们联系了位于北京亦庄经济开发区的"光合社公益优品"商店，将我们的作品摆放在那里长期义卖。

4. 加强了社团的组织建设

史家小学天文社团采取教师、家长、学生三维管理的模式，在多年的组织建设中，三个管理团队发挥了积极的作用。但是，由于学生年龄小，教师、家长管理团队的作用较为突出，学生管理团队的作用相对薄弱，这是我们要努力改变的现状。

我们召开社团干部会，对社团干部进行培训，也提供各种机会让社团干部得到锻炼。各种措施的综合使用收到了成效，社团干部在集体活动、分部门活动、实践活动、公益活动中都开始发挥更多作用，甚至开始取代老师和家长，能够独立组织、策划社团活动了。我们的天文社团管理，越来越接近大学社团了。

三、在此次参与项目过程中遇到的问题

在此项目进行的整个过程中，始终存在的问题就是时间紧、杂事多。客观上看，是我承担的任务确实比较多，工作千头万绪。各种参观、各种接待、各种会议、各种临时性任务让我应接不暇，不要说按计划完成研究工作，就是日常性的工作也要拿回家晚上做，完全不在正常的状态上。不过从主观角度上看，还是工作能力不强吧。

做好一个项目，需要认真细致地思考，扎扎实实地工作。就目前的状态而言，有想法，有思路，有能力去做，关键是没时间。如何解决这个问题，还没有好的办法。

四、对之后参与科研项目的期待与建议

我个人很愿意在专家的指导下开展工作，希望这种指导能够更细致、具体一些。比如一起定计划、一起去实施，一起去总结，一起出成果等。目前专家没有真正进入项目中，还是以外人的姿态来指导我们的项目，希望专家能够成为自己人，成为项目中的一员。

当然，这是理想的状态，可能很难实现。因为我们自己就很忙，专家也忙。除非双方的工作有真正的结合点，比如我们的项目对专家的工作有明显的支持或者我们的项目正好可以作为专家项目的一个子课题等。如何操作能够更好地促进双方的工作并且不增加双方的负担，需要进一步探讨。

基于提升学生"文化基础"核心素养的"粘土动画"校本课程建设研究

——以在史家实验学校的行动研究为例

史家实验学校　王燕红

一、研究背景和意义

（一）研究背景

21世纪初，经济合作与发展组织（OECD）率先提出了"核心素养"结构模型，旨在解决21世纪培养的学生应该具备哪些最核心的知识、能力与情感态度的问题。多年来，不同国家或地区都在做类似的探索。2014年3月，"核心素养"概念首次出现在我国国家文件中，在教育部印发的《关于全面深化课程改革落实立德树人根本任务的意见》中，"核心素养"被置于深化课程改革、落实立德树人目标的基础地位。核心素养体系被置于深化课程改革、落实立德树人目标的基础地位，成为下一步深化工作的"关键"因素和未来基础教育改革的灵魂。2016年9月13日上午，中国学生发展核心素养研究成果发布会在北京师范大学举行，研究工作历时三年，由北京师范大学等多所高校的近百名研究人员组成的联合课题组在召开多次专家论证会之后，结合理论研究和实证调查的主要结论，初步提出了核心素养总框架，并在此后对总框架初稿多次进行了修改完善。

粘土动画作为一种传统、老式的非主流动画制作形式，是一种集中了文学、绘画、音乐、摄影、电影等多种艺术特征于一体的综合艺术表现。粘土动画作品堪称动画中的艺术品。手工制作决定了粘土动画具有淳朴、原始、色彩丰富、自然、立体、梦幻般的艺术特色。在动画市场已经被三维电脑动画充斥的今天，粘土动画独特的魅力在动画领域被有所掩盖。电脑三维动画的发展使人们生活的每个角落都烙下了高科技的痕迹，但是，返璞归真和对传统手工质感的情感诉求已成为一种流行趋势。基于此，北京市原东城区曙光小学积极思考粘土动画蕴含的"文化基础"与教育的融合点，2010年率先在全国大胆尝试研制开发适用于小学生的粘土动画校本课程，并逐步取得了有效成绩。2014年，原东城区曙光小学正式纳入史家教育集团，成为一所九年一贯制学校，集团化发展对史家校本课程建设提出了更为高远的要求。在史家教育

从国际眼光和我国本土实情出发，探究研究"黏土动画"校本课程的背景。

总框架可以进一步介绍与解释，以便为下文文化基础核心素养与粘土动画有机结合提供铺垫。

集团"为学生的成长提供无限可能"的课程理念引领下，史家实验学校仔细解读中国学生发展核心素养内涵，对小学生"文化基础"核心素养给予高度重视，并一直在努力探索"粘土动画"校本课程与小学生"文化基础"核心素提升的有机结合。

（二）研究意义

1.开设粘土动画系列校本课程适应改革形势下教育的需要

研究意义要阐述粘土动画课程对当下课程的意义，依据教育形势、文化素养和教师职业的诉求可进一步阐明开发与实施基于学生文化基础核心素养提升的粘土动画课程有何意义。

在核心素养体系被置于深化课程改革、落实立德树人目标的基础地位之时，史家实验学校积极进取，开发校本课程意在探寻体现多元开放、凸显办学特色以及多层次、可选择的、求创新的学校课程体系，并建立与之相适应的课程行动、内容和资源模块和课程群，从而达成学生"全面且有个性发展"的培养目标。

2.开设粘土动画系列校本课程符合"文化基础"核心素养提升的要求。

中国学生核心素养发展研究成果公布的中国学生核心素养的三大类是文化基础、自主发展和社会参与，其中文化基础分成人文底蕴和科学精神两类。粘土动画作为定格动画之一，在境外已经走过了百年历史，凝聚着人们古老的智慧。完成一部粘土动画片，需要进行剧本创作、绘画三视图和分镜、制作人偶和道具、拍摄、后期制作、配音配乐等环节。粘土动画课程的编制需要综合语文、美术、音乐、信息技术科学等多门学科的优势，形成一个跨学科的综合实践课程。学习和观赏粘土动画课程，有助于将古老的人文底蕴和科学精神传承给下一代。

3.开设粘土动画系列校本课程符合教师职业发展的需求

教师在教授国家课程的过程中，由于长期从事单一学科的授课，容易产生职业倦怠。很多教师在从事了多年的教育教学工作后，会受到经验影响进入职业发展的瓶颈期，很难再提升。粘土动画课程涉及多个学科，所以各科教师都会参与粘土动画课程。老师们在授课过程中，激发了教师的潜能，而每位老师在粘土动画团队中，除了从自己的兴趣点出发以外，也在不断地转变着自己的职业理念，从"一专一能"向"一专多能"转变。我们的教师不断地挖掘自己的潜能，在教授粘土动画课程的过程中让自己不断提高和改进，最终成为复合型教师。

二、研究目的和内容

（一）研究目的

本研究在得到政府和史家教育集团的有力支持下，锐意进取，着眼于努力探索"粘土动画"校本课程与小学生"文化基础"核心素养提升的有机结合，引领全国先锋，大胆研发粘土动画校本课程。通过采用教育行动研究法、文献分析法、访谈法等研究方法，在史家实验学校开展积极的教育行动研究。在学生核心素养提升方面，旨在以粘土动画校本课程为载体，呈现古老动画凝聚的古人智慧和传统文化，促进学生们的人文底蕴核心素养的提升；在校本课程管理机制上，努力探索与平衡课程资源整合和利用的关系；在课程与教学方面，本着以学生为主体的理念，研发精而专的课程内容和课程实施纲要，注重教师队伍的建设，旨在将"粘土动画"校本课程在史家实验学校扎根落实，并努力在社区、其他学校甚至全国进行良好地推广。在此基础上，形成一个愿景：下一步努力实现首先在史家实验学校成立"粘土动画"学院，为"粘土动画"校本课程的有效实施建立完善的保障机制。

目前，"粘土动画"校本课程的研究与开发，在全国范围内屈指可数。创造小学生拍摄动画片的先例，在小学开设这样的课程，史家实验学校是唯一一例。史家实验学校"粘土动画"校本课程的研究在理论和实践上都可以在全国起到模范先锋的作用，希望本研究保留下来的相关资料和经验对于弥补国内相关研究的空白之处做出微薄贡献，更重要的是，本研究希望研究的理论和实践对于提高小学生在"文化基础"方面的核心素养有较为重要的帮助。

（二）研究内容

本课题的研究内容主要包括两部分：理论研究与实践研究，即"粘土动画"校本课程的理论设计和实践实施。具体包含以下几方面：

（1）"粘土动画"校本课程的实施为学生的多元发展提供可能。

（2）"粘土动画"校本课程之课程实施纲要设计。

（3）"粘土动画"校本课程之人偶制作课程设计。

（4）"粘土动画"校本课程之道具制作课程设计。

（5）"粘土动画"校本课程之拍摄课程设计。

（6）"粘土动画"校本课程之配音配乐课程设计。

（7）建立课程评价体系，助力多元发展。

（8）"粘土动画"校本课程的学院制管理模式建设。

三、研究方法和过程

（一）理论依据

1. 概念界定

（1）粘土动画。和木偶动画一样，粘土动画是定格动画的一种，它由逐帧拍摄制作而成。一部粘土动画的制作包括了脚本创意、角色设定和制作、道具场景制作、拍摄、合成等过程。粘土动画作品堪称动画中的艺术

表明"黏土动画"校本课程研究的愿景与目的。研究目的是回答为什么要做这个研究，通过构建和实施这一基于小学生"文化基础"核心素养的"粘土动画"校本课程具体要达到什么目的。

这部分"黏土动画"的模范先锋作用也放在研究意义中"黏土动画"校本课程对学校的意义。

介绍黏土动画的背景，可以从这一背景中结合上文的国际和本土国情，进一步总结或引申出研究的问题：究竟如何基于提升小学生"文化基础"核心素养开发"粘土动画"校本课程？实施的效果如何？

研究内容丰富，但排序比较杂乱，需要进一步理清层次和关系。实际上本研究要聚焦的核心问题是如何建设基于小学生"文化基础"核心素养的"粘土动画"校本课程，包括：①为什么建设？（背景、意义）②建设什么？（课程的目标、内容、实施、评价）③如何建设？（建设方法与过程？）④如何更好地建设？（保障条件）

品。因为粘土动画在前期制作过程中，很大程度上依靠手工制作，手工制作决定了粘土动画具有淳朴、原始、色彩丰富、自然、立体、梦幻般的艺术特色。粘土动画是一种集中了文学、绘画、音乐、摄影、电影等多种艺术特征于一体的综合艺术表现。

（2）核心素养。"核心素养"[a]指学生应具备的适应终身发展和社会发展需要的必备品格和关键能力，突出强调个人修养、社会关爱、家国情怀，更加注重自主发展、合作参与、创新实践。

（3）核心素养内涵。

中国学生发展"核心素养"

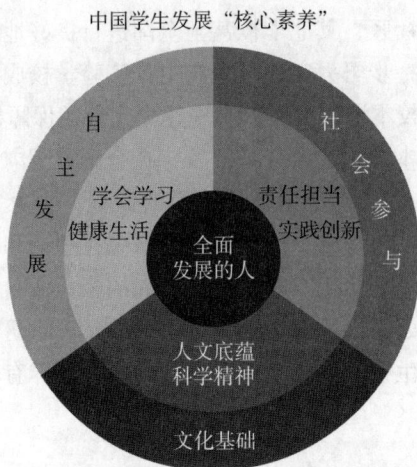

图1　中国学生发展"核心素养"内涵图

本研究重点探索"粘土动画"校本课程对于提升小学生"文化基础"核心素养的重要作用和实践方式。"文化基础"核心素养内涵从人文底蕴和科学精神两方面加以解释。

人文底蕴包括人文积淀、人文情怀、审美情趣。

人文积淀：具有古今中外人文领域基本知识和成果的积累；能理解和掌握人文思想中所蕴含的认识方法和实践方法等。

人文情怀：具有以人为本的意识，尊重、维护人的尊严和价值；能关切人的生存、发展和幸福等。

审美情趣：具有艺术知识、技能与方法的积累；能理解和尊重文化艺术的多样性，具有发现、感知、欣赏、评价美的意识和基本能力；具有健康的审美价值取向；具有艺术表达和创意表现的兴趣和意识，能在生活中拓展和升华美等。

科学精神包括理性思维、批判质疑、勇于探究。

理性思维：崇尚真知，能理解和掌握基本的科学原理和方法；尊重事实和证据，有实证意识和严谨的求知态度；逻辑清晰，能运用科学的思维方式认识事物、解决问题、指导行为等。

批判质疑：具有问题意识；能独立思考、独立判断；思维缜密，能多角度、辩证地分析问题，做出选择和决定等。

勇于探究：具有好奇心和想象力；能不畏困难，有坚持不懈的探索精神；能大胆尝

---

a 人民日报："《中国学生发展核心素养》发布"，《上海教育科研》，2016年第10期。

试，积极寻求有效的问题解决方法等。

2. 文献分析

笔者在中国知网以"粘土动画"为关键词搜索相关文献，共查找到文献25篇，而以"中小学、粘土动画""粘土动画课程""校本课程、粘土动画"作为关键词去搜索则均为0篇。以"定格动画"为关键词去搜索，则能搜索到502条结果。由此可以看出，目前在国内对于"粘土动画"的关注度较低，尤其是将"粘土动画"与"课程"结合起来的研究则很少。在阅读"定个动画"相关文献资料后，可以得到如下启发。

> 从数据表明缺少对粘土动画的关注，缺乏对粘土动画的研究，现亟须对此进行研究。

定格动画最早诞生于国外，由于大部分东欧国家有木偶戏的文化传统，此相较于国内，国外有相当一部分定格动画受众群体。在此基础上，国外针对定格动画的学术理论研究显然要比国内丰富不少。然而细细数来，在全球动画电影整个大产业中，对定格动画的研究依旧是少数派。更为遗憾的是，部分国外的研究专著与文献，今仍未进入国内观众的视野，国内出版社鲜有引进。另外，能在网上购买的又全是英文版，为国内外定格文化交流及国内定格爱好者和从业者吸收国外一手研究资料制造了极大障碍，供学习的资源和设备也被相关机构、教育团体和公司所垄断。

传统定格动画早在 20世纪初，即1895 年电影媒体发明后的10年左右，开始发展了。英国人亚瑟·墨尔本·库伯于 1906 年和 1908 年之间，将当时各种玩具放置在自制的街道布景中，单格摄影技术，摄出玩具熙熙攘攘穿梭街头、热热闹闹的动画影片，可称是最早的木偶动画。生于波兰的拉迪斯洛·斯塔维奇，本也想利用现成的昆虫，发挥他专业的昆虫生物学知识与摄影技术，摄一部以甲虫为角色的影片。[a]然而拍摄活生生的昆虫动态，当时尚未发明出完备的摄影设备，是一项不可能完成的任务。最后拉迪斯洛·斯塔维奇索性以细铁丝为支撑骨架，用起甲虫标本，定格移动其姿态，于1910年完成了《甲虫大战》。1915 年，来自美国的一位特技先驱威尔斯·奥布莱恩制作出他的第一部粘土动画短片《失落的环节》，短片描绘了史前时代动物和人类的生活场景。此后，威尔斯·奥布莱恩又先后创作了多部震惊四座的知名动画片，《金刚》成为粘土定格动画的开山鼻祖。受他的影响，一批优秀的动画师和美术师投入到了粘土定格动画的拍摄创作当中，随着世界各国动画大师的探索与摸索，一部部优秀的粘土动画作品呈现在我们的面前。如果要论粘土动画里的常胜将军，它非英国阿德曼公司莫属。自从1993 年《超级无敌掌门狗》系列推出第一部短片，获得奥斯卡最佳动画短片奖以来，阿德曼公司就陆陆续续地制作了多部短片和长片。拍摄于 2005 年的《人兔的诅咒》是该系列的第一部长片，该片耗费了大量的优秀动画师和工作人员两年的时间。至今，《超级无敌掌门狗》已经成为英国的文化符

---

a 赵宇："浅析粘土动画的艺术语言——以英国阿德曼公司的影片《超级无敌掌门狗》系列动画为例"，《艺术教育》，2016年第3期，第139页。

号，华莱士与阿高这一对经典动画形象被英国官方的旅游指南推荐为"不可不认识的英国人"，其文感染力可见一斑。

中国动画人在不断向外国定格动画大师学习的同时，也创作出很多自己的经典动画。从20世纪50年代的《孔雀公主》《神笔马良》到80年代《阿凡提的故事》等都成为令许多今天的成年观众记忆犹新的木偶片。

1907年，在美国维太格拉夫公司的纽约制片场，一位无名技师发明了用摄影机一格一格地拍摄场景的"逐格拍摄法"。[a]这种奇妙的方法很快在一些早期影片中大出风头。在20世纪初期，粘土动画在日益完善的卡通动画的光芒下有些暗淡无光。随着美国几大成功的商业卡通形象风靡世界，"动画片"的定义似乎已经被手绘动画所独占。20世纪20~30年代，粘土动画一直在一些小型制作和先锋派的实验性电影中徘徊。

同时，国内外以粘土动画制作方法制作的作品比较稀少，因为粘土动画在前期制作过程中，很大程度依靠手工制作，制作工程中需要大量的人力物力。现如今商业性的粘土动画作品产量相对比较少。

（二）研究方法

本课题的研究方法主要包括文献研究法、行动研究法、个案研究法和经验总结法。文献研究法是本课题研究的前提和基础，课题相关的动画素材、文献专著等文献资料进行大量、较为全面的深入了解和研究，助于了解课题的历史和现状，形成关于研究对象的一般印象，为课题的后续研究提供较为全面的研究视角。行动研究法是在文献研究法的基础上、在教育教学实践中直接展开行动，分别从管理机制、课程实施计划、具体课程设计等方面进行探索。个案研究法构成了本课题的实践环节之一，在课程实施过程中，对部分同学课前学习、学习中、学习后进行访谈和测验对比等了解孩子的变化和成长。经验总结法是本课题的研究成果展现，通过上述对文献资料及课程创作的相关研究进行归纳、分析与总结，使之系统化、理论化，上升为课题研究的经验，并与同仁分享、交流与指正。

（三）实践过程

1. 完善"学院制"管理模式，为课程的有效实施提供保障

（1）"学院制"管理模式的形成。

"粘土动画"校本课程每个分课程都是跨学科的综合课程。例如道具制作课会涉及数学课、劳动技术课、美术课等；拍摄课程会涉及美术课、计算机等，因此，很多工作需要顶层设计、全盘统筹规划。

而现有的分学科管理体制无法适应和满足粘土动画课程实施模式的管理需求，因此我们在课程开发与实施过程中，不断探索，逐步创设了"学院

側注：
- 文献综述介绍了粘土动画的历史由来。可能是缺乏相关文献的原因，较少地交代他人对研究主题的看法，以及自身对这一研究问题的进展及启发。另外，可以围绕核心研究问题展开，可以查阅相关的基于小学生文化基础核心素养建设"粘土动画"校本课程展开文献，或是与此相关的基于小学生文化基础核心素养建设校本课程等文献，提高文献的丰富性。
- 指明本研究具体的研究方法。
- 行动研究是一种实践性很强的研究取向，它不是一种具体的研究方法，所以不能跟文献研究、个案研究等并列。经验总结法也不是一种科学的研究方法。
- 可放在实践过程的最后，根据基于提升学生文化基础核心素养构建的"粘土动画"校本课程，来完善管理实施。

---

a 尤丹："探析粘土动画的艺术魅力"，《现代装饰:理论》，2014年第1期，第128页。

制"管理模式，模式中分别从课程设计与实施、教师管理与培训、学生学习规划与组织管理等三个维度进行建制。

可进一步详述"学院制"管理的特色便于清晰理解。

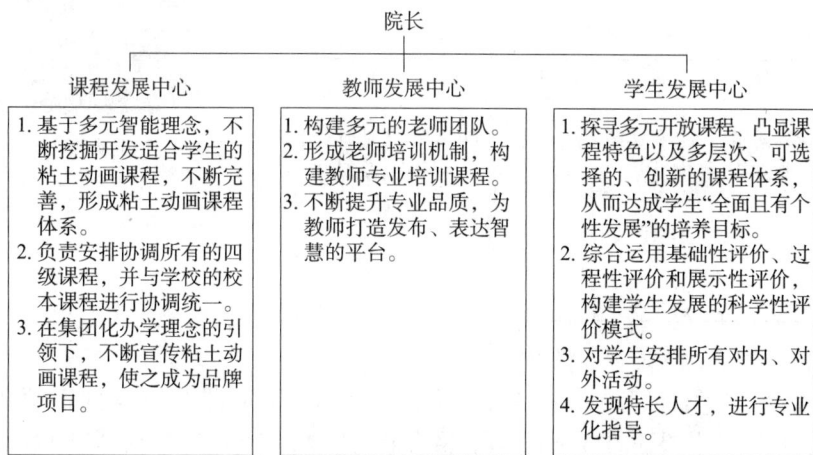

"学院制"管理模式的形成，使"粘土动画"校本课程不仅仅是一门学生因自主选课而盲目参加的学习活动。"学院制"管理的特色主要体现在基于顶层设计的日常管理规范化、课程设置系统化、学生培养目标化、师生发展多元化。

院长

课程发展中心　　　　　教师发展中心　　　　　学生发展中心

课程发展中心	教师发展中心	学生发展中心
1. 基于多元智能理念，不断挖掘开发适合学生的粘土动画课程，不断完善，形成粘土动画课程体系。 2. 负责安排协调所有的四级课程，并与学校的校本课程进行协调统一。 3. 在集团化办学理念的引领下，不断宣传粘土动画课程，使之成为品牌项目。	1. 构建多元的老师团队。 2. 形成老师培训机制，构建教师专业培训课程。 3. 不断提升专业品质，为教师打造发布、表达智慧的平台。	1. 探寻多元开放课程、凸显课程特色以及多层次、可选择的课程体系，从而达成学生"全面且有个性发展"的培养目标。 2. 综合运用基础性评价、过程性评价和展示性评价，构建学生发展的科学性评价模式。 3. 对学生安排所有对内、对外活动。 4. 发现特长人才，进行专业化指导。

图2　学院管理模式框架图

（2）学院制管理的保障作用。

1）以课程发展为中心，保障每个学生都能参与到课程中。

① 课程的开发。伴随着史家教育集团前行的步伐，王欢校长在对学生的寄语中指出："当代基础教育是为了每个孩子健康快乐成长的教育。"我们的进阶式课程体系的设置，恰恰可以满足这种教育理念的需求。粘土动画课程本着一切以学生的发展为中心，设置不同层级的进阶式课程，采取灵活多样的课程形式，让学生根据自己的需求和能力选择适合自己的课程，达到在国家基础课程中准备自己，在自主课程中发现自己，在课外活动课程中提升自己，在研学课程开阔自己。把核心素养的培养贯穿整个课程教学过程的始终。

从课程、教师和学生三方面阐述了如何保障"粘土动画"校本课程的研究。

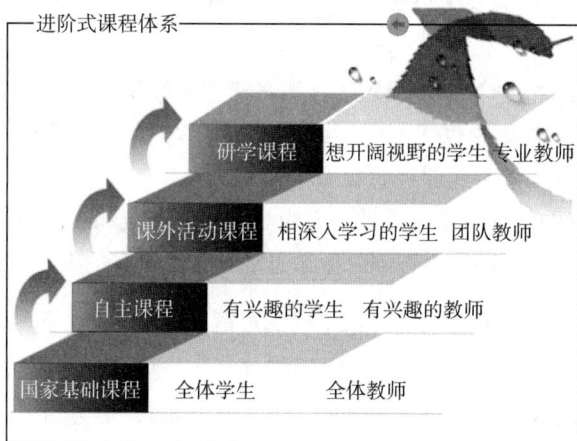

图片清晰，一目了然。

进阶式课程体系

研学课程　想开阔视野的学生　专业教师
课外活动课程　相深入学习的学生　团队教师
自主课程　有兴趣的学生　有兴趣的教师
国家基础课程　全体学生　全体教师

图3　进阶式课程体系

② 教材的编写。"粘土动画"校本课程的任课教师们编写了五个分课程的教师初级指导用书，分别是：分镜制作篇、玩偶制作篇、道具制作篇、配音配乐篇、后期拍摄篇。

③ 课程管理、课时安排、课例开发。"粘土动画"校本课程设置专人管理，统一对粘土动画学院的所有课程进行调配统筹，对所有课程设置固定时间。

图4 《粘土动画教师初级指导用书》

"粘土动画"课程设置课程表

时间	星期一	星期二	星期三	星期四	星期五	周末和假期
上午	利用基础课程落实10%学科实践活动，安排穿插有关粘土动画的学习内容				自主课程	适时安排研学课程
下午						
放学后课外活动课	人偶制作课、绘画分镜课		拍摄课	道具制作课		

2）以教师发展为中心，为师资提供保障。

① 教师队伍建设。在学校教师中寻找具有与课程相关潜质并且对课程有兴趣的教师，组织他们进行"粘土动画"校本课程的培训。培训合格后走进课堂，在他们进行了一段时间的授课后，从中发现水平较高的教师选为为新进团队教师培训的教师。长此以往，不断推进。

② 教师培训。教师培训包括：教师之间互相培训、请进专家进行培训、教师走出去参与培训。例如：进入为中央电视台制作"守艺"节目片头的粘土动画团队进行参观学习，并且将团队专家请进学校，分别对制作、绘画、拍摄、后期、配音进行指导。还有组织教师来到韩国春川动漫基地进行参观学习等培训项目。

3）以学生发展为中心，在基础课程中准备自己，在自主课程中发现自己，在课外活动课程中提升自己，在研学课程中开阔自己。

① 建立积分制管理模式。课程采取积分制的方式进行管理，学生一旦进入到"粘土动画"校本课程的学习中，任课教师就会发给学生一个成长册，其中记录了学生都进行过哪些分课程的学习，结果如何。学生从记录册中知晓自己的粘土动画课程已经学过哪些，还有哪些没学，对自己的学习有一个整体归纳。通过学习，真正找到兴趣点，使兴趣得到进一步的发展。

② 采取进阶式的学习方式。进阶式的学习方式服务于全体学生，让每一名学生都参与到课程中来，也给不同能力的学生提供了不同层级的课程，学生可以在课程中找到自己真正的兴趣点，从而进入到下一个进阶式课程的学习。

③ 搭建学生展示和交流的平台。学生管理中心为学生搭建交流和展示的平台，让学生有更多的机会进行展示、交流，开阔眼界，同时把粘土动画带给更多的人。

2. "粘土动画"校本课程的实施为学生的多元发展提供可能

进阶式课程体系，充分体现了《综合实践活动课程指导纲要》指出的综合实践课程的特性和目标，使学生在"粘土动画"校本课程的学习中学会动脑、学会动手、学会合作、学会创新、学会学习从而学会生活，为学生的多元发展提供可能。

（1）在基础课程准备自己，落实10%各学科实践活动，穿插学习粘土动画课程的基础知识和基本技能。学生利用周一到周四和周五下午时间，进行基础教育课程学习，为粘土动画的学习安排穿插相关学习内容，落实10%各学科实践活动。形成普及性课程特色，同时发现兴趣点。粘土动画的老师们利用基础课程的阵地，适当地向学生渗透有关粘土动画的知识、技能和技巧。语文教师会渗透关于剧本创意方面的写作技巧；信息技术教师会渗透拍摄及后期制作方面的知识；美术教师会渗透三视图绘画以及分镜绘画的知识与技能；劳技教师会渗透有关玩偶制作、道具制作方面的知识与技能；体育教师会在课程中讲解有关动作的变化规律，等等。

> 指出各学科实践活动中如何渗透粘土动画的知识、技能和技巧。

（2）在自主课程中进阶专业学习，选课的学生分门别类对粘土动画的相关知识进行系统学习。学生在校本课程中学习有关动画制作、绘画、拍摄等粘土动画内容的专业知识，加强学生的艺术鉴赏能力，提升学生的创意理念。

> 教学内容层层递进，课堂的整体性与多元性一齐发展。

在整个"粘土动画"校本课程学习的过程中，形成了全校"多学科整合构建一体化大课堂"。"粘土动画"的教师，始终坚持以学生创新意识、创新理念为根本依据，坚持审美与创新原则，以学科"整合"为核心，以"一体化"构建为目标，以"大课堂"为载体，改革学科小课堂、开辟学科大课堂，形成大学科教学的整体思路，并进行多元化教学的探索。

教学内容

课程	剧本创作	人偶制作	绘制分镜、三视图	配音、配乐	道具制作	拍摄、后期制作
年级	一、二年级	一、二年级		一、二年级		
	三、四年级	三、四年级	三、四年级	三、四年级	四年级	四年级
	五、六年级	五、六年级	五、六年级	五、六年级	五、六年级	五、六年级

学生利用周五上午的时间，分低、中、高学段选择自己学段的粘土动画分课程，采取走班制，让孩子真正进入他们喜欢的课堂中进行学习。通过学习，提高了学生统筹全局的能力、连贯思维能力、想象力和创造力、把握时间和空间的能力、动态捕捉能力、观察能力、绘画能力、动手能力、对音乐的感知能力、跨学科知识的运用能力、表演能力、团队协作能力等，对学生的美术素养及各方面的发展均产生重要的影响。

> 用具体的制作粘土动画的事实论证——通过学习，提高了学生统筹全局的能力、连贯思维能力、想象力和创造力、把握时间和空间的能力、动态捕捉能力、观察能力、绘画能力、动手能力、对音乐的感知能力、跨学科知识的运用能力、表演能力、团队协作能力等，对学生的美术素养及各方面的发展均产生重要的影响。

如在粘土动画的道具制作过程中，学生发现，场景搭建和角色的制作是必不可少的，可使用纸板、木条、粘土等一级材料动手制作，也可以使用一些乐高玩具、纸模等二级材料进行搭建，这一设计过程离不开学生的动手、创意。另外，学生要拍摄一个什么样的动画，就要考虑故事的构思，并写成文学剧本和分镜头剧本，同时还需要提前设计人物的性格、神态、语言。学生在拍摄完毕后，后期还要进行配音、添加音乐、剪辑等环节，最后才能生成一个小的动画片。整个粘土动画的制作过程培养了学生的创造力、动手能力及团队协作能力，同时，更激发了他们的学习兴趣，使他们中的部分学生凸显了优势，使这一部分学生进入到课外活动课程的学习中。

（3）课外活动课程尝试创作作品，从自主课程选课的学生中选拔兴趣高、个人优势突出的学生，组成创作团队，学习制作作品等。正如托尔斯泰所说："成功的教学所需要的不是强制，而是激发学生的兴趣。"学生在课外活动课程中，根据自己的兴趣和特长，进行提高阶段的学习。通过与老师们进行粘土动画专业知识、技能技巧的学习，他们在制作、知识的掌握、技能技巧的运用等方面有了更加显著的提高。

通过课外活动课程的学习，学生已经掌握基本的拍摄技巧，并且自主拍摄了反映环保主题的《海底历险记》《海底环保队》；反映身心健康的《情绪与五脏》《香蕉三人行》《小孝子》；反映中华民族传统文化的《开笔破蒙》《蒙童雅正》等18部粘土动画片。

（4）研学课程拓展学习与交流的空间，为在粘土动画方面学有所长的学生创造发展的空间，提供展示的平台和学习交流的机会。粘土动画的课程涉及的内容很丰富，能够与多学科进行整合。同时，使同学在创作过程中，意识到自己要不断学习、不断进步、不断开阔自己的视野。结合这一需求，学校通过请进来、走出去的学习方式，不断搭建学生学习的平台，拓展学生的学习空间。

学校利用周末时间，把韩国春川动漫学院的院长请进来，把挪威的插画大师和儿童文学作家请进来，与同学们进行文化交流和动画专业知识的交流和培训。同时，利用寒、暑假时间，带领学生走出国门，参加动漫节活动，开阔学生的视野，走向广阔的天空。

（5）粘土动画课程特征，让每一位学生都能得到不同的发展。史家教育集团的课程理念是："为教育提供无限可能。"基于这个理念开发的"粘土动画"校本课程的进阶式体系具有可选择性、多样性、综合性、协作性、创造性等特征。

可选择性：难度级别可选，不同水平、不同年级的学生都可以对课程进行选择。所以"粘土动画"校本课程的参与度高，普及性强。

多样性：课程包括剧本创作课程、绘画三视图和分镜课程、人偶制作课程、道具制作课程、拍摄和后期制作课程、配音配乐课程等，涉及多学科多元化，学生可以依据自己的兴趣与优势进行选择，参加到制作团队中，形成合作，发展自己的兴趣，发挥个人优势等。

综合性："粘土动画"校本课程的每一级分课程都与多个学科有关系，体现了多学科的融合。所以学生在参与课程的学习中，可以使多个学科的知识融会贯通，学以致用，对学习、生活都有很大的帮助和促进，为培养全能型人才打下坚实基础。

协作性："粘土动画"校本课程的每一个分课程既是独立个体，又需要合作，才能最后完成一部粘土动画片的制作。在这个过程中，没有绝对的主角，也没有绝对的配角，需要所有课程的教师和学生不分主次，通力合作。这样的方式体现了团队的协作性特征，对于团队而言，伙伴之间的友好相处和相互协作至关重要。团队精神让学生学会了包容、谅解；学会了在关键时刻顾及他人；学会了团结、学会了忍让。在追求个人成功的过程中，我们离不开团队合作。因为，没有一个人是万能的，即使神通广大的孙悟空，也无法独自完成取经大任。只有在团队中，才能够实现个人与团队的共同成功，成为一个完整的人。

创造性：一千个人心中有一千个哈姆雷特，在同一个主题，学生们也能创作出不同的作品。比如史家实验学校的吉祥物龙宝宝，在孩子们的手中，被制作出了不同材质、不同图案的形象。再比如以环保为主题的剧本，被孩子们创作出了《海底历险记》《海底环保队》等不同的粘土动画作品。

这样的课程特征必然使得不同的学生在课程学习与参与的过程中得到不同的发展。

3. 建立课程评价体系，助力多元发展

评价对教师的教育教学水平有很大的帮助和提高，帮助学生发现多方面的潜能，有利于深化课程改革。目前我们的评价方式包括线上、线下两种方式。评价，为的是让更多的学生积极参与到课程中，从而达到学生的多元发展。

（1）线上评价。学生通过网络，对自己选择的粘土动画课程进行线上评价。这样的方式，也使家长通过评价的过程，感受到孩子在成长过程中的快乐。

（2）线下评价。以家长开放日进行课堂展示的方式，家长会在课后进行现场评价。对于学生的作品，我们会采用不同的方法展示在粘土动画教学楼内，让全校的同学分时间、分班级进行欣赏，从而给出评价。

另外，在具体实践过程中，我们研究设计出了课程实施规划和以下几套具体的课程设计。分别是："粘土动画"校本课程之课程实施纲要设计；"粘土动画"校本课程之人偶制作课程设计；"粘土动画"校本课程之道具制作课程设计；"粘土动画"校本课程之拍摄课程设计；"粘土动画"校本课程之配音配乐课程设计。

四、研究成果和分析

目前，史家实验学校的"粘土动画"课程已经在学校中有独立的实施

> 不仅注重"粘土动画"的教材开发、师资队伍的建设，而且及时建立评价体系以促进"粘土动画"的更好发展。

> 这下面的内容是"粘土动画"校本课程的设计而不是评价。这一部分应该是本研究的重点，具体阐述如何基于提升学生文化基础核心素养而开展的"粘土动画"校本课程设计，整体的纲要部分是如何的，具体的人偶制作、道具制作、拍摄、配音又是如何设计的。

> 这是写书的形式，不是研究论文。可调整相关格式。

场所，包括制作教室两间、绘画教室一间、专业配音教室一间，拍摄教室一间。具有专业的制作和拍摄设备。专业的授课教师队伍，目前是10名教师，还有一大群学生粉丝追随和参与。经过总结，近几年史家实验学校"粘土动画"课程的研究成果如下。

（一）成果特色

1. 学生参与度高

粘土动画课程是学校的品牌，参与课程的学生已经达到100%，凡是史家实验学校的学生都知道粘土动画课程，都有过参与课程的经历。每个孩子无论是自身水平高低，都能从课程中发现自己的闪光点。在课程的学习中，根据学生的特长，每拍一部动画片都进行具体分工：擅长绘画的学生画分镜；擅长动手制作的学生制作道具；擅长想象的同学在拍摄时摆人偶动作；擅长动手捏制的同学制作人偶造型。如在粘土动画片《小孝子》中，要制作主人公：爸爸、儿子；制作道具：木床、小被子、鹅、大小不同的桃子……无论参与哪个内容的工作，同学们都积极准备、倾力合作。有的同学在完成自己的工作内容后，还积极地帮助其他同学，

同学们在活动过程中，不但是自己的特长得到了发挥，还可以通过小组合作，让自己取长补短，不断提升。很多学生都是参与了一个自己感兴趣的课程后，发现自己还有别的爱好，然后又去参与粘土动画的其他课程。就这样，参与课程的学生越来越多。大家都喜欢粘土动画课。在网上报课时，学生要提前选好课，一旦开始抢课，粘土动画的所有分课程分分钟就被选完了，从中可见他们对于粘土动画课程的喜爱程度。不论从课程的覆盖面还是从学生学习的积极性上，都说明学生对粘土动画课程的学习保有高度的热情。

2. 教学育人价值高

让学生在参与课程的过程中学会动脑、学会动手、学会合作、学会学习、学会生活、学会创造。

（1）学生在粘土动画课程的学习中，学到了相关的技能技法，促进了学科知识的学习，产生了对学科知识学习的兴趣和动力。

（2）实践能力和创新价值的培养，既拓展了学生的学习空间，又为学生创造了更多的社会实践机会，更多的学生得到更为协同的专业成长，让更多的学生享受更加优秀的教育供给。

3. 学生提高综合素质

通过粘土动画跨学科的实践学习，学生不仅学到了知识和技能，还通过与人合作等，为他们成为一个具有健全人格的人打下坚实基础。

（二）成果分析

1. 涵养学校文化

（1）有了吉祥物龙宝宝，它成为学校的名片，蕴含了多重含义，同时成为多部粘土动画片的主角。

（2）通过课程，诠释了学校的生态文化。粘土动画课程作为纽带，打破了班级、年级、学校之间的界限，形成生生之间、师生之间、家校之间一种友好的、合作的人文关系。

从学校、师生、传统文化的角度对研究成果展开分析，通过得到的"粘土动画"校本课程的研究成果分析了如何提升学生"文化基础"的核心素养。

2. 促进师生成长

（1）因趣成爱。学生因对粘土动画的兴趣，产生了学习的动力。2012年2月开始，在粘土动画工作坊还是学校的一座小平房的时候，十几个活泼可爱的学生、几个志趣相投的老师们，就构成了粘土动画工作坊的雏形。同学们在这个小平房里上粘土动画的兴趣班，在小平房里制作一部部粘土动画片，他们在这间艺术氛围浓厚的教室里非常兴奋，非常快乐。而他们往往是班主任和其他主课老师眼中"令人头疼"的小魔王们，他们有的不能在课堂上遵守纪律，非常好动；有的不能按时完成作业……在他们身上貌似有太多的不足之处，但是在粘土动画老师们的眼里，他们个个都是星光灿烂的宝贝，他们能把人物造型捏得栩栩如生，能结合自己好动的性格让一个个偶动起来，他们还能把故事写得出神入化；而这座小平房好像有魔力一般，不仅仅培养、挖掘了学生们的兴趣，还改善了学生们的学习习惯。

史家实验学校有个叫辛禹的小男孩，他非常热爱粘土动画的造型制作，每天能够参加放学后的兴趣班是他最大的动力。但是他有个不抓紧时间写作业的小毛病，于是老师为了激励他，提出只有写完了作业才能参与粘土动画的制作，于是这个小男孩每天总是班里面第一个完成作业的。渐渐地，他养成了认真迅速完成作业的习惯。兴趣是最好的老师，像辛禹这样的孩子并不少见，他们的改变都源于对粘土动画的热爱。

史家实验学校还有一位叫葛天宇的学生，极有语言天赋，一直以来都担任粘土动画教室小导游的身份，为参观的人们介绍我们的粘土动画教室。但是在当小导游的过程中，他逐渐发现，有很多内容他并不了解，于是，他参与了动画片《开笔破蒙》的拍摄全过程。在这个过程中，他理解、了解了粘土动画的全流程。

运用具体的事例证实师生互动之间"因趣成爱"。

（2）因爱生能。学生通过学科学习、综合性学习，在粘土动画的课程中不断生发出更多的兴趣，大胆尝试新的领域，变成了多面手，具有了越来越多的能力。

粘土动画是一个跨学科的综合实践活动，参与制作的孩子包括一到六年级的所有学生，每拍摄一部粘土动画片，都从脚本创意开始，经过角色制作、道具和场景的制作、拍摄和后期配音配乐几个环节。而在制作动画片的过程中，学生们逐渐发现，自己的特长除了被粘土动画挖掘出来以外，还发现在拍摄中，他们逐渐学会了合作，因为拍摄一部动画片并不能仅仅靠一个人的专长。他们还学会了学习，学习别人的长处，弥补自己的短板，在实践中摸索前行。更加学会了经过头脑风暴进行创新。大家汇聚智慧，才让动画片更加生动。

（3）因能增力。学生在不断进阶的学习实践过程中，能力不断增强，创作出越来越多的好作品，成就及荣誉带给他们满满的自信心和成长力。

动画片永远是孩子们所喜爱的，而动画明星也是孩子们津津乐道的。史家实验学校的粘土动画团队至今已经拍摄了18部动画作品。当孩子们看到同班同学参与其中的时候，总是会投射出羡慕和崇拜的眼神，而参与拍摄的孩子也在同学们的赞扬声中找到了自己的价值和信心，并且这份鼓励也使他向着更高层次发展。

再次强调粘土动画的融合性。

（4）因变促学。随着课程改革的不断深入，学科本位、学科立场被不断突破，老师们依托粘土动画课程，形成了综合学科团队，新的课程，新的角色，让大家挖掘出自己的潜能，不断学习和改变着。

粘土动画是一门多学科、跨学科的综合实践活动，包含了语文、数学、英语、美术、信息技术、劳技、音乐等，而在粘土动画的教师团队中，各位老师们各有所长，从自己的兴趣点出发，不局限于所教授的学科。比如团队中有位书法老师，除了自己教授的书法学科非常擅长以外，在生活中，她是一位手工达人，擅长制作各种材料的工艺品。粘土动画中，她就发挥了她手工达人的专长，教授孩子们制作道具和场景。而每位老师在粘土动画团队中，除了从自己的兴趣点出发以外，也在不断地转变着自己的职业理念，从"一专一能"向"一专多能"转变。人们常说：想让孩子成为什么样的人，教育者首先要做到是这样的人。我们的教师不断地挖掘自己的潜能，在教授粘土动画的过程中让自己不断提高和改进，转变成一个全能型的人才，也努力使我们的孩子成为"全能的人"。

3. 传承优秀的传统文化

（1）传承体现在课程中。粘土动画的所有环节都是纯手工打造，学生在课程中，不知不觉地传承了中华民族劳动人民的手工技能，结合现代社会文明的发展，予是发扬光大。

（2）传承体现在作品中。六年来，拍摄的动画片已有18部，内容涉及环保、探案、校园生活、心理健康、传统文化等。作品本身就是一种传承，学生在看到这些动画片时，会被其中的故事吸引，并且记住，从而起到教育意义。

（3）传承体现在活动中。通过开展丰富多彩的"大手艺人"带"小手艺人"的实践课程、聚焦中国传统手艺的制作与传承，使学生学习到巧夺天工、生动曲折的手艺与手艺人的传奇，增强了对中华民族传统艺术的责任。

同时从不同角度展示了中国传统手艺的心血与智慧，技艺的传承与生命的悸动精彩绽放。相关活动如举办学术研讨会、建立联合教学点、推广交流项目、动漫基础与实践、科学体验、舞台表演、生态保护教育等。

（4）传承体现在精神中。工匠精神强调对自己的作品精雕细琢、精益求精的精神理念，是追求卓越的创造精神，更是精益求精的品质精神。工匠精神的目标是打造最优质的产品，我们的孩子在粘土动画片的制作中，可沿袭这种自强不息的工匠精神，以追求更卓越的表现。

> 可以适当地用事实证明观点。

五、获奖情况和影响力

（一）获奖情况

研究撰写东城区"十二五"课题1项，准备中期汇报的国家"十三五"课题1项。并荣获"2012年北京市雏鹰基地校""北京市传统文化艺术特色校""北京数字学校研究基地"称号。

> 表明粘土动画成果的效果，可放在成果及成果分析中。

团队教师在近三年获得区学科带头人1人，区兼职教研员1人，参加市级现场课16节，参加区级现场课16节，

北京市基础教育优秀论文30篇、优秀案例8篇，东城区课程展示20节，区级做课40节。

（二）影响力

1. 粘土动画辐射到社区

2015年，史家实验学校粘土动画走进社区，归属于北京市东城区社区教育课程体系分类框架中的休闲娱乐类及艺术类课程，在课程内容上注重技能、知识的掌握，是一门面向有良好学历能力和初步艺术鉴赏力的中老年学习者的课程。

2. 粘土动画辐射到北京市数字学校

2016年雾霾期间，粘土动画作为史家实验学校的特色课程录制了停课不停学——人偶制作和人偶拍摄两节微课，方便同学们在雾霾期间学习。

3. 粘土动画辐射到全国

2015年4月，粘土动画团队代表史家教育集团参与东城区小学学院日活动，把粘土动画的制作过程带给了全区的孩子们。

2015年9月至今，粘土动画团队接待了海晟幼儿园、五中、门头沟一小以及西藏、四川等全国各地的兄弟学校的参观和学习，把粘土动画的理念带到了各个地方。

2016年12月2日，非遗手艺人们来校参观粘土动画，与学生老师们亲切交流。

2016年10月12日，粘土动画团队中的学生们组成了超能粘土队参加了央视举办的《看我72变》节目，并凭借动画片《开笔破蒙》，获得第二季的全国总冠军。

4. 粘土动画辐射到国外

2015年11月13日，韩国春川动漫基地友人们来史家实验学校粘土动画工作坊参观学习和交流。

2016年1月6日，美国DDC专家团队来我校参观粘土动画工作坊。

2016年11月14日，来自挪威著名插画大师和儿童文学作家《峻达岭小怪物》团队来我校与粘土动画的学生们交流访谈。

六、创新点

（一）形成"学院制"管理模式

基于顶层设计的日常管理规范化、课程设置系统化、学生培养目标化、师生发展多元化，从而成为学校的课程管理的新常态。

（二）形成进阶式课程体系

粘土动画课程本着一切以学生的发展为中心，设置不同层级的进阶式课程体系，采取灵活多样的课程形式，让学生根据自己的需求和能力选择适合自己的课程，达到在国家基础课程中准备自己，在自主课程中发现自己，在课外活动课程中提升自己，在研学课程中开阔自己，把核心素养的培养贯穿在整个课程教学过程的始终。

（三）编写进阶式课程教材

> 依据不同学生不同阶段的特点表明"粘土动画"校本课程的合理性。

课程实施过程中，教师们已经有了一些成熟的授课案例，所以我们也在进行这种多元课程教师用书的编写，其中初级版已经成书，相信中级版和高级版也将很快完成。未来还会有教材的出现，使之成为一个完整的体系。

我校的办学思想集中概括为"和谐+生态"，这是史家集团王欢校长所提出的。一切为了孩子的发展考虑，才能使"粘土动画"校本课程进入到学生的课堂中，才能有孩子创造性展示他们才华发展的空间，才能有我们今天丰硕的成果。学生对校本内容的学习，参与校、内外的实践活动，使学生感受到了民族民间传统艺术的魅力，激发了学生对我国民间传统艺术的兴趣，培养了审美意识；他们体验到了民间艺术带来的快乐，获得了对民间工艺的制作和创作的持久兴趣，增强了民族崇敬和自豪感；在传统手工艺的制作过程中感受到了民间艺术的特色，培养了学生吃苦耐劳、勇于创新、团结合作的精神。

经过六年时间的课程实施，我们的粘土动画课程已经形成有一定规模的课程体系，也得到了学生、家长、教师、社会的充分认可和欢迎。在以后的实践和探索中我们将不断努力，为办好人民满意的教育不断开拓、不断创新、不断完善。

本课题的意义深远，通过理论文献的学习研究与短片的实践创作，学前人之所长，创新我之所能，无论在理论层面还是实践层面，都尽己所能，有所突破与创新。通过深入用心地了解粘土动画和校本课程的融合，我们必能寻找出能为学生的文化基础核心素养的提高做出贡献的一种艺术形式。

粘土动画是一门至今仍充满未知、亟须探索的学科，很多尚未发现的作品中蕴含着前人的智慧，令人赞叹。我们每发现一部未知的新作品时，常带着感动与赞叹的心情欣赏之、学习之。这些创作于十几年前抑或几十年前的作品，毫不逊色于现当代的经典佳作，甚至比它们更出色。在粘土动画这一古老智慧的创作形式中，远有值得学习的前人智慧与闪光点。

七、研究反思

基于提升学生"文化基础"核心素养的"粘土动画"校本课程的开设和研究，为教师们的教育教学实践带来了理论指导和支撑。同时，本研究存在着一些难点和值得注意的地方。

（一）注重课程融合

校本课程的丰富开设为学生们提供了更多的提高自己综合实践能力的机会，但同时我们要面临的一个现实的问题是，校本课程的开设基本上会占用部分学生学习国家课程的时间。那么，如何处理好两者的时间分配关系是值得考虑和关注的。所以，我们反思，校本课程是不是越多越丰富就越好呢？校本课程之间如何更好地融合起来，同时能够达到教育最初的目标，这是值得我们进一步探究的。

（二）关注教师核心素养

在我们当下倡导努力提高学生核心素养的同时，作为教师，我们认为提高学生核心素养的前提是教师的核心素养一定要高。教师的核心素养也是一个复杂的体系，包含着很多方面。在我们行动研究的过程中，我们感受到，作为一线教师，自己的理论知识还存在着一定的欠缺，自己的科研能力还有待提升。如果我们能够在行动的同时，将我们的科研能力进一步提高，那么对于行动研究的开展一定会更好。

> 从教师角度对现有的"粘土动画"校本课程进行研究，帮助教师提高专业化水平。

（三）因材施教

粘土动画的制作环节是非常重要的环节，需要教师在此方面投入较多的时间和精力来精心备课，所以教师的专业培训必须及时才能保证授课效果。另外，如果能够结合学生的兴趣和已有学习经验对学生进行适当的选拔可能会更有利于学生的学习效果。

参考文献

[1] 《中国学生发展核心素养》发布. 上海教育科研，2016（10）

[2] 张传燧，左鹏. 小学生核心素养培养的学科策略. 当代教师教育，2017（2）

[3] 许斌. 充分利用民间美术资源培养中小学生美术核心素养. 福建教育学院学报，2017（5）

[4] 徐忠昌. 小学生"核心素养"之我见. 好家长，2017（12）

[5] 李娜，马丽娜. 小学生"核心素养"培养下的课程体系设计. 吉林教育，2017（5）

[6] 唐彪. 如何培养中小学生的核心素养. 教育，2016（47）

[7] 宫振胜. 谈核心素养最应该聚焦的是思维素养. 辽宁教育，2016（6）

[8] 赵芳. 中小学生核心素养培养的路径探析. 好家长，2017（32）

[9] 赵宇. 浅析粘土动画的艺术语言——以英国阿德曼公司的影片《超级无敌掌门狗》系列动画为例. 艺术教育，2016（3）

[10] 尤丹. 探析粘土动画的艺术魅力. 现代装饰：理论，2014（1）

[11] 郑琼麟. 以短片《花栗鼠女士》为例，谈定格动画创作研究. 杭州师范大学，2015

[12] 戴维丝. 浅论粘土动画对电脑三维动画的艺术价值. 景德镇高专学报，2012，27（4）

[13] 马阳阳，王保振. 浅谈另类动画的魅力之粘土定格动画. 剑南文学：经典教苑，2012（5）

综合评述： 整体来说，王燕红老师的研究立足于自身及其研究团队长期的教育教学实践探索，尝试运用行动研究的方法总结梳理在学校建设基于小学生"文化基础"核心素养提升的"粘土动画"校本课程的缘起、内容、过程、效果及其反思，研究的思路应该说还是比较清楚的，研究的基础也非常扎实，取得的成效也比较突出，体现出王老师及其团队对"粘土动画"校本课程建设的长期思考、实践和探索，对于一线教师来说应该是一篇相当不错的研究论文，具有较强的实践和理论价值。但是也许是限于时间、精力等制约，本研究也存在诸多问题。研究的味道还不够浓，更多地是为我们展现了一个实践探索的工作报告。研究的问题和内容也不是很清楚。研究的题目是基于提升小学生"文化基础"核心素养的"粘土动画"校本课程的建设研究，但在正文的阐述中，除了在问题的提出部分交代了为什么要基于提升小学生"文化基础"核心素养来建设"粘土动画"校本课程外，后续的内容都与这个前缀没有关系，展开的都是"粘土动画"校本课程的开发与实施。并且在研究的主要内容上也存在着逻辑层次不清的问题。事实上，无论是要回答如何基于提升小学生"文化基础"核心素养建设"粘土动画"校本课程这一核心研究问题，还是就只是"粘土动画"校本课程的开发与实施，都应该要围绕"为什么建设？建设什么？如何建设？建设的效果如何？如何更好地建设？"这几个子问题展开。

这个研究对学校长期开展的"粘土动画"校本课程实践探索做了梳理，希望后续研究可以聚焦"'粘土动画'校本课程如何更好地与学生发展核心素养结合？""低中高年级有效实施的策略与评价方式？"等具体问题展开深入研究。

? 研究反思

伴随着"史家教育集团30个提升项目"学习的落幕，我对自身项目有了更多的思考。以下是我在粘土动画课程体系上的反思。

"粘土动画"校本课程是人文学科的重要领域，是素质教育的重要组成部分。它以审美为导向，突出美育性能，弘扬民族美术文化，同时又尊重多元文化。它是一门既面向全体学生，又体现人文关怀的人文性课程。粘土动画课程是按照粘土动画艺术门类的特点开发设计的一门校本课程，属于美术学科范畴。随着社会的发展进步，粘土动画课程的内涵不断丰富，课程开发更加重视学生的需求，重视社会对学生的影响。

一、体系的定义和分类

课程体系是指在一定的教育价值理念指导下，将课程的各个构成要素加以排列组合，使各个课程要素在动态过程中统一指向课程体系目标实现的系统。根据其学习特点，粘土动画课程既是一种敞开的体系——综合性，又是一种自成体系的封闭系统——整体性。它不是孤立的美术，它可以与语言、舞蹈、手工、歌唱、朗诵等同时存在，也可以是美术自身的"综合"，它以美术要素构成一个完整的体系结构。因此，本课程是一种"综合性"和"整体性"的课程体系。

二、课程的"整体性"和"综合性"

粘土动画艺术具有自己独特的符号系统，包含了"造型""动作""语言""绘画""声音"等众多表现手法，是一种综合性的艺术形式。动画作品既有动画的律动之美，又有雕塑的静态之美，在前期制作过程中，主要依靠手工制作，手工制作决定了粘土动画的"淳朴""原始""色彩丰富""自然""立体"的艺术特色。因此粘土动画课程以美术学科学习内容为主，其他学科内容的学习为辅。美术组教师负责课程研发、教学计划制定、课时安排、教材编写、课程实施等。通过多学科教师支持联动，完成黏土动画学习内容。

三、粘土动画课程体系的结构及设置

1. 使学生形成基本的美术素养

本课程的学习不仅仅是对基本的粘土动画美术知识与技能的掌握，更重要的是应该具备基本的艺术学习的态度。这些态度主要包括有敏锐的视觉意识，对视觉现象和美术作品能作出积极的（或许还应该是独特的）反应；能自觉而大胆地运用美术的媒材和方法表达自己的观念和情感，追求艺术化生存；能不断追求更高的审美品位，又保持自己独特的审美趣味。

2. 激发学生学习兴趣

兴趣是学习美术的基本动力之一。应充分发挥粘土动画教学特有的魅力，使课程内容与不同年龄阶段学生的情意和认识特征相适应，以活泼多样的课程内容呈现形式和教学方式，激发学生的学习兴趣，并使这种兴趣转化成持久的情感态度，使学生在实际生活中领悟黏土动画的独特价值。

3. 认识多元文化

粘土动画是当今社会文化的一个重要组成部分，与学生生活的方方面面有着千丝万缕的联系，它的学习过程是一种对多元文化的认识，同时又是对中国传统文化的认识和学习。

4. 培养创新精神和解决问题的能力

现代社会需要充分发挥每个人的主体性和创造性，因此，粘土动画课程特别重视对学生个性与创新精神的培养，采取多种方法使学生思维的流畅性、灵活性和独特性得到发展，最大限度地开发学生的创造潜能，并重视实践能力的培养，使学生在具体情境中探究、发现粘土动画的制作技术，找到不同知识之间的关联，发展综合实践能力，创造性地解决问题。

5. 为促进学生发展而进行评价

评价主要是为了促进学生的发展。因此，本课程的评价标准将体现多维性和多级性，适应不同个性和能力的学生的学习状况，帮助学生了解自己的学习能力和水平，鼓励每个学生根据自己的特点提高学习粘土动画的兴趣和能力。

四、课程结构特点

1. 综合性

粘土动画是一种综合的艺术表现形式，因此粘土动画课程也是一种"综合性"课程。综合性是当前全球教育观、儿童观、知识观、课程观的一个明显转变。目前，全国统一课程标准下的美术学科内容已无法满足不同地区、不同时代社会发展的需要，这就迫切要求产生一种能够弥补学科课程某些缺失的新的结构形态，以适应21世纪社会发展对人的资质和能力的客观需要。

2. 选择性

课程的设计，注意了针对不同学生的差异性。课程的学习允许学生选择自己喜欢的内容参与学习。让每个学生选择自己适合的部分内容，参与粘土动画的制作过程。让每一个班级有特色，每一个学生有自身的特色，从而达到课程结构适应不同学生特点的目的。

3. 均衡性

本课程结构的"均衡性"是依据全面发展的理论和素质教育的思想而提出的。课程结构"均衡性"的内涵主要从三个层面上体现出来：

一是对学习内容的规划和设计，对粘土动画活动的规划和设计是全面、均衡的；

二是对各部分内容的学习,或者对活动的课时安排是均衡的;

三是学生对课程内容的选择是均衡的,在"均衡性"的参与和保证下,使学生的个性得到全面地、整体性地发展。

五、展望黏土动画课程发展方向

1. 新课程理念的贯彻实施

粘土动画的学习在道德教化方面有着重要的作用,它在民族精神、社会责任感、科学与人文素养、创新精神与实践能力、团队精神、国际视野等方面都有渗透。

粘土动画学习的重要方式是研究性学习。研究性学习方式是培养学生创新精神和创新能力的有效途径。在小学阶段,在美术学科,在校本课程的学习中,开展研究性学习,是新课程倡导的理念,是未来校本课程的研究方向。

2. 美术课程的有力补充

粘土动画课程有自由性、模糊性和不确定性;粘土动画课程又属美术课程,美术的学习本身有情感性、愉悦性和渗透性等特点;黏土动画的故事内容,又有艺术性、思想性。因此,粘土动画课程是美术文化的一部分,通过粘土动画的学习,可以扩大学生的文化视野,树立文化意识,丰富文化底蕴,提高文化素养;使学生了解美术与人类、美术与民族、美术与生活、美术与情感、美术与历史等方面的联系。

3. 开创和设想

我校粘土动画校本课程的开发有助于形成和体现史家实验学校的办学特色。

一是要着重培养学生的审美能力。学生通过经历"脚本创意""分镜头画稿""角色设定和制作""道具场景制作""逐帧拍摄""后期合成"的过程,逐渐提高艺术素养和能力,积累深厚的文化底蕴,激发对艺术的热爱之情。

二是让孩子学有所长。通过美术粘土动画学习,培养学生的一技之长,为他们的未来提供自我发展的空间。

三是通过粘土动画课程,培养学生良好的心理品质,从而丰富孩子的人生,使学生不仅学会知识、形成技能,也获得情感上的丰富体验,使他们健康快乐地生活。

四是通过粘土动画课程,拓展了学生的学习空间,为学生创造了更多的社会实践机会,让更多的老师得到更为协同的专业成长,让更多的学生享受更加优秀的教育供给,让教育优质在均衡中提升,让教育均衡在优质中拓展。

史家项目指导工作总结

卢立涛

在北京师范大学与史家教育集团合作的"史家教育集团骨干教师科研能力提升研修项目"中，起初我被安排为高李英、王燕红、张培华三位老师的导师，并根据三位老师的研究课题撰写了相应的指导方案书。后来在项目的推进过程中，我主要担任了张培华和王燕红老师的指导老师。在整个项目历时将近一年的实施过程中，通过定期指导与交流，我和两位老师都有了较大的收获和进步。

一、两位教师的基本背景分析、指导发展定位及主要指导内容

1. 张培华老师

张培华老师的课题是"小学天文校本课程促进学生正确价值观形成的行动研究"，这个课题已经结题。该课题梳理了十多年来学生、家长的反馈，观察了学生参与天文活动的行为上的变化，形成了一些案例和有效做法。但是第一次与张老师沟通交流的时候，张老师觉得对于这些丰富资料的提炼和总结并不理想，希望能得到具体操作方法的指导。通过与张老师深入沟通，将其进一步的发展目标定位在通过丰富文献着眼了解前人在中小学天文课程建设促进学生正确价值观形成方面的研究成果，以更好地为自己的研究结论提供相应的理论支撑。同时，进一步学习行动研究的理念和做法，结合自身的实践历程，整理和补充相关的研究过程，完整体现如何开发和利用小学天文校本课程来促进学生正确价值观形成的行动研究循环过程，使研究的结论更具说服力。在接下来的项目指导过程中，结合张老师的发展目标定位以及课题实施中遇到的问题和困难，我从行动研究的具体开展流程、研究报告的撰写与提炼等方面对其进行了较为详细地指导，并深入张老师的天文馆进行了观摩学习，深刻体会了张老师已有工作、研究成果的丰富性、独特性，孩子们对他的课堂的喜爱性，以及张老师工作的繁重性。在项目成果的梳理和写作方面，我就成果的写作方式给予一些建议，比如在报告中要体现研究意蕴，结构完整，重点突出，符合行动研究的特点。在辅导中，张老师非常认真主动，无论是他在繁忙的工作之余专程到师大来交流，还是在下校的过程中他毫无保留地呈现自己十余年的研究成果，他的敬业态度、工作投入、对天文的爱和对学生的好令人感动。张老师也多次感谢我给出的指导建议，他也认真地进行了思考，收获很大，但限于时间、精力不够，在成果的梳理和提炼方面还是未能

按照我的要求完成，最后提交了"天文校本课程立体化体系建设与实施"研究报告作为研究成果。尽管这一成果很好地梳理和概括了在张老师的推动下史家小学近三年来天文校本课程立体化建设的理念、思路、方法和实施效果，但总体来说研究的味道还有待提高。

2. 王燕红老师

王燕红老师的"'粘土动画'校本课程开发和实施的行动研究"这一课题已经结题。该课题很好地梳理了学校在"粘土动画"校本课程方面的实践探索过程及成效，但欠缺从科研缜密规范的角度梳理目前的成果，希望开发出国内第一套针对学生学科核心素养的综合学科的"粘土动画"系列书籍。在与王老师深入沟通后，我们将项目辅导的目标定位为整理和形成一套通过行动研究有效开发的针对学生学科核心素养的综合学科的"粘土动画"系列书籍，能够将王老师及课题组十余年的实践探索进一步物化，形成有质量的学术成果，以便进一步与同行分享，相互交流学习，在教学实践中发挥其更大的价值。为此，需要在深入查阅文献的基础上了解前人在"粘土动画"校本课程开发和促进学生相关学科核心素养方面的研究成果，以更好地为自己的研究提供相应的理论支撑。同时，进一步学习行动研究的理念和做法，结合自身的实践历程，整理和补充相关的研究过程，完整体现如何开发和实施"粘土动画"校本课程来促进学生相关核心素养的行动研究循环过程，使研究更具说服力。在接下来的项目指导过程中，结合王老师的发展目标定位以及课题实施中遇到的问题和困难，我从行动研究的具体开展流程、研究报告的撰写与提炼等方面对其进行了较为详细地指导，并深入王老师的粘土动画学院进行了观摩学习，深刻体会了王老师及其研究团队在粘土动画课程建设方面的累累硕果，孩子们在粘土动画学习过程中体现出来的兴趣和创意令人感动。在项目成果的梳理和写作方面，我就成果的类型、题目、内容、框架、写作方式等给予一些建议，比如在报告中要体现出研究成果的针对性、丰富性、可借鉴和可推广性。王老师有丰富的实践经验和成果，在参与项目过程中表现积极主动，通过课题指导过程明确了做课题研究和工作报告之间范式的差异，表示该过程收获很大。在我们的共同努力下，王老师最后提交了"基于提升学生'文化基础'核心素养的'粘土动画'校本课程研究——以在史家实验学校的行动研究为例"的研究报告。

二、指导反思

作为一名指导老师，看到两位教师提交的研究成果尽管还存在这样那样的问题，但能见证他们在项目中的点滴成长还是感到很有成就感。同时我自身也在这个项目培训指导过程中有很大收获，两位实践经验丰富的教师都是各自领域的大咖，他们在学习过程中体现出来的谦逊、认真，在实践过程中体现出来的投入、热情，对各自事业的爱和坚持令人感动，也必将成为我学习的榜样。

另外，在史家教育集团骨干教师科研能力提升研修项目的培训指导中，我也有一些经验和收获，对于老师的选题，指导的过程、方式，以及最后的成果提交的形式等方面有一些想法，与大家共同交流。

一是从选题来看，教师以自身在实际中遇到的问题、困惑以及老师们的发展目标和学科、学校发展的需要形成研究课题，这个思路是正确的，但在操作过程中，很多时候老师们并没有很好地将教育教学中的困惑聚焦成值得研究和能研究的问题，很多老师的选题不是太大，就是难以在一定时间内完成，这给老师们的课题实践和导师的指导带来了一定的困难。

二是从指导来看，本次我指导的两位学员都是在完成了培训课程、提交了相应的结题报告之后开展的，但从指导的实际情况来看，尽管在前期的工作中老师们完成了相应的开题、结题，体现出了培训的一定效果，但同时也暴露出很多问题。比如课题已经结题了，但研究的问题究竟是什么？研究过程中运用了哪些方法去收集和分析资料的？为什么用这些方法？研究的过程是如何开展的？如何说明研究有成效？这些都不是很清楚，结题报告更像工作报告而不是研究报告。建议将培训与指导融为一体，从最初的问题的提出、文献综述、研究问题的聚焦、研究框架的厘清，到资料收集和分析以及最后得出结论，在这一整个的过程中，将培训与指导融合起来，围绕这些点进行培训和指导，会有比较强的针对性，指导更加个性化，也更高效。老师的研究意识和研究能力也能得到切实的提高。

三是从成果来看，尽管这是骨干教师科研能力提升的项目，要强调教师科研意识和科研能力的培养，但一线教师的科研成果也不能完全照搬高校的科研标准和要求，尤其是在相关的开题报告、结题报告、成果类型等方面，建议以更适合一线老师们特点的方式呈现，比如从减少开题、结题报告中烦琐的程序环节，凸显问题的提出、文献综述、研究设计、研究过程、研究成效等几个方面展开；在成果的类型上除了书面的报告、论著外，可以适当增加公开课、展示会、戏剧等形式。

三、对项目的期待与建议

大力提高中小学教师的科研意识和科研能力是促进教师专业发展、提升学校内涵发展、提高基础教育质量的重要内容和有效路径。北京师范大学与史家教育集团合作的"史家教育集团骨干教师科研能力提升研修项目"在这一方面也做出了卓有成效的实践和探索。为了进一步凝聚各方共识，共同努力把项目做得更好，对于项目的未来开展，结合自己在指导中的经验和心得，有以下两条期待和建议。

首先，一线老师们的选题一定要紧扣自己的教育教学工作，要与自己的教育教学工作密切结合融为"一层皮"。聚焦教育教学中的真问题，开展行动研究，而不是在工作之外再找选题做所谓的学术研究。因为老师们的工作任务非常的繁重和辛苦，不与工作相结合的课题研究，既给老师们徒增压力，也不会取得预期的效果，导师们指导起来也费力不讨好。

其次，从指导的效果上来看，目前存在的比较多的问题就是这些骨干教师太忙了，而导师也忙，因此当一个组里有多个老师的时候，时间就更难以协调。尽管在指导过程中我们想了很多办法，采取了定期面对面指导，电话、微信语音留言反馈，邮件文字反馈等多种方式开展指导，但由此也造成一些时间被碎片化、效率不高的问题，有时候同样的问题面对不同的老师还要重复重复再重复。较为理想的指导方式是项目组与学校硬性规定集中指导的时间、地点、次数，并给予学员教师一定的方便。另外也可以形成2-3人导师组，将学科或选题相对集中的几位老师召集起来一起指导，这既避免了单个导师或教师因临时安排导致时间冲突的问题，又可以促进彼此之间互相学习、解决共性问题。

6

营造和谐的班级环境布置行动研究

——基于班级环境布置改善为视角

史家七条小学 阚 维 金利梅

一、课题研究背景

（一）集团背景

随着义务教育均衡发展的不断推进，北京各区县积极采取集团化办学的形式，以发挥优质教育资源的辐射带动作用。我所在的七条小学在这一背景下成为史家教育集团中的一员。随着我校不断地和史家小学的融合，史家小学和谐的教育理念也融入史家七条小学的办学理念中，创设和谐的育人氛围，促进学生和谐发展是我们每一位史家集团教师的追求。

（二）班级背景

前年我接手了我校四年级一班，通过问卷调查我收集到了家长和学生的基本情况如下。家长中中专及以下学历的25人，大专学历的6人，本科及以上学历的4人。不难发现我班家长学历水平不高，我班共有35名学生，其中男生25人，占全班人数的71%，存在严重的性别比例失调。男生与生俱来的生理特点是：喜欢进攻性的、主动性的游戏；人际关系方面，易与人发生肢体冲突；学习上的适应能力比女生弱。另外，在我班25名男生中，竟有4名学生有多动症、抽动症、焦虑症。男女生比例严重失调，再加上男生生理特点，以及"问题儿童"较多，导致表现出来的不懂规矩、我行我素、无视学校管理等行为，与学校的要求不协调，这些客观原因都在一定程度上造成班级管理上的困难。

（三）教师方面

我虽然有20多年的教育经验，但针对这样特殊的班级实际情况，如何能更好地完成教育教学、科研和管理工作，是摆在我面前的一个严峻的问题。因此，笔者决定在专家教授的指导下来研究《营造和谐的班级环境布置的行动研究》这个课题，促进班级建设的良性发展，同时加强自身的理论水平和科研能力。

二、研究问题

鉴于以上阐释，笔者提出以下研究问题：

（1）班级环境包括哪些内容？

（2）和谐的班级环境具有哪些特征？

（3）在集团学校的背景之下，如何营造和谐的班级环境？

三、文献综述

（一）班级环境的基本概念

班级环境的生成源于班级组织的创建。现在学术界一般把环境的概念区分为广义和狭义两种：广义环境指人类在社会历史实践过程中所创造的物质财富和精神财富的总和；狭义环境指人类社会的精神环境，是包括社会的思想道德、科技、教育、艺术、宗教、传统习俗等的一种复合体。也有人将班级环境定义为"班级在学校教育教学过程中所表现出来的积极向上的班级精神、班级形象、班级行为规范和意识等环境诸因素，它对班级管理具有重要的作用，是建设良好校风和学风的基础"。

在本研究中，笔者对班级环境的界定是："班级环境是社会环境的支流环境，是校园环境的一部分，是以班主任为主导，由班集体中全体成员创造出来的独特的班级生活方式。"

> 请注明文献的出处。

（二）班级物质环境

班级物质环境是指班级物质环境及其环境意蕴，包括课室基本的物质条件，通风、采光、教学设施、宣传图片、课桌椅的排列、图书角、其他象征物，还有各种物质设施的布置及其反映出来的环境氛围，是班级环境最直观的外在表现形式，具有"桃李不言"的隐性教育功能与效果。

随着年段的不断升高，班级物质环境布置也要相应转变以符合该年段学生的年龄特点。高年段的班级物质环境建设要更趋理性化，能充分发挥学生的自主性与创新性，让学生成为班级物质环境建设的创造者，把学生的个性化设计充分地体现到班级的物质环境建设当中。

作为班主任，我认为班级物质环境应注意把班级的教育目标、班级的价值取向和学生的需求有机地整合起来，通过具体环境布置充分表现出来，从而达到在班级环境建设中教育和熏陶人的目的。

（三）学习环境

教学环境研究的倡导者李秉德教授指出："任何教学活动都必须在一定的时空条件下进行，这一定的时空条件就是有形和无形的特定教学环境。"基于这部分文献的学习使我认识到班级环境的重要性，给予我开展营造班级环境布置的思考。

（四）班集体

"班集体"的概念最初产生于苏联。苏联的教育工作者认为："班集体首先是一个使儿童处于正常的、紧密的联系之中的基层集体，它是当代学生的最为稳固持久的统一体。"班集体的中心任务是系统地学习一切和学好课程。

由于我国的教育研究深受苏联的影响，所以一直较为重视对班集体的研究。班集体是按照国家教委的正式文件规定，为完成组织赋予的任务，实现学校教学教育活动的共同目标，师生相互作用，相互联系而构成的组织严密的正式群体。

四、研究设计

（一）研究方法

质性研究方法是以研究者本人作为研究工具，在自然情境下采用多种资料搜集方法对社会现象进行整体性探究，使用归纳法分析资料和整理形成理论。通过与研究对象互动对其行为和意义建构获得解释性理解的一种活动[a]。

一般而言，质性研究方法具有以下五项特性：质性研究者通常会投入特定的研究场景，因为他们关心的是背景脉络，关注个体行为与背景脉络的关联；研究方法上，质性研究最著名的代表性方法就是参与观察和深度访谈；在资料搜集方面，质性研究是描述性的，收集而来的资料被称为"软的"（soft），是以文字或图像的形式呈现，而不是数字；资料分析上，质性研究者倾向以归纳的方法来分析资料，并非在拼一幅早已知道的画像，而是在建构画像；研究目的上，质性研究关注的是事件的意义及历程[b]。

> 研究方法使用了观察法、问卷法和访谈法，但是在后面并没有对应的研究结果说明观察、访谈、问卷所得出的结论。或者说，后面并没有对之前研究方法所带来的研究结果的一个分析。比如说，您的问卷回收率，问卷所展现的数据表明了什么结果，比如班级物质环境对学生有什么影响等。

1. 参与式观察法

在参与式观察中，观测者与被观察者在密切的相互接触、直接体验中倾听、观看他们的言行。这种观察的情境比较自然，而且开放、灵活，允许研究者根据研究问题和情境的需要不断调整观察的目标、内容和范围[c]。

研究者通过参与环境布置的相关活动，进行实地观察，观察对学生在不同主题类型的环境布置的行动、语言和相关内容的感知，了解到班级环境布置可以促进学生明确班级目标，促进人际交往、团队合作能力的形成，进而形成和谐的班集体。

2. 访谈法

与观察相比，访谈可以了解受访者的所思所想和情绪反应、他们生活中

---

a 陈向明：《质的研究方法与社会科学研究》，教育科学出版社2000年版。

b R. C. Bogdan, S. K. Bikelen，黄光雄主译：《教育研究理论与方法》，涛石文化实业有限公司2005年版。

c 哈贝马斯著，曹卫东译：《交往行为理论第一卷》，世纪出版集团、上海人民出版社2004年版。

曾经发生的事情、他们行为所隐含的意义，即访谈可以进入受访者的内心，了解他们的心理活动和思想观念[a]。

针对本研究的问题和目的，为了获取学生对环境布置的需求，在选择好研究对象后，针对不同的对象展开有针对性的访谈是研究关键。本研究针对四类研究对象：班干部、普通学生、问题学生、任课教师，分别制定了不同的访谈问题，针对访谈问题确定环境布置的主题思路和方案。了解到学生对班级环境布置有自己的想法，愿意参与班级环境布置的活动。

3. 问卷法

请在文章之后附上自己的问卷模版。

通过问卷调查了解学生对班级环境布置的基本需求，及时调整环境布置的思路和方法，给学生提供学习、交往的渠道，促进学生人际交往、团队合作能力的形成，进而形成和谐的班集体。

在这之前请说明自己通过观察、问卷调查的结果，再说明之后的结论。

由此我认为，让学生参与班级环境布置的活动，有利于形成正确的舆论导向，有利于促进班级学生人际关系改善、团队合作能力的提高，完成和谐育人的班级目标，最终形成和谐的班集体。

（二）研究阶段

主要研究阶段	完成时间	研究任务	阶段成果
准备阶段	2015年11~12月	确定问题；文献分析；制定计划；研究准备；开题论证	研究计划 文献综述 开题报告 案例设计
研究阶段	2016年1~8月	修改开题报告；设计调查问卷；学生、教师问卷调研	开题报告 问卷回收 问卷分析
总结阶段	2016年9月~2017年4月	撰写活动案例；撰写研究报告	案例分析 研究报告

（三）研究班级环境布置的策略

班级环境布置是由班级显性的物质环境要素和隐性的精神环境要素交织而成，在打造和谐班级环境布置的过程中，不仅要考虑显性的物质环境要素，更要重视隐性的精神环境要素，最终起到环境育人的作用。所以，我提出从墙面环境建设和区域环境建设两方面入手的策略。

1. 墙面环境建设

我在班级墙面布置中设计成七个板块：班级园地、学习园地、才艺专栏、光荣榜、活动展示、心理专栏、其他。

（1）班级园地。这个版块是班级环境布置的重要"硬件"，其显性环境是班规、班训、班主任寄语等，其隐性环境主要指班级精神环境和制度环境，为班级学生养成良好的行为习惯奠定良好的基础。

---

[a] 詹姆斯·C·斯科特，王晓毅译：《国家的视角》，社会科学文献出版社2004年版。

（2）学习园地。这个版块的显性环境可以分为语文专栏、数学专栏、英语专栏等学科的作业展览，其隐性环境主要让学生养成良好的学习习惯。

（3）才艺展示。这个版块的显性环境是为了鼓励学生积极展现个人的才华，可以是优秀的文章、精美的画作，也可以是创意发明制作等。其隐性环境是把学生的闪光点得到放大，使学生逐渐生成一种自信、进取的学习生活态度。

（4）荣誉展示。荣誉能使人产生积极向上的动力，使学生朝着先进的方面发展。而集体荣誉感是集体凝聚力的来源，是集体发展的动力。其显性环境是奖状或获奖照片，而隐性环境是培养学生的集体荣誉感，这是班级建设中的重要环节。

（5）爱心活动展示。这个版块的显性环境是结合本班学生的特点开展爱心活动，让一些在学习上难以展示才华的学生，为班级做好事，为同学服务献爱心。隐性环境是培养学生有一种荣誉归属感，这样就有一部分学生会在献出爱心的活动中产生荣誉感，使这些同学也会产生积极向上的动力，从而带动班级整体的向上、向善的发展。

（6）心理健康专栏。这个版块是针对我班有心理障碍的学生。这些"问题学生"经常表现出一点小事就会斤斤计较，甚至动手解决问题，有时甚至不容老师说话，就会大发雷霆。针对这种现象，我在班里设立心理健康专栏，用粘贴表情的方式，沟通有心理问题的学生。当有问题的学生感到自己心里不舒服，就用哭脸贴在专栏里，其他同学看到他贴的哭脸后尽量不去招惹他，老师看到后会及时关注他，这样可以避免不愉快的事情发生。

（7）其他类型专栏。还可以开辟"名人驿站"专栏，张贴古今名人的励志名言、成长故事激励学生向名人学习优秀的品质。

2. 环境功能区建设

以学生需求为本，在班级中创设活动区域，为学生提供一个相对自由的空间。我班从以下五个区域进行了布置。

（1）阅读区域。在班级里建立阅读角，为喜欢阅读的学生提供场所，为学生提供名著、教辅、心理、科技类书籍，供学生课间休息时阅读，培养学生的阅读习惯，进而促进学生人格品质的发展。

（2）手工区域。这是为喜欢动手的学生提供的场所，可以设立简单的纸工和建筑模型供学生课间休息时进行制作，激发学生创新精神和动手能力，有利于学生之间的合作交流，增进学生之间的感情。

（3）卫生区域。为了满足班级卫生的整洁，可以设立一些纸巾、洗手液、创可贴、药棉、毛巾等供学生清理自己和维持班级的卫生使用，可以培养学生关心集体、乐于为集体服务的行为。

（4）养殖区域。为了满足学生的好奇心理和责任感，可以在班里开辟一个角落养殖小金鱼、种植绿色植物，让孩子们排好值日每天负责照料他们，可以培养孩子的爱心和责任感。

（5）心理矫正区域。根据我班有焦虑、易怒、多动的学生特点，我在教师讲台附近设立了心灵驿站，用毛绒玩具和沙盘的体验，让学生通过动手操作把心中的烦恼表现出来，便于教师及时和孩子进行沟通，促进学生心理健康发展。

以上的墙面环境建设和区域环境建设，可以使学生在活动中改善人际关系，给学生提供合作交往的机会，从而达到营造和谐的班级环境建设的目的。

五、班级环境布置的成果

（一）构建和谐的班级环境

苏霍姆林斯基说过："只有创造一个教育人的环境，教育才能收到预期的效果。"在开展营造和谐的班级环境布置活动中，班主任和班级全体成员商量制定班级的奋斗目标，有助于陶冶学生的情操，净化学生的心灵，提高环境素养，从而增强班级的向心力、凝聚力，使和谐的人际关系和班级氛围正逐步形成。我班在2014～2015学年度学校养成教育检查中获优秀班级、佩戴红领巾优秀班集体、评价手册填写优秀班级。2014～2015学年度在学校队列比赛中获得精神风貌奖。

（二）创建和谐的师生关系

师生关系直接影响着学生学习和生活的热情，在环境布置过程中教师充分发挥学生的主动性，做到平易近人，和学生建立了轻松愉快的学习氛围，从而使学生乐于接受教育，塑造学生良好的人格品质，进而形成和谐的师生关系。2015～2016学年度我班获得东城区先进班集体称号。

（三）调适学生的心理

小学高年级学生正处在身心发展的重要时期，随着生理、心理的发育和发展，竞争压力的增大，学生会在学习、生活、人际交往中遇到或产生各种心理问题。通过班级环境布置中设立的心理专题和区域，可以第一时间发现孩子的心理问题，及时和孩子进行沟通，避免了因孩子的心理问题得不到很好地解决，造成班里问题的隐患。活动开展后，我班课上违反纪律的情况有明显好转，课下基本消灭了打架的情况。

（四）增强学生的动手能力

在每次班级环境布置时，老师组织孩子们围绕和谐班级学习、环境、活动特色进行设计，然后让学生根据自己的特长动手制作组成不同风格的作品。如美术好的学生可以绘画出精美的花边、插图等；手工好的同学可以制作成漂亮的工艺品；电脑好的同学可以用电脑搜集资料、思路等。不同能力的孩子都得到了锻炼，甚至班级中有问题的学生也能参与到活动中，并看到自己的闪光点。总之，在活动中孩子们的动手能力得到了提高。活动开展后，我班先后有多名学生在市、区、校级科技节、艺术节比赛获奖。

（五）培养学生的创造精神

在班级环境布置中孩子们敢于尝试创新主题、内容和形式，布置后的环境孩子们更喜欢观看，更乐于接受，使环境育人的功能得到强化。如爱国主义教育方面，常规上我们会选取一些英雄人物的介绍和英雄事迹的小故事，而孩子采用了假期旅游参观时拍下祖国名胜古迹的照片、阅读英雄故事的小报、自己的书法作品等组合的形式展示爱国主义教育。

这样的环境布置孩子们更喜欢观看，更乐于接受，从而更能达到育人的目的。

六、方案实施的反思

课题开展后，我和学生一起努力营造一个健康、向上、温馨和谐的班级环境，在环境布置实践中学生得到全面的发展，师生之间、同学之间相互信任，形成了和谐的师生关系和生生关系，班级在学校开展的各项活动中也取得较好的成绩，团结协作的班级氛围也逐渐形成。这让我切身地感受到了班级环境布置在班级管理中的重要作用。

（一）班级环境布置的益处

1. 创立健康向上的班级精神

我在实施班级环境布置的过程中发现，学生从班规、班训等制度建设中得到的暗示常能使学生在不需任何外来压力的情况下，进行自主教育、自我调适，增强了学生完善自我素质的自觉性，从而使班级形成良好的班风。

2. 有利于学生全面发展

班级环境布置必须要考虑到学生在环境布置中的主体作用。班级环境布置的好坏，关键在于学生积极性的激发和主体性的发挥。在班级管理中，学生只有真正去实践，才有劳动的欢乐，只有真正感受到自己是集体中重要的一分子，他们才会尽展才华，使集体充满生机，充满活力。

3. 彰显班集体的凝聚力

班级环境布置的主题通过不断地更新、变化，给孩子们参与班级事务的机会，让孩子们在参与主题构想、设计和布置的活动中，展示自己的才华。慢慢地，我发现孩子们有了可喜的变化，孩子们由一开始的冷漠、不知如何是好，最后马马虎虎糊弄完事，到慢慢地有思考地做事，听指挥有条理地布置，到现在能在班委的带领下出谋划策，积极参与，布置的环境主题分明，教育味十足，从而增强了班级的凝聚力，使班级逐步走向我们期望的积极、阳光的状态。

4. 有利于教师教学

班级物质环境建设对教师的教学也起着一定的作用，布置优美温馨的班级环境，能够影响老师的教学心情，从而促进教师开展优质高效的课堂教学，为学生更有效的学习提供环境保障，辅助教师的教学，提高教学效率。

（二）班级环境建设存在的主要问题

由于本研究受到当时条件的限制，还存在一定的不完善之处。在以后的班级研究中，应该注意以下几个问题。

一是虽然在本行动研究的过程中笔者时刻注重了发挥学生的自主性，给了他们充分发挥主体性的空间，但有的学生能力有限，布置时显得有些笨拙，无所适从，表现出很不适应的状况。

二是虽然注重了与学生的心理沟通，但学生表现出来的心理问题还是出乎笔者的预料。这说明随着时代的飞速发展，学生的精神世界已经超出我们成人的想象。作为教师应该加强心理学习，注重疏导的方式方法，与学生平等地交流、学习。

三是班级环境布置的实践研究尚处于起步阶段，还有许多需要探索的地方。在以后的研究中，还需要逐渐扩大研究的规模，不断完善理论模型，探索更为合理的行动研究方案。

我将进一步探索班级环境布置的新思路，以促进学生、班级和谐健康的成长。

参考文献

[1] 刘强，王连龙，陈晓晨.中小学班级环境的现状及改善策略——基于北京市海淀区中小学的调查.教育研究，2016，37（7）

[2] 蒋泽群，拾晓锋.中小学班级物质文化建设现状分析及建议.黑龙江教育（理论与实践），2016（3）

[3] 夏小芳.幼儿园班级环境创设有效性之研究.山东师范大学，2014

[4] 冯丽平，方建群，马馥荔，颜国利，陈诗祺，张朝霞，王志忠，王颖丽.生态移民青少年的行为问题及与人格和班级环境的关系.中国心理卫生杂志，2014，28（3）

[5] 蒋晓泳.班级物质文化的微妙创设.太原大学教育学院学报，2013，31（1）

[6] 李小玲.高校班级文化建设现状及策略研究.西南大学，2012

[7] 金灿灿，邹泓.中学生班级环境、友谊质量对社会适应影响的多层线性模型分析.中国特殊教育，2012（8）

[8] 纪鹏，范业玲.谈谈中学班级物质文化建设.科教文汇（中旬刊），2011（5）

[9] 赵小云，郭成，谭顶良.中学生的班级环境、学业自我与学业求助的关系.心理学探新，2010，30（5）

[10]潘利若.中学生学业拖延及班级环境对其的影响.河南大学，2009

⑦ 研究反思

随着国家推行教育均衡化，我所在的学校不断地和史家小学融合，史家小学和谐的教育理念也融入史家七条小学的办学理念中，创设和谐的育人氛围，促进学生和谐发展是我们每一位史家集团教师的追求。而我所带的班级却十分令我苦恼。班里男女生比例严重失调，男生36人，女生仅10人。再加上班里"问题儿童"集中，如多动症、焦虑症、学习障碍等，这些孩子表现出来的不懂规矩、我行我素、无视学校管理等行为，与学校的要求不协调，这些客观原因都在一定程度上造成班级管理上的困难。如何能更好地完成教育教学、科研和管理工作，是摆在我面前的一个严峻的问题。因此，我决定在专家教授的指导下来研究《营造和谐的班级环境布置行动研究》这个课题，促进班级建设的良性发展，同时加强自身的理论水平和科研能力。

我参加了集团领导和北京师范大学联合打造的骨干教师科学研究能力提升研修项目的培训，在这次培训过程中我收获了很多。首先是在课题研究理论上的提升。北京师范大学的专家教授为我们设计了系统学习课题开发的课程，如《选题表达的讲解和指导》《文献检索的技能》《如何撰写研究报告》等课程，让我对课题研究不再陌生，明确了课题研究的方向，通过与专家的一次次面谈辅导和微信沟通使我的课题终于有了可喜的收获。而我把在北师大学习到的研究方法和理论知识运用到我的班级管理中也取得明显的效果。

在课题选题的初期，我很苦恼，因为我接手的这个班级很特殊，我总想找到一个能解决所有问题的内容来研究，可是想法总是太空乏，所以在选题方面我的想法一次次被推翻，选什么题目我可是犯了难。在和李静纯研究员交流时，李老师分析了我的想法后，最终帮我选取了《营造和谐的班级环境布置行动研究》这个课题进行研究。在课题研究过程中我需要大量阅读古今中外的教育教学的理论和思想，李老师还为我们挑选了相关的书籍送给我们，这让我们为李老师有效的帮助而感动，更为李老师这么大岁数还对学生提供无微不至的帮助深表敬佩。在整理分析资料之后我总结了一些可以借鉴的理论，开始了自己的行动研究。在中期研究时我又幸运地遇到了方麟老师，他耐心地听取了我的研究内容，并且帮助我把研究过程的一些想法进行提炼、梳理，使我对课题的研究有了信心，最终没想到我的课题研究还进入到30个提升项目中。

对于《营造和谐的班级环境布置行动研究》课题一开始我只是摸索着研究。通过调查问卷我得知了学生对班级环境布置有需求，希望亲身参与班级环境布置的活动之中，我就把班级环境建设分成了两大类，一类是墙面环境建设，另一类是环境功能区建设，然后再把这两大类进行细化，把学生喜欢的内容进行细化，美化。如：墙面环境建设中，学生喜欢荣誉展示版块，因为荣誉能使人产生积极向上的动力，使学生朝着先进的方面发展。而集体荣誉感是集体凝聚力的来源，是集体发展的动力。其显性环境是奖状或获奖照片，而隐性环境是培养学生的集体荣誉感，这是班级建设中的重要环节。所以我会组织全体学生和班级获得的荣誉一起合影，再粘贴出奖状和照片，让每个孩子都有荣誉感。在环境功能区建设中，我重点考虑到男孩子多，爱打闹，利用班级有限的空间给孩子创设安全活动区域，使孩子们的兴趣爱好得以发挥，从而降低孩子们打闹的机会，改变了原来的阻止方式，转向了合理的疏导，也大大解决了班级打闹的现象，使班级面貌有了改善。从做课题研究以来，我的班级面貌发生了一些可喜的变化。比如，课上，孩子们更爱学习了，学习园地中展示优秀作业的人越来越多了；课下，孩子看书、玩游戏的多了，同学间追跑打闹的少了，同学间更团结友爱了。班级获得的奖励也越来越多了。但是由于本研究受到当时条件的限制，还存在一定的不完善之处。在以后的班级研究中，还应该注意以下几个问题。

第一，虽然在本次行动研究的过程中我时刻提醒自己注重发挥学生的自主性，给他们充分发挥主体性的空间，但是在实际操作中我发现有的学生能力有限，在布置环境时不会整体设计，动手能力也有待提高，布置好的环境整体效果欠美观，而学生对自己布置的环境却感觉良好，可见学生的审美能力有待提高。

第二，虽然我注重了与学生的心理沟通，但学生表现出来的心理问题还是出乎笔者的预料。如：我班有一名同学从小和爷爷奶奶生活，爷爷奶奶一直对其娇生惯养，使得这孩子养成了"顺他者昌，逆他者亡"的作风，有时他还会把在家里的气带到学校来，有同学稍有不顺他心意的就动手。为此，我让他每天到校后都要在心理专栏上贴一下自己的心情，一是暗示他，上学了不能随便撒气，二是告诉其他同学，他心情不好时我们尽量少打扰他。一开始他很新鲜，天天按时粘贴，同学们也很注意，班里因为他打架的事情就没有了，但后来他烦了，他就不贴了，即使有时同学提醒他，他也不贴了。对于这样极特殊的孩子，他的精神世界已经超出我们成人的想象，作为教师，应该加强心理学习，注重疏导的方式方法，与学生平等地交流、学习。但同时，我们目前又没有一些先进的方式解决这些孩子在思想方面的问题。

第三，在班级环境功能区域布置时，我让个别孩子们带来自己喜欢的小玩具，以便孩子发生问题时能有倾诉的对象，也便于安抚孩子的情绪。可是在实践中我发现，个别孩子在玩玩具时故意破坏，破坏后并没有丝毫的悔意。功能区域的物品被损坏，孩子的情绪能真正得到改善吗？如何让孩子正确使用这些物品，还能有效地缓解各自的情绪，这还需要我虚心向专家请教，找到解决问题的方法。

总之，在研究的过程中还有许多需要探索的地方，在以后的研究中，还需要逐渐扩大研究的规模，不断完善理论模型，探索更为合理的行动研究方案。我将进一步探索班级环境布置的新思路，以促进学生、班级和谐健康的成长。

基于学生生活经验的小学英语
教学设计的案例研究

史家实验学校　李民惠

一、研究背景

　　课题的选择十分偶然。北京出版社出版的北京版（一年级起点）《小学英语》一年级上册第三单元，三节新授课都是问候对方"How are you？"而应答语都无一例外是"Fine/I'm fine，thank you。"一方面，这一模仿20世纪二战后英国城市日常问候语的学习内容，今天在英美国家日常交流语中，已经基本不再使用。类似我国北方地区20世纪70年代的问候语"吃了吗？"这句问候语，随着社会经济的发展，已经不再出现在日常口语中。另一方面，儿童在学校或者生活场景中，可能会遇到许多其他的问候场景。例如，一位同学问候胳膊受伤或者脚崴了的同桌，在母语对话场景中，他可以说"好点了吗"。但是一至六年级京版《小学英语教材》只提供了"How are you？"这种唯一的英语问候对话。在京版《小学英语教材》的英语会话场景中，如果按照这一问候语，学生就只会按照教材提供的唯一答案来回答"Fine，thank you"，因为教材没有提供其他丰富的会话场景，学生也就不会结合自己所处的社会场景进行对话交流，不会用简练的语言表达出诸如"不舒服"（"Not too good"）或者"so so"这样的适应性场景表达。

　　教育领域中，核心素养培养的重要性愈发突出。但是，在英语教学领域中，在史家小学不同的校区中，学生的语言学习差异较大，为了让英语学习水平比较薄弱的学生快速提高，教师在日常的教学过程中往往无暇顾忌学生经验和英语交流能力的培养，只是一味地追求将语言点知识在课堂上完成传授。教学过程中再配上相应的练习题，通过反复练习，使英语学习基础薄弱的学生巩固所学的语言点，以获得较高的测评成绩。这样的结果是学生英语学习成绩可能会有较好的保证，但是对学生来说，语言的学习变成一种程序化的活动，无论是对于已经有良好英语学习基础的学生，还是英语语言学习不足的孩子来说，这样的英语课堂都无法激发出学习热情与共鸣，更无法形成学生内在的体验，学生的语言综合力能力的发展更无从谈起，结果也就导致课堂上枯燥无味的机械重复训练，学习经验常常游离于课堂之外。

> 研究背景比较详细地介绍了小学高年段京版英语教材的问题。提出了教材与学生生活经验相割裂的问题。

> 研究者在这里抓住了教学中的真实问题。从生活经验这一核心问题入手，进而提出了课程内容重构的深层问题。

正如美国教育家杜威所说："教育是在经验中、由于经验、为着经验的一种发展过程""教育是日常经验内在的各种可能性被理智地指导的发展""为了实现教育的目的，不论对学习者个人来说，还是对社会来说，教育都必须以经验为基础——这种经验往往是一些个人的实际的生活经验"[a]。当前，京版教材所呈现的知识往往是静态的，而学生的发展是动态的；教材所蕴含的知识结构是整齐划一的，而学生个体的需要是多样的。当前，课程改革已经进入深化阶段。核心素养培养的任务要求教师不仅仅是"教"教材，而是充分挖掘教材资源，吃透整合，针对不同的个体，以灵活多变的形式进行教学设计。为了更好地达到教学的效果，提高学生能力，在教学过程中，教师不可避免地要根据实际教学需要，对教材中不太合乎当时教学背景的内容或活动进行替换或增减或重组，这一点也是《英语课程标准》在教材的编写和使用建议部分就明确倡导的。通过本课题的研究，一线教师能够设计出语言知识和学生实际生活经验相一致的课程，使教材实现书本与生活相融，在课程的重构方面有所探索。

二、研究问题

（1）小学英语学科涉及的学生生活经验具体含义是什么？

（2）如何通过案例研究，根据小学高年段学生不同的生活经验进行英语教学设计？

（3）根据生活经验进行的英语教学设计对小学高年段英语教学的启示有哪些？

本研究期望基于学生日常经验的基础上，针对京版英语教材中的对话场景进行课程内容的重构，同时，探索通过案例研究来不断改进小学英语教学设计；在此过程中，分析基于学生经验的小学英语教学设计的实用案例，为史家小学不同校区的高年段英语课堂教学呈现具有参考性价值的具体教学设计。

三、文献综述

学生生活经验在课堂教学实践中受到了前所未有的关注。学生生活经验是学生在生活中形成的经验。因此，学生生活经验概念将主要关涉对与学生生活经验相对应的学生生活范畴的明晰。对此，我们可依循规定性定义的内在逻辑从当前一些关于学生生活的相关研究话语中去进行"规定"。

对于"生活经验"，著名教育家杜威曾说："除个人之外，还有产生经验的源泉，经验不断地从这些源泉中吸取养分。"[X]杜威在此所指的源泉即生活。"生活"这一概念主要包括家庭生活、学校生活与社会生活。因而，笔者认为学

---

a　[美]约翰·杜威，姜文间，译：《我们怎样思维：经验与教育》人民教育出版社2004年版。

生的生活经验主要来源于以下几个方面。

第一，来源于家庭生活。不同的家庭环境对于学生经验的影响是现实而深远的。每个家庭成员的道德修养与生活方式、亲和程度、兴趣爱好等都是学生生活经验构建的基础。因此，出生与成长在不同家庭的学生所积累的生活经验是截然不同的。

第二，来源于学校生活。学生时代的大部分时间都是在学校学习、生活、玩耍，与教师的交流、与同伴的互动、参与学校各种精彩课程都构成了学生经验的来源，它与家庭生活对于学生的影响一样，是"学生生命中一去不返、不可更改的重要经历"。

第三，来源于社会生活。不同社会背景的学生所持有的生活经验也大不相同。例如，史家小学的高年级学生多是2005年以后的所谓"05后"一代。而不同校区的学生，他们的家庭背景还有差异。有的家庭提供给孩子丰富的英语学习环境，而在低社会经济地位家庭中的孩子不仅英语学习缺乏基础，母语交流亦不流畅。

《现代汉语词典》中，生活经验是这样解释的：人或生物为了生存和发展而进行的各项活动；经验是经历也是体验，是生活经验由实践生活中得来的知识或技能。

李欧·李奥尼的教育绘本《鱼就是鱼》[a] 更好地解释了这一概念：学生不是空着脑子走进课堂的，他们会用过去的经验、知识来解释现在。过去的知识经验深深影响着现在的接受，这也符合班杜拉的社会认知理论。因此，教学设计应该紧紧围绕学生，引导学生体验知识。建构主义理论家把这种行为归结为情境对人的影响："知识的意义不完全取决于符号，而是存在于情境之中。人不能超越具体的情境来获得某种知识，每一个学习者都是在特定的情境下建构知识的意义的。"

我国著名教育学家陶行知先生也曾提出过"接知如接枝"的生动比喻，生动地说明了学生获得的直接经验在学习知识过程中的重要作用。他首先对真知识和伪知识进行了区分：思想与行动结合而产生的是真知识。真知识的根是安在经验里的，从经验里发芽抽条开发结果的是真知灼见；不是从经验里发出来的知识就是伪知识。同时阅读《陶行知教育名篇》也会发现，先生所指出掌握真知识的基础是"要有自己的真知识做根，这经验所发出的知识做枝，然后别人的知识才能接上去，别人的知识才能成为我们知识的一个有机体部分"。[b]

从国外的研究看，纽伦提出了教学设计就是在分析需求的基础上确定课程的教学目标。而鲁宾逊论述了专用英语教学设计的特点，认为"专用英语教学设计是一系列因素互相作用而产生的结果：需求分析的结果，教学设计

教师们在进行文献综述时，容易胡子眉毛一把抓。在此部分中，建议研究者紧扣研究问题，从"生活经验"的课程理论、"生活经验"与课堂教学设计、小学英语课堂教学设计研究等三个方面来进行。既能体现出对以往相关研究的理解和分析，又回答了研究问题所涉及的多个方面。

教师们的研究往往还需要在注释等细节方面按照学术研究的要求加以完善。具体来说，对于国外的学者，需要注明姓氏的英文；同时，要在脚注中注明引文的出处。

---

a 李欧·李奥尼，阿甲，译：《鱼就是鱼》，南海出版社2011年版。

b 陶行知：《陶行知教育名篇》，教育科学出版社2005年版。

者对教学大纲、教学方法以及现有教材所持的态度。所有这些因素都因具体条件的限制而需做出修改和调整。"由此可见，以上两位学者对于教学设计的理解大致相同。

艾伦对教学设计的看法则与以上两位有所不同。他认为，"既然语言是一个高度复杂的现象，它不可能一次性全部被学会。那么，成功的教学要求笔者们根据事先制定的教学目标、学生的语言水平和课程的时间等来选择教材。这一选择发生在课程的设计阶段。"这里提到的是在教学开展之前，教师选择教材的重要性。

哈庆森和沃特斯对教学设计的全过程作了概括。他们将专用英语教学设计的步骤归纳为：需求分析、教学目标、教学手段、教学大纲、教学方法与教学评估。他们认为：教学设计是一个过程，人们研究搜集有关学习需求的一些原始资料，是为了设计综合性的教学方案，其最终目的是引导学生获得某些特定的语言知识。

综上所述，以上学者从不同的角度指出了自己对教学设计的理解，其共同之处在于教学设计的第一步——需求分析，即了解授课对象和他们的需求。

四、研究设计

（一）研究方法

质的研究方法是以研究者本人作为研究工具，在自然情境下采用多种资料搜集方法对社会现象进行整体性探究，使用归纳法分析资料和整理形成理论，通过与研究对象互动对其行为和意义建构获得解释性理解的一种活动[a]。

在本研究中，主要采用了个案研究。效度是学校教育领域中的质的研究中的一项挑战。影响个案研究的效度是一种典型描述型效度，指的是对外在现象或事物所进行的描述的准确度。衡量这一效度有两个条件：①所描述的事物或现象必须是具体的；②这些事物或现象必须是可见或可闻的，比如课堂中的对话环境、对话内容，学生在交流过程中的状态。在访谈研究者访谈自己的同事时，如果接受访谈者没有记录下教师所说的话，那么事后凭记忆所做的记录也有可能有所遗漏和错误。在这种情况下，不论是研究者收集的原始材料还是基于这些材料之上所做的结论，其描述效度都有问题。

（二）研究样本

史家校区五年级一班学生和史家实验校区五年级一班学生，体现了不同学生生活经验的不同。

研究在这里比较详细地介绍了质的研究方法。一线教师真正能够做好质的研究是非常难的。因为教师是研究过程中的"局内人"（interior）。其研究的效度在很大程度上取决于描述性个案的真实程度。

个案研究还需要进一步说明研究者如何进行课堂观察、访谈和相关文字材料的收集。此处研究者没有对这三个具体的数据收集材料进行说明，还需要改进。

研究样本的选择值得商榷。两个平行班级，分别处于发展水平不同的学校中。研究者容易将个案研究"做大"，即期望获得更多的数据和结论。但实际上，往往由于分析得不到位，无法达到作者设计的初衷。建议该研究样本集中在史家实验小学。

---

a Bogdan R. C., Bikelen S.K., 黄光雄主译：《教育研究理论与方法》，涛石文化实业有限公司2005年版。

（三）研究设计

本课题将遵循"研读理念——深挖教材——了解学生——教学设计——不断实践——反思修正——呈现成功案例"的方法进行。通过阅读相关文献，熟悉理论依据并总结前期成功或不成熟的教学设计的案例，进行学习，结合教材和学生生活经验，根据教学设计前后实施的比对，探讨新的设计是否能够以学生的发展为本，同样可以利用调查问卷或课堂实例展示学生的学习效果，并结合实施现状做出相应的改进和调整。

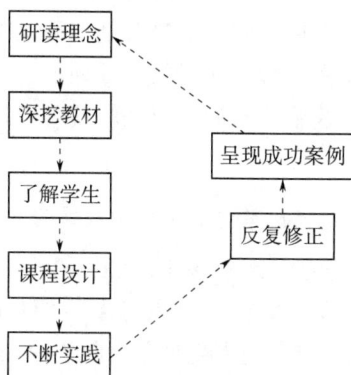

研究分析是本论文中的重要内容。研究者在这里清晰地呈现了个案研究的过程，提供了充分的例证。

五、研究分析

（一）学生生活经验的不同体现

通过课堂观察和对京版教材的仔细研读，研究者发现：不同的英语话题不仅内容不同，在小学阶段的分布情况也各有差异；有些话题贯穿整个小学阶段，复现率很高，几乎在每一个学期都会出现，如个人情况、家庭朋友、饮食、自然等，可称为高频复现话题；有些话题的出现频率甚少，每学年只出现一次，如节假日、气候等，可称为低频出现话题；有些话题在低年段时未曾出现，学生只在进入五年级这样的高年段的英语学习中才会正式接触，如购物、卫生与健康等，可称为低无高出话题。

从上述分析来看，小学英语话题的分布情况不一，学习的侧重点也不同。充分了解实验校区学生的英语学习情况，分析其对学生产生的影响；通过问卷、访谈等方式了解学生的学习习惯和方法，并加以鼓励；坚持全英文教授，不断重复简单的问题，鼓励学生做答，了解学生间的差异。创造宽松友好的课堂教学环境，用真诚的态度帮助他们克服心理障碍；鼓励他们用百倍的信心迎接新的学习阶段，让学生相信能够提高学习英语的兴趣和积极性，拓宽学生的学习渠道，充分挖掘学生身边的生活资源，利用学生熟悉的经验、感兴趣的事物进行英语教学。还要拓宽学生的学习渠道，向学生介绍一些英语课外读物，鼓励学生相互借阅。

经过两个学期对学生课堂对话的观察和分析，研究者整理并分析了学生

研究者通过对课堂观察和对京版教材的研读，归纳了适合五年级英语课堂上的话题，结合学生的课堂会话练习，研究者进行了"生活经验"的总结。为下一步进行个案研究提供了基本的素材。

研究者需要对"观察和分析"进行相应的解释。否则容易造成进行内容拼凑的印象。

经验与小学英语话题的连接点，并对每一个话题与学生经验的联系作了详细的分析。

1. "个人情况介绍"话题

学生在高年段将要形成的发展性经验为：能够向他人介绍自己个人的基本情况，如姓名、年龄、出生日期、家庭成员、兴趣爱好、外貌特征、职业及生活情况等。学生所具备的部分生活经验如"知道自己的年龄，了解自己的喜好"等是有助于学生英语学习的，并且随着年段的上升，个人的生活经验越来越丰富，学生通过同一话题及其他话题下的学习逐步积累起与之相关的学习经验，如祖父母和父母的称呼词汇、外貌特征、年龄大小、职业特点等相关词汇。这些已有的学习经验就可以运用在五年级的英语学习中。

2. "学校与日常生活"是与日常生活关联度很高的话题

史家小学的高年级学生已经能够在课堂上介绍自己的学校、任课教师、专业教室名称等。在教师的引导下，他们能够介绍自己喜欢或不喜欢的学习科目，并简单说明理由；能向他人简单介绍自己一天或一周的学习活动；能够简单描述自己的学习计划或者准备进行的课外活动。

3. "情绪与情感"这一生活经验话题

学生在高年段将要形成的发展性经验为：能够简单表达自己的情绪；能够利用所学的语言，互相询问有关对方的情感情绪。随着年龄的上升，进入五、六年级的学生不仅能够了解和掌握自己的情绪特点，也可通过询问别人也情及感受。这些逐步丰富起来的生活经验有助于学生英语的学习。

4. "节日"是儿童日常经验的重要组成部分

在高年段，学生应该能够简单介绍自己节假日的安排和打算，并询问他人的相关计划：能够初步了解中西方不同的节日，并知道如何相互表示祝贺；能够表达自己喜欢的节日，并简单说明理由。这些逐步丰富起来的生活经验有助于学生英语的学习。当然，在表达时间顺序上，学生母语的表述语序与英语表述语序的不同依然会造成对五、六年级的学生英语学习的阻碍。

> 个案设计是这个全面研究的重点。研究者在如何形成"个案"的问题上，表述得不是很清楚。

5. "购物"话题

这一话题在小学高年段中的课堂对话补充中常常出现，而在京版英语教材中，这一话题只是在中年级涉及。五年级的学生不仅掌握了词语的表达，随着生活经验的丰富，他们也将成人世界对商品的看法融入自己的课堂对话中，学生能够询问物品的价格；能够描述自己对所需物品的看法；能够帮助朋友、家人选择喜欢的商品并提出自己妥善的建议；能够设计购物清单，进行合理的购物。在访谈中，学生对于"购物"这一生活场景的兴趣程度比较高；同时，愿意通过合作的方式，将所学的英语知识进行表达，复现了他们在生活中与家人一起在超市、水果店或者大型商场购物的经历，知道如何列购物清单、如何挑选自己需要的商品及如何付钱等。

（二）个案教学设计：五年级上册第五单元第十六课

通过本节课的学习，学生能够听、说、读并理解有关国家及大洲的单词"the UK，the United Kingdom，Britain，Europe"。

学生能够听、说、读并理解表示城市与国家、国家与所在大洲的关系的句子，"Where is…? It's in…"；能够识别英国的首都伦敦的标志"Big Ben"和"the Thames"；能够了解有关英国的一些知识；能够利用思维导图梳理知识方法整理已知国家的信息同时进行介绍。

笔者对教材进行分析之后，发现存在以下几点不足。

1. 缺少背景知识

从教材文本上分析本课主题对话前没有文本的介绍，没有呈现这个对话产生的背景。也不是很清楚如何就开始了这样的对话，需要老师进行背景的叙述或设计。

2. 缺少知识过渡和衔接

本课主要学习英国，而教材的前一课和后一课都有英国没有关系，知识的衔接和滚动复现在教材中没有体现出来。而本课中没有过多的关于英国的介绍，对英国一无所知的学生接受起来不容易。

3. 不贴近生活

现在的学生是11岁左右的小孩子，他们的关注点可能还不能够到了解一个国家的地理位置上，可能他们的兴趣点都在这个国家有什么好玩的好吃的东西上。本课的重点学习内容"问英国在哪里"不能很好激发学生的学习兴

研究根据前述，采用了分析归纳总结的方法，得出结论。

趣点，不贴近学生的生活实际。

4. 静态的文体，语言动态生成

本课的对话如何能够让学生在实际生活中去运用，达到学以致用还需要老师做许多的设计和提升，将静态的文本变成从学生的自然流露是一个需要精心设计的过程。

（三）依据学生的生活经验设计五年级英语课堂对话

1. 设计情境的原则

（1）不脱离书本的情境。仔细分析文本，挖掘教材本身的信息，笔者们发现这是一组去英国旅游的文本对话，因此笔者借助这个书本情境，从前一课的美国飞到英国继续游览，使前后两课产生了关系；同时旅游也是学生喜欢的话题，也没有脱离文本本身去另创设一个新的场景，学生接受起来较为容易。

（2）挖掘与学生生活相连的。前面提到了询问地理位置不是学生关心的话题，因此笔者寻找学生的兴趣点，发现旅游是孩子们喜欢并常常做的事情，从学生生活实际出发更有利于学习。

（3）贴近现有水平。从课的一开始笔者根据学生已有知识入手，而不是直接谈论地理位置，因为有前一课的美国的学习，教师告诉学生本节课继续本单元的话题"Country"。

> T：Today we are going to learn unit5, we'll go on learning something about country.
>
>   What county do you know?
>
> S：I know ...
>
> T：Where is...? What's the capital city? What's the mother tongue? Do you know any famous
>
>   places?

教师出示不同国家的国旗。

> T：I have many different national flags, let's take a look and say them out.

通过学生了解的内容入手，进行自然的交流，学生不会感觉唐突或很难，贴近他们的现有水平。

2. 设计对话情境的具体方式

（1）"场景还原"。对于实验校区的学生，他们对国家和世界的了解不多。前面已经提到，直接上来用英文学习这些知识有很大难度，因为连用中文描述起来都比较困难，这对于语言的理解和接受更是难上加难。因此针对实验校区的学生补充课前的学习材料和资源是非常必要的。在学习这个国家的单元之前，笔者就对实验校区的学生设计了学习资料调查表，可以通过查资料了解，用中文写出每一项的内容，还原生活中的场景，这样有助于进一步的英文学习。

这个学习资料的课前补充是为了弥补学生生活经验的不足。学生了解后，用英文学习后进行补充，再用连贯的语言表达，从这一活动能够看出学生一个单元学习的提升。而对史家校区的学生来说，这个课前表格是不需要提供的，因为他们具备这样的生活经验。这是依据学生不同生活经验的不同设计之处。

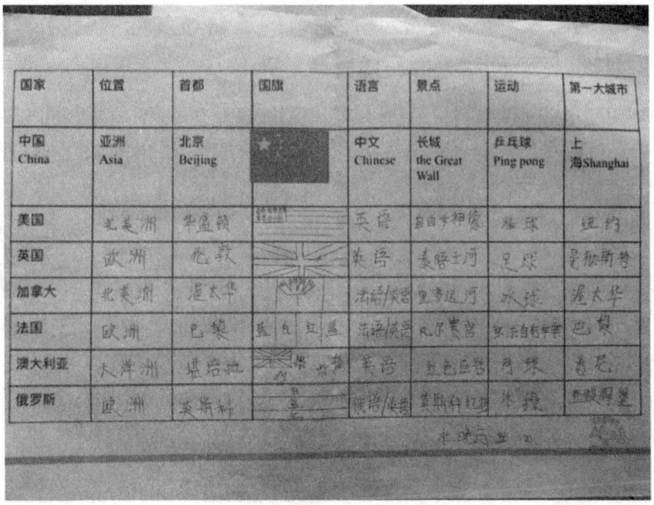

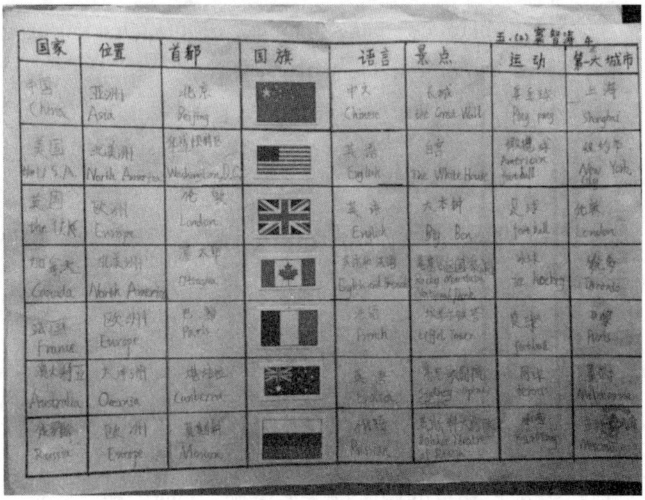

国家	位置	首都	国旗	语言	景点	运动	第一大城市
中国 China	亚洲 Asia	北京 Beijing		中文 Chinese	长城 the Great Wall	乒乓球 Ping pong	上海 Shanghai
美国							
英国							
加拿大							
法国							
澳大利亚							
俄罗斯							

教师提供的课前学习资料表

国家	位置	首都	国旗	语言	景点	运动	第一大城市
中国 China	亚洲 Asia	北京 Beijing		中文 Chinese	长城 the Great Wall	乒乓球 Ping pong	上海Shanghai
美国	北美洲	华盛顿		英语	自由女神像	棒球	纽约
英国	欧洲	伦敦		英语	泰晤士河	足球	曼彻斯特
加拿大	北美洲	渥太华		法语/英语	里多运河	冰球	渥太华
法国	欧洲	巴黎	蓝 白 红	法语/英语	凡尔赛宫	环法自行车赛	巴黎
澳大利亚	大洋洲	堪培拉		英语	[illegible]	网球	悉尼
俄罗斯	欧洲	莫斯科		俄语/英语	莫斯科红场	[illegible]	圣彼得堡

学生学习前用中文完成

国家	位置	首都	国旗	语言	景点	运动	第一大城市
中国 China	亚洲 Asia	北京 Beijing		中文 Chinese	长城 the Great Wall	乒乓球 Ping pong	上海 Shanghai
美国 the U.S.A.	北美洲 North America	华盛顿特区 Washington D.C.		英语 English	白宫 The White House	橄榄球 American football	纽约市 New York City
英国 the U.K.	欧洲 Europe	伦敦 London		英语 English	大本钟 Big Ben	足球 football	伦敦 London
加拿大 Canada	北美洲 North America	渥太华 Ottawa		英语和法语 English and French	[illegible] National Park	冰球 ice hockey	多伦多 Toronto
法国 France	欧洲 Europe	巴黎 Paris		法语 French	埃菲尔铁塔 Eiffel Tower	足球 football	巴黎 Paris
澳大利亚 Australia	大洋洲 Oceania	堪培拉 Canberra		英语 English	悉尼歌剧院 Sydney Opera House	[illegible]	墨尔本 Melbourne
俄罗斯 Russia	欧洲 Europe	莫斯科 Moscow		俄语 Russian	[illegible]	[illegible]	[illegible]

学生学习后在中文基础上用英文完成

（2）"真实角色"。以本课为例,补充了飞到英国游览的情景。"Our friend Baobao is talking about countries with his friends. Sara is from the U.S.A and Mike is from Canada. Today Baobao will fly to another famous country in Europe. That's the U.K."的PPT呈现出动画的小朋友坐着飞机从美国飞到伦敦的画面,学生很感兴趣,这是他们熟悉的画面,激发了也想去英国进行了解的愿望,为开展后面的学习进行很好的铺垫。

本课的重点句型是询问英国的位置,句型比较单一,对于五年级学生来说也不难,五年级应该具有连贯表达一段话的能力了,因此结合学生实际和本课的内容,从前一课学习美国开始就补充了学习一个国家应该可以谈到的方面,如:首都、著名景点、方位、母语等,还给学生留白,从还可能谈到的方面去发挥自己的想象,如著名的人物、流行的运动等方面。这些补充的语言从课前的呈现,复现,滚动到温习都一直贯穿。"Where is ...? What's the capital city? What's their mother tongue? Do you know any famous places? What is popular in...?"

（3）"互动再现"。语言的学习离不开文化的交流,既要关注文化的差异性,也要了解共性的方面。结合本课内容,本文在提到伦敦时提到了两个景点,一个是大本钟,一个是泰晤士河。笔者就选择这两个景点的目的是什么如何进行挖掘。笔者为把中西方文化的相同和不同点更好地体现出来,于是设计了在新年时候英国人聚集在大本钟下面迎接新年的视频以及中国人迎接新年敲钟的图片,来展示相同与不同点。

T：They see a big clock. It's Big Ben.

S：看图片学习"Big Ben"。

T：We know Big Ben is famous and it's also important for British, do you know why? I have a clip about it, let's have a look.

学生观看跨年时伦敦民众聚集在大本钟下面迎接新年的视频。

T：See, when new year's coming, people often get together to welcome the new year. Do we Chinese welcome the new year?

S：Yes.

T：Right, but do we strike Big Ben?

S：No.

T：We strike the bell.（呈现中国人民敲钟迎接新年的图片）

而在泰晤士这一点上还联想到了中国的黄河。

T：What else do they see in London?

S：They see boats and ships in the river. That's the Thames.

通过看图及分析字母发音方式学习"Thames"的发音,教师呈现泰晤士河的景观图片。

通过表示长和宽的两个箭头来突破"long"和"wide"这个难点。

T：The Thames is long and river, and it's famous in London too. There is also a long and wide river in China. We call it the mother river，do you know it？ （出示黄河的图片，渗透中外景观的相同点和不同点，注重体现文化品格）

S：The Yellow river.

这两个地方的处理可算是点睛之笔，恰当地渗透了中西方文化的异同，直观的图片和视频给孩子们留下深刻的印象。

（4）补充思维导图。教学设计除了语言知识、文化渗透之外还要注重思维的发展。在学生的思维发展方面，笔者进行了脑图式的板书设计，并通过有层次的活动为学生搭设台阶，从对话谈论国家到语篇形式对一个国家的介绍，给了学生一个逻辑性很强的线索，帮助学生更加清晰地掌握本节课的内容，有效地创编对话，进行连贯地表达。教师通过板书让学生谈论更多关于国家的内容，例如属于哪个大洲，母语是什么，有哪些名胜古迹，首都是哪里，有名的运动是什么等。（运动是下一单元的主题，为了进行单元的整合和衔接，学生也有能力做到介绍一些国家的典型运动）

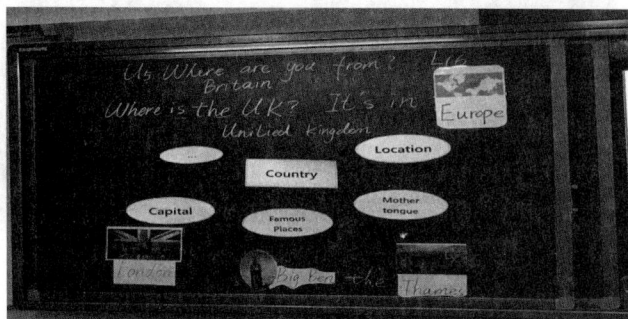

本课板书，围绕国家的思维导图

根据思维导图的几个方面，学生有据可依，为流利表达起了辅助作用。同时，教会学生表达的逻辑性，为了表达事物需从哪些方面入手，为学生进一步进行对话表演搭建台阶。而表演本身就是一种情境，具有完整性，故事性，涵盖单元和话题。

虽然教学资源非常有限，但教师结合教学内容，多动脑筋，因地制宜，也可以大有作为。课前老师找到关于英国这个国家的英文介绍，让学生观看有关英国及伦敦的视频。这个视频全英文介绍了英国分为几个部分，英国女王以及英国的钱币等知识。这个资源的使用也体现了两个校区的区别。师生交流如下：

T：What do you know about the U.K. from the clip?

S：Answer.

T：We also know London from the video. Do you know anything about it?

S：Answer.

T：You know a lot about the U.K. and London. Today let's learn more about them.

T：Let's watch a video. Then tell me what else you know about the U.K.

史家校区学生对英国有所了解，可以通过视频知道英国的一些知识，然后展开本课的学习。实验校区的学生不具备这些生活经验，先看视频难免会觉得困难，可先学习课本的文本，将视频作为拓展和延伸，放在课的最后播放。

学完国家这个单元后，让学生体验真实的语言环境，让学生参与资源的制作和开发，制作所了解的国家或喜爱的国家，或做这个国家的小导游宣传员进行宣传，做成小报等；在教室的外墙报上进行展示，在课堂上进行口头交流，等等，这些都能进一步巩固知识，将所学的静态教材内容变成动态的语言生成，大大体现了学习的效果。

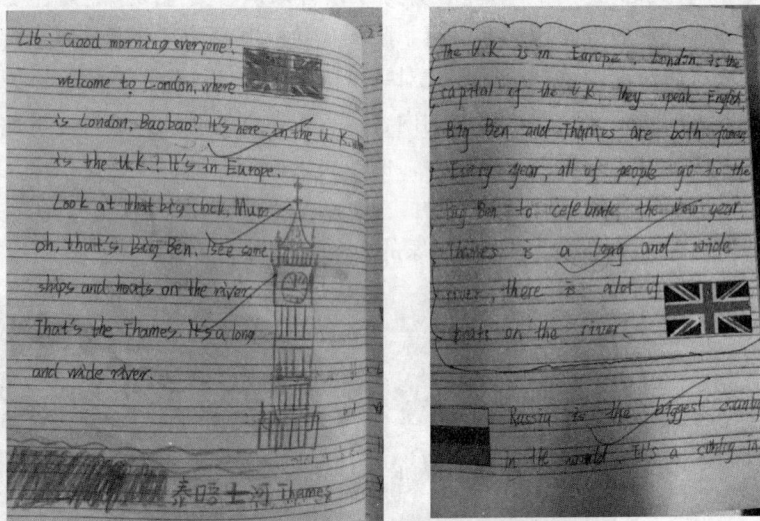

学生课后资源拓展展示

六、研究结论

（一）师者，创造性传道授业解惑

基于学生经验的教学设计能够促进教师学科专业知识的发展。因为对于教材内容的取舍增添要求教师不能仅仅满足于教材本身的知识视野、局限于教学参考资料的知识范围，而是要以教学目标的实现为导向，吸纳教材之外的优秀教学资源。教师对于教材内容进行恰当取舍的过程也是教师不断学习、学科专业知识不断拓展和自身的专业化水平获得持续发展的过程。

基于学生经验的教学设计能够提升教师的合作发展水平，基于学生经验的教学设计既是教师运用自身的已有知识和经验对于教材进行"接受、理解、选择和批判"的个体过程，同时也是教师在工作坊机制下借助集体备课、集体听课与评课等多种活动与同事进行交流、对话和互动的集体研究过程。教师要想在复杂的教育情境、多元化的学生需求和同质性的教材内容之间寻求平衡，仅仅依靠自身的知识和经验往往是不够的，这一行为有利于教师们进行专业切磋、经验分享、互相支持和彼此学习，进而不断提升教师合作发展水平。

研究的结论应该是"豹尾"。但遗憾的是目前的结论有些偏离全文提供的相关论据。教育场域中的研究要从论据出发，得出"场景还原""真实角色""互动再现"三种个案性的教学设计如何促进了以史家实验小学五年级学生的英语学习兴趣、学业成绩等方面的发展。

（二）生者，核心素养实现者

综合运用语言能力的提升、自身的发展、文化意识等核心素养，基于学生生活经验的教学设计能够促进学生发展的价值。2011版义务教育《英语课程标准》中课程基本理念的第四点指出，强调学习过程，重视语言学习的实践性和应用性。主张学生在语境中接触、体验和理解真实语言，并在此基础上学习和运用语言，英语课程提倡采用既强调语言学习过程又有利于提高学生学习成效的语言教学途径和方法，尽可能多地为学生创造在真实语境中运用语言的机会。基于这个理念，教师对教材内容进行丰富和灵动整合，寻求教材内容和学生已有的生活经验的有机结合点，使学生能够通过体验，实践，主动参与到教学中，感受到学习的真实性和乐趣，从而在学习过程中充分发挥主动性，最终通过英语学习使学生形成初步的综合语言运用能力，这也是义务教育阶段英语课程的总目标。

基于学生生活经验的教学设计，教师对教材的运用不是意味着"搬运"教材上已有知识、概念和原理的过程，而是对既有的教材内容进行处理和转换，以促进学生主动地建构知识和意义的过程。为了达成这一目标，教师首先要能够将抽象的教材内容与具体的课堂情境、静态的文本结构与动态的学生需求相联系，从而使教师准备好"将其个人对于教材内容构想的经验知识投入到教学中去"。其次，教师在课堂教学中将已有的教材内容结构作为一种资源，整合具有现实意义的活动设计。条件允许的话，还可以创设与教材内容紧密相关的情境，使学生在真实的情境中产生学习兴趣和需要，进而主动地建构知识。这样一来，教材内容经过教师的处理，更好地内化到他们已有知识体系之中。通过基于学生经验的教学设计研究，教师可提高自己和工作坊内教师的专业发展水平。

❓ 研究反思

北京史家教育集团骨干教师科学研究能力提升研修项目（第四期）于 2015 年 10 月 12 日在北京师范大学英东教育楼 454 室正式开班。为期10天的脱产学习让我经历了课题研究的头脑风暴，从课题的开题、文献检索、问卷的设计、研究方法的确立等一系列从未接触过的领域都一一学习，在导师的精心引导下，我在教学中发现问题，明确了问题即课题，解决问题的过程就是课题研究的过程，接下来的一年在方麟教授的到校指导下开展课题研究。

为期一年的研究即将结题，又于2016年12月入选学校的30个提升项目。认真分析研究过程，觉得自身有很多不足，对于提升的目的也不是非常明确，于是在学校的督促下，在阚维教授的指导下又开始了课题的继续研究提升的过程。反思自己近一年的参加课题提升项目的历程，受益匪浅。

一、参与课题研究使我成为学习者

一年来，通过定期开展的课题研究活动，我加强了课题研究的理论学习，通过自己的努力，加强了对课题研究的理解，学会从多方面、多途径去寻找与课题相关的资料，进一步加深了对课题研究的理解和认识。搜集与本课题相关的文章和理论，逐步提高自己的研究意识和水平，在教研中也时刻提醒自己与课题相关，用课题指导教学，有目的地开展研究。在学习过程中，一本李欧·李奥尼的教育绘本《鱼就是鱼》吸引了我，它更好地解释了我要研究的内容：学生不是空着脑子走进课堂的，他们会用过去的经验、知识来解释现在。

我还学习了很多前沿的理论。纽伦指出："课程设计就是在分析需求的基础上确定课程的教学目标。"鲁宾逊论述了专用英语课程设计的特点，认为："专用英语课程设计是一系列因素互相作用而产生的结果：需求分析的结果，课程设计者对教学大纲、教学方法以及现有教材所持的态度。所有这些因素都因具体条件的限制而需做出修改和调整。"由此可见，以上两位学者对于教学设计的理解大致相同。

艾伦对课程设计的看法则与以上两位有所不同。他认为："既然语言是一个高度复杂的现象，它不可能一次性全部被学会。那么，成功的教学要求教师根据事先制定的教学目标、学生的语言水平和课程的时间等来选择教材。这一选择发生在课程的设计阶段。"这里提到的是在教学开展之前教师选择教材的重要性。

二、课题研究论文的撰写使我成为观察者

通过研究的不断深入，我们慢慢地学会了观察，观察学生的变化，观察参与课题研究的老师们的变化。根据课题去记录学生的成长、变化，以及老师们在课题研究过程当中的

成长感言，从刚开始的不知道写什么到后来可以就课题写出一篇论文。在这个过程当中，我学会了观察，观察学生的活动，观察学生的行为，而这些记录下来的自己课题研究中、课堂教学中的点点滴滴就成为我论文的很好的论据，记录的过程也为论文的形成积累了素材，从而进一步提高自己从多角度观察的能力。

由于集团办学一体化，我从史家本校区来到史家实验学校任教，给我的课题研究提供了较好的条件，两校的学生是有很多不同之处的，尤其是生活经验的不同，对比不同校区的学生生活经验，学生有共同的英语教材的学习经历但史家实验校区由于老师时常调换等原因，不少学生并不能掌握教学内容，学生的英语基础参差不齐；学生缺少学习方法和习惯培养的指导；学习动机多种多样，学习方式和途径比较单一；不少学生难以接受外国文化，他们了解文化差异的途径和方式有待改善；极少数学生经常阅读英语课外书。通过上课英语交流发现，多数学生听不懂老师全英文教学，不能与老师进行很好的呼应。史家本校区的学生除了课堂学习经历一致外，他们还有课外学习经历，每节课有阅读英文原版书的时间保障，他们与实验校区的学生比起来在这些方面都有较大优势。

充分了解实验校区学生的学习英语情况，分析其对学生产生的影响；通过问卷、访谈等方式了解学生的学习习惯和方法，并加以鼓励；坚持全英文教授，不断重复简单的问题，鼓励学生做答，了解学生间的差异；创造宽松的课堂教学环境，用真诚的态度帮助他们克服心理障碍；鼓励他们用百倍的信心迎接新的学习阶段，让学生相信能够提高学习英语的兴趣和积极性，拓宽学生的学习渠道；充分挖掘学生身边的生活资源，利用学生熟悉的经验、感兴趣的事物进行英语教学；还要拓宽学生的学习渠道，向学生介绍一些英语课外读物，鼓励学生相互借阅；设计不同的教学活动达到最佳教学效果。

基于学生经验的课程设计也提升了教师的合作发展水平。基于学生经验的课程设计既是教师运用自身的已有知识和经验对于教材进行"接受、理解、选择和批判"的个体过程，同时也是教师在工作坊机制下借助集体备课、集体听课与评课等多种活动与同事进行交流、对话和互动的集体研究过程。

三、课题研究活动的实践使我成为思考者

通过课题研究工作的开展，我会针对自己开展的活动认真进行反思，总结哪里做得正确，哪里还有待改进。一年来我们课题组开展了多种形式的课题研讨活动，如课题教学研究课，工作坊课题经验交流活动，课题宣讲活动。我都会根据自己班级的研究主题，围绕课题的目标设计教学活动的过程，并推敲每个活动的环节，尽量把活动开展得更完美。活动后，我会围绕研究目的开展的活动，对自己的教育行为反思，改进，从而增强了设计活动、组织活动的能力。同时，通过自己不断反思和实践获得的经验，撰写了论文，并带领工作坊内的年轻教师一起进行课题研究。

四、课题研究使我成为成长者

在课题研究活动中，我由开始的无所适从到现在渐渐地得心应手，我认真参与课题

组的各项活动，并在活动中不断成长。从熟悉课题、理解课题，到教师专业水平的不断提高，从在尝试活动前的准备到活动后反思的整个过程中，我们体验着课题研究带来的成功快乐，并提高了我们继续搞课题研究的热情。

　　基于学生生活经验的教学设计，教师对教材的运用不是意味着"搬运"教材上已有知识、概念和原理的过程，而是对既有的教材内容进行处理和转换，以促进学生主动地建构知识和意义。为了达成这一目标，教师首先要能够将抽象的教材内容与具体的课堂情境、静态的文本结构与动态的学生需求相联系，从而使教师准备好"将其个人对于教材内容构想的经验知识投入到教学中去"。其次，教师在课堂教学中将已有的教材内容结构作为一种资源，整合具有现实意义的活动设计，条件允许的话，还可以创设与教材内容紧密相关的情境，使学生在真实的情境中产生学习兴趣和需要，进而主动地建构知识。这样一来，教材内容经过教师的处理，更好地内化到他们已有知识体系之中。通过基于学生经验的课程设计研究，教师提高了自己和工作坊教师的专业发展水平。

　　在课题研究活动的过程中，我与同仁们共同成长，在课题研究的实践中真正锻炼了能力，增强了自信，提高了自己，并能更好地服务于学生。

小学英语课堂中有效设问激活
学生思维能力的行动研究

史家小学　宋　莉

一、研究背景

《义务教育英语课程标准》（2011版）指出，义务教育阶段的英语课程承担培养学生基本英语素养和发展学生思维能力的任务，即学生通过英语课程掌握基本的英语语言知识，初步形成用英语与他人交流的能力，进一步促进思维能力的发展，强调理解和表达能力、思维与想象能力以及分析问题和解决问题的能力[a]。特别是2014年教育部颁布的《关于全面深化课程改革，落实立德树人根本任务的意见》中提出要深化改革，加大培养学生的核心素养，其中学生思维品质的培养正是英语学科核心素养的一个重要组成部分，在课堂中完成基本的教学任务的同时，更要关注学生思维能力的激发和培养。

与以往的义务教育标准相对比，《义务教育英语课程标准》（2011版）在课程性质方面最鲜明的特点是界定了义务教育阶段英语的"人文性和工具性的双重属性"并指出人文性和工具性的界定对于"学生终身发展奠定基础"。这一开创性的界定符合了建构主义的基本主张，因为学生的终身发展就是在社会文化环境的不断建构中的发展。建构主义强调学习者的主观性及社会性，其代表人物皮亚杰认为："知识既不是客观的东西，也不是主观的东西，而是个体在与环境交互作用的过程中逐渐建构的结果。"[b]在小学英语课堂提问中，不能忽视学生对话的人文环境因素，要针对具体人文情境对原有知识进行加工与再创造，帮助学生主动建构知识的过程。建构主义强调，教师要以学习者为中心，教师在提问活动中要发挥组织者的作用，通过自身设计的提问，在不忽视学生的已有知识的前提下激发学生的积极性，引导学生积极主动地建构知识，帮助他们发现问题，与学生一起共同分析、探索问题。

研究者在研究背景部分中，从课标入手，详细分析了当前小学英语课堂教学的主要任务，结合自己的教学实践，反思了小学英语课堂需要解决的问题。

研究者对课标进行了对比，提出了当前小学英语教学改革中的重要问题。

---

[a] 中华人民共和国教育部：《义务教育英语课程标准》（2011年版），北京师范大学出版社2017年版。

[b] 施良方：《学习论》，人民教育出版社2008年版。

教学中要注重培养学生的参与、合作意识，让学生从自身具体的经验出发，是当前课程改革深化阶段的核心。这一核心的转变，正与建构主义的基本观点不谋而合。建构主义者认为在课堂提问过程中，教师应当关注的是受教育者运用语言进行交流的过程，而不是简单的语言知识点的训练。尽管我国基础教育阶段的英语教育是将英语作为外国语的教学（Teaching English as a Foreign Language，TEFL），但通过英语的学习，特别是通过课堂的设问–讨论等环节，可以促进学生积极思考、探索生活中的问题，帮助学习者提高思维能力。"学习过程是学习者利用原有知识经验与从环境中接受的感觉信息相互作用，主动建构信息意义的生成过程。"[a]

二、研究问题

（1）史家小学中、高年级英语课堂中，教师在课堂中如何进行设问？

（2）如何促使小学中、高年级英语教师在课堂上进行有效设问？

（3）通过哪些途径，能够进一步促使小学中高年级英语课堂上教师加强有效设问？

三、文献综述

（一）核心概念

1. 有效设问

有效设问是指在课堂教学中，教师恰当地设置问题情境让学生自己发现问题、提出问题或是提供给学生适当的研究性问题，以促进学生思考、探索和解决问题，从而达到启发学生思维和培养学生解决问题能力的一种教学方法。

限于理论水平，笔者引用胡淑珍老师的观点："教师有效性提问是指教师根据课堂教学的目标和内容，在课堂教学中创设良好的教学环境和气氛，精心设置问题情景，提问有计划性、针对性、启发性，能激发学生主动参与的欲望，有助于进一步培养学生创造性思维。"这从根本上概括了本研究需要关注的教师的有效提问的方向[b]。

2. 思维能力

人们在工作、学习、生活中每逢遇到问题，总要"想一想"，这种"想"，就是思维。它是通过分析、综合、概括、抽象、比较、具体化和系统化等一系列过程，对感性材料进行加工并转化为理性认识及解决问题的。我们常说的概念、判断和推理是思维的基本形式。无论是学生的学习活

左栏批注：

研究者对小学英语教学问题进行了全面分析。引出了课堂教学有效设问这一值得探讨的问题。

研究者在阐述清楚研究背景后，清晰地呈现了整个研究的研究问题。研究问题是全部研究的核心。抓住研究问题这个"龙头"，就可以统领其后的文献综述、研究设计和后面的研究分析等几个重要的方面。

进行文献综述前，先对核心概念进行分析，是做好文献综述的重要前提。"有效设问""思维水平"无疑是该研究中的核心概念。

---

a 黄红如："提高英语课堂有效性之断想"，《小学阅读指南》，2011年第12期。

b 胡淑珍：《课堂教学技能》，团结出版社1993年版。

动，还是人类的一切发明创造活动，都离不开思维，思维能力是学习能力的核心。

（二）国外学者的相关研究

最早掀起课堂设问实证研究的1912年，美国学者史蒂文斯在调查中发现：美国中小学教师所提出的问题几乎都是封闭性的，教师不善于设计能激发学生思考的问题。这种问题的低效在近期另一项来自英美学者的调查中被进一步证实：教师提问的每5个问题中，有3个需要回忆知识点，有1个用于课堂监控，最后只有1个要求高层次的思维活动。而史蒂文斯认为，"有效课堂设问"是形成有效教学的核心，也是提高教育教学质量的关键。

近年来，国外一些学者已经研究提问对学生思维发展的促进作用及其方法，美国波尔州立大学的皮特曼对有效提问是这样定义的：①有效问题一般都是开放性问题、发散性问题和参考性问题，要求学生运用其思维机制进行回答，鼓励学生做出自己的答复，有助于学生认识能力、思维能力的发展，有效问题发人深省，需要学生具有一定的洞察能力和推理能力；②有效问题意思明了、具体，为回答提供清晰的回答模式；③有效问题能够引发活跃的课堂对话；④有效问题照顾学生的思想和理解力，能够运用学生的语言，从而给学生提供一个安全的氛围，使学生可以畅所欲言；⑤有效问题通过组织学生推论、概括、解释，给学生提供机会，加深其对材料的理解；⑥有效问题要求学生能够在各个概念之间建立联系。在问题设计中，提倡课堂教学不能仅仅局限于初级认知的问题，在适当的时机，高级认知问题更能够激发学生的思维，从而培养学生的思维能力、观念和自我评价体系[a]。

（三）国内学者的相关研究

"课堂中的有效设问"作为课堂教学的关键环节，在20世纪90年代中后期开始进入我国研究者的视野，同时受到一线教师及有关学者的重视。多年来，国内研究者在该领域做出了探索性的研究，一方面取得了阶段性的研究成果；另一方面也存在着某些问题与不足。如陈大双认为小学英语课堂有效提问应该是，"小学英语课堂教学中的提问不应是简单地寻求一个答案，而是要切中要害、发人深省，激活学生的思维，引导学生积极主动地思考"，从而激发学生自我的问题意识和探索精神。尽管该研究对小学英语课堂教学设问提出了原则性的指导，但并无具体的实施策略[b]。

（四）有效设问与思维的关联的相关研究

国内外的教学实践一致表明，提问是教学过程中最常见的教学行为。20世纪初至今，国内外学者对课堂提问进行了大量而富有成效的研究，有效设问的研究是一个来源于课堂教学实践的课题，需要多贴近真实课堂，注重采

一线老师们在进行文献综述的时候，往往会忽略文献的出处。详细地列出文献的出处，有助于读者查找相关的信息。

由于一线教师接触文献的机会不多，因此建议教师在进行研究时，可以参考一些相对典型的文献进行归纳和提炼。本段中的内容，就是修改后增补的部分。

文献综述是对现有研究成果的反思。研究者在这里对已有的文献进行了比较深入的探讨，指出了目前小学英语教学课堂设问研究的不足之处。

---

a Peterman，F. P.（1999）Asking Good Classroom Questions.Ball State University，p. 348.

b 陈大双： "如何提高小学英语课堂提问的有效性"，《新课程导学》，2012年第15期。

用实证方法研究，而绝大部分研究还局限在思辨研究，过于偏重理论，缺乏有效设问的理论与具体学科相结合，特别是小学英语课堂教学中，如何通过有效设问激活思维，提高学习实效性，仍存在一些不足。尤其国内研究还相对集中于对提问本身的观察和理论探讨，缺乏以课堂提问来激活或促进学生思维发展的研究。如何在小学英语课堂中通过有效设问激发学生思维，培养分析问题、解决问题的能力，特别是近年新课改后，思维品质作为核心素养的重要组成部分，如何与课堂实践相结合，是我们研究的主要内容和方向。

目前的一些研究偏重理论，缺乏对一线教师具体的课堂教学建议和指导，特别是与小学各年段相配合的教学研究。一些研究对各级各类教师都是适用的，但是，具体的小学英语学科教师要到其理论中谋求具体的教学建议和指导时，往往很难找到具有小学英语学科特征的有效提问理论指导。

四、研究设计

（一）研究内容

本文研究上借鉴了国内外关于小学英语课堂教学提问的相关理论并结合在史家小学的实地调查中。

第一步，调查现状。主要针对执教史家小学主校区四年级、五年级和六年级的6名英语教师的课堂教学为研究对象，运用观察法，访谈法和实物收集法等研究方法，对所观察及访谈获得的信息资料进行整理归类，进而分析得出史家小学中、高年级英语教师课堂提问的现状。

第二步，对现象的原因进行分析。先了解有效提问的相关研究成果，将教师的教案和课堂教学实施状况以文本和教学案例呈现与分析，获得有关有效课堂提问的相关分析。

第三步，提出研究者的提高教师提问有效性的策略以及结论。这一步是通过之前的现状以及原因进行分析后，笔者从英语教师如何提高自身素质，进行课程内容的重构。

（二）研究方法

1. 个案研究法

为了使本研究更具有针对性以及真实描述课堂教学的情况，研究者在本教研组教师的帮助下，共同对自己执教的课堂教学进行了个案分析。通过与其他同事一起对任教的史家小学五年级两个教学班的英语课堂提问进行了课堂观察、对学生进行了初步的访谈，做好了课堂提问的课例记录。

2. 课堂观察法

为了使本研究更具有针对性以及真实描述课堂教学的情况，研究者对史家小学主校区中、高年级小学英语课堂进行了非参与式观察，大多数在自然

研究内容将研究者要进行相关研究的整体安排进行了阐释，有助于读者了解整个研究的设计。

一线教师的研究往往在研究方法上设计较为粗糙。此处，对于如何进行课堂观察、如何进行访谈，都缺乏详细地介绍。从根本上说，还是由于我国的教育研究往往不是基于证据基础上的研究。当教师在做研究时，这方面的训练还不充分。

个案研究的效度在于对个案提供了更加深入的分析。有助于身处小学中、高年级英语教学环境的教师对自己的课堂教学提问设计进行反思。

的前提条件之下，对所在学校的几名教师进行重点观察。随堂听课18节，在进行课堂观察的同时，也做好了案例记录。

3. 行动研究法

此课题贴近教师的实际课堂，在研究过程中通过听课、集体教研等，真实描述课堂教学的情况，及时做好案例记录及随笔。

五、行动研究过程

在本课题研究过程中，研究者和协同研究的老师们一起通过工作坊这个教学平台，认真学习有关有效设问的有关文献，深入课堂了解学生，分析学生，收集问题，分析问题，研究课例，并充分考虑不同学段学生的知识水平和认知特点，根据学生需求设计不同的问题，力求激发学生兴趣，激活学生思维和综合运用语言的能力。

（一）深度聚焦，确定课堂中有效设问最主要和亟待解决的问题

通过和中、高年级小学英语组的老师一起探讨，观察教师们在备课过程中，如何一起研究、探讨，广泛阅读，加强理论依据，使概念更聚焦，问题更聚焦，让研究更有可行性。根据课题组研究工作的需要，成立由专职教研员进行指导、各校区骨干教师以及工作坊成员参与为主的研究小组，进行明确分工，承担不同工作职责。以工作坊为平台，保证每月一次的课题活动，以备课、说课、现场课等形式深入课堂，找到目前课堂教学中有关问题预设方面最急待解决的问题，交流进展；及时整理过程计划、总结、研究原始依据等过程性资料。

（二）实施阶段

1. 深入课堂，了解现状

了解了学生们的想法，老师又回到课堂教学中进行反复研究和学习。有效设问是促进学生学习和发展的一种理念、一种手段，是衡量教学活动有效性的标准。但是，国内近年来的研究材料表明，中小学教师平均每堂课的有效问题仅为50%，而英语教师有效问题所占比例则更少，同时随着课堂的深入，也发现了一些常见的问题。①同样的问题预设在不同的年级产生的效果不同，不符合不同年龄段学生的认知规律；②问题的设计没有层次，没有关注学生整体，效果不显著。在小学英语课堂中，哪些问题是有效的，哪些又是无效或低效的，如何运用有效设问激发学生兴趣和发展学生的思维能力？基于这些思考我们分别在中、高年级课堂教学中，根据不同教学目标和教学重难点进行了问题设计，对发现的问题及时反思，修改后再加以实施和研究，收到了极好的教学效果。

> 行动研究法是一个动态发展的过程。通过研究者不断对研究进行改进，找到更加恰适的研究结果。这里的行动研究法的阐述还不够具体。

> 通过工作坊平台进行行动研究是一种研究的方式。同时，也需要进一步将研究过程中收集到的数据进行分析。

> 此处是研究的背景，并非是行动研究中的数据分析内容。应该将中、高年级的课堂教学中的不同类型的提问进行分析和改进，同时，将改进的具体细节、内容和结果呈现出来。

2. 打破闭环提问，探讨有效设问

　　课堂中的设问必须以教学目的为指南。教师在钻研教材的同时，还要研究问题设计的目标。备课时要尽量了解学生的情况和本课教学内容的需要，研究学生的思维特点，有的放矢地设计问题，如进行故事教学前的导入性问题、促进对故事理解的启发性问题等。好的课堂问题的设计不是随机或随意提出的，而是精心设计的结果。

　　语言的输出是基于长时间的理解和观察，对于英语的初学者来说，"听力理解""察颜阅色"先于"言语表达"。即教师在课堂上要尽量通过对话活动，促进学生将英语作为外语进行学习。如果教师能将这种理念巧妙地运用到外语教学中，做到"听力理解"先于"言语表达"，并不断利用肢体语言辅助，外语教学也能够如婴儿学习母语一般习得养成。如以下案例：

T：I have a bad headache. What should I do? （教师用手按住前额）

Ss：（学生们仔细倾听，但不甚理解）

T：my head hurts，（教师按住头呻吟）headache!

Ss：（头痛？）

T：Yes，good job! If my head hurts，we can say?

Ss：headache!

T：Now I catch a cold! （使用体态语，让学生能够明白"cold"的意思）

Ss：（学生认真观察教师的动作）

　　打破原有的闭环问题模式，对于教师课堂提问的生成有很大裨益。在课堂中我经常会发现的一种情形是学生对教师随性生成的提问不太理解，这时教师需要运用丰富的体态语言或者运用实物来提出生成性问题，而不仅仅是简单的听与答，则能充分调动学生的视觉、听觉、触觉等多种感官协调动作，用上他们的"全身反应（physical response）"。这无疑能够很好地促进小学中、高年段学生的英语学习兴趣。

　　通过课堂实践发现，基于不同年级的学生认知水平，有些课堂预设的问题过于简单，学生不用动脑子就能回答，缺少独立思考，无法激活学生的思维，反而会使学生的思维停留在单一的、较低的水平。问题没有意义，既不利于学生学习兴趣的培养，也不利于思维能力的训练。

　　比如，六年级有关十二生肖的教学内容。十二生肖虽然学生都知道，但在热身环节的"free talk"部分不太容易聊到。最初是这个样设计问题的：

Q1：Do you know some animals?

Q2：Do you like animals?

Q3：What are they? ...

　　最初设计的都是封闭性的问题，且多为一般疑问句，答案也几乎都是"yes"和"No"，但是六年级学生已经有了多年的英语学习经验，也有了一定的知识和语言积累，封闭性的问题会禁锢他们的思维，限制他们想说更

多内容的欲望，特别是在热身环节，没有起到此环节要鼓励学生大胆张嘴的目的。此时应该设置更多开放性问题，让学生有更多想象和发挥的空间。根据需要，我们对问题进行了重新设计：

Q1：What did you do last weekend?

Q2：Can you guess what did I do then?

Q3：What can you do at the post office?

Q4：What are they?

Q5：What's on it?

Q6：Why did I buy this kind of stamps?

Q7：Why we Chinese put the year and the animals together?

Q8：Do you know something about the twelve animals?

Q9：What's your birth-year animal?

"free talk" 环节的目的是在看似随意的问题和互动中，在教师引导下自然地进入所创设的情景，让学生适应并尽快开始第二语言的学习。修改前的问题没有创设情境，问题出现的突兀，而且对于六年级的学生来说过于简单，学生很容易回答，也不需要过多的思考，不易激发学生的学习兴趣，同时也没有起到对新课的铺垫作用。而修改后，情景的创设，加上难易开放性的问题，很容易引起学生的学习兴趣，让学生畅所欲言，而且问题很贴近学生的生活，特别是 "What can you do at the post office? Why we Chinese put the year and the animals together? " 这两个问题能够和学生平时的生活产生共鸣，引发学生思考，让学生在真实的语境中进行真实的语言交流。同时也很自然地引出 "birth-year animal" 这个话题，对新授内容进行了渗透，起到了事半功倍的效果。

3. 引发情境联想

有时经常看到一节课下来非常热闹、紧凑，老师的问题接连不断，学生也应答自如，但往往这种情况下回答问题的同学总是班里英语基础比较好的学生，因为大多数学生没有时间思考。经调查，学生最不满意的就是停留1～3秒后就开始点名，而且年级越高越明显。随着年龄增加，学生越怕在众人面前出丑，而老师为了更好地控制时间却经常这样做。从实际效果看，学生在被要求立即回答时，由于紧张、准备不充分的缘故，会答不出或答错，久而久之学生就会失去回答问题的信心，或者懒于思考，学习的积极性也会降低。7～9秒的等待时间最受学生欢迎，或者根据不同的授课环节，让学生有一些相互讨论、小组合作的机会。学生有了一定的时间思考后，他们答对的概率将大大提高，答案也会显得比较完整，学生的思维也得到了发展。

4. 促进生生交流

在课堂教学中，教师应充分了解学生，因材施教。要考虑到不同程度学生的需求，问题要设计要有梯度，层次性，由简到难，由浅入深，层层递进，符合孩子的认知规律和思维发展，在问与答的过程中促进学生思维水平不断提高。

比如，四年级有关天气的教学内容。在操练环节李老师考虑到学生的年龄小，问题设计比较简单：4个不同的地点和天气，只有一个"How's the weather ...? It's..."操练的效果不理想，效率不高。因为这个话题从一年级就开始接触，对学生来说并不陌生，到了四年级同样的话题积累的语言知识就更多了，在操练环节应更多地加强和提升学生综合运用语言的能力。修改后的设计中，教师提供4个文本介绍不同的地点，同时给学生提出了：

Where are you?

How's the weather in ...?

What can you do?

What can you wear?

前两个问题比较简单，学生通过文本信息就可以直接找到答案，照顾到了全体学生，特别是弱势学生的感受，鼓励他们大胆张嘴，而后两个问题稍有难度，需要读完文本了解信息，经过讨论后才能获取。但这两个问题仍然围绕天气这个主题，而且有了前面两个问题的铺垫，学生们易于理解，同时教师没有给学生设置条条框框，也没有唯一正确的答案，可引发学生思考，发散思维，更让不同层次的学生都参与进来。这个版本将封闭性问题和开放性问题相结合，由易到难，层层递进，学生不仅不会因为问题太难而失去兴趣，反而会在不知不觉的不断思考中习得知识，获取了更多的信息，丰富了语言。正是教师在设计与使用开放性问题时做好了充足的准备，学生的回答才会更精彩，师生的互动才会更完整。

六、研究结论

课堂中的有效设问是让学生加深对所学内容的理解和记忆，而不是教师为了"教学任务的完成"而进行，更不是英语课堂教学的装饰。我们作为新课程理念下的新型教师，不能简单地把知识装进学生头脑，应根据教学实际，结合教学实际情况进行问题的精心设计；通过有效提问让学生积极主动地去思考，充分发挥课堂提问的作用，最终促使学生思维的发展和教学质量的提高。在一年多的课题研究过程中，每学期初课题组都制定详尽的计划，聘请专家进行专题专项辅导，老师们有过困惑，有过问题，有过不解，但他们克服一切困难，抓住一切可以学习的机会，积极参与各项研讨活动，勇于承担说课、现场课，并及时反思、总结、撰写心得体会，定期上交并在各校区之间进行交流和探讨，参加各级各类的科研论文、成果评比。经过了一年多的课题研究过程，老师们更清楚地意识到在课堂活动中，教师精心设计问题，创造问题情境，以问题为中心组织教学的重要性。同时让老师对正确的问题设计原则有所了解，能够灵活地运用各种问题设计方法，有效地运用各种问题策略，将这些有机结合很好地运用到教学实践中，最终让学生受益。

经过本课题的研究，在不断发现问题、分析问题和不断实践中，老师们无论在理论指导还是课堂实践中都有所收获，但是因为本人理论水平的限

研究结论部分基本阐述清楚了整个研究得出的结论。同时，研究结论还需要进一步将个案中的一些内容加以阐述，才能给更多的读者提供相应的具有参考价值的研究。

制，本次研究深度尚还不够，研究成果的理论高度也不够，同时要切实提高课堂上每一次提问的实效性，绝不是一个简单的过程，还需要教师长期坚持不懈的努力。为此，结题后我们将延续此项研究，在更广泛阅读相关书籍的基础上，精心设计每一次课堂提问，以求帮助学生更好、更快地提高他们的英语成绩和水平，为他们的终身学习和全面发展奠定一个更为坚实的基础。

② 研究反思

一、动机和原因

当今世界，瞬息万变，教育已经不再墨守成规，课堂更不再是一根教鞭、一本书。现代教育正处于科学知识剧增、技术飞速发展、竞争日益激烈的背景下，与之相适应的教育必须是创新的教育。只有创新的教育，才能培养创新的人才，以适应现代社会要求的人才。而教师，肩负着培养社会人才的重任，特别是骨干教师，更是学校的中流砥柱，应起到引领和带动作用，成长为研究型教师。

作为一名有多年教龄的老教师，在这个过程中难免会产生与陈旧的教育思想理念的碰撞，也难免会遇到许多从未遇到过的情况和问题，作为一线教师，我不能回避，只有面对它、分析它、研究它，并在新的教育思想理念的指导下，采取相应措施解决它，才能找到有效途径、方法和手段，快速提升自己的理论知识，科研水平，并成长为一名研究型教师。

基于此，我在2016年7月参加了史家教育集团骨干教师科研能力提升研修项目。

二、收获

思维是从问题开始，问题可以引导学生的思考方向，扩大思维广度，提高思考层次。设问也是英语课堂中最常见的交流方式和手段，现在的小学英语课堂中，已经不是"师问生答""一问一答"或"一问齐答"的陈旧模式，而是教师输入信息，传递信息，开拓学生思路，启迪思维，通过精心预设的问题，让学生在问与答的过程中学会思考，学会用英语做事情的能力。有效设问在提倡核心素养，激发和发展学生思维、培养创新能力的今天尤为重要。

在导师的指导下，研究初期，我翻阅了大量文献。最早掀起课堂设问实证研究的1912年，美国学者史蒂文斯在调查中发现：美国中小学教师所提出的问题几乎都是封闭性的，教师不善于设计能激发学生思考的问题。这种问题的低效在近期另一项来自英美学者的调查中被进一步证实：教师提问的每5个问题中，有3个需要回忆知识点，有1个用于课堂监控，最后只有1个要求高层次的思维活动。而史蒂文斯认为，"有效课堂设问"是形成有效教学的核心，也是提高教育教学质量的关键。

"课堂中的有效设问"作为课堂教学的关键环节，在20世纪90年代中后期开始进入我国研究者的视野，同时受到一线教师及有关学者的重视。多年来，国内研究者在该领域做出了探索性的研究，一方面取得了阶段性的研究成果；另一方面也存在着某些问题与不足。学者肖伟平的论著《有效设问——为了学生的思维发展》，张晓兰的文章《英语有效课堂提问研究》，费建立的文章《小学课堂提问四要素》等都对有效设问提升思维能力有一定的研究。

依据这些研究材料，同时通过观察课堂也发现，很多中小学教师平均每堂课的有效问题仅为50%，而英语教师的有效问题所占比例则更少。随着课堂的深入，也发现了一些常见的问题：①同样的问题预设在不同的年级产生的效果不同，不符合不同年龄段学生的认知规律；②问题的设计没有层次，没有关注学生整体，效果不显著。在小学英语课堂中，哪些问题是有效的，哪些又是无效或低效的，如何运用有效设问激发学生兴趣和发展学生的思维能力？基于这些思考，我确定以"课堂中的有效设问"为研究主题进行研究。

开题之初问题很多，总确定不了先从哪里下手，觉得找不到重点。通过教授们的几次辅导和点播，再通过和协同老师们一起研究、探讨，广泛阅读，加强理论依据，使概念更聚焦，问题更聚焦，让研究更有可行性。根据课题组研究工作的需要，成立由专职教研员进行指导、各校区骨干教师以及工作坊成员参与为主的研究小组，进行明确分工，承担不同工作职责。以工作坊为平台，保证每月一次的课题活动，以备课、说课、现场课等形式深入课堂，找到目前课堂教学中有关问题预设方面最急待解决的问题，交流进展；及时整理过程计划、总结、研究原始依据等过程性资料。我们以工作坊形式，分别在中、高年级课堂教学中，根据不同教学目标和教学重难点进行了问题设计，对发现的问题及时反思，修改后再加以实施和研究，收到了极好的教学效果

在经过反复研究、修改，一次次实施、反思的过程中，大家对小学英语课堂中的有效设问有了更新的认识，并逐步运用到自己平时的课堂教学中。

1. 老师们更明确了课题研究的方向

课堂中的有效设问是教师输出信息并获得反馈信息的重要途径；是沟通师生互动交流的主要工具。它不仅是教学中常用的手段，也是教师教学艺术的体现。本课题的研究，可以让老师意识到在学习活动中，教师精心设计问题，创造问题情境，以问题为中心组织教学非常重要。同时让老师对正确的问题设计原则有所了解，能够灵活地运用各种问题设计方法，有效地运用各种问题策略，将这些有机结合好运用到教学实践中，最终让学生受益。

2. 学生的学习兴趣更浓了

有针对性的、合理的设计问题能得到学生的认可和共鸣，优化课堂教学，调动学生积极性，提高学生课堂学习效率和学习质量；激发学生积极思考、独立探究、自行发现、掌握知识，培养他们的想象、思维等能力，充分发展他们的个性。

3. 有助于学生对教学重难点的理解和掌握

通过工作坊几次现场课的研讨活动，能够看出难易合理，由浅入深，层层递进的问题设计的改变给学生带来的变化，学生回答问题更大胆，更合理，更清晰，有效地解决难点，突出了重点。

课堂中的有效设问是让学生加深对所学内容的理解和记忆，而不是教师为了"教学任务的完成"而进行，更不是英语课堂教学的装饰。我们作为新课程理念下的新型教师，不能简单地把知识装进学生头脑，应根据教学实际，结合教学实际情况进行问题的精心设

计；通过有效提问让学生积极主动地去思考，充分发挥课堂提问的作用，最终促使学生思维的发展和教学质量的提高。

三、问题

在一年多的课题研究过程中，每学期初课题组都制定详尽的计划，聘请专家进行专题专项辅导，老师们有过困惑，有过问题，有过不解，但他们克服一切困难，抓住一切可以学习的机会，积极参与各项研讨活动，勇于承担说课、现场课，并及时反思、总结、撰写心得体会，定期上交并在各校区之间进行交流和探讨，参加各级各类的科研论文、成果评比。经过了一年多的课题研究过程，老师们更清楚地意识到在课堂活动中，教师精心设计问题，创造问题情境，以问题为中心组织教学的重要性。同时让老师对正确的问题设计原则有所了解，能够灵活地运用各种问题设计方法，有效地运用各种问题策略，将这些有机结合好运用到教学实践中，最终让学生受益。

四、期待和建议

经过本课题的研究，在不断发现问题、分析问题和不断实践中，老师们无论在理论指导还是在课堂实践中都有所收获，但是因为本人理论水平的限制，本次研究深度尚还不够，还停留在比较浅的研究层面，研究成果的理论高度也不够，要切实提高课堂上每一次提问的实效性，绝不是一个简单的过程，它还需要教师长期坚持不懈的努力。为此，结题后我们将延续此项研究，在更广泛阅读相关书籍的基础上，精心设计每一次课堂提问，以求帮助学生更好、更快地提高他们的英语成绩和水平，为他们的终身学习和全面发展奠定一个更为坚实的基础。同时还需要多些这样的学习机会，让我们学习的时间可以更充裕一些，更系统学习理论并将之与实际课堂相结合。

7

运用益智游戏提升小学生空间观念的研究[a]

景立新　孙桂丽

一、问题提出

（一）学生层面

　　小学生思维发展的特点是以具体形象思维为主要形式，逐步向抽象逻辑思维能力过渡，因此，提高学生的空间观念是小学数学教学中的难点。我们都有这样的体会，教学平面图形的周长与面积这部分内容时，学生的错误率总是比较高，特别学习长正方体的表面积与体积的相关知识时，学生会倍感困难。这是因为学生的空间观念比较薄弱，而现阶段我们一线教师采用的策略仅仅是大量的讲授和反复的训练，老师讲得累，学生学得烦，效果不甚理想。

问题提出从学生、课标、教材和时代背景多个角度指向本研究的研究问题，为问题的研究找到充分的现实和理论依据，论证思路清晰，立论充分。

此处对于抽象逻辑思维与空间思维之间的关系可以进一步说明。

（二）课标层面

　　发展学生的空间观念是课程标准的重要核心概念，义务教育数学课程标准在总体目标中提出丰富学生对现实空间及图形的认识，建立初步的空间观念，发展形象思维，并描述了空间观念的主要表现。"空间观念"作为数学学习的核心概念之一明确进入数学课程，这也确立了空间观念培养的重要价值所在。

指出了空间观念学习文本中的情况，内容有一定难度可以与学生接受情况进行联系，从而进一步论证该研究的必要性。

（三）教材层面

　　教材中关于图形与几何这部分的内容丰富，覆盖一至六年级，我们对1～12册教材进行了整理，可以看出关于空间观念的内容丰富且有一定难度。

---

　　a 本文为北京市"十三五"课题CDDB16130 "借助益智游戏提高小学生空间想象能力的研究"研究成果。

一至六年级的图形与几何教材内容表

年级	图形与几何教材内容			
一上	位置	认识图形（立体）		
一下	认识图形（平面）			
二上	长度单位	观察物体（一）		
二下	图形的运动（一）			
三上	测量	长方形和正方形		
三下	位置与方向（一）	面积		
四上	公顷和平方千米	角的度量	平行四边形和梯形	
四下	观察物体（二）	三角形	图形的运动（二）轴对称、平移	
五上	位置（数对）	多边形的面积		
五下	观察物体（三）	长方体和正方体	探索图形	图形的运动（三）
六上	位置与方向（二）	圆	数与形	
六下	圆柱与圆锥			

（四）时代背景

未来社会对人的综合素养和创新能力提出了更高要求，这就需要学校教育要为学生适应未来社会和个体终身发展的要求奠定能力基础，增强学生可持续性发展的后劲，做到"因材施教"和"授人以渔"，传统的益智游戏课程恰好能够提供一个载体。

如何契合学生好奇、好动的年龄特点，激发学生这方面数学学习的兴趣呢？益智游戏恰好可以作为一个给孩子们自由发挥、充分想象的载体。正如吴正宪老师所说的，我们需要给孩子看得见、摸得着的东西来帮忙，而益智游戏恰好能让学生在动手、动脑中培养观察、分析、推理等多种能力，它是提高学生空间观念的一个新的途径，是对课堂教学的有效补充。

将益智游戏融入小学数学课堂教学"图形与几何"部分，能够激发学生数学学习兴趣，提高学习效率，符合小学生年龄特点，以作为课堂教学的有效补充、拓展、延伸，真正提高小学生空间观念。

二、研究方法

本研究将主要运用行动研究范式开展研究，具体在研究过程中会运用问卷调查法、实验对比法、课堂观察法。

（一）问卷调查法

编制小学生空间观念调查的前测试卷和后测试卷，前测试卷调查学生空间观念的水平，后测试卷用于了解学生在益智游戏开设后空间观念的发展特点，进行前后测问卷对比分析。

（二）实验对比法

运用实验法，根据前测成绩把学生分为对比班和实验班，对实验班的学生施加影响，开设益智游戏课程，对比班则常态教学，进行对比实验。

（三）课堂观察法

编制课堂观察表，观察教师教学策略的实施，观察学生在学习探究益智游戏过程中方法策略的使用，及学生的课堂参与度情况。

三、研究过程

（一）小学生空间观念的界定和维度分类以及子维度界定和内容说明

在结合已有研究的基础上，我们比较赞成袁樱对学生空间观念的分类，结合小学生空间认知特点及教材内容分析，我们将本研究的小学生空间观念分为：图形变换能力、组合能力、方位能力、推理能力。

1. 图形变换能力

主要考查学生对小学中图形运动知识的学习，其中涵盖小学数学教材中非常重要的知识点包，括轴对称、平移与旋转、三维与二维转换、长正方体。

2. 组合能力

是指通过表象操作判断能否把几个简单图形拼合成给定形状的图形的能力，属于图形识别能力，体现了最基本的空间能力因素。

3. 方位能力

是指对视觉刺激图形各元素排列关系的理解能力，在呈现的空间结构中，随着空间结构方向的不断变化而仍然保持方向的能力，根据自身而定向的能力。

4. 推理能力

主要考查学生利用所给定的信息，借助自己的推理和空间观念，进行推断的能力。其中主要包括数立方体的个数、不完整图推测整体、推测正方体折叠图三方面内容的考查。

（二）进行小学生空间观念前后测试卷的编制，测试分析

依据我们对小学生空间观念维度的界定分类，进行测试问卷的编制。其中，图形变换能力部分的试题共8道，包含轴对称、平移、旋转各2题，三维与二维转换和长正方体的折叠与展开各1题；组合能力共5道题，包含图形的拼组2题，图形的分解3题；方位能力共7道题，包含方向与位置4题，三视图与实物图的转化3题；推理能力共5道题，包含数立方体个数2题，从不完整图推测整体2题，推测正方体折叠图1题。

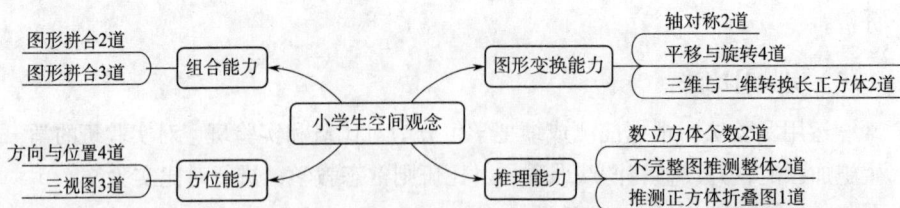

图形拼合2道
图形拼合3道 → 组合能力 → 小学生空间观念 ← 图形变换能力 → 轴对称2道 / 平移与旋转4道 / 三维与二维转换长正方体2道

方向与位置4道
三视图3道 → 方位能力 → 小学生空间观念 ← 推理能力 → 数立方体个数2道 / 不完整图推测整体2道 / 推测正方体折叠图1道

2015年10月19日进行前测，并确保两个班42名学生在自然的状态下接受测试。2016年4月28日，对实验班和对比班学生进行后测。前测问卷信度为0.678，后测问卷信度为0.748，信度较好。该问卷包括25道题，学生答对1道题记4分，答错计0分，总分最高100分。本研究采用了excel和SPSS16.0统计软件。

采用整群抽样和随机抽样的方法，抽取四年级2个班40名学生进行前测，后又随机抽取20名学生组成实验班接受教育干预并进行后测，剩余20名学生作为对比班，不接受教育干预和后测，试卷回收率100%。

（三）进行益智游戏课程的开发与实施

《益智·乐园》课程管理授课团队成员由课程研发组及授课教师共同组成。具体人员构成为大学专家教授、课题组负责人、益智游戏专业研发人员及一线学科教师组成的研发实施共同体。

《益智·乐园》课程管理流程

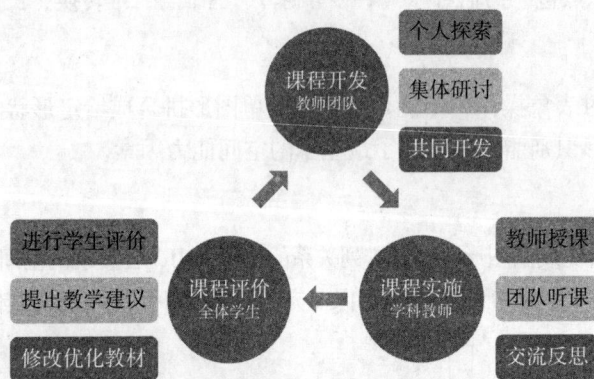

课程开发 教师团队：个人探索 / 集体研讨 / 共同开发
课程实施 学科教师：教师授课 / 团队听课 / 交流反思
课程评价 全体学生：进行学生评价 / 提出教学建议 / 修改优化教材

（四）益智游戏课程内容板块设置与实施

益智玩具蕴藏了无穷的奥妙与学科知识，《益智·乐园》课程以丰富多彩的益智玩具为载体，通过探索其玩法及原理，将思维潜能的开发训练学科化、课程化。该课程精选了如七巧板、九连环、华容道、汉诺塔、孔明锁等经典益智玩具或益智趣题，将其按照能力训练类型、游戏类别、难度层次等方面进行分类整合，进行系统编排，每一款游戏内容均涉及：

（1）引入部分：游戏起源及发展，增强学生对相关传统文化及数学文化的了解。

（2）游戏规则：游戏规则及介绍，旨在了解游戏，激发学生探索欲望。

（3）修炼之路：学生独立尝试，初步感悟，引导学生交流探索玩法掌

选取四年级的理由需要说明一下，比如四年级时期是学生思维发展的关键期。

没有后测的话，此处就与第五部分的效果与反思中普通班前后测数据分析矛盾。

对于课程开发、实施和评价给出了具体的流程图，很直观清晰，同时，该部分也可以用文字再进行描述说明。

握其要领，旨在培养动手能力、观察能力、思维能力。

（4）视野拓展：与游戏相关的知识的拓展或思考题目，拓宽视野及探索欲望。

益智游戏课程《益智·乐园》面向对象为全校学生，按照年级授课，每两周一次课，每学期10课时，每个年级共20课时。

四、研究成果的主要内容

（一）形成能激发学生数学学习兴趣、提高小学生空间观念的系统、科学的符合小学生年龄特点的益智游戏课程，为落实减负增效提供有效途径

	巧拼类	推理类	环锁类	顿悟类
低年级	传统七巧板 智力七巧板 火柴棍之谜 四巧板 心巧板	井字棋填图游戏 青蛙跳之谜 数独 井字棋对战游戏 必胜的小秘密 渡河问题	M扣 马蹄环 三通孔明锁	魔术针 双马双骑士 智慧金字塔
中年级	百鸟朝凤 十五巧板 一巧板 四T之谜 巧放圆形 巧放正方性 顾全大局	华容道 三阶/四阶幻方 神龙摆尾 隐形男 隐形女 战舰游戏 一笔画游戏	竹节神球 瓮中之鳖 捆仙绳 六通孔明锁	莫比乌斯带
高年级	数字方格 冲积三角洲 无极L板 无极正方形 龙生九子 四色对板	夺王游戏 汉诺塔 蜂窝棋 九连环 巧算六角形 立体三维棋 骰子立方体 数岛 数墙	金鸡独立 九通孔明锁 困鼠梯环 单槽立柱 桃园三拜 一来二往	消失的正方形

这是课程的内容框架，我们在低、中、高年段分别安排了巧拼类、推理类、环锁类和顿悟类四种类型的益智游戏，随着学生年级的升高，每类游戏的难度也在逐步提高。

（二）形成益智游戏课程的课程教学策略——"三试三思"教学特色

与课程模块相对应益智游戏课程教学主要有四个环节：引入环节、游戏规则、修炼之路、视野拓展。在修炼之路部分，形成"三试三思"教学特色。

"三试三思"教学模式，给学生提供充分的探究时空。一次尝试，指学生自我初步观察和了解器具的特点，初步尝试体验；一次反思，指生生交流初步发现困难点；二次尝试，指利用已有经验，尝试寻找解决问题的突破口；二

"三试三思"教学模型是在长期的教学实践积累的经验，虽未对其教学模式的理论依据进行论述，但该模式同样具有科学性和合理性，并且用图形的形式对教学模式简化，清晰易懂。

次反思,指集体交流深层次的发现和体验,调整思路,寻找解决问题的最佳路径和方法;三次尝试,指学生调整解决问题方法,再次尝试,积累活动经验;一次总结,指反思整个探究过程,分析成功的经验、失败的原因,并引发新思考。

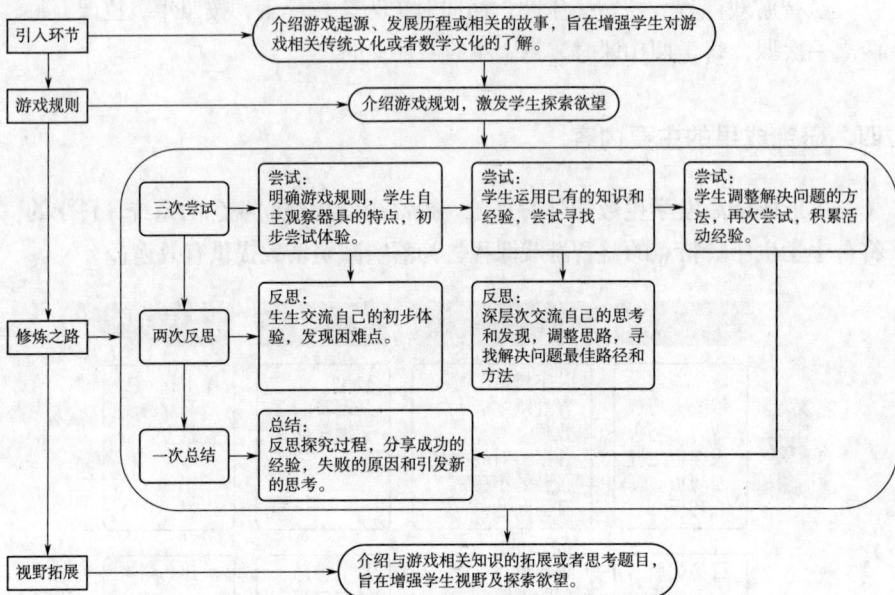

"三试三思"模式图

五、效果与反思

以魔方游戏课为例,进行空间观念及各部分前后测成绩基本情况分析。

(一)前测成绩基本情况分析

以学生空间观念及各部分前测成绩作为因变量,以是否为实验班为自变量进行独立样本t检验,结果分析发现,实验班学生与对比班学生的前测成绩并没有显著差异,即随机抽取的2个班学生的空间观念成绩处于同一水平。相关图表如下:

实验班与普通班前测试成绩对比

	班级	人数	平均数	方差	T
总成绩	实验班	20	65	12.51	-0.074
	普通班	20	65.3	13.16	
图形变换成绩	实验班	20	20.2	4.76	-0.48
	普通班	20	21.2	8.01	
推理成绩	实验班	20	12.2	3.99	-0.71
	普通班	20	13.2	4.87	
组合成绩	实验班	20	12.6	3.73	-0.2
	普通班	20	12.8	2.46	
方位成绩	实验班	20	20	6.49	0.809
	普通班	20	18.4	6.00	

注:$^{*}P<.05$,$^{**}P<.01$,$^{***}P<.001$。

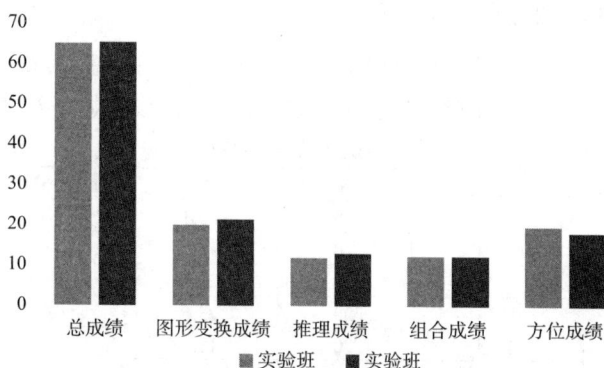

实验班与普通班前测成绩对比

（二）实验班前后测成绩基本情况分析

以实验班学生空间观念及各部分成绩作为因变量，以前后测问卷为自变量进行独立样本t检验。结果分析发现，实验班学生后测成绩比前测成绩都有不同程度的上升。具体来说，学生空间观念后测总成绩要显著高于前测总成绩（p<0.05），同时学生在图形变换能力、推理能力、组合能力和方位能力上也有比较显著的提高。其中四种能力中，推理能力和方位能力差异显著。

实验班前后测成绩对比

	前后测	N	M	SD	T
总成绩	前测	20	65	12.51	-2.676 ＊
	后测	20	76.6	14.81	
图形变换成绩	前测	20	20.2	4.76	-1.445 ＊
	后测	20	22.6	5.70	
推理成绩	前测	20	12.2	3.99	-2.312 ＊＊
	后测	20	15.4	4.73	
组合成绩	前测	20	12.6	3.73	-1.332 ＊
	后测	20	14.4	4.75	
方位成绩	前测	20	20	6.49	-2.199 ＊＊
	后测	20	23.8	4.20	

注：＊$P<.05$，＊＊$P<.01$，＊＊＊$P<.001$。

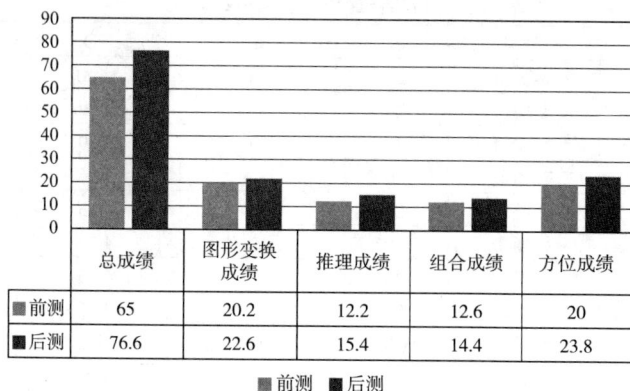

	总成绩	图形变换成绩	推理成绩	组合成绩	方位成绩
前测	65	20.2	12.2	12.6	20
后测	76.6	22.6	15.4	14.4	23.8

■前测 ■后测

实验班前后测成绩对比

（三）普通班前后测成绩基本情况分析

以普通班学生空间观念及各部分成绩作为因变量，以前后测问卷为自变量进行独立样本t检验。结果分析发现，普通班学生后测成绩与前测成绩没有显著差异。

普通班前后测成绩对比

	前后测	N	M	SD	T
总成绩	前测	20	65.3	13.16	-1.256
	后测	20	71	15.46	
图形变换成绩	前测	20	21.2	8.01	-0.975
	后测	20	23.6	7.56	
推理成绩	前测	20	13.2	4.87	0.919
	后测	20	11.8	4.76	
组合成绩	前测	20	12.8	2.46	-1.241
	后测	20	14	3.55	
方位成绩	前测	20	18.4	6.00	-1.956
	后测	20	21.8	4.94	

注：*$P<.05$，**$P<.01$，***$P<.001$。

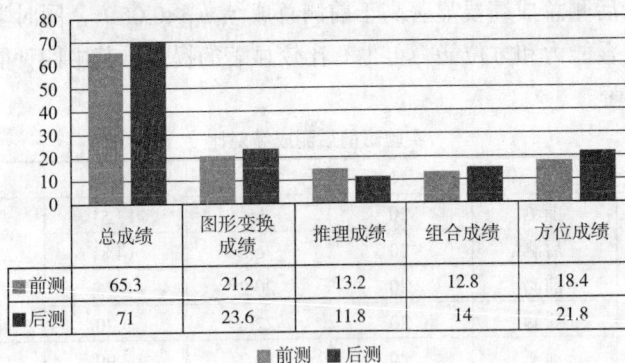

	总成绩	图形变换成绩	推理成绩	组合成绩	方位成绩
前测	65.3	21.2	13.2	12.8	18.4
后测	71	23.6	11.8	14	21.8

前测　后测

普通班前后测成绩对比

（四）空间观念及各部分后测成绩基本情况分析

以学生空间观念及各部分后测成绩作为因变量，以是否为实验班为自变量进行独立样本t检验，结果分析发现，在学生空间观念总成绩、推理能力、组合能力和方位能力上，实验班的后测成绩要显著高于普通班的后测成绩。这说明实验班学生的空间观念比普通班有显著改变。

实验班与普通班的后测成绩对比

	班级	N	M	SD	T
总成绩	实验班	20	76.6	14.81	0.249*
	普通班	20	71	15.46	
图形变换成绩	实验班	20	22.6	5.70	0.639
	普通班	20	23.6	7.56	
推理成绩	实验班	20	15.4	4.73	0.021*
	普通班	20	11.8	4.76	
组合成绩	实验班	20	14.4	4.75	0.765
	普通班	20	14	3.55	
方位成绩	实验班	20	23.8	4.20	0.176*
	普通班	20	21.8	4.94	

注：*$P<.05$，**$P<.01$，***$P<.001$。

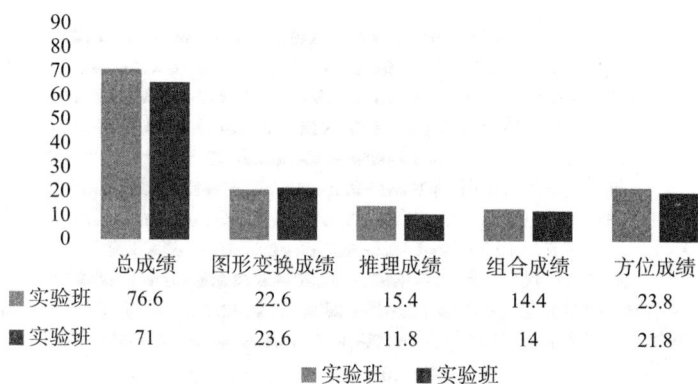

	总成绩	图形变换成绩	推理成绩	组合成绩	方位成绩
■实验班	76.6	22.6	15.4	14.4	23.8
■实验班	71	23.6	11.8	14	21.8

■实验班　■实验班

实验班与普通班的后测成绩对比

（五）空间观念各子维度后测成绩具体情况分析

以学生空间观念里二级维度后测成绩作为因变量，以是否为实验班为自变量进行独立样本t检验，结果分析发现，在推理能力、方位能力维度上的二级维度上具有差异性。

具体而言，在推理能力维度上，二级维度"不完整图推测整体"和"推测正方体折叠图"，实验班学生成绩要显著高于普通班成绩，进步明显；在方位能力维度上，二级维度"位置与方向"和"根据三视图确定实物图"，实验班学生成绩显著高于普通班成绩。二级维度"根据实物图确定三视图"，学生成绩变化不显著。

空间观念子维度后测成绩对比

		班级	数值	平均值	标准差	t
图形变换能力	轴对称	实验班	20	2.9	1.21	0.263
		普通班	20	2.8	1.20	
	平移与旋转	实验班	20	2.3	1.17	-0.714
		普通班	20	2.6	1.47	
	三维与二维图形的转换	实验班	20	3.8	0.62	0
		普通班	20	3.8	0.62	
推理能力	数立方体个数	实验班	20	3.3	0.98	1.15
		普通班	20	2.9	1.21	
	不完整图推测整体	实验班	20	2.9	1.02	3.183＊＊
		普通班	20	1.7	1.34	
	推测正方体折叠图	实验班	20	3	1.78	0.677＊
		普通班	20	2.6	1.96	
组合能力	将几个图形拼成组合图形	实验班	20	2.8	1.14	-0.796
		普通班	20	3.0667	0.98	
	将一个图形分解成几个图形	实验班	20	3	1.21	1.674
		普通班	20	2.4	1.05	
方位能力	位置与方向	实验班	20	3.15	0.99	1.559＊＊
		普通班	20	2.65	1.04	
	根据实物图确定三视图	实验班	20	3.7	0.73	-0.467
		普通班	20	3.8	0.62	
	根据三视图确定实物图	实验班	20	3.8	0.89	0.588＊
		普通班	20	3.6	1.23	

空间观念子维度后测成绩对比

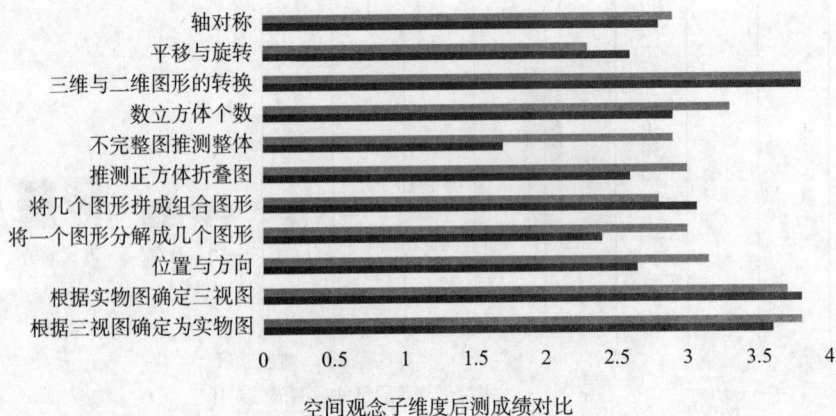

推理能力中"不完整图推测整体"这一维度中实验班和对比班孩子差异显著，以下题为例进行分析说明：

数一数，下面右图是由几个正方体组成的？

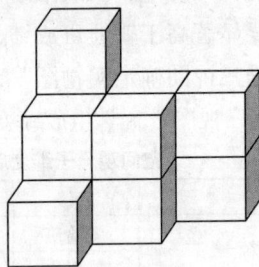

从推测正方体展开图的角度来考察推理能力，学生需要有一定的空间想象力来通过展开图推测正方体的样子。所以通过对数据和题目的分析，我们也推断，在魔方实验的进行中，学生需要根据各个颜色的小方块目前所在的位置来推测将其进行相应的旋转之后它所在的位置，如此过程也帮助学生提升了推理能力进而空间想象力也获得了相应的提升。

学生在方位能力上的差异主要体现在"位置与方向"这一子维度上，实验班与对比班学生的正确率差异由前测的1.3%增加至后测的18.7%。

仔细观察下图，选择"左"或"右"填到（　　）里
运动员（　　）手拿着标枪；
叔　叔（　　）手拿着酒杯。

本题实验班学生的后测正确率比前测提高了30%，而对比班的正确率基本保持不变。通过对这部分数据的分析我们推断，在学生练习魔方的过程中会对方向以及每块的位置作出判断之后再对魔方的各个面进行旋转，因此在方位能力上也会有所提升。

六、研究结论与反思

（一）研究结论

1. 魔方更适合于培养学生的推理能力和方位能力

通过前后测对比分析，实验班和对比班同学在图形变换能力和组合能力两方面变化不明显，推理能力和方位能力上实验班比对比班有了明显提高，实验班尤其在方位能力中的"位置与方向"维度，推理能力中的"数立方体个数"和"推测正方体折叠图"部分变化最明显。

> 研究问题、研究方法、研究结果和研究结论之间的关系应该是对应的，彼此关联度和一致性需要进一步加强。

2. 孩子的空间想象能力是随着年龄和认知提高的，而学生的空间想象能力是可以训练和培养的

前后测对比实验显示，实验班和对比班学生除了推理能力之外，图形变换能力、组合能力和方位能力都有了一定程度的提高，其中实验班同学通过针对性的训练，这种提高更为明显。

> 通过数据之间的比较，特别是前后测的比较得出研究结论。

3. 推理能力对于中年级段小学生而言有一定的难度

在两次测验中，无论是实验班还是对比班推理能力相对正确率较低，且前后测测试中对比班推理能力甚至有所下降。

（二）后续研究的展望

一是继续探究不同种类的空间想象类游戏对学生的空间观念发展的不同影响。

> 该部分是研究者对研究的一个"反思"，表明研究者在研究后能进一步深入开展研究。

二是探究益智游戏对于低、中、高不同学段的小学生空间观念培养的影响程度，为不同学段学生益智游戏的设置提供依据。

三是拓展不同的益智游戏对于学生不同能力的影响。后续研究中，我们将探究不同益智游戏对运算能力、推理能力、创新能力 的具体影响。

参考文献

[1] 李洪玉，林崇德. 中学生空间认知能力结构的研究. 心理科学，2005，28（2）

[2] 刘晓玫.小学生空间观念的发展规律及特点研究.东北师范大学，2007

[3] 孙晓天，孔凡哲，刘晓玫.空间观念的内容及意义与培养.数学教育学报，2002（2）

[4] 徐凡. 幼儿空间表征的初步实验研究. 心理学报，1989（1）

[5] 许燕，张厚粲. 小学生空间能力及其发展倾向的性别差异研究. 心理科学，2000（2）

[6] 鲍建生. 几何的教育价值与课程目标体系. 教育研究，2000（4）

[7] 中华人民共和国教育部. 全日制义务教育数学课程标准（实验稿）. 北京：北京师范大学出版社，2001

[8] 郑丽华. 7-11年级学生空间能力发展的调查研究. 华东师范大学，2006

[9] 袁樱. 小学几何教学中空间观念的培养研究. 云南师范大学，2007

[10] 王林全. 空间观念的基本构成与培养——兼谈美国如何发展学生的空间观念. 数学通报，2007（10）

综合评述： 两位老师的研究基于课题的前期积累以及数学教育团队的教育教学实践，对实验组的小学生进行益智游戏教学的干预，对照组不施加，结果表明益智游戏有助于提高学生的空间观念，并且不同的益智游戏对空间观念的不同维度有不一样的培养价值。整体来看，本研究做得非常扎实，研究思路清晰、方法得当，具有较强的科学性和客观性。本研究取得了良好的成果，形成了一套益智游戏的课程资料和案例集；对核心概念进行了界定，把空间观念的子维度进行了分解；团队听课、规划课程内容并实施课程，形成了"三试三思"的教学模式；在评价方面，对魔方这一部分内容进行了前后测，研究工具具有较好的信效度，实验组与对照组的T检验差异性明显，印证了部分研究假设。

本研究在一些细节方面仍然有进步和完善的空间。比如，课堂观察法在研究过程和效果反思部分没有得到足够的体现；观察学生在学习探究益智游戏过程中方法策略的使用，在研究结果分析中并没有表达出来；对于学生空间观念的界定，应该有足够有分量的文献做支撑，确定子维度划分的合理性，增加信效度；对于为什么选取四年级学生，需做出相应的说明。

⑦ 研究反思

一、参加本项目的动机与原因

教师的专业发展，仅仅教师自身拥有发展的愿望是远远不够的，毋庸置疑，这离不开各个方面的支持。作为一名在一线教学有丰富经验的成熟型教师，如何能够突破专业发展的瓶颈，把自己几十年的工作经验做一个系统的提炼和梳理，上升到理论的高度，是自己比较关注的。

因此，参加北京师范大学专业提升项目，可以促进自己教育科学研究能力的发展，反思自己的日常教育教学，把几十年零散的经验进一步反思，提升，概括，进而能够得到系统化、理论化的呈现，促进自己的专业成长和发展。

2013年3月，我参加了中国教育科学研究院组织的关于开发学生潜能的培训。在培训的过程中，接触到了大量的益智游戏器具，在自己动手操作的过程中，我深深地感受到这些益智游戏器具是提高学生思维能力、培养学生创新能力的非常好的载体和方式。于是，经过一段时间的反复思考，2014年5月，我们成功立项了区级课题"借助益智游戏提高小学生的思维能力"。2016年5月，我参加了北京师范大学培训，希望进一步得到理论上的提升，得到关于该课题的具体指导。

二、参加本项目的收获

1. 学会查阅参考文献的方法

参加这次培训我最大的收获就是知道了应该查阅哪些文献。培训之前，我认为查阅文献不重要，只要在网上查一下就可以了。现在明白网上的文章不一定准确，不能作为支撑课题研究的理论依据。相对可靠的资料可以是书籍或者核心期刊，也可以在知网上查阅资料，首选博士或硕士论文，其次是核心期刊的文章。查阅资料后，要进行文献综述。以前不知道文献综述应该写些什么，现在了解了一些方法和技巧，例如可以把这些资料分类进行概述，分析这些观点的相同点和不同点等。

2. 学会界定核心概念的方法

参加培训的过程中，导师建议将"思维能力"改为"数学思维能力"，这样研究的范围小一些。在查阅文献的过程中，我们发现对于"数学思维能力"没有一种权威的定义，不同的学者有不同的观点，怎么办呢？经过自己一番苦苦的思考，以及向导师求教之后，我知道，核心概念可以在借鉴其他学者的观点的基础上，根据自己研究的问题自己进行界定，这是我这次培训的第二个收获。

3. 教育科学研究方法上的收获

（1）教育科学研究方法总体概括上的理解，主要可以分解为以下几个部分：

① 了解教育科研的对象、特点和意义；

②了解教育科研方法的理论基础；

③了解教育科研的一般过程和主要组成内容；

④了解教育科研方法的基本方法和内容。

（2）运用科学研究方法来具体研究教育问题的一般程序：

①了解发现研究问题的意义和基本前提条件；

②掌握发现研究问题的思维策略；

③了解选择研究课题的意义和研究课题的类型；

④了解选择课题的一般程序；

⑤掌握选择研究课题的策略；

⑥了解假设的特征、功能和基本类型；

⑦掌握提出假设的方法和了解其评价标准；

⑧掌握论证报告的撰写方法。

（3）研究结果的解释和研究结论如何呈现：

①研究结果解释的内容和方法（意义、内容、方法和原则）；

②研究结果解释的概括性和理论建构；

③研究报告的撰写方法。

4. 研究过程中的收获

在研究的过程中我们遇到了这样一个问题，我们要研究的数学思维能力包括运算能力、空间想象能力、抽象概括推理能力和创新意识四个方面，思维能力的维度宽泛多元，而我们学校数学教师只有9人，研究能力有限，如果四个维度同时进行研究根本不可能完成。针对我校的实际情况，我们把研究的内容聚焦到"空间观念"这一维度，之所以聚焦到这一研究内容，具体原因如下。

首先，学生层面，小学生思维发展的特点是以具体形象思维为主要形式，逐步向抽象逻辑思维能力过渡，但还具有很大程度的具体形象性，因此，提高学生的空间观念是小学数学教学中的难点。我们都有这样的体会，教学平面图形的周长与面积这部分内容时，学生的错误率总是比较高，特别学习长正方体的表面积与体积的相关知识时，学生会感到比较困难。这是因为学生的空间观念比较薄弱，而现阶段我们一线教师采用的策略仅仅是大量的讲授和反复的训练，老师讲得累，学生学得烦，效果不甚理想。

其次，课程标准层面，发展学生的空间观念是《课程标准》的重要核心概念，义务教育数学课程标准在总体目标中提出丰富学生对现实空间及图形的认识，建立初步的空间观念，发展形象思维，并描述了空间观念的主要表现。"空间观念"作为数学学习的核心概念之一明确进入数学课程，这也确立了空间观念培养的重要价值所在。

再次，教材层面，教材中关于图形与几何这部分的内容丰富，覆盖一到六年级，我们对1～12册教材进行了整理，可以看出关于空间观念的内容丰富且有一定难度。

一至六年级的图形与几何教材内容表

年级	图形与几何教材内容			
一上	位置	认识图形（立体）		
一下	认识图形（平面）			
二上	长度单位	观察物体（一）		
二下	图形的运动（一）			
三上	测量	长方形和正方形		
三下	位置与方向（一）	面积		
四上	公顷和平方千米	角的度量	平行四边形和梯形	
四下	观察物体（二）	三角形	图形的运动（二）轴对称、平移	
五上	位置（数对）	多边形的面积		
五下	观察物体（三）	长方体和正方体	探索图形	图形的运动（三）
六上	位置与方向（二）	圆	数与形	
六下	圆柱与圆锥			

最后，从时代背景来看，未来社会对人的综合素养和创新能力提出了更高要求，这就需要学校教育要为学生适应未来社会和个体终身发展的要求奠定能力基础，增强学生可持续性发展的后劲，做到"因材施教"和"授人以渔"，传统的益智游戏课程恰好能够提供一个载体。

如何契合学生好奇、好动的年龄特点，激发学生这方面数学学习的兴趣呢？益智游戏恰好可以作为一个给孩子们自由发挥、充分想象的载体。正如吴正宪老师所说的，我们需要给孩子看得见、摸得着的东西来帮忙，而益智游戏恰好能让学生在动手、动脑中培养观察、分析、推理等多种能力，它是提高学生空间观念的一个新的途径，是对课堂教学的有效补充。

将益智游戏融入小学数学课堂教学"图形与几何"部分，能够激发学生数学学习兴趣，提高学习效率，符合小学生年龄特点，以作为课堂教学的有效补充、拓展、延伸，真正提高小学生空间观念。

5. 如何运用学习到的理论来系统地反思自己的教育教学

一是能够从理论的高度审视自己的日常教育教学行为,包括师生互动形式。

二是能够对课程教材教法有更深入的反思与思考。

三是能够反思自己的教育教学行为,并能初步尝试总结相关经验,以理论形式固化。

三、此次参与项目过程中遇到的问题

1. 问卷的编制

我们在研究的过程中,遇到第一个困难就是评价工具的编制。由于我们对想象能力维度的分类有自己的界定,因此需要对现有的评价工具进行修改和调整。同时,测评"空间想象能力"这方面的可参考资料不多,我们又编制了一些测试题目,但评价工具是否能客观地评价出学生空间想象能力还需要进行检测。

2. 如何检测量表的信度和效度

我们遇到的第二个困难就是如何进行信度和效度的检测。

四、对之后参与科研项目的期待与建议

1.培训过程能够具体跟进到项目的具体实施

课题确立之后,关于项目的总体框架有了初步的想法后,希望导师和课题组能够具体指导,比如在实践中如何操作,制定相对科学的量化的评价体系进行评价和指导,以确定课题的展开更为有效化。

2. 将研究深入化

在后续的科学研究中,我们已经将区级课题申请成为市级课题,希望能够将该市级课题深入进行研究,具体的展望如下:

一是继续探究不同种类的空间想象类游戏对学生的空间观念发展的不同影响。

二是探究益智游戏对于低、中、高不同学段的小学生空间观念培养的影响程度,为不同学段学生益智游戏的设置提供依据。

三是拓展不同的益智游戏对于学生不同能力的影响。后续研究中,我们将探究不同益智游戏对运算能力、推理能力、创新能力的具体影响。

小学高年级学生数学基本活动经验积累的教学实践探究

——以《综合与实践》课为例

史家小学 李 文

一、问题提出

（一）数学基本活动经验积累是学生内在发展的需要

积累数学基本活动经验符合学生的身心发展的需要。在数学教学中，学生的学习活动不应仅仅建立在看数学、听数学、说数学等间接性经验基础上，更应重视为学生提供亲自探索实践的机会，让学生自己去做数学、猜数学、找数学，积累丰富的直接性活动经验，学生对数学触摸、渗透，建立真正意义上的数学，达到深刻理解与灵活应用，这样才有利于学生的数学素养的培养与发展。

积累数学基本活动经验符合数学学习的本质。如今的课堂教学真正缺乏的是激活学生经验的教学情境，为抽象的数学问题找到一个活生生的"生活原型"，实现所要学的数学知识和学生已有经验的有机整合。而"数学基本活动经验"的提出，在于培养学生通过亲身经历数学活动过程，并从数学的角度进行思考，直观地、合情合理地获得具有个性特征的感性认识、情感体验以及数学意识、数学能力和数学素养。

问题的提出从学生的内在发展、新课程、当今时代、教育教学实践等多个角度来指向本研究的研究问题，论证思路清晰，立论充分。

基于数学教学经验，可以进一步详细阐述数学基本活动经验在培育数学素养方面的重要价值。

（二）数学基本活动经验积累是新课程的需要

"获得适应社会生活和进一步发展所必需的数学的基础知识、基本技能、基本思想、基本活动经验"，是《课程标准》（2011年版）义务教育数学课程的总目标之一。本次修订的课标将我们所熟知的"双基"变成了"四基"，尤其是数学基本活动经验的提出，指出："数学教学应该是从学生的生活经验和已有的知识背景出发，向他们提供充分从事数学活动与交流的机会，帮助他们在自主探索的过程中，真正理解和掌握基本的数学知识与技能、数学思想与方法，同时获得广泛的数学活动经验，成为学习数学的主人。"这必将引领数学教育教学实践领域的变革。

（三）数学基本活动经验积累是当今时代的需要

长期以来，我国数学基础教育一直以"双基"为核心，使得我国学生基础成绩非常扎实，但同时也存在着创新能力和实践能力的缺失问题。而当"数学基本活动经验"被赋予是培养学生"创新能力"和"实践能力"基石后，研究学生的数学基本活动经验是如何积累的成为顺利实施新课程，全面促进教师专业发展、学生学习力提升的重要途径之一。

（四）数学基本活动经验积累是教育教学实践的需要

具体到我们学校，回顾、反思日常的课堂教学，的确有时忽视了学生数学学习的过程，有时往往为了尽快得出结论，忽视了给学生充足的时间和空间来让其主动地从事观察、实验、猜测、验证、推理与交流等数学活动，学生学习的经验有时还会被解题经验所替代，更多关注的是基础知识的掌握与基本技能的训练。即使在教学过程中设计了一些数学活动，对于让学生积累数学活动经验，老师们也没有给予足够的重视。

（五）数学基本活动经验积累研究的不足与问题

同时，数学基本活动经验作为众多新理念之一，教师们只是简单地把它归纳为"学生参与数学活动的经验"，并未引起足够的重视和进行深入地挖掘和探究。再者，开展数学基本活动需要较多的时间，如何有效地、充分地利用短暂的课堂教学时间来组织这些数学教学活动、如何控制课堂纪律、如何分配活动时间等问题，都成为当前开展数学基本活动的瓶颈。基于当前数学教学趋势和数学教学实践，小学数学基本活动经验教学中存在以下问题：①片面理解活动经验；②课堂教学时间的冲突；③教师自身能力的限制；④"双基"价值导向的影响。面对着这些数学教学实践当中的问题和困惑，我们也深入进行反思。当前数学教学从"实践与综合应用"领域的提出到"综合实践活动"内涵的升华，"数学综合实践活动"逐渐受到全国广大教育工作者的关注，其"综合性"与"实践性"为小学数学课堂注入了新的能量，改善了教与学的方式。这在一定程度上为学生提供了实践平台，使得数学与社会生活的联系更加紧密了。

从这一角度来看，立足"综合与实践"活动，在课堂教学中着力帮助学生积累数学基本活动经验，不仅对儿童数学学习具有方法论的指导意义，也具有超学科的引领价值。

因此，我们将研究问题聚焦于：如何在小学高年级"综合与实践"课中引导学生积累数学活动经验。具体而言，通过教师教学理念的更新，使他们在课堂中更加注重对知识获得的过程的研究，更加关注学生基本活动经验积累的状况，从而使学生在注重过程探索的教学中获得创新能力的发展。我们希望通过本研究让教师有意识、有方法、有策略地在课堂教学实践中去引导孩子积累数学基本活动经验。

> 研究者不仅从学生内在需求、新课标的要求、当今教育的发展以及教育教学实践的问题出发，而且关注了当前数学基本活动经验的研究状态，从理论需求和实践需求等方面提出研究数学基本活动经验积累教学实践的重要性和迫切性。

> 可以进一步详述为什么选择小学高年级"综合与实践"的课程作为研究的对象。

二、核心概念界定

（一）数学基本活动经验

通过对已有文献的分析，结合本校的实际，我们认为学生数学基本活动经验是建立在其丰富的生活经验基础上的，是在特定数学活动中（数与代数、图形与几何、概率与统计、综合与实践），通过观察、操作、交流、体验、猜想、探究、推广及归纳等过程逐步积累起来的，其核心是关于如何思考的经验，其最终的目的在于帮助学生建立自己的数学现实和数学学习的直觉以及学会运用数学的思维方式进行思考。

通过对这个概念的界定，我们认为学生数学基本活动经验的积累需要经历——无论是生活中的经历，还是学习活动中的经历，在此基础上需要学生在活动中充分调动数学思维，将活动所得不断内化和概括（即经验），最终迁移到其他的活动和学习中，这样经验的积累就变得明确而具体，使得数学基本活动经验既是数学学习的产物，也是学生进一步认识和实践的基础，从而使学生的学与教师的教在互动中进入螺旋上升的良性通道。

（二）综合与实践

综合与实践是指一类以问题为载体、以学生自主参与为主的学习活动。在学习活动中，学生将综合运用"数与代数""图形与几何""统计与概率"等知识和方法解决问题。

"综合与实践"是积累数学活动经验的重要载体。在经历具体的"综合与实践"问题的过程中，引导学生体验如何发现问题，如何选择适合自己完成的问题，如何把实际问题变成数学问题，如何设计解决问题的方案，如何选择合作的伙伴，如何有效地呈现实践的成果，让别人体会自己成果的价值。通过这样的教学活动，学生会逐步积累运用数学解决问题的经验。

三、研究方法

本课题主要采用定性与定量相结合的研究方法，注重理论研究和实践探究相结合，灵活使用多种研究方法。如文献分析法、行动研究法、问卷调查法、访谈法等。在对数学基本活动经验内涵及其价值研究的基础上，通过对人教版《小学数学》12册中"综合与实践"内容的梳理及课堂实践，在新课程理念的引领下，通过不断地计划、行动、观察和反思，初步总结出有利于小学生数学基本活动经验积累的教学课堂模式。在此基础上，通过不断地实践与改进，以期为学生数学学习能力的提升提供帮助，为学生的和谐发展奠定基础。

如能把对已有文献的分析进行描述和整理，会让核心概念的界定更具有科学性和说服力。

由理论上对核心概念的界定，结合研究者自我的教学经验，将数学基本活动经验这一核心概念变得更为具体，更有操作性。

把"综合与实践"与数学学科相联系，指出综合与实践在数学学科中概念的界定及其重要性。

多种研究方法的结合，使得研究具有科学性和严谨性。

（一）文献法

通过对国内外相关文献的梳理，对小学生数学基本活动经验的内涵、特征、价值、构成和积累策略等方面进行研究。同时，通过对以往的基本数学知识的教学梳理的基础上对数学基本活动进行课堂教学，以便更好地借助有针对性的课堂教学来促进小学生数学活动经验的积累。

> 从研究资料的来源表明，研究方法中还应具有文本分析法。

（二）问卷调查法

结合前期的文献梳理，结合学生的特点编制小学生"综合与实践"领域学习现状调查问卷，对学生当前的现状进行调查和分析。此外，结合调查、实践和观察的结果，对不同群体展开访谈，在此基础上进一步完善小学生数学基本活动经验积累的教学课堂模式。

（三）观察法

> 观察和访谈属于调查中搜集资料的方法，三者不在同一个水平上。

结合当前已有的研究，在行动研究的范式下，用观察法对课堂内的实施进行观察了解真实的教学情况，并对教学中出现的关于数学基本活动经验的问题进行分析与归纳，同时从学生学习、教师教学、课程的性质、课堂文化四个维度，深入课堂教学实践，对学生在"综合与实践"中的基本活动经验的积累进行诊断、反思、改进、反馈、评价、提升，形成有利于提高学生基本活动经验水平的教学设课堂及其课堂模式。

（四）访谈法

对全校师生的基本情况采取访问、座谈，以了解每一位实验对象的角色转变轨迹，并比照阶段性研究后数学课堂教学的有效性。

四、研究结果

（一）数学基本活动经验分类

1. 综合实践活动的类型与编排结构

> 在研究结果中应该呈现通过各种方法所获得资料的结果及分析讨论。目前的研究结果综合了研究过程中用研究方法获得的研究资料，研究结果、研究方法和研究资料之间具有一致性。

在对人教版《小学数学》12册教材中"综合实践活动"的研究主题梳理的基础上，结合对数学基本活动经验的分析，对"综合实践活动"活动中所涉及的知识基础与活动类型进行了分类。通过上面对人教版小学数学实践活动和综合应用内容的具体分析，其实可以将人教版小学数学实践活动和综合应用大致分为六类活动。

> 利用文本分析法对数学教材进行梳理，并进行整理、总结与分类。

（1）游戏型。游戏是小学生喜闻乐见的一种实践形式，他们在游戏中可轻松自如地学会数学，这也是使学生热爱数学的一个良好途径。

> 依据数学教材中的"综合实践活动"类型，具体定义六类活动的概念，表明六类活动的区别。

（2）操作型。操作型活动就是学生通过自己动手操作的方法巩固所学知识，理解知识的实际意义。

（3）调查型。调查型活动就是学生在教师指导下，有目的地进行调查、访问等社会活动，在实践中获取某些信息，进行探究和反思。通过活动，学生学会灵活应用所学知识，并在生活实践中感悟数学，在数学中思考生活。

（4）体验型。体验型活动就是让学生对数学中某些抽象的不容易理解的东西进行亲身实践，在生活中体验，在体验中感悟和理解数学。

（5）实验型。有的数学知识可以通过生活中的一些实验来说明其中的道理，有的生活问题可以通过实验来体现数学知识。

（6）应用型。这类往往是我们在生活中碰到的不经意的事情且有一定的代表性，所含内容十分丰富。思考和解决这类问题，可以真正提高学生应用数学解决问题的能力。

通过教材分析，可以发现任何活动都不仅仅用到了一个知识，而是所学知识的综合应用，比如12册人教版《小学数学》80%的实践活动和综合应用都涉及统计的知识。同时，这些实践活动和综合应用，其主要目的就是要让学生认识到数学与生活的广泛联系，综合运用所学的知识，获得运用数学解决实际问题的思考方法，并加深对所学知识及其相互关系的理解。

运用表格形式编排数学教材"综合实践活动"的教学内容，清晰明了。其中增加的活动主要内容和活动知识基础，让读者对活动有一个初步的了解。

新人教版《小学数学》教材"综合实践活动"教学内容编排结构表

年　级	活动主题	活动主要内容	活动的知识基础	活动类型
一年级（上）	数学乐园	数字迷宫、请同学起立、投球、10以内数的加减	10以内数的顺序、基数、序数及加减法；实物统计图	游戏型
一年级（下）	摆一摆、想一想	利用不同数量的●摆出不同的数（要求摆在数位表的十位和个位上），发现并应用规律	100以内数的认识	操作型
二年级（上）	量一量、比一比	量身高、跨一步的距离、两手臂伸开的长度、门宽、窗宽	长度单位，测量；统计	操作型
二年级（下）	小小设计师	灵活运用所学的对称、平移、旋转等知识，能够设计出各种漂亮的图案	对称、平移、旋转	操作型
三年级（上）	数字编码	体会数字编码在日常生活中的广泛应用，增强对生活中数学问题的领悟与应用意识。了解身份证编码的规律，初步学会编码	年、月、日；万以内数的认识	调查型
三年级（下）	制作活动日历	调查各种年历；讨论与制作；展示与交流；应用	年、月、日	操作型
	我们的校园	调查本校和他校都有什么、讨论学校应添设什么、设计新校园	位置与方向、面积、解决实际问题	操作型

年 级	活动主题	活动主要内容	活动的知识基础	活动类型
四年级（上）	1亿有多大	猜想1亿有多大；探究活动范例；小组设计方案解释1亿有多大	大数的认识、空间观念	体验型
四年级（下）	营养午餐	根据营养专家的话，判断3份午餐是否符合标准；你该如何搭配；统计全班同学最喜爱的5种搭配	排列组合、计算、统计、数的运算	应用型
五年级（上）	掷一掷	掷2个筛子，算可能性的和（组合）；两个人比赛，谁赢的可能性比较大；掷两个筛子的和为5~9的可能性较大的原因	组合、可能性及大小	游戏型
五年级（下）	探索图形	学会从简单的情况找规律，解决复杂问题的化繁为简的思想方法；正方体三面涂色、两面涂色、一面涂色、没有涂色块数的规律	长正方体的特征	实验型
	打电话	解决如何在最短的时间里通知最多的人的问题	倍数	实验型
六年级（上）	确定起跑线	通过实际分析，找出确定起跑线的方法	圆的概念和圆的周长、长方形的周长、测量	应用型
	节约用水	查找有关水的资料、调查周边水龙头漏水情况、如何表示漏水的一般水平、解决问题	量的计量、统计、比与比例	调查型
六年级（下）	生活与百分数	学会解答生活中的百分率的实际问题	百分数及计算（用百分数解决问题，纳税，利率）	调查型
	自行车里的数学	普通自行车的速度与其内在结构的关系；变速自行车能变化出多少种速度。	比与比例、圆	应用型

2. 综合实践活动所涉及的经验及类型划分

> 依据研究者的经验类型划分作为依据，科学性方面稍显不足，可以对将更多研究者的教学经验进行对比，并且基于本研究特点，为其确定分类。

史宁中曾经指出："基本活动经验是指学生亲自或间接经历了活动过程而获得的经验。"张奠宙也曾撰文指出："数学其实不完全是从现实生活情景中直接产生的。人们基于日常生活经验，还必须通过一些感性或理性的特有数学活动，才能把握数学的本质，理解数学的意义。"徐斌艳则将数学基本活动经验划分为：基本的数学操作经验；基本的数学思维活动经验（归纳的经验，数据分析、统计推断的经验，几何推理的经验等）；发现问题、提出问题、分析问题、解决问题的经验。

结合徐斌艳老师对基本经验维度的划分及小学数学综合实践课程的特点，本研究将教材选定的综合实践的主题所涉及的经验进行如下归类。

（1）基本的数学操作经验。

几何操作经验：动手操作是学生获得知识的一条重要途径，学生在操作活动中的亲身经历为其对自己在参与数学活动过程中意识和经验的及时内省、自我发问，将较低层次的活动经验上升到一个更高的水平，更加清晰、确定和稳固奠定了基础。例如在"小小设计师"主题活动中，经历"自主创作"活动之后，学生可以初步获得有关图形的平移、旋转、轴对称等图形运动的活动经验，及时组织学生进行回顾和反思，交流设计图案的经验并使之内化，提炼图形运动的基本方法，谈自己对所设计图案的情感体验等。同时将活动延伸到生活中，让学生在欣赏中感受图形的变换美，从而培养学生在生活中发现美、欣赏美和创造美的意识。

从具体的课堂观察事例中，得出三种基本的数学操作经验，并且将三种基本数学操作经验进行具体诠释。

数学表征工具的直接操作经验：引导学生积累数学表达的活动经验是综合实践活动的核心任务之一，数学表达是学生数学思维的外化，而以问题意识为引领的综合实践活动正是引领不同的学生在活动中获得不同的数学表征工具的直接操作经验的载体。例如在"我们的校园"主题活动中选取了一些学生喜欢的运动，启发学生根据活动的内容和情景，提出一些数学问题，并利用所学的知识加以解决——"跳绳的有多少人""踢球的有多少人"；引导学生根据直观图中的信息提出问题——"参加哪项活动的人最多？""参加哪项活动的人最少？""谁和谁一共有多少人？""谁比谁多多少人？""谁比谁少多少人？"……这个过程中，让学生在使用示意图、插图、照片、真实事件的草图、统计图表、程序语言等表达数学内容，加深对本册所学知识的理解，体验自己的校园生活中存在的数学，从而培养学生从实际生活中提出数学问题的能力和"用数学"的意识。

数学公式和符号的直接操作经验：在现实情境中直接利用简单的数学工具（如公式表、计算器等）有助于学生认识和应用数学定义、规则、算法或者公式。如在"确定起跑线"主题活动中，是学生在掌握圆的概念和周长等知识的基础上设计的，通过这个活动：一方面让学生了解运动场跑道的结构，学会确定起跑线的方法，另一方面让学生体会到数学在生活中的广泛应用。课堂由问题"他们起跑线的位置相同吗"质疑，到"为什么起跑线位置会不同""有规律吗？"，让学生通过观察、讨论达成共识："因为每条跑道的长度不同，所以起跑线的位置也不同，外圈的起点应该往前移。"然后出示有关信息，充分让学生借助相关公式、计算器，通过小组合作计算每圈跑道的长度，从而确定起跑线的位置，在这个过程中使学生体会到形式化应用公式计算工具的价值，积累直接的操作经验。

（2）基本数学思维活动经验。

代数归纳的经验：对于有些问题，可以通过特殊情况归纳发现规律，而后再通过一般性的推理，验证自己的发现，进而感悟数学的严谨性，增强数学学习的兴趣。有关这种思维方式的基本经验，不仅是数学学习所必需的，

可将收集的数据资料一一呈现，进一步增强数据的可信度和研究的科学性。

也是学生终身可持续发展所必需的。如在"探索图形"的主题活动中，借助正方体涂色问题：①一面、两面、三面有红颜色的小正方体各有多少个？②将正方体的边长改为5，表面刷上红色的漆，再将它分割成边长为1的小正方体，一面、两面、三面有红颜色的小正方体各有多少个？③将正方体的边长改为6，结果如何？④分析上面三个问题的求解过程，你能发现什么规律？通过实际操作、演示、想象、联想等形式发现小正方体涂色和位置的规律，在探索规律的过程中，经历从特殊到一般的归纳过程，获得一些研究数学问题的方法和代数归纳的经验。

数据分析、统计推断的经验：经历数据分析、统计推断的过程，获得相应的直接经验，进而发展其数据分析观念，是其学习的核心目标，对于学生获得数学上的全面发展，具有其他数学内容所不能替代的作用。让学生体验和掌握数据分析观念的最有效方法，就是让他们真正投入到产生和发展数据分析观念的活动之中，使学生在收集、整理和描述数据的活动中，探索如何以简单而直观的形式最大限度地描述数据，作出合理判断等。如在主题活动"节约用水"中，通过节水情境的创设，使学生亲自参与计量等操作活动，通过多种途径调查生活中浪费水的现象，搜集和处理水资源浪费的信息，计算水龙头的滴水速度及体积，直观地呈现相关的节约用水的信息等过程，从而加深对水资源浪费的认识，并结合相关的节水宣传资料作出合理的推断，从而积累数据分析、统计推断的经验。

几何推理的经验：一方面包括归纳、类比、猜想在内的推理，即合情推理；另一方面包括演绎推理，有典型的不完全归纳推理，其结论仍是"猜想"，这种推理常用来佐证、猜想。例如在主题活动"数与形"中，两道数和形的相关问题的解决让学生初步运用归纳推理可以归纳出下一个结果；拼图游戏让学生从图形语言、文字语言、数学语言相互转化中观察到共性，发现规律，经历几何推理的过程，获得几何推理的经验。

1）观察规律 13，15，18，22，（ ？ ）答案：B

A.25　　B.27　　C.30　　D.34

2）下面"？"处应是什么样的图形？答案：C

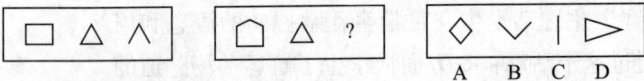

3）

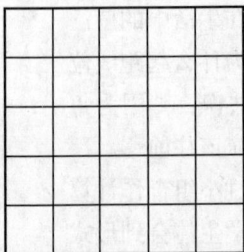

观察拼图得猜想：$1+3+5+7+\cdots+(2n-1)=?$

（3）用数学思维发现问题、提出问题并解决问题的经验。

问题解决经验是指拥有适当的数学策略去发现问题解决的思路或方法，并加以反思。如在主题活动"量一量、比一比"中：①理解现实问题情境：设计一个活动情境——装饰校园跑道、报栏和花坛；②简化并结构化所描述的情景——激发学生问题意识，引导学生简化并结构化这一情境；③将被简化的现实情景翻译为数学问题然后发现所要解决的问题——测量长度；④用数学手段解决所提出的数学问题：确立研究方案——从测量工具的选择，到被测物体的估量、小组之间的合作测量、具体测量中面临问题的尝试与解决、全体交流及交流在此测量的优化；⑤根据具体的现实情景解读并检验数学结果：测量中对长度的感悟与物体估量的逐步精确，经验的重组与内化等，在亲身实践中，经历数学建模的过程，获得问题解决的经验。

利用数学中的主题活动生动形象地解释了什么是用数学思维发现问题、提出问题并解决问题的经验。

（二）"综合实践活动"是小学生积累数学基本活动经验的载体

"综合实践活动"有助于学生和教师的发展，有助于学生对数学全面理解，有助于学生情感态度价值观的形成，有助于完善基础教育课程建设。正如《义务教育数学课程标准》指出："综合实践活动"是指一类以问题为载体、以学生自主参与为主的学习活动。在教学建议部分还指出："综合实践活动"的教学，重在实践、重在综合。重在实践是指在活动中注重学生自主参与、全过程参与，重视学生积极动脑、动手、动口。在学生自主、积极主动参与活动的过程中，可以发展学生的动手、动口能力；培养学生学习数学的兴趣；增强学生学习数学的信心等。因此，在教授这部分内容时，我们要关注以下几个方面。

论述中强调了综合实践活动对学生学习数学发挥的重要作用，可以结合具体的数据资料将这一重要性更突出、更强化。

1. "做中学"是学生数学基本活动经验的积累的有效途径

实践是学生积累基本活动经验的重要途径。学生在课堂上的"剪一剪""拼一拼""做一做""猜一猜""画一画""比一比"等实实在在的"做"的过程，可以获得初步的经验，但这仅仅是教学的起点。在日常教学中，还要借助其他形式的"做"——"自主探究（尤其是个体的独立思考，对其基本活动经验的积累至关重要）、教师指导、同学交流"等过程中去粗取精、反思、抽象、概括，从而内化为学生自身的活动经验。综合实践活动的实践特征恰恰满足了学生"做中学"的诉求。

2. "特定的数学思维模式"是学生数学基本活动经验的积累依据

在特定的"活动"中，通过"做"活动来获得基本的活动经验，那基本活动经验在小学阶段到底表现为何物？数学基本活动经验的内涵是："感悟了归纳推理和演绎推理过程后积淀形成的数学思维模式。就中小学生而言，这种数学思维模式主要表现为从特例入手、尝试性探索和归纳猜想一般规律或结论。"[a]这个对基本活动内涵的界定，对一线的教学实践具有很好的引领。这种思维模式逐步建构、完善及应用对学生后续的"生长"提供了后劲——面对新"情景"如何高效地发现并提出问题（数学直观的逐步形成与完善）、分析并解决问题（数学模型的架构、应用意识和创新意识），而这

---

a 郭玉峰，史宁中："'数学基本活动经验'研究：内涵与维度划分"，《教育学报》，2012年第5期。

也真正体现了新课标的理念和数学的本真价值。在综合实践活动中，我们也遵循着让孩子经历这个思维脉络的过程。

3. 特定的"知识"网络是学生数学基本活动经验积累的前提

不管是哪一种经验的积累，都不是一蹴而就的，都需要经历一个漫长的过程，在这个过程中经验才得以不断地积累和提升。为了促进学生基本活动经验的积累，教师就需要从"整体"上来把握教材，分析知识的脉络，厘清每一个知识点在知识网络中的位置与作用，并结合学生的身心特点和实际需求来进行有效的教学设计，为学生的后续发展提供必要的知识经验。

4. 多元的评价方式是学生数学基本活动经验的保障

教育的实质在于所有学过的东西都忘了后，仍然留下来的那部分内容。那留下的到底是什么呢？就数学学科而言，可以说就是基本活动经验，也可以说一种思考问题的思维模式。为了实现这一点，我们就需要变革我们的评价方式。从对结果的评价向结果与过程的评价模式转变，建立多元评价体系和方式。从根本上，为基本活动经验的积累和提升提供保障。

<aside>可以对比指出现行的评价方式对学生的作用，突出多元评价方式对学生学习数学的保障性作用。</aside>

（三）构建"问题—关联—分解—反思"的综合实践活动教学模式

通过对小学数学"综合实践活动"领域的课程教学实践，形成有效的、科学的、实施性强的教学模式，如下图：

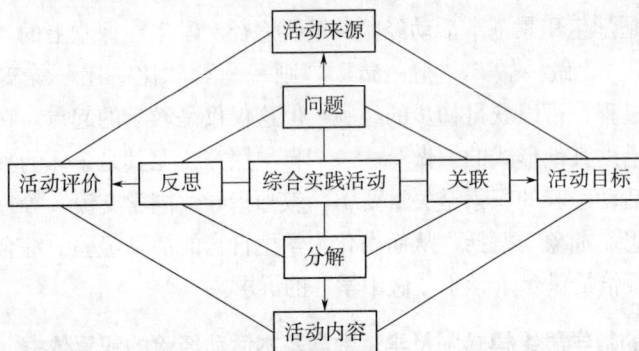

该模式有四个核心要素即"问题、关联、分解、反思"，分别对应活动的来源、活动目标、活动内容、活动评价。

该模式最终的目的在于让学生在一些系列的综合实践活动中，逐步形成一种开展综合实践活动的程序。

实践与综合运用这部分内容注重让学生在教师引导下，在已有知识体验的基础上，从所熟悉的现实生活中发现、选择和确定问题，主动应用知识解决问题的学习活动，体现了一种现实性、问题性、实践性、综合性的学习过程。

总之，数学教学既要帮助学生获得显性的数学知识，也要帮助学生在探

<aside>总结构建了"问题—关联—分解—反思"的综合实践活动教学模式，并用图表的形式表示，具体清晰。如果能介绍这一模式的理论来源或实践来源，介绍各个组成部分之间是如何联系的，该模式具有何种特点，会使得这一综合实践活动教学模式更具有可信度，更方便数学教师对其的理解和运用。</aside>

索数学的过程中获取隐性的数学知识；表明隐性数学知识（如"数学活动经验"）教学，应处理好与具体数学知识、技能教学之间的关系，而数学思想蕴涵在数学知识形成、发展和应用的过程中，是数学知识和方法在更高层次上的抽象与概括。学生只有积极参与教学过程，独立思考、合作交流、积累数学活动经验，才能逐步感悟这些思想。

五、研究结论

（一）归纳概括小学高年级数学活动经验积累的途径

1. 动手实践做数学，积累操作的经验

动手操作是学生参与数学活动的重要方面。通过动手操作，能够促进学生对数学的直观理解，促使学生在"做数学"的过程中对所学知识产生深刻的理解，经历数学知识的形成过程。卢梭认为："通过儿童自身活动获取的知识，比从教科书，从他人学来的知识要清楚得多、深刻得多，而且能使他们的身体和头脑得到锻炼。"让学生动手操作，在操作中学习，在操作中思考，是小学数学教学行之有效的方法之一。

> 从以上研究结果中进一步整理归纳数学活动经验累积的途径，有力地回应了研究问题。

2. 自主探究造数学，积累探究的经验

荷兰数学家弗赖登塔尔说过："学习数学的唯一正确方法是实行再创造，也就是由学生把本人要学习的东西自己去发现或创造出来；教师的任务是引导和帮助学生去进行这种再创造工作，而不是把现成的知识灌输给学生。"实践证明，学习者不实行"再创造"，他对学习的内容就难以真正理解，更谈不上灵活运用了。

3. 联系生活用数学，积累应用的经验

生活中充满着数学，数学教师不仅要教会学生知识，而且还要让学生在头脑中建立"生活中的数学模型，数学中的生活模型"，将数学与生活紧密地联系起来，让学生尽可能参与数学活动，在活动中有效培养学生的应用能力。

现实中，学生应用数学知识的主动性比较低，在数学教学中，教师不仅要引导学生从生活实际引出数学知识的学习，而且还要引导学生善于把课堂中书本上所学的知识应用到实际生活中去，把所学的知识和思维方法迁移到解决实际问题中来，形成解决具体实际问题的有效策略和经验。

4. 合作交流说数学，积累思考的经验

这里的"说数学"指数学交流。课堂上师生互动、生生互动的合作交流，能够构建平等自由的对话平台，使每个学生都能在相互的讨论、交流、启发、帮助、协作中，各抒己见、大胆设想、大胆探索，从中发现不同的思

路和方法，让不同的学生得到不同的发展。

交流中应该时时处处注意为学生留白，即注意组织学生的活动。学生有了思考的方法，就有交流的愿望。在交流中思考发言者的思维角度，求同存异。教师应为学生创设一个便于交流的情境，让他们有充分的时间去发现、去探讨、去交流、去相互评价，并体会到自己解决问题的乐趣。

总之，数学经验一方面在于积累，另一方面也需要提升。经验不经过提升、内化、概括，难以成为学习的内在支撑。让学生积累经验，提升经验，不但有助于通过多种活动探究和获取数学知识，更重要的是学生在经验中能够逐步掌握数学学习的一般规律和方法，对于今后数学学习活动的开展、数学思想方法的领悟等方面有着十分重要的作用。

> 进一步对以上方法进行总结概括。

（二）以"问题"为中心的教学模式有助于学生基本活动经验的积累

以"问题—关联—分解—反思"的综合实践活动教学模式，其以"问题"为中心、以"多学科知识"为背景、以"知识的关联性"为线索。其中，活动来源于问题，问题广泛涉猎于生活、数学、数学与其他学科的整合；活动目标主要是为了实现数学的三个联系（数学与生活、数学与其他学科、数学内部知识间的关联）；活动内容是围绕原问题所分解出的问题系列；活动评价主要指教师对"活动设计"的再思考、再反思。活动评价不仅发生在活动设计的过程中，还发生在活动结束以后，即教师不仅在活动设计过程中需要通过思考和反思，不断完善活动设计，丰富和精炼主题内容，还需要在活动结束后对主题设计进行再反思，再审视，并对整个活动中所产生和形成的各类教学成果和课程资源加以分类和整理，以形成有价值的研究成果[a]。

> 如果该模式能表明运用在实际数学课堂中的效果，并与传统的教学模式进行对比，可以突出以"问题"为中心的教学模式的可借鉴性。

> 适合放在研究结果中对"问题—关联—分解—反思"综合实践活动教学模式的介绍和解释。

总之，该模式帮助学生建构有效的知识网络、优化其知识结构，进一步丰富课程资源，为学生综合素质的提升创造良好的课程环境和课程平台，让不同的学生在活动中获得不同经验的感悟、内化与迁移等的积累，让不同的学生在数学教育中得到不同的发展。

参考文献

[1] 李树臣. 关于形成数学活动经验的若干问题. 中学数学杂志，2011（12）

[2] 朱向明. 小学数学基本活动经验形成的案例研究. 课改风向标，2012（13）

[3] 张苾清. 如何帮助学生积累数学基本活动经验. 人民教育，2010（11）

[4] 刘兼，孙晓天. 数学课程标准解读. 北京：师范大学出版社，2002

[5] 中华人民共和国教育部. 素质教育观念学习提要. 上海：三联书店2002

[6] 皮亚杰. 卢濬选，译. 皮亚杰教育论著选. 北京：人民教育出版社，1990

[7] 晓杰. 课堂教学与学习成效评价. 南宁：广西教育出版社，2000

[8] 张奠宙. "基本数学经验"的界定与分类. 数学通报，2008（9）

[9] 仲秀英. 学生数学活动经验的内涵探究. 课程·教材·教法，2010（10）

---

a 孟祥瑞："小学高年段数学综合实践活动主题设计研究"，新疆师范大学，2014年。

[10] 约翰·杜威.王承绪，译.民主主义与教育.北京：人民教育出版社，2001

[11] 史宁中，柳海民.素质教育的根本目的与实施路径.教育研究，2007（8）

[12] 史宁中.数学思想概论·图形与图形关系的抽象.长春：东北师范大学出版社，2009

[13] 仲秀英.促进学生积累数学活动经验的教学策略.数学教育学报，2010（5）

[14] 张苾菁.如何帮助学生积累数学基本活动经验.人民教育，2010（11）

[15] 郑毓信.数学思想、数学活动与小学数学教学.课程·教材·教法，2008（5）

[16] 陈月兰.最新日本《初中数学学习指导要领》框架与内容分析.外国中小学教育，2010（3）

[17] 黄燕苹，黄翔.日本《小学数学学习指导要领》内容结构的调整与变化.课程·教材·教法，2009（4）

综合评述：李文老师的研究聚焦于小学高年级数学活动经验积累，具有很强的现实意义。该研究内容较为丰富完整，拥有教师在实践中形成的大量经验，对一线数学教师有一定的参考性和借鉴性。研究思路较为清晰，研究方法的使用较为丰富多样，综合运用了观察、访谈、文本分析等多种手段开展研究，同时也提高了李老师自身的研究素养。但本研究还存在一些可待完善的地方。比如，缺少文献综述；对为什么选择小学高年级，可再详细说明；研究方法和研究结果是割裂的，在研究结果中没有呈现出各种方法获得资料的结果及分析讨论；研究问题、研究方法、研究结果和研究结论之间的关联性可以需要彼此对应和加强。

② 研究反思

自从2015年10月走进北京师范大学，和导师一起参与课题的研究并顺利结题后，又荣幸地加入史家30个项目提升的课题组中，原因与动机很简单：开始只是被动地参加，没有太多想法，只是觉得结完题应该出些成果，有北京师范大学导师指引辅导，会很快捷。历经一年的时间，却并不是想象的那么容易，除了平时教学事务上的忙碌，课余时间还要静下心翻阅各种书籍或中国知网。以下就针对我的课题《小学高年级数学基本活动经验积累的数学实践探究——以综合与实践课为例》，谈谈参与此次课题的收获、想法以及建议。

一、在此次项目过程的收获

（一）严格要求，务实开展

为保证课题研究能在科学有序的工作状态下顺利开展，我制定了课题研究的管理细则，要求做到"三必须"：必须随时听课，了解实验的状况；必须加强学习，用科学理论指导实践；必须准时与导师进行各种渠道的沟通得到指导。加强自身理论的学习，做实验记录，每学期上一节实践汇报课，写一份实验论文或教学反思等，做到边实践边学习边总结。

1. 取得的理论成果

（1）学生方面。提高了学生课堂学习的有效性，有效促进了学生的数学学习能力和数学素养的发展；学生的学习方式、形式得到转变，生活经验、数学学习经验的积累有较为明显的呈现，并逐渐成为学生自觉意识。

（2）教师方面。促进了教师的专业成长，通过课题研究使教师成了称职的引导者；教师的课堂教学能力获得提升，通过课题研究提高了教师教学设计能力；教师的教研能力得到提升。

2. 取得的实践成果

（1）搜索积累并学习了丰富的相关文献成果。这期间我反复查找了文献综述，并学习戈主任推荐的文章：《小学数学基本活动经验的价值取向和形成策略》《促进数学基本活动经验积累的教学策略研究武捷》《运用"综合与实践"培育数学基本活动经验》《数学基本活动经验在小学数学教材中的呈现研究》等。

（2）基于经验积累的"综合与实践"课程内容分析。整理教材内容，细化分类。在对人教版《小学数学》十二册教材中"综合实践活动"的研究主题梳理的基础上，结合对数学基本活动经验的分析，对"综合实践活动"中所涉及的知识基础与活动类型进行了分类。

（3）新人教版《小学数学》教材"综合实践活动"所涉及经验及类型划分。史宁中曾经指出："基本活动经验是指学生亲自或间接经历了活动过程而获得的经验。"张奠宙也曾撰文指出："数学其实不完全是从现实生活情景中直接产生的。人们基于日常生活经验，还必须通过一些感性或理性的特有数学活动，才能把握数学的本质，理解数学的意义。" 徐斌艳则将数学基本活动经验划分为：基本的数学操作经验；基本的数学思维活动经验（归纳的经验，数据分析、统计推断的经验，几何推理的经验等）；发现问题、提出问题、分析问题、解决问题的经验。

（4）"综合实践活动"是小学生积累数学基本活动经验的载体。数学基本活动经验的积累离不开"综合实践活动"；学生数学基本活动经验的积累离不开 "做"的过程；基本活动经验的积累离不开特定的"知识"网络；基本活动经验的积累离不开"特定的数学思维模式"；基本活动经验的积累离不开多元的评价方式。

（二）积极探索教学环节的最佳方案，突出小学高年级数学基本活动经验积累的策略——以综合实践活动课为例

"综合与实践"教学流于形式，没有真正起到积累数学活动经验的作用。对数学活动经验关注的缺失现象普遍存在。主要表现为：首先是备课中的缺失。再者，在课堂教学中的缺失。从实践层面纵观我们的课堂，回顾、反思日常的课堂教学，我们的确有时忽视了学生数学学习的过程，有时往往为了尽快得出结论，忽视了给学生充足的时间和空间来让其主动地从事观察、实验、猜测、验证、推理与交流等数学活动，学生学习的经验有时还会被解题经验所替代，更多关注的是基础知识的掌握与基本技能的训练。即使在教学过程中设计了一些数学活动，对于让学生积累数学活动经验，老师们也没有给予足够的重视。基于上述缘由，我们确立了此课题，本课题组将立足"综合实践"领域，并将研究主题确定为对小学生高年级数学基本活动经验积累的行动研究，希望通过教师教学理念的更新，使他们在课堂中更加注重对知识获得的过程的研究，更加关注学生基本活动经验积累的状况，从而使学生在注重过程探索的教学中获得创新能力的发展。

学生对"数学基本活动经验"的积累，日益成为目前数学学习的一个重要过程。数学的"综合与实践"课是以学生应用知识、解决问题为主要目的的一种学习方式，是学生积累数学活动经验的重要载体，具有很强的实践性、综合性及开放性。立足"综合与实践"领域，通过教师教学理念的更新，使他们更加注重高年级学生对知识获得的过程，更加关注高年级学生数学活动经验积累的状况，从而使学生在注重过程探索的教学中获得创新能力的发展。

行动研究中借助第三方来审视学生的学习、教师的教学以及双方互动中经验是如何形成和积累的；在研究内容上，立足小学数学"综合实践"领域，通过教师的教学课堂来研究教师和学生在数学基本活动经验积累中所获得的发展，并以此为载体来探索教师专业发展，学生学习力、创新能力的培养。

1. 课题研究与课堂教学相结合

通过对小学高年级数学基本活动经验积累的策略的提炼，我立足课堂，探索实践，尽可能地听各年级准备的综合与实践课，尤其是数学三年级刘伟男的综合与实践样板课《不

规则图形面积的研究》，进行评价。在课上有目的地搜集积累操作的活动经验，寻找帮助学生积累数学基本活动经验的策略；根据总结的策略，进一步课堂实践：自己做区级展示课《估计不规则图形的面积》、参加"东兴杯"比赛执教《七巧板的运动》获得特等奖。

2. 在"综合实践活动"中积累数学基本活动经验的策略

通过课堂实践，提炼观点。综合实践活动有助于学生和教师的发展，有助于学生对数学全面理解，有助于学生情感态度价值观的形成，有助于完善基础教育课程建设。正如《义务教育数学课程标准》指出："综合实践活动"是指一类以问题为载体、以学生自主参与为主的学习活动。在教学建议部分还指出："综合实践活动"的教学，重在实践、重在综合。重在实践是指在活动中，注重学生自主参与、全过程参与，重视学生积极动脑、动手、动口。在学生自主、积极主动参与活动的过程中，可以发展学生的动手、动口能力；培养学生学习数学的兴趣；增强学生学习数学的信心等。在不断实践中，我提炼观点如下：

（1）动手实践做数学，积累操作的经验；

（2）自主探究造数学，积累探究的经验；

（3）联系生活用数学，积累应用的经验；

（4）合作交流说数学，积累思考的经验。

提炼出观点，就开始撰写相关论文并投稿，获得史家集团第一届论文评选一等奖。2016年《小学生数学基本活动经验积累的策略研究——以综合实践活动课为例》获北京市基础教育科学研究优秀论文二等奖。

我发现在这个研究过程中自己的科研水平不断提升，教学水平也得到相应发展。

二、在此次参与项目过程中遇到的问题

一是数学的基本活动经验是一个隐性的东西，在具体的课堂上，如何把握这一尺度或者深度？如何评价？

二是"综合实践活动"是积累数学活动经验的主要载体。但是，在实际的课堂上，很多时候很难操作。

三是由于前面做的调查问卷是同事帮助做的，关于调查问卷的出题、分析还是不太明白，需要一对一亲临指导。

三、对之后参与科研项目的期待与建议

期待自己的独立课题能够立项，带领徒弟和其他志同道合的老师一起研究。

一个人干不过一个团队，一个团队干不过一个系统，一个系统干不过一个趋势。团队+系统+趋势=成功。我庆幸有史家集团这个平台，给我们一线老师提供了这么好的机会，让我们从专业型教师转向研究型教师，在理论和实践上双重发展。心中的一切尽在不言中，唯有用工作上的行动来感恩了。

提高小学生数学问题解决能力
的画图策略的行动研究

史家小学 王 滢

一、问题的提出

（一）《小学数学课程标准》要求

《小学数学课程标准》提道："数学是研究数量关系和空间形式的科学。"在从事数学教学多年中，学生在解决问题中总会遇到一些"说不清，道不明"的问题。

这些问题总给学生造成一些困惑，让学生无从下手，形成这种困难的原因如下：

（1）提取信息的能力不强，找不到问题的突破口。

（2）教材插图的干扰使得学生不愿意用画图方法解决问题。

（3）学生在平时的解题中只知道"是什么"，而不知"为什么"，想不到用画图的方法解答。

小丽和小宇之间有几人？

3 名同学坐成一排合影，有多少种坐法？

缺了（ ）块 。

（二）教师在解决问题的教学中也会遇到一些的困惑

由于受到升学、应试和传统观念的影响，问题解决往往更多地关注学生的知识掌握结果，而将能力培养形式化，因而便出现了"重知识，轻能力""高分低能"的现象，题目稍加变化学生就会束手无策，教师常常感到明明

問題的提出从课标要求、现实中学生的困惑和教师的困惑多个角度论述，思路较清晰。可以进一步综合说明这些问题与画图策略运用之间的关系，从而层层递进指向为什么提出画图策略的运用这一研究问题。

从最基本的《小学数学课程标准》引发自我思考，但需要注意的是引用的资料版本需要具体说明，增强引用资料的严谨性。

从"给学生造成困难的原因主要是画图策略使用的问题"角度论述，聚焦向本研究的问题。

教师的困惑与研究问题之间的关联性需要进一步说明。

做了大量的习题，为什么学生的数学解题能力没有提高呢？机械做题，只知道"是什么"，而不知"为什么"，不善于总结，很难做到举一反三、触类旁通。

（三）认知心理学

数学课程标准的课程目标中指出："要使学生面对实际问题时，能主动尝试着从数学的角度运用所学知识和方法寻求解决问题的策略。"画图策略是众多问题解决策略中最基本，也是最重要的策略之一。认知心理学认为，学生的学习过程不是简单的"刺激—反应"过程，而应在二者之间研究学习主体的认知操作过程，从格式塔心理学家的"完形说"，到皮亚杰的"图式"理论，无一不重视主体的认知建构过程。

基于以上认识，本论文力图通过"问题解决"教学模式，在数学课堂教学过程中，以学生为本，关注问题解决教学与学生认知图式的关系，本研究基于这样的假设：以问题解决带动认知发展，以认知发展促进知识建构，以知识建构形成学生合理的、良好的认知图式，这样形成的认知图式应是包容的和开放的，灵活的和能够迁移而解决问题的，最终使学生获得以问题解决能力为核心的思维能力的提升。

二、研究过程

（一）创设情境，让学生自主体验画图策略的意义

斯蒂恩说："如果一个特定的问题可以转化为一个图像，那么就整体地把握了问题。"小学生的思维处在以形象思维为主，向抽象思维过渡的阶段。许多数学问题多以文字叙述出现，纯文字的问题在语言表述上比较简洁，枯燥乏味，以致使他们常常读不懂题意。所以根据其年龄特点，让学生自己在纸上涂一涂、画一画，借助线段图或实物图把抽象的数学问题具体化，还原问题的本来面目，使学生读懂题意、理解题意，拓展学生解决问题的思路，帮助他们找到解决问题的关键，从而提高学生解决问题的能力。所以，在教学中教师要善于创设体验情境，让学生在思考的过程中产生画图的需要，在自己画图的活动中体会方法、感悟策略、发展思维、获得思想。

如六年级上册数学广角"鸡兔同笼"：有8个头，26条腿，鸡、兔各多少只？鸡兔同笼是一个让很多学生学习起来感到头疼的问题，但是运用画图策略却非常容易理解且把问题解决。如画图时，先引导学生把8个头全画上2只腿或4只腿，发现少的或者多的那些腿是兔子或者鸡，然后依次再添上去。学生有了这一发现后，兴趣浓厚，纷纷动手，了了几笔简笔画并通过添腿或减腿就能非常快速地计算出鸡或兔有多少只。然后依托画图法，再理解假设法求鸡"（8×4-26）÷（4-2）=3（只）"中，为什么除以（4-2）的差就容易多了。我也曾把这道题用画图法叫我读二年级的儿子来做，他居然

也非常容易理解，而且很感兴趣，画得得心应手，并且很快地解答出来。画了几次以后，他居然也能感悟出通过算式来计算了。

又如六年级上册百分数应用题：冬冬倒了一杯纯牛奶，先喝了50%，加满水后，又喝了50%，再加满水喝完，冬冬喝的牛奶多还是水多？

这道题初看只有两个分率，显得很简单，但对于小学生来说，最不容易理解的就是没有量只有分率的题目，感到非常抽象，更何况还要用算式来计算。但如果提示学生试着可以通过画图或画表格来分别表示每次喝下的牛奶和水的分率，学生的兴趣一下子就来了，纷纷拿出纸来列列画画，慢慢地答案也就在画图中逐渐明朗了。学生们可通过画实物图、示意图、画表格等多种方法来解答这道题。

> 画图策略是本研究的关键概念，文章中需要对画图策略的含义、具体的表现形式（表格、线段图、条形图）、功能等进行说明和论述。

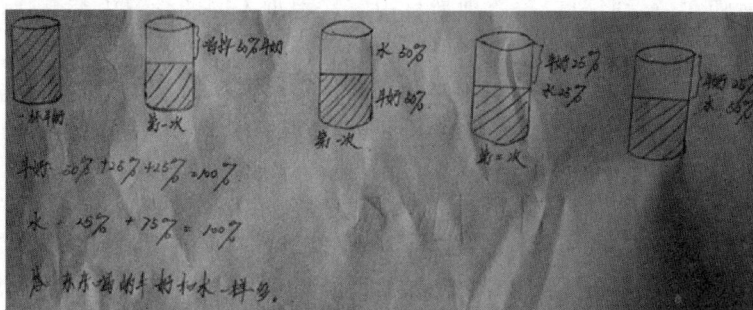

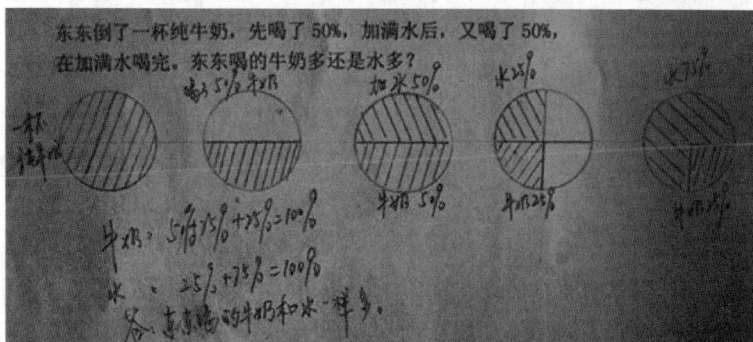

301

通过这样多种形式的图示，把三次喝的情况逐一展现，简洁明了地表示了每次喝后，牛奶与水所占的分率，非常容易理解。特别是前两种，也富有趣味性，充分显示出儿童的无限想象力和创造力。

兴趣是最好的老师。通过利用小学生喜欢画画，擅长画画的特点，激发他们的兴趣，让他们用自己喜爱的方式画图。原生态的图形，生动有趣，再现了数量之间的关系，使数学与图形结合，以画促思，最终可以化复杂为简单，化抽象为直观，能更好地寻找问题的答案。同时，让他们在尝试中体会到用图解题的快乐，体验用画图法解题带来的成功感和价值感。

（二）运用多种画图策略，帮助学生体验其在问题解决中的实效性

教师在教学时要善于梳理教材内容，根据不同的学习内容，让学生灵活运用，并能对不同题型的问题解决时所运用的画图策略进行归纳，达到合理运用，灵活运用，举一反三，从而通过画图策略提高解决问题的能力。

1. 通过画图能准确地提取信息

教材上有些独立内容，如数学广角，基本没有前后知识的联系，题目比较抽象，都是课外学生在学的奥数类型的题目，学生在理解、解答上都有一定的困难，如"鸡兔同笼""排列组合""重叠问题"，还有"植树问题""合理安排"等。因此教学这一块内容时，教师一定要引导学生画合理的示意图，借助示意图来帮助提取信息，寻找解答方法。

如五年级下册"打电话"：我校合唱队共有15人，因紧急演出通知，老师需要尽快通知到每个队员，如果用打电话的方式，每分钟通知1人最短需几分钟？设计一个打电话的方案。

初读这道题时，学生容易造成直觉思维，让教师依次给学生打电话，或者分组打。但到底如何打最省时呢？学生的思维受阻，想不出最好的办法。这时教师提醒，如果能让前面接到通知的学生不空闲，也马上通知别人呢？于是让学生通过画图法尝试。这样通过讨论，画图，学生画出了很多种图示法，如下图不同的平面图形代表不同分钟时接到通知的学生，线上的数表示第几分钟。

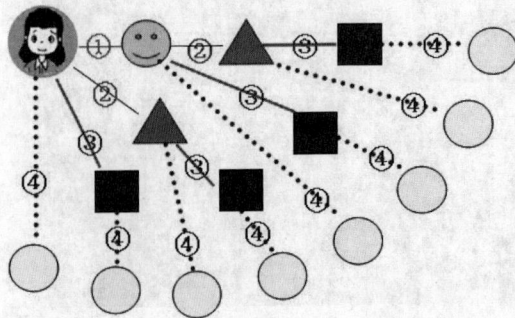

通过这样一幅简单的示意图，能够非常清楚地看出每一分钟接到通知的学生，以及所花的时间和共接到通知的学生人数。借助这个示意图，远远比纯文字的叙述要简单明了。

这样的示意图在数学广角"合理安排""找次品""植树问题"等题目的解答中也非常有用。教师要善于引导学生归纳解决这类题的画图策略，灵活运用。

2.通过画图能更好地分析数量关系

现在的小学生解决数学问题的能力相对比较薄弱，对题目的分析、概括能力比较低。特别如求倍数、分数（百分数）等问题解决时，谁比谁的几倍多或少几，找分率及对应量，学生往往很难理解题意，分析数量关系在解答时也最容易出错。

如"比一个数的几倍多几或少几求这个数"的题目：红花有60朵，比黄花的3倍少9朵，黄花有多少朵？

学生的错误解法有：60×3−9；60÷3−9；60÷3+9。而为什么用（60+9）÷3列式，学生很难理解。所以这时配合线段图来加以分析：

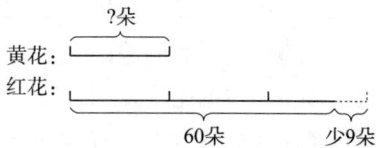

从右图清楚地看出，黄花是1倍数，60朵红花还不到黄花的3倍，比黄花的3倍少6。60朵加上9朵正好是黄花的3倍，所以算式是：（60+9）÷3。

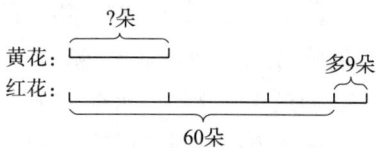

然后再把这题变式，红花有60朵，比黄花的3倍9朵，黄花有多少朵？

通过线段图，发现（60−9）朵正好是黄花的3倍，所以求黄花的算式是：（60+9）÷3。再联系两幅线段图，比较它们的异同，得到这类题目求1倍数的方法，这样就远比单纯地看题分析解题思路理解起来要容易。

又如：一辆汽车从甲地开往乙地，已经行了20千米，这时距离中间还有1/6，这条路全程多少千米？

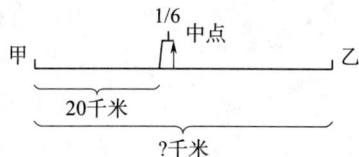

这是一道分数应用题，这类题的特点是先找单位"1"，然后找到量和量所对应的分率。但学生对于稍复杂的题目在理解上有困难，总是找不到量和量所对应的分率。如这道题学生通常列的算式是：20÷（1−1/6）或20÷（1−1/2−1/6）。第一种算式错在把距离中间还有1/6理解成总路程还剩1/6。第二种算式太复杂。怎样让学生更明白题意，找到正确的数量关系呢？可以通过线段图来进行来分析。这样就非常清晰地看出20所对应的分率不是1−1/6。但对于第二种解法来说，还有更简单的列法。因为中点的分率可以看作1/2，那么20千米所对应的分率也可以看作1/2−16，这样更加简便。

所以在解决倍数、分数（百分数）应用题时，当题意和数量关系比较

用案例对比明确指出在解决关于数的应用题时，可以运用画图帮助学生理解题意。

抽象时，教师就要引导学生有意识地通过画线段图帮助理解题意，分析数量关系，化抽象为具体，这样就能化难为易，从而提高学生分析和解答问题的能力。

3. 过画图能帮助学生建立空间观念

小学生处于形象思维向抽象思维过渡阶段，所以对于平面、立体图形的理解能力特别低。因此在教学中教师要经常以实物和图示相结合帮助学生理解题意，也更应该让学生在已有知识的基础上，主动画画草图，明确题意。

如人教版六年级上册数学配套的《作业本》中，有这样一道题：1元硬币的直径为25毫米，其中有一圈1毫米宽的边。这一圈边的面积是多少平方毫米？（先看一看1元硬币，再想想怎么算，然后计算。）

这题设计的目的是让学生运用圆环面积的计算方法来解决实际问题。初看这题除了数据比较大（为了计算方便，我把25 毫米改成了24毫米），数量关系应该不难的。但学生的错误率却非常高，出乎我的意料。虽然学生对硬币很熟悉，但这题还是主要出错在两个圆的半径到底是多少上，如出现R=24+1，或r=1，或者r=24−1=23。究其原因，说明学生对题意不理解。所以解答时再让学生看硬币，并要求画出草图，标上数据。

通过实物观察，再配以草图和数据（见左上图），学生终于明白，原来25毫米表示大圆的直径，而1 毫米是环宽，所以R=24÷2=12毫米，r=12−1=11毫米，这样圆环的面积计算就正确了。然后再和原来求小路面积的题目比较，（一个直径是4米的圆形花坛，在外面铺一条宽为1米的小路，求小路的面积）通过画图（见左下图），发现原来都是求圆环的面积，不同的是求小路面积已知的是小圆的直径，先求出小圆半径，再加上环宽求出大圆半径，而硬币已知的则是大圆的直径，先求出大圆的半径，再减去环宽求出小圆的半径。这样通过画图比较，学生就能清晰地看出两道题的不同，从而寻求正确的解法了。

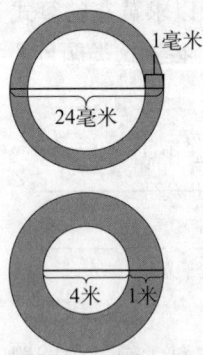

1毫米

24毫米

4米 1米

三、研究结果分析

（一）掌握画图策略的方法，帮助学生运用画图提高解决问题能力

"形成解决问题的一些基本策略，体验解决问题策略的多样性，发展实践能力和创新精神"是《数学课程标准》确定的课程目标之一。"授之以鱼，不如授之以渔。"学生自主探究、发现问题，用画图的方法尝试解决问题，有助于学生养成全面思考问题的能力，培养学生的创新精神。

在研究过程中，得出研究结果。掌握画图的方法与提高解决问题能力之间是相辅相成的，方法的掌握有利于让学生养成全面思考问题的能力。

例如，六年级上册第17页例1：据统计，2003年世界人均耕地面积为2500平方米，我国人均耕地面积仅占世界人均耕地面积的2/5，我国人均耕地面积是多少平方米？引导学生作图分析：先找到单位"1"世界人均耕地面积，用线段表示出来。再从"我国人均耕地面积仅占世界人均耕地面积的2/5"可画出我国人均耕地面积的线段。

这是学生第一次接触分数应用题，对于分率比较抽象难理解，但通过画图就能很快找到量与率的对应关系，从而正确理解题意。求我国人均耕地面积就是求世界人均耕地面积的2/5，也就是求2500平方米的2/5，所以用乘法计算，算式是：$2500 \times 2/5 = 1000$平方米。学生从小掌握了用线段图辅助解题的方法，分析问题和解决问题的能力将会有大大的提高，对今后的学习生活将有很大的帮助。

例如：三（1）班有20人参加兴趣活动小组，参加美术小组的有15人，参加合唱小组的有10人，同时参加两个小组的有多少人？如果用画集合图的方法，问题就迎刃而解了。如下图：

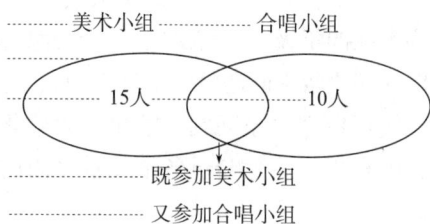

美术小组 ········· 合唱小组

15人 ······ 10人

既参加美术小组
又参加合唱小组

通过画图，学生就会发现图中重叠部分就表示同时参加两个小组的人，即15+10-20=5（人）。

（二）画图策略的方法，提高教师的教学效果

理论意义：《数学课程标准》在"解决问题"的目标中提到获得分析问题和解决问题的一些基本方法，体验解决问题方法的多样性，能探索出解决问题的有效方法。解决问题的关键就是找到解决的策略，而画图策略就是学生解决问题的一种很重要的策略。不仅适应他们的认知发展特点，也有助于他们提高解决问题的能力。因此，对画图策略的研究很有必要。

实践意义：数学学科是一门具有高度概括性、逻辑性、抽象性的学科，而小学生的思维是直观的、具体的、形象的，这样一来就要求教师把抽象的知识努力转化成形象、易于学生理解的问题，而画图策略正是一种把抽象的数学问题具体化，把复杂的数学问题简单化，能够帮助学生理解题目的意思，找到解决数学问题的突破口。

自我意义：作为一名小学数学老师，首先认识小学生的认知发展规律，有利于在以后的教学中根据小学生的认知发展特点，对学生提出既不跨越当时的认知发展水平，又能促进他们向更高阶段发展的内容要求，更好地促进小学生的发展。其次对画图策略的研究，了解当前苏教版小学数学教材对画图策略的编排设计，有利于以后我在教学中系统渗透画图策略，也培养了我发现、分析并能解决问题的能力。

"教学效果"是行动研究中的"结果分析与反思"，应该着重说明作者经过画图策略在数学课中的实施后，发现学生的变化。

研究意义所写的内容可以考虑放在文章开头等，作为文章的引文或者问题提出的背景。

研究对教师个人的意义，可以从个别到一般，论述对教师的意义，突显研究的价值。

研究者进一步考虑教材与画图策略之间的关系，有助于从教材角度出发，讨论将画图策略融入教材之中。

四、对教材画图策略设计优点以及不足的分析

（一）教材中有关画图策略的设计中的优点

（1）教材中对画图没有强调统一的标准格式，而是让学生自由掌握，不管怎样画，只要能够通过画图这种方法有效地解决问题即可。学生自由发挥，自己在尝试中慢慢提升画图技巧，给了学生充分自由的发挥空间。

（2）教材中对画图策略的呈现形式十分丰富，并且图形的呈现方式也符合学生的认知发展规律。从低年级到高年级主要有实物直观图、集合图、线段图、统计图、示意图等。低年级教材中主要以直观图的形式呈现，渐渐过渡到相对抽象的示意图、线段图等。这样由具体到相对抽象，由易慢慢过渡到难，符合学生的认知发展规律。

（3）画图策略从低年级到高年级贯穿于整套苏教版小学数学教材之中，在四年级下册解决问题一单元具体讲解，其他各册也均有涉及。画图策略在解决数学问题特别是复杂的数学问题中有着极大的优势。学生通过画图策略可以把抽象问题形象化、简单化，从而使学生能根据图更好地理解题目的意思、清楚分析各个数量之间的关系，更易于找到解决数学问题的突破口。

（二）教材中有关画图策略的设计中的不足

（1）整套教材中对画图策略设计不系统，没有整体性。画图策略的培养运用并不是一节课一个单元的教学就能完成的。在实际教学中，我们往往发现，在教学画图策略这一节时，学生知道运用画图来解决问题，可是过了一段时间之后，就忘了这种方法。画图策略在各年级段的联系和渗透体现也不明显，编排系统性不强。这就导致了以上情况的出现，因此画图策略的培养要系统渗透，贯穿始终。在低年级的教材中画图策略主要以实物图的形式呈现，相对隐性；而到了中年级教材中画图策略体现得比较少；到了高年级教材中画图策略相对明确，呈现形式也丰富多样，包括线段图、示意图、集合图等。基于以上对教材的整理和分析，如何系统培养学生运用画图策略解决问题就成了最重要的了。

（2）整套教材自始至终都没有关于画图策略的具体指导。这就出现在实际教学中，有的需要画草图的时候学生却在用直尺画正规图，浪费了大量时间。而在需要画正规图形时有的地方却标注不到位。在四年级下册解决问题这一单元重点讲解了画图策略，但主要是让学生比较体会画图策略的优越性，没有具体指导面对什么样的情况，怎样画图以及画图的具体步骤。比如，在教材中的画图策略基本上是直接呈现给学生的，还有的是以问题的形式提示学生，但却没有指导具体应该怎样画。这样设计给教师带来了很大的困难，不利于他们准确地把握教材，指导学生掌握画图步骤，也给学生更好地运用画图策略解决问题带来困难。

建议与研究的过程大体保持了一致，体现了内在的逻辑性，建议针对实际的教学问题，具有一定的指向性。

从不同的画图方式聚焦于对不同形式图的认识和利用，帮助学生解决问题，化抽象为具体，使题意符合学生的思维方式。

五、教学画图策略的建议

（一）在解题中逐步让学生体会画图策略的价值

画图是解决问题的策略中最基本、最常用的一种策略。画图可以把一些复杂的数学问题变得简单，符合学生的认知发展。小学生特别是低年级学生的认知能力还处在前运算阶段，他们无法理解抽象的数量关系。这时候引导学生在纸上涂一涂、画一画，就可以帮助学生更好地分析理解数量之间的关系，化抽象为形象。比单纯地思考分析更容易、更具优越性。所以从低年级开始，教师就应该有意识培养学生借助画图来分析理解数量关系。另外，作为教师应该创造各种机会让学生自觉产生画图的需求，体验画图策略在解决问题中的价值。例如在"重叠问题"的教学中应该让学生充分感悟到画集合图对分析问题的优越性。在学生解决数学问题遇到困难时，应该引导学生利用画图策略解决问题。并在解决问题后，学生感悟画图的价值，引导学生在往后的学习中自觉运用。

> 该段对画图策略的价值论述不够充分。

（二）培养学生认识不同形式的图，并根据需要加以选择运用

小学阶段的图形包括直观图、示意图、线段图、集合图等。在以往的应用题教学中，通常用到的画图是线段图，以往应用题的教学是将画图作为一个知识传授给学生的，而不是将画图作为帮助学生解决问题的一个策略来进行教学的，所以学生并不愿意按老师的要求来画图。新课程改革提出将画图作为一种解决问题的策略来教给学生。图形的形式很多，学生可以根据题目的需要，选择适合的图形来帮助自己解决问题。在这个过程中需要教师的鼓励和指导，有的时候只需要画草图，有的时候可以画集合图，有的时候画线段图更清晰。同一个问题学生画的图各种各样，有好有坏，但教师不必强调统一的格式，只要学生能够运用所画的图帮助自己分析、理解和解决问题就可以，应该给学生充分的肯定和鼓励。学生的思考过程并没有好和坏的区别，都是学生对问题的理解和作出的努力。这样不仅给了学生充分发挥的余地，也帮助学生增强数学学习的信心和兴趣。

（三）指导学生画图的步骤和方法

在实际教学中很多学生知道画图的价值，但拿到题目却不会画，不知道如何画才最有利于解题。画图的步骤包括读题、画出相关图形、进一步分析理解题意和解答。第一步指导学生读题，理解题意；第二步根据题目里的条件和问题，画出相应的图形；第三步在图形中标出条件和问题；第四步根据所画的图形进行分析，分析先要求什么，再求什么；最后是解答，确定先算什么再算什么，完成解答。在第二步时可以让学生尝试根据不同题目多画几种图，比较分析哪种更好，在一次次的锻炼中加以教师的指导，逐步提高对

> 从研究过程的教学实践中有效总结指导学生画图的步骤和方法。

> 建议要聚焦问题的解决，建议的表述中着重考虑具体建议内容。该句内容放在问题提出中比较合适。

画图策略的运用能力。学生获得成功的体验，逐步形成运用画图策略的兴趣和自觉性。

（四）整体把握整个小学阶段画图策的略教学系统渗透

对每一学段怎么用画图策略进一步进行论述说明，并利用研究过程中的事例作为依据，增强建议的科学性和可靠性。

小学生运用画图策略解决问题的能力培养是一个非常漫长的过程，不是一段时间的学习所能完成的，应该在整个数学学习过程中逐步渗透。作为教师应该站在一个更高的层面上用先进的数学观念去整理分析教材，根据学生认知发展的规律，对不同年级的画图策略进行总结和整理。例如在低年级可从实物观察、直观演示、操作活动中逐步渗透画图策略。如一年级的教学数数时，就需要注意数形结合的思想方法。我们可以在刚入学就开始系统地培养学生数形结合的思想。在教学加减运算时，可以让孩子先用实物进行操作，再用图形表示，体会分和合的意义，最后再用算式表示等。而到了中、高年级主要画线段图表示两个量以便分析数量关系，以及用符号表示物体等方面中体现出画图策略。例如四年级下册的搭配规律中可以用圆形和三角形分别表示衣服和帽子来探寻搭配种数。学生先用实物搭配，再过渡到画图形代替实物搭配，最后发现搭配规律。在认识到画图策略解决问题的意义和价值的基础上加以系统地指导画图的步骤。在这样的过程中，学生体会画图的价值，培养了学生运用画图策略分析、解决问题的能力。

该段说明了数学思想方法，对于画图策略如何促进数学思想方法的渗透，体现需要更加明显，以便清楚说明二者之间的关系。

（五）注重画图策略教学中数学思想方法的渗透

小学数学教学中基本的思想方法有很多，包括集合思想、变换思想、对应思想（主要体现在数形结合思想、函数思想和变换思想）、符号化思想、化归思想、分类思想、统计思想等，这些思想方法是数学学习的基础，贯穿于整个数学的学习中。画图策略的学习和这些思想方法的学习息息相关，这些思想方法渗透其中。因此分析出教材中有关画图设计相关的思想方法极为重要，有利于教师在教学中整体把握，并有意识地渗透，逐步培养和发展学生的数学学习的兴趣和能力。

六、结束语

研究者在研究之后提出的问题，值得研究者进一步以课堂为实验场所，再次进行研究论证。

本研究尚有很多不足的地方。由于本人水平有限，有关画图策略教学的建议几乎是自己的主观意见。如何进一步在教学实践中落实画图策略？如何以画图策略的教学研究为突破口开展画图策略教学活动的研究？这诸多问题还需要在以后的实践中不断地完善。

参考文献

[1] 中华人民共和国教育部. 数学课程标准.北京：北京师范大学出版社，2012

[2] 马云鹏：重视培养学生解决问题的能力.湖南教育，2004（23）

[3] 马云鹏.小学数学课程实施与学生解决问题能力的培养.小学数学教育，2015(1)

[4] 蒯超英.学习策略.武汉：湖北人民出版社，2016

[5] 辛自强.问题解决与知识建构.北京：教育科学出版社，2015

[6] 钱科英.优化解决问题策略的教学.小学数学教学网，2009(5)

[7] 孙来根.有效教学解决问题的策略.小学数学教学网，2009(4)

综合评述：王滢老师"提高小学生画图策略的行动研究"是基于已经结题的区级课题所形成的学术论文，旨在深化课题研究成果，以便进一步与同行分享，相互交流学习，在教学实践中发挥其更大价值。这篇文章是王滢老师自身教育教学实践的感悟和收获总结，聚焦于小学生的画图策略，具有很强的教学意义与价值，文章整体结构较为清晰，论述中辅以大量案例，增强了可读性，方便一线教师理解和运用。但由于修改文章的时间、精力有限，尚有一些可以再完善的地方。从整体结构来看，对教材中画图策略设计的优点和不足的分析，单独列为一个大标题的部分，与其他标题的逻辑对应上存在问题，可考虑放到前面问题提出的背景下。教学效果部分，应突出采用画图策略所取得的成效，比如学生不畏难了、做题正确率高了、更喜欢数学了等，会更有说服力。具体细节上，画图策略是本研究的关键概念，文中可以进一步对画图策略的含义、具体的表现形式、功能等加以说明和论述。

② 研究反思

一年多的学习、研究、总结感觉收获颇丰！"开题——中期——结题"，作为一名一线教师，我在导师的帮扶下完成了一次比较完整的行动研究。在这个过程中，无论我个人还是我的学生们都是研究的受益者。

通过画图来解决学生在学习中碰到的问题，使学生对数学的学习产生了浓厚的兴趣，找到了学习数学的好方法——画图，也达到了很好的学习效果，拓展了学生的思维空间。但是画图也有一定的局限性，不是对所有的内容都合适，有时也需要跟其他的解决问题策略相结合才能达到最佳的效果。

一、画图能帮助学生提高对数学的兴趣

兴趣是最好的老师，没有兴趣的学习无异是一种苦役。要调动学生思维的积极性，发挥学生学习的主动性，就要培养学生的学习兴趣，有浓厚的兴趣才有探究新知的欲望，才有学习的动力。

低年级学生的思维特点是以具体形象为主要形式，学习数学知识对他们来讲是比较枯燥、抽象、难以理解的，他们对纯粹的文字数学教学并不感兴趣，注意力集中的时间较短。在教学中教师如果能引导学生动笔画一画，不仅容易激发学生主动探究的欲望，且容易让学生对学习数学产生浓厚的兴趣。

二、画图能帮助学生答疑解难

数学是解决问题的科学，所谓解决问题是综合性、创造性地应用学过的数学知识、方法解决问题的过程。具体解题时选择恰当的方法和策略是十分重要的，它直接关系到能否解决该问题或比较简单地解决该问题。

数学应用题在小学数学教学中既是重点也是难点，对培养学生理解数学知识，发展学生的思维能力，培养良好的思维品质，并运用数学知识解决实际问题等多方面具有重要意义。如何帮助学生弄清题意，寻找解题思路，成为数学老师面对的难题，教师需要鼓励学生运用多种图的形式分析和解决问题。

三、重视对解题策略的指导，将"隐性"的策略"显性化"

在以往的应用题教学中教师更多地注重知识教学和问题本身的解决，而不重视对解题策略的总结和归纳，教学中要重视对学生解决问题策略的指导，将"隐性"的解决问题的策略"显性化"。这样有助于学生体会到策略在解决问题中的价值，提高学生解决问题的能力。在实际教学中，要帮助学生掌握用画图策略解决问题的过程，促进学生体验出画图策略的作用。可以这样指导：①读题：要求学生熟读题目，明确题目中的条件和问题；②画

图：启发学生根据题里的条件和问题，画出相应的图形；③显示：可在图中标出条件和问题，便于学生分析和思考；④分析：在画图后，引导学生借助直观图形进行分析，思考先要求什么，找出解决问题的方法；⑤解答：确定解题过程要先算什么再算什么，自己解决问题，完成解答。学生通过运用画图策略解决问题，就能体验画图策略的有效性，感受直观图形对于解题的作用，形成应用画图策略的兴趣和自觉性。

构建"和谐·生态"综合实践
课程体系的行动研究

史家实验学校　高李英

一、研究缘起

（一）研究的背景：学生发展和教育均衡成为教育发展的时代特征

研究背景一定是指向研究问题，从各个角度来说明为什么聚焦于该研究问题。学生发展和教育均衡的背景与综合实践活动课程之间的关系，层层递进指向"和谐·生态"综合实践课程体系。

体现研究者基于研究背景的思考，可以进一步说明综合实践课程与校本课程之间的关系，并对综合实践课程体系的重要性进一步论证。

对"和谐·生态"这一概念进行解释，对读者理解研究问题有帮助。

《国家中长期教育改革发展纲要》要求学校和教师"把育人为本作为教育工作的根本要求。把促进学生健康成长作为学校一切工作的出发点和落脚点。关心每个学生，促进每个学生主动地、生动活泼地发展，尊重教育规律和学生身心发展规律，为每个学生提供适合的教育"。教育部《义务教育课程设置实验方案》的课程计划（修订）以及《北京市基础教育部分学科教学改进意见》精神，都明示着改革已经进入基础教育中深层次的问题。作为基础教育的阵地，学校有必要在教育部进一步扩大各学校课程建设自主权的改革背景下，深化基于校本的综合实践课程建构，推动新形势下的课程改革。这种新的课程建构势必对于以往的校本课程提出更高的要求，本课题就是探索如何满足这方面的要求。

除此之外，教育均衡要求适应不同学生的不同需求。健康成长已经成为每一个家庭的迫切要求，本课题所促进的以教师和学生自主互动为基础的动态综合实践课程可以在一定程度上满足社会和家庭对孩子们健康成长的迫切要求。

源于打破学科壁垒、实现课程融合的课程发展趋势，我们要在学校的教育者头脑里确立并发展"完整"的概念，因为和谐生态本质上就是完整生态，完整生态是培育完整人的基础。世界上的大部分学校课程结构都是以"学科分立"为基础的，这种情况在很多地方已经渐渐形成了"学科壁垒"，本课题试图通过自主课程的系统设置和有序实施解决这个问题。

在学校层面上，我校办学理念以"和谐·生态"为关键词。我们认为，生命体的成长需要自然环境综合状态的支持，人的成长需要自然环境和社会环境的双重支持。正像王欢校长阐述的那样：长成是单靠自然环境支撑，条件好长得好，条件不好也许就夭折；成长则不同，目标是让每一个个体都成才，这就需要进行教育干预，我们要提供有营养的、有方向的、适合学生成长的教育环境，让他们成为有品质的生命体。

（二）研究问题

本课题的研究源于这样的理念：大自然是一个完整的生态系统。它有着多样性和统一性相融合，生态演替，循环再生的规律。我们以此为办学理念就是希望学校成为一个均衡的生态系统，成为一个绿色、智慧、幸福的生命体。借助综合实践课程我们有理由期待在这个生命体中我们的学生可多元发展，教师专业得到提升，组织内的每个人成为健康、快乐的人。

具体地说，本课题要解决的问题是：

（1）分期分步建构与核心课程统一协调的校本综合实践课程整体体系；

（2）分期分步建构与核心课程统一协调的校本综合实践课程目标体系，重在建构子课程的具体目标，强调两点：具体目标微格化，目标阐述行为化。

> 课题研究理念让人耳目一新。

> 基于研究背景和自我思考提出研究问题。

二、基于文献的考察

综合实践课程的建构需要吸收生态学、教育生态学、课程理论、校本课程开发、学习策略、课堂生活以及创造力等多方面的研究成果。

生态学是指有机体和周围环境（生物和非生物）之间的关系，因此构建和谐-生态课程体系，首先需要确定学校环境中的有机体，然后确定有机体周围的环境（生命体和非生命体）。

生态学的概念首先引起了心理学家的注意，社会心理学家勒温（Lewing，1944）探讨了教育中的生态环境与人类行为的关系。1976年，克雷明在其著作《公共教育》中最早提出了"教育生态学"的概念（王坤庆，2000年）。我国教育生态学的研究者（范国睿，2000年）对于教育的宏观生态和微观生态之间的关系进行了整合，提出了教育生态系统图，该图对于本课题的研究具有直接的参看价值。

> 综合实践课程作为一个关键概念，研究结合生态学、教育生态学、课程理论、校本课程开发、学习策略、课堂生活以及创造力等方面解释综合实践课程，文献资料丰富，角度多样。

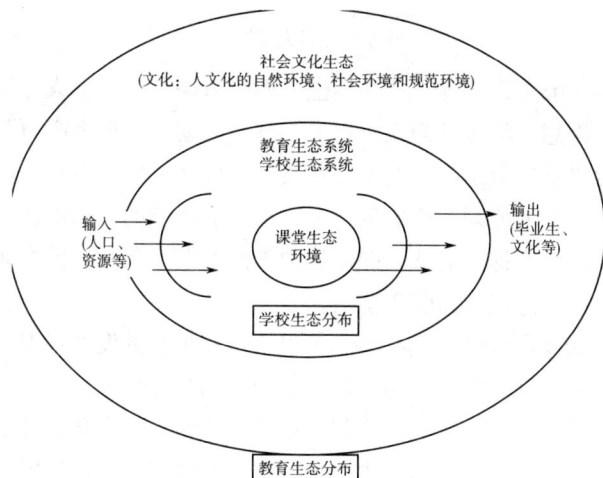

社会文化生态
（文化：人文化的自然环境、社会环境和规范环境）

教育生态系统
学校生态系统

输入
（人口、资源等）

课堂生态环境

输出
（毕业生、文化等）

学校生态分布

教育生态分布

本课题的第二关键词是"课程"。美国课程论者和生物学家施瓦布（1973，1983）提出了著名的"实践课程范式"（1973，1983），他追求的课程效能是与我们的素质教育特别是德育的基本精神吻合的，即"好的行为"，具体地说就是"能力的增长和德行的提高"。

课程的逻辑结构及分类是核心课程与校本课程设计者必须了解的内容。就本课题而言，英国课程专家普瑞（R.Pring）提出的"作为一个具体的人"的课程分类系统有较大的参考价值。普瑞认为，课程设置旨在培养"一个具体的人"，包括七个方面：第一，智能品质；第二，道德品质；第三，性格品质（指意志，勇气，毅力）；第四，社会能力（主要指人际交往能力、社会责任感以及生活技能等）；第五，实用知识（指实际活动的微技能）；第六，理论知识（如概念、信条、准则、原理、洞察力等）；第七，个人价值观念（个人的生活哲学、态度、理想等）。

本课题所研究的综合实践课系统应当培养学生的创新能力，所以，我们有必要了解培育学生创造力的理论与方法。R. A. Beghetto等人（2011）提出了一个理想学习行为模型：

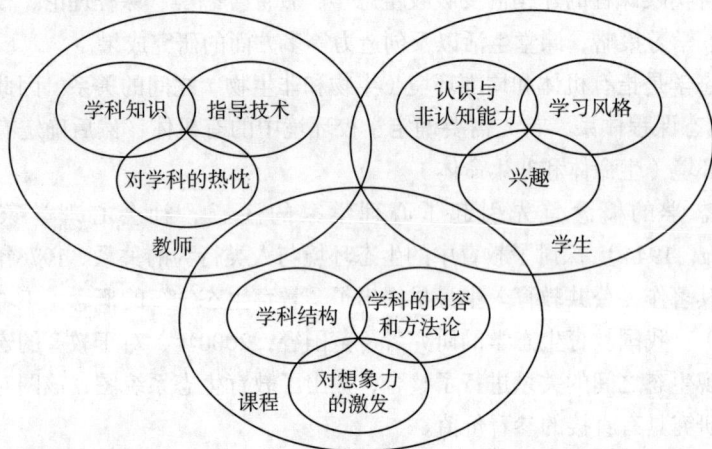

> 创新能力与上述具体的人的七个方面的品质之间是什么关系？将创新能力单列出来有何缘由？需要进一步考虑。

学科知识　指导技术

认识与非认知能力　学习风格

对学科的热忱

兴趣

教师　　　　　　　学生

学科结构　学科的内容和方法论

对想象力的激发

课程

理想学习行为模型

> 将培养学生创造力这一方面与学生综合实践相联系，可以进一步阐述创造力学习的七个必备条件之间与学生综合实践之间的关系。

R. A. Beghetto等人认为："当学生、教师和课程这三个成分以某种状态同时呈现时，理想的学习行为就发生了，其结果就是创造生产力"。为此，他们提出了促进创造力学习的七个必备条件：外部环境，内部环境，敢于承担风险，遵循创造的原则，珍惜创造力，实现创造型的人际沟通，体验创造的喜悦。我们将在本课题的选修课构建中参照这七个条件，旨在通过选修课程培养学生的创新意识、态度和技能。

> 这段内容聚焦于校本课程，从不同学者的观点阐明校本课程之间关系的密切度。

我国对于校本课程的研究在2000年以来也有长足的发展：卫晋丽认为，课程是学校教育活动的核心，是学校办学理念的具体体现。因此，在一定程度上，教育改革的关键在于课程改革。刘维朝认为，学生是心智不成熟，尚待发展的人。由未完成性走向完成性的过程，必须遵循儿童扩展性的精神结构与内在秩序，但这种精神结构和内在秩序是潜在的、混沌的、处于蛰伏状态的，犹如一颗种子，处于根、枝、叶的未分化状态，必须遇到合适的营养、阳光、雨露，才能不断从潜在的、混沌的状态走向现成化，成长为一个完整的人。

综上所述，国内外研究在生态学、教育生态学方面理论研究较多，国内学校课程体系构建很多，都和学校办学紧密相关，但把"和谐-生态"和课程紧密结合在一起，以研究我校关于良好教育生态中的"自组织"机制的，还很少提及，因此此研究内容很有意义。

三、研究设计

（一）概念的界定

此课题的核心概念是"和谐·生态"，它是人类为了实现可持续发展和创建文明社会的需要，用生态学的思想、原理、方法和规律研究教育的生态化过程。"和谐·生态教育"的概念可以使教师和学生形成一种符合自然发展的生态观、世界观、发展观和文明观。

> 概念界定是对本研究的关键概念进行界定，以定义的方式呈现，明确了综合实践的可操作性。

课程是一个发展的概念，它是为实现各级各类学校的教育目标而规定的教学科目及它的目的、内容、范围、分量和进程的总合，包括为学生个性的全面发展而营造的学校环境的全部内容。

综合实践强调多种主题、多种任务模式、多种研究方法的综合，这种复合不是来自教师的人为复杂化，而是来自学生个体对实践活动主题的更深入认识和挖掘过程。开展综合实践活动旨在让学生联系社会实际，通过亲身体验进行学习，积累和丰富直接经验，培养创新精神、实践能力和终身学习的能力。

（二）研究方法

1. 行动研究法

本研究主要采用行动研究法的思路，在开展综合实践活动课程的过程中，边鼓励教师自主开发课程、学生根据兴趣选修课程，一边基于学生持久的发展、基于教师的专业提升、基于学校的特色发展、基于教育的使命这样的原则，研究并指导开发的课程，对已有的课程进行动态地调整、完善或更新。

> 采用的研究方法符合研究主题。

2. 访谈法

在实施行动研究方法过程中，辅助使用访谈法作为工具，了解教师进行课程设计的实际思路；了解教师开发选修课程的情感态度以及开发过程中的收获和困惑；了解学生参与选修课程的过程；探寻学生的即时思维活动及其水平。

四、研究结果

（一）初步建构了与核心课程统一协调的校本综合实践课程整体体系

1. 本研究初步形成了课程设计的框架结构

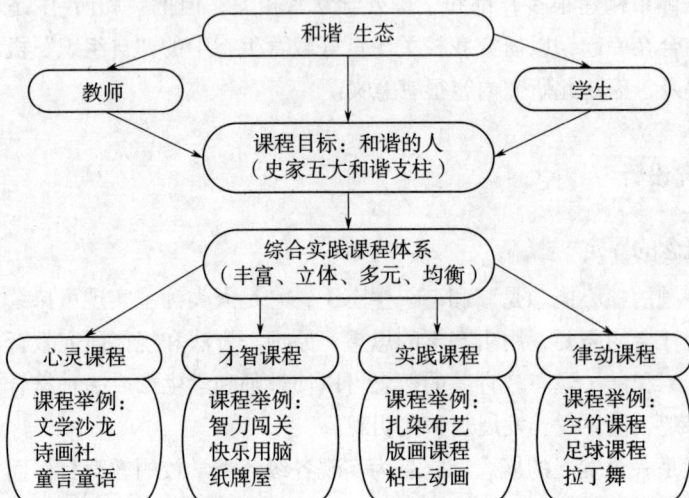

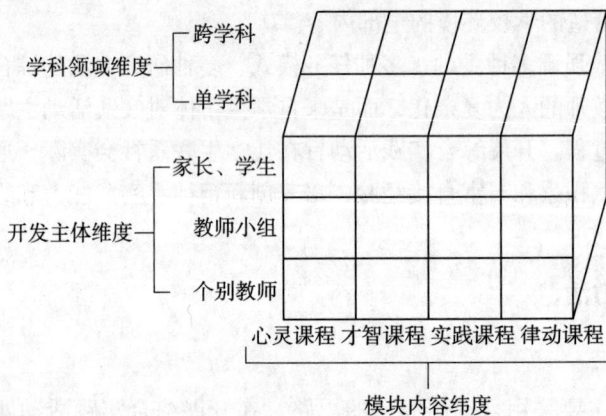

综合实践课程发展的多维模式

2. 课程模块说明

　　课程模块包括四个模块：律动课程、心灵课程、才智课程和实践课程。四个模块的设置，我们也是从完整的生命体角度设定的。一个人降生，第一个方面必须要有健康的身体，即"身"。拥有健康的身体后要有一个美丽的心灵，所以第二个方面是"心"。第三个方面我们要启发他的智慧，要有思考，有想法，这是"智"。有了"智"之后，还要动手去实践，这就是第四个方面"行"。在这四个模块里达到人身心发展的均衡。身心是均衡发展的，智行是统一的，在这四个模块之下，我们有这样的课程内容。

律动课程主要是以体育和音乐两个学科群为主开发的课程，所以，像运动与健康有"小壮壮"、减肥类的课程，运动与健美有舞蹈、健美操这样的课程。

心灵课程主要是以语文、英语、心理、品生和品社学科群为主开发的课程。我们有公民素养课程，比如安全课程、心理课程，有一些国际理解课程，有传统文化课程包括很多国学的课程、经典鉴赏和文化沙龙类课程，有戏剧表演、英文戏剧或者课本剧之类的表演类课程，这些是为了滋养学生的心灵，所以统一放在心灵课程之中。

才智课程主要是以数学、科学和信息技术学科群为主开发的课程，我们有科学与技术，像3D、无土栽培和Word小报这样的课程。思维与创新主要是数学学科群创作的数卡、纸牌屋、魔方、数独等课程。

实践课程当中，粘土动画课程是超学科的主题活动课程，它包括创编故事、画分镜、道具制作、配音、拍摄多项组合，以及工艺实践，像扎染、陶艺这样的动手课程。

在所有课程中，我们的课程形式有师生互动的，师生角色交替的，还有家长的课程，还有教师协助学生开发的课程，课程资源也是由教师资源、家长资源、学生资源和社会资源共同参与。

3. 课程管理

线上选课：我们把80余门综合实践课程相关信息放在学校网上，学生和家长通过手机客户端自主选课，迈开了学生自主选择的第一步。

年段走班：根据学生年龄以及学习特点，我们分为低段、中段、高段进行全校走班制。学生按照自己的兴趣选班级上课，做到分类不分层，同学不同班。

长短课时：微课程10分钟，基础课程40分钟，实践课程60分钟。为实践性、综合性课程提供了时间的保证。

数据分析：我们选课系统、评价系统用学生的大数据，促进课程的反思。

共同开发：70余门课程由我们本校教师开发，5门课程是购买社会资源单位比如东城区少年宫的拉丁舞课程等。虽然课程开发的内容不同，但是教师在一起研讨，共同推进，经历的是共同的成长。

作品发布：课程是以实践类课程为主，因此我们对教师的评价，以及教师对学生的评价更关注动手实践的过程，享受自己实践成果得到大家共同的欣赏。

> 用课程管理代替课程特点会更合适。

> 课程管理线上线下同步进行，对学生进行多样性的评价，依据学生的兴趣提高学生的主动性。

> 三种类型的课程各具特色，阐明三者之间与综合实践课程之间的关系。

（二）初步建构了与核心课程统一协调的校综合实践课程目标体系

1. 课程总目标设计思考

目标要遵循和谐生态的教育理念，要坚持符合生态规律的自主成长的基本原则，要构建和谐健康的教育环境，自主发展教育团队和均衡的综合课程服务系统，我们发展学生的学习力、思维力、创新力、沟通力、实践力这五大能力。最后，我们培养的是能生存、有品位、会助人的完整的人。

2. 本研究初步形成了课程目标的框架结构

> 课程目标有多个层次，目前从共同目标和学科目标出发给出了综合实践课程目标，也就是整个课程体系的目标，与课程设计框架具有一致性。

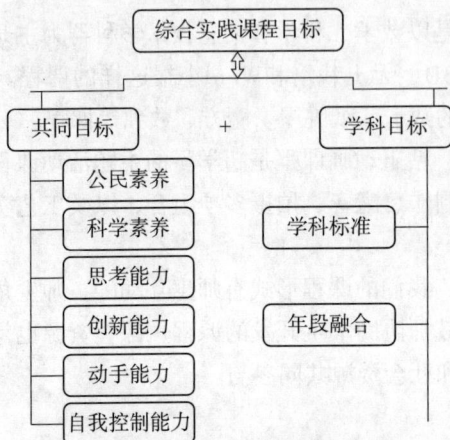

3. 目标说明

综合实践课程目标由课程总目标（学校制定）和学科目标（教师根据学科标准制定）两部分组成。我们认为课程形态可以不同，但是培养方向应该是殊途同归，因此根据学生发展规律辅之文献综述和学校办学理念制定学校的共同目标；学科目标是教师根据所任学科课程标准结合年段特点和课程特点制定的学科目标。在教师设计的课程中，目标要包括这两个方面，我们认为才能够保证课程发展的方向不偏离课程宗旨。

（三）初步建构了与核心课程统一协调的校综合实践课程评价体系

随着课程的不断深入开展，在课程的评价体系方面进行了"线上+线下"立体评价模式的探索。

1. 线上评价方式

> 评价主体多元，包括学生、家长、干部等主体，建议增加课程专家来评审；评价方式多样：线上线下相结合、过程性评价和终结性评价相结合。既包括对课程的评价也包括对学生学习的评价，内容丰富，值得其他学校借鉴。

评价主体：学生和家长。

评价频次：每学期两次，期中过程性评价一次，期末终结式评价一次。

评价维度：从课程兴趣、课程形式、课程收获、课程被关注度四个维度进行评价。

评价结果如下。

（1）学生和家长对课程整体满意度为96.21%。

（2）学生和家长对所参与的课程感兴趣满意度为97.6%。

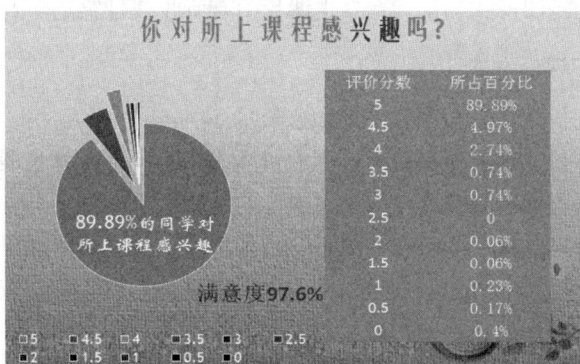

（3）学生和家长对所参与的课程形式满意度为97.6%。

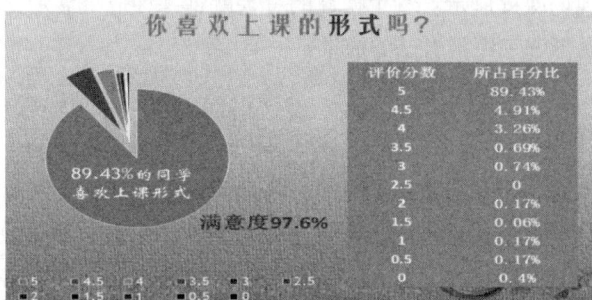

（4）学生和家长对所参与的课程收获满意度为96.2%。

（5）学生在课程中被关注满意度为90.5%。

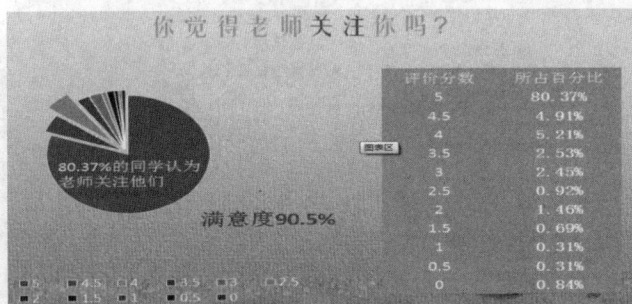

通过线上学生和家长对课程的评价，可以看出绝大部分学生都喜欢自主课程的授课形式，认为在自主课程中有所收获且感觉受到关注。

2.线下评价方式

评价主体：教师、干部和家长。

评价频次：干部日常听课评价多次、教师期末评价展示月一次、家长开放日课程展示一次。

评价方式：学生作品展示、现场表演展示、现场课程展示。

学生作品展示：通过每个班级的墙壁栏、展板和学校特设的展示走廊，将学生的作品实物进行展示。

现场表演展示：课程现场汇报演出的形式展示学生的学习成果。

现场课程展示：学生探究的过程就是一种成果展示，同学们通过课堂现场情景再现来汇报自己的成果。

五、结论

本课题研究实施两年时间，各项研究工作都在不断地推进中。教师的主动性被充分调动起来，在周五上午综合实践课程中改变了平常的教学方式，真正成为学生学习中的导师，帮助、指导学生进行主题式研究性学习。教师在课堂中不断发现学生们的潜力，学生们的表现反哺老师重新认识自己的教学观、人才观；学生们在综合实践课堂中，兴趣被大大激发出来，发现自我，认识自我，成就自我，增强了自信。课程开展的两年时间，显现出来的效果令学校、教师、学生、家长不同的群体都非常欣喜，因此我们的研究方向是正确的，会不断总结经验，不断改进课程，因为课程本身就是动态的过程，这也正是我们"和谐·生态"办学理念所倡导的。

研究效果用两年时间中学校、教师、学生的改变来解释和说明。如果可以用客观的证据来说话，可以进一步增强本研究的说服力。比如对教师的访谈结果、学生的调查问卷等资料来佐证。

参考文献

[1] 布鲁纳.邵瑞珍,译. 教育过程再探. 教育研究,1979(1)

[2] 陈显平.构建生态教育乐园. 东北师范大学，2012

[3] 范国睿.教育生态学.北京：人民教育出版社，2000

[4] 刘维朝.基于学生发展的学校课程建设.湖南学院学报，2015（2）

[5] Lewin, K., The Solution of a Chronic Conflict in a Factory. Proceedings of the Second Brief Psychotherapy Council. Illnios: Institute for Psychoanalysis, 1944

[6] R. A. Beghetto等.培养学生的创造力.上海：华东师范大学出版社，2013

[7] 孙芙蓉.课堂生态研究.杭州：浙江大学出版社，2013

[8] 施瓦布.实践3：转化成课程. 学校评论，1973（7）

[9] 施瓦布.实践4：课程教授要做的事情. 课程探究，1983（2）

[10] 舒伯特，W..课程：视角·范式与可能，1986（10）

[11] 王路，杨明莉.课程改革和课程设置的优化评价的探讨. 神州教育，2003（7）

[12] 王坤庆.20世纪西方教育学科的发展与反思.上海：上海教育出版社，2000

[13] 卫晋丽.特色课程体系建构及管理研究.重庆师范大学，2011

[14] 张华. 论成人自我导向学习的本质与实施过程.高校成人教育研究，1994（5）

[15] 张金屯等.应用生态学.北京：科学出版社，2003

[16] 钟启权等.课程流派研究.济南：山东教育出版社，1998

[17] 朱宁波.中小学校本课程体系构建研究.中国教育学刊，2013（1）

综合评述：高李英老师的课题名称是"构建'和谐·生态'自主课程体系的行动研究"。该课题背景是2015年7月教育部下达文件，要求学校每周有120分钟的综合实践活动课，因此着手做课程体系的框架，并于2015年9月开始实施选修课程。在实践过程中，课题组团队做了非常多的工作，取得了一些成果；但是从研究的角度来看，课程体系的建设非常宏观和庞大，还需要不断地进行修正和完善。本研究从课程设置、课程目标、课程内容、课程管理、课程评价等方面进行整体架构，内容较为丰富和全面，并进行了具体实践，可以为其他学校所参考借鉴。

但是也许是限于时间、精力等制约，本研究也存在一些问题。突出表现为研究视角不够，更多的是实践探索的工作报告。本研究题目是行动研究，但是在具体的内容中，行动研究循环、改进的特点体现不充分，课程体系构建是一个顶层设计，需要从上位明确理念，中层角度开发课程，下位层面辅以典型案例。本研究更多的还是实际工作中的思路和角度，研究的意味不浓，将工作转化为研究的能力可以进一步提高。

⑦ 研究反思

史家集团在教师队伍建设方面重点建构教师领导型治理结构，着力倡导领袖教师的融合性治理，就是强调领袖教师群的专业化领导。因此通过各种平台打造领袖教师群具备技术胜任能力、专业胜任能力和文化胜任能力。因此在史家集团这一平台之上，我们参与了北京师范大学的脱产学习。

一、参与学习的原因和动机

从北京市实施教育部《义务教育课程设置实验方案》的课程计划（修订）颁布，教学改革已经进入基础教育中深层次问题，通过进一步扩大各学校课程建设自主权感受到学校课程建设的紧迫性。作为基础教育的阵地，学校有必要在教育部进一步扩大各学校课程建设自主权的改革背景下，深化基于校本的综合实践课程建构，推动新形势下的课程改革。除此之外，教育均衡要求适应不同学生的不同需求。健康成长已经成为每一个家庭的迫切要求，本课题所促进的以教师和学生自主互动为基础的动态综合实践课程，可以在一定程度上满足社会和家庭对孩子们健康成长的迫切要求。而且学校的课程建设也面临进一步规划，教师队伍如何发展也需要课程建设，如何结合学校"和谐·生态"的办学理念，进行学校的课程架构，也迫在眉睫。参加北京师范大学的培训正是一个求知若渴的机会。因此带着"构建'和谐·生态'综合实践课程体系的行动研究"这个课题走进了北京师范大学学习班。

二、学习过程与收获

脱产学习10天，从对课题的茫然，到和教授们一次次学习、讨论，收获不是泛泛的，而是丰富、专业、解渴的。此研究从课程设置、课程目标、课程内容、课程管理等方面进行整体架构。

1. 明晰了研究的问题

本课题的研究源于这样的理念：大自然是一个完整的生态系统。它有着多样性和统一性相融合，生态演替，循环再生的规律。我们以此为办学理念就是希望学校成为一个均衡的生态系统，成为一个绿色、智慧、幸福的生命体。借助综合实践课程我们有理由期待在这个生命体中我们的学生可多元发展，教师专业得到提升，组织内的每个人成为健康、快乐的人。

通过参加北京师范大学项目时，我从不明白怎样制定课题的目标，逐渐清晰地明确了本课题要解决的问题：

（1）分期分步建构与核心课程统一协调的校本综合实践课程整体体系。

（2）分期分步建构与核心课程统一协调的校本综合实践课程目标体系，重在建构子课程的具体目标，强调两点：具体目标微格化，目标阐述行为化。

2. 重新认识了对文献的价值

作为一线教师，最短板的就是研究没有理论基础，只是在实践层面知道如何做，结果往往或是站不住脚，或是别人早就做过此类研究，眼界和水平制约着研究走向更远。

通过每天的查找文献，了解了许多相关课题研究的理论知识。比如我们的综合实践课程的建构需要吸收生态学、教育生态学、课程理论、校本课程开发、学习策略、课堂生活以及创造力等多方面的研究成果。

生态学的概念和课程的概念就是在北京师范大学学习项目中了解到的。美国课程论者和生物学家施瓦布提出了著名的"实践课程范式"，他追求的课程效能是与我们的素质教育特别是德育的基本精神吻合的，即"好的行为"，具体地说就是"能力的增长和德行的提高"。

课程的逻辑结构及分类是核心课程与校本课程设计者必须了解的内容。就本课题而言，英国课程专家普瑞（R.Pring）提出的"作为一个具体的人"的课程分类系统有较大的参考价值。普瑞认为，课程设置旨在培养"一个具体的人"，包括七个方面：第一，智能品质；第二，道德品质；第三，性格品质（指意志、勇气、毅力）；第四，社会能力（主要指人际交往能力、社会责任感、以及生活技能等）；第五，实用知识（指实际活动的微技能）；第六，理论知识（如概念、信条、准则、原理、洞察力等）；第七，个人价值观念（个人的生活哲学、态度、理想等）。

正是源于查找文献，了解到国内外研究在生态学、教育生态学方面理论研究较多，国内学校课程体系构建很多，都和学校办学紧密相关，但把"和谐–生态"和课程紧密结合在一起的，还很少，因此自己研究的课题还是很有意义的。

3. 在专家引领下，学会了进行研究设计

首先，进行了课题概念的界定：此课题的核心概念是"和谐·生态"，它是人类为了实现可持续发展和创建文明社会的需要，用生态学的思想、原理、方法和规律研究教育的生态化过程。"和谐·生态教育"的概念可以使教师和学生形成一种符合自然发展的生态观、世界观、发展观和文明观。课程是一个发展的概念，它是为实现各级各类学校的教育目标而规定的教学科目及它的目的、内容、范围、分量和进程的总合，包括为学生个性的全面发展而营造的学校环境的全部内容。综合实践强调多种主题、多种任务模式、多种研究方法的综合，这种复合不是来自教师的人为复杂化，而是来自学生个体对实践活动主题的更深入认识和挖掘过程。开展综合实践活动旨在让学生联系社会实际，通过亲身体验进行学习，积累和丰富直接经验，培养创新精神、实践能力和终身学习的能力。

其次，明确了研究方法，具体了解了行动研究法和访谈法最适合自己的课题研究。

4. 收获了研究成果

（1）初步建构了与核心课程统一协调的校本综合实践课程整体体系。首先，明确了学校课程模块，包括四个模块：律动课程、心灵课程、才智课程和实践课程。四个模块的

设置，通过和专家教授一遍遍地讨论，最后也是从完整的生命体角度设定的。一个人降生，第一个方面必须要有健康的身体，即"身"。拥有健康的身体后要有一个美丽的心灵，所以第二个方面是"心"。第三个方面我们要启发他的智慧，要有思考，有想法，这是"智"。有了"智"之后，还要动手去实践，这就是第四个方面"行"。在这四个模块里达到人身心发展的均衡。身心是均衡发展的，知行是统一的。其次，明确了学校课程形式，我们的课程形式有师生互动的，师生角色交替的，还有家长的课程，还有教师协助学生开发的课程，课程资源也是由教师资源、家长资源、学生资源和社会资源共同参与。再次，明确了学校课程特点：线上选课；年段走班；长短课时；数据分析；共同开发；作品发布；等等。

（2）初步建构了与核心课程统一协调的综合实践课程目标体系。目标要遵循和谐生态的教育理念，要坚持符合生态规律的自主成长的基本原则，要构建和谐健康的教育环境，自主发展教育团队和均衡的综合课程服务系统，我们发展学生的学习力、思维力、创新力、沟通力、实践力这五大能力。最后，我们培养的是能生存、有品位、会助人的完整的人。

（3）初步建构了与核心课程统一协调的综合实践课程评价体系。随着课程的不断深入开展，在课程的评价体系方面进行了"线上+线下"立体评价模式的探索。

三、此次学习遇到的问题

很怀念10天的集中学习，重做学生的感觉真好，有问题及时和专家教授请教、讨论解决。但是实践一段后，再次跟进的研究虽然有各种方式和教授见面，但教授换了，时间紧了，有些实际问题解决的时效性就不大了。

四、期待与建议

如果有研究困惑的老师本着自愿的原则再带着问题脱产学习3~5天。

史家项目指导工作总结

高潇怡

在史家教育集团骨干教师科研能力提升研修项目中，我担任景立新老师、王滢老师、李文老师、高李英老师四位老师的导师，在这个项目推进过程中，通过定期指导与交流，四位老师都有较大的收获和进步。

一、四位教师的基本背景分析、指导发展定位及主要指导内容

1. 景立新

景立新老师的课题是"借助益智游戏提高小学生空间想象能力的研究"，这个课题前期已经有一定的积累和探索，围绕小学生空间想象能力初步设计了前测测试题、后测测试题、总结了《数·乐园》益智课程大纲（全年级）等研究资料。通过与景老师沟通将其进一步发展目标定位在通过丰富文献着眼提高小学生空间想象力的方法，并与益智游戏进行对接，开发更加丰富的益智游戏，并探讨如何实现与教师的课堂教学有机结合与补充，以促进小学生空间想象力发展。因此，在项目指导过程中，结合景老师的发展目标定位以及课题实施中遇到的问题和困难，我从学生空间能力的评价内容、工具信效度、前后测同质性、评价方式等方面对其进行了较为详细的指导；在教学中的实践及数据采样方面，建议景老师将益智游戏与课堂教学相结合，体现目标定位上的拓展性以及补充性。在整个项目指导过程中，景老师带领课题组不断改进与完善，初步取得了一定成绩，形成了一套益智游戏的课程资料和案例集；对核心概念进行了界定，子维度进行了分解；团队听课、规划课程内容及实施课程方面取得了一定进展；在评价方面，对魔方这一部分内容进行了前后测，T检验差异性明显，印证了部分研究假设。在项目成果的梳理和写作方面，我就成果的写作方式给予了一些建议，突出结构完整，强调重点。在辅导中，景老师和课题组的孙老师都非常认真主动，在实践中有很多的尝试，也表示指导过程有助于她们课题的切实推进，尤其是促进了她们进一步提炼和反思，对于其研究素养的提升有很大帮助。

2. 李文

李文老师的"小学高年级数学活动经验积累的行动研究——以《综合与实践》课为例"这一课题在开始时处于中期汇报的阶段，已有的研究论文内容相对完整，但是各部分之间思路不够清晰、缺乏逻辑性，研究过程的表达还有待丰富。因此将项目辅导的目标定

位在将研究的思路进一步清晰化、逻辑化，形成结题报告，顺利完成课题；同时引导教师将行动研究中获得的大量经验和研究积累进行提炼，形成学术性文章，发挥其更大价值。对李文老师的指导我主要是帮助她理清了研究的整体过程和各部分之间的逻辑关系；指出重要的基本概念，通过文献的已有成果对关键概念做出界定，并梳理各概念之间的内在相关性；帮助她聚焦文章主题，提供文章写作的基本方法和策略；过程中，就李文老师的初稿，从内容范式、题目、写作思路、格式等方面给出了具体指导和修改建议。李文老师有丰富的实践经验和成果，在参与项目过程中表现积极主动，通过课题指导过程明确了做课题研究和文章写作之间范式的差异，表示该过程收获很大。

3. 王滢

王滢老师"提高小学生画图策略的行动研究"这一区级课题已经结题，有开题报告、结题报告等书面材料。在本次项目辅导中的目标定位在对已有研究深入思考，深化课题研究成果，形成有质量的学术成果，以便进一步与同行分享，相互交流学习，在教学实践中发挥其更大价值。针对王滢老师的具体情况和目标需求，我主要帮助王老师明确了文章发表的具体思路。使其进一步明确文章发表不同于课题研究，需要聚焦其精华和出彩的部分进行概括提炼。从确定文章题目，到明确基本架构，以及文章具体内容的展开等方面给予了指导。对于文章初稿，从写作范式、题目表述、写作思路以及具体写作需要注意的内容等方面提出了一些建议。在最后的成果辅导中，进一步帮王老师理清了论文中各部分之间的逻辑关系，在论文的深度提高上给出了指导意见。王滢老师参与项目辅导非常主动，论文撰写和修改都非常认真，工作效率很高，在这次项目中，在文章写作方面有很大进步。

4. 高李英

高李英老师的课题名称是"构建'和谐·生态'自主课程体系的行动研究"。背景是2015年7月教育部下达文件，要求学校每周有120分钟的综合实践活动课，因此着手做课程体系的框架，并于2015年9月开始实施选修课程。课题在实践中取得了一定的成果，选修课程的形式已经基本形成，有优质课程7门，课程成果形成了7本书。该课题目前已经结题，课题下一步计划希望做出以传统文化为中心的课程体系。我帮助高李英老师树立了课程体系构建的思路和架构，明确顶层设计所需要考虑的要素。从上位明确理念，中层角度开发课程，下位层面辅以典型案例的角度给出了一些建议。并引导其进一步明确传统文化是什么，如何从各个课程中抽取相关内容，打造教师研究共同体，共同进行课程开发和研制。在提高课程质量方面，帮助其明确课程建设需要一定的周期性，可以通过对优秀教师和优秀课程的分析汲取经验，采取行动研究的方式，形成课程发展的动态过程，不断完善课程质量。在课程管理上，建议将志趣相同的老师形成团体，以其作为职业深度发展的切入点，提升教师的职业自信。该课题不同于一般的研究，课程体系的建设非常宏观和庞大。因此，在项目的指导上，我更多的是提供方法和思路，具体的内容由教师带领其学校团队细化落实。

二、指导反思

在史家教育集团骨干教师的培训指导中，有一些经验和收获，对于选题、指导的内容、方式、时间等各个方面有一些想法，与大家共同交流。

1. 从指导内容上看，以教师个人的需求为导向有助于提升指导效果

老师在实际中遇到的问题、困惑以老师们的发展目标和需要，围绕这些点进行指导，会有比较强的针对性，指导更加个性化、也更高效。教师结合工作形成课题，在导师的指导和帮助下顺利完成课题，从选题、文献综述、研究问题、到数据收集和分析，以及最后得出结论，在这一整个过程中，老师的研究意识和能力都得到了提高。

2. 从指导的方式上看，采用多样化的形式提高指导效率

我们组主要采取了定期面对面指导，电话、微信语音留言反馈，邮件文字反馈等多种方式，每种方式指向具体解决的问题。当老师的困惑比较多，需要从整体逻辑和具体细节等各方面把握的时候，面对面辅导的效率会更高，对老师而言收获更大；针对过程中有小的疑问，微信、电话沟通是较好的沟通方式，方便快捷、节省时间，免去了老师们路途上的辛劳；对于文章修改则采取修订模式，通过文字反馈、在原文批注的方式，帮助老师们进一步思考成果写作的逻辑与注意的问题。合理利用各种形式，着眼于解决老师实际问题的多种方式结合有助于提高辅导效率和效果。

3. 从指导的时间上看，目前存在一些问题

由于一线教师非常忙，他们有空的时间很少，当一个组有好多个老师的时候，时间难以协调，很少能做到集中指导，由此造成的问题就是将导师的时间切割、零碎化，很难再安排其他事情，造成一些不便。较为理想的指导方式是最好可以集中几位教师一起开展，因为研究的思路和逻辑是一致、可迁移的，这样有助于互相学习、解决共性问题，避免导师同样的问题面对不同的人重复说明，提高效率。

三、对项目的期待与建议

提高中小学教师的科研意识和科研能力是很重要的，也期待各方共同努力把项目做得更好。对于项目的未来开展，结合自己在指导中的经验和心得，有这样一些期待和建议：

一是从一线老师研究的选题上看，老师们的选题要与他们的实际工作相结合，以工作为切入点，发现问题，形成课题。课题与工作要一致，或者直接就是老师们工作内容的时候，二者之间可以取得良好的对接和效果。一线教师的工作任务非常繁重和辛苦，没有必要在工作之外再单独额外做课题，给老师增加压力。

二是从指导的时间上看，最好形成一个集中的时间，这样对双方来讲都是对时间和资源的有效利用。比如一线教师与导师协商，形成一个固定的时间指导，导师也可以直接去学校，开展集体研讨。

三是从指导的频率上看，之前有过这种情况，一线教师的主动性不是很高，变成了导师和项目秘书追着一线老师跑，显然是不合适的。项目的定位是导师对学员进行指导，一定是一线教师有了问题主动向导师请教。对于个别教师对于指导需求度不高、不主动的情况，项目管理角度在筛选的时候应该有一定的规则和标准，避免资源浪费。

8

"七彩阳光巧课程"案例研究

史家七条小学 吴 玥

教育，致力于儿童的发展。在不同的历史条件下，儿童健康成长始终是教育的第一愿景，在总的愿景之下，教育会伴随着时代的各种因素发展而变化，从而导致儿童的成长以及发展会被烙上时代的印记……

今天，"课程"一词被空前重视。一个儿童，当他呱呱坠地就开始了作为人的个体日日生长，渐渐成长，逐渐融入集体走进社会，步入全息生活的漫漫路程。童蒙伊始，当他来到学校接受教育，他所赖以受教成长的教育环境会在关键期对他的成长起到关键性的作用。因此，七条小学校拟构建"七彩阳光巧课程"，助力儿童启智成长。

一、"七彩阳光巧课程"的研究背景

（一）课程的社会要求

1. 确立"立德树人"的课程设置指导方向

立德树人是我国教育的优秀传统。我国教育历来重视做人的教育，特别强调人的道德主体精神的弘扬，人的精神境界的追求。《礼记·大学》曰："大学之道，在明明德，在亲民，在止于至善"，并且提出"修身、齐家、治国、平天下"的主张，认为教育就在于格物致知。这就是要培养年轻一代具有正确认识自己、正确对待他人、正确对待社会的高贵品质，对社会、对国家、对民族有高度的责任感。

党的十八大报告提出，把立德树人作为教育的根本任务。教育部也印发《关于全面深化课程改革 落实立德树人根本任务的意见》。《意见》提出全面深化课程改革"五个统筹"任务。一是统筹小学、初中、高中、本专科、研究生等学段（包括职业院校）。二是统筹各学科，特别是德育、语文、历史、体育、艺术等学科。三是统筹课标、教材、教学、评价、考试等环节。四是统筹一线教师、管理干部、教研人员、专家学者、社会人士等力量。充分发挥各自优势，明确各支力量在教书育人、服务保障、教学指导、研究引领、参与监督等方面的作用。围绕育人目标，协调各支力量，形成育人合力。五是统筹课堂、校园、社团、家庭、社会等阵地。

从中我们不难看出，学校教育必须要围绕立德树人这一根本任务，规划梳理整合现有的课程内容和课程框架。

2. 秉持学生素养的发展初衷

"核心素养"是当前教育领域也是2016年最受关注的热词之一。学校从2015年就开始研究史家七条小学学生核心素养。学校围绕史家七条小学校园文化特色，学生"七气"成长方向，提出七种核心素养：道德素养、身体健康、认知素养、合作素养、创造素养、心理素养、艺术素养。2016年国家版《中国学生发展核心素养（征求意见稿）》强调，学生发展核心素养，是指学生应具备的、能够适应终身发展和社会发展需要的必备品格和关键能力，综合表现为九大素养。2016年9月，国家正式发布的《中国学生发展核心素养》共分为文化基础、自主发展、社会参与三个方面，综合表现为人文底蕴、科学精神、学会学习、健康生活、责任担当、实践创新六大素养，具体细化为国家认同等18个基本要点。

不论是学校基于学生发展研究的核心素养，还是国家核心素养的出台，都是我们勾画学校特色课程体系的基石。

3. 基于"四有教师"和"引领人"的师德要求，倡导教学相长的课程发展目标

2015年习近平总书记到北京师范大学看望和慰问广大师生时指出，好老师要有理想信念、道德情操、扎实学识、仁爱之心。习近平总书记对广大教师的这一殷切希望，为广大教师投身伟大的教育事业、传承社会文明提供了根本遵循，丰富了教师的职业发展内涵，为教师教育的培养目标指明了重要方向。2016年习总书记在北京八一学校慰问师生时提出了"四个引路人"："广大教师要做学生锤炼品格的引路人，做学生学习知识的引路人，做学生创新思维的引路人，做学生奉献祖国的引路人。"学校和教师则以培养出优秀的学生而骄傲。"四个引路人"的新标准，要求学校在思考：为谁培养人？怎么培养人？培养什么人？要求教师实现教育理念和教育能力的全面转变，成为学生人生道路上的合格导师，成为教育创新的先锋。

（二）基于史家教育集团发展的课程战略要求

史家实验学校课程是集团化办学发挥优质均衡效应的主引擎。集团课程建设不断向纵深化、体系化、模式化的方向推进，在无边界的育人时空中为集团学生创造无限的成长可能。史家实验学校课程建设主要经历了三个阶段：一是硬件驱动阶段（2014年初"学区制"改革启动之前），主要是围绕五大资源基地建设，不断创拓史家课程的综合育人空间，为孩子健康快乐成长拓展生命空间；二是软件驱动阶段（2014年初"学区制"改革至2015年初集团成立），主要是从课程形态跃变的视角，超越内容、资源、空间等课程要素的平行分布，以"形态"串联既有课程，梳理形成1.0到4.0依次叠加、顺序呈现的基础性课程形态、多样性课程形态、自主性课程形态、开放性课程形态；三是系统驱动阶段（2015年初集团成立至今），主要是在"和谐+"的集团理念下，以"种子计划"为价值基点，以"和谐的人"为课程指向以"给成长无限可能"为课程理念。这就要求七条校区也要基于集团课程理念，结合自己已有校园文化，搭建属于七条小学自己的课程框架。

（三）基于校区学生需求的课程设置基本思考

2013年学校根据新课程理念提出了一种优质课堂教育形态，通过构建健康课堂有效模式，完成启志少年的培养目标；既包括教师教学过程组织的科学性，又包括学生在课堂学习的生态环境。教师在上课时重视知识、能力、人格三者的完美统一，尊重人格，因材施教，用爱滋润学生幼小的心，开启他们的智慧，感受课堂的温馨。

首先，教师要营造良好的课堂教学氛围，实现平等、和谐的师生关系，尊重理解学生。其次，注重教学内容趣味性，直观性的设计，使用新颖有趣的教学手段，刺激学生的多种感官，激发他们的情感，培养他们的学习兴趣，充分发挥学生的主体作用。再次，构建一个接纳的、支持的、宽容的健康教育环境，教师作为学习参与者，与学生分享自己的感情和想法，和学生一道寻找真理，并且能承认自己的过失和错误，学生是在一种动态、主动、体验、多元的学习环境中学习，这样的课堂就是健康课堂。在此基础上，各学科建立了本学科的健康课堂标准，标准不在多，重在课堂的实效性。

二、构建"七彩阳光巧课程"的方法

> 请说明通过什么研究方法和步骤进行该课程的开发和实施。

七条小学的七巧课程基于课程理念、办学方式和学情几方面的考虑，确立具体的校本课程目标。

首先，学习集团的和谐教育理念，无边界的课程方向，专注绽放的评价方式，是构建课程的依据之一。

其次，梳理七条校区和集团的层级关系，从七条小学的学情出发。史家七条小学（原名东四七条小学）始建于1957年5月7日，地处北京市老城区的中心位置，一直是一所百姓满意的学校。2008年4月与史家胡同小学结为"深度联盟校"。2013年9月正式更名为"史家七条小学"。学校拥有近4000平方米的教学楼，2000平方米左右的平房建筑和操场。目前有14个教学班，480名在校生，50余名教职工，以及史家集团跨校交流的干部教师组成了七小温馨和谐的大家庭。

七条小学从2012年开始，逐年减少非京籍学生数量。伴随着北京市招生政策的变化，截至目前，学校480名学生基本都是京籍学生，通过就近入学进入到七条小学。

目前学校有区级骨干教师7人，校级骨干教师11人，名师工作坊成员23人，构成了教师队伍建设的主梯队。集团派驻七条校区交流的干部教师14人，集团教师内部的结对互派、联习共研，使得七小教师队伍结构优化、水平提升，教师个体师德醇厚、业务精进。"师资集成"的优化效应在七小教师文化建设中日益彰显、持续深化。

学校的优质项目也得以突显，"红领巾"义务打气队坚持志愿活动20余载，在社会上产生了广泛的影响，社会声誉不断提升。

史家七条小学以优质的教育得到了市区教委以及学生、家长、社区的良好评价，被评为北京市素质教育均衡发展示范校、北京市"十二五"规划课题实验校，荣获第四届国际原创动漫大赛最佳组织奖、北京市艺术节西洋乐一等奖、中国少年儿童公益微电影大赛最佳动画奖、北京阳光少年微电影比赛一等奖等奖项。

史家七条小学正以新的姿态向着北京市最优质学校的方向迈进，我们的愿望是让百姓满意，让学生阳光，使每一名孩子的幸福人生从七彩校园起航，扬帆满志，抵达成功的彼岸。

再者，根据七条小学的文化特色，学生"七气"成长方向而提出了"七彩校园·启志少年"的教育文化发展目标。通过完善"三味书屋""益智游戏""数字媒体""行动公益"组成的七小"巧"课程体系，培养具有阅读表达、益智绽放、媒体创新、服务志愿的能力全面、素养综合的社会主义接班人。

三、课程的开发

（一）课程理念

学校围绕发挥整体育人功能，开展学科内与学科间的整合，大力加强学科实践和综合实践，培养学生社会主义核心价值观的形成，使学生具备终身发展的核心素养为理念。

（二）课程目标

在史家集团"和谐"的框架引领下，依据七条小学的办学思想，以"和谐·七巧"为校区特色，开设七条小学"巧"课程，通过巧规划，巧利用，创设七彩校园。让学生通过巧学巧练，巧用，增强创新能力，成为阳光少年。

（三）课程开发切入点：构建基于"七小文化"践行体系

"七小文化"践行体系是以"和谐"为生发点，以"七奇启气"四个字为辐射轴，逐步形成的互联互通、互契互构的外延文化、内涵文化、学生文化和教师文化构架的综合文化体系；是对"立德树人""加强社会主义核心价值体系教育""完善中华优秀传统文化教育"等全会号召的热烈响应；通过各方的齐振谐动、同促共为，让全体学生在七小文化的深层滋育中实现全面和谐发展与健康快乐成长。

1. "七"——外延文化

体现着时代的特性，代表着七彩阳光和七巧智慧。七彩相融就是阳光，阳光是七色光谱的和谐统一。我们的校徽就是由七种颜色的七巧板组成的一个和谐的整体。"七"还代表着智慧。七巧板是中国古代发明的，将智力和动手融为一体的智慧板，现在已知的拼摆方法有1600多种，每一种还可以千变万化，将七巧板的使用方法融会贯通，就是智慧的体现，这也是和谐思想的一个重要组成部分。学校文化建设的第一道风景线是校园楼道和墙面。七小教师充分利用校舍改造的时机，让每一面墙壁都说话，让每一处细节都闪光，几乎在每一层楼道和每一个教室的设计理念中都蕴含着七巧元素，有装饰的，有材料的，还有互动的。从学校大门阔步前行，很快可以进入教学楼，"今天你发现了什么"这句话恭候门厅。两侧墙面以七种"气"划分出七个展示区，七小师生用文字、照片、绘画等多种形式交流着各自的感悟。而当作为装饰的丝绒幕布合拢的时候，这里又俨然成为一个设计精巧的微型剧场，其寓意为"发现的起点、梦想的舞台、正气的场所"。其实，专业教室、楼道、食堂和楼梯拐角等地方也是如此，处处体现着七小的教育智慧。

2. "气"——内涵文化

"气"是学校内涵文化，是对21年学雷锋义务打气精神的传承和发展，是实现学校核心价值的关键场域，也是推进学校文化建设的重要领地。教师和学生展现出的积极乐观的精神气质成为学校文化的第二道风景线。七小"学雷锋义务打气队"二十年如一日坚守七条胡同口，为数以万计的过往骑车人义务打气。气韵流长，厚德健行。"打气精神"已成为七条文化的巨大财富，也已成为七小德育的品牌标识。继两年前启动"行动公益社"后，七小师生又把"打气精神"具化为"七气"，即正气、朝气、志气、大气、才气、雅气、勇气，并号召人人争当"聚气少年"。聚气，就是指汇聚七气，让积极向上的精神气时刻充盈在七小学生"知、情、意、行"的各个层面。在以"七小七气"为核心语的学校德育工作中，七小教师探索出一条德育文化纵深化、综合化、特色化发展之路。纵深化，主要指以"再小的坚持也是力量"为口号，依托行动公益社的成立在更高平台上弘扬"打气精神"；综合化，主要指拓展行动公益社的活动范围，引导学生关注、关爱更多需要帮助的人；特色化，主要指把"打气"发展为"聚气"，让七小德育活动体现出一种价值鲜明的社会责任感、互助意识和参与精神，从而有效地强化文化精神对学生人格的塑造作用。在"校园七彩梦"开学典礼上，在生动有趣的课堂上，在"体质测评"赛场前，在"志气成就未来"升旗誓言中……提升精神气已镌刻在每一位师生的心中，影响着我们的言行举止，正以其恒久的生命活力，焕发出时新的文化魅力。

3. "奇"——学生文化

七小学生是教学文化和德育文化的价值主体，也是学生文化的主要承载者。在七小学生文化中，我们鼓励人人争当"揽奇"学生。"好奇"是孩子是天性，而人生成长中仅有好奇是不够的。经过教学文化的熏陶，让每一个七小学生从自发"好奇"到自觉"探奇"再到自由"造奇"，是学生文化的三部曲，也是"揽奇"学生的成长阶梯。在学校楼道墙面的七巧板互动区，孩子们可以通过磁力七巧板释放自己的好奇、呈现自己的想象、发展自己的专长。楼道内、教室里、书吧间、楼梯顶等地方都摆放着图书，孩子们可以随时随处开启一段知识的探奇之旅。在电子书吧，孩子们则可以在知识的海洋里目举心帆、志拓远航，不断追寻并终将抵达一个个健康快乐的造奇之梦。学有所奇，思有所得，知有所达，行有所据。在话剧社团活动中，学生与老师一起戴上猫咪头饰，用心灵演绎动物世界的新奇与欢乐；在"歌声汇聚中国梦"比赛里，每个班都唱响了七小学生的和谐成长之歌；在庆祝"六一"国际儿童节活动中，七小学生与史家孩子共同捧读《科学锻炼 健康成长——少年儿童科学运动指导手册》，携手步入一个阳光灿烂的童心世界和一方知识丰富的运动天地。

4. "启"——教师文化

七小教师是教学文化和德育文化的另一个价值主体，也是教师文化的主要建构者。在七小教师文化中，我们倡导人人争当"双启"教师。一方面，七小教师要成为"启人"的模范，致力于每一个学生的"启智""启慧"。启智，就是要加强学生对学习内容的理解；启慧，就是要提升学生对学习本身的认识。另一方面，七小教师要成为"自启"的典型，致力于身为人师的"启言""启行"。启言，就是要强化自身的授业解惑能力；启行，就是要提高自身的德范品行水平。以启发式教学"启人"，以自主性发展"自启"，七小教师文化在辩证统一的教育教学实践中不断丰富着和谐的内涵。由此，七小教育绝不是一个机械的知识传输和技能传递的过程，而是一个情感互动和文化感染的过程，一个充满爱心与智慧的生命影响的过程。近年来，七小教师队伍建设迈出了重要步伐。特别是通过在深度联盟中与史家教师的结对互派、联习共研，七小教师队伍结构优化、水平提升，教师个体师德醇厚、业务精进。"师资集成"的优化效应在七小教师文化建设中日益彰显、持续深化。

我们由"学生素养"出发，对应我们校徽中的七彩颜色，从校园文化的七气，设定了每一素养课程的主题口号，对应一级课程目标，做出了"七彩阳光课程"整体设计（见"七彩阳光巧课程构建图表"以及绘画图景设计图）。

七彩阳光巧课程构建图表

七种素养	代表颜色（与校徽对应）	对应七气	主题口号	一级目标	相关课程设计
道德素养	红色	志气	诚信爱国 我们是志气少年	责任担当	绘本故事 传统文化课本剧 尊老敬师公益课 大手拉小手公益课 打气队服务岗 校园文明岗
				诚实守信	
				友爱他人	
				孝长尊亲	
				辨别是非	
身体健康	绿色	朝气	健康阳光 我们是朝气少年	规律生活	快乐游戏室内课 快乐游戏室外课 健美操课
				健康饮食	
				科学锻炼	
				健美体魄	
				珍爱生命	

续表

七种素养	代表颜色（与校徽对应）	对应七气	主题口号	一级目标	相关课程设计
认知素养	蓝色	大气	广博深沉 我们是大气少年	热爱读书	七条书院 3D英语看世界 漫画（话）英语 情景英语 无土栽培
				勤勉认真	
				好学多问	
				探究自然	
				了解世界	
合作素养	橙色	正气	关爱友善 我们是正气少年	学会倾听	益智层层叠 益智吾诺牌 益智方格游戏 动漫配音 小电视台
				善意交流	
				真诚互谅	
				团队共荣	
				乐于奉献	
创造素养	青色	才气	创新实践 我们是才气少年	善于发现	Q版漫画、粘土制作 定格动画、微电影 建筑模型、巧手串珠 微景观DIY、艺术创想
				勤于思考	
				勇于探究	
				解决问题	
				创意表达	
心理健康	黄色	勇气	不畏艰难 我们是勇气少年	悦纳自己	心理小屋 心理一刻
				善待他人	
				适应环境	
				心境良好	
				人格和谐	
艺术素养	紫色	雅气	文质兼美 我们是雅气少年	了解艺术	合唱、书法、管乐、 戏剧社、摄影、动画片 欣赏、朗诵、快板
				培养爱好	
				发展特长	
				欣赏自然	

七彩阳光巧阳光课程构建图景

四、"七彩阳光巧课程"的实施

（一）课程实施的策略

1. 梯度策略

根据学校素养框架，特色校本课程分四大类别：一类是突出创造素养的动漫校本课程设置，一类是突出道德素养的行动公益活动课程，一类是体现认知素养的三味书屋课程，最后是开发智力和合作素养体现明显的益智游戏课程。这些课程贯穿在学校一至六年级的课表当中，通过阶梯策略，对于不同年级的学生，下设符合年龄特点的具体学习内容。例如益智游戏课程的设置，目前低年级以简单的四巧板、七巧板为主，让学生在课堂上通过模仿、摆拼，学会观察、思考、交流、沟通。中年级以层层叠、汉诺塔、方格游戏、魔方等内容让学生在游戏中着重提高动手能力、推理能力。高年级的七巧块、九连环着重训练空间想象力。再例如动漫课程，从一至六年级分别有黏土动画、Q版漫画、动画欣赏、视频编辑、建筑课程。这样在一个系统课程中，按年级成阶梯上升式发展的设置，是学校公民素养课程设置的一个策略。

2. 深度策略

学校的课程主要包括：国家课程、地方和校本课程、课后330补充延伸课程和专业社团活动提高课程。我们认为国家课程是普及型的课程，也是学生们的必须学习课程，这类课程设置的目的是全员育人，让学生达到入门水平的课程。而地方和校本课程等是学校的特色课程，是完成学校的特色育人目标，发展学生各方面素养的重要渠道。

例如，课后330课程中的艺术创想课程，就是国家课程美术课的延伸与拓展。教师根据学生发展的需要，依据学校提出的艺术素养培养目标，开设了以学生动手为操作形式，发掘学生艺术创想，开设了低年级和高年级两个组别的创意制作课程。在课程中，教师带领学生设计制作服装，并进行T台演出；教师启发学生制作属于自己的T恤衫、运动鞋。让学生在活动中体会艺术的魅力，培养动手能力，感受艺术带来的快乐。

因此，实践证明，课后330课程和社团活动有利于促进学生个性发展，满足在某方面有特长有资质的学生；在普及型课程中"吃不饱"的情况下，在学校整体框架设置中充当着课程补充延伸拓展的角色。

3. 广度策略

课程设置考虑学生的学习地点不仅有校内的实效课堂，而且要有走出校园，走进博物馆、走进课程基地、走进社区的校外课程，做到地点有广度。例如：学校开设的公益社活动课程，既有校园里的七巧社团，每月通过小电视台普及益智游戏，也有爱心社团活动课程，即和学校所属社区结合，定期进行走进社区的服务课程。2015年下半年到2016年，爱心社团开设了"小手拉大手，鹤发与欢颜"三次实践课程。

课程设置考虑课程内容也要有广度，学校设的课程，围绕七种素养，做到了如下几个方面的呼应和对称：有历史的、有现代的（传统课本剧对现代动漫配音），有传统的、有科技前沿的（古诗文诵读对小电视台主播），有静心的、有动手创造的（书法写作对艺术创想），有思维发展的、有活力运动的（数独游戏对篮球健美操）。

4. 激励策略

在课题的推进过程中，管理上设有三方面的激励策略。首先是目标激励。组建一个团结协作的干部团队，合理制定并规划目标，得到大家的认同，干部团队能够充满激情地去工作。其次是榜样激励，干部就是教师的一面镜子，并通过干部团队的以身作则，激励教师努力工作。再次就是良好的沟通和信任激励。通过全员培训，让老师们了解学校发展方向、课程设置思路；通过部门培训让老师们掌握方法和步骤；通过个别交谈了解任课教师的想法，细化课程内容，调整授课方案，为教师发展搭建平台，实现学校发展、教师发展的双赢。

学校用激励策略进行课程评价。主要分两个层面的评价：一个是课表内各学科课程和集团的学生评价同步，每学期进行学生成长24点的收集工作，激励学生展现最好的自己；一个是课表外的课程通过主题汇报活动，学生参加比赛获奖情况进行评价，通过小伙伴间的展示、竞争绽放自己。

（二）"动漫""益智工场""三味书屋"七巧校本课程的实施

"七彩阳光巧课程"遵循学生"奇"的发展规律，梳理已有校本课程，从学校的实际出发，构建以"动漫""益智工场""三味书屋"为研究方向的七巧校本课程体系目前已经试验试行了一年。"三味书屋"把读书与听、说、议、编、写、画、演结合起来，引领儿童走进书籍的海阔天空。"益智工场"引领学生在动手玩益智游戏中，激发学生的学习兴趣，提高学生的思维、创新、表达能力。"动漫"的研究已实施一年时间，深受广大同学们喜爱，在培养学生的实践创新能力方面都有良好的表现。本学期将针对学生年龄特点，继续增设《微电影拍摄》《数学故事创作》等课程，开展一次粘土动画片欣赏和动画拍摄现场展示。这三个专题涵盖艺术、科技、文学、道德等七大类近20门学科供学生选择。此外，学校打气队德育行动公益课程更是引领无边界学习。它打破校园的局限，走入社区、走进家庭、走到百姓身边。

> 这一段之前放在研究展望不合适，应属于课程实施状况。

（三）以德育行动公益课程为例，德育课程的实施进展

七条小学有一支坚持了20多年的"学雷锋义务打气队"。2012年，"义务打气队"在王欢校长、洪伟书记的带领下，扩大了志愿范围，成立了七条小学"行动公益社"，人人都有不同服务岗，将"公益精神"辐射到校园、家庭和社区之中，为行动公益课程的勾画建设奠定了良好的基础。

1. 学校以行动公益活动为基础，进行行动公益课程的开发与实践

经过大量的文献阅读和归类分析，我们认为"行动"是为达到某种目的而进行的活动。"公益"即社会的公共利益，对公众有益的事。《小学行动

公益》课程，是指从学生的兴趣和需要出发，以学校或学生自我组织的有计划的公益实践活动为中心，旨在进一步提高学生的道德认识，丰富道德体验，锻炼意志，践履公益，促进公益行为习惯养成而设计的课程。公益是一门实践的学问。行动公益课程就是以实践为主要的实施途径，坚持持久育人规律，在公益行动中实现可持续性教育，搭建自我教育、成长和实践的平台。学校目前有七个方面的公益课程：阳光爱心、七巧启志、公益传媒、文明礼仪、绿色环保、国旗护卫、义务打气。这些课程为历届学生提供了一个服务他人的平台，行动公益课程就是从点滴小事入手，面对不同年级的学生培养了学生的社会责任感，培育了文明有礼的品德，弘扬了诚信、友爱、互助、奉献的道德风尚。

《小学行动公益》课程，作为学校七巧课程的一部分，是构建特色学校三级课程体系的重要组成部分，是对国家课程和地方课程的有效补充。

2. 成立"行动公益社"，让所有的孩子都能够在公益课程中通过参与得到锻炼

我们成立了七个公益社团：

- 大手拉小手，我们用关爱之心陪伴一年级的小同学在母校的启程；童颜对欢颜，我们用温暖之心给老人家演个小节目，我们喜欢看到他们的笑容。

——阳光爱心社团

- 文明礼仪，身姿挺拔，春夏秋冬，大声问好，我们愿意为同学们做小标兵；文雅讲解，微笑引领，我们用我们的讲解让宾客了解七小校园。

——文明礼仪社团

- 七巧板，汉诺塔，玩转魔方乐翻天，益智成长玩中学，开拓我们的创造性。

——奇巧启智成长社团

- 嘿，小小喷壶浇浇花，绿意盎然护我家，零米粒，我行动，地球家园我爱他。

——绿色环保社团

- 红领巾，迎朝阳，冉冉升起蓝天下，我向国旗行个礼，国旗飘扬歌嘹亮。

——国旗护卫社团

- 每周一二三四五，电视台里有节目，写文稿，做小片，我们忙得不亦乐乎；忙归忙，心里乐，公益广播我服务，我们用我们的讲解让宾客了解七小校园。

——公益传媒社团

- 车水马龙大路边，义务打气许多年，小小岗位我坚守，公益坚持好风范。

——红领巾义务打气社团

七个公益社团囊括了全校学生，是"打气精神"的辐射与拓展，全校学生参与进来，使公益行为在校园内成为"零死角"，随时公益，随时进益，人人公益，人人收获。

3. 形成七小行动公益文化，宣传和推广公益精神

- Logo；
- 七个社团的形象；
- 公益行动手册；
- 公益行动袖章；

- 确立行动宣言：

  在志愿者行动中践行公益，

  在践行公益中学习成长，

  在成长中感受阳光快乐，

  在阳光快乐中铸就栋梁。

  志愿公益，我行动，再小的坚持也是一种力量！

4. 各社团开展丰富多彩的公益活动，让孩子在课程活动中蓬勃成长

5. 首都各大新闻媒体的相关报道以及社会的良好评价

- 零米粒行动；
- 黑板接力；
- 打气队的报道；
- 童颜对欢颜，社区评价好；
- 北京十大公益榜样团体奖。

五、未来发展的愿景目标

在"七彩阳光巧课程"设置中，我们始终坚持"立德树人"的大方向，从为着学生的健康发展出发，开创七条校园教育启志文化，让我们的校园成为绿色校园、书香校园、温暖校园、阳光校园，每一位教师秉持终身播种的教师情怀，不懈地为儿童的发展而努力。

在未来，七条小学"七彩阳光巧课程"还要不断地基于学生发展的需要，将课程的开发和完善加入学生通过自己的观察、调研、组织和实践，最终一步步完成的内容，呈现儿童在成长中的自我能动性，让孩子的成长与课程的存在相聚相融——好的教育必须是精心设计的，好的教育又是看不出设计痕迹的。

综合评述：该研究紧密结合社会的要求与学校发展的实际，从学校文化切入，建构了七条小学的校本课程，以培养学生多方面的素养，选题具有积极的实践意义和一定理论性。已探索形成了"七彩阳光巧课程"的课程体系，并逐步实施，在此基础上进一步反思寻找下一步的研究方向和改进思路。研究问题明确，层次结构清楚，资料翔实。如果能进一步论证课程目标，课程目标与课程内容的关系等，课程体系将会更有借鉴意义。

？ 研究反思

2015年5月，我有幸参加了史家教育集团骨干教师科研能力提升研修项目第二期的培训。历时10天的全天候封闭式培训，浓缩成精华的科研课程，让教师跳出日常的工作模式，学习并感悟着科研模式。历时一年的课题推进，让教师在繁忙的工作中挤出时间，理出思路，在专家多次下校的指导下，不断实践，并于2016年5月顺利结题。紧接着，我被点名进入北京师范大学30个提升项目组，感觉特别荣幸，对再一次能得到专家的一对一指导充满了期待。

新一轮的培训，在杜屏教授的指导下，顺利开展，并有了新的收获。

一、梳理科研进程，明确了科研是动态的，课题研究要持续推进

杜教授和我一起梳理看似已经结题的科研课题，进一步深入推进和研究。我们梳理的大致工作进程如下：

时间	阶段研究内容	阶段研究结果
2015年5月	参加北京师范大学培训班，与相关专家商讨确立课题	确立围绕素养构建"七巧课程"框架研究方向
2015年7~9月	七条校区行政干部和专家一起商讨七条小学学生应具备的素养，梳理已有的校本课程、330课程内容	初步确立7种素养，并让目前的课程内容和7种素养相对应
2015年10月	校区与全体教师商讨课程内容、研究7种素养是否合适	确立7种素养相对应的一级目标
2015年10月~2016年6月	在七条校区实验运转"七巧课程"体系	益智游戏、行动公益、定格动画、三味书屋四类主要课程基本成型
2016年9月	行政干部根据集团要求和学校发展，调整学校课程设置，规划并调整课程内容	课程设置进行调整，保证学科综合实践时间，取消部分偏离四个主要课程的内容
2016年9月~2017年6月	总结商讨"七巧课程"框架发展情况，修改名称为"七彩巧课程"	四个主要课程成果显著：公益社成为北京市十大公益社团；益智游戏确立了北京市课题；动漫影响到全国；"三味书屋"和"七彩巧课程"获得东城区教育教学研究成果一等奖。学校获得东城区艺术特色校，北京市综合素质评价先进校，北京市健康促进校，东城区书香校园

二、进一步明确研究方法

杜屏教授带领我反思前一阶段的科研课题的优势和问题，分析为什么要研究本课题，怎么研究课题。我们发现，本次课题的研究是实际工作的需要，国家教育方针政策要求学校教育要和党中央保持一致；要求关注学生的综合素质发展而不断创新工作方法的途径；集团要求和学校的自身发展也迫切需要学校梳理自己的教育特色。因此，我们需要学校行

政干部和全体教师通过不断地商讨、实践、反思、修改、再实践的过程来进行本课题的研究。这也确立了本课题采用行动研究方法开展课题研究。

三、针对弱项完善研究策略

同时，我们通过新一轮培训，寻找科研课题中的弱项，把研究策略的理论和实际工作进行进一步地分析。

1. 梯度策略

根据学校素养框架，特色校本课程分为四大类别：一类是突出创造素养的动漫校本课程，二类是突出道德素养的行动公益活动课程，三类是体现认知素养的三味书屋课程，四类是开发智力和合作素养体现明显的益智游戏课程。

四类课程贯穿在学校一至六年级的课表当中，通过阶梯策略，对于不同年级的学生，设置符合年龄特点的具体学习内容。

例如益智游戏课程的设置，目前低年级以简单的四巧板、七巧板为主，让学生在课堂上通过模仿、摆拼，学会观察、思考、交流、沟通。中年级以层层叠、汉诺塔、方格游戏、魔方等内容让学生在游戏中着重提高动手能力、推理能力。高年级的七巧块、九连环着重训练空间想象力。

再例如动漫课程，从一至六年级分别有黏土动画、Q版漫画、动画欣赏、视频编辑、建筑课程。这样在一个系统课程中，按年级成阶梯上升式发展的设置，是学校公民素养课程设置的一个策略。

2. 深度策略

"七彩阳光巧课程"是学校的特色课程，是从学校的特色育人目标出发，发展学生各方面素养的重要渠道。

例如，课后330课程中的艺术创想课程，就是国家课程美术课的延伸与拓展。教师根据学生发展的需要，依据学校提出的艺术素养培养目标，开设了以学生动手为操作形式，发掘学生艺术创想，开设了低年级和高年级两个组别的创意制作课程。在课程中，教师带领学生设计制作服装，并进行T台演出；教师启发学生制作属于自己的T恤衫、运动鞋。让学生在活动中体会艺术的魅力，培养动手能力，感受艺术带来的快乐。

实践证明，课后330课程和社团活动有利于促进学生个性发展，满足在某方面有特长有资质的学生；在普及型课程中"吃不饱"的情况下，在学校整体框架设置中充当着课程补充延伸拓展的角色。

3. 广度策略

课程设置考虑学生的学习地点不仅有校内的实效课堂，而且要有走出校园，走进博物馆、走进课程基地、走进社区的校外课程，做到地点有广度。

例如学校开设的公益社活动课程，既有校园里的七巧社团，每月通过小电视台普及益智游戏，也有爱心社团活动课程，即和学校所属社区结合，定期进行走进社区的服务课程。2015年下半年到2016年底，爱心社团开设了"小手拉大手，鹤发与欢颜"实践课程，在学校内、社区里，孩子们都得到了充分的锻炼。

4. 激励策略

在课题的推进过程中，辅助了三种激励评价措施。

目标激励：组建一个团结协作的干部团队，合理制定并规划目标，得到大家的认同，干部团队能够充满激情地去工作。

榜样激励：干部就是教师的一面镜子，通过干部团队的以身作则，激励教师努力工作。

信任激励：通过集体分享和专题培训，让老师们了解学校发展方向、课程设置思路；通过部门培训让老师们掌握方法和步骤；通过个别交谈了解任课教师的想法，细化课程内容，调整授课方案，为教师发展搭建平台，实现学校发展、教师发展的双赢。

学校用激励策略进行课程评价。主要分两个层面的评价：一个是课表内各学科课程和集团的学生评价同步，每学期进行学生成长24点的收集工作，激励学生展现最好的自己；一个是课表外的课程通过主题汇报活动，学生参加比赛获奖情况进行评价，通过小伙伴间的展示、竞争绽放自己。

四、改变思维方式，从实践型向科研型转变

本次科研在杜屏教授的带领下，让我感受到科研是温暖的，伴随着课题的推进，我和我的学校都在成长。每一次的一对一指导，杜教授都温言软语，耐心地化解着我遇到瓶颈时的苦恼和焦躁。每一次的查阅资料，都让我感到自己理论知识储备的不足，体会到再学习的必要。每一次杜教授的点播，都让我豁然开朗。我发现自己工作20多年积累的实践经验是进行理论研究、科研钻研的坚实基础，科研就在我们身边。每一次科研细节的研磨，让我磨出了我潜藏的智慧火花，磨亮了我发现问题的眼睛，让我学会了从严、从实进行科研的态度。

曾经看过这样一句话：没有理论的实践是盲目的，没有实践的理论是空洞的。通过这一次次的研究，我更能透彻理解这句话。理论和实践的关系是谁也离不开谁，我们要顺应新形势发展的需要，使自己成为专业化、科研型教师。

小学科幻画活动课程的教学研究

史家实验学校　李　阳

一、问题的提出

（一）选题的缘起

本研究问题是基于时代发展、新课程改革和学生发展的需要而提出的。新课程改革强调培养学生创新精神和创新能力，美术教学是对创造力培养最具成效的课程之一。

随着知识经济时代的到来，当今科学发展的重要标志之一就是各学科之间的相互交叉和渗透。科幻画创作是科学与艺术学科整合的产物。科学与艺术的融合，可以培养小学生的想象力与艺术表现力。

史家小学开展科幻画教学活动已有十几年的经验，在学校的重视和学生的参与下，近几年连续在全国创新大赛中取得较好成绩，有越来越多的学生在兴趣带动下希望参与到科幻画创作团队中。但现在我校的科幻画活动的开展主要是采用兴趣小组的形式，集中在个别老师和高段学生中，科幻画教师队伍匮乏。每年只能从五六年级招生且从零开始培训，没有梯队衔接，学生之前没有接触过科幻画方面的知识，所以接受起来困难，并且画画好的学生未必对科学有兴趣，升入初中以后由于课业负担较重，也许不再接触科幻画方面的创作；而有些喜欢科幻画创作、想加入科幻画班的学生又由于师资有限无法实现愿望。由此，我们拟尝试扩大招生范围，以增开科幻画兴趣班的形式，吸收更多的学生参与学习，培养他们对科幻画的兴趣和爱好，这就需要进一步加强科幻画教师队伍的建设。

（二）研究目的和意义

1. 研究的目的

（1）在小学美术教学中融入科幻画教学，可以让学生接触到最前沿的科技，展望未来生存空间的变化、未来资源的开发、未来星空的变化、未来交通工具的革新等。还可以让学生用眼去寻找，用脑去探索相关科学知识，了解科技的过去、现在及未来的发展。

（2）通过科技与艺术的融会交流，培养学生的科技想象力和艺术的表现力；运用科幻画这个广阔的空间，开阔学生视野，激发学生探索科学的兴趣。

（3）用科幻画这种表现手法去展现未来，让学生去探索与我们生活相关的事与物，鼓励学生展开想象去设计、去构思并绘制一幅幅未来科学发展的美好画卷，培养学生的创新精神和创新能力。

2. 研究的意义

（1）理论意义。人的思维活动有自觉的显意识的思维活动，有不自觉的潜意识的思维活动；有形象思维活动，有抽象思维活动；有经验思维活动，有理论思维活动；有周密而严格的逻辑思维活动，有不按逻辑规律的非逻辑思维活动；有精确思维活动，有模糊思维活动，等等。[a]作为人类思维方式来说，有时以非传统或不按照常规思考问题的方式，这也正是创造性思维的一种方式。对于处在小学中高年级的学生来说，他们的思维活动更多的是倾向于形象思维活动，有时甚至会不按常规地思考问题。被认为儿童天性的幻想，就需要不按照常规，大胆地想象去思考问题。

（2）实践意义。科幻画活动课程，是以美术为手段，发挥美术语言的表现力，同时又将科技知识融入美术创作之中的综合·探索学习活动。不仅有利于培养学生的创新意识，帮助他们养成发现、探索、求知的学习习惯，还能培养学生将理性、抽象的科学想象转化为感性、形象的绘画语言的能力。

二、研究综述

（一）核心概念界定

1. 科学的定义

据维基百科解释：致力于揭示自然真相，而对自然做理由充分的观察或研究。这一观察，通常指可通过必要的方法进行的，或能通过科学方法——一套用以评价经验知识的程序而进行的。通过这样的研究而获得的有组织体系的知识。

2. 科幻的定义

据百度百科中解释："科学幻想（sciencefiction）简称科幻（sci-fi）。比较接近的是：'用幻想艺术的形式，表现科学技术远景或者社会发展对人类影响。'其中最广义的一种认为：'只要故事中含有超现实因素，便可算作科幻作品。'"维基百科又将科幻译作科学虚构，简称科幻或SF，即以科学知识为题材并发挥幻想，内容一般为虚构或完全违背现有知识。科幻作品通常包括科幻小说（ScienceFiction Novels）、科幻电影、科幻动画、科幻绘画、科幻游戏、科幻音乐等不同的类别。科幻目前已逐渐发展成为一种文化和风格，而科幻文化也成为一种由科幻作品衍生而来的次文化。

3. 什么是科幻画

科幻画的起源来自科幻小说的插图。科幻画的全名是"科学幻想画"。

"幻想"是指创造想象的一种特殊形式。由个人愿望或社会需要而引起，是一种指向未来的想象。对于"幻想画"一词的说法，在百度词条中的解释则为："幻想画载着天马行空的想象，向人们展示新奇的世界，常常让人沉醉，如此一来，却又难逃传达给人逃避

---

a 黄闰泉："创造性思维与科技创新"《科技导报》，2000年第10期。

现实的思想之嫌。但是另一方面，幻想画又大多建立在科学的基础和人们对于美好的向往上，它引导人们去大胆想象，特别是幻想画中的科幻门类，它总是走在科技的前端，这些今天看来是幻想的事物，明天未必不会变成现实。"因此幻想画又称之为"科幻画"。科幻画是中小学生在了解、掌握科学知识的基础上，产生丰富遐想或幻想；以科学理论为指导，并且运用绘画语言表现人类未来生活、社会发展、科学技术进步的一种绘画形式。以严谨的科学理论为基础，创新、幻想为支撑，运用绘画为展现途径，而不仅仅是单纯、不切实际的幻想。科幻画将在一定程度上最大限度地开发学生的创造潜能，是将科学和艺术有机整合的一种表现形式。它不同于科普画的写实、儿童画的梦幻色彩，科幻画"有自己独特的内容，突出了科学想象力和创新意识，使它在未来的某个时间里能梦想成真。……科幻画是指少年儿童对未来科学发展的畅想和展望，利用绘画形式描绘出未来人类生产、生活因科技的发展可能呈现的巨大变化。"[a]

二、已有的研究阐述

1. 科幻教育价值

长久以来，科幻一直作为一种文学形式存在，由于其兼具文学性、科学性及幻想性等特征，将其应用于学校教学的呼声持续不断，欧美各国的学者及教育实践者们也从不同的视角对科幻的教育价值仍在不断地进行摸索和探究。很多实践者们扎扎实实地开展科幻教育教学，在教学的过程中不断积累经验；同时，他们也不断尝试着开展这方面的实证研究，通过科学有效的研究方法以及坚实的数据来进一步证实和肯定科幻文学的教育价值：如帮助获得和理解科学知识，提升学生学习的兴趣，促进科学式思维方式的形成、形成对科学的积极态度、增加学生的创造性、理解科学的研究过程和尊重科技伦理、提高在科学领域的成功率等。尽管科幻的知识体系可能并不完整，有些内容甚至超越了今天的认知实践。但是，正像研究揭示的那样，科学知识恰恰是通过跟科幻小说中提供的知识索引相互对比，才获得了更扎实的认知，更有效地获得了运用。多数情况下，全面掌握了科学精神的读者会通过辩护、辨识的过程更好地发展起自己的科学概念。我们也更加清醒地认识到科学教育不仅包含着知识的传递，更应该包含传统科学教育中忽略的东西——科学精神、科学思想、科学方法、科学作为一种社会活动的特征以及科学家作为一种职业的行为方式与道德情操等多种不同内容的教育。如果我们仅仅把科幻教育当作传递知识的一种辅助工具，就真是低估甚至埋没了科幻的教育应用价值，我们要的是用科幻教学来改变科学，改变科学世界。如果从这种全面的观点来考察科学教育，那么，科幻确实是一种有价值的学习资源和教育教学的载体，它将成为科学教育的良好范本。我们的科学教育，一定不要忘记科幻文学的存在。

2. 国外科幻画活动的发展和现状

人类在原始社会时期就在山体的岩壁上用线条描绘、记录一些自然现象的图画了。当时人类对自然现象的描绘与记录，往往是出于对各种自然现象的敬畏与崇拜，并由此而

---

a 曹东丽："科幻画——艺术与科学的完美结合"，《辅导员》，2011年第6期。

产生了原始宗教意识。

14世纪文艺复兴时期，意大利著名画家达·芬奇，他不仅热心于艺术创作和理论研究，同时还研究自然科学。目前，我们从他遗留下的众多绘画设计手稿中，竟然发现了最早的汽车雏形、最原始的飞行器造型。尽管这些只是设计草图，但是达·芬奇这种大胆的设想和创新的意识，确实难能可贵。他所画的这些设计草图，也可以说是日后形成科幻画的雏形。

在1839年摄影术诞生前的两百多年里，天文学家一直用绘画的方式来记录所见的天象景观。于是，以科学为主导的太空美术开始诞生在天文学家的笔下。当时，这些天文学家笔下的画，后来称为"太空美术"（Space Art）。（戴吾三、刘兵，2008）"太空美术"既是天文学的美术，也是宇宙航行的美术，既反映了天文学的成就，也反映了宇航技术的发展。

19世纪之后，天文学的书籍中开始有了彩色的天体、宇宙的图画，增加了读者的阅读兴趣，但这些图还只是文字的陪衬与附属。

20世纪以来，随着科幻小说的热销，"科幻画"也就诞生了，并产生了一批优秀的科幻画家，如20世纪20年代美国著名的插画家切斯利·博恩斯蒂尔，他所画的科幻插图作品刊登在《儿童科学》杂志上，从而奠定了其在科幻画领域的地位，至今仍被推崇为科幻画的开山鼻祖。

当今最优秀的科幻画画家鲍勃·埃格尔顿（Bob Eggleton），他自幼喜欢科幻题材的作品，并开始尝试创作，使他拥有了众多崇拜者。1988年入围雨果奖，并于1994年获得了最佳职业艺术家奖，随即于1996—1999年连续四年蝉联该奖项；至于获得的其他奖项更是数不胜数。2003年再度获得雨果奖最佳职业艺术家奖无疑是对鲍勃·埃格尔顿长期努力工作的肯定。

在日本，自20世纪70年代末开始，每年便会举办一次全国性的"少年儿童未来科学之梦"绘画展。其目的就是为了鼓励少年儿童靠自由想象绘画，表现对未来的幻想，提高对科学的关注。这一举措深受日本少年儿童的欢迎，也得到社会各界的支持。位于东京上野的国立科学博物馆，每年都免费为上述绘画展提供展览场地。

总之，从科幻画的发展史看来，最初科幻画都没能脱离归属于辅助科技杂志、科幻小说的插画类属性，而且，这些科幻画都是来自成年人的笔下。以后，科幻画逐渐成为一个独立的画种，并且少年儿童也参与科幻画的创作了。

3. 国内科幻画活动发展的状况分析

国内的科幻教育开展的比较晚，一直伴生于科学课程体系没有独立出来。但在校园里也有一部分爱好天文、自然科学等学科的一线教师和学生在自主研究和探索科幻领域。近20年以来，国外科幻文学、科幻电影、动画片以及游戏等视觉媒体涌入中国，给广大中国科幻爱好者带来了一场视觉盛宴，燃起了一大批青少年对科幻与科技的热爱与关注，也给中国科幻文化带来了不小的震撼与带动。

早在20世纪50年代，我国就有了科幻画题材的出现，80年代末90年代初，随着科学技术的迅猛发展，科幻画逐步在我国普及。

自90年代初，一些国内的社科期刊为了繁荣国内的科幻画创作，纷纷推出了科幻画栏目，如四川《科幻世界》的"中国科幻画"栏目，甘肃《飞碟探索》的"国内太空画作品选"栏目，云南《奥秘》画报的"幻想画廊"栏目等，给国内的科幻画爱好者以很大的创作契机，并促使其繁荣和发展。几年间便涌现出了30余位科幻画作者，但是从他们发表的科幻画上来看，与国外的科幻画相比，无论在表现技巧、色彩处理上，还是构图、构思上都存在着很大的差距。

近年来，随着电脑技术的发展，许多作者利用电脑3D技术制作的科幻画作品也开始出现。

1996年，我国举办了首届全国青少年科幻画展览。2000年，少儿科幻画正式成为每年一届的全国青少年科技创新大赛的四大组成部分之一。

2007年上海国际科学与艺术展上，上海学生充分发挥奇思妙想，与国外艺术家、科学家同台展演，让人们看到了一种敢想敢做、天马行空的青春状态。在中外少年科幻画长廊里，孩子们释放童真童趣，引来不少参观者频按快门，对画冥思。

由此可见，我国的科幻画最先也是从作为科普的插图出现。20世纪90年代中叶，科幻画才成为青少年创作的一种内容。

4. 国内科幻画理论研究现状

通过查阅30余篇与"科幻画"主题相关的论文、经验、总结报告后发现，其中有14篇主要论述如何指导儿童进行科幻画创作，有13篇主要论述在科幻画创作中如何培养学生创新精神，有4篇主要论述在科幻画创作时如何来选题，涉及电脑科幻绘画辅导的文章有1篇，阐述如何结合学校科学课程优势，培养学生科学素养实践的文章有1篇。还有这样一位老师，将四、五年级学生在创作科幻画作品时出现的一些普遍现象进行了一个"大会诊"，展开该如何解决的一系列思考与研究。在教材编写开发方面，发现由南京市妇女儿童活动中心自主研发的《科学幻想绘画教材》，是专门提供给活动中心教学使用的绘图类校本教材。北京师范大学出版社出版的《航天红黄蓝——航天科幻画（北京市中小学科技活动教材）新科学探索丛书》也仅仅是在航天类科幻画创作方面进行的指导教材。由此可见，"科幻画"无论在理论研究上，还是实践研究上，都还显得想当薄弱。

综上所述，当前美术教育虽然在课程标准中有培养创造力的要求，但目前的教师的工作就是在不同层次的班级、不同的阶段进行不同的指导，比如学习方法上的指导、技术技巧的指导、选题立意的指导、收集信息的指导、分析资料的指导、成果表达的指导等，很难达到循序渐进的培养目标。我尝试在兴趣小组中进行科幻画的教学与指导，依赖视觉想象与情境想象训练学生的形象思维和空间思维，让学生循序渐进地体验到科学创造能力的生成与发展。在这个过程中，学生会体验到灵感迸发的愉悦与快乐，许多创意是思维进入程式化的成年人百思不得其解而被单纯的聪明少年异想天开地琢磨出来的。我们知道，创作者的年龄越小，设想越大胆，思维驰骋的自由度越广阔，也有很多高妙简捷的方式、手段。一进入高、中阶段，目的性理论色彩浓了，技术手段规范了，思想却显然狭窄了。可见，如何使学生的兴趣保持发展，使学生的好奇心、想象力长盛不衰，引导学生基于自身的生活素材，以敏感的触角，关注科学，探索未来，发现问题与需求，展开创意想象，挖掘科学原理，构建科学幻想的蓝图，是科幻画教学的一个重要课题。

三、研究设计

（一）研究目标

拟通过该课程的实施培养学生的科技想象力和艺术的表现力；以科幻画为载体，提升学生的创新思维能力和艺术综合素养。

（二）理论依据

多元智力理论。其代表性人物美国心理学家加得纳认为，人有九种智力，其中包括视觉/空间关系智力。视觉/空间关系智力指的是人对色彩、形状、空间位置等要素的准确感受和表达的能力，表现为个人对线条、形状、结构、色彩和空间关系的敏感以及通过图形将它们表现出来的能力。

脑科学的研究表明，12岁儿童的脑重已接近一般成人的水平。而众所公认大脑是创造力的"外壳"，是创造力发展的源泉。有关心理学家研究显示，人们的智力在1～4岁就取得约50%，4～8岁又取得30%。儿童时期奠定了人智力发展的基础。陶行知先生是世界研究创造教育先驱之一，他认为"小孩子有创造力""儿童失去学习人生的机会，养成了无意创造的倾向，到成人时，即有时间，也不知道怎样下手去开发他的创造力了"。

（三）研究的问题

科幻画活动课程的开发与探索。本研究拟对该活动课程的教学目标、教学内容、教学方法、教学效果的检测进行构建。

（四）研究内容

在新一轮课程改革中，将"为培养学生的创新精神与实践能力，加强课程与社会、科技、学生发展的联系"（2011版《小学美术课程标准》）列为第一要突破的目标。科幻画的教学是培养学生创新精神的最直接也是最有效的手段。研究内容包括：

（1）科幻画的课堂教学内容的挖掘、整合；

（2）探索科幻画教学的方法和策略；

（3）初步拟定史家小学科幻画课程的评价标准。

（五）研究方法

1. 研究对象

本次研究的对象是中年级段学生，拟通过该课程的实施吸收更多的学生参与科幻画的学习，进而提高学生绘画表现力，同时培养学生科学的探究精神和创新能力。

2. 研究方法

作品分析法：在实践中通过选取学生创作的作品并对其科学创意、艺术表现、整体效果等进行分析，发现其中存在的问题、分析原因、指出发展方向。

访谈法：通过个体访谈和群体访谈的形式，调查学生对教学模式、评价标准等的看法，了解学生在创作中面临的困境，发现问题并进行调整，为进行下一步实践研究做好准备。

（六）研究步骤

科幻画教学不仅是一种艺术教育形式，也是科技教育的主渠道。我们可以巧妙利用各种资源，并努力在不同课程领域中进行合理地开发，以求更好地拓展科幻画的教学空间。本研究步骤如下：

1. 准备阶段

（1）通过理论学习与教学经验，撰写各种实施方案。

（2）搜集研究实施方案，提出修改意见，完善实施方案。

2. 实施阶段

第一步：带动年轻教师在中年级开设科幻画兴趣小组，尝试和探索中年级段科幻画教学规律。把该课程作为实施艺术教育与科技教育有机融合的补充。同时，在教学实践中，规范的管理教学过程与教学评价等环节使得该课程能得以健康、规范地发展。

第二步：课题进行试点研究，寻找在科幻画教学中培养创新能力的可行性。在四、五年级进行深入实验，搜集本阶段学生作品，写出案例报告和阶段性研究报告。将美术兴趣班取得的成绩与经验，逐步向其他美术教师推广。

第三步：尝试扩大招生范围，增开科幻画兴趣小组。每学年配合全国科技创新大赛科幻画比赛在各年级开展科学幻想画创作课。并且在其他常规课中，我们也把科幻的理念融入其中开展课题研究工作，将课题的研究成果辐射到全校各个班。写出个案报告和阶段性报告，收集学生科幻画作品参加各类比赛。通过多种途径，鼓励学生敢于大胆去创新，去思考，去表现。

3. 总结反思阶段

（1）分析处理在试验过程中搜集到的关于该教学方法效果和特点的数据，总结经验，得出结论，反思理论与实践研究过程与结果，提出进一步研究方向。

（2）在继续深入实施的同时，注意搜集资料，编写相关的校本教材。重点观测学生本阶段的发展，分析、研究，形成课题的研究报告，积累教学过程、评价、实践过程中的原始材料，包括数据的对比、不同的新方法的实施，并整理学生的作品编辑成册。

四、科幻画活动课程体系

（一）课程目标

以科幻画为载体，拟通过该课程的实施培养学生的科技想象力和艺术表现力，提升学生的创新思维能力和艺术综合素养。

（二）课程内容

1. 科幻画创作范围及类别

科幻画创作属于探索未知领域的一种学习活动，科学幻想可以涉及从天到地，从陆地到海洋，从人类日常生活、环境变迁、城市建设到动植物的演变与发展等广阔的领域，因此，科幻画的创作题材十分广泛，具体地说可以围绕如下领域选材：

（1）探索宇宙（太空城市、时空隧道、宜居星球、火星探索、太空垃圾、星际直通车……）。

（2）海底世界（海底生物、海底探矿、海底能源开发、海底救援、……）。

（3）地球环保（水土保持、生态平衡、污染防治……）。

（4）新型能源（清洁能源开发与利用、废物利用……）。

（5）人工气候（全球气候调节、居室气候调节、人工降雨、沙漠温室、温室效应……）。

（6）信息传递（新型电脑、远程信息传输……）。

（7）新型生活（未来居住、未来交通、未来食品、未来工具……）。

（8）弱势群体（关注鳏寡独居、低龄儿童人身安全、残疾人生活自理……）。

（9）医疗救助（破解疑难杂症、人体器官移植、机械智能手术……）。

（10）智能机器人（高危工种、抢险救援、生活服务……）。

2. 学生感兴趣的科幻题材解读

（1）生存空间——探索外太空。随着人口数量的增加，地球的负担越来越重，人们开始畅想未来有一天可以搬到太空中生活，可是太空并不像地球那么适宜人类生存，怎么办呢？发挥你的想象，创造一个适宜人类生存的太空空间吧！

（2）资源开发——海洋治理。海洋是生命的摇篮，是资源的宝库，可是现在的海洋面临的污染非常严重，保护和改善海洋环境是我们每一个人的责任，发挥你的想象，设计一个能够自动清理海洋污染的机器人吧！

（3）户外居住。假期里，我们常常跟家人、同学一起外出游玩，但是晚上经常找不到舒适的住所，有什么办法能够让我们在郊外游玩的同时还能享受到家的温馨呢？能否有一个比哈尔的移动城堡更先进的移动屋子？

（4）污染治理——土壤、空气、海洋。雾霾天越来越多，灰蒙蒙的天空让人的心情也变得惆怅。我们多么渴望生活在蓝天白云下，多么渴望呼吸到新鲜空气啊！有什么办法能减少空气污染？开动你的脑筋，展开幻想的翅膀吧！

（5）自然灾害。世界各地的自然灾害频繁发生，地震，泥石流，台风……房屋塌了，没地方住，重建房屋需要很长时间，临时搭建的简易帐篷又太简陋，怎么办？如何让受灾的群众尽早过上正常的生活，你有什么好的创意？

（6）交通出行。交通信号灯是用来规范行人和车辆的行为的，红灯停，绿灯行，可是有许多行人和司机不遵守交通规则，导致很多交通事故的发生。发挥一下你的想象，有什么办法可以阻止闯红灯这种不文明行为的发生呢？

（7）人工智能——残疾人、弱势群体。对双目失明的人来说，生活就是无边的黑暗，这给他们带来了极大的痛苦。随着科学的不断发展，相信在可预见的未来，人工视觉系统一定会造福人类，给广大的盲人朋友带来福音！发挥你的想象，如何让盲人重建光明呢？

（8）旅游出行。出去旅游时，我们常常因为要带很多东西而苦恼，大包小包的，不仅携带非常不便，还容易遗漏或丢失，可是所有的东西又都是有用的，怎么办？小小发明家，你有什么办法让我们轻装上阵，不再为东西繁多而烦恼？

（9）社会治安。马路上、楼道里、墙壁上、公交站牌上、电线杆上……几乎我们生活的每一个地方，都随处可见那种白色或彩色的小广告，严重破坏了整个城市的美。这种小广告粘贴极其牢固，要清除掉非常困难，你有什么好的办法吗？如何杜绝随处粘贴小广告的行为呢？

（10）保护太空环境。随着人类太空探索环境的增加，太空垃圾也越来越多：火箭推进器残骸，人造卫星碎片，脱落的油漆、弹簧、螺栓等航天器零部件……太空垃圾不仅污染了宇宙空间，而且还会给人类的航天活动带来隐患。想一想，如何让太空变成一个干净整洁的地方呢？

（三）课程的教学途径

1. 在教学实践中培养学生创新精神

从学生的角度来看，科幻画教学的实施有助于学生思维方式的多元化、知识掌握的综合化，有利于培养他们的创新意识、创新精神和实践能力，帮助他们养成发现、探索、求知的学习习惯。同时，还可以培养学生将理性、抽象的科学想象转化为感性、具象的绘画语言，因此科幻画作为能较好体现综合探索这一教学的新领域，既可以提高学生的绘画表现力，又可以培养他们的科学探究精神。

在科幻画的创作过程中，创意往往来自灵感，而灵感的迸发不是一蹴而就、立竿见影的。如何激发灵感，就成为一个需要进行一段时间训练的过程。在进行科幻画教学课题研究前期，我尝试通过将近5年的教学实践经验和教育理论的学习进行了归纳总结，发现诱发灵感不是等待灵感的到来，而是主动地去寻找和获取灵感。在教学中，具体的实施诱发灵感思维的做法如下。

（1）为学生提供大量信息。

首先，注重赏析优秀作品。在学生平时习作练习的同时，注重欣赏名家名作、同龄人的优秀作品并试着去赏析其中的作画意图及表现手法，充实直观感受，丰富形象记忆表象，形成产生灵感的心理定式，尝试进行集体讨论或临摹，由直观感受进而发展到直接体验。如欣赏修拉的点彩，库尔贝的写实，马蒂斯"单纯化"的装饰效果，或者是达利的超现实主义的画风，缩短学生与大师的距离。

其次，借鉴已有的科幻形象。为学生搜集大量的科幻形象，如机器人、飞行器、空间站、空气净化器、时空隧道等，在活动中为学生详细介绍其科幻功能及造型特点，引导欣赏和学习这些形象的创意和绘画技巧，要求学生在这些形象的启发下，独立创作一个个生动鲜活的科幻形象，训练他们学习借鉴和独立创新的能力。

再次，通过科幻电影片段创设情境。为了活跃学生思维，激发学生的创作和幻想的激情，我在每次活动前都会精心挑选国内外经典的科幻电影和科幻动画片的精彩片段，在活动时播放给学生观看，引导学生感受影片中的情感和氛围，为学生创设科学幻想的情景。学生在观看中仿佛身临其境，切身感受到危机就在自己身边，感受到科技创新的强大震撼和为人类服务的科学意识。在这种激情的引领下，要求学生进行科幻场景的创作训练。

（2）培养学生的灵感思维。教师首先要对学生进行长期的思维训练和绘画技能训练，养成习惯。例如，让学生养成用日记形式画画的好习惯。画日记具有记忆性、文字性、图画性的特点，它可以培养学生的形象思维能力和构思想象能力，锻炼语言表达能力。也是对学生实施美育的一种形式。从日记画到儿童画创作是学生再创造的过程，是遵循学生心理和心理发展规律的过程，也是学生在绘画认识与实践上的突破和飞跃。除此之外临摹、线条练习、色彩练习甚至泥塑、工艺都是积累知识、经验的途径。

（3）指导学生绘画的表现方式。一幅好的绘画创作作品，应从诸多方面得到表现：构图、工具、材料、线与形、色彩……这里先从三个方面来简述一下。

构图是画面整体的构成。一般的构图方法，主要是先确定主体的位置，大小。然后再安排次要物体，使其与主体呼应，力求使画面均衡统一、主体突出。但是，如果我们从观念上突破原有的构图方法，那么画面效果就会发生变化。

线是构成一切自然物及人造物外型的基本要素。线有许多特性，不仅是造型的基本要素，而且是反映画者情感最灵敏的符号。形是人眼感觉到的客观事物外部的形状，人们称它为视觉形象。从造型范围来说，形就是物体的造型特征。我们在教学中常对学生说：点、线、面是最基本的造型因素。没有点、线、面的有机结合、变化，就不会有形状的存在。而三要素的有机结合，即形的塑造，绝不是一天两天就可以训练得出来的，这需要多多练习、不断积累。我们都知道，无论是文学创作还是绘画创作，一旦被词句或形象塑造阻挠，创作就不能顺利进行下去，所以，要进行较为顺利的创作，平时的素材、原始积累是不可少的。

色彩是丰富、多变的。儿童绘画创作中色彩必不可少。但是许多儿童绘画中明显缺少色彩理念。许多学生甚至成年人都认为一幅画要好看，色彩就要多，能用多少、想用多少，都用上去，其实这种想法是不太正确的。不少人认为学生年龄太小，现在就跟学生说色彩知识太难了，他们接受不了，也记不清。其实孩子与生俱来对色彩就有一种直接而独特的感受。不少心理学家就认为灵敏的色彩感觉除了使色彩知觉平衡且充实外，还可以丰富孩子的情感，智能与情感是可以平衡的，而且可以成正比。在日常绘画创作的初期辅导中，我有意识地安排学生先进行临摹。练习时，尽量让学生看仔细绘画作品中运用的颜色，将颜色分析得越多、越丰富、越好，而在作画时有意识地规定所使用的颜色，来控制画面的色彩基调，如只用一组对比色，另加两到三种相邻色或同种色。综合上述几点，可以得出这样一个结论，只有运用熟练的儿童画技法和极其丰富的创造力才能创作出一幅出色的儿童绘画作品，而这也正是需要创作灵感在其中起重要作用的。

2. 尊重学生的"胡思乱想"，营造宽松的创新氛围

创造使一个人充满智慧，使一个国家充满希望。在美术教学中，知识应该是激活、唤

醒和培养学生的创新精神与创新能力，使学生成为有创造性思维的人，并引导学生自我塑造，树立自主意识，亲自尝试获得知识的一切方法。

俄国教育学家乌申斯基说："没有任何兴趣的学习是被迫的，被迫的进行学习会扼杀学生掌握知识的意愿。"新课程理念告诉我们，教师应该解放思想，采用生动、灵活的教学方式去诱发学生的创作灵感，大胆让学生去想、去画、去做，尊重学生的个体差异，留给学生自由的想象空间，支持有独特想法的学生。因此，我经常鼓励学生大胆提问，多问几个为什么，大胆思索，多几个设想。在教学中，我努力做到尊重学生提出的古怪问题，不管学生说的、画的，在成人眼里看来是多么幼稚，只要学生言之有理，我就给予鼓励。我尊重学生的想象力和别出心裁的念头，甚至保护他们的一些"胡思乱想"，让他们知道有的观念是有价值的。"只有想不到，没有做不到"，畅想哪一天你的设想变成了现实，是不是一件可喜可贺的事呢？以前人们认为的神话"嫦娥奔月"在今天已经变为现实。这些鼓励激发了学生的信息热情，有助于学生想象力的发展。"想象力比知识更加重要，因为是知识进步的源泉"。能自动报警的书包、机器人保姆接送上学、太阳能住宅……科幻画的内容就在学生们的"胡思乱想"中产生了。如董伯阳同学创作的《海上漂——石油追踪处理系统》，想象海洋上漂浮着水母形的吸附油污等垃圾的处理器，避免了水质污染，水生物、人类都不会遭殃，人们还可以通过加工提取石油等能源进行再利用，难道不是一举多得的好事吗？

3. 多渠道学习知识，拓展创新思维空间

凭空想象、闭门造车是创造不出优秀作品的。互联网如此发达，电视台设有专门的科教频道，《科普世界》《小小科学家》等纸媒也有很多，因此我们可以引导学生正确地利用这些优越的资源，掌握一些相关的材料，从而增加知识量，避免学生不清楚人类科学发展的现状及对未来的展望。如不知道人类已经成功登上月球、太空，还以此来进行科幻画创作是没有任何意义的。只有掌握了一定的素材，才能在这个基础上展开想象，激发出更多更好的创作灵感，为科幻画的创作奠定基础。

丰富多彩的科学世界充满神秘、挑战、智慧。学生的知识面有时相对狭窄，有时让他们独立想象会感觉无从下手。在教学中，我们也可以通过赏析优秀作品，让学生说画品画，这其实就是对画作的再次检阅和重新认识。学生往往会在这一过程中畅所欲言，增进师生之间、生生之间的交流，更重要的是发展创造性思维，提高发现美、鉴赏美、创造美的能力。通过画的题目、画的内容感受画面所涉及的内容，学生能够得以联想、延伸，同题异画也可以创作出更多的作品。了解到科幻画作品形式多样，学生们在表现手法上也不断创新，线描、油画棒与水彩、水粉颜色的混合使用，版画等形式的应用，使我们眼前一亮，富有创意。要做到不断创新绘画表现手法，就要不断大胆尝试采用各种绘画材料，从而让科幻画的表现形式更加丰富多彩，提高学生的创新能力。

4. 创造民主、宽松、自由的氛围

激发创造的兴趣是创造潜力开发的动力，营造民主的氛围是创造潜能开发的条件。只有营造一个民主、宽松、自由、和谐的心理氛围和学习环境，并运用有效的措施与方法，

建立一个平等、民主、尊重、信任、友好与合作的师生、同学之间的人际关系，才能激发学生民主、平等、尊重、信任、友好与合作的意识，把学生的情感引向自由、宽松、安全与友好的心境状态。灵感往往是容易在自由、惬意、轻松的状态之下产生，不要让自己与学生之间保持太大的距离，要拉近与学生间的距离，建立平等、民主的关系，勇于承认自己的错误与不妥之处，对学生的失误不断然做出评估，而是采取鼓励评价。在平时与学生交流时不妨试着蹲下身子，贴近与他们的距离，把自己也当成和他们一样大，用他们的方式方法思考问题，并且多用这样的语句："多想想……""再动一下小脑筋……""真不错……""我和你想的一样耶!"多用"我们"这个词可以让学生树立自信、充满信心，产生积极上进的主动性。

5. 智力激励，逐步积累

通过将学生分成大组、小组甚至小小组进行适时讨论，并要求通过讨论这一过程，学习利用别人的想法激发自己的灵感。

学生在课堂上通过一段较长时间的训练，就会慢慢形成比较良好的思考习惯，积累适合自己的创作优势和特点，这对日后进行科幻画创作大有帮助。

（四）课程的实践策略

1. 明确概念，凸显特征，明晰区别

（1）科幻画的基本特性。

科幻画有三个基本特性：科学性、创新性、艺术性。科学知识是科幻画创作的指南针，幻想能力是科幻画创作的翅膀，绘画形式与技法是科幻画创作的保障。这三个特性是衡量科幻画创作能否成功的决定因素，也是科幻画大赛评奖最重要的三个标准。

科学性：是指科幻画所表现的场景、画面元素等一定要符合科学发展逻辑，不能出现违背科学原理的内容，科幻画的构思创意和内容要求真实和准确。

创新性：是指科幻画的内容具有想象力，表现的一般是人类尚未实现或正在努力实现的美好前景，而不应是现实生活中存在的科学技术的再现。

艺术性：是指用绘画艺术的形式表现主题，包括画面设计、色彩处理、绘画技巧。是运用造型艺术来表现科技作品，并运用色彩、明暗、线条、构图等技巧，通过美术手法来表现科学技术的形象。没有艺术性的作品，谈不上科普美术，充其量只能算是科技图纸。

（2）科幻画与相似画种的区别。

1）科幻画与儿童画。

儿童画是孩子们在现实生活中通过观察、体验、记忆描绘出来的作品，其中也不乏孩子们大胆的幻想，如"人类长出翅膀飞向宇宙"之类的画面只是一种美好的幻想，没有科学依据，不是科幻画；又如孩子经常把月亮画上五官成为月亮姐姐，把太阳画成老爷爷，这些都只属于童话，也不是科幻画。科幻画具有一般儿童画的属性，同样属于艺术作品的范畴，但它是富有时代理念、带有前瞻性、科学性和创造性想象的幻想作品，它必须以科学知识和科学规律为基础。

2）科幻画和科普画。

科普画是用绘画的形式，形象化地表现一些科学知识，是抽象的科学通俗化，更易理解和接受，一般侧重写实。而科幻画是建立在科学的基础上的"虚拟的真实"，力求充满探索精神和想象力，去创造新事物，憧憬新生活、新天地。

3）科幻画、科学幻想与神话传说。

科学幻想和神话是两个有着鲜明的不同点但是又有一定的相同点的概念。神话的产生早于科学幻想。科学幻想与神话的区别体现在本质上。科学幻想是有科学的理论为依据，在人类已有的科学知识的基础之上，发挥无穷想象力，在构筑了一个天马行空的世界框架后把现有的科学知识附加上去，在不违法基本科学观念的前提下大胆创新，比如描写外星人和星际迷航等，也有一些体现了未来科技可能的发展方向以及发展成果。而神话是人类精神文化的原始基础，看成人类认识世界和自身的起点。神话具有客观存在性，它的依据既有一些古人无法理解的实际现象，还有人们想象力的虚构。古人创造神话的目的表明了人们对理解世界万物的渴望和追求。神话中的许多内容都有违于人们现有的科学知识，所以他们几乎不会在可以预见的未来变成现实，就是说实现的概率几乎等于零，比如各种妖精鬼怪等。这一点明显与科学幻想不同。

建立在科学幻想基础上的艺术创作才是科幻画，比如有的学生创作的"到月亮上找嫦娥姐姐"之类的题材只是一种传说，不是科幻画；而有的学生创作的在月球上建造"月球学校"，是根据近几年人类登月成功的科学依据之上创作出来的，这类题材属于科幻画。

2. 从生活体验着手，培养学生的创新思维能力

生活为科学创造提供了广阔的天地，人们根据鸟、蜻蜓的形态、动态发明了飞机，根据荷叶的形态发明了雨伞……生活也为科幻画的创作提供了肥沃的土壤，引导学生热爱生活、善于观察生活，使生活成为学生科幻画创作的源泉。在教学中，教师可以引导学生从多方面、多角度地去观察，培养学生勇于探究、勇于质疑的精神。从身边的校园、家庭甚至自己的周围观察，总结有什么不尽如人意的地方，有什么不方便的地方，有什么需要改进的地方。同学们可以把平时学习生活中遇到的"不顺手""不合理""不舒服""不方便"的事物，动一动脑，动一动手变成"顺手的""合理的""舒服的""方便的"新事物，然后用绘画的形式表现出来。例如，吃、住、行等是与人的生存、生活质量息息相关的，是每个人每天生活都离不开的。房子都是建在地面上的，可是随着人口的增多，土地资源的紧缺，科技的发展，有可能今后的住宅会建在空中、海底。而欧阳同学所绘的《未来生存空间》体现的就是未来的居住环境，他说："未来人类除了在地面，还可以在地下、地表浮空层生活，并把太空作为工作空间。在地下，我们可以建设磁悬浮轨道，让车辆高速行驶。地表浮空层采用磁悬浮原理，在大气层以下的空中建造悬浮的楼房和道路，形成浮空网络，让人类在浮空层居住。高速的磁悬浮电梯可以把人类从地面送到地表浮空层。太空中，可以建造带有电磁波保护罩的自动化悬浮发射台。地表浮空层会有管道连接到太空，宇宙飞船核心部分载着人被管道运送到发射台上，装入运载火箭直接进行发射。"这样新型的高科技生存空间在学生的脑海里形成了一个从地下到太空的立体空间网络，未来的人类在孩子缜密的思维幻想中，被安排的头头是道、合情合理。由此可见，只

有想不出的，没有画不出的画。

3. 培养科幻画创作的兴趣

（1）树立自信、不断进行自我思考、自我积累。培养学生有独立学习、思考的能力，有搜集、分析、整理信息的能力，有丰富的想象力。有时，学生下课或休息时主动找老师，把他（她）的近作拿给你看，也许，这些只是一般的习作，却正好证明这个学生对自己有这方面的要求，有一定追求学习的主动性，能利用课余时间在进行绘画创作的积累。对这样的学生应该及时鼓励，为他（她）打气、加油，为他（她）树立自信心，并鼓励他（她）坚持下去。

（2）结合年龄、心理特点因材施教。每个学生由于年龄、心理、血型、家庭教育状况等有所区别，对于他们所采取的教学方法也应该不同。有一位成功的教师，在教学中出示的范画就是针对不同层次的学生而准备的，通过这种分层、分步的复合式教育方法，可以使每个学生都达到一定的标准，这样无论是高层次还是中低层次的学生都可以顺利完成一幅作业，达到了教育面向全体学生的目的。

4. 科幻画在选题上的注意事项

科幻画是引导少年儿童接触科学、探索科学、热爱科学的好方法，也是培养形象思维能力很好的途径。科幻画在选题上需要注意以下几点：

（1）科幻画的选题要立足于生活，表现内容符合生活实际、具有真实性的科学幻想。

（2）科幻画选题要具有一定的科学依据，能够运用正确的科学原理，不要有迷信和唯心的内容。

（3）具有一定的前瞻性，不一定是当前我们所知道的科学技术，更多的是将来可能会发展到的方向。

（五）课程的评价

1. 少儿科幻画的评判基本标准。

（1）概念：把握科幻画概念准确。

（2）内容：题材创意新颖，有前瞻性。

（3）科学性：科学依据和逻辑思维（25%）。绘画语言有科学依据，符合科学逻辑。

（4）想象力：选题、创意和新颖程度（50%）幻想内容具体，不违反国家现行法律法规。

（5）画面设计、色彩处理、绘画技巧（25%）。

①画面构图：主体不能太偏、大小适中；

②色彩处理：画面色彩丰富，突出主体；

③绘画技巧：细节刻画精细，多种表现手法。

2. 活动课程综合评价量表

根据以上少儿科幻画的评判基本标准，形成科幻画活动课学生综合评价要素和指标，具体见"科幻画活动课学生综合评价量表"。

科幻画活动课学生综合评价量表

	主要指标（权重）	评价标准描述	优（10分）	一般（6分）	须努力（4分）
评价要素	资料收集（15%）	网络以及文字信息资料收集	能积极主动自主的收集资料，图文并茂	能基本按要求收集资料	无法收集需要的资料
		信息资料的反馈与交流	主动交流，表达清晰	照本宣读	不参与交流
	作品创作设计（50%）	专业层面问题	构思新颖，与众不同	构思简单	缺乏构思
		作品创意构思	创意独特，阐述清晰	语言通顺	语言组织不通顺
	作品表现形式（25%）	绘画技能的应用与表现效果	极具创造力、想象力和表现力	能表现一定的想象力，画面完整	能完成画面效果一般
评价要素	评价（10%）	欣赏与评述	对他人作品的评价和对自己作品的自评、互评	简单参与评价	不参与评价

由于对科幻画的认识不够，大家在画科幻画的时候总是存在这样那样的问题，其中比较常见的问题主要有以下几方面。

（1）题目过大，内容空泛。

（2）题目与内容不贴切。

环保宇宙

（3）缺乏科学想象或幻想意义。

（4）内容违背科学理念或科学逻辑。

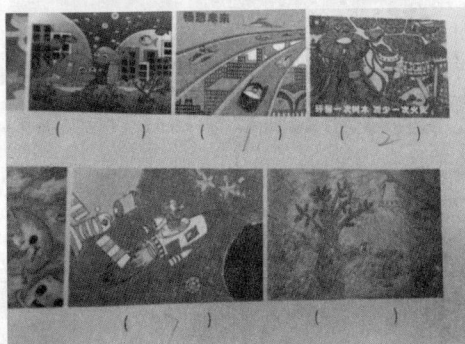

（5）不了解科幻画的属性。

未来的农场

（6）表述过于抽象，缺乏科学细节。

（7）绘画技巧粗糙，不精细。

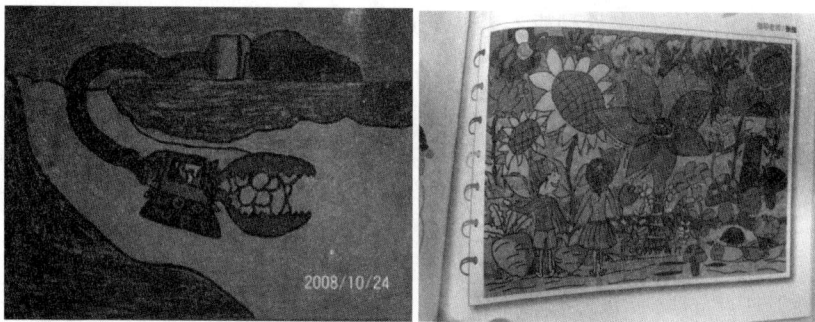

五、课程实践案例

美国心理学家吉尔福德将人在创造性过程中表现出来的思维能力分为发散和收敛两种类型。在我们进行科幻画创作初期，即构思阶段所呈现出来的是发散性思维。所谓发散思维，是指在解决问题时，思维能不拘一格地从仅有的信息中尽可能扩展开去，朝着各种方向去探寻各种不同的解决途径和答案。发散思维有三个主要特征，即流畅性、灵活性、独特性。

学生的初步设想往往比较空泛，似乎在构思中设想很多，但一旦接触到实战之中，就没了方向。因此教师的指点作用就在于要为学生提供一种打开思路的手段，通过启发，引导，借用外界力量，如情感的体验、同学的反驳等刺激、激发他的思维，再经由有的放矢的点拨就可以使学生在今后的创意过程更严谨、有序。

（一）科幻画创作基于学生的情感体验的案例

艺术是人类独具的一种创造性行为，是艺术家通过虚构和想象创造出一个"并不存在"，但却"可能发生"和"应该发生"的世界。科幻画的选题，通常就是一种设想和构思。选题的目的是为了解决问题，并为绘画创作设定的一个目标或方向。这其中往往需要情感的激发，想象因情感而活跃，形象因情感而生动。

在科幻画兴趣班中，孩子们的情感体验就得到了充分的释放。五年级有个学生叫刘明桓，他创作了一幅科幻画叫《人体血管清道夫》，在这幅作品中孩子幻想了一种微型纳米机器人在人的血管中融化血栓、清除病灶的场景，这幅作品获得了全国一等奖的好成绩。其创作灵感来源于一个真实的故事，作品中饱含着孩子对外婆的深刻情意和浓浓的爱。

刘明桓从小是外婆带大的，对外婆有着很深的依恋之情。这幅作品创作于孩子五年级的时候，那一年外婆突发脑血栓入院抢救，生命垂危，孩子眼里噙着泪花向我表达了对外婆的担忧，希望外婆能闯过这一关，平安康复。不久，他外婆转危为安。当他从妈妈那里得知了脑血栓的病理后，在一次兴趣班上，孩子竟然对我说：姥姥病危那几天，我真恨不能把自己缩小，钻进姥姥的血管里，把那些血块融化了！我听后也被孩子的真情感动了，我意识到这是一个非常有创意的想法，于是鼓励孩子把这个想法画出来。我俩一拍即合，打算用这幅作品作为迎接外婆大病初愈的礼物。我们着手查找资料、讨论交流、创作小稿，期间几易其稿，从确定微型机器人形象到表现血管的剖面图，再到最终确定的特写的表现手法和创意说明的撰写，孩子始终对创作满怀激情。我知道，这幅作品是孩子向亲人倾诉内心挚爱的延续，它的诞生，见证了一个孩子情感发展的历程。科幻作品不是虚无缥缈的天马行空，科幻创作必须建立在人的情感体验和切身经历上，是对情感外化的一种表达方式，对发展小学生的艺术情感表达和培养学生的创新精神起到非常重要的作用。

（二）科幻画创作基于学生的生活体验的案例

维果斯基提出的发展智力的基本方法——内化，说的就是从周围环境中吸收知识经验，再整合为自己的内在知识。所谓知识经验，可以是书面的，也可以是生活经验的。一次，我的兴趣班承担了创作主题为"迎绿色世博，创环保节约型城市"的创作活动，在课堂中，师生间通过思考、交流、调整、再交流的构思方式对创作的选题展开讨论。

教师：请根据主题，紧紧围绕绿色世博进行创作，同时思考如何突出环保节约的特点。

经过片刻思考，立即有几个学生作出了反应。但大都集中在节水、节电泛泛而谈的话题上，几乎无新意可谈。我并未急着下定义，继续让他们随意地讲下去，期待零的突破。果然，几分钟之后，有趣的一幕上演了。

学生A：我想为世博会园区设计一种车，是无人驾驶的。它利用太阳的光能作为动力。

教师（及时启发）：你可以将它设计为光动有轨车，车头的感应器连接游客所在指定的感应带上，随时都可以登上观光车，到达要前往的目的地。

学生A：表示认同，若有所思地开始进行创作构思。

学生B：我想重新设计世博会吉祥物海宝，它是在世博园区中心的，它的附件由世博会徽章的小电线和海宝节电钥匙圈合成。如果电线亮黄灯，就代表能源浪费，绿灯就代表能源充满。

学生C（插话）：那你说的设备是用什么动力的呢？

学生B不悦，略有争执。经老师协调后，学生B继续表述。但老师对学生C的疑问表示了赞同，并要求两人共同合作，解决问题。

类似上述的课堂讨论，在整个兴趣班中比较普遍。几个回合讨论下来，雷同的情形比较多。现在的学生知识面相当宽泛，抓出他人话语的问题能力比较强，但让他们自己来阐述或表达出来的内容却并不理想。

能在课堂上发问的学生，说明他在认真地听，至少发现了问题的存在。作为教师应当鼓励发问者去寻找资料或答案来帮助被质疑者完成构想。这样他会认为学习变成了一种责任，无论是从网络、书籍还是影像资料，都会积极参与其中，积极的学习。经过时间的累积，他们就会掌握信息寻求的技巧，而不是只等着别人给他们答案。而对于被质疑者，尽管起先处于被动状态，提出的构想受到质疑，但是，当他处于反质疑者的位置，他的评估能力和判断力就会得以提高，从而也能激发学习动机。如此一来，经由两人共同探求的结果往往就是可行可信的。

科幻画的作品选题力求与众不同。而创作依赖性几乎已经成为众多高年级学生的通病，也许是相对繁重的课业使得不少孩子应接不暇，也有可能是由于接触了类似素描写实的绘画形式而削弱了创新的激情。科幻画的目的就是让学生充分发挥无限的想象力，结合一定的科学知识，通过绘画的表现手法将所思所想展现于画面中。尽管大多数学生的作品还仅仅限于习作，甚至是草图状态，但这已经是迈向创新的第一步了。

六、教学实施效果

（一）学生参加科幻画比赛情况数据统计

2013～2017年科幻画学生获奖情况一览表

时间	参赛人数	获奖人数	区级获奖 一／二／三 等奖	市级获奖 一／二／三 等奖	全国获奖 一／二／三 等奖	发表
2010年	9	4	2／0／2	1／0／0		2 《中国学生康报》
2011年	6	6	4／1／1	1／0／0	1／0／0	
2012年	8	8	5／2／1	1／1／0	1／0／0	11 《漫画科学》
2013年	14	14	10／3／1	3／2／1		10 《漫画科学》
2014年	16	16	9／5／2	4／5／1	1／2／0	
2015年	20	20	6／7／7	1／3／1	0／0／1	
2016年	17	16	3／3／5	3／4／1	1／2／0	

> 这部分首先请补充访谈中收集到的学生感受，如培养了对美术课程的兴趣，拓展想象力，激发创作的积极性等。

（二）部分学生获奖作品及获奖证书

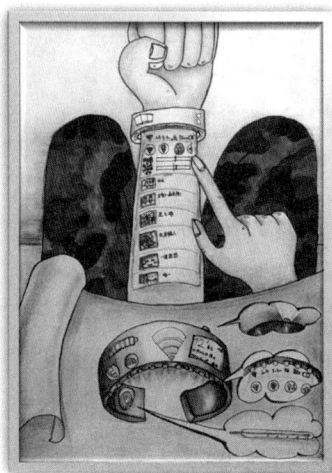

未来手机

这是未来手环式手机。现有的手机功能它能实现，除此之外手机屏幕会投影到手臂上、桌面上、一切实物上。它可自动识别主人、防止被盗。无佩戴感，亲肤的材质与轻巧的重量让您没有负重感。手机可以吸收二氧化碳，排放氧气。同时可以定制有针对性的锻炼计划科学健身，也会定期帮您做全身检查，如果您生病了它会自动联系120帮您约一位医生上门为您治疗。遇到危险它也会自动联系110为您排忧解难。机身防水防尘防腐蚀，无限内存。

太空电梯

目前,宇航员能通过搭载航天飞机进入太空并在空间站生活,但距离普通人遨游太空,进行外星移民的目标还很遥远。我在相关科学知识的基础上加以想象创作了《太空电梯》这幅作品。未来,普通人不需要接受任何太空旅行方面的训练,就可以搭乘高速太空电梯前往其他适宜人类居住的星球并进行移民。中途可以在空间站休息,欣赏宇宙美景,甚至还可以搭乘小型太空飞船游览太空。目前俄罗斯、美国、日本等国家已开始设计和制造太空电梯。我想在不久的将来,随着人类科技水平的快速发展,太空电梯这个设想终究会变为现实。

太空环保卫士

随着航天科技的发展,地球向太空发射的航天器越来越多,这就产生了许多太空垃圾。目前地球被各式各样的太空垃圾包围着,小到人造卫星碎片、粉尘,大到整个火箭发动机。太空垃圾越来越多,对围绕着地球飞行的航天器安全造成了很大威胁。于是,我设计出了太空环保卫士,负责太空垃圾的收集与回收利用。它们是一些智能机器人,可利用太阳能作为自身动力系统的能源。它们巡视在外太空里,用长长的机械手"捕捉"那些到处漂浮的太空垃圾,或利用吸尘装置将微小的太空垃圾颗粒吸到背囊中。然后它们将回收到的太空垃圾集中存放在"太空垃圾回收站"里。经过简单处理后通过宇航飞机将这些太空垃圾运回地球处理和回收利用。

海上漂——石油泄漏追踪处理器

由于科技的发展,人们对石油的需求越来越大,海底油井喷发泄漏事件也随之增多。但有了我设计的"海上石油回收系统"就不用担心了。这个系统由多个海面石油吸收器和一座海底石油基地组成,当原油泄漏时,漂浮在海面上的水母型"石油吸收器"上的卫星定位系统会迅速而准确地引导它到达出事地点,在第一时间将海面上的原油吸附起来,并抽出受污染的海水进行第一次过滤。然后与鲸形的"石油回收基地"上的对接口进行自动对接,将初步处理的原油输送到回收基地,经过一系列的加工处理和转化,将提纯的石油及衍生物检测装箱,由海洋飞行器送到陆地加油站和化工厂。全程通过太阳能及海水发电,安全环保。

树木的朋友——仿生固木网状根

我们的祖国是世界上水土流失比较严重的国家，严重的水土流失导致了生态恶化，正因如此，我设计了这个"仿生固木网状根"。科学家研制出网状根的母体，将它植入土壤，并迅速生长扩张，在土壤表层形成一张大网，大网的每个结点会快速生长网状根深深地扎进土壤，形成一张立体的根状网络，有效地防止水土流失。但这只是缓兵之计，最主要的是我设计的仿生固木网状根可以为树根提供所需的养分，让树根长得更粗壮茂盛，从而更好地稳固住土壤。

有了这个神奇的"网根"，就可以由外而内防治水土流失，维护生态平衡：让小河更加清澈、让树木更加葱茏、让粮食不受污染、让我们的明天更美好！

新型能量汽水

我发明了一种新型能量汽水。这种汽水含有一种特殊的分子，一般境况下它是不会有任何存在的迹象的，可是一旦到了人体内，就会开始分裂。每天，它们都以相同的速度分裂，直至分裂出人体所需养分为止。其中一部分养分被吸收，剩下的再分裂出新的养分……每天只需一小口（约10毫升），就能提供人一天的供水量。如此循环下去，就可以供应无限量的养分啦！

画中右上角画的是正在制作中的"能量洛夫古德"，左上角则画的是让所有机械运转起来的齿轮。机械和齿轮下面的是正在运输和装箱的"能量洛夫古德"，他们正等着被拿到市场上去售卖呢！

智能导风塔

龙卷风是雷暴巨大能量中的一部分，在很小的区域内集中释放的一种形式，是大气中最强烈的涡旋现象，影响范围虽小，但破坏力极大。

我要发明一种全自动智能导风塔，它能够探测方圆几百里内的龙卷风的位置，通过释放与雷暴云中相反的电荷吸引龙卷风并改变龙卷风的运行轨迹。人们可以将它安装在龙卷风多发地带，当龙卷风袭来，它能够快速而准确地吸收龙卷风的能量，并把它变成能源贮备起来，再源源不断地为人类生存提供能源。这样一来，当龙卷风来临时，人们就不会惊慌失措，而是依旧轻松快乐地生活，再也不会受到龙卷风的侵害了。

还极地动物一个美丽家园——氮晶制冰

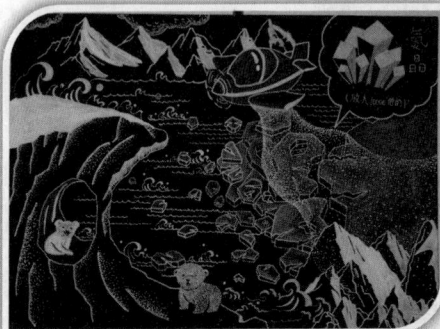

南极这个距我们十分遥远的大陆，98％的面积被冰层覆盖着。但近几年的温室效应却造成大面积冰山和冰层融化，南极生物以及人类面临着灭顶之灾。如何能阻止冰层融化，使冰盖更坚固呢？这就使我想到了——氮。液氮制冰速度快，对环境完全没有污染。然而光制冰还远远不够，还应减缓冰山融化的速度。科学家通过纳米技术将液氮凝结成微型颗粒——氮晶，把它们均匀地撒在南极冰面上。这样一方面可以加速海水冻结成冰，另一方面可利用晶体表面反射阳光，降低融化速度。这样一来南极就会重现昔日广袤无垠的冰雪世界，可爱的北极熊就可以在这里快乐、幸福地生活了！

海上农业水培实验基地

我想设计一座"海上农作物水培实验基地"，这座基地建造在海面上，它主要通过海水转化向基地提供淡水和丰富的营养物质。基地里的农作物，全部采用水培的方式进行立体化养殖，最大限度地利用了空间，而且这座基地是全智能自动化，不需任何的人力，基地的顶上设置太阳能板，能够源源不断地提供能源并为农作物进行光合作用，既清洁无污染又低碳环保，顶端设有雷达装置，可以随时向地面报告情况。农作物成熟后，通过传送带直接运送到各个港口、海岸上。这样一来，既能为人们提供绿色无污染的放心食品，还解决了耕地面积减少和农作物产量下降的问题。

太空采矿机器人

我设想在未来人们为了寻找资源，制造了超光速飞船，在太阳系之外的行星——开普勒22b星上，建立了中转站，并制造了可以自行工作的超智能机器人和采矿机，采矿机装有节能灯和雷达，动力来源来自恒星的辐射能并可以存储能量机器臂用于采矿，中心的储存箱可以分类存放各种矿材。超智能机器人体内植入电脑芯片，它可以把输入的命令转化成自己的思维，它们的身上装有红外发射器和超声波发射器，一旦接触到目标，就会自动反射回来。它还能靠光敏传感器去寻找矿石，并快速分辨出矿产的种类加以开采。

五彩云

在我的图画中，漂浮在沙漠上空的五彩云，就是能够改变地球环境的神奇云朵。它通过五彩云发生器制造并发射到指定的空中。这台五彩云朵发生器，是集生物学、物理学、化学多种学科技术为一体的制造器。发射出的红色云朵充满土壤天然改良剂，洒落到沙漠上，能够使沙地变为肥沃的土壤；绿色云朵携带生命力极强的草子、树苗，从空中投入土壤的怀抱；蓝色的云朵饱含营养、水分，滋润万物茁壮成长……荒凉、冷漠的沙漠在五彩云下变成了生机盎然、充满活力的快乐绿洲！

我们还可以把五彩云发射到遥远的南极：冰川停止融化，企鹅们悠闲地在冰面上散步。我们把它发射到大气层中，为宝贵的臭氧层穿上金色的保护外衣……

路灯花

在不久的将来，植物学家将研制培养出千姿百态、功能各异的发光植物，从而节约电能，减少碳排放量。

这种发光植物是把发光基因——比如矿物质磷、发光细菌或像月亮一样的反光物质基因植入到各种植物细胞之内，然后根据各种需要，向植物注入生长激素和色彩分子。这样就培养出来屹立在高速路边高大的路灯植物。这种植物浑身都可发光，尤以花朵和果实更甚，不用耗费任何能源，夜晚既可显现出来，它不仅可以为公路上的车辆照明，冬天还可以发出暖光，散发热量融化路上积雪；夏天发出冷光，驱散夏日的酷热。我们还可以培养出美化、照明住宅小区、公园的彩色灌木植物；陪伴我们睡觉的趣闻小夜灯植物；大海中的灯塔植物……有了这些会发光的植物，我们不仅能节约大量电能，还能美化环境，地球的夜晚将更加美丽。

老年人多功能急救医用腕表　李婧铭

导盲犬信息耳机　潘依晨

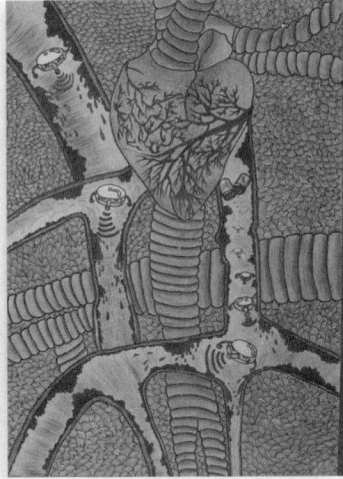

人工血管"清道夫"　刘明桓

高效能树木生长芯片

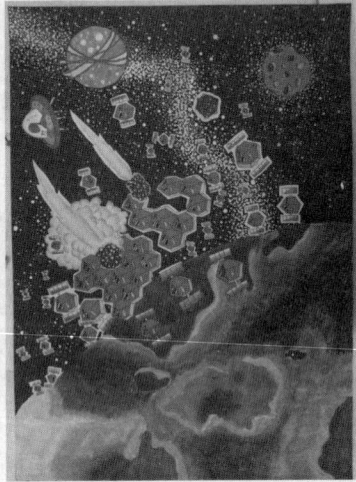

智能铠甲——太阳能定位陨石气化器

七、结论与反思

通过本研究的探索，进一步说明科幻画活动课程不仅是国家美术课程的拓展和衍生，也是独立开展跨学科界限的"综合·探索"学习活动。

从学科角度来看，它能较好地立足美术学科的本位，发挥绘画语言的表现力，拓展学科与学科之间的相互关联，将科技知识更好地融合于绘画创作过程之中。

从学生的角度来看，它有助于学生思维方式的多元化、知识掌握的综合化，有利于培养他们的创新意识、创新精神和实践能力，帮助他们养成发现、探索、求知的学习习惯。同时，还可以培养学生将理性、抽象的科学想象转化为感性、具象的绘画语言，因此科幻画作为能较好体现"综合·探索"这一教学的新领域，既可以提高学生的绘画表现力，又可以培养他们的科学探究精神。

从教师的专业发展角度看，科幻画教学的开发与实施，由于打破学科之间的封闭，克服学科知识相互隔绝、彼此缺少沟通的弊端，因此不仅促进了教师创造性综合素质的提高，同时也为教师专业所长的发展提供了空间，促进了教师之间的相互联系与学习的机会。

综合评述： 该研究在史家小学十几年整合美术与科学、社会等学科开展小学科幻画活动课程的基础上，系统地回溯和梳理了以往经验，并通过进一步的研究初步构建了科幻画活动课程的教学目标、内容、途径、教学实施策略、评价的课程体系，旨在以"多学科整合"为理念和策略融入学校活动课程建构，补充和拓展国家基础课程，在活动内容的选择、教学方法的更新等方面做一些新的尝试，以科幻画为载体，探索一条提升学生创新思维和艺术综合素养的实践路径。选题具有积极的实践意义和一定理论性。研究问题明确，方法适宜，研究思路清晰，层次结构合理，资料翔实。如果能进一步丰富研究过程中学生的感受等材料，论据将会更充分。

② 研究反思

说实话，在参加北京师范大学第五期培训班申报个人课题之前，我对于这"课题"二字是既茫然又惊恐。因为在思维定式里，课题都是那些经验丰富、理论和知识水平都达到一定高度的学者所研究的。我这样的"白板"怎么开展研究呢？在北京师范大学几位教授的指导和梳理下，我对"课题研究"有了逐步的认识和了解，原来的茫然也变成了期待。当我将平时教学中的主要困惑定为研究对象后，便豁然找到了自己的方向，而且这个任务极具挑战性，能够不断激励我们去阅读、观察、实践、探索。

万事开头难，在最初选题时，我就遇到了极大的困难，不了解什么样的题目适合个人课题，培训进行了六七天了，我的选题还在修改。在教授的帮助下，我了解到，课题的名称应具有问题性，不宜用肯定语句，而且也不宜用比喻和拟人，否则无法清楚地表达研究的"是什么"。教授同时提醒大家在选题前可以进行文献检索，以避免重复前人已讨论过的问题，并可从文献检索过程中发现研究的空白区，获得灵感。经过筛选，我结合我的科幻画教学中遇到的一些特殊情况，定下了"小学科幻画活动课程的教学实践研究"这个题目。

一年来，通过定期开展的课题研究活动，我加强了课题研究的理论学习，通过自己的努力，加深了对课题研究的理解，学会从多方面、多途径地去寻找与课题相关的资料，如从网上下载、从杂志上寻找、到图书馆收集、分享交流等多种形式，进一步加深了对课题研究的理解和认识。

回顾研究之路，感觉既充实又有实效。"在研究中发现问题，在问题中研究，在研究中成长"，这是我最大的体会。

一、课题的确立

新课程改革强调培养学生的创新精神和创新能力，美术教学是对创造力培养最具成效的课程之一。随着知识经济时代的到来，当今科学发展的重要标志之一就是各学科之间的相互交叉和渗透。科幻画创作是科学与艺术学科整合的产物。科幻画课程是以美术为手段，发挥美术语言的表现力，同时又将科技知识融入美术创作之中的课程。它不仅有利于培养学生的创新意识，助他们养成发现、探索、求知的学习习惯，还能培养学生将理性、抽象的科学想象转化为感性、形象的绘画语言的能力。科学与艺术的融合，能有效地培养小学生的想象力与艺术表现力。

史家小学开展科幻画教学活动已有十几年的经验，我接手科幻画课后330兴趣班也有六七年了，在学校的重视和学生的参与下，近几年连续在全国创新大赛中取得较好成绩，有越来越多的学生在兴趣带动下希望参与到科幻画创作团队中。但现在我校的科幻画活动的开展主要是采用兴趣小组的形式，集中在个别老师和高年段学生中，科幻画教师队伍匮乏。每年只能从五六年级招生且从零开始培训，没有梯队衔接，学生之前没有接触过科幻画方面的知识，所以接受起来困难，并且画画好的学生未必对科学有兴趣，升入初中以后由于课业负担较重，也许不再接触科幻画方面的创作。由此，我尝试以小学科幻画活动课程为切入点，对整个科幻画活动课程的教学实践进行系统研究，力图总结出一套教学实践经验，为培养新的科幻画教师队伍做一些实事。

二、研究收获

在专家的引领下，通过一年的课题研究我越来越认识到，做课题搞研究是为了促进教学，为教学服务，使教学教育工作更加系列化，在研究的规范、系统化的引领下，使教育教学更加科学化。

1. 主动学习，注重过程

课题研究重在过程，我也在努力经历真正的研究过程，体味研究的酸甜苦辣。为了了解到最新最切合实际的知识，我跟学校申请了知网账号，方便上网查阅科幻画教学领域的最新信息，也研读一些国外相关的最前沿的理论，学习其中的精华，追踪先进的理念思想，努力提高自我的研究修养，积极吸收。通过阅读，我认识到教师要客观地把握学生层次，必须深入地了解学生，研究学生，根据学生不同的个性、特点、心理倾向、知识基础、接受能力进行教学。用动态、发展的观点对待学生，随时注意学生的发展变化，作必要的内容调整。然后规定不同层次的教学目标，运用不同的方法进行教学。如我在教学中引入科幻电影片段、科幻形象改编等学生喜闻乐见的形式，引发学生的创作兴趣。使各类学生各有所获，使学生的兴趣和自信心都得到提高，使每一次学习后都有一种成功感在激励着自己，在不断获取成功和递进中得到一种轻松、愉悦、满足的心理体验，激发再次成功的欲望。

2. 收集资料，整理总结

课题研究，是教师走专业化成长的最好途径。为了提高自己的研究水平、理论水平，促进自己专业化成长，每周的课后330活动我都精心安排适合学生的教学内容，积极参与课题组的上课、听课和评课活动。本学期，我上课题研讨课一次，并能提前把研讨课的教学设计和课件收集，根据课题组教师的意见修改自己的教学设计。课后，我能虚心听取其他成员的意见，改进自己的教学方法。对于课题组其他成员的研讨课，我也能认真听、认真记，诚恳地评价，撰写听课感受及案例分析。通过评课、上课，我觉得自己收获很大，学到了很多新的教学理念。

3. 研究实践，触发思考

通过课题研究工作的开展，我会针对自己开展的活动认真进行反思，总结哪里做得正确，哪里还有待改进。一年来我的科幻画兴趣班开展了多种形式的教学活动，如聘请专家开办科幻讲座、开展时事新闻专题讨论、参加比赛锻炼能力等。每次活动前，我会根据自己的研究主题，围绕课题的目标设计教学活动的过程，并针对推敲每个活动的环节，尽量把教学活动开展得更有趣、更完美。活动后，我会对自己的教育行为反思，改进。同时，通过不断反思和实践获得的经验，随时记录积累多篇随笔和教学案例，学生参赛获奖率比以前大大提高了，参与的兴致也更高了。

4. 严谨作风，工作养成

课题研究讲究科学性、严密性，而这种特性有利于我们养成一丝不苟的工作作风，从而促使教师的教育、教学工作更加科学化、系统化。原先在日常的教育、教学过程中，对一些我认为是很简单、学生可以轻易解决的问题，就简单指导之后便让学生开展活动，但是真正实施后却发现情况并非如此，学生的完成效果非常糟糕，画出的作品总是没有新意，当时便归责于学生的没有理解老师的意图。但是，现在想来实际责任在我，我没有了解学生的实际情况，忽略了对学生的必要引导，而这也正说明了我工作方法上还欠缺严谨。自从开展课题研究之后，我开始逐步养成全面考虑各方因素，从学生的兴趣点出发设计课程内容，做好事先的调查，充分考虑学生的认知情况，更有效、科学地开展自己的教育、教学工作。

三、研究反思

一是合理安排时间。在课题研究的过程中，我出现的最大问题就是时间分配不合理，前轻后重，导致到后面手忙脚乱的，甚至连修改的时间都没有。从课题正式开题算起，将近有一年的时间去完成这个课题，但由于工作重心的缘故，总把课题的事往后排，觉得有的是时间，不断往后拖，到结题时却觉得时间不够用。因此，我深刻感受到课题研究不是一篇论文，需要我们要做的东西很多，要及时收集过程性材料，对文献进行研究，夯实理论基础。

二是自己的研究水平还有待提高，还要认真学习理论知识，不断给自己充电，提高研究水平。

三是对材料的收集积累意识不够，致使不少工作自己虽然做了，但没有留下相应的第一手资料，尤其是利用课堂资源的资料，这是我以后要努力做好的。

四是课题尽可能贴近社会现实，不要盲目地定个课题草草了事，做课题的目的就是为了做研究，不是为了应付别人。

五是课题以点带面，有实效，而不是让人感觉很敷衍，不然研究课题根本没有意义。

六是课题要调理清晰，要让别人清楚你研究的是什么，这个研究有什么意义，能改变现实生活中的什么问题，而不是一纸空话。

随着课题研究的深入，我感觉自己在慢慢地成长着，进步着。同时，我也发现了自身所存在的不足，尤其是理论知识的匮乏，制约着我的研究进一步的深入开展，影响着教育教学效果，同时也时刻提醒着我要不断学习，不断充电，以期获得更大进步。

小学劳技课培养学生设计能力的行动研究

史家实验学校　赵　晶

一、研究背景

当今世界正处在大发展、大变革、大调整时期，世界多极化、经济全球化深入发展，科技进步日新月异，人才竞争日趋激烈。我国处在改革发展的关键阶段，经济建设、政治建设、文化建设、社会建设以及生态文明建设全面推进，工业化、信息化、城镇化、市场化、国际化深入发展，人口、资源、环境压力日益加大，经济发展方式加快转变，都凸显了提高国民素质、培养创新人才的重要性和紧迫性。中国未来的发展、中华民族的伟大复兴，关键靠人才，基础在教育。中共中央、国务院印发的《国家中长期教育改革和发展规划纲要》提出了"能力为重"的战略主题，强调要"优化知识结构，丰富社会实践，强化能力培养。着力提高学生的学习能力、实践能力、创新能力"。在这样的背景下，教育部在2001年颁布了《3—6年级劳动与技术教育·信息技术教育实施指南》，指出要让学生"了解设计与制作的基本程序和方法，并进行简单的工艺品和技术作品的设计与制作"。

教学设计专家罗伦德（Rowinad G.,1993）对"什么是设计"进行了界定。他认为，设计就是为创造某种具有实际效用事物而进行的探究。贝拉·巴纳锡（Bela H. Banathy，2006）认为，从最一般意义上说，设计是一种有目的的创造行为，是在我们的自身与外部世界建立起联系。设计是新现象的概念界定与创新，是将"应该是什么"转化为现实，而这种现实又是我们所向往的。可见，设计的本质就是创新。小学生创新精神的培养与创新能力的获得更主要依赖于有效的实践活动。

小学劳技课是在《普通高中通用技术课程标准》指导下的一门以提高学生技术素养为主旨，以设计学习、操作学习为主要特征的基础教育课程。劳动技术课立足于学生的直接经验和亲身经历，立足于"做中学"和"学中做"，强调学生的全员参与和全程参与，每个学习者通过观察、调查、设计、制作、试验等活动获得丰富的"操作"体验，进而获得情感态度、价值观以及技术能力的发展。劳动技术课程的特征决定了这是一门能够有效培养学生设计能力的课程。

二、文献综述

（一）研究现状

1994年，佐治亚理工学院的克罗德纳教授（Kolodner，2006）运用CBR（基于案例的推理）为中学科学学习开发了一种教学方法，将动脑设计活动整合到课程中，让学生在学习认知、社会、学习和交流技能的同时利用我们对认知的认识形成一种适合深度学习科学概念、技能极其使用范围的学习环境。在一个包含对照组的设计实验中，专家要求六年级学生设计一套人工呼吸器并制作出呼吸系统的部分工作模型。他们发现设计条件下的学习比传统教学更能得到好的学习效果。这种方法被称为通过设计学习。

"基于设计的学习"（Design-based Learning，简称DBL）是近几年国外教育界刚兴起的一种新的学习方式，它将"设计"的理念融入教学当中，是一种高阶学习的方法。作为一种以项目形式展开的学习方式，它强调学生参与到设计项目中有意义地学习科学知识和设计技能，因而为复杂环境中的学习提供了有效的方法，尤其适应知识时代的学习诉求。

在国外，很多专家及其带领的小组都对DBL进行了深入的研究，积累了丰富的经验和大量的案例。克罗德纳教授在与中学教师合作的工程中提出了DBL，并通过与对照组的比较，发现实验组学生在观测的七个方面明显优于对照组。加州理工大学波莫纳分校的多林·尼尔森教授采用"逆向思维模式"学习的过程模型，在K-12的互动课堂中实行，并取得了相当的成就。还有一些实践的案例，如设计人体肘部模型（penner）、运动场设计项目（温特比尔特认知与技术小组）等都证实了这一教学模式确实有效。在研究的过程中，美国的技术教育研究中心开发了四种独立的高中学习单元。

通过对发表文章最多的克罗德纳教授及其小组发表的121篇论文进行统计，结果如图：

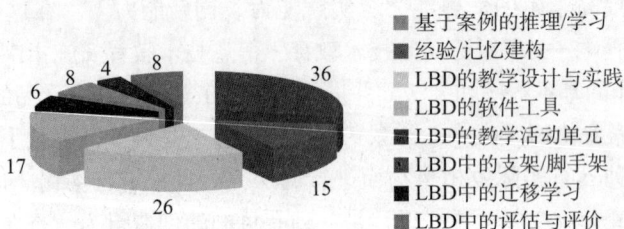

- 基于案例的推理/学习
- 经验/记忆建构
- LBD的教学设计与实践
- LBD的软件工具
- LBD的教学活动单元
- LBD中的支架/脚手架
- LBD中的迁移学习
- LBD中的评估与评价

从统计图中可以看出此项研究具有以下几个特点：一是研究内容相对全面。研究涉及教学内容、教学方法、教学评价等多个方面。二是已形成体系。DBL通过大量的实践研究已经形成了系统、完整的理论。

国内对DBL研究起步较晚，相关研究也不多，主要有2005年创立的"创意科艺工程"。2001年5月，中国科技大学开始举办第一届"大学生机器人跳舞比赛"，拉开了我国机器人比赛活动的序幕。与国外的研究相比，我国对DBL的研究还处于探索阶段。

（二）存在的不足

DBL现状比较统一的认识是国外研究较早，研究成果比较丰富。但无论是国内还是国外，在小学阶段进行的研究相对比较薄弱，成果和经验还有待进一步丰富和完善。目前的研究主要在中学开展，也并没有形成类似于美国四种独立的高中学习单元之类可借鉴的经验和规律。但是，长期的一线教学经验让我们认识到，DBL的研究方法如果运用得当，在小学阶段一样可以实施，并能取得较好效果。那么怎样在DBL理论指导下，将已有经验和方法进行适当地调整，使之适用于小学生是本课题将要做的一项主要研究。

（三）概念界定

对"设计"最普遍的解释是：把一种计划、规划、设想通过某种形式传达出来的活动过程。人类通过劳动改造世界，创造文明，创造物质财富和精神财富，而最基础、最主要的创造活动是造物。设计便是对造物活动进行预先的计划，可以把任何造物活动的计划技术和计划过程理解为设计。根据这一解释，可以将设计能力理解为对造物活动进行计划、规划，并将这种设想表现出来的能力。

根据历年来国内外专家的研究成果，综合专家们给出的DBL的定义，结合我在小学阶段开展研究的经验，本研究对DBL的理解是：基于设计的学习是在一定情境下进行的，以完成某一任务或项目而开展的活动。在活动中，教师设计适合的目标及方案，学生利用元认知不断建构新知识、对方案进行修改和完善。在这样的过程中，培养学生整合各学科相关知识，在综合性学习的过程中形成并发展其创新能力和专业技能，以获得在各个领域及日常生活中基础且能够广泛适用的知识和技能。

三、研究意义

"基于设计的学习"（DBL）实践研究对小学生设计能力发展具有重要意义。小学生创新能力弱，很大一部分原因是他们不会进行设计。这种现状不仅存在于劳技课中，在很多学科中都存在。人的能力最终是在改造客观世界的实践活动中形成和发展起来的。设计能力也不是与生俱来的，更多的来自后天的教育与培养，可以通过合理、有效的教学实现。

建构主义认为学习活动是在与周围环境相互作用的过程中进行的，这与DBL是完全吻合的。当学生被要求设计并制作出需要理解并应用知识的作品时，他们会更深入地学习。即设计会为学生寻找自然概念需要学习的原因、了解它们使用的情境、使用它们解决有意义的问题以及习惯性地进行有意义反省和思考等提供一种自然的环境。设计活动整合了许多思维活动，而这些思维活动在课堂活动之中经常被分割了。那些需要创设操作性的手工品的设计活动，会为学生在试图通过付诸实践来检验他们对概念的理解的时候，提供不间断的反馈设计过程，并为学生提供了不断进行建造、评价、讨论和修正他们正在设计的模型和所掌握的概念的机会。劳动技术课正是以一个个实践项目为载体，将设计活动贯穿始终，最终实现创造性手工品制作的课程，因此劳动技术课对培养学生设计能力具有重要作用。本研究拟探索DBL理论在小学阶段的实践路径，具有积极的实践意义和一定理论价值。

四、研究目标

拟探索在小学劳技课运用"基于设计的学习"培养学生的设计能力。

五、研究内容

（1）调查史家小学的小学生设计能力发展现状及影响因素。

（2）在小学劳技课运用"基于设计的学习"理念，探索培养学生设计能力的教学方法与策略。

> 概念界定一般放在文献综述部分。

六、研究方法

本研究运用行动研究的方式，主要包括以下步骤：

（1）提出问题：对教学中亟待解决的问题进行分析，提出行动改变的初步设想。

（2）分析问题、拟定计划：对诊断所提出的问题予以界定，进行初步讨论，分析原因，确定问题的范围，制定计划。

（3）实施行动方案：在基本设想和计划的指导下，落实具体行动方案。在劳技课运用"基于设计的学习"的教学实践中直接观察学生的反应，收集学生设计的产品等资料，对教学行动后的结果进行评价。通过结果反馈来验证设想和计划是否可行、是否有效、是否需要进一步修改或调整。

（4）行动方案的改进和完善：在修改的基础上再进行第二轮的教学改进计划和行动。

（5）总结报告：在一学年研究完成之后，对整个教学研究实施工作做出总结。

总之，行动研究是一种不断扩展的螺旋式结构，重要的在于求得实际问题的解决。

七、研究过程

（一）了解我校学生设计能力发展现状

在某种程度上讲，设计即创新。然而，受传统的"应试教育"观念的影响，全国不少地方的中小学都不太重视培养学生的实践能力和创新能力。在教学中表现为：课堂上没有留给学生创新思考与实践的空间；学习只停留在对知识的梳理与总结上，没有形成设计意识；没有进行设计活动的具体方法等。

在这种大背景下，我校学生的现状又是怎样的呢？为此，我在三年级随机挑选了一个班进行了前测，前测内容是包含设计因素的团花剪纸。测试结果如下：

学生具备的设计能力前测表

分类	学生具备的设计能力情况		希望能够剪制自己喜欢的图案
	在教师指导下剪制设计好的图案（几何纹样）	自己设计图样进行剪制	

情况反馈	例：	与教师带领下完成的图案相似（几何纹样）	与教师带领下完成的图案不同（如汉字、具体图形）	
总计	45人	37人	0人	45人

通过前测，发现学生存在着以下一些特点：

（1）模仿能力强。不仅所有学生都能在教师指导下完成作品，大多数学生还能自己模仿刚才的剪制过程重复完成一个作品。

（2）对新事物感兴趣。当教师展示一些不同于刚才所剪制的团花时，学生表现出极大的热情和好奇心。

（3）不具备设计能力。虽然他们也想剪制出更加丰富多彩的作品，但是他们缺乏设计方法，无法将头脑中想象的样子与原始状态的材料之间形成联系，结果就是想得很好，做不出来。

能力是在不断地学习中获得的。影响学习的因素包括智力因素和非智力因素，同样，这两点也影响着能力的形成。能力结构的基本性质是多元的，语言、动作、交流、观察、反思等方面的发展水平都将对设计能力有所影响。同时小学生的学习仍以直观形象思维为主，表现出强烈的好奇心和求知欲，学习的动机更多的来自兴趣。他们的注意力持续时间不会很长，更愿意动手操作，这些因素都会对其设计能力的形成与发展产生影响。

（二）小学劳技课运用"基于设计的学习"理念培养学生设计能力的行动方案

学生目前的设计能力可谓"一穷二白"，在这种情况下，教师应该如何培养他们的设计能力呢？我在劳技教材中挑选了具有设计特色的纸工内容作为载体开展研究，基于理论与实践，总结了在小学劳技课运用"基于设计的学习"培养学生设计能力的原则。

1. 知识体系化

目前小学劳技课主要是以单元学习为主，每个学期共安排四个单元，但这些单元间缺乏知识的关联性。比如三年级下册的学习内容分别是：小种植、纸工、泥工和缝纫。可以看出，这四个单元的学习内容是完全不同的领域，没有知识的关联性。但是，就某一单元的内容来讲，在不同年级呈现出知识的系统性。比如纸工单元，三年级学习纸工工具及材料、纸工符号、平面剪纸；四年级学习立体纸工，学习难度是逐渐递增的，呈现出梯度。但是，随着时间的流逝，上学期学过的知识，在下学期用时就会忘记一些，三年级学过的技能到四年级用时又变得生疏了，这种现象对学生建立知识体系，形成设计能力是不利的因素。

虽然单一的某项活动也能培养学生的设计能力，但是通过研究发现，将知识体系化后，形成了一个在同一主题下，由浅入深、逐渐递进的知识链，所有学习的内容、开展的活动都是围绕着相同的教学目标进行的，统一的学习目标必将为培养设计能力提出明确的方向。

针对这一现状，笔者将知识进行了梳理。在相对较长时间内对同一内容逐步深入地学习和对同一技能反复多次地练习中，形成设计能力。将相同的内容集中，对简单的教材内容进行补充和拓展，使其成为一个彼此关联、由浅入深的知识体系，有助于培养学生的设计能力。

2. 行动方案实施结果

经过一学期三年级劳技课培养学生设计能力的实践探索，获得以下"基于设计的学习"教学过程实施原则的结果。

设计活动对于学生来说是既熟悉又陌生。熟悉是因为在生活中就渗透着设计思想，比如对学习时间的规划，开展游戏时的人员分配等。陌生是因为这些设计行为是学生根据经验自然而然产生的，有一部分也可能是对老师或其他成年人的模仿，并没有形成有意识的行为。要想将这种无意识的行为变为有意识、有目的、有方法的行动，教师的引领就成为必不可少的敲门砖。那么教师要引导的是具体的方法吗？是详细的实践步骤吗？是一遍遍的示范与演示吗？如果这些都不是，那么教师应抓住的核心内容又该是什么呢？

俗话说："万变不离其宗。"在培养学生设计能力的时候，最重要的是让他们知道事物的本质是什么，牢牢抓住本质特征，利用这个特征，并遵循这个特征进行设计才是真正的设计。这是指导我进行教学的思想——紧抓核心的教学原则。

这种教学原则有以下几个特点。

（1）学习过程迭代化。"基于设计的学习"最突出的特点就是探究过程的迭代循环，学习始终处在设计—再设计的过程中。

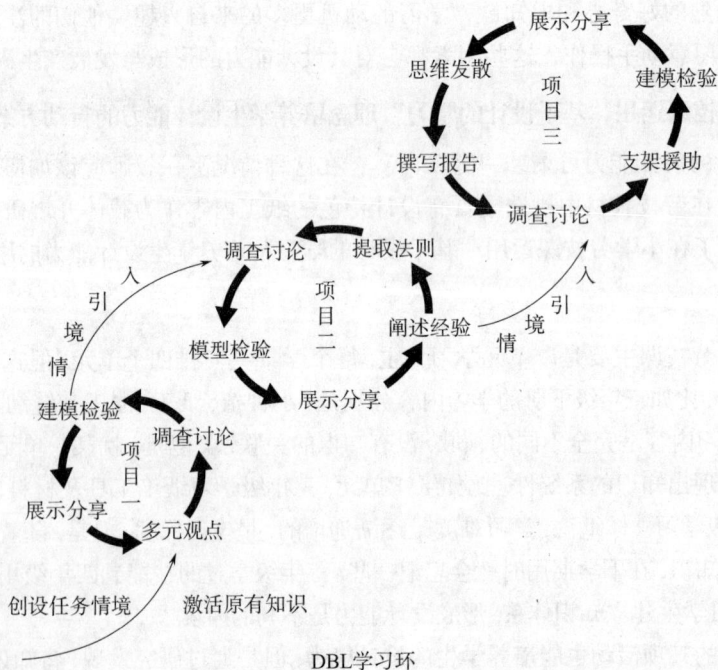

DBL学习环

基于设计活动的迭代循环，针对小学生的学习特点，我将设计活动简化为：提出设想、开展讨论、模型验证、修改设计四个环节。这四个环节是双向进行的，其中某一环节出现问题时，学生必须要逆向回到上一个环节，对上一个环节中出现的不合理或错误进行修正，才能再次按顺序进行学习任务，只有前一个学习环完成了，才能进入到下一个学习任务中。这个学习的迭代过程，恰恰体现出了设计学习的特点。

（2）教学过程模式化。从心理学的角度来分析，学生某项技能或知识的获得必是在一个不断重复和强化的过程中形成的。因此，将简化的4个基本的设计流程不断地重复，就是强化学生对设计的理解，巩固其对设计方法的掌握，最终形成程式化的设计思维。当然，这种程式化的思维是设计活动中最基本的，也许面对今后复杂的设计还会显得不足。单是对刚开始进行设计的小学生来讲，不断地重复才能掌握最基本的设计思路和方法。简单的方法才适合刚入门的孩子。

（3）设计活动综合化。众所周知，设计活动涉及众多领域，比如艺术、数学、物理、科学等学科。好的设计是对这些知识的综合运用，以解决实际生活中的问题。因此，在劳技学科中，要开展综合性学习，根据需要合理地运用相关学科知识，才能使设计有生命力。

下图是两组团花剪纸，第一组是没有开展"基于设计的学习"的学生的作品，第二组是在劳技课上开展了"基于设计的学习"的学生的作品。

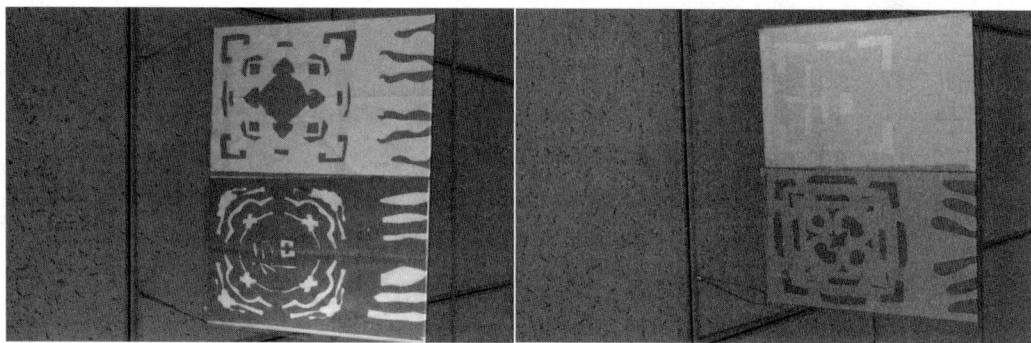

第一组

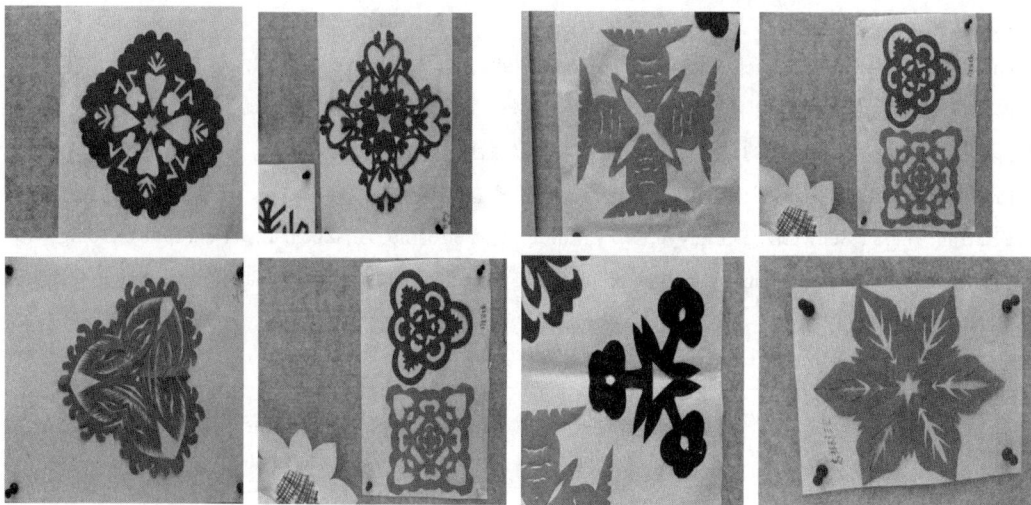

第二组

从这两组的作品对比中,不难看出,接受"基于设计的学习"方式教学的学生,他们的作品带有明显设计过的痕迹。这种设计使得他们的作品水平高于没有接受"基于设计的学习"方式教学的学生。

八、研究反思

一是研究对象比较单一。本次为期一年的研究主要在三年级进行。随着学生年龄的增长,知识的丰富,心理特点的变化,本次研究的结论也许会出现需要修改和调整的地方。

二是研究课型比较单一。由于时间有限,本次研究选择了具有设计特点的纸工内容作为研究课型。但实际上,劳技课除了设计课之外,还包括以培养技术操作方法和学习基础知识等为主的内容,那么这些课都能进行"基于设计的学习"吗?如果可以,又该怎样进行教学呢?这些问题可作为今后研究的方向。

参考文献

[1] 中共中央、国务院印发《国家中长期教育改革和发展规划纲要2010—2020年》. 北京:人民出版社, 2010

[2] Rowinad G.Designan Instructional Design.ETR&D,1993,41(1)

[3] 盛群力,马兰,译. 现代教学原理、策略与设计. 杭州:浙江教育出版社,2006

[4] 原研哉. 朱锷,译. 设计中的设计. 济南:山东人民出版社,2006

[5] 张君瑞. "基于设计的学习"(DBL)理论与实践探索. 扬州大学,2011(5)

[6] Barron, B.J.S., Schwartz, D.L., Vye, N.J., Moore, A., Petrosino, A., Zech, L., et al.(1998). Doing with understanding: Lessons from rescarch on problem-and project-based learning.Joumal of the Leaming Sciences, T(3-4), 271~311.

综合评述:该研究在"基于设计的学习"的理念指导下,紧密结合教学实践,进行小学劳技课教学改革与探索,以培养学生设计能力,选题具有积极的实践意义和一定理论性。采用行动研究的方式,探索形成了"基于设计的学习"的教学行动计划和方案,并已实施获得反馈,在此基础上进一步反思寻找下一步的研究方向和改进思路。研究问题明确,方法适宜,研究思路清晰。如果能进一步丰富研究过程中的教学案例、学生反应等材料,论据将会更充分。

❓ 研究反思

两年前，我参加了北京师范大学为期10天的学习，至今感受颇深。

首先，这次学习改变了我的职业态度。以前，我对自己在业务上的规划是成为在自己学科领域内的佼佼者，在教学方面有自己的观点、特点，能够在很大程度上成为引领教学方向的人。可以说，我给自己的定位就是一名优秀的教师。从没有想过自己除了教学，还可以做课题，进行教科研工作。除了在行动上积累经验、总结方法之外，没有想过还可以在理论上提升。我觉得，当一名优秀的教师就是教好课，为学生将来的学习做好基础准备。这种认识，使我的发展空间受到了很大的限制，尤其明显的是当自己在专业领域取得一些成就时，找不到再次提升的方向，找不到突破自己的途径。正当我感到迷茫和满足时，我参加了北京师范大学的学习。当时担任培训教师的导师们都是北京师范大学精心挑选的，他们都有着各自的优势和特长。通过与导师的谈话，对自己工作的梳理和反思，我忽然觉得自己还可以做得更多。通过学习，我找到了提升的方向，认清了提升自身素养的途径。自此，我改变了教师就是教课的认识，终于逼迫自己正确认识了教科研的重要性和对于自身发展的迫切性。这种认识的转变，成为我继续前行的动力。

回想从教的20年，其实在很早前学校就开始组织进行教科研方面的学习，自己也参加过一些课题，但往往效果不佳，很多时候的结果都是不了了之。究其原因，我觉得是因为以前都只是课题的参与者，所从事的工作基本都是写一些材料，至于为什么写？我写的水平怎样？把材料交上去之后又会有怎样的结果？这些好像都没了下文。我知道自己不懂教科研，不会做课题，也知道自己写的东西水平不够，认识达不到一定高度，其实，我急需解决的问题就是找个"高人"一对一地指点。这次北京师范大学学习就给我创造了这样一个环境和机会，让我可以见到"高人"，可以对我以前的授课行为进行理论上的提升，帮助我重新审视自己的教学行为。最重要的是，导师们系统地讲授了如何进行教科研，并手把手地教我做，教我们开题报告怎么写、如何查找资料、如何做PPT、在从事课题研究时可以用到哪些方法、如何具体操作，等等。这就好比学车，大家都知道应该学会开车，但没有师傅教，怎么学得会？现在我这个想学开车的人，找到了专业的师傅，学到了专业的知识，更重要的是这些知识是我拿来就能用，用了就能见到效果的。见到效果，自然会对教学行为进行深入地反思、规划和总结，这样就行成了一个以教促研、以研领教的良性循环。

如今，自己的认识改变了，前路清晰了，又掌握了继续前进的方法和途径，我对自己更加有信心了，同时也对所教学科有了更深入的认识。在结束北京师范大学学习后，我带领组内教师参加了两次"东兴杯"比赛，在备赛时，我明显感觉到备课的视角不同了，对教材挖掘得更深了。同时，我在北京师范大学学习期间思考的课题也成功立项了，在我带领的课题下，仅一年时间，组内教师的论文就有1篇获一等奖，1篇获得二等奖。让我觉得欣慰的不仅有自身的提高，更有能带领同组的老师共同进步。

虽然10天的学习过程是痛苦的，但让我真切感受到痛并快乐的滋味。最后，我非常感谢学习期间遇到的导师们，是吴晗清老师的平易近人、循循善诱，给予我信心和勇气；是叶菊艳老师前沿的科研水平帮我敏锐地捕捉到自己以往教学的特点，确定了课题名称；是许许多多的北京师范大学老师，用他们丰厚的学识给予我力量，武装我的头脑，使我成为一个有能力前行的人。感谢他们！我更要感谢学校，切实将教师的发展作为学校发展的抓手，为我搭建了这样一个有效的平台，使我受益良多！

史家项目指导工作总结

杜 屏

在史家教育集团骨干教师科研能力提升研修项目中，我担任李阳、赵晶、吴玥三位老师的指导教师。在这个项目推进过程中，通过定期指导与交流，三位老师都有较大的收获和进步。

一、教师的基本背景分析、指导发展定位及主要指导内容

2017年1月始，本小组三位教师经过第一阶段的理论学习，都结合工作实践，选择了研究课题开展研究，有一定进展，同时也面临着不同的问题，需要进一步探索和突破。

1. 吴玥

课题选题为：结合小学生基本公民素养架构规划"七巧"课程体系。根据七条校区的文化特色，结合七条小学办学理念和330课程的实践经验，已构建了和谐+启志"巧课程"框架，拟定课程实施策略，探索了一些课程的形式和文本，总结了在学生核心素养框架下教师课程设计与改进的一些经验。

课题进一步落实面临的主要问题与实际需求，首先是对照国家2016年出台的学生核心素养，进一步厘清七条小学学生发展的目标。其次是进一步探索如何在学校的各类课程中落实学生发展核心素养，包括素养指标的系统化、具体化，课程开发的总体规划以及某类课程的开发与实施。

指导中建议吴老师继续梳理和分析学生核心素养的文献，学习课程开发的相关理论，并运用于本课题指导校本课程开发。吴老师由于兼任七条小学校长职务，平时工作任务繁重，但仍然坚持课题研究，几经修改，完成了史家七条小学"七彩阳光巧课程"设计。

2. 李阳

科幻画课是史家小学的特色优质课程，多年的探索和实践已取得了丰硕的成果。为了进一步挖掘该课程的作用，发挥其更大的影响，并持续发展，李老师选取了小学生科幻画课程的开发进行研究，旨在进一步完善该课程的开发与管理。

拟进一步深入研究的主要问题包括：（1）在课程实施中，进一步发展课程实施效果的评价指标体系；（2）进一步探索如何拓展课程资源。通过与李老师的面对面交流和讨论，确定采用文献资料分析和案例分析的方法形成科幻画课程实施效果评价方法；通过课例研

究方法进一步积累、丰富课程资源。经过李老师近一年的努力探索，多次微信讨论后再三修改，最后形成了小学科幻画课程的教学实践研究，构建了包含课程的目标、内容、教学实施策略、效果评价、课例等的教学实施体系。

3. 赵晶

赵晶老师结合教学实践，以"基于设计的学习"理论为依据，拟通过小学劳技课培养学生设计能力。2017年1月已形成研究方案，在本阶段将付诸实施。通过与赵晶老师短信、面谈等方式沟通、商议，确认此阶段的主要问题是：（1）在研究中，需要梳理出劳技课程中适宜进行设计学习的内容，形成教学内容体系。（2）"基于设计的学习"理论指导下，探索培养和提高学生设计能力的有效教学方法。赵晶老师采用行动研究法通过在三年级一个班一学期的行动研究摸索到劳技课培养学生设计能力的教学原则、教学模式，并发现学生设计能力的提升。

二、指导过程中的反思和总结

1. 角色定位

承担课题研究的三位教师均是有着丰富实践性知识和条件性知识的教师，有着较强的专业发展愿望，在指导过程中尽量尊重她们的需要和主体性，教师是研究者、学习者，指导教师是她们研修过程中的支持者、引领者。

2. 指导内容

根据三位教师专业发展阶段的特点，甄别她们的优势和短板，进行针对性指导。

三位教师的优势首先是已进入专业发展的成熟期，其中一位处于成长期，积累了一定教学经验，教学技能较为成熟；另外两位处于反思期，有一定理论认识。其次，三位的课题研究的问题均来自教师自身的教育教学实践，是教师基于自身教育教学或教学管理问题想要解决的研究问题。再次，经过上一阶段的集中培训和选题、开题，教师们已有文献梳理的基础。

她们的不足之处主要有两方面：一是不善于用理论指导实践，采用了有效的教学方法和策略，但不知背后的依据和原因；二是专心于学科教学，很少涉猎教育科研，研究技能欠缺。主要表现在：

第一，教师在课题设计论证中，没有提及该课题的理论依据；即便提及课题研究的理论依据，也仅是写了理论的名称而已。

第二，研究方法选择不当。不管是否需要都会列出调查法，但调查范围、调查对象全无涉及。有的根本没有列出研究方法，仅仅是叙述工作步骤。

第三，设计研究能力有待提高。研究方案中表明研究方法，但没有研究的行动路线，随之而来的问题是没有实施过程。

根据以上情况，指导重点如下：一是建议每位教师查阅相关文献，探寻研究背后的理论依据；二是与教师多次交流、讨论研究过程中要遵循哪些程序，关注哪些环节，如何把理念的变成行动的，把分散环节的变成系统的过程和有序的步骤，如何掌握研究的基本知识和程序、研究的多种方式和方法，提升学术涵养。

3. 指导时间

由于一线教师的工作负荷重，很难找到共同的时间一起交流和研讨，大都是分别交流，小组没有形成学习研究共同体，失去了相互分享的机会。

三、期待与建议

走进研究性专业生活是教师职业生涯的重要环节。中小学教师身处教学第一线，和学生交往最多，具有深入研究和反复实验的最佳条件，教师应充分利用自身优势，在日常的教育教学工作中发现科研课题，然后深入细致地进行调查研究，从而得出科研结果，反过来更好地指导教学工作。一线教师通过有目的、有计划的教育研究活动，实实在在地解决教育中的问题、困惑与矛盾。从自身教育教学实践经验中提炼观点，可以使那些转瞬即逝的教学机智或教育智慧和虽能感受但无法言说、尚未系统化的闪光点，经过相应的理论滋养和整合，能知其所以然，并让自己的隐性知识显性化，这种源于教师自身教育教学实践经验的反思与提升，有利于改进教师的教育教学实践。但现实中教师的科研积极性不高，畏难情绪大。如何疏解这一问题呢？

一是激励教师的科研动力。建议委托提高教师科研能力的学校建立健全学校科研制度，确保中小学教师科研工作的规范化和长效化。明确将教师科研情况作为教育教学评估、年度考核的主要条件之一。建立健全激励机制，每学期对教师的科研开展情况进行评比，表彰先进集体和个人。改进科研评价指标体系中对研究成果的认定，扩大研究成果认定的范围：研究报告、科研论文是成果，教育体会、经验总结、个案分析、教学案例，都是教师研究成果。

二是学校与教育主管部门还应采取措施，切实减轻教师负担，为教师创造宽松、和谐、舒畅的工作和研究空间，让教师有时间更好地投入到教育研究中来。

9

小学数学课程整合

——数学教材内容重构

赵 蕊

一、研究背景及研究问题

（一）教材的重要性

指出教材与教师之间的关系，并且点明教师是教材理解和重构的关键。

教学内容是课程的重要物化形式和载体，"教师使用教材"隶属于课程实施领域。随着基础教育更加关注核心素养的培养与落实，尤其是核心课程的数学课要用80%的课时完成100%的目标，教师与教材、课程标准之间的关系重新得到审视。教师如何使用教材，涉及课程实施质量的好坏。人们通常在关注课程实施过程的同时，更关注课程实施的结果。教材作为课程内容的一种重要的物化形态和载体，与教师的关系最为密切。如果教师未能善用教材，即使教材编的再好，必然难以充分发挥教学效能；相反，教材即使编的不够完美，教师若能适切地予以转化，还是能够达成学习的效果。教材承载的课程价值，需要通过教师这一媒介来实现。因此，教师对教材的理解和重构就成为关键环节。

（二）教学现状的困惑

新教材留给教师再创造、再开发的空间变大了。置身于教育一线的教师不难感受到，新一轮的课程改革给我们的教育视野和教育观念都带来了强大的冲击与革新。

1. 过于遵从教材

当教师们真正走进课堂时才发现，新教材、新理念有了，可在实际教学中却跳不出旧框框，在教育实践中大家常常感到无所适从，甚至"穿新鞋走老路"。有的教师坚持认为，教材既是教师教学的依据，也是学生学习的依据，所以必须"忠于"教材，结果照搬照套，限制了学生的思维发展。

2. 过于脱离教材

有的教师则认为课程改革是解放了教师的手脚，可以随心所欲地对教材进行盲目地改编和创造，导致脱离了课程预定的教学目标及重难点，甚至是背离了学生的认知特点和身心发展的规律。我们知道，"不同的学生所处的环境不尽相同，所具备的知识背景与数学活动经验也各有异，教材又只是学生数学学习的重要线索，它并不能满足所有学生数学学习的需要"。

> 从教学实践的现状出发，提出教师教学现状的困惑，指出教材对教师教学的重要性，改善教师教学的紧迫性。

因此，教师应客观地把握教材，从学生的实际情况出发，将教材内容进行优化，使教材内容成为更易于在课堂上表达，有利于学生自主探索的学习材料。

（三）影响教材重构因素的多元性

随着新一轮课程改革的展开，我们的数学教学理念也发生了翻天覆地的变化，其宗旨是为了促进学生的发展。《义务教育数学课程标准》（2011版）认为："对不同的学生而言，由于他们所处的文化环境、家庭背景和自身思维方式等方面存在着差异，因此他们头脑中所理解的数学带有明显的个性色彩，他们的数学学习活动应当是一个生动活泼的、主动的和富有个性的过程。"在这一理念的指导下，我们新的数学教材改变了原有的内涵和形式，不再是学生从事数学学习活动时的模仿对象，它向学生提供的不再是一种"不容改变"的、定论式的客观数学知识结构，而变为学生从事数学学习的基本素材，它为学生的数学学习活动提供了基本线索、基本内容和主要的数学活动机会，而不是取代学生的数学思维。这样的教材，对学生而言，仅仅是他们"从事数学学习活动的出发点"，而不是终结目标。

> 指出新课程改革下，教材的作用也发生了变化，这种变化性要求教师不断理解教材，重构教材。

通过自己及身边老师在小学不同年段使用新教材、处理新教材的行动进行调查、回顾、总结与反思，进一步认识到了新课改下的教材只是一种资源、"一个例子"，它虽不需要我们照本宣科，但也不等同于我们就可以天马行空，完全弃之不顾。教师应依据课程标准的基本理念，在充分理解、尊重教材的基础上，在充分把握学生实际情况的基础上，对教材进行重组、创造，并在实践探索中实现对教材的超越，以促进新课程的有效实施。

> 研究问题主要依据研究背景提出来的，研究问题与研究背景之间具有一致性。

（四）研究问题

通过对"基于小学数学领域的教材内容重构"这一问题的研究，探究"教材内容重构"的内涵，开掘"重构教材内容"与学生主动发展及教师专业成长的关系，探索"重构教材内容"的策略体系，促进教师教学观念和学生学习方式的转变，培养师生的创新意识，以促进学生生动活泼、全面和谐地发展。

> 直接指出研究问题，言简意赅。可以用总分的形式表现研究问题，使读者一目了然。

二、国内外相关研究述评

（一）国外教材实例、课程论相关研究

1.认知主义

认知心理学的教学观认为："学习是人脑内部复杂的加工和组织，要经

历一定过程，达到认识和理解。"因此，仅仅靠对教科书的静态学习无法实现学生的主动发展。"教师应是学生学习的向导，根据他们的现状和认知发展层次，向他们提供适当的认知情境，唤起学生兴趣，启发他们通过亲身体验，寻找和建立数学概念、法则和技巧，并在中途给予帮助和诊断。"

2. 建构主义

建构主义认为，学习是获取知识的过程，"知识不是通过教师传授得到，而是学习者在一定的情境即社会文化背景下，借助学习过程中其他人包括教师和学习伙伴的帮助，利用必要的学习资料，通过意义建构的方式而获得的"，"其中情境、协作、交流和意义建构是建构主义学习理论的四大要素"。建构主义强调教师是意义建构的帮助者、促进者，而不是知识的传授者与灌输者，学生是信息加工的主体、意义的主动建构者，而不是外部刺激的被动接受者和被灌输的对象。基于以上两点教育理论，我们的数学教学应反对单纯的知识灌输，反对强制性教学，而需要教师从儿童的认知心理特点出发，尊重学生的生活经验，通过对教材创造性地使用、开发，唤醒学生的学习需求和内心体验，通过引导学生亲身参与、实践，帮助学生沟通起所学知识与已有生活经验的联系，从而主动地去学习新知，认识世界。

3. 行为主义

以斯金纳为代表的行为主义心理学家认为，机体由于刺激而产生的反应，即应激性反应和操作性反应，可以提炼为"刺激、反应、强化"理论，这一理论对教学的指导把人的所有思维活动都看作是由刺激反应间的联结形成的。

（二）国内"教师使用教科书"研究述评

1. 教师使用教科书的评价研究

"教师使用教科书"有一些常见误区，黄政杰曾举出教科书误用的8种形态："①孤立型：认为教科书是唯一的教材，教师不再寻找或关心其他教材；②奉若圣经型：把教科书视为圣经，认定教科书的内容绝不会错误；③照本宣科型：教科书有什么内容就教什么内容，没有的绝不会去教；④食谱型：如同做菜时，从选菜、切菜到烹调，完全照着食谱行事，讲求的是方便，无需创造；⑤画重点型：指教学时把教科书内容的教学转变为画重点，学生关心的是哪里重要，哪里需要背下来，这种教学通常是枯燥乏味的；⑥忽视型：即不重视教科书，以参考书、测验卷取代之；⑦囫囵吞枣型：指教师并不确切了解教科书内容的精神和目标，错误地指导学生学习肤浅的内容，甚至评量强化此错误；⑧赶进度型：教学速度非常快，教学活动着重在讲解和听讲，较少师生互动。"温建红针对现实教学中出现的"用旧版本教""用多版本教""用教辅教"，而不是"用教材教"的现象，认为数学教师要有效使用教科书，除了要树立一些新的观念外，还要有一些具体研究教科书的方法，包括：准确理解"用教材教"；全面认识数学教科书的功能；结合课程标准研读教科书；了解不同教科书的编排方式；重视不同版本教科书的比较。

一线教师邓凯面对"用教材教"在一线教学的现状，他认为："主要有两方面原因：其一，大家没有对'用教材教'进行规范。由此，导致有的教师自以为自己对教材体系了解透彻，不学习课标，不钻研教材，不研究教法，上课时随意地教，具体表现如随意举例，随意出题，随意讲解，并且还美其名曰'践行用教材教'。其二，把'用教材教'理解为'轻视教材'或者'放弃教材'。教师往往以'习题集'代替教材，不引导学生掌握学科的核心知识，而花大力气让学生解题，以'用教材教'之名行'题海战术'之事，这两种情况都是对'用教材教'的曲解。"

2. 教师使用教科书的策略研究

对"教师使用教科书"过程的研究，孔凡哲从四个方面对"教师使用教科书"过程作了细化和分析：理解、研究教科书，诠释、整合教科书，运用教科书以及评判教科书。有关教师整合教科书方面的研究较少，曹爱淑曾在2008年9月5日的《中国教育报》上呼吁："任何一个版本的教材都不可能适合所有学生，教师的作用就是要按照课标的要求，根据学生的学习实际，科学地使用教材，对各种学习资源进行科学整合，满足不同层次学生的学习需要，使每个学生在课堂上都能达到自己的学习目标，这样才能实现有效教学。"需注意的是，首先，教师可以通过多样化的途径对教科书进行诠释，但要尽量做到正确合理；其次，"尽信书则不如无书"，需要每位教师在正确解读的基础上，针对本班的实际教学情况，对教科书的设计作出反思，指出其优缺点和不足之处；再次，明确对教科书进行整合的最终目的，是为了促进学生的学，而不是其他；最后，对教科书的诠释是一个过程，教师需要在每次使用教科书的过程中不断积累。"一标多本"政策下的教科书俨然成为一种课程资源，一方面，教科书编者需要基于教师的教学现实和反馈，开发出更完备的对教师教学有切实帮助的配套课程资源；另一方面，教师面对丰富的配套课程资源时，选出"适合自己的，适合本班的，适合教学内容"的才是最好的。

评判教科书方面，孔凡哲、史宁中在对"教师使用教科书"过程进行分析的基础上，创建了"教师使用教科书水平模型"。该模型将"教师使用教科书水平"划分为五个级别：误用、机械使用、常规使用、有些新意、创造性使用。孔凡哲、汲长艳以东北地区某市的54名数学教师为例，对数学教师的教科书评判意识进行了一定范围的现状调查，结果表明：数学教师整体教科书评判意识较好，但彼此之间存在明显差异；数学教师评判教科书时，关注最多的是教科书情景方面；数学教师教科书评判意识与行动之间存在较大

用具体的数据文献证实教师使用教科书的策略方面出现的偏差，指出需要积极改善教师使用教科书的策略。

文献中指出课程的发展、课程标准、教学大纲与教师使用教材内容息息相关，并用多个文献证实其重要性。

偏差。

3. 教师使用教科书的实施研究

在未来的研究中需要注意的事项有：其一，对"教师使用教科书"的研究不能停留在表面，需关注教师的教材观，教材观可以简单理解为教师对教材地位和作用的主要看法。教师持有什么样的教材观，会直接影响教师对教材的处理。其二，"教师使用教科书"研究的理论分析框架有待改进，即理解、研究教科书，诠释、整合教科书，运用教科书以及评判教科书。但细看对各个方面的描述，不免有些模糊。例如，依据什么判断？理论先行，但更需要考虑如何使先进的理论在实践中发挥效力，这样的理论才更具有生命力。

纵观我国小学数学课程的发展演变及课程标准、教学大纲、数学教材内容的不断变更，可以看出教材的编写是根据不同历史时期的要求而不断调整、变动的。教师是教材的主体，对教材的解读、处理与把握上有着自己的经验和个性化的认识，因此自有教材之日起，教师就或多或少地按照自己的理解对教材进行加工处理而非完全地照搬教材内容并以此传递给学生。但是由于长期以来我国采用全面统一教材体系的做法，在传统的课堂教学中，教师对教材的处理仅仅还停留在简单加工的层面，教师依然是课程教材的被动执行者，而不是课程教材的支配者和主人。随着课程改革的推进，教师在创造性使用教材上逐渐放开了手脚。

2003年以来，国内的教师及学者就陆续开始了对"创造性使用教材"的研究，但大多数一线教师都是以教学叙事及案例呈现的方式来浅淡自己在教学中如何造性使用教材的一些做法，如周爱东在《中学数学教学》上发表的《创造性使用新教材的点滴做法》。目前，尚且缺乏指导性强的，可供操作实践的创造性使用数学教材的策略体系。

（三）评价与启发

国内外研究，对于同一学段的教材重构研究案例较多，但不同学段与代数领域的整合很少。因此，对这一研究课题的研究，对一线教师如何创造性地使用好小学数学新教材有一定的指导和实践意义。阅读了大量案例和文献之后，发现目前研究在同一单元内的教学整合比较多，而在学段之间的整合很少。但在具体教学中，打破各学段之间的隔膜，进行学段间的重构很有必要。

三、概念界定

广义的课程整合指将两种、两种以上的学科，融入课程整体中去，改变课程内容和结构，变革整个课程体系，创立综合性课程文化。狭义的课程整合指将某种学科两种以上的内容，融合在一堂课中进行教学。二者都是强调把知识作为一种工具、媒介和方法融入教学的各个层面中，培养学生的学习观念。

这里指数学课程整合涉及课程结构、课程内容、课程资源以及课程实施等各个方面，从而促进课程整体的变革，且只以数学课程内容为例进行研究。

四、研究内容

（一）影响教师教材重构的因素分析

教师在创造性使用教材的过程中，要受到哪些因素的制约与影响呢？我从《课程标准》、学生情况、教学情境、教学环境、教学资源、教师素质等六个方面进行了分析。

1.《课程标准》

《课程标准》是在《基础教育课程改革纲要试行》的指导下编写的，是数学学科教育目标的具体化，体现了数学学科对学生最起码的要求，是教学和培养学生学科素质的主要依据，对教学具有重要的指导性。而就教材而言，我们可以从不同的角度对它进行理解。"从狭义上来讲，教材是指根据一定数学学科的教学任务而编造和组织，具有一定范围和深度的知识和技能的体系，即教科书；而从广义上来讲，它又是指教师用来指导学生学习的一切可利用的教学材料。"教师作为学生们学习的指导者，在处理教材时，首先要考虑《课程标准》的培养目标和具体要求。在深钻《课程标准》、教材和学生的过程中，找准三者之间的连接点。

只有这样，才能够达到从"教教材到用教材教"的转变。而从钻研到实践这一过程本身就是一种发现、创造的过程。可以说，《课程标准》是教师创造性使用教材的指导性标准。

2. 学生情况

教学不仅是为了完成教材上的内容，更重要的是教育一个个富有个性的、活生生的人。我们面对的学生，无论从地域、民俗、民风等情况都不尽相同，他们各有各的特色，就是在同一个班，学生与学生之间也存在着差异。在使用教材的过程中，要依据学生的自身情况而定，这是创造性地使用教材的核心。也就是教材要具有多样性，尽可能满足不同地区、不同学校、不同学生的要求。但即使这样，也不可能编排出一套适应每一所学校、每一个学生的教材。因此，我认为创造性地使用教材，必须根据学生的认识水平、心理特征、学习规律而定。

3. 教学情境

教学情境是指课堂上教师、学生、教材、环境等多种因素所组成的氛

对《课程标准》、学生情况、教学情境、教学环境、教学资源、教师素质进行文本分析，探究影响教师教材重构的因素。

对学生情况的分级可以运用相关的问卷调查各学生的情况，用具体的数据说明学生的情况更具有说服力。

围。教学课前的设计只是对教学现实的预计、构想，是建立在教师的经验基础之上，有很强的主观性。而在教学现实中，往往会出现预想之外的许多事件、问题、情境。此时，教师若不根据教学情境灵活处理教材，而还是按原计划教学，这就属于传统式教学了。教师角色应转变为组织者、指导者，而不再是控制者。当教学情境发生偏差时，应在以保护学生的自尊心和积极性的前提下灵活调整。这也是创造性使用教材的一个重要组成部分。教师要用巧妙的问题逐步引导学生向教学目标靠近，为学生创造良好的学习情境。当学生的身心状态处于最佳状态时，他们的学习效果最好，也更有利于培养学生的灵活性和创造性。

教学环境分为教的环境与学的环境。它区别于教学情境，但与教学情境又有着密切的联系。特别是课堂内，某种意义上即是教学情境。教材、教室、学校并不是知识的唯一源泉，大自然、人类社会、丰富多彩的世界都是人生的教科书。依据教学环境确定教材的取舍是非常重要的，环境涉及学生所在的社区、学校、教室、家庭等多种因素。如果结合环境借教材施教可收到更好的效果，即把教材与环境结合起来，为学生建立教材与生活的联系，有利于提高学生对教材的适应性。

4. 教学资源

教学资源分为硬件和软件两个部分。优越的硬件设备只有在先进的教育理论指导下，通过教师努力，才会发挥出更大的效能。所以教师创造性地使用教材，一定要依据所在学校的教学资源而定，努力提高软件资源的水平，不断促使自身的教学专业水平得到不断地发展，充分利用学校现有的硬件资源，朴实而富有创造性地开发、使用教材。

5. 教师素质

再好的教科书，碰上不好的教师也难教好；不好的教科书，有好老师一样能教好。创造性使用教材的关键最终还是取决于教师的素质。首先，教师应更新教学观念与角色，从原来单一的数学知识的传授者逐步向数学学习活动的组织者、引导者和合作者转换。数学教师不应再只是习题"研究者"和考试"指导者"，而是拥有先进教育理念、懂得现代教育技术、善于学习、善于合作的探究者。其次，要更好地创造性使用教材，科学合理地开发教材，教师还应具备研读把握教材、分析处理教材的基本素质。只有在深刻钻研了教材的编写意图与理念，全面了解了课程及教材体系的基础上，才能对教材做出恰当地处理，而不至于偏离了基本的教学目标和重难点。

（二）创造性使用小学数学教材的策略

1. 深挖教材策略

教材重构中，深挖教材应是前提和基础。深挖教材策略是指在仔细研读教材的基础上，结合学生的实际情况和接受能力，同时照顾到学生的个体差异，深挖教材内涵，对教材中所隐含的教学内容进行深入剖析，对潜在的教学素材进行创造性地利用和加工，以帮助学生形成正确、完整的知识体系。

依据分析影响教师使用教材的因素，从深挖、改编和重组教材三个方面解释教师如何使用小学数学教材。

2. 改编教材策略

改编策略是我们在教学实践中创造性使用教材的最常见的一种策略，是当教材的问题情境、例题及练习中的内容与学生的生活实际相距较远，题目中的数据与学生的实际情况或接受能力有差距，教材中新知的呈现方式和解决问题的方法不利于学生理解、掌握时，教师根据学生的需要主动调整教学素材的一种策略。对教材的合理改编能有效地激发学生的学习兴趣，培养学生良好的数学思维品质。尤其是对教材例题中学生不熟悉的情境要进行改编。《数学课程标准》中指出，数学课程"不仅要考虑数学自身的特点，更应遵循学生学习数学的心理规律，强调从学生已有的生活经验出发……"因此，新教材中很多新课的引入都是提出一个个来源于学生生活的，具有现实意义的问题情境。然而不同的学生所处的环境不尽相同，所具备的知识背景与数学活动经验也各有异，教材又只是"学生数学学习的重要线索"，它并不能满足所有学生数学学习的需要。因此在教学中，教师要客观地把握和处理教材，从学生的实际情况出发，将一些离学生生活实际相去较远的情境改编为学生看得见、摸得着的、感兴趣的情境，这样可以更有效地激发学生的求知欲望。

3. 重组教材策略

重组策略是根据学生的学习需要，对教材内容进行有序地归纳、概括和综合，使其更系统化、结构化、层次化，帮助学生形成完整、立体的知识网络。重组教材包括对同一教材中被割裂的教学内容进行组合。教师通过重组教材，能更好地解决教学重难点，使得教学活动顺利、和谐地进行。一方面，对同一教材中被割裂的教学内容进行重组。数学中的许多知识之间都有着千丝万缕的联系，教材中有些内容的编排，把本是一个体系的内容生硬地割裂开来，不利于学生系统、全面地理解和掌握所学的知识，因此教师在创造性使用教材时可以灵活沟通一些被割裂的相关教学内容，并进行资源重组，以帮助学生形成完整的知识体系。另一方面，对不同版本教材中的同一教学内容进行重组。随着新课程改革的不断推进，具有不同特色和地域特点的各种版本的新教材也相继涌现。对于同一教学内容，由于编者的生活体验和编写思路各不相同，导致不同的教材都各具特色，各有所长。在此轮课改实验教材的推广中，我校部分年级同时试用两种不同版本的教材，于是教师也经常将其中相同教学内容的不同教学素材进行重组，融合优质的教学资源为我所用。

五、研究方法

（一）学段整合

小学数学数与代数领域的整合。

案例：在《小学数学》（人教版）第3册编排了乘法意义的内容，如2个6加3个6是5个6。教学到这个环节可以揭示乘法分配律。

空间与图形领域的整合。

案例：在《小学数学》（人教版）第6册编排了长方形面积内容，第9册编排了平行四边形面积。

> 运用具体实施案例展示教师如何整合教材，具有一定的借鉴意义。在介绍研究方法时需详细介绍如何在具体实施案例中运用。

（二）延展整合

案例：《小学数学》（人教版）第1册两个相同的数相减。

6−6=0

10−10=0

100−100=0

302−302=

a−a=

x−x=

找规律、字母表示数。

核心素养：数学抽象、符号意识。

（三）方法整合

案例：在《小学数学》（人教版）第4册除法的含义、除法应用题。

9块橡皮27角钱，每块橡皮几角钱？

9块橡皮3角钱，每块橡皮几角钱？

a块橡皮c角钱，每角钱可以买几块橡皮？

9小时浇地4.5公顷，每小时浇地多少公顷？每公顷需要几小时？

核心素养：模型思想、应用意识。

案例：在《小学数学》（人教版）第8册四则运算。

25+32=57	57−32=25
	57−25=32
182+256=438	

98−52=46	
762−159=603	

简易方程：X−159=603

核心素养：数学抽象、逻辑推理。

（四）复习整合

案例：《小学数学》（人教版）第8册乘法分配律。

$167 \times 2 + 167 \times 3 + 167 \times 5$

$15.72 \times 7.8 + 0.22 \times 157.2$

第6册：小数加减法。

第7册：积的变化规律。

第8册：小数点位置移动、乘法分配律。

核心素养：数据分析、数学运算。

案例：在《小学数学》（人教版）第9册梯形面积。

梯形菜地面积是0.729公顷，高1350分米，上底36米，求下底。

用方程求高、梯形面积公式、单位换算、商中间有零小数除法计算。

核心素养：运算能力、数据分析观念。

案例：在《小学数学》（人教版）第9册简易方程。

鸡、兔同笼，共有18只。已知鸡、兔共有40只脚，问鸡、兔各几只？

列表法、假设法、方程法、面积法。

核心素养：模型思想、应用意识。

六、创造性使用小学数学教材的初步效果

经过一系列的理论研究、行动研究与经验总结，开展"小学数学教材内容重构"这一课题研究的效果已初步显现。

（一）有利于丰富教师对教学效果的认识

一提到"教学效果"，很多教师会想到测验成绩、学业成绩排名，或是学生的升学率。其实，这只是"教学效果"的一方面体现，即显性的"教学效果"。本研究还从多个维度考量了"教学效果"。当堂教学效果包括"学生课堂参与度""学生的数学课堂情感""学生对新知的操作性理解程度""学生对新知的关系性理解程度"；学期教学效果包括"学生数学学习态度""学生数学观""学生的问题解决能力""数学期末测试成绩"。这在一定程度上开阔了教师的"教学效果"观。

（二）加强教师对于教学资源的整合能力

研究中改进的"教师使用教科书水平"具有较高的操作可行性，同时，也可以作为提高教师专业化发展水平的有力工具。因为该测评工具详细记录了教师在"教师使用教科书水平"各维度的表现，教师教育研究者和培训者可以从中发现教师具体在哪一方面表现不足，从而更有针对性地采取措施提高教师的"教科书使用水平"。

指出教师创造性地运用教学策略整合教材内容产生的效果，分析过程中结合相应的教学设计和课堂实践，具有一定的可信度。另外，教师可反思为什么会产生这样的效果，教师还可以运用何种措施整合教材内容，进一步提高教师使用教材的效果。

（三）探索数学课程资源的创新途径

相关知识的归并，体现了衔接的顺畅和自然。在数学的发展上更加省时省力，更加高效，更加有利于学生在数学上的发展自由度。从义务教育的学段时间上看，整合后的教材既做到符合新课程标准的要求，又节约出了大量的时间，使得学生在本阶段能够更加从容地复习巩固和查缺补漏，有利于数学知识的再认识和再提升。学生可以有足够的时间来细致复习，并得以练习和锻炼。在学生个体的数学素养的培养和数学综合能力的养成等方面，也是一个极佳的锻炼场地和空间。在复习效果上，会收到更好的效果。

参考文献

[1] 杨爱玲.基础教育课程改革存在缺憾的原因反思.教育学报，2007，3（1）

[2] 教育部"新课程实施与实施过程评价"课题组.基础教育课程改革的成就、问题与对策.中国教育学刊，2003（12）

[3] 全美数学教师理事会.美国学校数学课程与评价标准.人民教育出版社数学室，译.北京：人民教育出版社，1994

[4] 裴娣娜.论我国教学论学科建设与发展.中国教育学刊，1998（6）

[5] 严家丽，孔凡哲.国内"教师使用教科书"的研究现状及其反思.上海教育科研，2013（5）

[6] 沈林.小学数学教师教科书解读的影响因素及调控策略研究.西南大学，2011

[7] 温建红.谈数学教师如何有效使用教科书.西北成人教育学报，2011（1）

[8] 孔凡哲，汲长艳.数学教师如何提高教科书评判水平.中学数学月刊，2012（5）

[9] 陈琦，刘儒德.当代教育心理学.北京：北京师范大学出版社，2006

[10]张奠宙，李士锜，李俊.数学教育学导论.北京：高等教育出版社，1970

[11]刘广存.如何创造性地组织和使用教材.教学与管理，2003（1）

[12]徐春祥，祖文良.用"活"教材，让数学走进生活.教育实践与研究，2006（3）

[13]于清来.新教材使用策略浅说.数学教学研究，2006（7）

[14]喻平，张英伯，曹一鸣.数学教学心理学.北京：北京师范大学出版社，2010

综合评述：本文整体来说基本逻辑很好，建议再加强一下研究问题的表述，文献综述的维度划分再清晰一些，对研究综述的总结和述评部分需要加强，文中全文引用的观点没有脚注标明的，需要再标注一下。

❓ 研究反思

一、参与此项目的原因与动机

首先感谢校领导给予我们这次研究学习与提升的机会。因为此课题真是自己多年一线教学过程中积累的素材与经验心得，很宝贵，如果能借此机会整理出一套系统的理论与实践结合的文本性的材料供大家分享是一件很有意义的事情。新教材留给教师再创造、再开发的空间也更大了。

置身于教育一线的教师不难感受到，新一轮的课程改革给我们的教育视野和教育观念都带来了强大的冲击与革新。（1）过于遵从教材。当教师们真正走进课堂时才发现，新教材、新理念有了，可在实际教学中却跳不出旧框框，在教育实践中大家常常感到无所适从，甚至"穿新鞋走老路"。有的教师坚持认为，教材既是教师教学的依据，也是学生学习的依据，所以必须"忠于"教材，结果照搬照套，限制了学生的思维发展。（2）过于脱离教材。有的教师则认为课程改革是解放了教师的手脚，可以随心所欲地对教材进行盲目地改编和创造，导致脱离了课程预定的教学目标及重难点，甚至是背离了学生的认知特点和身心发展的规律。

我们知道，"不同的学生所处的环境不尽相同，所具备的知识背景与数学活动经验也各有异，教材又只是学生数学学习的重要线索，它并不能满足所有学生数学学习的需要"。因此，教师应客观地把握教材，从学生的实际情况出发，将教材内容进行优化，使教材内容成为更易于在课堂上表达，有利于学生自主探索的学习材料。

二、在此项目中的收获

1. 了解了怎样做课题

2. 参与了从开题到结题的整个过程

3. 了解了研究方法

4. 整理了多年的实践经验，梳理了典型案例

5. 创造性使用小学数学教材的策略

（1）深挖教材策略。教材重构中，深挖教材应是前提和基础。深挖教材策略是指在仔细研读教材的基础上，结合学生的实际情况和接受能力，同时照顾到学生的个体差异，深挖教材内涵，对教材中所隐含的教学内容进行深入剖析，对潜在的教学素材进行创造性地利用和加工，以帮助学生形成正确、完整的知识体系。

（2）改编教材策略。改编策略是我们在教学实践中创造性使用教材的最常见的一种策略，是当教材的问题情境、例题及练习中的内容与学生的生活实际相距较远，题目中的数据与学生的实际情况或接受能力有差距，教材中新知的呈现方式和解决问题的方法不利于学生理解、掌握时，教师根据学生的需要主动调整教学素材的一种策略。对教材的合理改编能有效地激发学生的学习兴趣，培养学生良好的数学思维品质。尤其是对教材例题中学生不熟悉的情境要进行改编。《数学课程标准》中指出，数学课程"不仅要考虑数学自身的特点，更应遵循学生学习数学的心理规律，强调从学生已有的生活经验出发……"因此，新教材中很多新课的引入都是提出一个个来源于学生生活的，具有现实意义的问题情境。然而不同的学生所处的环境不尽相同，所具备的知识背景与数学活动经验也各有异，教材又只是"学生数学学习的重要线索"，它并不能满足所有学生数学学习的需要。因此在教学中，教师要客观地把握和处理教材，从学生的实际情况出发，将一些离学生生活实际相去较远的情境改编为学生看得见、摸得着的、感兴趣的情境，这样可以更有效地激发学生的求知欲望。

（3）重组教材策略。重组策略是根据学生的学习需要，对教材内容进行有序地归纳、概括和综合，使其更系统化、结构化、层次化，帮助学生形成完整、立体的知识网络。重组教材包括对同一教材中被割裂的教学内容进行组合。教师通过重组教材，能更好地解决教学重难点，使得教学活动顺利、和谐地进行。一方面，对同一教材中被割裂的教学内容进行重组。数学中的许多知识之间都有着千丝万缕的联系，教材中有些内容的编排，把本是一个体系的内容生硬地割裂开来，不利于学生系统、全面地理解和掌握所学的知识，因此教师在创造性使用教材时可以灵活沟通一些被割裂的相关教学内容，并进行资源重组，以帮助学生形成完整的知识体系。另一方面，对不同版本教材中的同一教学内容进行重组。随着新课程改革的不断推进，具有不同特色和地域特点的各种版本的新教材也相继涌现。对于同一教学内容，由于编者的生活体验和编写思路各不相同，导致不同的教材都各具特色，各有所长。在此轮课改实验教材的推广中，我校部分年级同时试用两种不同版本的教材，于是教师也经常将其中相同教学内容的不同教学素材进行重组，融合优质的教学资源为我所用。

6. 撰写了结题报告

教师如何使用小学数学教材，涉及课程实施质量的好坏。教师对小学数学教材的理解和重构就成为关键环节。教师应依据课程标准的基本理念，在充分理解、尊重教材的基础上，在充分把握学生实际情况的基础上，对数学教材进行重组、创造，并在实践探索中实现对教材的超越，以促进课程的有效实施。

7. 创造性使用小学数学教材取得初步效果

经过一系列的理论研究、行动研究与经验总结，开展"小学数学教材内容重构"这一课题研究的效果已初步显现。

（1）有利于丰富教师对教学效果的认识。一提到"教学效果"，很多教师会想到测验成绩、学业成绩排名，或是学生的升学率。其实，这只是"教学效果"的一方面体现，即显性的"教学效果"。本研究还从多个维度考量了"教学效果"。当堂教学效果包括"学生课堂参与度""学生的数学课堂情感""学生对新知的操作性理解程度""学生对新知的关系性理解程度"；学期教学效果包括"学生数学学习态度""学生数学观""学生的问题解决能力""数学期末测试成绩"。这在一定程度上开阔了教师的"教学效果"观。

（2）加强教师对于教学资源的整合能力。研究中改进的"教师使用教科书水平"具有较高的操作可行性，同时，也可以作为提高教师专业化发展水平的有力工具。因为该测评工具详细记录了教师在"教师使用教科书水平"各维度的表现，教师教育研究者和培训者可以从中发现教师具体在哪一方面表现不足，从而更有针对性地采取措施提高教师的"教科书使用水平"。

（3）探索数学课程资源的创新途径。相关知识的归并，体现了衔接的顺畅和自然。在数学的发展上更加省时省力，更加高效，更加有利于学生在数学上的发展自由度。从义务教育的学段时间上看，整合后的教材既做到符合新课程标准的要求，又节约出了大量的时间，使得学生在本阶段能够更加从容地复习巩固和查缺补漏，有利于数学知识的再认识和再提升。学生可以有足够的时间来细致复习，并得以练习和锻炼。在学生个体的数学素养的培养和数学综合能力的养成等方面，也是一个极佳的锻炼场地和空间。在复习效果上，会收到更好的效果。

三、在研究中遇到的问题

问题1：有一个个小案例，但不能串成体系。

问题2：教师开展教材重构后的课堂效果不知如何用数据分析评价？

四、对今后科研项目的期待与建议

希望能够得到老师更多的一对一的、有针对性的指导与帮助。

大数据时代培养学生数据分析观念
——整体方案设计对学生数据分析观念的影响

史家小学　　高雪艳

一、问题的提出

随着社会的发展和科技的进步，统计的初步知识在人们日常工作和社会生活中起到了越来越重要的作用。也正因为如此，统计的教学内容伴随着课程改革的步伐，在数学课程中的重要性愈来愈突出。而数据分析观念作为统计的核心，也受到人们的广泛关注。

（一）研究的背景

1.“数据”时代的到来

> 从数据时代、课程标准的要求以及教学现状的问题三个部分展示研究背景，从宏观到微观，层层递进说明培养学生数据分析观念在"数据"时代的重要性，在《课程标准》中的必要性，在教学现状中的紧迫性。

随着"数据"时代的到来，我们的生活环境发生了变化，周围每时每刻都有大量的数据产生，各行各业的操作运行越来越与数据活动紧密相关。如在超市购物时，会接触到不同物品的价格数据；出门时，会留意时间、气温等有关数据；看电视、报纸、杂志时，也会看到、听到大量的数据，等等。大家普遍关心的金融、公共管理、医疗等问题，国家都在提倡全面运用大数据寻求更好的解决方法。可以说，生活已先于数学课程将统计推到我们的面前，大数据正在潜移默化地渗入我们的生活，并将在未来重构我们的生活。这就需要每个公民具备良好的数据素养，作为社会公民的小学生也不例外。

2. 基于《课程标准》

> 从《课程标准》出发，指出培养学生数据分析观念的必要性。

2001年颁布的全日制义务教育阶段《数学课程标准》（实验稿）明确提出发展学生的统计观念，2011年颁布的《义务教育数学课程标准》将统计观念调整为数据分析观念，并指出其内容包括："了解在现实生活中有许多问题应当先做调查研究，收集数据，通过分析作出判断，体会数据中蕴涵着信息；了解对于同样的数据可以有多种分析的方法，需要根据问题的背景选择合适的方法。凸显数据作为统计与概率研究对象的重要地位。"

3. 基于教学现状

在教学实践中由于部分教师自身统计知识的缺乏，对统计教学目标把握不准确，存在着重技能、轻意识的现象，把统计教学狭隘地理解为作图和计算。数据的来源多是使用教材中的或是教师提供的，忽视了学生自己收集、整理数据的过程。而学生经历收集数据的过程，就是在培养分析、运用数据的能力。

展示教学实践中培养学生数据分析观念的缺失。

（二）研究的问题

本研究主要是围绕数据分析观念展开的，目的在于探索出适于培养小学生数据分析观念的方法策略。借助研究性学习的模式进行统计活动的整体方案设计，在课堂教学中创设具有丰富实际背景的现实活动，使学生经历收集、整理、分析数据的全过程，体会统计与概率的基本思想和方法。学生在参与实践的过程中经历了如下过程。研究思路框架图如下：

可具体指出研究的问题是什么，然后对此问题展开分析。

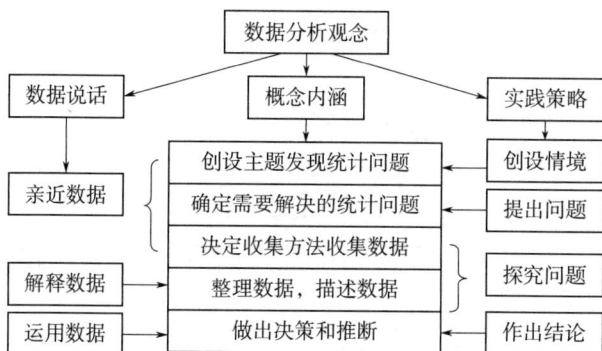

研究框架图

思路框架简单明了，将研究方法和研究问题相结合，体现了研究者的思维路线。

（三）研究的意义

"数据分析观念"是2011版《课程标准》中提出的一个核心概念，本研究力求通过整体方案的设计活动，使学生经历数据的收集、整理和运用的过程。通过对数据分析活动过程的深入探讨，尝试建构小学生方案设计流程和评价标准。

从理论意义和实践意义诠释研究意义，且结合研究背景，运用一致性原则分析研究问题解释研究意义。

1. 研究的理论意义

以数据分析为核心的统计部分的教学，是基于问题解决的教学，甚至可以说是与当前社会生活联系的最为密切的教学。然而，就已有的研究成果来看，不管是从理论上还是实践上，涉及数据分析观念的研究都非常少。因此，本研究在丰富数据分析观念的有关教育教学理论上具有一定的意义和价值。同时可以借助研究进一步培养学生数学分析观念，提升学生分析数据及运用数据进行推断和预测的能力。

2. 研究的实践意义

通过研究可以使教师对小学生数据分析观念的培养有更深层次的认识，借助整体方案设计的研究途径，激发学生数学学习的兴趣，提高学生的数据分析观念，使数学知识的学习与大数据时代潮流相适应，培养全面发展的社会人。研究中所形成的统计课程的课堂模式，可以指导教师开展有效的教学活动。

> 从论文的结构可以看出研究者层层递进地探究研究问题。

（四）论文的结构

本文首先对与本研究相关的研究进行综述，尤其是对有关数据分析、数据分析观念的相关描述和研究作出详细的综合与分析。通过对教学实际背景的分析，找到问题研究的突破口；并尝试构建以整体方案设计为依托的课堂教学模式；以及相关课型的评价方案，并借助数据说明本研究的必要性。本论文的框架结构如下：

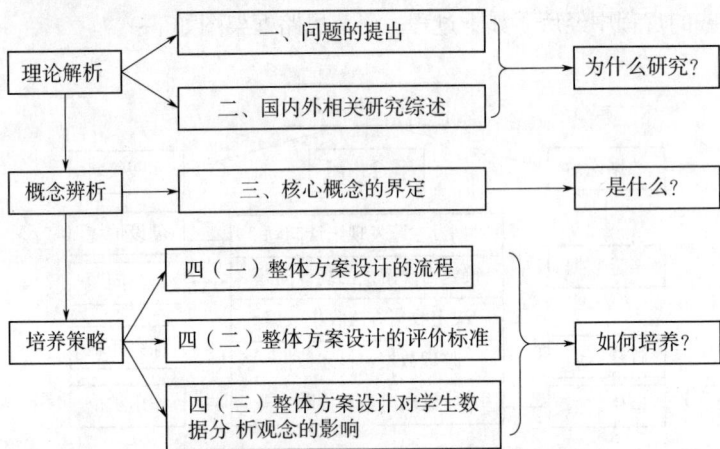

论文框架结构图

二、国内外相关研究综述

> 表明研究者查找了众多的文献，展示了文献的丰富性和广博性。但建议大类不要分为国内和国外的研究，国内和国外研究的相关点，比如都对统计素养有研究，那么直接在统计素养下写出来国内外现在的相关研究进展，更能帮助研究者梳理文献的逻辑。

目前国内相关的研究成果主要涉及对统计观念、数据分析观念以及对数据分析能力的研究。国外相关的研究成果主要是倾向于对统计概念、统计素养和统计思维的研究。

（一）国外研究现状

国外对统计与概率的研究比较早，研究主要包括对有关统计概念的研究、对有关统计素养的研究和对有关统计思维的研究三个方面。

1. 关于统计概念的研究

> 从统计图入手，解释统计的概念。可以直接查找与统计相关的研究，让读者更加明了统计概念的研究。

根据学生对统计图理解的不同，将统计图的理解分为"图的报读：直接读取图中的数据""图的解释：解释图中的数据以及数据之间的关系""图的建立：利用统计图来表示数据"以及"图的评价：评价一个统计图的正确性和所反映信息的有效性"四个方面，并且将学生可能出现的错误归类，主要错误有与符号、题目、说明和图的类型有关的错误，扇形图的错误，象形图的错误等。

2. 关于统计素养的研究

英国的Peter Holmes在1980年提出了统计素养的五个方面："明确问题与计划""数据的收集""数据的记录与表示""结果的解释与讨论""概率"。美国的杰里·莫雷诺（Jerry Moreno）在1998年召开的第五届统计学教学国际大会（ICOTS5）上提出，公民应该具备的基本的统计素养主要包括"会设计调查实验""用统计说理""理解统计图""能辨认出传媒表达的错误信息"等八个方面。2002年7月在南非召开了以"形成一个具有统计素养的社会"为主题的第六届统计学教学国际大会（ICOTS6），在这次会议上，杰里·莫雷诺继续强调要加强公民的统计素养，并提供了一套试卷用来考察公民基本的统计素养。

> 从国外研究中了解相关的统计素养研究。

3. 关于统计思维的研究

统计学家Wild & Pfannkuch认为统计思维包含"认识到需要数据""数据分析""考虑变异""一套独特的模型""将统计与实际情境相联系"五个重要的因素，是一个比较复杂的活动。教育学家Mooney & Joe认为统计思维（Statistical Thinking）包含四个维度，它们分别是"整理和概括数据""描述数据""表示数据""分析和解释数据"。同时，他认为统计思维中最重要的是数据处理的过程。

> 可对统计思维的维度进一步解释。

（二）国内研究现状

《课程标准》（实验稿）和2011年版《课程标准》的颁布，对国内有关"数据分析"的研究有着很大的促进作用。现有的研究成果主要包括以下三个方面。

1. 关于统计观念的研究

关于统计观念的研究主要集中在统计观念的培养措施上，并且，其培养措施绝大多数都是针对小学阶段提出来的。如，张静波认为，使小学生形成统计观念的最有效的方法是让他们真正投入到统计的全过程中。潘小明认为，在小学阶段关于统计的教学中，应当使儿童经历如下一些数学活动：初步体验数据的统计活动；制作和解读简单的统计图表；在统计活动中理解一些简单的统计量（如平均数、众数、中数等）的意义等。李星云认为，小学生统计观念的形成是有阶段性和层次性的，因此，对小学生统计观念的培养必须分阶段、分层次地进行。张丹认为，应该要注重使学生经历统计活动的全过程，并且，注重让学生体会统计对决策的影响。

> 可综合学者的观点，提出对统计观念研究的综合理解。

2. 关于数据分析观念的研究

国内对数据分析观念的研究是从2001年版《课程标准》颁布后开始的，主要涉及数据分析观念的差异以及数据分析观念的培养方面。

（1）有关数据分析观念差异的研究。沈阳师范大学的硕士生董薇激对初中生的数据分析观念的发展水平作了研究，她将初中生的数据分析观念分为"收集数据""整理数据""描述数据""分析数据"以及"统计与概率的关系"五种成分。其研究表明初中生的数据分析观念发展水平存在性别与城乡的差异。

（2）有关数据分析观念的培养研究。对于数据分析观念的培养，绝大多数是基于整个义务教育阶段的研究，只有少部分是针对小学阶段的。如贾福录等人从数据分析观念的内涵出发，提出鼓励学生亲身经历数据分析的全过程，体会数据中蕴涵着丰富的信息帮助学生掌握数据分析的方式方法，能根据问题的要求选择合适的方法；通过对数据的分析，引导学生感受数据的随机性。李光杰从小学阶段出发，认为在教学中要培养和发展小学生的数据分析观念，必须做到：设计合适的问题情境使学生体会到需要收集数据、分析数据；注重引导学生从多角度分析数据，从中获取信息；帮助学生通过数据分析来体验随机思想；课内外结合，因地制宜地开展实践活动。

（三）研究现状述评

通过以上的论述可知，国内外针对基础教育阶段的"数据分析"都进行了比较丰富的研究。这些已有的研究成果为本研究提供了坚实的基础；但我也发现当前的研究主要集中在具体的培养措施上，缺乏对要素结构的深入研究。研究成果主要是对平时课堂教学实践的经验总结，缺少理论层面的佐证和支持，缺少培养学生用数据说话，运用数据进行推断的思考方式的教学研究实例。

三、核心概念的界定

（一）数据

数据是信息的载体，这个载体包括数，也包括言语、信号、图像，凡是能够承载事物信息的东西都构成数据。统计学是建立在数据的基础上的，本质上是通过数据进行推断。

（二）数据分析观念

在义务教育阶段，学生学习统计的核心目标是发展"数据分析观念"。在《课程标准》（2011年版）中，将数据分析观念解释为："了解在现实生活中有许多问题应当先做调查研究，收集数据，通过分析作出判断，体会数据中蕴含着信息；了解对于同样的数据可以有多种分析的方法，需要根据问题的背景选择合适的方法。"由此可见统计的核心是数据分析。

四、借助整体方案设计培养学生的数据分析观念

通过学习和研究，我将本研究的重点落在学生整体方案设计能力的培

养上，力求为学生创设贴近他们生活的实际问题，引导学生参与活动的全过程，借助方案设计培养学生的数据分析观念。

（一）经历方案设计过程，提升数据分析观念

在义务教育阶段，学生学习统计的核心目标是发展"数据分析观念"。《课程标准》（2011年版）将数据分析观念解释为："了解在现实生活中有许多问题应当先做调查研究，收集数据，通过分析作出判断，体会数据中蕴含着信息；了解对于同样的数据可以有多种分析的方法，需要根据问题的背景选择合适的方法。"

在参与统计课题的学习过程中，对学生的统计学习有了新的认识。特别是当走进学生进行调研的时候明显地感觉到学生知道针对某个问题需要进行调查统计，但是该怎样去调查统计学生没有明确的思路和方法。也有部分学生有具体的办法，但办法不明确，缺乏整体计划的意识。

借于此，在统计教学中培养学生整体制定计划的学习是十分必要的。通过制定计划的学习，使学生知道解决有些问题需要用统计的方法，而在使用统计方法的时候就需要获得数据的方法并经历获得数据的过程的意识，而且要明确针对研究问题需要搜集什么样的数据，研究使用什么样的方法才能收集到数据，并最终对收集的数据进行处理。在经历计划制定的完整过程中促使学生的数据意识、数据分析观念逐渐形成。

带着"确定春游活动地点"这一问题走进五年级的课堂中，尝试了两种不同的引导方式：完全开放的问题下，孩子们思维比较活跃，但是因为受到各种因素的干扰，直接影响到学生们抓住关键问题进行分析解决；教师过多引导的课堂中，孩子们虽然能够制定出较为完整的方案，但是他们的自主研究意识又被淡化了。

基于学生的课堂实践现状和学生的实际能力，在开放中引导作为本节课的教学途径，并借助研究性学习模式，引导学生经历提出问题，探究问题，作出结论的学习过程。在学习的过程中使学生亲近数据、解释数据并运用数据解决问题，从而真正感受到数据是可以说话的。下面将结合"确定春游活动地点"这一内容进行具体阐述。

1. 创设问题情境引导学生明确研究问题

课一开始，我就提出问题"史家小学下学期要组织春游活动，该去哪个地方呢？"问题引发了学生的思考，并使他们明确了要完成的任务是：帮助史家小学确定春游活动地点。这时我提出："要解决这个问题你想到了哪些？"学生们的思维一下活跃起来，他们想到了很多因素，如路程、安全、类型（地点）、价钱、时间、年段、场地、上网、天气、环境……在交流中学生们清楚了选择春游活动地点需要考虑很多方面的因素，而这节课上主要来研究地点该如何确定。

> 研究对资料的分析呈现了研究结论，建议可以分两个部分即研究设计部分的研究过程以及研究的结论（主要是对研究收集到的资料的分析得出来的。）

> 这个概念界定在之前已经界定过，放在这个部分有些重复，可以直接在前文重点强调。

> 运用具体的生活实践让学生贴近数据，培养数据分析的观念。

当学生们明确了要研究的内容后，我马上出示问题：要使我们确定的活动地点能够尽量满足同学们的愿望，你打算怎么办？经过片刻思考后，有的同学想道：需要先了解一下同学们喜欢到哪里玩。在这一过程中，学生们借助问题情境展开头脑风暴，想到了很多与问题相关的因素，而在众多的因素中他们能够筛选出要解决问题的重要因素，从而明确了要研究的问题。

2. 引导学生交流明确制定计划基本思路

当学生们明确了要研究的内容后，我提出这样的问题："你打算怎么了解呢？把你的想法记录下来。"接下来学生们根据自己的认识独立尝试制定解决方案。

在学生初步制定方案的基础上，我引导孩子们分享自己的想法，我们可以看到孩子们想到了不同的方法：

> **生1：**问问同学们的想法就知道了，到班里调查一下，让学生举手表示就可以了。
>
> **生2：**选几个地方设计个表格，让同学们投票，再统计票数，哪个地方得票多就去哪个地方。
>
> **生3：**画个统计表或统计图，看看哪个地方的得票多。
>
> **生4：**要对不同年级段的同学进行统计，因为年龄不同喜欢的地点有可能不一样。
>
> **生5：**每班中选几名同学进行调查就可以了，因为如果进行全校同学的统计太麻烦了。

通过学生的交流，我们可以看到学生们思考问题还是比较全面的。为了尽可能地让大多数同学满意，他们想到了要考虑调查内容和对象，对同学们进行调查时，他们想到了可以采用不同的方式。通过交流，制定方案需要考虑的要素在孩子们的头脑中逐渐清晰。

3. 鼓励反思调整深化对制定计划的认识

学生之间的交流正是他们之间相互学习和启发的好时机，所以在他们交流各自的想法后，我又提出："同学们，你认为你刚刚设计的方案有需要改进或调整的地方吗？下面请你结合现在的想法对你的方案进行修改或调整。"

在别人的启发下，学生们能够发现自己最初方案中还有不够完善的地方，于是他们又马上投入到方案的补充和调整中。借助这一环节的学习，学生们不仅完善了方案的制定，对方案制定有了更深刻的认识，同时也能够感悟到反思与调整环节在学习过程中的重要作用。

4. 参与小组合作制定出合理可行的方案

在这个环节中引导学生带着自己调整好的方案参与到下组交流中。在交流前，先提出合作要求：（1）每个同学在小组内交流自己的想法。（2）组长组织组员共同商讨确定一个更合理、更全面、更具有操作性的方案。

研究者的教学实例帮助读者清晰理解如何培养学生数据分析的观点。

抓住时机，适时培养学生对数据分析的观点。

（3）把你们的方案清晰地呈现在小组活动记录单上。学生们的参与积极性都很高，他们既可以自信地表达自己的想法，也可以虚心地学习和接纳其他同学的好思路，好想法。

很快，每组同学都在合作交流的基础上完成了自己小组的方案。接下来就是每个小组带着小组成果在全班进行交流、展示。在交流的过程中，每位同学都在认真倾听，并思考着别的组的方案设计与他们的有哪些不同？人家的设计有哪些地方值得学习和借鉴的地方？同时也在思考着每个方案在实施过程中的可操作性问题。

这样的小组交流活动，又为学生们提供了相互学习、启发的平台。针对"确定春游活动地点"这个内容，每个小组设计出的方案水平虽然略有不同，但是同学们都经历了方案制定的完整过程，明确了制定方案的流程，他们的收获是丰硕的。

小组方案制定出来后，学生们还意识到制定方案的可行性问题，这也就提出了后面要继续研究的问题：带着方案到实践中去检验。

由此可见，教师借助研究性学习的流程，引导学生经历了"设计—交流—反思—调整"这一制定方案的完整过程，使学生清楚了方案制定的流程。而在经历方案制定的过程中，学生的规划意识也得到了提升，学生的数据分析观念得到了提高。制定整体方案设计教学流程图如下。

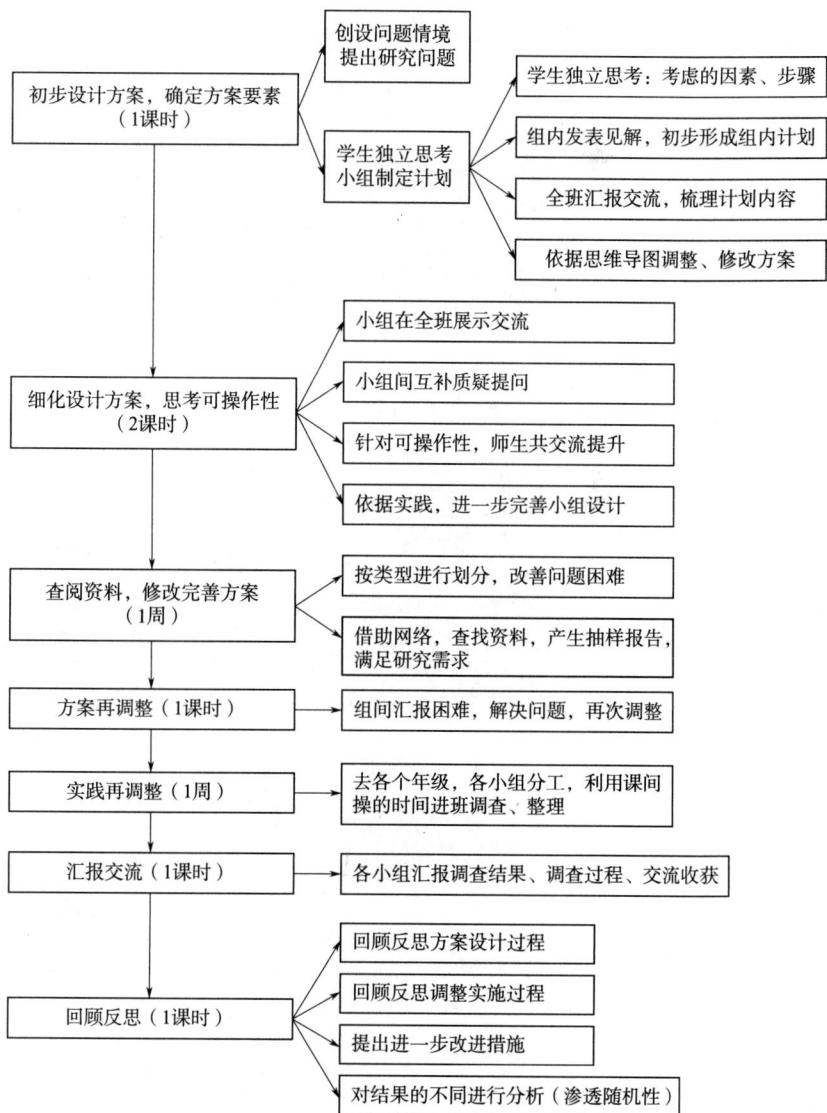

整体方案设计教学流程图

405

（二）整体方案设计的评价标准

通过分析学生制定的方案，初步确定方案制定的五级水平如下。

> 利用图文解释五级水平
> 标准，具体生动。

0水平：没有提到收集数据。

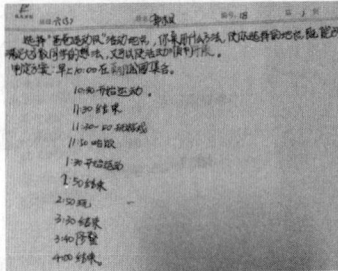

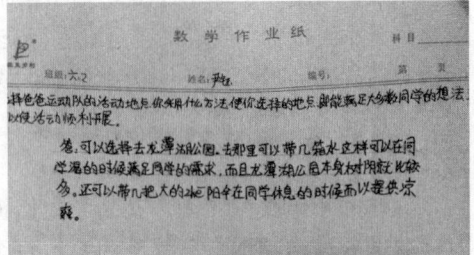

1水平：有数据意识无具体方案。

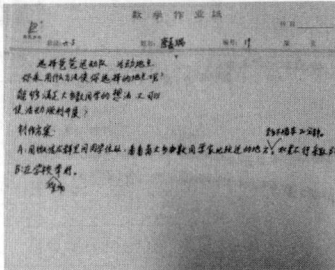

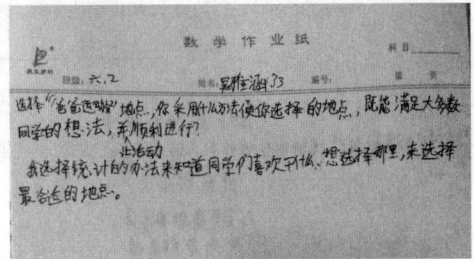

2水平：有数据意识方案简单。

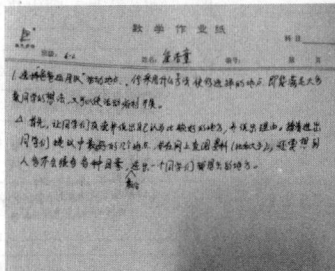

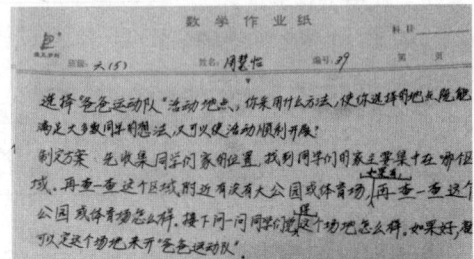

3水平：方案具体合理。

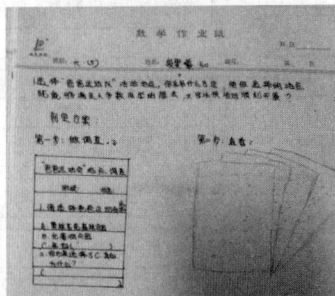

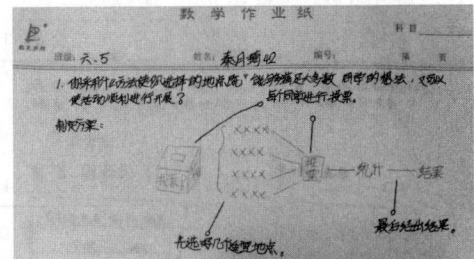

4水平：考虑大数据由班到校。

（三）整体方案设计对学生数据分析观念的影响

本研究的初衷是想借助整体方案设计水平的提升来促进学生数据分析观念的提高。通过实验数据对比，我们会看到学生的变化。

1. 学生方案制定的原始水平

测查内容：请你尝试制定出一个选择"爸爸运动会"活动地点的策划方案。你想采用什么方法，使你选择的地点既能够满足大多数同学的想法，又可以使"爸爸运动会"活动顺利开展呢？

测查目的：想了解学生面对一个问题的时候，能不能想到去调查整理，是否有用数据说话的意识，同时通过测查可以了解学生的方案制定水平。

测查对象：六年级70名同学。

测查结果：对这个测查内容的整理分为三个方面。

（1）制定方案的六要素的体现。

研究问题，调查内容，调查方法，调查对象，时间分工，数据呈现。下面重点呈现四方面的结果。41人谈到调查方法，占58.6%；38人谈到调查对象，占54.3%；9人谈到时间分工，占12.9%；7人谈到数据呈现，占10%。

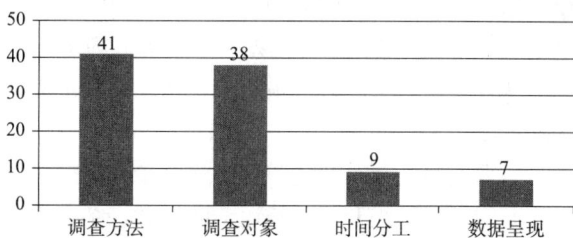

学生方案设计要素体现的统计图

通过数据分析可以看出，孩子们对方案设计涉的要素还不是很清清楚，方案设计的概念不清晰也不完整。

（2）方案设计的五个水平情况如下。

0水平：没有提到收集数据，23人占32.9%；1水平：有数据意识无具体方案，8人占11.4%；2水平：有数据意识方案简单，20人占28.6%；3水平：方案具体合理，19人占27.1%；4水平：考虑大数据由班到校，0人。

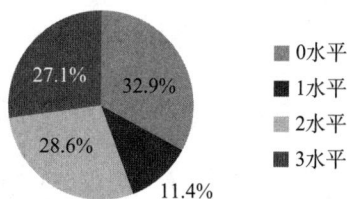

学生方案设计水平的统计图

> 可以进一步解释方案具体合理的表现是什么，怎样判断不同水平。

由此可见，孩子们制定方案的水平较低，说明孩子们对方案制定的方法不清楚。

（3）学生收集数据采用的统计方式统计。

统计一下，调查一下：9人，12.9%（不知道具体的调查方法）；问卷：15人，21.4%；举手：4人，5.7%；投票：13人，18.6%；讨论、询问：11人，15.7%；上网、微信：9人，12.9%。

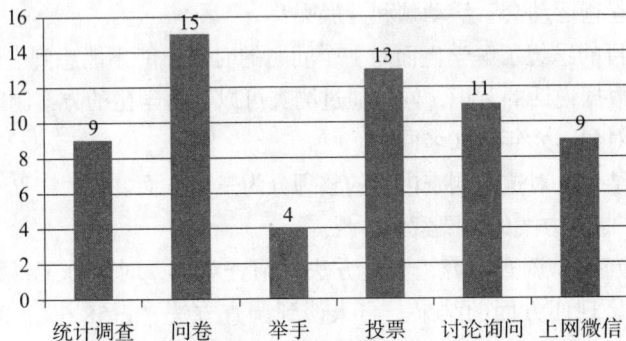

学生使用统计方法情况统计图

通过数据看出孩子们对数据收集的方式有较为清晰的认识，形式也比较多样。但是数据收集方式的适用性上还是考虑的不够周全。

带着学生对统计、对方案设计的最原本的认知，我走进课堂，引导学生上了一节方案制定课。

本节课的最主要的目的就是通过学生的进一步交流探讨，明确方案设计的六个方面：研究问题（班级开展爸爸运动队活动；结合学校开展的我是大主厨活动，为学校食堂推荐菜），调查内容（能满足大多数同学的意愿，使活动顺利开展的地点；同学们喜欢的有营养的一道菜），调查方法，调查对象，时间分工，数据呈现。

> 根据初次对学生的测查，将调查对象扩大，以便观察比较学生的数据分析观念。

2. 方案制定课后，学生制定方案水平的变化

测查内容：我校正在开展我是大主厨的活动，同学们的参与积极性都很高。怎样才能向学校食堂推荐同学们喜爱的有营养的一道菜呢？测查目的：通过一节方案设计课的学习，想了解学生面对一个问题的时候，同学们想到去调查研究的意识、用数据说话的意识是否提高，同时了解学生方案制定水平是否提升。

区别：第一个问题只是局限在一个班级中，而第二个问题的调查对象可以是一个班，一个年级，甚至是全校。在题目中没有给设定调查的范围，其一是想看看孩子们对调查对象的认识，同时想看看孩子们是否具有随机的意识。

测查对象：六年级64名同学。

测查结果：对这个测查内容的整理分为三个方面。

（1）制定方案的六要素的体现。

研究问题，调查内容，调查方法，调查对象，时间分工，数据呈现。52人谈到调查的方法，占81.3%；46人谈到调查对象，占71.9%；0人谈到时间分工；23人谈到数据呈现，占35.9%。

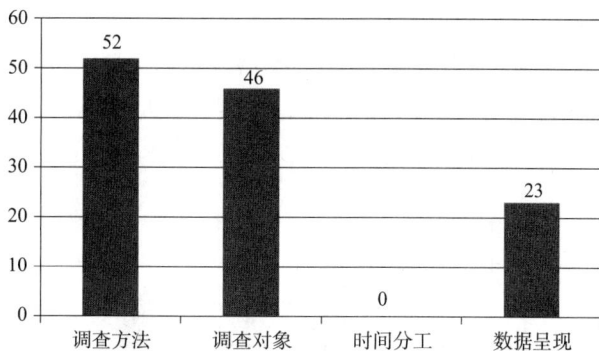

学生方案设计要素体现的统计图

数据比较：

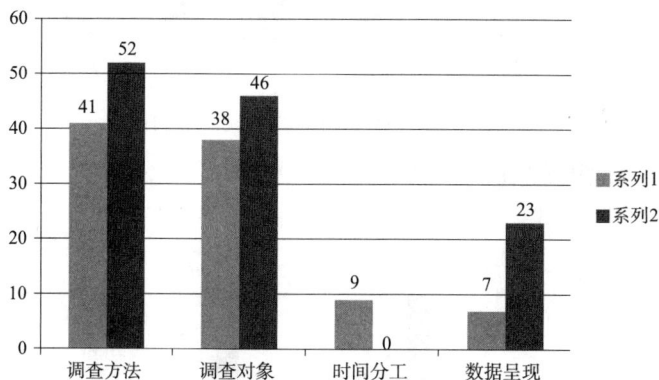

两次学生方案设计要素体现的统计比较图

通过数据分析可以看出，孩子们对方案设计涉及的要素基本是清楚的，但有部分学生还不能主动运用。比较看来，孩子们的数据呈现意识明显增强。

（2）方案设计的五个水平情况如下。

0水平：没有提到收集数据，4人占6.3%；
1水平：有数据意识无具体方案，4人占6.3%；
2水平：有数据意识方案简单，18人占28.1%；3水平：方案具体合理，34人占53.1%；4水平：

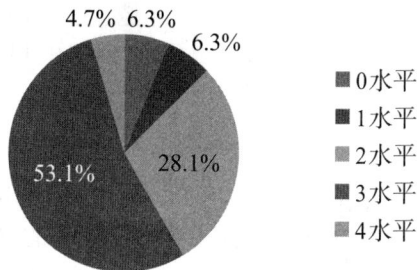

学生方案设计水平的统计图

考虑大数据由班到校，3人占4.7%。

由此可见，孩子们制定方案的水平明显增强，0水平人数明显减少，达到3级水平超过一半，通过数据可以看出方案培养的重要性。但是我们可明显地看出，孩子们的大数据和随机意识还是很薄弱的。这个研究素材，为学生提供了很好的运用随机方法的平台，但是孩子们因为没有随机意识，所以在这方面反馈出很薄弱，这也是下一节课，我们再进一步实施中的研究重点内容。

（3）收集数据的方式统计。

统计一下，调查一下：0人占0%（不知道具体的调查方法）；问卷：30人占46.9%；举手：5人占7.8%；投票：27人占42.2%；讨论、询问：3人占4.7%；上网，微信：18人占28.1%。

> 通过数据看到，学生制定方案水平的变化，同时也认识本研究过程的不足，并在下一次测量过程中进行调整。

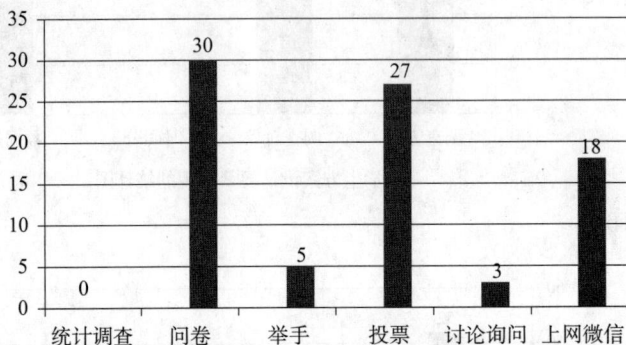

学生使用统计方法情况统计图

数据比较如下。

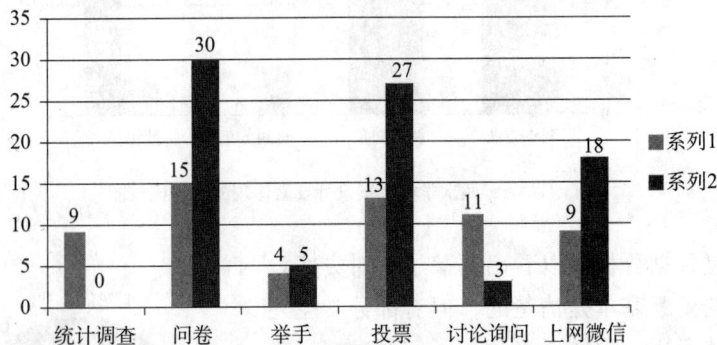

两次学生使用统计方法情况统计对比图

> 对数据分析，看到了学生的变化。但是学生的变化是如何发生的，可以根据测验进行进一步分析与解释。

这组数据可以看出，孩子们对数据收集的方法掌握还是很全面的，特别是采用问卷、投票的方式的人数明显增加，这也体现出孩子们使用的收集数据的方法逐渐趋于科学、合理。而且上网、微信等现代信息技术的介入，丰富了收集数据的方式，拓展了学生的认识。

透过数据的变化，我们可以清晰地看到学生的变化。可见借助整体方案设计培养学生的数据分析观念这一目标是可以实现并不断提高的。在后面的研究将借助问题情境，采用行动研究的方法，在研究与实践的往复过程中，不断地发现学生的问题，借助问题产生新的问题和策略，在循环的过程中提升学生的数据分析观念。

五、结语

基础教育阶段是学生数据分析观念发展的关键阶段，因此，在基础教育阶段培养小学生的数据分析观念具有十分重要的意义。本文在梳理了当前的研究成果并分析当前研究的现状后，结合当前研究的不足，主要借助整体方案设计，引导学生在参与设计的全过程中，培养和提升学生的数据分析观念。

本文的创新之处主要有以下几点：

第一，初步形成整体方案设计的教学流程。

第二，借助实践整理出方案设计的五级水平。

第三，通过数据分析明显看出学生方案设计水平的提升，感受到整体方案设计的必要。

在整体方案的制定过程中，教师借助研究性学习流程引导学生经历了"设计——交流——反思——调整——再设计——再实践——再反思——再调整"这一制定方案的完整过程，使学生清楚了方案制定的流程。而在经历方案制定的过程中，学生的规划意识也得到了提升，学生的数据分析观念得到了提高。

本研究实践需要经历一定的时间周期，所以教师和学生在实践过程中的坚持性和求真性需要进一步提高。学生在实践过程中需要极强的合作精神，学生这方面的意识还需要进一步加强。

在后面的研究中我将借助更多的服务于生活的问题情境，采用行动研究的方法，在研究与实践的往复过程中，不断地发现学生的问题，借助问题产生新的问题和策略，在循环的过程中提升学生的数据分析观念。

> 研究者对研究进行反思，明确学生实践过程之中的合作精神需要进一步加强，因此，研究者需要进一步研究如何提高学生的合作精神。

参考文献

[1] 张丹. 学生数据分析观念发展水平的研究反思. 数学教育学报，2010（1）

[2] 田晓玲. 大数据时代带来更理性、更可靠的决策. 文汇报，2013-03-11

[3] 张静波. 大数据时代的数据素养教育. 科学，2013（4）

[4] 张进良，李保臻. 大数据背景下教师数据素养的内涵、价值与发展路径. 电化教育研究，2015（7）

[5] 陈娜萍，叶雪梅. 初中生数据素养现状调查研究——以某校为例. 福建师范大学，2014

[6] 陈娜萍. 数据素养研究评述. 高中数学教与学，2013（16）

[7] 冯晓明. 浅谈大数据时代学生的信息素养的培养. 才智，2015（7）

[8] 张宁，童莉. 初中生数据分析观念发展水平及教学成因研究——以重庆实验外国语学校为例. 重庆师范大学，2013

[9] 朱德江. 以数据分析观念的培养为核心——统计教学的核心要素与教学策略. 教学月刊小学版（数学），2012（11）

[10] 贾福禄，宋燕辉，张丹. 数据分析观念的理解——《义务教育数学课程标准（2011年版）》解析之九. 小学数学教育，2012（7~8）

综合评述： 文章中的研究问题还需要进一步厘清，文献综述的结构划分不是很清晰，文献综述需要对观点进行总结提升，最后的述评建议再斟酌一下。研究得出的结论建议做进一步的说明和总结；文中语言表达中出现的"我"等字眼，不太符合论文的写作表达规范，建议再做进一步完善。建议：补上具体的研究问题，文献综述部分建议可以考虑其他架构并对观点进行总结和述评；文献主体部分可以对数据分析再加强一些内容，在最后可以将研究结论总结陈述。

② 研究反思

很荣幸，能够成为史家教育集团科研培训项目的一名成员。在为期一年的紧张研究中有收获也有思考，下面简要概述与大家分享。

一、参与研究为了更好的发展

作为一名市级骨干教师，在日常工作中积累了一定的教学经验，但是随着课程改革的不断变革和发展，我越来越觉得有些经验禁锢了自己的思想，有时使教学略显保守，也有些经验在教学中可以起到很好的作用，但是因为疏于整理和提升，没有得到应有的固化。正在我为如何突破瓶颈期而苦恼时，学校组织了教师的科研培训项目，而我有幸成为一名研究教师。

二、在研究中收获成长

研究的过程是艰辛的，但是亲历研究过程使我认识到科研指导教学研究的重要意义。感触最深的几点概括如下。

1. 科研理论的提升为研究奠定基础

印象最深刻的要数项目前10天的学习，已经走出校园20多年的我再次走进安静的教室进行学习时，心情是激动的，对课堂充满着好奇。但是当课程真正开始的时候，我就感受到了压力是很大的。因为太长的时间没有经历这样高强度的学习过程，听课过程中有时跟不上老师的节奏，有时还会不由自主地放空一下自己。面对困难，我能够及时调整，在课堂上要求自己认真倾听，积极思考，主动回答问题并能够提出自己的问题和思考。就是这样，10天的学习内容比较顺利地完成。10天的课堂学习使我的脑洞大开：当今教育领域先进思想的冲击和碰撞使我清楚地认识到自己处于什么样的教育教学现实中；研究课题的一步步推翻和确立的过程使我明白了要辩证地思考和看待问题；研究和分析方法的学习使我清楚了该如何去做课题研究；研究手段的学习使我掌握了借助现代化手段提升研究效率的方法。

研究过程中最煎熬的是开题报告的提出。参与学习使我第一次正规撰写开题报告。真正置身于其中，才能感受到课题研究的不容易：从问题的提出到确定研究问题这个过程需要缜密地思考，为此我一遍遍学习参考文献，并对文献的内容进行有效的取舍，在文献研究的基础上我确定了自己研究的内容。对核心概念的界定我也是经过了再三思考才确定下来的。正是有了前面内容的反复推敲和琢磨，后面的研究内容、研究价值、研究过程以及研究成果展望才可以比较顺利地完成。

研究成果的累积过程使我真正体会了蝴蝶化蛹成蝶的蜕变过程。因为有了大量的实践素材的丰富和支撑，我的研究成果的提炼还算顺利。但是在这个过程中我要感谢北京师范大学白滨老师的指导，白老师的指导使我明白了研究论文的撰写规范，也让我体会到做研究就要讲究严谨和规范。

在经历这一切的过程中，我不断地学习着、思考着、实践着，用较丰厚的理论为科学研究奠定坚实的基础。

2. 教学实践的积累为研究提供支撑

为了更好地开展研究工作，我在教学实践中进行了充分的实践。我组织学校不同年级段的老师开展课题研究。我们先后为学生创设了"爸爸运动会活动地点的选择""学校春游活动地点的选择""学生们喜欢的菜肴"等不同的开放性问题情境，并借助研究性学习的过程，使学生们亲身经历了问题学习的全过程。在参与统计课题的学习过程中，我对学生的统计学习有了新的认识。特别是当我走进学生进行调研的时候明显地感觉到学生知道针对某个问题需要进行调查统计，但是该怎样去调查统计学生没有明确的思路和方法。也有部分学生有具体的办法，但办法不明确，缺乏整体计划的意识。借于此，我觉得在统计教学中培养学生整体制定计划的学习是十分必要的。通过制定计划的学习，使学生知道解决有些问题需要用统计的方法，而在使用统计方法的时候就需要获得数据的方法并经历获得数据的过程的意识，而且要明确针对研究问题需要搜集什么样的数据，研究使用什么样的方法才能收集到数据，并最终对收集的数据进行处理。在经历计划制定的完整过程中促使学生的数据意识、数据分析观念逐渐形成。学生们可以借助问题情境提出有价值的研究问题。在研究过程中学生们经历了数据收集、整理、方案调整、尝试，并最终呈现数据进行问题分析的全过程。

带着"确定春游活动地点"这一问题走进五年级的课堂中，我尝试了两种不同的引导方式：完全开放的问题下，孩子们思维比较活跃，但是因为受到各种因素的干扰，直接影响到学生们抓住关键问题进行分析解决；教师过多引导的课堂中，孩子们虽然能够制定出较为完整的方案，但是他们的自主研究意识又被淡化了。基于学生的课堂实践现状和学生的实际能力，我将在开放中引导作为本节课的教学途径，并借助研究性学习模式，引导学生经历提出问题，探究问题，作出结论的学习过程，在学习的过程中使学生亲近数据、解释数据并运用数据解决问题，从而真正感受到数据是可以说话的。而这一个个系列活动的组织，素材的收集，数据的呈现都为我的课题研究提供了宝贵的实践支撑，也让我体会到借助实践丰富研究内容，借助研究提升实践水平的课题研究的现实价值。

3. 科研成果促教学实践水平的提升

课题研究的成果呈现可以更好地指导教学实践工作。通过研究可以使教师对小学生数据分析观念的培养有更深层次的认识，借助整体方案设计的研究途径，激发学生数学学习的兴趣，提高学生的数据分析观念，使数学知识的学习与大数据时代潮流相适应，培养全面发展的社会人。

本课题的研究成果之一是形成统计课程的课堂模式，可以指导教师开展有效的教学活动。教师借助研究性学习的流程，引导学生经历了"设计—交流—反思—调整"这一制定方案的完整过程，使学生清楚了方案制定的流程。而在经历方案制定的过程中，学生的规划意识也得到了提升，学生的数据分析观念得到了提高。研究成果之二是明确了整体方案设计的评价标准。成果之三是通过数据分析明显看出学生方案设计水平的提升，感受到整体方案设计的必要。

在整体方案的制定过程中，教师借助研究性学习流程引导学生经历了"设计——交流——反思——调整——再设计——再实践——再反思——再调整"这一制定方案的完整过程，使学生清楚了方案制定的流程。而在经历方案制定的过程中，学生的规划意识也得到了提升，学生的数据分析观念得到了提高。

三、研究促我不断反思

在经历课题研究的过程中，我经历了不断质疑，不断解惑，不断生成的过程。这一过程艰辛而充满挑战。面对困难时我能够反思学习的历程，反思经历的过程，在反思中找到调整和解决问题的办法。而经历了这样的过程之后，我的主动思考的意识和解决问题的能力都得到了明显的提升。面对挑战时我能够先静下心来全盘思考问题，使自己能够尽可能严谨全面地解决问题。研究的过程就是一种历练的过程，在这个过程中我能够不断地辩证地思考分析，在不断否定中发现解决问题的新突破。我想这就是参与课题研究教会了我分析解决问题的新方式。在不断研究的过程中我也在反思着自身理论基础的欠缺，需要学习、吸收、提升；在不断研究的过程中也让我清楚地看到自身研究意识的薄弱，需要以主动的意识发现问题，不断积累解决问题的办法，提升解决问题的能力。

四、对今后的研究期待

我想任何一个问题的研究都需要经历不断磨砺和突破的过程，它需要经历一定的周期来实践，需要有较为稳定的环境来实现，需要专业人员的辅导与指点来实施。反观我们的研究历程似乎显得有些仓促了，我们的研究实践显得有些肤浅了，我们的辅导显得不是那么专业和解渴。

我对今后的研究内容还是充满期待的，期待着能有更多的接触课题研究的机会，期待着能够有更从容的时间来进行深入细致的研究，期待着能够得到专家老师在理论层面的细致引导，在实践层面的对症辅导，在提升层面的有效引领。

经历的过程就是不断丰富自身，促进教学研究提升的过程，这样的经历会让我站在更新的角度思考问题，这样的经历会使我用发展的眼光看待我的教学工作。我就这样在研究中思考着，在思考中实践着，在实践中提升着。

基于项目学习（PBL）提高小学生数学问题解决能力的实践与研究

——以"综合实践活动课程"为例

史家小学　李冬梅

综合实践活动课程是国家和北京市的必修课，旨在使学生通过亲身实践，提高综合运用知识解决问题的能力、交流与合作的能力、创新意识与实践能力。综合实践活动课程的开发和实施，要突出实践性、探究性。而这些正好与项目学习的理念与方式更吻合。

但是，在资料的查询中，我发现应用项目学习的研究大多在初中、高中进行，国内在小学数学教育中的研究相对较少，而且仅停留在可行性探讨层面上。

笔者认为，以项目学习为基本研究方式，以提高学生问题解决能力为研究目标，以综合实践活动为研究平台，在活动中给学生提供一种学习的经历，使学生能够建构自身的知识。

> 联系国家和课程，结合查阅的文献，在此基础上，指明以项目学习为基本研究方式的重要性。

一、基于项目学习研究的概述

项目学习注重实践性和参与性，强调以问题解决为中心，多种学习途径相整合，以培养学生良好的学习方式为目的，真正实现"以学生学会学习为中心，以培养学生创新能力为核心"的教育内涵。

> 解释基于项目学习的概念，使概念具有操作能力。如能指出前人对基于项目学习的认识，可以使这一概念更具有合理性和严谨性。

（一）基于"项目学习"的概念界定

基于项目学习，是一种新型教学模式，它所关注的是学科的核心概念和原理，它要求学生从事的问题解决，要基于现实世界的探究活动以及其他的一些有意义的工作，它要求学生主动学习并通过制作最终作品的形式来自主地完成知识意义的构建。

（二）项目学习的基本步骤研究

19世纪早期，欧美学者就开始关注问题解决能力的界定与培养。我国的张奠宙、刘鸿坤教授在他们的《数学教育学》里的"数学教育中的问题解决"中，对什么是问题及问题与习题的区别做了很好的探讨。根据他们的观点，张维忠老师将其归纳为以下几方面：问题是一种情境状态，问题解决中的"问题"，并不包括常规数学问题，而是指非常规数学问题和数学的应用问题；问题是相对的，要对学生构成问题，必须满足三个条件：可接受性、障碍性、探索性。因此，这里所研究的"数学问题是一个与数学有关的被意识到但又不能立即达到目的的情境状态"。

通过查阅文献指出学者们对项目学习基本步骤的认识，可对学者们的观点综合整理，突出研究者自我的认识。

刘景福、钟志贤等人提出"项目学习"的六步骤。

引用的部分需要采用脚注的方式标注清晰。

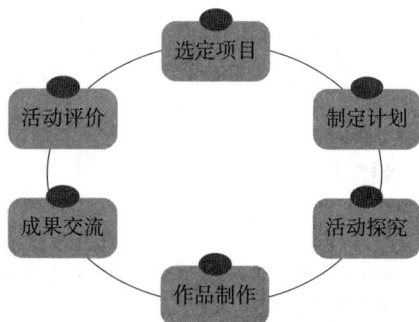

如能对这六个步骤之间的关系以及特点进行诠释，会加深对项目学习基本步骤的认识。

这六个步骤，凸显了学生的自主性、研究性学习的历程。

（三）基于项目学习的优势研究的分析

项目学习于1969年由美国的神经病学教授Barrows在加拿大的麦克马斯特大学首创，先后在多所医科学校推广修正。因其重实践性和参与性，强调以问题解决为中心，多种学习途径相整合，实现了向"学习者为中心"和"能力中心型"教育的转变。

基于国外学者对项目学习的优势研究，认识并分析了项目学习的优势。如有可能，可结合多位学者对项目学习优势的认识，综合分析项目学习的优势，使观点更具严谨性和综合性。

（1）能够充分发挥学生的自主性，促进学生元认知能力的培养，锻炼学习者"学会学习"。

（2）强调的是各种学科知识的交叉。

（3）强调学习与现实生活的联系。

（4）有利于协作精神的培养。

（5）有利于学生个性化学习，创新精神的培养。

（6）有利于动手能力和解决实际问题的能力的培养。

（7）有利于学生知识建构与知识迁移，掌握学习的方法，学会学习。

在项目学习中，每个学生都可以探索有意思的话题，真正去解决某个现实中的问题，或者完成定下的挑战。

二、当前小学生问题解决能力培养的现状及问题

（一）问题解决能力的界定

数学问题解决是在一定问题情境中展开的，一般属于创造性的问题解

决，不仅需要构建适当的程序达到问题的目标，而且更侧重运用已有的经验知识，探索达到目标的过程。

基于项目的数学学习是以学科的概念和原理为中心，以解决问题，并将经历解决问题的过程且得到策略与方法为目的，在实际情境中借助多种资源开展探究活动，并在一定时间内解决一系列与数学相关的问题的一种探究性学习模式。

我们对于本课题相关的概念：问题、问题解决、数学问题解决、项目学习、综合实践活动等进行了文献综述。同时，对专家学者代表性的多元观点进行分析，并结合自己的思考和评价，以形成我们对这些概念内在关系的认同与思考。

可在下文中对问题、问题解决、数学问题解决、项目学习、综合实践活动等相关文献研究整理表述，一方面增强文献的丰富度，另一方面给读者提供不同的看问题的视角。

1. 有关"问题"的研究概述

美国著名的数学教育家波利亚（G.Polya）认为，问题就是有意识地寻求某一适当的行动，以便达到一个被清楚地意识到但又不能立即达到的目的。

他认为解题需要经历四个阶段：

第一，必须了解问题，明白问题中的要求是什么。

第二，制定一个计划，以便能得到解题的思路。在这个过程中，需要认识到各个条件之间的联系，未知条件与已有数据之间的关系。

第三，实现计划。

第四，回顾所完成的解答并进行检查和讨论。

用具有代表性的观点解释"问题"研究的概述，具有一定的权威性。但也可以综合整理各个学者的研究、多位研究者的观点进行述评，可以增强研究的严谨性。

2. 有关"问题解决"的研究概述

《辞海》中"问题解决"定义：心理学术语，指个体用已有知识经验和技能对问题情境加以处理并获得结果的思维过程。

积累解决问题的一些基本策略如下图所示。

可以把问题解决的相关定义再丰富，对下图中解决问题的基本策略进行解释说明，以便读者清晰了解这些策略的含义与作用。

研究过程与成果　　国内外研究述评　　结题报告

积累解决问题的一些基本策略。

制订解题计划　猜想与尝试　使用或寻找规律　动手操作　列表

反推　　画图　　推理　　简化　　灵机一动

3. 有关"数学问题解决"的研究概述

数学问题解决是在一定问题情境中展开的，一般属于创造性的问题解决，不仅需要构建适当的程序达到问题的目标，而且更侧重运用已有的经验知识，探索达到目标的过程。

可以再利用多种文献，进行文献综述的总结和述评。建议做一些评价，使文献资料充实，文献分析有理有据。

4. 基于项目的学习在数学中的问题解决概念界定

基于项目的学习在数学中的问题解决进行如下定义：基于项目的数学学习是以学科的概念和原理为中心，以解决问题，并将经历解决问题的过程且得到策略与方法为目的，在实际情境中借助多种资源开展探究活动，并在一定时间内解决一系列与数学相关的问题的一种探究性学习模式。

（二）问题解决能力培养的重要性

1. 国际环境

众所周知，国际学生评价项目（Programme for International Student Assessment，PISA）是目前世界上最具影响力的评价项目之一。它认为问题解决是每个国家的核心教育目标。

PISA2003认为问题解决能力是指个人运用认知方法来面对和解决真实的、跨学科的问题情景的能力。并在2003年增设了对学生问题解决能力的测试项目，以评估学生综合解决现实生活问题的水平。

> 这部分可放在文章开头，和国家、课程的要求整理综合形成本文的研究背景。

2. 国内环境

2011版《小学数学课程标准》指出："初步学会从数学的角度发现问题和提出问题，综合运用数学知识和其他知识解决简单的数学问题……获得分析问题和解决问题的一些基本方法……"

新教材也进行了重新的编排：

一是在每一个单元中都增加了应用所学知识进行问题解决的例题。

二是例题的教学都循序渐进地提供解决问题的一般步骤，教给学生解决问题的基本方法。

> 可在前文课程要求中一并指出，加强研究背景的厚重感，研究问题的迫切性。

（三）当前小学生问题解决能力培养现状研究的分析

1. 学生学习的主要困难分析

数学学习离不开对问题的解决。在日常教学中，学生在问题解决的过程中经常会遇到困难。分析其原因，主要问题有：

（1）缺乏提取概括信息的能力；

（2）缺少解决问题的方式方法；

（3）缺失调控已知与未知的方向；

（4）欠缺问题分析与推理的能力。

2. 教师教学的主要困惑

教师在问题解决的教学中也遇到了一些困惑：新教材中的题目不仅条件多了、问题活了，涉及的内容范围广了，而且很多问题已是不同以往的单纯性列式解决，而是要求学生自己提出问题并想办法解决。出现了更多的综合性强的问题，更多的是如何去思考，教材中的"留白"给了学生更多的自主

> 从学生的学习和教师的教学两个角度指出当前的现状，具有一定的思维能力。但对现状的分析可以结合文献对此进行综述，以及联系自身教学实践过程中的经验，对现状进行分析，以便全面了解对当前小学生问题解决能力培养现状的研究。

3 15只蚕宝宝，平均放到3个纸盒里，每个纸盒放几只？

15只蚕宝宝，每个纸盒放5只，要用几个纸盒？

15只蚕宝宝

?只 ?只 ?只

15只蚕宝宝

?个纸盒

知道了什么？

要把15只蚕宝宝平均放到3个纸盒里，问……

每5只蚕宝宝放一个纸盒，问15只蚕宝宝要用……

怎样解答？

因为是平均分，求每个纸盒放几只，就是求每份是几。用除法计算。

15÷3＝5（只）

求要用几个纸盒，就是求15里有几个5。用除法计算。

15÷5＝3（个）

解答正确吗？

每盒5只，3盒就是15只。对吧！

3个纸盒，每盒里有5只，一共有15只。对了。

口答：每个纸盒放□只。

口答：要用□纸盒。

比较上面两道题，你能发现什么不同的地方和相同的地方。

利用《课程标准》加深对综合实践活动课程的认识，具有一定的权威性。

分别指出综合实践课程的总体目标和学段目标，学段目标循序渐进，以便能达到总体目标。

学习的空间，但学生遇到这类问题时却经常束手无策。有效学习和研究的方法缺失，给教师的教学也带来了困惑。

可见，"问题解决"能力的培养是数学学科教学的重要组成，是国际数学教育改革和研究的重要课题之一，更是一个人成长的最应具备的一种"核心素养"。

三、小学数学综合实践活动课程

（一）综合实践活动课程的界定

《课程标准》指出："综合与实践"是指一类以问题为载体、以学生自主参与为主的学习活动。在学习活动中，学生将综合运用"数与代数""图形与几何""统计与概率"等知识和方法解决问题。

《课程标准》中对综合与实践的教学目标的表述是：通过综合与实践的教学，学生应该获得适应社会生活和进一步发展所必需的数学基本活动经验；体会数知识之间、数学与其他学科之间、数学与生活之间的联系，运用数学的思维方式进行思考，增强发现和提出问题的能力、分析和解决问题的能力；了解数学的价值，提高学习数学的兴趣，增强学好数学的信心，养成良好的学习习惯，具有初步的创新意识和科学态度。

（二）综合实践活动课程的总体目标及学段目标

1. 综合实践的总体目标

（1）参与综合与实践活动，积累综合运用数学知识、技能和方法等解决简单问题的数学活动经验。

（2）在综合与实践活动中，发展合情推理与演绎推理能力，清晰地表达自己的想法。

（3）学生初步从数学的角度发现问题和提出问题，增强创新意识；综合运用数学知识解决简单的实际问题，增强应用意识，提高实践能力。

（4）获得分析问题和解决问题的一些基本方法，体验解决问题方法的多样性，发展创新意识。

（5）学会与他人合作交流，积极参与数学活动，保持对数学的好奇心和求知欲。

（6）在数学学习过程中，体验获得成功的乐趣，锻炼克服困难的意志，建立自信心。

（7）体会数学的特点，了解数学的价值。

2. 综合实践的学段目标

第一学段：

（1）在教师的指导下，从日常生活中发现和提出简单的数学问题，并尝试解决；

（2）了解分析问题和解决问题的一些基本方法，知道同一个问题可以有不同的解决方法；

（3）体验与他人合作交流解决问题的过程；

（4）尝试解决问题的过程；

（5）对身边与数学有关的事物有好奇心，能参与数学活动；

（6）在他人的帮助下，感受数学活动中的成功，能尝试克服困难；

（7）了解数学可以描述生活中的一些现象，感受数学与生活有密切联系；

（8）在观察、操作等活动中，能提出问题和一些简单的猜想。

第二学段：

（1）尝试从日常生活中发现并提出简单的数学问题，并运用一些知识加以解决；

（2）能探索分析和解决简单问题的有效方法，了解解决问题方法的多样性；

（3）经历与他人合作解决问题的过程，尝试解释自己的思考过程；

（4）能回顾解决问题的过程，初步判断结果的合理性；

（5）愿意了解社会生活中与数学相关的信息，主动参与数学学习活动；

（6）在他人的鼓励和引导下，体验克服困难、解决问题的过程，相信自己能够学好数学；

（7）在运用数学知识和方法解决问题的过程中，认识数学的价值；

（8）在观察、实验、猜想等活动中，发展合情推理能力，能进行有条理地思考，能比较清楚地表达自己的思考过程与结果。

（三）综合实践活动课程的特点及优势

1. 综合性

"综合实践活动"是在教师的引导下，学生基于自己的经验、密切联系学生自身生活和社会实际，体现对知识的综合应用的实践性课程，可以体现为单一课程之间的贯通，多课程之间的融通等。

> 依据综合实践活动课程的认识和目标，总结综合实践课程的特点及优势，良好地利用资源。

2. 实践性

"综合实践活动"以学生活动为开展的形式，引导学生亲身去操作、实践、体验、探究、推理、调整、创造等，在活动中体会并表达自己的思考与成果。

3. 开放性

"综合实践活动"融合了学生整个课内课外的世界，贴近学生的生活，其内容具有更大的开放性。它更多地关注学生在丰富的研究范围内的多角度体验和个性化的研究与创造，评价标准更多元化，学生表现会更轻松自由。

4. 持续性

每一个活动的目标都不是唯一的，随着学生的探究，预定的目标也在不断地延续，新的主题不断地生成，学生每一个环节都有新的发现、新的目标，他们的认识与体验也随之不断加深。

（四）综合实践活动课程的实施现状

（1）研究的主题大多还局限在课本内，主题多由教师提出或指定。

（2）学生的研究延续性还不强，多处于研究完给定的目标即止，没有思考后续还可以进行哪些探究。

（3）开放性还不足，应将课内外的内容充分结合，打通学科的界限，使研究范围更广泛。

四、基于项目学习的小学生问题解决能力培养策略

（一）"综合实践活动"研究内容的聚焦

研究的问题从哪里来？学生在数学学习中要掌握重要的知识和技能，提高问题解决能力。这些内容都源于学业内容中的学习标准和重要概念。

21世纪，学生需要掌握在当今世界具有价值的技能，比如批判性思维、问题解决能力、协作能力和沟通能力。这些技能在PBL中都会接触和应用的。

在一个项目中融入跨学科成分，学生在研究过程中能很快意识到各学科间并不是独立的，事实上所有内容都是相互联系的。因此，我们的研究内容来源于教材及教材内容的拓展。

1. 教材中的内容

数学"综合实践活动"内容梳理

	一年级	二年级	三年级	四年级	五年级	六年级
上册	我的校园；图形乐园；数学乐园	观察物体；上学时间；量一量，比一比	测量；珍惜时间；数字编码	1亿有多大；家庭小账本；神奇的莫比乌斯带	掷一掷；轴对称中的美；七巧板中的数学问题	确定起跑线；节约用水；车轮一定是圆的吗

旁注：
- 借助课程标准，结合相应文献和自身教学经验指出当前综合实践活动课程实施的现状。
- 研究对象、过程和研究方法需要交代清楚，文中尚不明确。
- 需要进一步详细指明研究内容来源的原因，以便读者了解。
- 利用表格梳理数学"综合实践活动"的内容，让读者对教材内容一目了然。

续表

	数学"综合实践活动"内容梳理					
下册	有趣的七巧板；分类与整理；摆一摆，想一想	小小设计师；我身边的克与千克；美丽的对称	巧辨方向；日历中的秘密；我们的校园	营养午餐我搭配；古代谜题我知晓；美丽图案我设计	正方体涂色中的规律；打电话中的数学问题；立体图形折叠与展开	生活与百分数；绿色出行；北京五日游；邮票中的数学问题；有趣的平衡；自行车中的数学

2. 拓展出的数学课程（24时计时法）

结合经验，教师会引导学生思考一个精心设计、安排得当的项目：

- 配合正确的帮助、适用于所有学生；
- 可以提高学生的学习动机；
- 可用于教授的学术内容；
- 可以融合多种因素来整合学习；
- 可以通过学习相关和有意义的知识，帮助学生把学校和世界联系起来；
- 促进学生的公民参与和全球意识。

> 以教材为基础，以学情为主体，综合考虑学生的素养要求，扩充教学内容。

3. 学生喜欢的内容

结合教材，我们设计了调查问卷，以从学生的兴趣开启我们的研究。

调查班级：四（10）班　　调查人数：41人

四年级下册数学"综合实践活动"研究内容调查问卷

序号	研究内容	选项（请在相应的方格中画"√"）			
		非常喜欢（5分）	喜欢（4分）	一般（3分）	不喜欢（2分）
1	多边形内容和的研究	7	13	11	10
2	生活中的平均数	6	12	14	9
3	营养午餐	17	17	5	2
4	轴对称图形	9	18	13	3
5	古代谜题我知晓	21	12	6	2
6	折纸活动	25	11	5	0

你有什么想补充的研究内容？请写在下面

（二）"综合实践活动"课堂教学实施的建议

1. 学习单的制定和使用

（1）一张学习单。

> 多种学习单的制作和使用，方便解决不同项目学习的问题。

（2）两张学习单。

（3）三张学习单。

2. 学生汇报交流形式的多样化

项目研究的最终"成果"可以是学生创造的看得见、摸得着的实物，也可以是表现——即学生完成的某些事情。项目成果展示如下：

- 项目成果展示的视频，海报、模型和艺术品的复印件；
- 采用有效的口头表达技能；
- 估计观众的反应，并对展示进行合适的调整；
- 合适地对问题作出回应。

> 对学生进行多元评价，改变传统的评价方式，用项目成果展示学生基于项目学习的成果，具有可操作性。

3. 教学实施建议

（1）教学案例简介。

> 教学案例简介体现了教师实施的教学策略。可以用具体的课堂实录，体现师生互动之间如何基于项目学习提高学生解决问题的能力。

项目名称	项目作者	课程范围	适用对象	课程时间
巧辨方向	李冬梅	数学学科	小学三年级	一周

项目的构想和创建	学生学习了东、南、西、北、东南、东北、西南、西北等方向后，能否在实际中辨认呢？成年人在生活中都难以完成的事情，何况孩子呢？他们都是小学三年级的学生，需要实践来提高自身的能力。相比课本和练习题，解决日常生活中的问题更好地激发他们的学习兴趣。他们不喜欢长时间地坐在教室里，而是想成为主动学习的人。因此，采用PBL，在课程中借助指南针寻找方向，希望学生能够设计出一个路线图，在这一过程中体验科学的学习方法。
驱动问题	从教室出发，如何回到教室？ 这是一个有趣的问题。学生的研究时间为一周。在研究的过程中不断扩充这个项目的广度和深度。引导学生发现问题，要想利用指南针，先要研究指南针的使用方法，再进行路线图的设计。
项目管理流程	1. 提出问题； 2. 指南针使用方法的研究； 3. 在实践中尝试，辨认方向，绘制路线图； 4. 制作PPT，进行展示交流。
项目反思	此次活动是一个跨学科的学习。学生把数学课的知识与科学课中的指南针学习相融合。回顾取得的成果，学生确实收获颇丰。此次活动中，他们知道了进行实验需要做哪些工作，当没相应的技能基础时，他们会先进行指南针应用的学习。教师基本没有去敦促他们，而学生自己去查询了，去尝试了，去研究了，去完成了他们的任务与目标。

（2）博采其他老师建议（史家学院的伙伴）。

①创造性地使用教材；

②把课堂还给学生；

③全班交流同收获。

（3）课堂形式的变化。

①数学与国际课程——英语联动；

②数学与传统文化——剪纸；

③数学与思维训练——游戏、数读；

> 自我对教学案例的反思，自我自觉改进教学。

> 运用教师伙伴之间的帮助，不断改进基于项目学习改进教学策略。

④数学与动手操作——折纸；

⑤数学与游戏——小球中的奥秘；

⑥数学与画图——思维导图。

（三）"综合实践活动"课堂评价标准的制定

这样的问题解决是与以往单纯解题不同的，因此与以往的评价方式也有所不同。结合实际我们设计了评价标准。以下表为例。

年级	主题	评价要素	评价标准	分值	得分	总分
三年级下	巧辨方向	了解指南针。能借助指南针辨别方向，认识平面图形及地图上的方向，与实际结合绘制简单的示意图。提高学生的观察及空间想象能力，培养其应用数学解决问题的能力。	①明确要完成的任务。	1		
			②借助指南针辨别方向，结合实际绘制简单的示意图。	2		
			③作品展示，分享活动经验。在与他人交流实践中的经验，参与表达并展示，同时注意倾听、合作，善于向他人学习。	2		
	制作活动日历	经历探索与合作交流解决问题的过程，综合运用年、月、日的知识和正方体的特征解决问题，积累数学活动经验。	①明确要完成的任务。	1		
			②聚焦关键问题，综合运用年、月、日的知识和正方体的特征展开探究活动。	2		
			③作品展示，分享活动经验。在与他人交流实验方案的过程中，自己参与展示，并注意倾听、合作，善于向他人学习。	2		
三年级下	我们的校园	（1）能依据教材提供的生活情境，发现并提出问题。经历解决问题的过程，综合运用知识解决问题，并积累数学活动经验。	①能依据教材提供的生活情境，发现并提出问题。	1		
			②综合运用面积、搭配、运算等相关知识解决问题。	1		
			③感受到数学与生活的联系，积累活动经验。	1		
三年级下		（2）经历过程，在活动过程中，获得解决问题的一些基本方法，体会数学表达的清晰、简洁，获得数学思想方法的感悟。	①在写一写、算一算、画一画等活动中，获得解决此类问题的一些基本方法。	1		
			②在解决"铺草坪""设计赛程安排"的问题中认识到有序思考的好处，体会表格表达信息的清晰、简洁。	1		

本课题在国内外研究的基础上进一步对文献进行阅读，对已有的问卷进行完善，并制定实施方案，对收集的资料进行分析整理，再应用项目学习提高数学问题解决能力上的解决措施，得出结论或建议。

五、研究成果

（一）综合实践活动课程内容的确定

这部分应该是以表格呈现综合实践活动课程的。

数学"综合实践活动"内容梳理					
一年级	二年级	三年级	四年级	五年级	六年级
古诗寻数	布手知尺	以一当五	量天度地	象棋经纬	榫卯雅趣
看天晓时	九九之歌	编码辨身	商码拾遗	奇巧七板	无穷无尽
曹操出关	流水光年	舒肘知寻	运筹计算	玩转陀螺	勾股玄方
运筹计数	剪纸视界	磁力南北	剪纸视界	方寸精印	文创书签
古币乾坤	神奇幻方	四时八节	中轴对称	精打细算	环环相扣

（二）综合实践活动课的整体构建

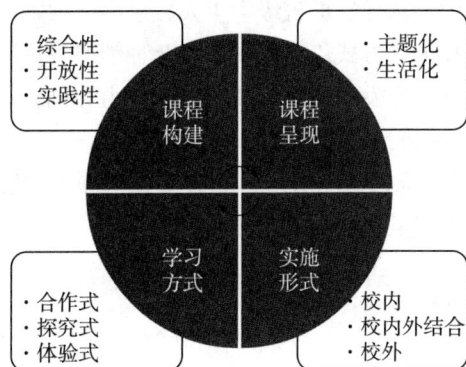

用图形表示综合实践活动的整体构建，一目了然。但可以进一步将各部分之间的关系阐述清楚，以便读者更加清晰的了解。

（三）形成小学数学综合实践活动课程基本实施方案

图表中用具体的例子展示了小学数学综合实践活动课程的基本方案，但图形不是全部，需要研究者作进一步解释。

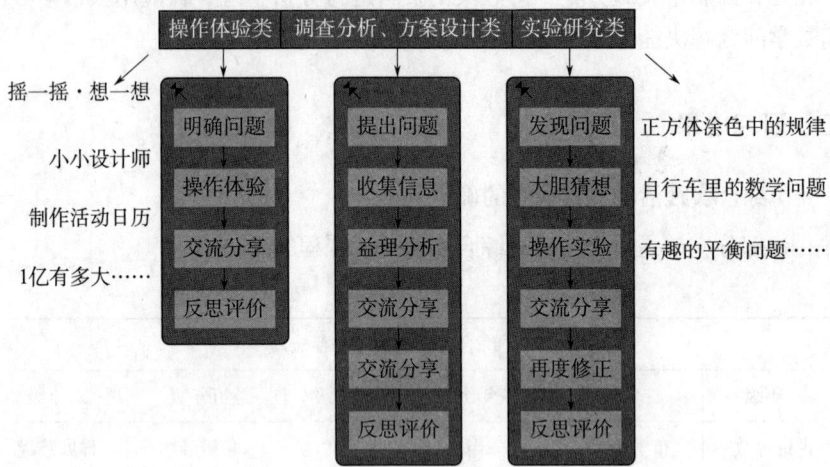

操作体验类	调查分析、方案设计类	实验研究类

摇一摇·想一想

小小设计师

制作活动日历

1亿有多大……

操作体验类	调查分析、方案设计类	实验研究类
明确问题	提出问题	发现问题
操作体验	收集信息	大胆猜想
交流分享	整理分析	操作实验
反思评价	交流分享	交流分享
	交流分享	再度修正
	反思评价	反思评价

正方体涂色中的规律

自行车里的数学问题

有趣的平衡问题……

六、研究结论与反思

（一）研究结论

（1）基于项目学习的研究，使学生对数学的学习产生浓厚的兴趣，以学习单的方式引导并培养学生的逻辑思维，统筹安排能力。孩子的问题解决能力是随着年龄和认知提高的，自主探究的能力对于中年级段小学生而言有一定的难度，在一次次的研究中不断提升。

基于研究问题，在研究过程中不断收集研究资料的同时，也从对研究资料的分析中得到研究结论。研究问题、研究方法和研究结论之间具有相应的一致性。

（2）项目的学习需要在学生自主探究、记录学习过程、写出报告单的过程中，教师做细致的指导，但班级学生人数过多，教师的负担过重，多采用班级指导、小组指导等方式，因此学生对此种学习方法的掌握进程较慢。综合实践课具体的课程研发需要具有较高研究能力和创新能力的团队，希望有更多研究团队加入我们的课题研究中。

后续的研究从学生整体综合素质出发，深入实践，不断进行探索，锻炼了学生的实践能力。

（3）学生进行研究的时间有限，总有研究不深入的感觉。在后续的研究中，将继续增大样本量，增强数据的说服力。

七、后续研究的展望

（一）借助国博课程——进行课程融通

结合"走进国博"的实践活动，引导学生用数学的眼光去发现展品的构造，用数学的方式研究制造原理，用数学的语言描述展品的使用方法……使数学课堂研究的范围更广阔。

（二）借助数学场馆——促进课程无边界

结合"走进中国科技馆"数学之魅展厅的实践活动，引导学生深入研究展品的原理与内涵，挖掘其中的数学渊源与道理，使数学研究与操作更加深刻。

（三）借助数学实验室——提高学生的数学素养

结合"学校数学实验室"的实践活动，使学生真正地活动起来，真正地动手操作，感受他们未曾感受过的，体验他们未曾体验过的……

（四）借助中华传统文化——穿越古今，追溯数源

数学教学中学生所要接触的有关长度、重量、体积、货币以及对称图形等许多内容都与中国传统文化的相关内容有联系，创设情境，引导学生穿越古今，追溯数源，深入理解历史的进程与数学的发展密不可分的渊源。

参考文献

[1] 高文.一般问题解决模式.外国教育资料，1999（6）

[2] 陈钱勇.小学数学教学中学生问题意识和能力的培养.科教文汇，2008（12）

[3] 黄伟星.解决问题教学要做好五个"并重".小学教学参考，2007（2）

[4] 陈茂香.小学数学问题解决教学初探.教育教学论坛，2010（16）

[5] 陈琦，主编.当代教育心理学.北京：北京师范大学出版社，1997

[6] 辛自强.问题解决与知识建构.北京：教育科学出版社，2005

[7] 刘江田."问题解决"课堂教学模式初探.化学教学，1996（4）

[8] 王春，基于新课程理念下的"问题解决"教学模式的探讨与体会.化学教学，2006（7）

[9] 茶春霞.数学问题解决在中国的研究历史及其影响[J].课程·教材·教法，2007（12）

[10] 李维.学习心理学.成都：四川人民出版社，2000

[11] 施良方，崔允漷，主编.教学理论：课堂教学的原理、策略与研究.上海：华东师范大学出版，1999

[12]杨豫晖.小数新教材"解决问题"编写设计与教学适应性调查研究.西南师范大学，2005

[13] 全日制义务教育数学课程标准（实验稿）解读.北京：北京师范大学出版社，2005

[14] 郑毓信.问题解决与数学教育.南京：江苏教育出版社，2004

综合评述：文中有些内容的表述建议再斟酌一下；文献综述部分可以再增加一些内容，略显简略；研究方法部分需要再详细一下，研究主体部分内容与文章的研究问题要注意紧密结合，建议再查一下相关的硕博论文参考文献主体的表达以及文献的参考引用格式。

❓ 研究反思

一次难得的学习，一次值得珍惜的学习，一次超越自己的学习。从短短的10天集中培训开始，在美丽的北京师范大学校园中完成了由教育者到学习者、实践者的角色转换，认真、虚心、诚恳地去接受新的认知与分享。后续为期一年的研究，使应用、实践的气氛越加浓厚，"凝聚心灵、卓越团队"，成为一次集体的"换脑"行动。

一、研究让成长有了新的目标

此次史家项目培训一方面是学校给老师们创造了理论学习的机会，另一方面是自己通过科研学习突破已有瓶颈的历程。

1. 个人发展层面

毋庸置疑，要成为一名有丰富教学经验的成熟型教师容易，但要成为一名有较强数学素养和研究能力的专家型教师却不容易。作为市级骨干教师，仅仅拥有专业发展的愿望是远远不够的，如何能够突破专业发展的瓶颈，把自己多年的工作经验做一个系统的提炼和梳理，并上升到理论的层面，是我一直比较追逐和关注的。

参加北京师范大学专业提升项目，可以促进自己教育科学研究能力的发展，反思自己的日常教育教学，把零散的经验进一步反思，提升，概括，进而能够系统化、理论化的呈现，促进自己的专业成长和发展。

2. 助力已有思考的驱动

在参加本项目之前，我对于日常的教育教学中的一些问题已经具有朴素的反思，借这次北京师范大学培训希望能在研究中进一步得到理论上的提升，得到关于课题研究的具体指导。培训给予自己心心念念想梳理但又懒于提笔的状态以巨大的驱动力，终于有了一个勇敢的开端。

二、实践让研究有了新的收获

进行课题研究是一个充满艰辛与茫然的过程，我发现这恰是一个最优化的成长过程。疑惑、思考、深入、调整、反思、坚持、实践、批判……只有体验了，才知道这是一个五味杂陈的经历。

1. 学会选题让研究起步

研究的问题从哪里来？这些内容都源于学业内容中的学习标准和重要概念。研究的方法是怎样的？21世纪，学生需要掌握在当今世界具有价值的技能，比如批判性思维、问题解决能力、协作能力和沟通能力。这些技能的掌握在项目学习中都会接触和应用的。

学生在研究过程中能很快意识到各学科间并不是独立的，事实上所有内容都是相互联系的。因此，我们的研究内容来源于教材，在一个项目中融入跨学科成分，应用于对教材内容与其他学科的融合与拓展。

最初的10天，我们从选题开始。教育教学过程中的实际问题，就存在于实际的教育教学情境之中，我们从实际开始寻找具体问题，发现了许多自己经历但未曾深入思考的问题，想法很多，举步维艰。选择性障碍让我多次把研究的内容推翻重来，深深地体会到"万事开头难"的道理。在导师的引导下，我梳理了自己的思路，把研究主题定在进一步探讨解决问题的有效途径和方法上。有了目标，也激发了自己的研究意识和动力，将有价值的问题作为课题研究的来源，形成了第一个自己独有的研究课题。

这个反复的过程，也让我感受到选题的重要性，因为教育研究课题的选择引导着研究方向，并制约着整个研究工作的进行及研究的价值。

2. 理论方法让研究坚实

在课题研究的进程中，教育科学研究的方法使研究少走了很多弯路，10天的集中学习，让我了解了教育科研的对象、特点和意义、教育科研方法的理论基础、教育科研的一般过程和主要组成内容，以及教育科研方法的基本方法和内容。导师们还教给我们如何运用科学研究方法来进行具体研究教育问题，发现研究问题的意义和基本前提条件、掌握发现研究问题的思维策略、了解选择研究课题的意义和研究课题的类型、了解选择课题的一般程序、掌握选择研究课题的策略、掌握提出假设的方法和了解其评价标准、掌握论证报告的撰写方法等。理论方面的指导为我们的研究铺平了道路，让我们清晰了研究结果的解释和研究结论如何呈现，明确了研究结果解释的概括性和理论建构，掌握了研究报告的撰写方法等。

3. 实践应用让研究丰满

课题研究的主题建立了，如何进行研究也着实让我困惑了一阵。在研究中怎样能让学生更合理地进行实践，而不仅仅是让学生的学习过程成为"实验的经历"。学生对某一段知识的学习只有一次，如何做到研究具有实效性？这就要在研究中做好充分的准备与预案，让其发挥作用的最大化。

在对综合实践课的设计与教学的研究中，我大量设计了实践应用的环节，允许学生在失败中继续研究，允许学生在思考中继续调整，

4. 学习单让研究系统

学生要经历的每一个项目从创立到实施，从经历到成果，从展示到评价，都要一步步按程序完成。如何让学生明确项目研究的实践细则呢？制定统一的学习单能够很清晰地呈现出学生在问题解决中要经历的过程及要达到的目标，能够体现出教师在什么地方加强研究的指导。不同的课程可以创建不同种类的学习单。

（1）一张学习单——一个独立的问题解决的研究内容。

例如：活动日历对于学生来说常见但并不能深入理解，在设计的过程中学生在不断认识与理解中尝试一次又一次地设计，再进行交流后进行一次又一次地调整，在问题解决中对活动日历形成更深入地认识。

（2）两张学习单——在综合实践活动中发现新问题，补充研究新内容。

例如：学生在绘制简单路线图时，发现不容易准确辨认方向，需要有指南针来帮

忙。于是，引出了各种问题：指南针有哪些种？指南针怎样使用？在使用中应该注意什么？……因此学生自发地补充了"指南针的应用"一课来进行研究。

（3）三张学习单——体现了综合实践活动的研究、应用、拓展的经历。

例如：学生从认识"身份证"上的编码开始，发现其中的规律与奥秘；应用规律编写"自己的学号"，在交流中不断调整，趋于合理；最后寻找自己想要研究的数字编码进行知识的拓展，发现新问题，解决新问题。

5. 汇报交流让研究多样

项目研究的最终"成果"可以是学生创造的看得见、摸得着的实物，也可以是表现——即学生完成的某些事情。项目成果展示如下：

- 项目成果展示的视频、海报、模型和艺术品的复印件；
- 采用有效的口头表达技能；
- 根据观众的反应，并对展示进行合适的调整；
- 合理地对问题做出回应。

三、调整让研究有了新的收获

在此次参与项目研究的过程中，由衷地希望导师们更多地指导。研究过程中，随着时间的推移，我们遇到的问题也越来越多，多么希望有导师给予及时地指点，让我们的研究更丰富。在课题确立之后，关于项目的总体框架有了初步的想法后，希望导师和课题组能够具体指导，对在实践中如何操作，制定相对科学的量化的评价体系进行评价和指导，以确定课题的展开更为有效化。

项目的学习需要在学生自主探究、记录学习过程、写出报告单的过程中，教师做细致地指导，但班级学生人数过多，教师个人承担课题研究的负担过重。研究可以范围更广一些，每位教师一个课题有时会研究得不充分、不全面，如果可以由志同道合的伙伴以一个小组为单位，共同研究，研究素材和研究资料会更丰富。综合实践课具体的课程研发需要具有较高研究能力和创新能力的团队，希望有更多研究团队加入我们的课题研究中。

时间短促，进行研究的时间也有限，总有研究不深入的感觉。在后续的研究中，将继续增大样本量，增强数据的说服力。而且研究过程中多采用班级指导、小组指导等方式，因此学生对此种学习方法的掌握进程较慢。

四、研究后参与科研项目的期待与建议

若今后再参与科研项目，希望研究的每一个进程都得到导师事先的指导，过程中的辅导，完成后的点评。如果能够这样的话，我想研究水平和成果会提高得更快更高。

希望研究与工作能协调好，繁忙的工作总是与深入研究不能合拍。如果能有更多的空间和时间，效果应该会更好。

思想在我们的头脑中，工作在我们的手掌中，坐而言，不如起而行！路虽远，行则将至；事虽难，做则必成。我将继续坚持！

史家项目指导工作总结

白　滨

在史家教育集团骨干教师科研能力提升研修项目中，我担任赵蕊、高雪艳、李冬梅三位老师的导师，在这个项目推进过程中，通过定期指导与交流，三位老师都有较大的收获和进步。

一、三位老师的基本背景分析、指导发展定位及主要指导内容

1. 赵蕊

赵蕊老师的课题是"小学数学课程整合——数学教材内容重构"，该课题在前期实践中已有一定的积累并已经有一定的教学案例，但刚开始只是很多资料的堆积。在和赵蕊老师进行沟通和讨论之后，建议其将研究主题提升在教学设计和评价以及数学思维能力方面，围绕这些关键词语查阅文献，并且建议其明确论文的写作逻辑，将研究思路进一步清晰化、逻辑化，形成结题报告。对赵蕊老师的指导主要是：帮助理清研究的整体过程以及各部分之间的逻辑关系；明确关键概念进行界定；帮助其明确论文写作的基本的思路和方法；在使用研究方法收集资料的时候提供了指导，并在分析资料时帮助进行了逻辑结构以及内容的分析。赵蕊老师有丰富的实践经验和成果，在参与项目的过程中表现积极主动，多次找我进行课题的指导，在指导过程中明确了论文写作的逻辑与平时上课工作逻辑的差异，在过程中进步很大。

2. 高雪艳

高雪梅老师的课题为"大数据时代培养学生数据分析观念——整体方案设计对学生数据分析观念的影响"。高老师的课题已基本结束，前期做了大量的准备工作，已经收集了很多的研究资料并进行了初步分析。针对高老师的具体情况和目标需求，我主要帮助高老师就研究设计、研究方法部分进行了指导，帮助其明确教学评价应该如何实施，前测和后测的变量的设计和测试的实施，针对其课堂测查的结果进一步对其资料的分析进行了指导，如何最大效度地利用资料，帮助其明确从数据中反映出来的问题，最终明确和解决研究问题。在论文的指导过程中，高老师表现很积极主动，是课题进展最快的一位老师。在研究过程中，高老师在课堂测查这方面实施的十分完整和高效，前后都作了很多的反思，最终也呈现了很多课堂上的学生数据。

3. 李冬梅

李冬梅老师研究的课题是"基于项目学习（PBL）提高小学生数学问题解决能力的实践与研究——以'综合实践活动课程'为例"，主要目的是在小学生数学综合实践活动课程实践教学中真正提高学生的问题解决能力。李老师在前期已经有丰富的实践经验，但大多都只是材料的堆砌，尚缺乏清晰的研究逻辑。我对李老师进行了核心概念、文献查阅方面的指导，如项目学习应该如何界定，典型的数学学习项目的特点是什么，包含哪些要素等；在研究方法方面，我指导李老师具体的行动研究如何去做，指导李老师进行教育评价的工作，如如何进行前后测，如何做评价，怎样制定评价标准等，并对研究中资料的收集和分析工作进行了指导。李老师在项目指导的过程中积极主动，及时解决问题，进步很大。

二、指导反思

1. 学习质量与教师的参与及学习动机密切相关

科研项目主要针对老师在实际中遇到的问题、困惑以老师们的发展目标和需要展开。但是如果老师们的参与意识不强，学习动机较弱的话，这样的学习效果就很难得到保证。对于积极参与研究和有发表意愿的老师，他们的收获最大。

2. 灵活采用多种指导方式

由于老师们都有自己的本职工作，平日很忙，在指导过程中我们主要采取了定期面对面指导，电话、微信语音留言反馈，邮件文字反馈等多种方式。当老师的困惑比较多，面对面辅导的效率会更高，对老师而言收获更大；一些小的疑问，微信、电话沟通是较好的沟通方式，方便快捷、节省时间，免去了老师们路途上的辛劳；对于文章修改则采取修订模式，通过文字反馈、原文批注的方式。

三、对项目的期待与建议

提高中小学教师的科研意识和科研能力是很重要的，也期待各方共同努力把项目做得更好。对于项目的未来开展，结合自己在指导中的经验和心得，有这样一些期待和建议：

1. 选题要与工作实践相结合

老师们的课题与工作要一致，或者直接就是老师们工作内容的时候，二者之间可以取得良好的对接和效果。一线教师的工作任务非常繁重和辛苦，没有必要在工作之外再单独额外做课题，给老师增加压力。

2. 经验总结与科研论文相区别

一线教师的工作经验都很丰富，但是科研经验确实有些缺乏，很多老师都很容易将论文写作当成是日常的工作总结和汇报，缺乏科研逻辑，建议项目前期可以给老师们讲解一些相关的论文写作的课程，并给老师们提供一些案例进行参考，让教师们明确科研论文的逻辑是什么样的。